LYON,
DRÔME, ARDÈCHE

Directeur	David Brabis
Rédactrice en chef	Nadia Bosquès
Rédaction	Sybille d'Oiron, Michel Doussot, Clarisse Deniau
Informations pratiques	Michel Chaput, Marie Simonet, Nicolas Borg, Catherine Guégan, Catherine Rossignol
Documentation	Isabelle du Gardin, Eugenia Gallese, Caroline Velut
Cartographie	Véronique Aissani, Pascale Bisson, Thierry Olin, Alain Baldet, Michèle Cana
Iconographie	Cécile Koroleff, Stéphane Sauvignier
Secrétariat de rédaction	Pascal Grougon, Danièle Jazeron, Jacqueline Pavageau
Correction	Agnès Jeanjean
Mise en pages	Didier Hée, Jean-Paul Josset, Frédéric Sardin
Maquette intérieure	Agence Rampazzo
Création couverture	Laurent Muller
Fabrication	Pierre Ballochard, Sandrine Combeau
Marketing	Cécile Petiau, Ana Gonzalez
Ventes	Gilles Maucout (France), Charles Van de Perre (Belgique), Philippe Orain (Espagne, Italie), Jack Haugh (Canada), Stéphane Coiffet (Grand Export)
Relations publiques	Gonzague de Jarnac
Remerciements	Patrick Berger
Régie pub et partenariats	michelin-cartesetguides-btob@fr.michelin.com

Le contenu des pages de publicité insérées dans ce guide n'engage que la responsabilité des annonceurs.

Pour nous contacter

Le Guide Vert Michelin
46, avenue de Breteuil
75324 Paris Cedex 07
☎ 01 45 66 12 34 – Fax : 01 45 66 13 75
www.ViaMichelin.fr
LeGuideVert@fr.michelin.com

Parution 2006

Note au lecteur

L'équipe éditoriale a apporté le plus grand soin à la rédaction de ce guide et à sa vérification. Toutefois, les informations pratiques (prix, adresses, conditions de visite, numéros de téléphone, sites et adresses Internet…) doivent être considérées comme des indications du fait de l'évolution constante des données. Il n'est pas totalement exclu que certaines d'entre elles ne soient plus, à la date de parution du guide, tout à fait exactes ou exhaustives. Elles ne sauraient de ce fait engager notre responsabilité.

Le Guide Vert,
la culture en mouvement

Vous avez envie de bouger pendant vos vacances, le week-end ou simplement quelques heures pour changer d'air ? Le Guide Vert vous apporte des idées, des conseils et une connaissance récente, indispensable, de votre destination.

Tout d'abord, **sachez que tout change**. Toutes les informations pratiques du voyage évoluent rapidement : nouveaux hôtels et restaurants, nouveaux tarifs, nouveaux horaires d'ouverture... Le patrimoine aussi est en perpétuelle évolution, qu'il soit artistique, industriel ou artisanal... Des initiatives surgissent partout pour rénover, améliorer, surprendre, instruire, divertir. Même les lieux les plus connus innovent : nouveaux aménagements, nouvelles acquisitions ou animations, nouvelles découvertes enrichissent les circuits de visite.

Le Guide Vert **recense** et **présente ces changements** ; il réévalue en permanence le niveau d'intérêt de chaque curiosité afin de bien mesurer ce qui aujourd'hui vaut le voyage (distingué par ses fameuses 3 étoiles), mérite un détour (2 étoiles), est intéressant (1 étoile). Actualisation, sélection et appréciation sur le terrain sont les maîtres mots de la collection, afin que Le Guide Vert soit à chaque édition le reflet de la réalité touristique du moment.

Créé dès l'origine pour **faciliter et enrichir vos déplacements**, Le Guide Vert s'adresse encore aujourd'hui à tous ceux qui aiment connaître et comprendre ce qui fait l'identité d'une région. Simple, clair et facile à utiliser, il est aussi idéal pour voyager en famille. Le symbole 👥 signale tout ce qui est intéressant pour les enfants : zoos, parcs d'attractions, musées insolites, mais également animations pédagogiques pour découvrir les grands sites.

Ce guide vit pour vous et par vous. N'hésitez pas à nous faire part de vos remarques, suggestions ou découvertes ; elles viendront enrichir la prochaine édition de ce guide.

L'ÉQUIPE DU GUIDE VERT MICHELIN
LeGuideVert@fr.michelin.com

ORGANISER SON VOYAGE

COMPRENDRE LA RÉGION

VILLES ET SITES

À l'intérieur du premier rabat de couverture, la **carte générale** intitulée « **Les plus beaux sites** » donne :
   une **vision synthétique** de tous les lieux traités ;
   les **sites étoilés** visibles en un coup d'œil ;
   les **circuits de découverte**, dessinés en vert, aux environs des destinations principales.

Dans la partie « **Découvrir les sites** » :
   les **destinations principales** sont classées par ordre alphabétique ;
   les **destinations moins importantes** leur sont rattachées sous les rubriques « Aux alentours » ou « Circuits de découverte » ;
   les **informations pratiques** sont présentées dans un encadré vert à la fin de chaque chapitre.

L'**index** permet de retrouver rapidement la description de chaque lieu.

SOMMAIRE

DÉCOUVRIR LES SITES

Montgolfière en vol

Joël Damase / MICHELIN

ORGANISER SON VOYAGE

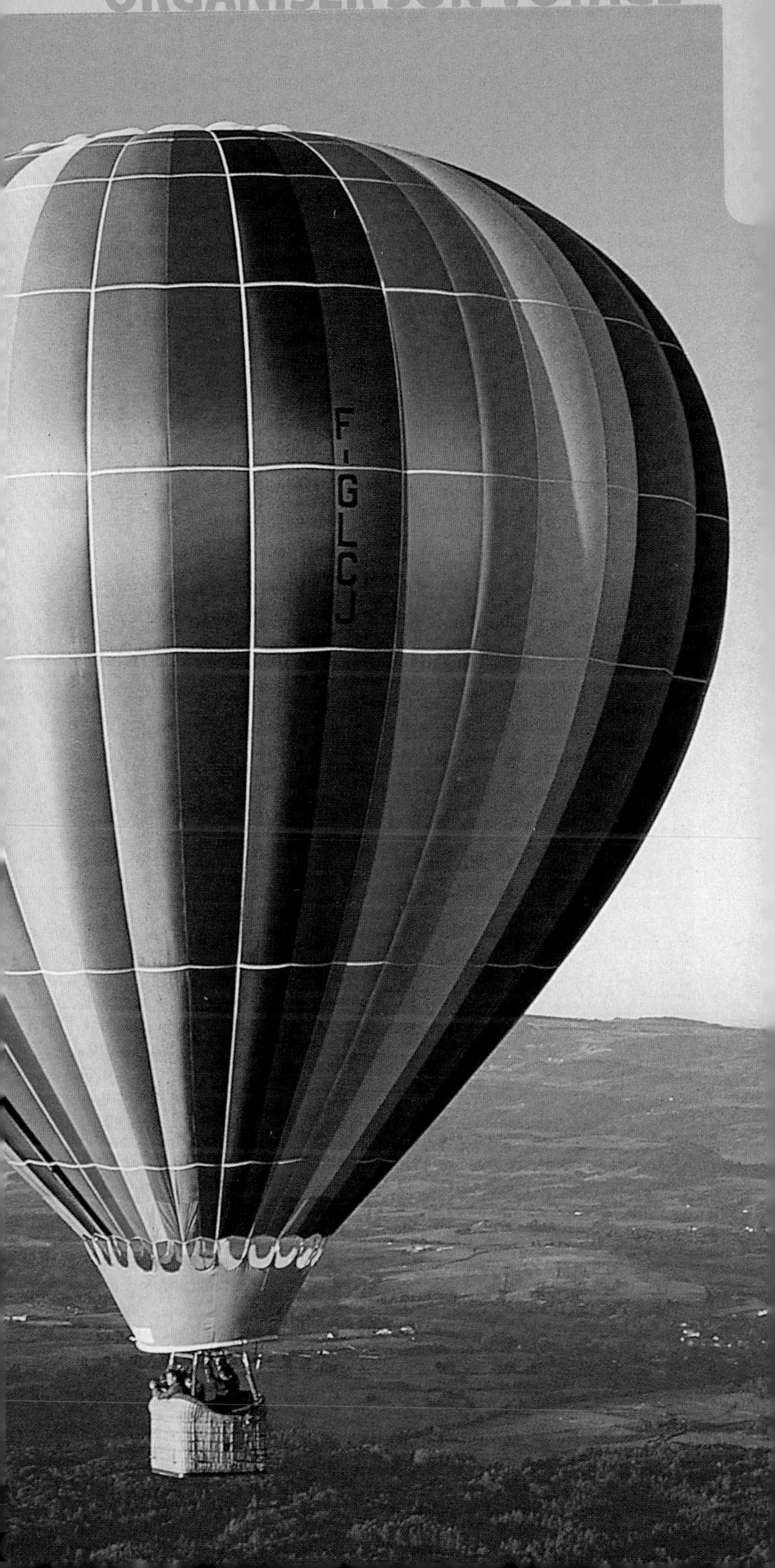

OÙ ET QUAND PARTIR

En traversant la région d'Est en Ouest puis du Nord au Sud, le Rhône relie entre eux des paysages aux attraits variés. En fonction de ces divers atouts, plusieurs types de séjours sont envisageables, une fois que vous en aurez déterminé la durée (un week-end, une ou plusieurs semaines) et selon que vous opterez pour un lieu de résidence fixe, d'où vous rayonnerez dans la région choisie, ou pour des vacances itinérantes.

LES ATTRAITS DE LA RÉGION

Mis en valeur par des parcs naturels dans les monts d'Ardèche et du Pilat, les **reliefs de petite et moyenne montagne** sont dominants, sillonnés par les vallées d'un réseau serré de fleuves et de rivières, trouvant quelques exceptions planes vers les étangs de la Dombes et le Bas Dauphiné. Entre la randonnée, le canoë–kayak, la baignade ou l'observation des oiseaux migrateurs, vous pourrez y pratiquer un **tourisme vert**, proche de la nature, en profitant des nombreuses offres de campings, de chambres d'hôte et de locations de maisons.

Variété des concrétions de l'aven d'Orgnac

Joël Damase / MICHELIN

Avec des tonalités provençales dans la **Drôme et le Sud de l'Ardèche**, les vieilles pierres, les cultures en terrasses, les charmants villages perchés, les petites églises, les collégiales inattendues ou l'étonnant Palais idéal ajoutent à cette richesse naturelle une savoureuse **touche de culture et d'histoire**. Vous y trouverez un vaste choix de chambres d'hôte, d'hôtels et de locations de maisons.

À St-Étienne et dans la vallée du Rhône, mais aussi vers Roanne et en contrebas de Grenoble, la nature est plutôt source de développement industriel, et donc de **visites techniques**, avec toutes les offres de logement confondues.

Le **sommet culturel** de la région est atteint dans les exceptionnelles **villes de Lyon, du Puy-en-Velay et de Vienne**, où vous trouverez de nombreux hôtels.

Enfin, l'ensemble de la région, avec ses chefs réputés, ses bouchons, ses vins, ses fruits ou son nougat, justifie les voyages et **détours gourmands**.

Nos conseils de lieux de séjour

Pour plus d'informations sur les types d'hébergement, les services de réservation, les adresses que nous avons retenues dans ce guide, reportez-vous au chapitre « S'y rendre et choisir ses adresses ».

L'ARDÈCHE SPORTIVE

Les **gorges** sont idéales pour un séjour de détente sportive. Prenez garde, même si la tentation est grande, d'éviter le camping sauvage, qui est rigoureusement interdit. Néanmoins, la tente reste la mieux adaptée pour une randonnée entre copains, sac au dos. Nous vous recommandons dans les **gorges**, des campings mais aussi à **St-Maurice-d'Ardèche, St-Sauveur-de-Montagut, Montréal** et **Ruoms**. Préparez soigneusement votre séjour avant de partir, surtout si vous comptez venir pendant les beaux jours : l'endroit est très, très couru. Pour les amateurs de descente en canoë, renseignez-vous pour savoir si les cours d'eau sont praticables durant la saison qui vous intéresse.

Au-delà des gorges, les **monts d'Ardèche** dans leur ensemble se prêtent à la randonnée sportive. Pour ceux qui préfèrent au camping la route et le confort, les principales villes de séjour traditionnelles sont **Aubenas, Ruoms, Vallon-Pont-d'Arc, Vals-les-Bains, Lamastre, Tournon-sur-Rhône** et **Le Chambon-sur-Lignon**.

Parmi les « **Stations vertes de vacances** » (*voir p 26*) reconnues pour la qualité de leur site naturel, retenez

Joyeuse dans les gorges de la Beaume, **Villeneuve-de-Berg** et **Vogüé** dans celles de l'Ardèche, **Désaignes**, **St-Pierreville** et **St-Agrève** à proximité de la vallée de l'Eyrieux, mais aussi celle du charmant **lac d'Issarlès**, à la frontière du Velay. C'est en Ardèche que vous trouverez le plus grand choix de chambres d'hôte et de locations de maisons.

LA LOIRE ET LE VELAY DES FAMILLES

Beaucoup moins fréquentés que l'Ardèche, les grands espaces de la Loire et du Velay se prêtent idéalement au tourisme vert et familial. Vous randonnerez à plaisir parmi les reliefs presque rabotés du plateau du Velay ou des monts du Forez. Outre la beauté des paysages, les villes du **Puy-en-Velay** et de **St-Étienne**, l'une séculaire et de taille moyenne, l'autre plus industrielle et axée sur l'art moderne, ajoutent au séjour une touche très culturelle. Les principaux lieux de séjour traditionnels sont de petites villes telles qu'**Yssingeaux**, **Retournac**, **St-Galmier**, **Montrond-les-Bains**, **Feurs**, **St-Germain-Laval** mais aussi la gastronome **Roanne**. Si l'offre de locations de maisons est moins abondante qu'en Ardèche, vous trouverez en revanche dans le Velay des chambres d'hôte et auberges de pays typées, et un réseau particulièrement dense de stations vertes (avec, parmi elles, les jolis villages de **Le Monastier-sur-Gazeille**, **Pradelles**, **Retournac** et **St-Julien-Chapteuil**). Ces stations sont aussi présentes dans la Loire, en particulier à **Chazelles-sur-Lyon**, **St-Galmier**, **St-Germain-Laval** et **Usson-en-Forez**.

LES PRÉALPES DRÔMOISES

Moins réputées, et il est vrai moins typées que leurs voisines provençales ou ardéchoises, les Préalpes drômoises ont pourtant l'intérêt d'allier histoire, animations touristiques et nature. Avec leurs villages perchés surgissant des champs de lavande, les Préalpes drômoises s'apparentent fortement à la proche Provence. Les petites villes de **Montélimar**, **Valence**, **Romans-sur-Isère** et le **Palais idéal** ajouteront à ce parcours quelques pôles culturels. Les stations vertes sont ici peu nombreuses (**Bourdeaux**, **Hauterives** et **Saoû**), mais quelques petits hôtels et les chambres d'hôte vous

Le charmant village de Saoû

Joël Damase / MICHELIN

permettront de faire étape dans les villages, pour prendre le temps de les apprécier plus que comme de simples cartes postales.

STATIONS THERMALES

Situées le long des failles des massifs centraux, les sources minérales et thermales ont permis le développement de petites stations : **Vals-les-Bains**, **Neyrac-les-Bains**, **St-Laurent-les-Bains** dans les monts d'Ardèche, **Montrond-les-Bains** dans le Forez. Elles offrent l'agrément, outre leurs spécificités thérapeutiques, de séjours au calme, à proximité de lacs et de rivières.

Nos propositions d'itinéraires

Si vous souhaitez visiter dans le détail un secteur limité mais marqué par une identité particulière, nous vous proposons ci-dessous **10 itinéraires** qui regroupent les principales curiosités de la région.
N'oubliez pas de consulter également la **carte générale des plus beaux sites** (dans le rabat de la couverture) qui vous invitera sans doute à faire tel ou tel crochet en fonction de vos goûts.

LA DOMBES DES ÉTANGS

▶ Circuit de 4 jours au départ de Lyon (155 km)

1er jour – Une seule journée pour cette si belle ville est bien peu, commencez donc tôt par la visite à pied du Vieux-Lyon, de ses ruelles et traboules, et, par le funiculaire, gagnez les théâtres romains puis découvrez le riche décor et le panorama de la basilique de Fourvière. Le mieux sera de rejoindre la Presqu'île pour déjeuner au moins une fois dans un des bouchons de ses rues typiques.

Même s'il fait beau, ne regrettez pas les 2h que vous consacrerez au musée des Beaux-Arts ou à celui des tissus. S'il vous reste de l'énergie, partez à la découverte de l'ambiance plus détendue de la Croix-Rousse en vous promenant sur le plateau. Vous y trouverez où vous restaurer. Pour éviter les embouteillages du matin, logez-vous vers Miribel (dans le Grand-Lyon) ou dans le Mont-d'Or Lyonnais.

2e jour – Dirigez-vous vers le musée de l'Automobile de **Rochetaillée**, cité qui vous accueille avec les tours féodales de son château. Vous êtes tout près du restaurant de Paul Bocuse à Collonges. Autre château, autre temps, rendez-vous ensuite à **Fléchères**, superbe bâtiment du 17e s. dont l'architecture et les fresques sont riches de significations. Arrivé à **Ars**, admirez le contraste entre la petite église de l'humble et saint curé d'Ars et l'étendue de sa célébrité, symbolisée par la basilique qui englobe aujourd'hui le frêle bâtiment. Le souvenir d'un autre grand homme vous attend à **Châtillon-sur-Chalaronne** : saint Vincent de Paul y séjourna. Profitez-en pour visiter la vieille ville et l'apothicairerie. Faites halte ici dans une des charmantes chambres d'hôte.

3e jour – Vous passez par l'église très typique de **Sandrans**, avant de vous consacrer à la découverte combinée des oiseaux et des dizaines d'**étangs de la Dombes**. Omniprésents, changeant d'aspect en fonction des saisons : ces étangs sont embrumés à l'automne (c'est d'eux que viendrait le brouillard lyonnais), recouverts de glace en hiver et resplendissants avec les beaux jours. Le magnifique parc ornithologique de **Villars-les-Dombes,** à visiter en famille, vous permettra une approche plus serrée de leurs habitants ailés, mais aussi d'un grand nombre d'oiseaux du monde entier (prévoyez au moins 2h sur place). Vous y trouverez ce qu'il faut pour déjeuner ou pique-niquer, à moins que vous ne préfériez les spécialités régionales de l'auberge d'Ambérieu. Passez par l'abbaye **N.-D.-des-Dombes**, fondée au 19e s., connue pour sa contribution à l'assainissement de la région ; un coup d'œil sur le château de **Montellier** et vous voici à **Pérouges**. Passez-y la nuit.

4e jour – Petit programme pour aujourd'hui : consacrez une partie de votre matinée à profiter du charme de cette petite ville médiévale. Ses ruelles, enserrées dans des fortifications, ont

un charme fou, au point de servir de décor à des films historiques. Déjeunez, puis reprenez la route en direction de Lyon en faisant une halte à **Montluel** et **Trévoux**.

LE FOREZ MÉCONNU

▷ **Circuit de 4 jours au départ de Roanne (200 km)**

1er jour – Le Forez, ce sont des plaines et des monts, un parc naturel et des routes sinueuses. Pour le découvrir, partez de **Roanne**, ville du textile et de la gastronomie. Vous découvrirez deux sites le matin : **Ambierle**, ancien prieuré de Cluny, avec église et musée à la clé, et **St-Haon-le-Châtel**, avec ses remparts et ses manoirs Renaissance. Si vous ne voulez pas revenir vers la haute gastronomie de Roanne, vous trouverez à vous restaurer dans ce village (goûtez le bon petit rosé régional). Du **barrage de la Tache** partent quelques sentiers vers les **monts de la Madeleine**. En descendant les gorges roannaises de la Loire, vous arrivez à **St-Jean-St-Maurice**. L'abside romane de l'église de St-Maurice possède de belles fresques du 13e s. ; pour le coup d'œil, profitez aussi du donjon et de sa vue sur les gorges. Vous pouvez loger et vous restaurer sur place.

2e jour – St-Germain-Laval et **Pommiers**, petits villages sympathiques, méritent un arrêt, le temps d'une balade dans leurs ruelles. Pour déjeuner, choisissez une ferme-auberge de St-Georges-en-Couzan ou Chalmazel. Vous passez ensuite par **Boën** (château de la vigne et du vin) avant de repartir en promenade dans la patrie d'Aimé Jacquet à **Sail-sous-Couzan** ; une forteresse y dévoile un joli panorama sur la plaine forézienne. Terminez par le plus étonnant des châteaux, qui n'en est pas un : c'est le prieuré fortifié du pic de Montverdun. Faites étape à Jeansagnière.

3e jour – La grotte de rocailles et le décor symbolique de **La Bastie-d'Urfé** méritent que vous leur consacriez une bonne partie de la matinée. Rejoignez ensuite **Champdieu**, et ne manquez pas la visite de son église du 14e s. Déjeunez à Boën (voir monts du Forez). Gagnez **Montbrison**, pour un petit tour sur les boulevards qui suivent le tracé des anciens remparts de cette charmante ville, puis **Montrond-les-Bains**, la cité thermale de la Loire, où l'on soigne obésité et diabète. Logez-vous à Poncins (*voir Feurs*).

TROUVER LE N° D'UN HÔTEL DANS LA RÉGION.

FCB Paris   0,96 euros TTC la minute depuis un fixe ; pour les appels depuis un mobile, tarif en fonction des opérateurs.

118 000

LES RENSEIGNEMENTS, TOUT SIMPLEMENT

4e jour – Vous arrivez au cœur du Forez avec **Feurs**, l'ancienne capitale des Gaulois ségusiaves, qui donna son nom à la région. On y trouve un musée consacré à l'archéologie gallo-romaine. Pour goûter à la cuisine du terroir, arrêtez-vous à Salt-en-Donzy (*voir Feurs*). L'après-midi, votre cœur va d'abord s'enflammer pour **Villerest**, petit bourg médiéval dont le musée de l'Heure et du Feu retrace l'histoire du feu domestique à travers les âges. En retournant à Roanne, il vous reste alors à savourer les beaux paysages des gorges de la Loire, où le fleuve se taille un passage dans les plateaux rocheux.

DE VILLE EN VILLE, ENTRE RHÔNE ET PILAT

▶ **Circuit de 4 jours au départ de St-Étienne (170 km)**
1er jour – Vous choisissez un circuit presque tout en ville, en culture et… en contrastes. **St-Étienne**, sa vieille ville, son musée d'Art Moderne et les constructions de Le Corbusier au proche **Firminy** : le mélange ne saurait vous laisser indifférent. Restez-y déjeuner, puis plongez-vous dans le passé industriel qui marque encore les villes de **St-Chamond** où l'on fabrique des engins blindés, **Rive-de-Gier** et **St-Genis-Laval**. Avec **Oullins**, vous entrez dans Lyon par son passé antique. Logez-vous dans la Presqu'île.
2e jour – Commencez tôt par la visite à pied du **Vieux-Lyon**, de ses ruelles et traboules, puis montez à travers le jardin du Rosaire vers la basilique de **Fourvière**, ses marbres et mosaïques, et son panorama sur la ville. Le passé de Lyon se compte en millénaires : profitez du Musée gallo-romain pour en comprendre la genèse. Pour déjeuner au calme, réfugiez–vous dans l'atmosphère presque villageoise de **St-Just**, de ses ruelles pentues et fleuries, puis regagnez en funiculaire la Presqu'île. Après tant de marche, vous serez soulagé de vous réfugier parmi les splendeurs du **musée des Beaux-Arts** ou de celui **des tissus**. Le soir, offrez-vous un repas typique dans un bouchon, ou gastronomique chez un des grands chefs de Lyon (*voir p. 30*).
3e jour – Pour profiter des perspectives du plateau de la **Croix-Rousse**, restez encore la matinée, puis prenez la direction de **Vienne** et **St-Romain-en-Gal**, dont les entrepôts romains faisaient pâlir d'envie l'antique Lugdunum : le passionnant Musée gallo-romain en ressuscite le souvenir.

Prenez le temps de parcourir Vienne à pied.
4e jour – Après trois jours en villes, changement complet de décor. Dirigez-vous très tôt vers le **Pilat**. La nature y est généreuse sur le chemin qui vous mène d'abord à **Condrieu** puis à **Pélussin**. Au **crêt de l'Œillon**, profitez bien de la vue sur la vallée du Rhône. Après une agréable étape à l'auberge de Colombier-sous-Pilat, continuez votre route panoramique vers le **crêt de la Perdrix** : une table d'orientation vous permet de décrypter les paysages environnants. Les **pics du Mézenc** s'offrent à vous. Si la saison s'y prête, prenez le temps d'une descente à ski au **Bessat**. Sinon, offrez-vous une balade au **gouffre d'Enfer**. L'endroit est grandiose. Après cela, rentrez à St-Étienne.

ARTS ET HISTOIRE EN ISÈRE

▶ **Circuit de 4 jours au départ de Vienne (205 km)**
1er jour – Une journée ne sera pas de trop pour St-Romain-en-Gal, cité autrefois rattachée à la Vienne antique. Un superbe musée vous fait revivre ses heures de gloire gallo-romaines. Complétez votre visite avec Vienne, cette ville qui connut l'occupation romaine, les faveurs de la chrétienté et le développement de l'industrie textile.
2e jour – Promenade rêveuse en direction de **Bourgoin-Jallieu** où Jean-Jacques Rousseau écrivit une partie de ses *Confessions*. Dirigez-vous ensuite vers **Crémieu**, l'une des anciennes portes du Dauphiné. Cette ville a gardé un charme fou et mérite que vous vous y arrêtiez pour une longue balade dans la vieille ville ou sur les fortifications. Rendez ensuite visite à la grotte de la Balme, dont l'ouverture béante se voit à des kilomètres à la ronde. Faites étape au calme, à St-Baudille-de-la-Tour.
3e jour – Cap sur **Morestel**, appelée aussi « la cité des peintres », tant la lumière y est particulière. Autour de Ravier, dont une Maison rappelle le souvenir et l'œuvre, de nombreux artistes de l'école lyonnaise excellèrent dans l'art du paysagisme. Tout près, sur la route historique Stendhal, ayez une pensée pour Paul Claudel qui repose à **Brangues**. Enfin, découvrez à l'intéressant musée de La Bâtie-Montgascon les secrets de la soie et de son tissage. Logez-vous à Morestel.
4e jour – Envie de vous amuser ? Le

parc **Walibi** vous attend avec ses manèges et ses jeux d'eau ou rendez-vous au bord du **lac de Paladru**. C'est aussi un site archéologique très intéressant. Déjeunez à Charavines. Petit crochet par le **château de Virieu**, commencé au 11e s. et terminé au… 18e s. ! Saviez-vous qu'Hector Berlioz était originaire de **La Côte-St-André** ? Eh bien vous n'avez plus aucune excuse pour ne pas vous y arrêter. Passage par **Beaurepaire** et retour à Vienne.

LA HAUTE-LOIRE VOLCANIQUE

Circuit de 4 jours au départ du Puy-en-Velay (220 km)

1er jour – **Le Puy-en-Velay** mérite bien une journée de visite, le temps de découvrir sa cité épiscopale et sa vieille ville, toute en escalier. Savourez la promenade, déjeunez en ville et ne vous épuisez pas car demain, vous partez pour une grande virée en terres volcaniques. Dînez sur place, puis allez dormir à **Arlempdes**.

2e jour – Levez-vous tôt aujourd'hui ! Son château féodal en ruines domine les gorges de la Loire. Où il y a des volcans, les lacs de montagne ne sont pas bien loin. Ainsi, celui d'**Issarlès** vous attend. Baignades et balades possibles. Déjeunez à Ste-Eulalie. Tout en observant la riche flore locale, faites un crochet par la **cascade du Ray-Pic** où la rivière s'offre plusieurs chutes d'eau. Revenez sur vos pas vers le mont **Gerbier-de-Jonc**, dont vous pouvez faire l'ascension. Revenez dormir à Ste-Eulalie.

3e jour – Vous avez chauffé vos muscles, partez à la découverte du **massif du Mézenc** qui est l'occasion de promenades campagnardes et de magnifiques vues sur les alentours. Après la marche, la détente sportive du ski de fond : en saison, chaussez les planches à **Fay-sur-Lignon** ou au **pic du Lizieu**. À défaut, ou par goût, retrouvez l'architecture régionale à Bigorre-Les Maziaux et Moudeyres. Faites étape dans la pittoresque auberge de pays de Bigorre-Les Maziaux.

4e jour – Retrouvez des possibilités de randonnée, parmi les bruyères et les myrtilles, du côté du **massif du Meygal**. Déjeunez à Yssingeaux. Passez par **Retournac** (musée des Manufactures de dentelles) pour aller visiter l'église romane de **Chamalières-sur-Loire**. Gagnez enfin le **château de Lavoûte-Polignac**

pour, s'il vous en reste le temps, découvrir les nombreux souvenirs de son illustre famille fondatrice. La route vous ramène vers Le Puy-en-Velay.

L'ARDÈCHE ET SES MERVEILLES

Circuit de 4 jours au départ d'Aubenas (235 km)

1er jour – D'**Aubenas**, vous dominez l'Ardèche et vos premiers pas dans les vieilles rues vous donnent envie de vous lancer sur les routes, histoire de voir si le reste est aussi beau. Si vous aimez les sensations fortes, lâchez-vous à **Aérocity** sur un des toboggans géants de ce parc d'attractions. Retour au calme et aux charmes de l'ancien en passant à **Joyeuse** puis **Largentière**, où vous ferez étape.

Joël Damase / MICHELIN

Le château et le village de Vogüé

2e jour – Toujours plus au Sud : **Les Vans** vous révèlent la nature méridionale avec sa blancheur de calcaire. Après être passé par **Barjac**, vous entrez dans le « ventre » de l'Ardèche : l'**aven d'Orgnac** recèle de splendides concrétions. Pour vous réhabituer à la lumière et prolonger encore un peu le souvenir de ce que vous y avez vu, déjeunez sur place. Vous êtes à proximité d'un des plus beaux sites des **gorges de l'Ardèche** à visiter. Suivez le fil de l'eau en voiture, depuis la route qui surplombe la rivière, ou en canoë. Logez à **Vallon-Pont-d'Arc**.

3e jour – Ruines et petites églises pour votre passage à **Bourg-St-Andéol** (voir son émouvant palais des Évêques) et à **St-Montan** (superbe restauration en cours), où vous pourrez déjeuner. La route de la **gorge de la Ste-Beaume** est spectaculaire. Elle débouche sur les paysages naturels du **plateau des Gras** et de la **dent de Rez**. Les routes

Gorge de la Ste-Beaume

étroites traversent paysage rude et assoiffé : entre rocher et architecture, **Alba-la-Romaine** et son château semblent se confondre avec la montagne. Faites-y étape.

4e jour – Ancienne capitale du Bas-Vivarais, **Villeneuve-de-Berg** se rejoint par une nationale sans surprise. Parcourez ses ruelles, puis gagnez le village perché de **Mirabel**, pour achever votre panorama de ce pays de tuiles et de roche, avant de revenir vers Aubenas en faisant un crochet par **Vals-les-Bains**, où vous déjeunerez et goûterez l'eau minérale du même nom.

RUDES PAYSAGES DU HAUT-VIVARAIS

Circuit de 4 jours au départ de Privas (250 km)

1er jour – Avant de partir pour ce tour du Vivarais, faites une petite promenade dans Privas, capitale du marron glacé. Ces routes sont étroites et sinueuses, soyez prudents et savourez les paysages. Poursuivez dans les plaisirs de la bouche en allant à **St-Pierreville** où le châtaignier est roi. Faites demi-tour et, sur la route de St-Agrève, vous trouverez à déjeuner dans la vallée de l'Eyrieux. Arrêtez-vous au **château de Rochebonne**. Il ne reste que des fortifications en ruine, mais c'est à ne pas manquer. Arrivé à St-Agrève, admirez la vue sur le **mont Chiniac**. Faites étape à St-Agrève.

2e jour – Rejoignez **Lalouvesc** par la charmante D 214. Le village perpétue la mémoire de Jean-François Régis mort ici en 1 640. Pour un repas gastronomique, gagnez le restaurant du chef étoilé Régis Marcon à **St-Bonnet-le-Froid**, à 11 km à l'Ouest. Revenez ensuite sur vos pas pour atteindre **Lamastre**, d'où un petit train part pour la visite sans effort des

gorges du Doux. Voilà un voyage qui ne se rate pas ! Faites étape à Lamastre.

3e jour – Commencez par la découverte de **Désaignes**, situé sur la route qui mène de St-Agrève à Lamastre. Ce petit bourg médiéval, serré derrière son enceinte, vous ravira. Retrouvez ensuite ruines et fortifications à **Vernoux-en-Vivarais**, situé entre l'Eyrieux et le Doux, puis les modes de culture régionaux, à l'**écomusée des Terrasses**. Faites halte pour la nuit à **La Voulte-sur-Rhône**.

4e jour – Consacrez le début de votre journée aux collections de fossiles du musée paléontologique. Puis revenez vers la corniche de l'Eyrieux : le musée du Haut-Vivarais protestant, au **Bouschet-de-Pranles**, rappelle quelques pages terribles des guerres de religion qui ont marqué la région. Avant de rejoindre Privas pour déjeuner, découvrez aussi l'intéressant moulin de **Pranles** avec sa mécanique ancienne et ses différentes fabrications. Après le déjeuner, offrez-vous un ultime bol d'air en empruntant à pied le chemin qui mène au **mont Toulon**. Ce dernier domine la ville et offre un beau point de vue.

DU TRICASTIN AUX PRÉALPES DRÔMOISES

Circuit de 4 jours au départ de Montélimar (210 km)

1er jour – Prenez le temps de découvrir la vieille ville de Montélimar, l'étonnant musée de la Miniature ainsi que… la spécialité locale de nougats (les visites de fabriques se font de préférence le matin). Déjeunez en ville. Empruntez la route du Sud, en direction de **Viviers**, et arrêtez-vous pour apprécier son élégante ville ecclésiastique. Plus au Sud, la centrale nucléaire et la ferme aux Crocodiles de **Pierrelatte** offrent un complet dépaysement. Faites étape à **La Garde-Adhémar**.

2e jour – Prenez, dans la matinée, le temps de découvrir ce village perché, avec son église, son petit jardin de plantes aromatiques, sa chapelle et gagnez, au Sud, l'abbatiale de **N.-D. d'Aiguebelle**. Repassez par La Garde-Adhémar pour y déjeuner. Vous êtes dans la région du Tricastin, dont l'évêché fut autrefois **St-Paul-Trois-Châteaux**. Rendez donc visite à sa cathédrale, à la Maison de la truffe et aux découvertes du musée d'Archéologie triscastine. Prenez ensuite la direction de **St-Restitut**,

Toyota Prius
Demain commence aujourd'hui

Et si la solution aux problèmes d'environnement existait déjà ? Avec sa technologie hybride révolutionnaire, la Toyota Prius marie écologie, agrément de conduite et performances.

Réduire les émissions sans sacrifier les performances

Dans la course à la voiture moins polluante, Toyota possède une longueur d'avance grâce à la propulsion hybride. Le moteur essence habituel est complété par un moteur électrique relié à des batteries très compactes. Le moteur électrique procure alors un couple très important, équivalent à celui d'une puissante motorisation turbo-Diesel, gage de belles accélérations, avec une pollution nulle. La Prius accélère de 0 à 100 km/h en seulement 10,9 s.

Pour le conducteur, une auto comme une autre

Le système hybride, baptisé HSD (Hybrid Synergy Drive), est entièrement géré électroniquement. Pierre-Gilles de Gennes, prix Nobel de physique en 1991 ne tarit pas d'éloges : *"Le moteur hybride est aujourd'hui la meilleure solution pour diminuer la pollution et la consommation d'énergies fossiles"*. Pour cet homme de science, *"le moteur hybride est un progrès considérable et probablement la solution aux problèmes engendrés par l'automobile pour les 20 prochaines années"*.

Un silence de fonctionnement digne d'une limousine

Grâce à l'utilisation régulière du moteur électrique, le fonctionnement du système hybride se caractérise par une douceur et un silence digne d'une limousine. La combinaison transparente et imperceptible de ses deux sources d'énergie permet à la Toyota Prius de concilier des consommations et des émissions en baisse, un agrément de conduite préservé et un confort royal. Cerise sur le gâteau, en tant que véhicule propre, elle fait profiter son acheteur particulier d'un crédit d'impôts de 1 525 €*. Avec la Prius, tout le monde est gagnant, l'environnement comme le conducteur !

*Pour les particuliers conformément au bulletin officiel des impôts Art.5. B-01-03 N°2 du 6 Janvier 2003
**Une tonne de CO_2 de moins qu'une berline familiale à moteur Diesel. Moyenne calculée sur 20 000 km/an.
***Consommations L/100 km (Normes CE) : cycle urbain, extra-urbain, mixte : 5,0/4,2/4,3. Emissions de CO_2 (en cycle mixte) : 104 g/km

▶ N°Azur 0 810 010 088
PRIX APPEL LOCAL

TODAY TOMORROW TOYOTA
Aujourd'hui, demain

ESSENCE / ELECTRICITE

UNE TONNE DE CO_2 EN MOINS PAR AN !**
CONSOMMATION MIXTE : 4.3 L/100KM***

*Le chapier de l'abbatiale
à St-Antoine-l'Abbaye*

où vous pouvez visiter
une église et une grande cave à vin,
le Cellier des Dauphins. Ensuite,
soit vous avez le temps de faire un
saut à Grignan, où résida Madame
de Sévigné, soit vous rentrez à
Montélimar.

3e jour – Vous entrez dans les Préalpes
drômoises, avec ses villages perchés
et ses champs de lavande. Arrêtez-
vous à **La Bégude-de-Mazenc**, puis
à **Le Poët-Laval**, petite merveille
médiévale, ancienne commanderie
de Malte. Poursuivez l'excursion
à **Dieulefit**, centre artisanal et
touristique très actif, où vous
trouverez à vous restaurer. Faites un
tour à **Soyans** et son petit musée
de l'Œuf. De là, rendez-vous dans
la **forêt de Saoû**, nichée au pied
d'impressionnantes falaises, pour une
balade ombragée. Vous pouvez revenir
faire étape au Poët-Laval.

4e jour – Cette dernière belle
journée parmi les collines passe par
Mirmande, **Marsanne**… et la vue
superbe du donjon de **Crest**. Terminez
par une visite au jardin des Oiseaux,
à Upie.

L'ISÈRE INSOLITE
ET LES BALCONS DU RHÔNE

▶ **Circuit de 3 jours au départ
de Valence.**
*Ce circuit peut faire l'objet d'un week-
end prolongé.*
1er jour – Profitez de la matinée
dans la vieille ville de **Valence** qui
vit passer nombre de noms illustres,
dont Bonaparte et Mandrin. Déjeunez
en ville (la grande gastronomie fait
hésiter entre Anne-Sophie Pic, en
ville, et Michel Chabran, à Pont-de-
l'Isère), puis prenez la direction de
Romans-sur-Isère où vous visiterez
l'étonnant musée international de la

Chaussure. C'est peut-être l'occasion
de faire quelques emplettes en ville,
qui reste une capitale de la chaussure.
Découverte de **La Sône**, le long des
rives de l'Isère… à faire en bateau
à roue. Pour conclure cette belle
journée, il vous reste à joindre
St-Marcellin, pour en goûter
le fromage. Dormez au grand calme à
proximité de St-Antoine-l'Abbaye.

2e jour – Faites un tour à l'amusant
Jardin ferroviaire de **Chatte**, puis
gagnez le site surprenant de
St- Antoine, honorant par
une vaste abbaye les reliques de
l'Égyptien du désert. Déjeunez sur
place. La route vous amène ensuite
à observer les façades de galets de
Roybon, puis vous arrivez enfin à
Hauterives. Ici, il faut impérativement
aller visiter le **Palais idéal** du facteur
Cheval, œuvre tout droit sortie des
rêves d'un préposé des Postes. Faites
étape à proximité dans la vallée
de la Galaure.

3e jour – Si vous êtes amateurs
d'animaux et de caresses, dirigez-
vous vers les **Mille et Une Cornes** de
Charmes-sur-l'Herbasse (attention
aux horaires hors saison) ; à défaut,
préférez les paysages du défilé
de St-Vallier pour rejoindre **Tain**.
Dégustez-y, outre votre déjeuner, un
verre d'hermitage qui se passe de tout
commentaire. Accordez une petite
visite à la ville. Pour retrouver Valence,
empruntez la route panoramique qui
vous mène, pour finir, aux
ruines du **château de Crussol**,
forteresse perchée au-dessus
de la vallée. Le cadre est grandiose.

LE BEAUJOLAIS DES VINS,
DES PIERRES ET DES METS

▶ **Circuit de 3 jours au départ
de Villefranche-sur-Saône**
*Ce circuit est une éventuelle idée
de week-end prolongé, en voiture, sauf
que le 2e jour étant alors un dimanche,
vous devrez oublier les emplettes à
Beaujeu…*
1er jour – Rien de plus naturel que de
prendre **Villefranche-sur-Saône**,
capitale du Beaujolais, comme port
d'attache pour ces quatre jours de
découverte des vignobles, vins et
vieilles pierres de la région. Vous
parcourez un inextricable lacis
de petites routes où vous n'aurez
aucun mal à vous perdre, même
si les lieux que vous visitez sont
extrêmement proches les uns des
autres. Commencez par **Belleville,**

ancienne bastide aujourd'hui centre viticole, dont l'église du 12ᵉ s. possède d'intéressants chapiteaux. Au château de **Corcelles**, admirez un grand cuvier du 17ᵉ s. qui fleure le bon vin. Vous entrez dans la région des grands crus en prenant la direction de **Villié-Morgon** et de **Fleurie**, dont vous traversez les vignobles. Le vin, c'est le palais, mais c'est aussi une culture mise à l'honneur par le « Hameau du vin » et sa « gare », à **Romanèche-Thorins**. Pour les enfants, il y a un **parc animalier**. Vous trouverez à vous loger vers Julinas ou Beaujeu.

2ᵉ jour – Capitale historique du Beaujolais, **Beaujeu** vous permet de faire quelques emplettes. Après cet arrêt, montez voir le panorama du **mont Brouilly** sur les vignobles du Beaujolais et la plaine de la Saône. Sans quitter de vue les vignobles, il est temps d'aller visiter quelques beaux sites architecturaux. Faites une halte au prieuré de **Salles-Arbuissonnas-en-Beaujolais**, fondé au 10ᵉ s. Passez devant les châteaux de **Montmelas-St-Sorlin** et de **Jarnioux**, puis gagnez le charmant village d'**Oingt**. Vous trouverez à vous loger et à vous restaurer légèrement vers Tarare.

Le village d'Oingt dans le Beaujolais

Joël Damase / MICHELIN

3ᵉ jour – Pour terminer tranquillement votre séjour, passez par **Ternand** et son joli panorama, puis prenez la direction de **Châtillon** où vous attend une forteresse du 12ᵉ s. Si vous êtes prêt à rallonger votre itinéraire de 20 km, gagnez le restaurant de **Paul Bocuse** à Collonges-au-Mont-d'Or. Retournez vers **St-Jean-des-Vignes**, dont le musée géologique ouvre l'aprèsmidi. Puis rejoignez Villefranche par les charmants villages de **Chazay-d'Azergues** et **Anse**.

Nos idées de week-ends

Voici des propositions pour aller à l'essentiel et profiter pleinement d'une ville le temps d'une escapade.
Pour le Beaujolais et l'Isère, voir aussi plus haut.

LYON

Week-end sans voiture ! De préférence, venez en train ou en avion et adoptez sur place les transports en commun, ou le vélo si vous ne redoutez pas les montées de Fourvière et de la Croix-Rousse. Commencez par consacrer votre matinée aux rues, travoules et cours du **quartier St-Jean**, puis montez à **Fourvière**, pour visiter la basilique et le site archéologique. Le soir, vous n'avez que l'embarras du choix pour trouver un « **bouchon** » (dans le Vieux-Lyon, sur la Presqu'île du côté de l'Opéra, ou vers la rue Mercière). La vie culturelle est très animée, de la musique lyrique aux groupes underground, renseignez-vous à l'office de tourisme ou dans les magazines gratuits (dans les bars). Dimanche, prenez un petit-déjeuner dans un grand café en profitant du marché de la place des Tapis à la **Croix-Rousse**, afin de vous imprégner de l'ambiance presque villageoise du quartier avant d'y déambuler. L'après-midi laissera un peu de repos à vos jambes, avec l'incontournable découverte des **musées**, au moins ceux **des Beaux-Arts** et **des Tissus**. N'hésitez pas à prévoir ici un week-end prolongé, qui vous donnera la possibilité d'ajouter à votre découverte quelques incontournables de l'atmosphère lyonnaise : les **boutiques** hétéroclites du Vieux-Lyon, qui n'ouvrent pas avant 10h le matin ; les achats de **soie** ou **charcuterie** ; les coureurs à pied, pique-niqueurs et promeneurs du **parc de la Tête d'Or**, avec les attraits de sa grande roseraie (l'été), de ses belles serres et de son parc animalier (en toute saison) ; la **Cité internationale** et son architecture d'avant-garde. Il sera difficile d'épuiser les richesses de la ville. Vous en aurez juste assez tâté pour avoir envie d'y revenir…

LE PUY ET SON VELAY

Au **Puy**, ce ne sont pas les hôtels et les chambres d'hôte qui manquent. La découverte de la cité épiscopale et de la vieille ville occupera bien votre première journée dans la région. Prenez votre temps. À l'automne, les traditionnelles Fêtes du Roi de l'Oiseau donnent un sympathique air Renaissance à la haute ville. Vous pouvez également visiter l'**atelier du Conservatoire national de la dentelle** du Puy. Si vous n'en avez pas assez, il reste le musée Crozatier. Le dimanche, prenez la poudre d'escampette et gagnez la campagne. Plusieurs circuits sont possibles : tournées des châteaux avec **Polignac** et **St-Vidal**, ou découverte des beautés naturelles de la région autour du **lac du Bouchet**. Ce site magnifique, placé au milieu des pitons volcaniques, vous surprendra.

VIENNE ET LA VALLÉE DU RHÔNE

Les amateurs de musique préféreront la période du festival de jazz (attention, prévoyez de réserver vos places bien à l'avance) mais, en toute saison, **Vienne** offre de nombreuses possibilités de visites aux accents historiques, d'un temple romain à une cathédrale gothique. La visite du beau musée archéologique de **St-Romain-en-Gal** s'impose et il suffit pour vous y rendre d'enjamber le fleuve. Vous êtes aux portes de la vallée du Rhône. Les circuits ne manquent donc pas pour quelques promenades sympathiques pour votre seconde journée. La voiture permet notamment de découvrir les vignobles environnants (en particulier à **Condrieu** où l'on produit le viognier), ou d'accéder au parc naturel régional du **Pilat**.

ST-ÉTIENNE ET ALENTOURS

Que de promenades en perspective ! Consacrez votre première journée à la visite de St-Étienne : entre la vieille ville, le **musée d'Art Moderne** ou celui **d'Art et d'Industrie**, vous trouverez forcément votre bonheur. Pour le logement, la grande cité propose de nombreux hôtels, du plus cher au plus abordable. Le lendemain, répondez à l'appel de la nature. Les **gorges de la Loire** peuvent être parcourues en voiture… mais sans se presser. Vous trouverez toujours un petit endroit pour vous arrêter et grignoter. Le lac de retenue de **Grangent** ne manque pas d'atouts, avec des faux airs de loch Ness. Là-bas, si l'eau est propre et le courant raisonnable, profitez de **St-Victor-sur-Loire** pour piquer une tête dans

La base nautique de St-Victor-sur-Loire

Joël Damase / MICHELIN

le lac ou pratiquer une autre activité nautique. En toute tranquillité, vous pouvez prévoir une randonnée au **mont Pilat**, au cœur du luxuriant Parc naturel régional.

ROANNE ET LES GORGES DE LA LOIRE

Roanne est un excellent point de départ pour s'offrir un week-end prolongé, partagé entre repas mémorables et balades dans la nature. Vous avez ici tout loisir de découvrir la gastronomie locale avec chaque jour un nouveau plat. Vous découvrirez des paysages variés. Cherchez la fraîcheur du côté des **monts de la Madeleine**. Notez que la route des gorges est bordée des lacets de la Loire. Vous pouvez laisser la voiture en différents endroits et emprunter un petit train touristique au **lac de Villerest** ou marcher. Si vous êtes attiré par les vins et vignobles, optez pour la Côte roannaise. La rivière est aussi très présente avec les **barrages du Rouchain** et **de la Tache** perdus dans les arbres… Les jolies balades à pied ne manquent pas par ici (prévoyez le pique-nique).

VALLÉE ET CORNICHE DE L'EYRIEUX

Deux villes séparées par le fleuve, **Tournon-sur-Rhône** et **Tain-l'Hermitage**. Choisissez l'une ou l'autre pour poser vos bagages le temps de cette pause détente. Qu'il soit rouge ou blanc, le cépage de l'Hermitage est bien connu des gastronomes, alors laissez-vous tenter dans un des restaurants du coin. Rien ne vous empêche de partir en balade dans les vignes. Jolie vue du haut des coteaux.
Le lendemain, une visite un peu plus active s'impose. Vous voilà parti pour une journée dans celle belle **vallée de**

l'**Eyrieux** qui prend de douces teintes roses au printemps tant les vergers de pêchers sont nombreux. De **Vernoux-en-Vivarais**, vous pouvez rejoindre la **corniche de l'Eyrieux** qui serpente à flanc de coteau : c'est très joli et parfois impressionnant.

Si vous disposez d'une troisième journée, allez vous promener dans les **gorges du Doux**. Elles se découvrent à bord d'un petit train datant de la fin du 19e s. Il parcourt la vallée en longeant arbres fruitiers, vignes et forêts.

LES GORGES DE L'ARDÈCHE EN CANOË OU KAYAK

Vallon-Pont-d'Arc (accessible en train et bus) est une bonne base pour s'élancer sur les flots tumultueux de l'Ardèche durant deux ou trois jours. Avant de partir, la première chose à faire est de vous renseigner sur le climat et les crues de l'Ardèche. Organisez-vous bien. Pensez à réserver votre logement et votre matériel si vous voulez le louer (consultez l'office de tourisme de votre choix pour obtenir les adresses de loueurs). Enfin, notez qu'il est obligatoire de réserver sa place dans les bivouacs aménagés. Réservation qui doit être confirmée par règlement dans un délai de sept jours. Les démarches sont à effectuer auprès des offices du tourisme de Ruoms, St-Martin-d'Ardèche et Vallon-Pont-d'Arc. L'afflux des candidats à la descente les week-ends et jours fériés a incité les autorités préfectorales à prendre ces mesures afin que soit respectée la réserve naturelle et que la sécurité des personnes soit assurée.

Les atouts de la région au fil des saisons

La vallée du Rhône est une grande zone de transition climatique où chaque entité réserve des particularités saisonnières.

Au printemps, les contrastes régionaux sont saisissants. Les massifs du Forez et du Pilat conservent leurs manteaux neigeux jusqu'à fin avril, et dans le Mézenc la neige ne fond que fin mai. L'enneigement tardif des cols au Sud du Pilat peut même surprendre l'automobiliste, surtout s'il vient de la vallée rhodanienne où l'éveil du printemps est bien précoce. La douceur est en effet rapidement au rendez-vous dans les vallées de la Drôme, qui embaument des floraisons fruitières, et dans celle de l'Eyrieux, qui se drape d'une chatoyante féerie rose pêche.

De juin à septembre, un temps plus uniformément sec et ensoleillé attend les vacanciers. Aux portes Sud de Valence, l'atmosphère semble déjà toute méditerranéenne. Et dans les gorges de l'Ardèche, au mois d'août, c'est une affluence à faire pâlir les stations de la Côte d'Azur que l'on aperçoit au fond des découpes rocheuses.

L'**automne** garde un caractère doux le long du Rhône, et les étangs de la Dombes se parent de couleurs fauves remarquables à la lumière tamisée d'octobre. De très fortes averses peuvent toutefois marquer la saison dans les Cévennes, tandis qu'en altitude tombent les premiers flocons. C'est en **hiver** que les différences régionales s'accentuent à nouveau : froid, sec et égayé par de belles éclaircies sur l'axe Saône-Rhône, le ciel dépose de lourdes couches de neige sur les pentes du Pilat, du Forez et du Mézenc à la satisfaction des skieurs et des randonneurs. Sur les plateaux vellaves, la neige est balayée par la burle, ce qui peut conduire à la formation rapide de congères menaçantes. Au Sud de Valence, au contraire, le mistral tient les nuages à distance, bien que le domaine méditerranéen ne soit pas exempt d'imprévisibles tempêtes.

En toute saison, **Lyon** conserve une pointe d'originalité. Les brumes denses de l'été sont accompagnées de chaleurs lourdes, et celles de l'hiver forment un épais couvercle sur la ville, dont il ne faut pas nier le charme particulier, souvent invoqué par les écrivains. Le **Lyonnais** se montre pourtant sous son jour le plus favorable à la lumière du printemps et de l'automne.

Quel temps pour demain ?

Les services téléphoniques de Météo France – Taper **3250** suivi de :
1 : toutes les météos départementales jusqu'à 7 jours (DOM-TOM compris).
2 : météo des villes.
4 : météo montagne.
Accès direct aux prévisions du département – ☎ 0 892 680 2 suivi du numéro du département (0,34 €/mn). Toutes ces informations sont également disponibles sur **www.meteo.fr**

S'Y RENDRE ET CHOISIR SES ADRESSES

Où s'informer avant de partir

ADRESSES UTILES

Ceux qui aiment préparer leur voyage dans le détail peuvent rassembler toute la documentation utile auprès des professionnels du tourisme de la région. Outre les adresses indiquées ci- dessous, sachez que les coordonnées des offices de tourisme ou syndicats d'initiative des villes et sites décrits dans le corps de ce guide sont précisées dans l'encadré pratique (paragraphe « Adresses utiles »).

Un numéro pour la France, le 3265 – Un nouvel accès facile a été mis en place pour joindre tous les offices de tourisme et syndicats d'initiative en France. Il suffit de composer le 3265 (0,34 €/mn) et prononcer distinctement le nom de la commune. Vous serez alors directement mis en relation avec l'organisme souhaité.

Comités régionaux du tourisme

Rhône-Alpes (Ain, Ardèche, Drôme, Loire, Rhône) – 104 rte de Paris - 69260 Charbonnières-les-Bains - 📞 04 72 59 21 59 - www.rhonealpes-tourisme.com

Auvergne (Haute-Loire) – Parc technologique La Pardieu - 7 allée Pierre-de-Fermat - CS 50 502 - 63178 Aubière Cedex - 📞 0 810 827 828 - www.auvergne-tourisme.info

Comités départementaux du tourisme

Ain – 34 r. du Gén.-Delestraint - BP 78 - 01002 Bourg-en-Bresse Cedex - 📞 04 74 32 31 30 - www.ain-tourisme.com

Ardèche – 4 cours du Palais - 07000 Privas - 📞 04 75 64 04 66 - www.ardeche-guide.com et www.ardeche-resa.com

Drôme – 8 r. Baudin - BP 531 - 26005 Valence - 📞 04 75 82 19 26 - www.drometourisme.com

Isère – 14 r. de la République - BP 227 - 38019 Grenoble Cedex - 📞 04 76 54 34 36 - www.isere-tourisme.com

Maison de l'Isère – 2 pl. André-Malraux - 75001 Paris - 📞 01 42 96 08 43.

Loire – 5 pl. Jean-Jaurès - 42021 St-Étienne Cedex 1 - 📞 04 77 43 59 14.

Haute-Loire – Hôtel du département - 1 pl. Mgr-de-Galard - BP 332 - 43012 Le Puy-en-Velay Cedex - 📞 04 71 07 41 54 - www.mididelauvergne.com

Rhône – 35 r. St-Jean - 69005 Lyon - 📞 04 72 56 70 40 - www.rhonetourisme.com

Internet

Conseil général de la Drôme : www.cg26.fr

Conseil général du Rhône : www.cg69.fr

Mairie de Lyon : www.mairie-lyon.fr

Société historique et archéologique du Forez : www.ladiana.com

Histoire de la Drôme : www.memoire-drome.com

Journal Le Progrès : www.leprogres.fr www.ardecheinfo.com

Sites de magazines culturels : www.plumart.com et www. sitartmag. com www.lyonweb.fr : référence des sites de la région.

TOURISME DES PERSONNES HANDICAPÉES

Un certain nombre de curiosités décrites dans ce guide sont accessibles aux personnes à **mobilité réduite**, elles sont signalées par le symbole ♿. Le degré d'accessibilité et les conditions d'accueil variant toutefois d'un site à l'autre, il est recommandé d'appeler avant tout déplacement.

Accessibilité des infrastructures touristiques

Lancé en 2001, le **label national Tourisme et Handicap** est délivré en fonction de l'accessibilité des équipements touristiques et de loisirs au regard des quatre grands handicaps : auditif, mental, moteur ou visuel. À ce jour, un millier de sites labellisés (hébergement, restauration, musées, équipements sportifs, salles de spectacles, etc.) ont été répertoriés en France. Vous pourrez en consulter

SNCF

TGV

Prenez le temps d'aller vite

Et maintenant, choisissez la meilleure façon de voyager...

TGV vous accompagne jusqu'au cœur des villes, en toute sécurité, sans encombrement ni stress. Confortablement installé, profitez du temps à bord pour vous détendre ou préparer votre séjour. ✳ ✳ ✳ ✳ ✳ ✳ ✳ ✳ ✳ ✳ ✳ ✳ *Rendez-vous sur tgv.com*

la liste sur le site Internet de Maison de France à l'adresse suivante : **www.franceguide.com**

Le magazine *Faire Face* publie chaque année, à l'intention des personnes en situation de handicap moteur, un hors-série intitulé *Guide vacances*. Cette sélection de lieux et offres de loisirs est disponible sur demande (4,70 €, frais de port non compris) auprès de l'**Association des Paralysés de France** : APF - Direction de la Communication - 17 bd Auguste Blanqui - 75013 Paris - faire-face@apf. asso.fr - www.apf.asso.fr/.

Pour de plus amples renseignements au sujet de l'accessibilité des musées aux personnes atteintes de handicaps moteurs ou sensoriels, consultez le site **http://museofile.culture.fr** qui répertorie nombre de musées français.

La gare de Lyon-Perrache

Joël Damase / MICHELIN

Accessibilité des transports

Train – Disponible gratuitement dans les gares et boutiques SNCF ou sur le site www.voyages-sncf.com, le *Mémento du voyageur handicapé* donne des renseignements sur l'assistance à l'embarquement et au débarquement, la réservation de places spéciales, etc.
À retenir aussi, le numéro vert SNCF Accessibilité Service ℘ 0 800 15 47 53.

Avion – Air France propose aux personnes handicapées le service d'assistance Saphir, avec un numéro spécial : ℘ 0 820 01 24 24. Pour plus de détails, consulter le site www. airfrance.fr
Publié chaque année par Aéroguide Editions (47 av. Léon Gambetta, 92120 Montrouge ; ℘ 01 46 55 93 43 ; email : infos@aeroguide. fr), l'**Aéroguide France :** aéroports mode d'emploi (59 €, frais de port non compris) donne quant à lui de précieux renseignements sur les

services et assistances aux personnes handicapées dans les aéroports et aérodromes français.

Transports

PAR LA ROUTE

Les grands axes
Informations autoroutières
3 r. Edmond-Valentin - 75007 Paris. Informations sur les conditions de circulation sur les autoroutes :
℘ 0 892 681 077,
www. autoroutes. fr

Les péages
La région est particulièrement bien desservie par les autoroutes qui la sillonnent en étoile au départ de Lyon.

Paris-Lyon :	28,20 €
Lyon-Villefranche-sur-Saône :	1,50 €
Lyon-St-Étienne :	gratuit
Lyon-Montélimar :	9 €
Lyon-Valence :	6,10 €
Valence-Romans-sur-Isère :	gratuit
Lyon-Vienne :	gratuit
Lyon-Grenoble :	8,70 €

Les cartes Michelin
Les cartes **Local** (1/150 000 ou au 1/175 000, avec index des localités et plans des préfectures) ont été conçues pour ceux qui aiment prendre le temps de découvrir une zone géographique réduite (un ou deux départements) lors de leurs déplacements en voiture. Pour ce guide, procurez-vous les cartes **Local 327** (Loire, Rhône)**, 328** (Ain, Haute-Savoie)**, 331** (Ardèche, Haute-Loire)**, 332** (Drôme, Vaucluse) et **333** (Isère, Savoie).
Vous pouvez également consulter la carte **Régional 523** (Rhône-Alpes), au 1/300 000, avec index des localités et plan de la préfecture (Lyon), qui couvre le réseau routier secondaire et donne de nombreuses indications touristiques. Elle est pratique lorsque l'on aborde un vaste territoire ou pour relier des villes distantes de plus de cent kilomètres.
Enfin, n'oubliez pas la **carte de France n° 721** qui offre une vue d'ensemble de la région Rhône-Alpes au 1/1 000 000, avec ses grandes voies d'accès d'où que vous veniez.

Les informations sur Internet et Minitel
Le site **www.ViaMichelin.fr** offre une multitude de services et d'informations pratiques d'aide à la mobilité (calcul

d'itinéraires, cartographie : des cartes pays aux plans de villes, sélection des hôtels et restaurants du Guide Michelin France…) sur la France et d'autres pays d'Europe.

Les calculs d'itinéraires sont également accessibles sur **Minitel** (3615 ViaMichelin) et peuvent être envoyés par **fax** (3617 ou 3623 Michelin).

EN TRAIN

Les grandes lignes
Le TGV Sud-Est relie Paris à Lyon en 1h55, St-Étienne en 2h45 (peu de trains), Valence en 1h50, Montélimar en 2h50. Les gares de la Part-Dieu et de Perrache sont à proximité immédiate du centre-ville de Lyon grâce au réseau du métro. En revanche, la gare TGV de Valence est hors du centre, auquel elle est reliée par une navette.

Informations et réservations
Ligne directe : ☏ 3635 (0,34 €/mn)
3615 SNCF
www.voyages-sncf.com

Les Trains express régionaux
Les **TER** sillonnent toute la région au départ des villes principales. Depuis Lyon, vous pouvez rejoindre Roanne (1h15), Bourgoin-Jallieu (40mn), Méximieux-Pérouges (30mn), Le Puy (2h30). Depuis Valence, gagnez Romans-sur-Isère (7mn), Privas (à partir de 52mn).
Ces lignes ferroviaires sont renforcées, ou dans certains cas doublées, par des lignes d'**autocars** (TER) qui vous permettent de rejoindre par exemple des villes comme Vallon-Pont-d'Arc depuis Montélimar (1h30) ou d'effectuer des liaisons peu commodes en train.

Info pratique

Bon à savoir – À certaines périodes de l'année vous pouvez bénéficier d'offres intéressantes : avec le billet TER Rhône-Alpes Temps Libre, par xemple, 25 % de réduction sont accordés à toute personne effectuant un aller-retour le week-end en TER .

Informations et réservations sur le réseau régional
Ligne directe : ☏ 3635 (0,34 €/mn)
3615 TER
www.ter-sncf.com/[nom de la région].

Les bons plans
Les tarifs de la SNCF varient selon les périodes : – 50 % en période bleue, – 25 % en période blanche, plein tarif en période rouge (calendriers disponibles dans les gares et boutiques SNCF).

Les cartes de réduction
Différentes réductions sont offertes grâce aux cartes suivantes, valables un an, en vente dans les gares et boutiques SNCF :
- **carte enfant** pour les moins de 12 ans ;
- **carte 12-25** pour les 12-25 ans, qui peut être achetée la veille de ses 26 ans pour l'année suivante ;
- **carte senior** à partir de 60 ans. Ces différentes cartes offrent une réduction de 50 % sur tous les trains dans la limite des places disponibles et sinon 25 %. La SNCF offre la possibilité de les essayer une fois gratuitement en prenant la carte découverte appropriée.

Les familles ayant au minimum 3 enfants mineurs peuvent bénéficier d'une **carte famille nombreuse** (16 € pour l'ensemble des cartes, valables 3 ans) permettant une réduction individuelle de 30 à 75 % selon le nombre d'enfants (la réduction est toujours calculée sur le prix plein tarif de 2e classe, même si la carte permet de voyager également en 1re). Elle ouvre droit à d'autres réductions hors SNCF (*voir p. 25*).

La **carte Grand Voyageur**, valable 3 ans, permet de gagner des points et d'avoir des réductions exclusives. Elle donne aussi accès à certains services comme le transport des bagages.

La **carte Escapade** permet une réduction de 25 % sur tous les trains pour des allers-retours d'au moins 200 km, comprenant une nuit sur place du samedi au dimanche.

Les réductions sans carte
Sans disposer d'aucune carte, vous pouvez bénéficier de certains tarifs réduits.
Sur Internet, profitez des **billets Prem's** : très avantageux pourvu que vous réserviez suffisamment à l'avance, ils s'achètent uniquement en ligne mais ne sont ni échangeables ni remboursables.

Les **billets Découverte** offrent quant à eux des réductions de 25 % pour les moins de 25 ans, les plus de 60 ans, et sous certaines conditions entre 25 et 60 ans. Si vous effectuez un aller-retour d'au moins 200 km et si votre séjour comprend une nuit du samedi au dimanche, vous pouvez profiter du tarif **Découverte Séjour**. Si vous êtes de 2 à 9 personnes à effectuer un aller-retour, que vous ayez ou non un lien de parenté, et si votre voyage comprend au moins une nuit entre l'aller et le retour, vous pouvez bénéficier du tarif **Découverte à deux**.

EN AVION

La région, dotée de plusieurs aéroports, est reliée à de nombreuses villes françaises et européennes. Sur le trajet Paris-Lyon, il vous sera possible de trouver des vols à des prix intéressants autour de 32 € *(voir ci-après les « Bons plans »)*. Mais sans tarifs promotionnels, le voyage en avion reste cher (pas moins de 92 € pour un vol de Lyon à Paris).

Les compagnies aériennes

Air France – La compagnie nationale dessert l'aéroport de Lyon au départ d'Ajaccio, Brest, Bastia, Biarritz, Bordeaux, Clermont-Ferrand, Caen, Calvi, Figari, Le Havre, Limoges, Lorient, Mulhouse, Metz, Nantes, Paris et Toulouse. Renseignements et réservations : ✆ 0 820 820 820 - www.airfrance.fr

Corsair – La compagnie propose des vols à prix réduits reliant la Réunion à l'aéroport de Lyon - renseignements et réservations - ✆ 0 820 042 042 (0,12 €/mn) - www.corsair.fr

Les aéroports desservant la région

Lyon-Saint-Exupéry – ✆ 0 826 800 826 - www.lyon.aeroport.fr

St-Étienne-Bouthéon – Aéroport International Saint-Étienne-Loire - 42160 Andrézieux-Bouthéon - ✆ 04 77 55 71 71 - www.saint-etienne.aeroport.fr

Clermont-Ferrand-Auvergne – ✆ 04 73 62 71 00. www.clermont-fd.cci.fr/aeroport/aeroport.php

Les bons plans

N'hésitez pas à surfer sur le Net pour bénéficier des meilleures offres (promos, vols de dernière minute). Voici quelques sites donnant accès à ces billets à bas coût :
www.lastminute.com
www.opodo.fr
www.anyway.com
www.voyagermoinscher.com
www.bevedair.com (au départ de Beauvais)
www.govoyages.fr
www.easyjet.com
www.voyages-sncf.com

Budget

FORFAITS TOURISTIQUES

Pensez à les conserver sur vous pour pouvoir les présenter dans chaque site participant à l'opération.

Forfait « Offres privilèges »

Concernant les villes d'art en Rhône-Alpes, ce guide, disponible auprès des offices de tourisme, contient de multiples coupons de réductions ou de gratuité dans les musées, lieux de visite, hôtels, restaurants ou même parkings de Lyon, St-Étienne et Valence.

Passeport patrimoine

Il réunit 45 sites de la Loire, tels que le musée d'Art Moderne de St-Étienne ou l'écomusée des monts du Forez, par des tarifs préférentiels. Le passeport est délivré gratuitement dans chacun de ces sites dès la première visite. La cinquième visite est gratuite et le passeport est valable un an.

« Les incontournables »

L'aven d'Orgnac, le safari de Peaugres, le Palais idéal du facteur Cheval et le château de Grignan (voir Le Guide Vert Provence) se sont eux-même baptisés de ce nom. L'accès à l'un d'eux donne droit à une entrée gratuite pour deux payantes dans chacun des trois autres.

LES BONS PLANS

Sachez que vous pouvez obtenir des réductions grâce aux solutions suivantes.

Les chèques vacances

Ce sont des titres de paiement permettant d'optimiser le budget vacances/loisirs des salariés grâce à une participation de l'employeur. Les salariés du privé peuvent se les procurer auprès de leur employeur ou de leur comité d'entreprise ; les fonctionnaires auprès des organismes sociaux dont ils dépendent. On peut les utiliser pour régler toutes les dépenses liées à l'hébergement, à la restauration, aux transports ainsi qu'aux loisirs. Il existe aujourd'hui plus de 135 000 points d'accueil.

La carte famille nombreuse

On se la procure auprès de la SCNF *(voir p. 23)*. Elle ouvre droit, outre les billets de train à prix réduits, à des réductions très diverses auprès de la RATP et du RER, des musées nationaux, de certains sites privés, parcs d'attractions, loisirs et équipements sportifs, cinémas et même certaines boutiques. Mieux vaut l'avoir sur soi et demander systématiquement s'il existe un tarif préférentiel famille nombreuse.

Bon-week en ville

Quatre villes participent à l'opération « Bon week-end en ville » (2 nuits d'hôtel pour le prix d'une dans les principaux lieux d'hébergement ainsi que de nombreux avantages sur les activités culturelles) : Le Puy-en-Velay, Lyon, Montélimar et St-Étienne. Pour plus d'informations, consultez www. bon-week-end-en-villes.com

NOS ADRESSES D'HÉBERGEMENT ET DE RESTAURATION

Au fil des pages, vous découvrirez nos **encadrés pratiques**, sur fond vert. Ils présentent une sélection d'établissements dans et à proximité des villes ou des sites touristiques remarquables auxquels ils sont rattachés. Pour repérer facilement ces adresses sur nos plans, nous leur avons attribué des pastilles numérotées.

Nos catégories de prix

Pour vous aider dans votre choix, nous vous communiquons une **fourchette de prix** : pour l'hébergement, le premier prix correspond au tarif d'une chambre simple et le second à celui d'une chambre double ; pour la restauration, ces prix indiquent les tarifs minimum et maximum des menus proposés sur place.

Les prix que nous indiquons sont ceux pratiqués en **haute saison** ; hors saison, de nombreux établissements proposent des tarifs plus avantageux, renseignez-vous… Dans chaque encadré, les adresses sont classées en quatre catégories de prix pour répondre à toutes les attentes *(voir le tableau page suivante)*.

Petit budget – Choisissez vos adresses parmi celles de la catégorie ⬤ : vous trouverez là des hôtels, des chambres d'hôte simples et conviviales et des tables souvent gourmandes, toujours honnêtes.

Budget moyen – Votre budget est un peu plus large. Piochez vos étapes dans les adresses ⬤⬤. Dans cette catégorie, vous trouverez des maisons, souvent de charme, de meilleur confort et plus

De nombreux gîtes de qualité vous attendent.

agréablement aménagées, animées par des passionnés, ravis de vous faire découvrir leur demeure et leur table. Là encore, chambres et tables d'hôte sont au rendez-vous, avec également des hôtels et des restaurants plus traditionnels, bien sûr.

Budgets confortable et haut de gamme – Vous souhaitez vous faire plaisir, vous aimez voyager dans des conditions très confortables ? Les catégories ⬤⬤⬤ et ⬤⬤⬤⬤ sont pour vous… La vie de château dans de luxueuses chambres d'hôte pas si chères que cela ou dans les palaces et les grands hôtels : à vous de choisir ! Vous pouvez aussi profiter des décors de rêve de lieux mythiques à moindres frais, le temps d'un brunch ou d'une tasse de thé…

À moins que vous ne préfériez casser votre tirelire pour un repas gastronomique dans un restaurant renommé. Sans oublier que la traditionnelle formule « tenue correcte exigée » est toujours d'actualité dans ces établissements !

Se loger

NOS CRITÈRES DE CHOIX

Les hôtels

Nous vous proposons, dans chaque encadré pratique, un choix très large en terme de confort. La location se fait à la nuit (petit-déjeuner en supplément). Certains établissements assurent un service de restauration accessible à la clientèle extérieure.

Pour un choix plus étoffé et actualisé, **Le Guide Michelin France** recommande hôtels et restaurants sur toute la France. Pour chaque établissement, le niveau de confort et de prix est indiqué, en plus de nombreux renseignements pratiques.

Le symbole « **Bib Gourmand** » 😋 sélectionne les tables qui proposent une cuisine soignée à moins de 26 € en province.

Le symbole « **Bib Hôtel** » 🏠 signale des hôtels pratiques et accueillants offrant une prestation de qualité à prix raisonnable.

Les chambres d'hôte

Vous êtes reçu directement par les habitants qui vous ouvrent leur demeure. L'atmosphère est plus conviviale qu'à l'hôtel, et l'envie de communiquer doit être réciproque : misanthropes, s'abstenir ! Les prix, mentionnés à la nuit, incluent le petit-déjeuner.

Certains propriétaires proposent aussi une table d'hôte, en général le soir, et toujours réservée aux résidents de la maison. Il est très vivement conseillé de réserver votre étape, en raison du grand succès de ce type d'hébergement.

👁 **Bon à savoir** – Certains établissements ne peuvent pas recevoir vos compagnons à quatre pattes ou les accueillent moyennant un supplément, pensez à le demander lors de votre réservation.

Le camping

Le **Guide Camping Michelin France** propose tous les ans une sélection de terrains visités régulièrement par nos inspecteurs. Renseignements pratiques, niveau de confort, prix, agrément, location de bungalows, de mobile homes ou de chalets y sont mentionnés.

LES BONS PLANS

Les services de réservation

Fédération nationale des services de réservation Loisirs-Accueil – 280 bd St-Germain - 75007 Paris - 📞 01 44 11 10 44 - www.resinfrance. com ou www.loisirsaccueilfrance.com

Elle propose un large choix d'hébergements et d'activités de qualité, édite un annuaire regroupant les coordonnées des 62 services Loisirs-Accueil et, pour tous les départements, une brochure détaillée.

Fédération nationale Clévacances – 54 bd de l'Embouchure - BP 52166 - 31022 Toulouse Cedex - 📞 05 61 13 55 66 - www.clevacances.com Elle propose près de 23 500 locations de vacances (appartements, chalets, villas, demeures de caractère, pavillons en résidence) et 2 800 chambres sur 79 départements en France et outre-mer, et publie un catalogue par département (passer commande auprès des représentants départementaux Clévacances).

Les locations de maisons

La formule à la semaine, ou au mois, s'avère économique au-delà de 3 personnes. Vous en trouverez, à des prix variables, sur de nombreux sites Internet, certains particulièrement fournis : www.explorimmo.com ; www.1000gites.com ; www. homelidays.com ; www.a-gites.com ; www.pour-les-vacances.com ; www. abritel.fr ; www.bertrandvacances. com ; www.fr.lastminute.com ; www. terres-de-vacances.com.

L'hébergement rural

Fédération des Stations vertes de vacances et Villages de neige – BP 71698 - 21016 Dijon Cedex - 📞 03 80 54 10 50 - www. stationsvertes.com Situées à la campagne et à la montagne, les 588 Stations vertes sont des destinations de vacances familiales reconnues pour leur qualité de vie (produits du terroir, loisirs variés, cadre agréable) et pour la qualité de leurs structures d'accueil et d'hébergement.

NOS CATÉGORIES DE PRIX				
	Se restaurer (prix déjeuner)		Se loger (prix de la chambre double)	
	Province	Grandes villes Stations	Province	Grandes villes Stations
😋	jusqu'à 14 €	jusqu'à 16 €	jusqu'à 40 €	jusqu'à 60 €
😋😋	plus de 14 € à 25 €	plus de 16 € à 30 €	plus de 40 € à 65 €	plus de 60 € à 90 €
😋😋😋	plus de 25 € à 40 €	plus de 30 € à 50 €	plus de 65 € à 100 €	plus de 90 € à 130 €
😋😋😋😋	plus de 40 €	plus de 50 €	plus de 100 €	plus de 130 €

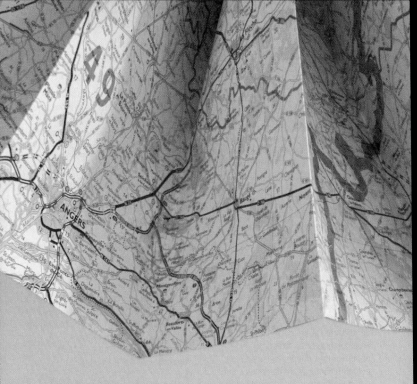

Découvrez la France

Avec
Jean-Patrick Boutet
«Au cœur des régions»

Frédérick Gersal
«Routes de France»

Bienvenue à la ferme – Le guide *Bienvenue à la ferme*, édité par l'assemblée permanente des chambres d'agriculture (service Agriculture et Tourisme - 9 av. George-V - 75008 Paris - ℰ 01 53 57 11 44), est aussi en vente en librairie ou sur **www.bienvenue-a-la-ferme. com**. Il propose par région et par département des fermes-auberges, campings à la ferme, fermes de séjour, mais aussi des loisirs variés : chasse, équitation, approches pédagogiques pour enfants, découverte de la gastronomie des terroirs en ferme-auberge, dégustation et vente de produits de la ferme.

Maison des Gîtes de France et du Tourisme vert – 59 r. St-Lazare - 75439 Paris Cedex 09 - ℰ 01 49 70 75 75 - www.gites-de-france.com Cet organisme donne les adresses des relais départementaux et publie des guides sur les différentes possibilités d'hébergement en milieu rural (gîtes ruraux, chambres et tables d'hôte, gîtes d'étape, chambres d'hôte de charme, gîtes de neige, gîtes de pêche, gîtes d'enfants, camping à la ferme, gîtes Panda).

L'hébergement pour randonneurs

Guide et site Internet – Les randonneurs peuvent consulter le guide *Gîtes d'étapes, refuges*, par A. et S. Mouraret (Rando Éditions La Cadole - 74 r. A.-Perdreaux - 78140 Vélizy - ℰ 01 34 65 11 89), et **www.gites-refuges.com**. Cet ouvrage et ce site sont principalement destinés aux amateurs de randonnée, d'alpinisme, d'escalade, de ski, de cyclotourisme et de canoë-kayak.

Label Saint-Jacques – Il concerne les gîtes et chambres d'hôte situés à proximité des chemins de St-Jacques s'étant engagés à valoriser ce thème : mise à disposition de documentation, décoration intérieure, accueil, etc. **Renseignements** : Gîtes de France des Pyrénées-Atlantiques - 20 r. Gassion - 64000 Pau - ℰ 05 59 22 20 64 - www. gites64.com

Les auberges de jeunesse

Ligue française pour les auberges de la jeunesse – 67 r. Vergniaud - bât. K - 75013 Paris - ℰ 01 44 16 78 78 - www.auberges-de-jeunesse.com La **carte LFAJ** est délivrée moyennant une cotisation annuelle de 10,70 € pour les moins de 26 ans et de 15,25 € au-delà de cet âge.

POUR DÉPANNER

Les chaînes hôtelières

L'hôtellerie dite « économique » peut éventuellement vous rendre service. Sachez que vous y trouverez un équipement complet (sanitaire privé et télévision), mais un confort très simple. Souvent à proximité de grands axes routiers, ces établissements n'assurent pas de restauration. Toutefois, leurs tarifs restent difficiles à concurrencer (moins de 45 € la chambre double). En dépannage, voici donc les centrales de réservation de quelques chaînes : **Akena** – ℰ 01 69 84 85 17. **B & B** – ℰ 0 892 782 929. **Etap Hôtel** – ℰ 0 892 688 900. **Villages Hôtel** – ℰ 03 80 60 92 70. Enfin, les hôtels suivants, un peu plus chers (à partir de 58 € la chambre), offrent un meilleur confort et quelques services complémentaires : **Campanile** – ℰ 01 64 62 46 46. **Kyriad** – ℰ 0 825 003 003. **Ibis** – ℰ 0 825 882 222.

Se restaurer

La France des terroirs prend toute sa dimension dans cette région mosaïque qui réunit des traditions culinaires aussi variées que savoureuses. Sa réputation n'est d'ailleurs plus à faire, soutenue par de très nombreux établissements de qualité. À tout seigneur tout honneur, Lyon est sans conteste le royaume de la bonne chère où il est difficile de faire son choix : les bouchons traditionnels offrent d'irrésistibles plats de charcuterie arrosés des crus fruités du Beaujolais, les « mères » rassasiaient les plus exigeants de leurs fameuses recettes traditionnelles tandis que les grands chefs déclinent avec brio les richesses gastronomiques de la région. Et ce n'est pas le choix qui manque, jugez-en plutôt : les fins poissons de la Dombes, les fruits de la vallée de l'Eyrieux, les marrons des Boutières, le nougat de Montélimar, les succulentes ravioles de Romans, les caillettes d'Ardèche, le cortège royal des côtes-du-rhône… Vous l'aurez compris, la palette des saveurs est illimitée dans cette terre de passage qui allie les traditions à de multiples influences. Dans le cadre prestigieux du Vieux-Lyon, devant la cheminée d'un château féodal, sur une table rustique d'auberge campagnarde, le plaisir est toujours au rendez-vous pour les disciples de Rabelais.

NOS CRITÈRES DE CHOIX

Pour répondre à toutes les envies, nous avons sélectionné des **restaurants** régionaux bien sûr, mais aussi classiques, exotiques ou à thème… Et des lieux plus simples, où vous pourrez grignoter une salade composée, une tarte salée, une pâtisserie ou déguster des produits régionaux sur le pouce. Quelques **fermes-auberges** vous permettront de découvrir les saveurs de la France profonde. Vous y goûterez des produits authentiques provenant de l'exploitation agricole, préparés dans la tradition et généralement servis en menu unique. Le service et l'ambiance sont bon enfant. Réservation obligatoire !
Par ailleurs, si vous souhaitez déguster des spécialités régionales dans une auberge ou mitonner vous-même de bons petits plats avec les produits du terroir, le **Guide Gourmand Michelin Rhône-Alpes** vous permettra de trouver les boutiques de bouche reconnues, les adresses des marchés, la liste des spécialités culinaires régionales et leurs recettes, des adresses de restaurants aux menus inférieurs à 28 €.
Enfin, n'oubliez pas que les restaurants d'hôtels peuvent vous accueillir.

LES SITES REMARQUABLES DU GOÛT

Quelques sites de la région (lieux de production, coopératives, foires et marchés ou manifestations), dont la richesse gastronomique s'appuie sur des produits de qualité liés à un environnement culturel intéressant et à une réelle volonté d'accueil touristique, ont été dotés du label « Sites remarquables du goût ».
Il s'agit de deux parcours parmi les **étangs de la Dombes** (Ain) pour sa technique traditionnelle de pêche, et de la **Châtaigneraie de Privas** (Ardèche) dont la présence a façonné tant le paysage que la gastronomie ou le mobilier régional, comme l'atteste la Maison du châtaignier.
Pour en savoir plus :
www. sitesremarquablesdugout.com

LES GRANDS CHEFS DE LA RÉGION

La vallée du Rhône est une région gourmande. La preuve ? Elle se trouve dans l'assiette de huit cuisiniers distingués que nous vous recommandons.

Dans le Rhône

Les mots manquent pour qualifier **Paul Bocuse**, immense chef. Un monument ! Son parcours, exceptionnel, affiche 3 étoiles depuis 1965 : un record ! Faisant figure de novateur dans les années 1965-1970, il est devenu au fil du temps une référence incontournable de la cuisine classique. Certaines de ses créations sont déjà passées à la postérité tels le loup en croûte, la soupe aux truffes, etc. Grand meneur d'hommes et remarquable formateur de talents, ses élèves font la renommée de la gastronomie française. Il est également l'initiateur du concours « Le Bocuse d'Or », l'un des plus sélectifs concours de chefs au monde.
Paul Bocuse à Lyon (Collonges),
04 72 42 90 90.

Bouchon lyonnais

Stéphane Sauvignier / MICHELIN

Ayant succédé en 1972 à son père à l'âge de 23 ans, **Jean-Paul Lacombe** a conservé l'excellente réputation de cet élégant restaurant typiquement lyonnais. Les plats, concoctés avec une grande maîtrise, mettent en valeur les produits du terroir et magnifient les recettes locales. Toutes les « fines gueules » lyonnaises se précipitent dans ce véritable conservatoire qui porte avec brio ses 2 étoiles. Inutile de préciser que le talent de J.-P. Lacombe contribue depuis de nombreuses années à la réputation culinaire de « Léon de Lyon «.
Léon de Lyon (✆ 04 72 10 11 12).

Chantal Chagny est une cuisinière passionnée par son métier et fidèle à Fleurie depuis 1969, date de la création du restaurant. Au fil du temps, constamment en quête de simplicité, Chantal Chagny a épuré sa cuisine tout en proposant des recettes authentiques du terroir, ou plutôt « des terroirs » qu'elle sert dans son auberge, véritable ambassade du Beaujolais.
Le Cep à Fleurie, ✆ 04 74 04 10 77.

Dans la Loire

La Gare de Roanne : face à la maison Troisgros ! Cette boutade, néanmoins très réaliste, en dit long sur la réputation du restaurant, véritable institution qui fait partie du patrimoine culinaire de la France. **Michel Troisgros** est le digne successeur de son père Pierre et de son oncle Jean, d'une adresse créée par son grand père Jean-Baptiste. Il réalise une cuisine créative de haute volée distinguée par 3 étoiles.
04 77 71 66 97.

Dans l'Isère

Patrick Henriroux, originaire de Franche-Comté, a relevé le défi de reprendre les cuisines de La Pyramide à Vienne, rendue mondialement célèbre par Fernand Point. Après avoir fait ses classes notamment chez Georges Blanc à Vonnas, il passe quelques années comme chef à la Ferme de Mougins avant de rejoindre Vienne en 1989 où il concocte une cuisine inventive largement influencée par son séjour dans le midi de la France. Il a réussi à affirmer son identité tout en gardant l'âme du lieu.

Sa devise « travailler sans oublier, sans oublier d'être au goût du jour ». D'une grande humilité et d'une grande gentillesse, il fait l'unanimité parmi ses pairs et ses clients. Son talent lui a permis de « décrocher » 2 étoiles.
La Pyramide à Vienne, ✆ 04 74 53 01 96.

Dans la Drôme

Paradoxalement, **Anne-Sophie Pic**, descendante d'une illustre lignée de cuisiniers (sa famille est célèbre depuis plus de cent ans), est quasiment autodidacte. Après de brillantes études de commerce, l'appel des fourneaux a été le plus fort. Elle a fait ses classes auprès de son père, talentueux chef trois étoiles, puis aidée de toute l'équipe de cuisine de cette mythique maison. Elle maintient avec brio la réputation de la maison Pic et a largement contribué à féminiser l'image de la haute cuisine. Une des meilleures femmes-chefs de France.
Pic à Valence, ✆ 04 75 44 15 32.

Depuis 1970, **Michel Chabran** est fidèle à sa maison située sur le 45e parallèle à Pont de l'Isère. L'hôtel-restaurant est passé d'une petite maison familiale à un bel et confortable établissement grâce à l'opiniâtreté et au dynamisme de son chef patron. Considéré comme un novateur dans les années 1980, Michel Chabran a évolué vers un style plus classique où les produits du terroir et les vins locaux sont largement à l'honneur. *Michel Chabran à Pont-de-l'Isère, ✆ 04 75 84 60 09.*

Dans la Haute-Loire

Aujourd'hui, qui ne connaît pas St-Bonnet-le-Froid ?.. et grâce à qui ? À **Régis Marcon** bien sûr ! Très attaché à son village et au terroir, il est *le* spécialiste de la préparation des champignons. Sa cuisine créative qui enchante les palais a reçu la récompense suprême de la 3e étoile en 2005. La modestie du personnage n'a d'égale que ses compétences de formateur et son talent de meneur d'hommes. À son palmarès : vainqueur du 1er concours du Bocuse d'Or.
Régis Marcon à St-Bonnet-le-Froid, ✆ 04 71 59 93 72.

Tous les jours, un nouveau monde à découvrir.

Avec Voyage, partez à la rencontre de peuples inconnus, de contrées inexplorées, de paysages idylliques... Grâce à des reportages, magazines d'information, grands documentaires ou émissions culturelles, Voyage vous propose de partager les richesses de notre planète.

VOYAGE
La télé de tous les voyages

Sur le câble et **CANAL**SAT

À FAIRE ET À VOIR

Activités et loisirs de A à Z

Les **comités départementaux** et **comités régionaux de tourisme** (*voir p. 20*) disposent de nombreuses documentations et répondront à vos demandes d'informations quant aux activités proposées dans leur secteur. Pour trouver d'autres adresses de prestataires, reportez-vous aux rubriques « Visite » et « Sports & Loisirs » dans l'encadré pratique des villes et sites.

BAIGNADE

Le nombre important de **lacs naturels et artificiels** permet la pratique de nombreux sports nautiques : natation, voile, planche à voile, et parfois ski nautique. Certains d'entre eux ont été aménagés en **bases de loisirs** : Miribel-Jonage, le lac de Paladru, les retenues de Villerest et de Grangent et surtout le plan d'eau artificiel de St-Pierre-de-Bœuf, remarquable base nautique.

La qualité des eaux de baignade Elle fait l'objet d'une surveillance sanitaire régulière. Les résultats des contrôles sont affichés sur les lieux de baignade et dans les mairies concernées. Ils sont également disponibles auprès des DDASS et consultables sur site Internet du ministère chargé de la Santé : http://baignades.sante.gouv.fr

CANOË-KAYAK

La pratique de cette activité connaît actuellement un succès croissant. Les cours d'eau de cette région sont idéaux pour s'initier et maîtriser les divers aspects de ces deux disciplines.

Le **canoë** (d'origine canadienne) se manie avec une pagaie simple. C'est l'embarcation pour la promenade en famille, sur les rivières et dans les marais (idéal pour découvrir les oiseaux), à la journée, en rayonnant au départ d'une base ou en randonnée pour la découverte d'une vallée à son rythme. Le **kayak** (d'origine esquimaude) se déplace avec une pagaie double. Les lacs et les parties basses des cours d'eau offrent un vaste choix de parcours.

L'importance du réseau hydrographique, combiné à une bonne déclivité, recommande tout particulièrement cette région aux amateurs d'activités d'eau-vive tels le canoë-kayak, le rafting, etc.

Le canoë-kayak se pratique sur des parcours limités dans le cadre d'un centre d'initiation ou sur des descentes de rivières en plusieurs jours.

Les cours du Sornin, du Lignon, du Doux, de l'Eyrieux, la haute et moyenne vallée de l'Ardèche et la retenue de la Terrasse-sur-Dorlay offrent des parcours intéressants aux amateurs.

Les pratiquants sportifs pourront s'initier au « kayak de haute rivière » qui exige une très bonne forme physique et se pratique dans l'Ardèche au printemps et à l'automne.

La Fédération française de canoë-kayak met à la disposition des pratiquants un service télématique signalant la praticabilité des cours d'eau : 3615 Canoeplus.

Fédération française de canoë-kayak – 87 quai de la Marne - BP 58 - 94344 Joinville-le-Pont - ☎ 01 45 11 08 50 - www.ffcanoe.asso.fr - La Fédération édite un livre, *France canoë-kayak et sports d'eaux vives* et, avec le concours de l'IGN, une carte des cours d'eau praticables, *Les Rivières de France*.

CYCLOTOURISME ET VTT

Les amateurs de vélo sont gâtés par la région. Des côtes du Beaujolais aux étangs de la Dombes, des gorges de l'Ardèche aux portes de la Provence et des Alpes, il y en a pour tous les niveaux et toutes les envies.

De nombreux topoguides sont proposés aux amateurs de VTT : *Le*

Les gorges de l'Ardèche ou de Chassezac sont le paradis des canoéistes.

Joël Damase / MICHELIN

Lyonnais à VTT, La Côte roannaise, VTT grand large… Mais il n'y en a pas que pour le VTT dans la région. Ainsi, Le Comité départemental de cyclotourisme de l'Ardèche met à votre disposition plus d'une centaine de pochettes *Balade à vélo* qui dénombrent en tout 3500 circuits ! Autres publications à consulter : *Guide Vélo de l'Ain, Cyclotourisme/VTT dans la Drôme, La Drôme à vélo…*

Fédération française de cyclotourisme – 12 r. Louis-Bertrand - 94207 Ivry-sur-Seine Cedex - ☎ 01 56 20 88 87 - www.ffct.org

Fédération française de cyclisme – 5 r. de Rome - 93561 Rosny-sous-Bois Cedex - ☎ 01 49 35 69 24 - www.ffc. fr - La Fédération propose 46 000 km de sentiers balisés pour la pratique du VTT, répertoriés dans un guide annuel. Dans la région, les sentiers labélisés sont :

– Val de Saône, Ars-sur-Formans (Ain).

– Massif des Bois-Noirs, Noirétable (Loire).

– Pays du Beaujolais, Avenas, Saône vallée, Trévoux (Rhône).

– Lac de Paladru - Val d'Ainan, Charavines (Isère).

– Montagne ardèchoise, Lanarce (Ardèche).

– Drôme des collines, Chatuzange-le-Goubet (Drôme).

À noter : la journée « **Velocio** » attire chaque année en juin tous les « mordus » du cyclotourisme sur les pentes du col de la République, près de St-Étienne *(voir rubrique Événements)*.

GOLF

Les amateurs de ce sport consulteront la carte *Golfs, les parcours français*, établie à partir de la carte Michelin n° 989, aux Éditions Plein Sud. Cette carte fournit localisations précises, adresses et numéros de téléphone.

Fédération française de golf – 68 r. Anatole-France - 92309 Levallois-Perret Cedex - ☎ 01 41 49 77 00 ou 0 892 691 818 - www.ffgolf.org

MONTGOLFIÈRE

La région où est né ce sport garde quelques lieux traditionnels de sa pratique. Outre les baptêmes de l'air traditionnels proposés par de nombreux aéro-clubs régionaux, des vols accompagnés et les vols-découvertes en montgolfière peuvent être réalisés à Annonay et au Puy-en-Velay *(voir ces noms)*.

Société MBP – M. Michel Bredy - 48 chemin Chantegrillet - 69110 Ste Foy-lès-Lyon - ☎ 04 78 59 67 34 - www. vols-en-ballon.com

Les montgolfières d'Annonay – Premier week-end de juin : rassemblement international de montgolfières et reconstitution historique du premier envol d'un aérostat le 4 juin 1783. Fin août : championnat de France de montgolfières. BP 111 - 07102 Annonay Cedex - ☎ 04 75 67 57 56.

NATURE ET ENVIRONNEMENT

Découvrir la nature de la région, ses paysages, sa flore, sa faune et comment l'homme s'y est implanté : voilà un beau programme que divers organismes mettent en application avec souvent beaucoup d'imagination.

Coordination régionale FRAPNA – 19, rue Jean Bourgey, 69625 Villeurbanne Cedex, ☎ 04 78 85 97 07. www.frapna.org. Elle recense toutes les associations.

Ardèche Faune – Grâce à cette association, vous pouvez étudier et apprendre à protéger la faune sauvage (suivi des migrations, recensement des espèces, observation…). Le Village, 07200 Saint-Étienne-de-Fontbellon, ☎ 04 75 35 55 90.

Fermes de découvertes – L'association départementale du tourisme rural propose diverses formules de séjour, notamment dans cinq fermes où viticulteurs, agriculteurs et éleveurs font découvrir leur métier, leur existence et leur environnement. Gîtes de France – Bienvenue à la ferme, 1, rue du Général-Plessier, 69002 Lyon, ☎ 04 72 77 17 50. www.bienvenue-a-la-ferme.com

PÊCHE

La présence de nombreux lacs et étangs, associée à un réseau hydrographique particulièrement dense, favorise la pratique aisée de la pêche. Les affluents du Rhône et ses retenues, ceux de la Saône, de la Loire, de l'Ardèche, de l'Isère et de la Drôme offrent des tronçons classés, selon la qualité de leurs eaux en première catégorie (salmonidés dominants : truite, ombre ou omble chevalier), ou en deuxième catégorie (cyprinidés dominants : carpe, brème ou ablette). En règle générale, le cours supérieur est classé en 1ʳᵉ catégorie, tandis que les cours moyen et inférieur rentrent dans la 2ᵉ.

Les étangs de la Dombes, exploités selon un cycle faisant alterner les périodes d'évolage et d'assec *(voir à « La Dombes »)*, regorgent de tanches, de gardons, de rotengles et de brochets. Ils sont le domaine privilégié des carpes royales ou carpes « miroir ».

Les lits de la Saône et du Rhône abritent, en outre, le plus grand poisson d'eau douce que l'on puisse pêcher en France : le **silure glane**.

Il peut atteindre 3 m de longueur pour un poids avoisinant les 100 kg et affectionne les fonds vaseux où il évolue lentement en se nourrissant principalement de poissons. Sa tête énorme, aplatie et munie de barbillons, dont deux très longs au-dessus d'une bouche largement fendue, en fait une espèce aisément reconnaissable.

La Saône, de Villefranche au confluent du Rhône, est particulièrement fréquentée par le silure qui se pêche au vif, au poisson mort ou au lancer avec des leurres, avec un matériel suffisamment robuste pour supporter la traction d'un animal pouvant atteindre plusieurs dizaines de kilos.

À la pêche, la patience est souvent bien récompensée.

Réglementation – Pour la pêche dans les lacs et les rivières, il convient d'observer la réglementation nationale et locale en vigueur et de prendre contact avec les associations de pêche ou les syndicats d'initiative. Il convient généralement de s'affilier pour l'année en cours dans le département de son choix auprès de l'association agréée ou d'acheter une carte journalière auprès des vendeurs attitrés.

Ardèche – Fédération départementale des associations agréées pour la pêche et la protection du milieu aquatique

- Innoparc, av. Marc-Seguin - 07000 Privas - ☎ 04 75 66 38 80 - www. peche-ardeche.com

Loire – Fédération de la Loire pour la pêche et la protection du milieu aquatique - 14 allée de l'Europe - 42480 La Fouillouse - ☎ 04 77 02 20 00 - www.federationpeche42.org

Drôme – Fédération de la Drôme pour la pêche et la protection du milieu aquatique, BP 309, 50 chemin de Laprat, 26003 Valence Cedex, ☎ 04 75 78 14 40.

Haute-Loire – 32 r. Henri-Chas - Le Val-Vert - 43000 Le Puy-en-Velay - ☎ 04 71 09 09 44 - federation.peche-43@wanadoo.fr

Rhône – Fédération de pêche du Rhône - Le Norly - 42 chemin Moulin-Carron 69130 Écully - ☎ 04 72 18 01 80 - www.federation-peche-rhone.fr

PROMENADES EN BATEAU

Le Rhône, la Saône, l'Isère… La région ne manque pas de cours d'eau sur lesquels naviguer. C'est une façon peu commune de découvrir des lieux aux charmes insoupçonnés : vestiges romains de Vienne, ruines perchées du célèbre château de Crussol, églises et châteaux juchés sur des promontoires agrémentés de vignobles…

Croisières organisées

Cette forme de tourisme permet la découverte de la vallée du Rhône, de l'Isère, de canaux dans la Loire… La grande variété d'embarcations disponibles, du simple bateau jusqu'à la péniche-hôtel confortablement aménagée pour des croisières, est associée à des formules de durée de séjour adaptables au goût de chacun. De nombreux organismes proposent des excursions de durée variable sur un tronçon du Rhône et la partie basse de la Saône, assorties d'un large éventail de prestations (restauration, animation, guidage touristique).

Aqua Viva – La société Aqua Viva, avec le Viking Burgundy, (quai Claude-Bernard à Lyon), organise des croisières d'une semaine, de mars à novembre, de Chalon-sur-Saône à Avignon - renseignements et réservations ☎ 01 58 36 08 36.

Navig'Inter (croisières, promenades, repas sur le Rhône et la Saône) – 13 bis quai Rambaud - 69002 Lyon - ☎ 04 78 42 96 81 - www. naviginter.fr

Royans-Vercors - Navigation-découverte sur l'Isère – Jardin des fontaines pétrifiantes - 38840 La Sône - 📞 04 76 64 43 42 - Départs de La Sône et de St-Nazaire-en-Royans - www.bateau-a-roue.com

Bateaux habitables

En respectant la réglementation en vigueur, on peut soi-même naviguer sur la Saône et le Rhône de Corre à Port-St-Louis-du-Rhône. Les ports de Lyon, des Roches-de-Condrieu et de Valence-l'Épervière offrent des prestations complètes ; un ravitaillement élémentaire peut être obtenu à St-Germain-au-Mont-d'Or, Tournon-sur-Rhône, Viviers et Avignon.

De Lyon à la mer, la descente du Rhône, rendu navigable grâce aux canaux de dérivation, nécessite le franchissement de 12 écluses sur un parcours de 310 km. La durée moyenne de la descente est de deux jours.

L'agglomération lyonnaise a développé un système de haltes fluviales aménagées le long de la Saône, permettant aux plaisanciers d'accoster en sécurité le temps d'une promenade pour admirer la région : Caluire, Albigny, Collonges-au-Mont-d'Or, Rochetaillée, Neuville-sur-Saône et Lyon.

Pour tout renseignement concernant la réglementation de la navigation fluviale dans cette région, s'adresser à l'organisme suivant :

Bureau de la Plaisance – 2 r. de la Quarantaine - 69321 Lyon Cedex 05 - 📞 04 72 56 59 29.

Des bateaux habitables sont disponibles à la **location** à Port-sur-Saône, Gray, St-Jean-de-Losne et Roanne.

Pour la documentation, il est recommandé de se munir du **Guide Vagnon** *Du Rhône de Lyon à la mer*, n° 5, aux Éditions du Plaisancier, 43 porte du Grand-Lyon, 01700 Neyron, 📞 04 72 01 58 68.

À lire également : *La France par les fleuves et les canaux* (Éd. Arthaud, Paris) qui propose les promenades fluviales possibles pour chaque bassin, et *Fleuves et canaux, rivières et lacs de France*, guide-annuaire annuel (Éd. Danaé).

Le canal de Roanne à Digoin – Essentiellement aménagé pour la plaisance, il offre un parcours de 55 km jalonné de 10 écluses. D'avril à octobre, il est également ouvert les week-ends à la navigation de plaisance. La partie décrite dans ce guide se limite aux ports de Roanne et de Briennon. Possibilités de location de bateau.

Les Marins d'eau douce – Port de plaisance - 42720 Briennon - 📞 04 77 69 92 92. Possibilité de croisières sur le canal.

RANDONNÉE ÉQUESTRE

Les centres équestres, regroupés dans les associations d'équitation départementales et régionales, proposent des stages d'initiation et de perfectionnement, ainsi qu'une gamme variée de sorties à cheval, de la simple promenade d'une heure à la randonnée de plusieurs jours dans les monts du Beaujolais, du Lyonnais, du Forez, la vallée de l'Ardèche et le Haut-Vivarais, la Drôme…

Les associations et comités départementaux ci-dessous fournissent les adresses des centres et relais équestres de leur département.

Association Rhône-Alpes pour le tourisme équestre – Isère Cheval Vert, maison du tourisme - BP 227 - 38019 Grenoble Cedex - 📞 04 76 42 85 88 - www.isere-cheval-vert.com

Comités départementaux de tourisme équestre (CDTE)
Ain – CDTE - 705 r. Centrale - 01700 Beynost - 📞 04 78 55 29 03 - réseau départemental de relais d'étapes équestres reliés par 700 km d'itinéraires balisés.

Ardèche – CDTE - La Blache du Mazel - 07440 Champis - 📞 04 75 60 64 33.

Drôme – La Drôme à cheval - 25 r. Pasteur - 26260 St-Donat - 📞 04 75 45 78 79 - www.drome-a-cheval.com

Isère – Isère Cheval Vert, maison du tourisme - BP 227 - 38019 Grenoble Cedex - 📞 04 76 42 85 88 - www.isere-cheval-vert.com

Haute-Loire – CDTE - Labauche - 43320 Vergezac - 📞 04 71 08 08 81.

Loire – Caval'Loire - CDTE, Bernard Bout - 36 r. du Bois-d'Avaize - 42100 St-Étienne - 📞 06 85 38 72 76.

Rhône – CDTE - Haras de Préjeurin - 69700 Échalas - 📞 04 72 24 58 89 - www.cdte-rhone.com

Roulottes et chariots bâchés

En Ardèche, des locations avec initiation à l'attelage et à l'entretien des montures sont proposées. Renseignements auprès du Comité départemental de tourisme.

RANDONNÉES PÉDESTRES

Fédération française de la randonnée pédestre – 14 r. Riquet - 75019 Paris - 📞 01 44 89 93 93 - www.ffrp.asso.fr - La Fédération donne le

Joël Damase / MICHELIN

La magie des promenades à cheval.

tracé détaillé des GR, GRP et PR ainsi que d'utiles conseils.

De nombreux sentiers de Grande Randonnée, balisés par des traits horizontaux blancs et rouges, sillonnent les régions de moyenne montagne décrites dans ce guide.

Le GR 3 part du Gerbier-de-Jonc (source de la Loire), longe le fleuve dans son bassin supérieur et rejoint le col du Béal en suivant la ligne de crête des monts du Forez.

Le GR 7 et ses variantes permettent d'effectuer le tour des monts du Beaujolais et celui des monts du Lyonnais. Dans le massif du Pilat, le Haut-Vivarais et le Velay, il suit, au plus près, la ligne de partage des eaux entre l'océan Atlantique et la Méditerranée.

Le GR 40, qui fait le tour du Velay, est à découvrir en juin en raison de la floraison.

Le GR 42 domine en corniche la vallée du Rhône, découvrant d'amples panoramas.

Le GR 420 permet de faire le tour du Haut-Vivarais en une dizaine de jours.

Le GR 427 est le sentier du balcon de l'Eyrieux.

Le GR 429, s'embranchant sur le GR 9, qui escalade les Préalpes drômoises jusqu'aux Trois-Becs, relie les deux rives du Rhône.

Le GR de pays « Tour de Tanargue », balisé avec des traits jaunes et rouges, fait découvrir les Cévennes vivaroises par les chemins de crêtes.

Le Parc naturel régional du Pilat est sillonné, en dehors du GR 7, par plusieurs sentiers à thème. D'autres circuits font connaître les monts de la Madeleine (sentiers de Petite Randonnée, généralement balisés en jaune), le pays des Pierres Dorées, la forêt de Saou et les promontoires du Tricastin. En Ardèche sont organisées des randonnées pédestres en compagnie d'ânes bâtés. Enfin, à partir de Monastier-sur-Gazeille,

débute l'itinéraire emprunté par R. L. Stevenson jusqu'à St-Jean-du-Gard, et, du Puy-en-Velay, part le GR 5 vers St-Jacques-de-Compostelle par Conques.

Pour les randonnées dans le Velay, contacter **Rando Accueil** - Parc technologique La Pardieu - 7 allée Pierre-de-Fermat - CS 60503 - 63178 Aubière Cedex - ✆ 04 73 92 81 44 - www.rando-accueil.com - Pour des hébergements lors de vos balades et vos randonnées et des idées de séjours nature, quatre enseignes : Rando Plume, Rando Gîte, Rand'Hôtel, Rando Toile (camping).

Le guide annuel de la randonnée dans le Massif central, *Le Colporteur,* diffusé par Chamina, décrit également les randonnées possibles sur le versant Ouest de la vallée du Rhône.

Location d'un âne bâté

Des randonnées avec des ânes « bagagistes » sont organisées dans plusieurs localités d'Ardèche. La liste en est fournie sur simple demande au Comité départemental du tourisme, à Privas.

Parmi les prestataires, l'agence La Burle - Espace Gerbier - 07510 Saint-Eulalie - ✆ 04 75 38 82 44 - www. laburle.com

ROUTES DES VINS

Prolongeant la Bourgogne au Sud par le Beaujolais, la vallée du Rhône réunit une grande variété de vignobles qui produisent d'agréables vins de pays, mais aussi des grands crus AOC de grande renommée.

Beaujolais

Réservation de circuits et séjours, service de guides-interprètes - **Le Pays Beaujolais** – Maison du tourisme - 96 r. de la Sous-Préfecture - 69400 Villefranche-sur-Saône - ✆ 04 74 07 27 50 - www.beaujolais.com

Côtes-du-rhône

Il est possible de consulter le site Internet www.vins-rhone.com La liste des caveaux, les itinéraires de routes des vins et tous les documents d'information sont également disponibles sur simple demande à :

Maison des vins de Tournon – 16 av. du Mar.-Foch - 07300 Tournon - ✆ 04 75 07 91 50.

Maison des vins d'Avignon – 6 r. des Trois-Faucons - 84024 Avignon Cedex 1 - ✆ 04 90 27 24 00 - www.vins-rhone. com

SPÉLÉOLOGIE

En la matière, même si l'ensemble des reliefs est sillonné de gouffres, le secteur le plus fameux se situe en Ardèche, où les découvertes de l'aven d'Orgnac et de la grotte Chauvet sont devenues historiques. Site Internet pour la France : www.ffspeleo.fr

Comités départementaux

Ardèche – Les Blaches, 07120 Chauzon, ✆ 04 75 39 72 71.

Drôme – Maison Départementale des Sports, 29 côte des Chapeliers, 26000 Valence, ✆ 04 75 59 17 32.

Isère – Maison Départementale des Sports, 7 rue de l'Industrie, 38320 Eybens.

Loire – Chez Dominique Angheben, 26 rue de Lyon, 42570 St-Heand.

Rhône – 28 quai St-Vincent, 69001 Lyon, ✆ 04 78 39 71 78.

SPORTS AÉRIENS

Le plus accessible et le plus répandu des sports aériens, le **parapente**, bénéficie de plusieurs sites de choix en Ardèche et dans le massif du Mézenc.

Pour les débutants, le vol en **biplace** avec un moniteur procure des sensations exceptionnelles en toute sécurité. Le comité départemental du tourisme fournit les coordonnées des animateurs et les périodes de pratique. La Drôme accueille les amateurs de vol libre à Ratières et à Romans-sur-Isère.

Acro d'Aile – Association de parapente - M. Faya - ✆ 06 07 11 16 59.

SPORTS D'HIVER

Les hauts plateaux vellaves et ardéchois, qui s'étagent de 1 000 m jusqu'à 1 600 m, se prêtent particulièrement bien en hiver à la pratique du **ski de fond** et à la **randonnée nordique**.
Le massif du Pilat, les monts de la Madeleine et le secteur du col de la Loge dans les monts du Forez permettent également la pratique de ces disciplines.
Le **ski alpin** se pratique sur les pentes, équipées de remontées mécaniques, situées aux Estables, à la Croix-de-Bauzon, à Graix et à la Jasserie dans le Parc du Pilat et à Chalmazel dans le Forez.
Ces domaines sont :
Aiglet, Chaudeyrac-les-Roches, Signon, Mézenc, Tourte, Suc-de-Pal, Gerbier-

de-Jonc, Le Bois-de-Cuze-Lachamp-Raphaël, Le Tanargue, St-Agrève-Devesset et Lalouvesc.
Des informations concernant la météo et l'enneigement de ces sites peuvent être obtenues en composant sur le Minitel 3615 LMT code ASF ou en appelant le répondeur des neiges de la station.

Zone nordique du Mézenc – Communauté de communes du pays du Mézenc - Info neige - ✆ 04 71 08 34 33/36 64.

Stations du massif du Pilat – Allô neige - ✆ 04 77 20 43 43 (station du Bessat).

Stations des monts du Forez – Allô neige - ✆ 04 77 24 83 11.

THERMALISME

Les stations thermales soignent des affections particulières en fonction des qualités de leurs eaux ; elles proposent aussi des stages de remise en forme selon des formules plus ou moins longues. *(Voir Montrond-les-Bains, Neyrac-les-Bains, St-Laurent-les-Bains, Vals-les-Bains)*

Pour des renseignements complémentaires, consultez le Minitel 3615 thermes infos.

TRAINS TOURISTIQUES

Le relief tourmenté du Velay et du Vivarais a favorisé le développement, au début de ce siècle, de réseaux ferrés d'intérêt local qui eurent leur heure de gloire pendant l'entre-deux-guerres, avant de connaître une fermeture progressive dans les années 1960. Certains de ces tronçons, remis en état par des associations, offrent, le temps d'une excursion, un aperçu original de sites naturels préservés.

Chemin de fer du Vivarais (Tournon-Lamastre) – Ce tronçon des anciens chemins de fer départementaux construits en 1891 a fonctionné jusqu'en 1968 (et repris en 1969) : à Tournon, l'embranchement avec le réseau SNCF a d'ailleurs été maintenu. Tout au long du parcours, la ligne franchit un pont métallique, trois viaducs et deux tunnels et offre des vues saisissantes sur les vallées dominées par des pics impressionnants. Avant l'arrivée à Lamastre, le train à vapeur franchit le 45e parallèle qui symbolise parfois la limite du Midi - Chemin de fer du Vivarais - ✆ 04 75 08 20 30 - www.ardeche-train.com

© Chemin de fer touristique de montagne

Chemin de fer du Vivarais

Chemin de fer du Haut-Rhône –
Un train à vapeur relie en 50mn
Montalieu au pont de Sault-Brenaz
et permet de découvrir l'Est lyonnais.
Avr.-oct. : se renseigner à l'office de
tourisme - ✆ 04 74 88 48 56.

Chemin de fer touristique du Velay
Entre Tence et Ste-Agrève, ou entre
Tence et Dunières, le chemin de fer
touristique du Velay est une très belle
façon de découvrir la vallée et les
gorges du Lignon. La remise en état
progressive de la ligne a permis la mise
en service du train.
De déb. juin à déb. oct. : au dép.
de Dunières pour Saint-Agrève
- renseignements : office du tourisme
de Tence - ✆ 04 71 59 81 99 ou office
du tourisme du Haut-Lignon - ✆ 04 71
59 71 56.

Chemin de fer touristique d'Anse –
Entre Tence et Ste-Agrève, ou entre
Tence et Dunières, le chemin de fer
touristique du Velay est une très belle
façon de découvrir la vallée et les
gorges du Lignon. La remise en état
progressive de la ligne a permis la mise
en service du train.
De déb. juin à déb. oct. : au dép.
de Dunières pour Saint-Agrève
- renseignements : office du tourisme
de Tence - ✆ 04 71 59 81 99 ou office
du tourisme du Haut-Lignon - ✆ 04 71
59 71 56.

**Le train touristique des monts du
Lyonnais** – Les monts du Lyonnais
se découvrent également en train.
Le train touristique des monts du
Lyonnais relie l'Arbresle à Ste-Foy-
l'Argentière tous les dimanches d'été.
Une exposition de matériel ferroviaire
est organisée dans la gare de Ste-
Foy. Renseignements à la Maison
du tourisme de Brussieu (✆ 04 74
70 90 64). Possibilité d'embarquer
également sur un réseau miniature
de trains à vapeur (Hobby 69), le
dimanche de juin à septembre.

**Le train touristique de l'Ardèche
méridionale** – Ce petit train au
départ de Vogüé parcourt environ
14 km pittoresques jusqu'à St-Jean-
le-Centenier - se renseigner auprès de
l'Association Viaduc 07 - ✆ 04 75 37
03 52 - www.viaduc07.com

VISITES GUIDÉES

La plupart des villes proposent des
visites guidées. Elles sont organisées
toute l'année dans les grandes villes
ou seulement en saison dans les plus
petites. Dans tous les cas, informez-
vous du programme à l'office de
tourisme et pensez à vous inscrire.
En général, les visites ne sont pas
assurées en deçà de quatre personnes
et pendant la période estivale les listes
sont rapidement complètes.

⌚ Reportez-vous aussi à l'encadré
pratique des villes, dans la partie
« Découvrir les sites », où nous
mentionnons les visites guidées qui
ont retenu notre attention.

Villes et Pays d'art
et d'histoire

Sous ce label décerné par le ministère
de la Culture et de la Communication
sont regroupés quelque 130 villes
et pays qui œuvrent activement à la
mise en valeur et à l'animation de leur
architecture et de leur patrimoine.
Dans ce réseau sont proposées des
visites générales ou insolites (1h30
ou plus), conduites par des guides-
conférenciers et des animateurs du
patrimoine agréés par le ministère.
Renseignements auprès des offices de
tourisme des villes ou sur le site www.
vpah.culture.fr

⌚ Voir également le chapitre suivant
ci-après, « La destination en famille ».
Les Villes et Pays d'art et d'histoire
cités dans ce guide sont le pays du Forez,
Le Puy-en-Velay, Lyon, le pays du lac de
Paladru - Les Trois Vals, Saint-Étienne,
Valence et Vienne.

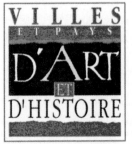

Ministère de la Culture et de la Communication

Chapitre du guide	Nature	Musée	Loisirs
	👤👤 SITES OU ACTIVITÉS À FAIRE EN FAMILLE		
Lyon	Parc zoologique de la Tête d'Or (Rive gauche)	Musées de la Marionnette, des automates, des miniatures (Vieux-Lyon)	Guignol (Vieux-Lyon, Rive gauche)
Grand-Lyon		Château de la Poupée (Marcy-l'Étoile)	Train touristique « le Furet » (Marcy-l'Étoile)
Annonay	Safari-parc de Peaugres		Les Accro-branchés
Arlempdes	Musée vivant du cheval de trait (Pradelles)		
Bourgoin-Jallieu	Domaine des fauves (Fitilieu), Vivarium du château de Moldières		
La Côte-St-André			Le Paradis du chocolat
Crest	Jardin des oiseaux (Upie), aquarium tropical (Allex)	Musée de l'Œuf (Soyans)	
Vallée de l'Eyrieux	Musée vivant de la Laine et du Mouton (St-Pierreville)		
Monts du Forez			Station de ski (Chalmazel)
Hauterives	Labyrinthes	Palais idéal	
Lamastre			Petit train
Largentière			Baignade dans la Beaume
Les monts du Lyonnais	Parc animalier (Courzieu), parc zoologique (St-Martin-la Plaine)		
Montbrison		Musée de la Poste (Montrond-les-Bains)	
Montélimar		Musée de la Miniature, Palais des bonbons et du nougat	
Privas		Moulin de Mandy	Baignade
Aven d'Orgnac	Aven d'Orgnac		
Roanne			Parc des canaux (Briennon)
Romanèche-Thorin	Touroparc		
Romans-sur-Isère	Mille et Une cornes (Charmes-sur-l'Herbasse)		Le Monde merveilleux des lutins (Hostun)
Roussillon		Musée animalier (Ville-sous-Anjou)	
Ruoms		Magnannerie (Lagorce)	
St-Agrève			Baignade (lac de Devesset)
St-Antoine-l'Abbaye		Le Grand Séchoir (Vinay)	Trains miniatures (Chatte), bateau à roue (Royans-Vercors)
St-Bonnet-le-Château		Écomusée du Forez (Usson-en-Forez)	
St-Étienne	Planétarium de la Manufacture		Baignade (St-Victor)
St-Germain-Laval			Spectacle de contes (St-Didier-sur-Rochefort)
Serrières	Réserve de la Platière		
Tarare			Baignade (lac des Sapins)
Tournon-sur-Rhône	Les Roches qui dansent (Ponsas)		Chemin de fer du Vivarais
Tricastin	La ferme aux Crocodiles (Pierrelatte)		
Valence	Grottes (Soyons)		
Vals-les-Bains		Maison Champanhet	
Les Vans	Circuit de la Vierge, virade du Bastidou (Gravière)		Baignade (Mazet-Plage)
Villars-les-Dombes	Parc des oiseaux		
Parc walibi-Rhône-Alpes			Parc Walibi

La destination en famille

Nous avons sélectionné pour vous un certain nombre de sites qui intéresseront particulièrement votre progéniture. Il s'agit par exemple de musées du jouet, de parcs animaliers, de parcs d'attractions, de circuits de promenade ou de châteaux proposant une visite guidée spécialement adaptée aux enfants. Le tableau de la page suivante vous en donne un panel exhaustif. Vous les repérerez dans la partie « Découvrir les sites » grâce au pictogramme 👪.

En outre, dans la région, une chaîne de télévision et un site Internet sont consacrés aux enfants : Capcanal (www.capcanal.com, avec des conseils de sortie) et www.bullesdegones.com, guide pour enfants dans le Grand-Lyon *Bulles de gones*.

LES LABELS

Villes et Pays d'art et d'histoire

Le réseau des Villes et Pays d'art et d'histoire *(voir « Visite guidée » page précédente)* propose des visites-découvertes et ateliers du patrimoine aux enfants, les mercredis, samedis ou durant les vacances scolaires. Munis de livrets-jeux et d'outils pédagogiques adaptés à leur âge, ces derniers s'initient à l'histoire et à l'architecture et participent activement à la découverte de la ville. En atelier, ils s'expriment à partir de multiples supports (maquettes, gravures, vidéos) et au contact d'intervenants de tous horizons : architectes, tailleurs de pierre, conteurs, comédiens.

👁 En juillet-août, dans le cadre de l'opération « L'Été des 6-12 ans », ces activités sont également proposées pendant la visite des adultes.

Stations vertes

La fédération des Stations vertes de vacances *(voir p. 26)* décerne chaque année un prix de l'accueil des enfants.

En association avec trois autres stations vertes de l'Ain, Châtillon-sur-Chalaronne (Ain) l'a obtenu en 2005, et Usson-en-Forez a été distinguée pour son travail d'éducation à l'environnement.

Pour en savoir plus, consultez le site Internet www.stationsvertes.com

Que rapporter ?

POUR LE PALAIS

Alcools

Il paraît qu'un « fleuve » de beaujolais vient s'ajouter à la Saône et au Rhône pour arroser la ville de Lyon. Même si l'image est un peu forte, ce vin si fruité a pris une importance considérable depuis les médiatiques opérations du « beaujolais nouveau ». Mais un peu plus au Sud, les crus de Côtes du Rhône se succèdent de Vienne à Avignon en offrant une variété très appréciée des œnologues avertis : le rare **château-grillet**, l'inimitable **saint-joseph**, le célèbre **châteauneuf-du-pape**… Mais si ce sont les alcools forts qui vous tentent, des liqueurs par exemple, rendez-vous à La Côte-St-André ou à St-Désirat : il y en a pour tous les goûts et tous les palais, mais prévoyez un chauffeur si vous voulez préciser votre choix par des dégustations !

👣 Reportez-vous à la rubrique « Vin et vignoble » dans le chapitre « Comprendre ».

Fromages

La région a quelques spécialités laitières, en Ardèche et en Isère surtout. L'Ardèche est réputée pour ses fromages de chèvre dont les plus connus sont le **picodon** et le **courcouron**.

Bon à savoir

👁 Le Beaujolais nouveau doit se boire avant le printemps. Le brouilly, le chiroubles et le saint-amour se boivent jeunes. D'autres comme le juliénas, chénas et côte-de-brouilly, peuvent se conserver jusqu'à 5 ans. Quant au morgon et au moulin-à-vent, vous pouvez les garder 8 ans sans qu'ils perdent leurs qualités, au contraire !

👁 Le vrai nougat de Montélimar ne mérite son appellation que s'il est fabriqué selon une recette inventée au 17e s., lorsque fut introduit l'amandier dans la région. En plus des amandes (au moins 30 % du produit), il y faut des pistaches, du blanc d'œuf, de la vanille, du sucre et du miel.

👁 On trouve des marrons glacés toute l'année mais, à l'état frais, la châtaigne d'Ardèche s'achète d'octobre à décembre. Son apparence doit être lisse et brillante. Il faut qu'elle soit ferme et lourde quand vous la prenez dans le creux de la main. Contrairement à ce que l'on pourrait croire, la châtaigne fraîche ne se conserve pas longtemps.

Le vin de la Côte-Rôtie, un des fleurons des côtes-du-rhône

En Isère, c'est le **saint-marcellin** qui est à l'honneur : il combine heureusement le lait de vache et de chèvre.

Friandises

Les fêtes de notre calendrier sont heureusement souvent associées à des spécialités et elles ne sont jamais très loin. On se rapproche de Pâques, une petite incursion serait la bienvenue à Montélimar pour choisir de bons **nougats**.

Si l'année est plus avancée et que Noël s'annonce, préférez Privas pour rapporter les savoureux **marrons glacés** d'Ardèche (ou essayez la **farine de châtaignes**, pour élaborer de nouveaux plats).

Mais finalement, il n'y a pas de saison pour les bonnes choses et si vous traversez Lyon, n'oubliez pas d'emporter ses fameuses spécialités comme les **coussins** et les **quenelles** qui, curieusement, se trouvent dans une grande maison de confiseurs !

POUR SE FAIRE BEAU !

Il est souvent désagréable de retrouver sur les autres les mêmes vêtements ou accessoires que l'on a choisis pour soi avec tant de soin. Qu'à cela ne tienne, rendez-vous chez les quelques artisans et entreprises de la région dont les talents complémentaires permettront de vous habiller de pied en cap. Pour le pied, c'est à Romans-sur-Isère qu'il faut aller où, après vous être ouverts à toutes les envies dans le superbe musée, vous trouverez des **chaussures** chez un éminent spécialiste.

Les coups de froid sont si vite arrivés ; pour vous habiller chaudement, pensez aux moutons de l'Ardèche dont la **laine** est travaillée avec soin du côté de St-Pierreville par exemple. Pour la **bonneterie** et les **pulls**, Roanne reste un site de production important tandis que Le Puy garde une grande tradition de **dentelle**.

Pour les **foulards** de madame ou les **cravates** de monsieur, un petit passage à Lyon ou par le musée de la Bâtie-Montgascon s'impose : parfois peints à la main, ils offrent un inépuisable choix de motifs et de couleurs.

L'ultime coquetterie reste quand même le **chapeau** et vous trouverez certainement de beaux couvre-chefs à Chazelles-sur-Lyon.

Les amateurs d'armes trouveront leur bonheur à St-Étienne : la référence reste la célèbre « Manu » et la ville a encore quelques artisans exceptionnels qui peuvent vous graver les plus beaux fusils du monde.

POUR LA MAISON

Une visite aux musées des Tissus, du Tissage, de la Soie ou aux ateliers de Soierie Vivante vous a certainement donné une idée du talent des soyeux lyonnais. Les savoir-faire ne sont pas perdus et il est possible de trouver à Lyon les meilleurs **produits tissés** : que ce soit pour confectionner des rideaux pour votre salon, un dessus de table pour votre salle à manger ou pour remplacer les tentures (18e s.) de votre château, vous trouverez certainement votre bonheur car il y en a pour tous les goûts et toutes les bourses. Ajoutez-leur une broderie exotique du côté de la boutique du musée de Madagascar (Valence) ou une touche de discrétion au musée de la Miniature de Lyon. Tous les genres sont également représentés au marché de la Création qui se tient à Lyon sur le quai Romain-Rolland : **peintures**, **sculptures**, **poteries**… Nombreux sont en effet les artisans d'art dans la vallée du Rhône. Parmi les villages les plus réputés figurent Oingt (Beaujolais), Marsanne et Dieulefit (Drôme), Salavas et Balazuc (Ardèche).

POUR LES ENFANTS

Un **nounours** unique : c'est ce que propose le musée de l'Ours et de la Poupée avec ses ours en kit, à réaliser chez soi, avec les tissus de son choix. Les plus grands se tourneront vers les **boules de pétanques** fabriquée à St-Bonnet-le-Château.

Événements

Janvier

Côte roannaise – La Saint-Vincent : fête des vignerons ; fabrication de brioches reproduisant des formes humaines (dernier samedi du mois), $\mathcal{C}$ 04 77 64 44 04. www.leroannais.com

Ampuis – Le marché aux vins de Côte-Rôtie (week-end le plus proche de la Saint-Vincent), $\mathcal{C}$ 04 74 56 04 10.

Villefranche-sur-Saône – Fête des conscrits « La Vague » (dernier dimanche du mois), $\mathcal{C}$ 04 74 07 27 40. www.villefranche.net

Février

St-Paul-Trois-Châteaux – Fête de la Truffe (2e dimanche du mois), $\mathcal{C}$ 04 75 96 59 60.

Mars

Lyon – Foire internationale, $\mathcal{C}$ 04 72 22 33 44. www.foiredelyon.com

Lyon – Les Musicales de Lyon (2e quinzaine du mois), $\mathcal{C}$ 04 78 38 09 09. Musique de chambre.

Le Puy-en-Velay – Procession des Pénitents blancs (le Jeudi Saint), $\mathcal{C}$ 04 71 09 38 41.

Avril

Boën – Foire aux Vins, $\mathcal{C}$ 04 77 24 02 65.

Burzet – Représentation de la Passion du Christ, $\mathcal{C}$ 04 75 94 40 09.

Lyon – Rallye automobile Lyon-Charbonnières-Rhône, (3e week-end du mois) $\mathcal{C}$ 04 78 38 15 70.

Montélimar – Marché Terra Potiers (milieu du mois), $\mathcal{C}$ 04 75 01 00 20.

Yssingeaux – Carnaval, $\mathcal{C}$ 04 71 59 10 76.

Mai

Condrieu – Vins et rigottes en fête (le 1er), $\mathcal{C}$ 04 74 59 50 38. La rigotte est un petit fromage de chèvre.

Dieulefit – Marché des Potiers (week-end de la Pentecôte), $\mathcal{C}$ 04 75 90 61 80.

St-Étienne – Festival Paroles et Musiques, $\mathcal{C}$ 04 77 25 01 13. Chanson française.

Mai-juin

Pérouges – Printemps Musical (de mi-mai à mi-juin), $\mathcal{C}$ 04 74 61 23 02.

St-Étienne – Rallye du Forez (fin mai-début juin), $\mathcal{C}$ 04 77 95 55 55.

Juin

Annonay – Fête de la Montgolfière (1er week-end du mois), $\mathcal{C}$ 04 75 33 24 51. Avec une reconstitution du premier vol de montgolfière.

St-Étienne – Velocio, $\mathcal{C}$ 04 77 21 01 69. Fête du vélo, avec courses et randonnées.

St-Victor-sur-Loire – Fête des Roses, $\mathcal{C}$ 08 92 70 05 42.

Tarare – Fête des Mousselines (fin du mois), $\mathcal{C}$ 04 74 63 06 65.

Juin- août

Lyon – Les Nuits de Fourvière, $\mathcal{C}$ 04 72 32 00 00. www.nuits-de-fourviere.org Théâtre, danse, musique, cinéma…

Juillet

Dans la Drôme (Saoû, Crest…) – Festival Saoû chante Mozart, $\mathcal{C}$ 04 75 76 02 02.

Dans la Loire
St-Étienne, Roanne… – Festival Été Musical Loire en Rhône-Alpes, $\mathcal{C}$ 04 77 38 27 07.

Arlempdes – Festival de Théâtre (2e quinzaine du mois), $\mathcal{C}$ 04 71 57 10 08.

Brangues – Marché du Livre et de la Carte Postale (milieu du mois), $\mathcal{C}$ 04 74 80 32 14.

Montélimar – Festival Voix et Guitares du monde, $\mathcal{C}$ 04 75 00 77 55.

Montélimar – Couleur Lavande, Marché aux Saveurs et Senteurs de Lavande (début du mois), $\mathcal{C}$ 04 75 01 00 20.

Le Puy-en-Velay – Les Musicales du Puy (milieu du mois), $\mathcal{C}$ 06 72 58 27 67. Musiques du monde.

Romans-sur-Isère – Festival international de folklore (début du mois), $\mathcal{C}$ 04 75 02 28 72.

Saoû – Fête du Picodon (3e week-end du mois), $\mathcal{C}$ 04 75 76 05 16.

Serrières – Joutes nautiques (moitié du mois).

Valence – Festival de l'Été, $\mathcal{C}$ 04 75 44 90 40. Musique, théâtre.

Vienne – Festival Jazz à Vienne (1ère quinzaine du mois), $\mathcal{C}$ 04 74 85 00 05. www.jazzavienne.com

Juillet-août

Dans les monts de la Madeleine (Ambierle, Vougy…) – Festival des Monts de la Madeleine, ✆ 04 70 56 48 98. Musique classique.

Dans le pays des Sucs (Lapte, Grazac, Yssingeaux) – Festival des 7 Lunes, ✆ 04 71 59 34 41. Lectures à haute voix, théâtre.

Château de la Bastie-d'Urfé – Les Nuits de la Bastie, ✆ 04 77 38 27 07. Musique classique.

Labeaume – Festival Labeaume en Musiques, ✆ 04 75 39 79 86. Musique classique.

St-Agrève – Festival International des Arts, ✆ 04 75 30 22 43. Musique, photo, peinture…

St-Donat-sur-l'Herbasse – Festival J.-S. Bach (fin juillet-début août), ✆ 04 75 45 01 31.

Août

Ars-sur-Formans – Pèlerinage (le 4), ✆ 04 74 08 17 17. www.arsnet.org

La Chaise-Dieu et **Le Puy-en-Velay** – Festival de La Chaise-Dieu (fin du mois), ✆ 04 71 00 01 16. Musique classique.

Charavines-Paladru – Régates amicales, ✆ 04 76 06 60 31.

Condrieu – Joutes nautiques (1er dimanche du mois), ✆ 04 74 59 82 67.

Le Puy-en-Velay – Fêtes mariales : procession de Notre-Dame du Puy (le 15), ✆ 04 71 09 38 41.

Le Monastier-sur-Gazeille – Festival Musique des Cuivres (début du mois), ✆ 04 71 03 94 17.

Tournon-sur-Rhône et environs – Festival national des Humoristes (fin du mois), ✆ 04 75 07 02 02.

Les traditions des mariniers du Rhône se perpétuent un peu grâce aux célèbres joutes qui y sont régulièrement organisées.

Jean-Louis Guerrier / © CDT Rhône

Tournon-sur-Rhône – Fête de l'Oignon (fin du mois), ✆ 04 75 08 10 23. Existe depuis le 14e s.

Août-septembre

La Côte-St-André – Festival Berlioz, ✆ 04 74 20 20 79.

Septembre

Mont Brouilly – Pèlerinage des vignerons à la chapelle de Brouilly, ✆ 04 74 66 82 19.

Châtillon-sur-Chalaronne – Marché aux Plantes Rares (début du mois), ✆ 04 74 55 14 95.

Lyon – Foire aux Tupiniers (2e week-end du mois), ✆ 04 72 77 92 42. Tupiniers : appellation locale des anciens potiers.

Le Puy-en-Velay – Fêtes du Roi de l'Oiseau (milieu du mois), ✆ 04 71 02 84 84. Reconstitutions de scènes de la vie quotidienne à l'époque de la Renaissance.

Romans – Foire du Dauphiné (fin du mois), ✆ 04 75 02 28 72.

St-Étienne – Foire-exposition (2e quinzaine du mois), ✆ 04 77 45 55 45. www.parc-expo42.com

Septembre-octobre

Lyon – Biennale d'Art Contemporain (les années impaires) et Biennale internationale de la Danse (les années paires), ✆ 04 72 07 41 41. www.biennale-de-lyon.org

Octobre

Antraigues - Fête de la Châtaigne, ✆ 04 75 88 23 06.

Beaujeu – Rallye pédestre du vin nouveau (1er dimanche du mois), ✆ 04 74 69 22 88. Course à épreuves, dégustations…

Désaignes - La Foire à la Châtaigne (fin du mois), ✆ 04 75 06 61 49.

Montbrison – Journée de la Fourme et des Côtes du Forez (1er week-end du mois), ✆ 04 77 96 08 69. Foire, dégustations, défilés…

Montélimar – Cafés littéraires dans les estaminets de la ville (1er week-end du mois). www.montelimar-tourisme.com

Roanne – Festival Roanne Table Ouverte, ✆ 04 77 71 51 77. Dégustations, salons, dîners, spectacles…

St-Étienne – Fête du Livre (milieu du mois), ✆ 08 92 70 05 42.

Novembre

Dans le Beaujolais et à Lyon – Fête du Beaujolais Nouveau (3e jeudi du mois). À Beaujeu a lieu la Fête des Sarmentelles : défilé, spectacle, feux d'artifice.

Chénelette – Foire aux chèvres et aux bestiaux (11 du mois)

Claveyson – Foire aux truffes (11 du mois).

Le Puy-en-Velay – Rassemblement international de montgolfières, (week-end du 11 novembre), ✆ 04 71 09 38 41.

Tarare - Fête du Beaujolais gourmand (moitié du mois), ✆ 04 74 63 06 65. Portes ouvertes chez les producteurs et viticulteurs, marché.

Vallon-Pont-d'Arc – Marathon des Gorges de l'Ardèche (milieu du mois), ✆ 04 75 88 04 01. Descente en canoë ou en kayak jusqu'à St- Martin-d'Ardèche.

Décembre

Beaujeu - Vente de vins des Hospices de Beaujeu, ✆ 04 74 04 31 05. Ventes aux enchères à la bougie.

Lyon – Festival de musique ancienne du Vieux Lyon, ✆ 04 78 38 09 09. www.lachapelle-lyon.org

Lyon – Festival Lyon Lumières (début du mois), ✆ 04 72 10 30 30.

Roanne – Marché des Producteurs Fermiers (milieu du mois), ✆ 04 77 71 51 77.

Villars-les-Dombes – Les Pêches d'Étangs (milieu du mois), ✆ 04 74 98 06 29. Pêche traditionnelle commentée, vente de poissons vivants.

Villefranche-sur-Saône – Concours-salon des Deux Bouteilles (1er week-end), ✆ 04 74 20 07 49. Dégustation de vins du Beaujolais.

Nos conseils de lecture

MÉDIAS

Journaux, stations de radio, chaînes de télévisions, sites Internet, les médias locaux sont nombreux dans la région. Ci-dessous figure une liste non exhaustive.

Presse écrite

Les quotidiens

Le Progrès, trois éditions : Rhône, Loire, Ain. www.leprogres.fr
Le Dauphiné Libéré, éditions pour ce guide : Isère Nord, Drôme, Ardèche, Ain, Rhône. www.dauphinelibere.com
L'Éveil de Haute-Loire, Le Puy-en-Velay.
La Montagne, région Auvergne.
Lyon Plus, gratuit. www.lyonplus.com
Le Figaro comporte des pages locales.
Les magazines culturels :
Plum'Art et *Sit'Art Mag*.

Télévision

Télé Lyon Métropole (*TLM*). www.tlm.fr

LIVRES

Ouvrages généraux

La collection « Encyclopédie Bonneton », propose plusieurs ouvrages collectifs consacrés à la région : Dauphiné ; Forez ; Lyonnais-Beaujolais ; Vivarais-Ardèche ; Haute- Loire.

La Loire, mille kilomètres de bonheur, J.-M. Laclavetine, National Geographic, 2002. Du Gerbier-de-Jonc (en Ardèche) à l'Atlantique, l'épopée d'un fleuve.

Rhône-Alpes : guide du tourisme industriel et technique, EDF, Solar, 1999. Gros plan sur les centrales électriques et autres usines qui se visitent dans la région.

Histoire - Art - Traditions

Histoire de Lyon et du Lyonnais, J.- P. Gutton, P.U.F., coll. Que sais-je ? 2000. Une indispensable synthèse, aussi courte que précise.

Les Dynasties lyonnaises : des Morin-Pons aux Mérieux, du XIXe siècle à nos jours, C. Pellissier, Perrin, 2003. L'histoire de l'essor des grands industriels de la région.

Les Camisards, P. Joutard, Gallimard, coll. Folio Histoire, 1999. La révolte des paysans, y compris en Ardèche, sous Louis XIV.

La Soierie lyonnaise, J. Etevenaux, G. Gambier, La Taillanderie, 2003. Pour tout savoir sur la production de la soie et son utilisation.

La Collection : musée d'Art moderne de Saint-Étienne, Réunion des musées nationaux/Musée d'Art moderne, 2000. Le livre de référence sur le sujet.

Les Grandes Heures de Lyon, J. Étèvenaux, Perrin, 2005.

Lyon, 1940-1947 : l'Occupation, la Libération, l'Épuration, G. Chauvy, Perrin, 2004. Récit.

Littérature

L'Astrée, H. d'Urfé, Gallimard, coll. Folio Classique, 1984.

Longs désirs : Louise Labé, lyonnaise, F. Weinberg, éd. Lyonnaise d'Art et d'Histoire, 2002.

Voyages avec un âne dans les Cévennes, R. L. Stevenson, disponible en plusieurs éditions. Un grand classique du récit de voyage, par un grand écrivain du 19e s.

Clochemerle, G. Chevallier, Le Livre de Poche. Du rififi dans le Beaujolais aux premiers temps de la IIIe République. Savoureux !

Le Goût de Lyon, textes choisis par G. Vaudey, Mercure de France, coll. Le Petit Mercure, 2004. Le regard d'écrivains aussi divers que variés sur la ville.

Gens de Lyon, recueil de romans de H. Béraud, G. Chevallier, J. Jolinon, M. E. Grancher, J. Reverzy, C. Exbrayat, J. de La Hire, Omnibus, 2000. Sont réunis ici les écrits de plusieurs grands écrivains de la région.

Les Copains, J. Romains, Gallimard, coll. Folio. Jules Romains s'inspire pour cette farce de son enfance à La Chapuze, près de St-Julien-Chapteuil en Haute-Loire.

Le Seigneur du fleuve, B. Clavel, J'ai Lu, 1974. Le peuple des bateliers qui montent et descendent le Rhône à l'ère des premiers vapeurs, de quoi remonter le temps à un autre rythme.

Gastronomie

Nouvelles merveilles de la cuisine lyonnaise, P. Grison, éd. Lejeune, 1998.

Rhône-Alpes, L'inventaire du patrimoine culinaire de la France, Albin Michel, 1995.

Joël Damase / MICHELIN

Le petit salé aux lentilles rappelle la proximité de l'Auvergne.

Les Meilleures Recettes des bouchons de Lyon, J.-M. Fonteneau, Ouest-France, 1998.

Cuisine de l'Ardèche de A à Z, A. Prevel, C. Bonneton, 1998.

Les Vignobles de la vallée du Rhône, P. Bouchet, Quintette, 1998.

Les Guides Gourmands : Rhône Alpes, Michelin Éditions des Voyages, 2003.

L'Étonnante Histoire du beaujolais nouveau, G. Garrier, Larousse, 2002.

Randonnée

La Fédération française de randonnée pédestre (FFRP) édite d'indispensables guides consacrés aux chemins et sentiers de la région :
Le Pays Vivarais-Lignon à pied : Haute-Loire, Ardèche
La Drôme à pied : 50 promenades et randonnées
Le Chemin de St-Régis, entre Velay et Vivarais : GR 430
La Loire à pied : 42 promenades et randonnées
Les monts du Beaujolais et du Lyonnais à pied : 20 promenades et randonnées
Le pays de l'Emblavez à pied : entre Loire et volcans.

Mont Gerbier-de-Jonc

Joël Damase / MICHELIN

NATURE

Entre les fleuves Rhône et Loire, entre les reliefs du Massif central et ceux des Alpes, les rivières se faufilent, s'étalant rarement dans des vallées sinueuses, creusant plutôt des gorges, des avens et des grottes spectaculaires. Ce travail de l'eau sur et sous terre, livre de quoi retracer l'évolution du climat au cours des millénaires, mais surtout vient sillonner toute une palette de monts et montagnes, plateaux et vallées, plaines et collines.

Cirque de Chauzon dans les gorges de l'Ardèche

Une mosaïque de paysages

Dans une éblouissante variété de couleurs, du plateau de la Dombes aux gorges de l'Ardèche, du Haut-Beaujolais montagneux aux volcans du Velay, la vallée du Rhône se compose sans nul doute d'une mosaïque de paysages parmi les plus majestueux de France. La vallée et le fleuve n'ont en effet jamais cessé de cultiver leurs richesses naturelles et géologiques.

LA FORMATION DU RELIEF

À la fin de l'ère primaire, il y a environ 200 millions d'années, un bouleversement de l'écorce terrestre (plissement hercynien) fait surgir le sol granitique du Massif central sous forme de hautes montagnes.

Durant l'ère secondaire, les sédiments calcaires s'accumulent à la périphérie du massif qui s'aplanit sous l'action de l'érosion. S'ensuit, pendant la première moitié de l'ère tertiaire, un affaissement progressif du socle hercynien de direction générale Nord-Sud : il est à l'origine du couloir rhodanien. Le plissement alpin exerce ensuite une formidable poussée sur le Massif central qui, trop rigide pour se plisser à son tour, bascule d'Est en Ouest en se disloquant. À la faveur des fissures, le magma interne, en fusion, jaillit ; des volcans s'édifient.

Au début de l'ère quaternaire, il y a environ 2 millions d'années, le Rhône, charriant de grandes quantités de matériaux arrachés aux montagnes voisines, crée des systèmes complexes de terrasses alluviales. Au milieu de cette ère, les glaciers ont de leur côté « sculpté » les paysages en se retirant : reliefs constitués de moraines, lacs tels que ceux de la Dombes et du Bas-Dauphiné.

LES PAYS DU COULOIR RHODANIEN

La Dombes

C'est un plateau argileux au sol imperméable parsemé d'étangs. Le plateau se termine sur les vallées qui l'enserrent sur trois versants par les côtes assez abruptes de la Saône à l'Ouest, et du Rhône au Sud. Au Nord, il se confond avec la Bresse. Les eaux de fonte du glacier rhodanien ont creusé la surface de légères cuvettes et laissé sur leurs bords les moraines, accumulation des débris qui l'entraînaient. Le charme de la Dombes naît des lignes sereines de ses paysages, de ses rangées d'arbres et de ses eaux dormantes.

Le Bas-Dauphiné

Au Sud-Est de Lyon, le Bas-Dauphiné a vu ses reliefs s'édifier lors de la fonte des glaciers durant l'ère quaternaire. Ses paysages sont multiples. Entre Lyon et le plateau de Crémieu connu pour ses grottes et ses pâturages, les prairies voisinent avec les champs cultivés. Viennent ensuite les collines granitiques et schisteuses des **Balmes** viennoises qui font place à l'Est aux vallées étroites qui découpent le plateau des **Terres Froides**. Enfin, plus au Sud, aux vastes étendues boisées des **plateaux de Bonnevaux et de Chambaran** succède la large et riche plaine céréalière de la **Bièvre-Valloire**. Ce sont les arbres fruitiers autour de Beaurepaire ainsi que les terrasses bien cultivées de la vallée de l'Isère, qui annoncent les vergers de la vallée du Rhône.

Le Valentinois et le Tricastin

De Tain au défilé de Donzère, la vallée du Rhône s'élargit à l'Est du fleuve, jusqu'aux premières collines des Préalpes, en plaines compartimentées qui forment transition entre le Nord et le Sud de la vallée. **La plaine de Valence** montre les premiers caractères du Midi méditerranéen avec ses terrasses alluviales en gradins, ses rangées de mûriers, l'« arbre d'or » qui lui donne parfois un aspect bocager, et surtout sa multitude de vergers. Les oliviers recouvrent les versants du **bassin de Montélimar** avant d'alterner avec les vignes sur les collines sèches du **Tricastin.**

Le rebord du Massif central

Le Massif Central se termine à l'Est par un escarpement cristallin qui domine la vallée du Rhône. Véritable talus constitué par une série de massifs, cet ensemble a été brisé, soulevé puis basculé par le contrecoup du plissement alpin ; depuis l'ère tertiaire, il subit une vigoureuse attaque des rivières qui s'y enfoncent en gorges étroites.

Le Beaujolais

Au Nord, le **Haut-Beaujolais** est une zone montagneuse de terrains, essentiellement granitiques, issus du plissement hercynien. Sur les versants abrupts dévalent les affluents de la Saône orientés Ouest-Est.
Le **Bas-Beaujolais**, au Sud, est surtout formé de terrains sédimentaires de l'ère secondaire qui furent fortement fracturés. Parmi eux, les calcaires tirant sur l'ocre lui valent l'appellation de « **pays des Pierres Dorées** ».

Le Lyonnais

Entre le bassin de St-Étienne, les monts de Tarare et l'agglomération lyonnaise, ce plateau est marqué de hautes croupes herbeuses, de bois de pins et de hêtres, et de vergers sur les versants les mieux exposés. Le Mont-d'Or y forme un ensemble aux allures accidentées. Le Lyonnais s'achève dans le superbe promontoire de Fourvière, qui domine le confluent de la Saône et du Rhône, et sa grande métropole.

Le Forez et le Roannais

Dans les monts du Forez, jusqu'à près de 1 000 m d'altitude, s'étend le domaine des champs et des prairies bien irriguées. Plus haut, des forêts de sapins et de hêtres couvrent les pentes. À partir de 1 200 m dominent les croupes dénudées des **hautes chaumes**, vastes espaces composés de landes montagnardes. Au pied de ces montagnes, la plaine humide du Forez a été comblée par les alluvions à l'ère tertiaire. Elle est piquetée de buttes volcaniques.
Le bassin de Roanne, séparé du Forez par le seuil de Pinay, est un pays rural fertile, orienté vers l'élevage et dominé, à l'Ouest, par les coteaux couverts de vignes des monts de la Madeleine.

Le Pilat et le bassin stéphanois

Le massif du Pilat offre une silhouette pyramidale rehaussée de beaux ensembles forestiers qui lui donnent un air montagnard. Ses sommets, qui atteignent 1 432 m au crêt de la Perdrix, sont coiffés de blocs de granit appelés « chirats ».
À ses pieds, la région de St-Étienne, formée par les dépressions du Furan, de l'Ondaine, du Janon et du Gier épouse la forme en amande du bassin houiller qui s'étend entre la Loire et le Rhône. Celui-ci correspond à un pli synclinal (« en creux ») de couches carbonifères, formées à la fin de l'ère primaire. Ce sillon s'élève à une altitude variant entre 500 et 600 m.

Le Velay et le Devès

Les vastes plateaux basaltiques, nommés **planèzes**, du pays vellave cumulent à près de 1 000 m. L'originalité de ces paysages est soulignée par les concrétions de ces volcans en forme de dôme appelés « **sucs** », hardis pitons formés par des laves pâteuses. Ces planèzes herbeuses piquetées de fermes isolées voient la vie pastorale dérouler ses scènes traditionnelles sur les pentes des massifs du Meygalet et du Mézenc, tandis que la région d'Yssingeaux leur adjoint une activité liée aux industries du Puy-en-Velay et de St-Étienne.

Les monts du **Devès**, s'orientant suivant un axe Sud-Est - Nord-Est, forment un vaste plateau aux coulées basaltiques. Sur la ligne de faîte marquant le partage des eaux entre les bassins de la Loire et de l'Allier, des lacs profonds comme celui du Bouchet occupent encore les cratères d'explosion. La planèze est parsemée d'environ 150 cônes volcaniques. Le point culminant est le Devès lui-même (1 421 m).

Le Vivarais

Il forme la plus grande partie du rebord oriental du Massif central. Il se caractérise par ses grandes coulées basaltiques descendues des volcans vellaves, par ses arêtes schisteuses et par les grands phénomènes d'érosion de son pays calcaire.

Le **Haut-Vivarais** s'étend du mont Pilat et du Velay à la vallée du Rhône. Le sombre et austère pays des Boutières, aux gorges profondes et étroites, vit de l'élevage du gros bétail et de l'exploitation de ses forêts de sapins.

De la haute vallée de l'Allier au bassin de Joyeuse, le **Vivarais cévenol** est dominé par l'échine de la montagne de Bauzon et par la crête du Tanargue. À l'Ouest, la « montagne » est encore marquée par les volcans du Velay. À l'Est, les « **serres** » schisteuses, crêtes étroites et allongées aux pentes abruptes, séparent des vallées profondes.

De Lablachère et de Privas à la vallée du Rhône, le **Bas-Vivarais** calcaire forme un ensemble de bassins et de plateaux où se manifeste la nature méridionale.

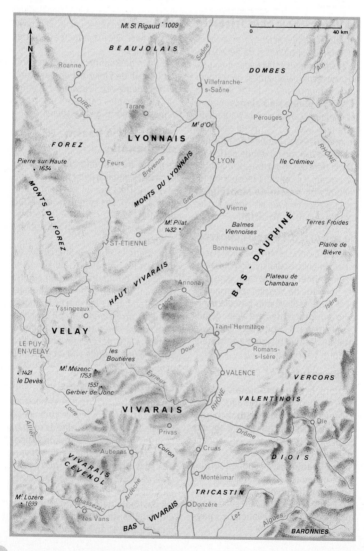

Au Nord, le plateau du Coiron, aux falaises de basalte noir, le sépare du Haut-Vivarais ; ses vastes planèzes s'inclinent vers l'Est : elles sont caractérisées par leurs **dykes** (murailles) ou leurs **necks** (pitons) – appareils volcaniques dégagés par l'érosion de leur revêtement meuble – dont le plus célèbre est celui de Rochemaure. Le **plateau calcaire des Gras** se présente comme une succession de causses avec leur pierraille blanchâtre, leurs rochers ruiniformes, leurs avens et leurs vallées creusées en gorges.

Le fleuve

Rapide et majestueux, le Rhône est le plus puissant des fleuves français. Au Sud de Lyon, entre les talus du Massif central et des Préalpes, sa course vers le Midi offre l'aspect d'une percée lumineuse d'une ampleur magnifique. Il est une route romantique à lui seul. À chaque instant, à chaque méandre, la vallée se pare sur ses rives baignées de soleil d'une beauté nouvelle parfois appuyée par la violence et la force du mistral.

UN FLOT RAPIDE ET PUISSANT

Le Rhône prend sa source en Suisse au glacier dit « du Rhône ». Il fait son entrée en France après avoir traversé le lac Léman et, jusqu'à son arrivée dans le delta de la Camargue, il n'arrose pas moins de onze départements.
Il est aussi l'un des fleuves français dans lequel se jettent le plus de rivières : l'Ain, le Doubs puis la Saône, l'Ardèche, le Gard, mais aussi l'Arve, le Fier, l'Isère, la Drôme et la Durance. Il draine en toutes saisons, à vive allure, un important volume d'eau. Son impétuosité est due à sa pente relativement forte : 0,5 m par km entre Lyon et Valence ; elle s'accentue encore entre Valence et le confluent de l'Ardèche (0,77 m) pour retomber entre le confluent de l'Ardèche et celui du Gardon (0,49 m). Plus en aval, la pente diminue fortement.
La **puissance hydraulique** du Rhône est remarquable : 1 350 m^3/s en eaux moyennes à Valence. Pour un tel débit, sa vitesse est de l'ordre de 2,50 m/s. Pendant son parcours français, le fleuve reçoit des affluents de régimes différents : rivières alpines en crue au printemps et en été, torrents du Vivarais en automne et en hiver, si bien que, même en été, le Rhône garde un débit important.
Ses **crues** sont liées à celles de ses affluents. Les plus fortes sont aujourd'hui en bonne partie régulées par les nombreux barrages et autres aménagements répartis sur son cours. Le Rhône n'est plus vraiment cette « grande rivière sauvage » de Chateaubriand ; les « colères terrifiantes du Rhône » évoquées par Clavel se font rares même s'il est encore parfois ce « Rhône puissant, insolent, roulant vers le Midi une eau énorme et boueuse ; une eau à faire trembler tout ce qui (vit) dans la vallée ».

DES NAUTES AUX AUTOMOTEURS

Les Grecs de Marseille empruntaient déjà le Rhône pour aller chercher l'étain de Cornouaille. À l'époque romaine, la navigation y devient très active. Le fleuve est alors la grande voie de commerce du vin ; les grandes villes se créent : Lyon, Valence, Vienne. Les **nautes** rhodaniens

Le Rhône à Tournon

forment les corporations les plus puissantes des villes romaines. Ils deviendront, sous l'Ancien Régime, les « **coches d'eau** » desservant les villes bordières qui ont toutes leur port. La vie marinière est de ce fait intense.

À la fin du 18e s., les **bateliers** remplacent les « coches d'eau » : chargés de marchandises, les trains de barques descendent le Rhône au gré du courant et le remontent halés par des chevaux. Le transport est lent et, lorsque les **bateaux à vapeur** apparaissent en 1829, la concurrence est dure. Le chemin de fer porta ensuite le dernier coup, presque fatal, aux modes de transports fluviaux.

Commence alors l'ère de la « houille blanche », l'hydroélectricité, et les travaux entrepris sur le fleuve redonnent au Rhône toute son importance. Après l'exploitation par **remorqueurs**, le transport est maintenant assuré, grâce aux travaux d'aménagement de la Compagnie nationale du Rhône (création de 13 biefs et de 12 écluses), par des **automoteurs** de 1 500 t et des convois poussés de 5 000 t et plus. Le tonnage annuel (4 100 000 t) comprend hydrocarbures, produits métallurgiques et agricoles, matériaux de construction.

La fin des bateliers

« Ainsi, depuis ce jour de 1829 où le Pionnier avait monté d'Arles jusqu'à Lyon, en moins de quarante-huit heures, 1 150 quintaux de marchandises, une ombre pesait sur la vallée. On commençait déjà de se remémorer avec tristesse le temps où plus de deux mille bateaux assuraient le trafic, faisant vivre tout un peuple de bateliers et de riverains »
Le seigneur du fleuve
Bernard Clavel.

Nos conseils de lecture p. 46-47

AMÉNAGEMENT DU RHÔNE

La Compagnie nationale du Rhône a été créée en 1934 en vue de l'aménagement du fleuve. Sa règle d'or se résume en trois mots : navigation, irrigation, électricité. Les ouvrages de la Compagnie font du Rhône un **gigantesque escalier d'eau** entre le lac Léman et la mer et fournissent chaque année environ 16 milliards de kWh - le fleuve compte 20 centrales hydroélectriques sur son cours français et 3 sur son cours suisse. De Lyon à la mer, ce sont 330 km de voies navigables.

Des travaux imposants

En aval de Lyon, la vallée large et cultivée, aux berges généralement basses, ne permettait pas l'aménagement de réservoirs artificiels alimentant de hautes chutes comme en montagne. Aussi est-ce le Rhône lui-même que l'on a barré et dérivé dans un lit artificiel. Chaque ouvrage comprend un barrage au travers du fleuve qui dérive l'eau dans un canal d'amenée alimentant une usine « au fil de l'eau » à gros débit. Sortant de l'usine, les eaux rejoignent le Rhône par un canal de fuite. Des écluses équipent ces canaux à hauteur des usines et permettent le passage des bateaux. L'aménagement complet du Rhône de Lyon à la mer a été achevé en 1980 par la mise en service des ouvrages de Vaugris, près de Vienne.

En amont de Lyon, quatre usines de basse chute valorisent l'utilisation de l'ensemble Génissiat-Seyssel.

L'INTERNATIONALISATION DU RHÔNE

Dès 1833, un canal relie les bassins du Rhône et du Rhin à partir de la Saône et jusqu'au port fluvial de Strasbourg. Mais c'est seulement dans les années 1960 que l'on relance l'idée d'un grand axe Rhin-Rhône : il s'agit de concurrencer l'axe Rhin-Main-Danube. Cependant, le projet s'essouffle pour des raisons de rentabilité. Le Rhône n'en reste pas moins un fleuve cosmopolite grâce à la multiplication des croisières pour vacanciers.

L'IRRIGATION, SOURCE DE RICHESSE

Grâce à l'irrigation de milliers d'hectares, les plaines de la vallée du Rhône sont des terres de bon rendement. La production fruitière, en particulier, bénéficie de cette mise en valeur. Mais ces dernières années ont montré que cette ressource n'est pas inépuisable et qu'elle doit être gérée avec rigueur.

L'EXPANSION INDUSTRIELLE

Le développement industriel de la vallée, lié aux aménagements du fleuve, a profondément modifié l'aspect du couloir rhodanien.

De Lyon à Avignon, **usines** et **installations** se succèdent : raffineries de Feyzin, constructions mécaniques, verre, engrais, papier, carton de Chasse et Givors, centrale thermique de Loire-sur-Rhône, usines chimiques des Roches, St-Clair-du-Rhône et Le Péage-de-Roussillon, ensemble industriel de Portes-lès-Valence et Montélimar, textiles de La Voulte, chaux et ciments de Cruas, Le Teil et Viviers.

Dans le domaine **nucléaire**, les centrales de St-Alban-St-Maurice, de Cruas-Meysse, du Tricastin et l'ensemble des aménagements de Pierrelatte confèrent à la vallée du Rhône un rôle de tout premier plan dans l'approvisionnement énergétique du pays et des États limitrophes.

LES PONTS

Alors que les **Romains** n'avaient construit que deux ponts sur le Rhône, l'un en bois entre Arles et Trinquetaille, l'autre en pierre à Vienne, les architectes du **Moyen-Âge**, déjouant les difficultés, en lancèrent trois. Le pont St-Bénézet d'Avignon fut construit en onze ans, de 1177 à 1188, par les frères pontifes, un ordre de moines bâtisseurs. Ce sont eux qui édifièrent au siècle suivant le pont de la Guillotière à Lyon et celui de Pont-St-Esprit. Au **19ᵉ s.**, les frères Seguin, en créant la technique du pont suspendu par câble en fer, apportèrent au problème du franchissement du fleuve une solution économique. Le premier pont suspendu construit sur le Rhône fut celui de Tournon ; inauguré en 1825, il a été démoli en 1965 (celui visible aujourd'hui date de 1846). **La dernière guerre** a détruit la plupart des ponts suspendus. À l'occasion de leur reconstruction, on a fait appel aux techniques les plus récentes, comme à Vernaison, Tournon, Le Teil, Viviers ; la travée centrale suspendue dépasse souvent 200 m de longueur (Le Teil : 235 m, Vernaison : 231 m).

Le **béton** précontraint a été utilisé pour lancer les ponts non suspendus ; le plus remarquable est le pont de chemin de fer de La Voulte (1955). Les derniers ponts routiers ouverts à la circulation sont ceux de la déviation de Vienne (autoroute A 7)

en 1973, celui de Chavanay en amont du Péage-de-Roussillon (fin 1977) et le pont de Tricastin sur le canal d'amenée de la chute de Donzère-Mondragon en 1978.

Grottes et avens

Les profondes entailles des vallées vives du Haut-Vivarais contrastent avec les vastes solitudes grises et pierreuses des plateaux du Bas-Vivarais. Cette sécheresse du sol est due à la nature calcaire de la roche qui filtre comme une éponge toutes les eaux de pluie. Grâce à elle, une intense et étonnante activité souterraine a pris forme, créant de mystérieux réseaux encore méconnus.

L'INFILTRATION DES EAUX

La magie qui se dégage des grottes aux splendides décors font souvent oublier le long travail de la nature.

Chargées d'acide carbonique, les eaux de pluie dissolvent le carbonate de chaux contenu dans le calcaire. Se forment alors des dépressions généralement circulaires et de dimensions modestes appelées **cloups** ou **sotchs**. Si les eaux de pluie s'infiltrent plus profondément par les innombrables fissures qui fendillent la carapace calcaire, le creusement et la dissolution de la roche amènent la formation de puits ou abîmes naturels appelés **avens** ou **igues**.

Peu à peu, les avens s'agrandissent, se prolongent, se ramifient, communiquent entre eux et s'élargissent en grottes. ils ont laissé circuler de véritables rivières souterraines qui ont creusé des salles et des tunnels. Ceux-ci se modifient

Aven d'Orgnac

Joël Damase / MICHELIN

toujours sous l'impulsion d'eaux d'infiltration depuis leur assèchement ; les deux plus importantes grottes de ce type dans la région sont celles de Marzal et d'Orgnac.

LES RIVIÈRES SOUTERRAINES

Les eaux d'infiltration finissent par former des galeries souterraines et se réunissent en une rivière à circulation plus ou moins rapide. Elles élargissent alors leur lit et se précipitent souvent en cascades. Lorsqu'elles s'écoulent lentement, elles forment de petits lacs en amont des barrages naturels tels les *gours* édifiés peu à peu par dépôt de carbonate de chaux. Il arrive qu'au-dessus des nappes souterraines se poursuive la dissolution de la croûte calcaire : des blocs se détachent de la voûte, une coupole se forme, dont la partie supérieure se rapproche de la surface du sol. C'est le cas de la gigantesque salle supérieure d'Orgnac, haute de 50 m et que quelques dizaines de mètres seulement séparent de la surface du causse.

Bon à savoir

♿ L'ensemble des grottes décrites dans ce guide sont listées ci-dessous : Aven d'Orgnac★★★, Grottes de la Balme★, Aven de la Forestière★, Grotte de St-Marcel★, Aven de Marzal★, Grotte de la Madeleine★, Grotte Chauvet, Grotte des Huguenots, Grottes de Montbrun, Grotte des Tunnels.

♿ Nous déconseillons par ailleurs vivement toute pratique non encadrée de la spéléologie et vous renvoyons aux adresses des comités départementaux indiqués p. 38.

STALACTITES, STALAGMITES ET EXCENTRIQUES

Au cours de sa circulation souterraine, l'eau abandonne le calcaire dont elle s'est chargée en pénétrant dans le sol. Elle édifie ainsi un certain nombre de concrétions aux formes fantastiques défiant quelquefois les lois de l'équilibre et aux couleurs variées : la grotte de la Madeleine hésite entre le blanc et le rouge, dans celle d'Orgnac on trouve des touches d'ocre (venues du fer) et de vert (venues du cuivre).
Dans l'aven d'Orgnac, le suintement des eaux donne lieu à des dépôts de calcite

(carbonate de chaux) qui constituent des pendeloques, des pyramides, des draperies. Les représentations les plus connues de ces concrétions sont les stalactites, les stalagmites et les excentriques. Les **stalactites** se forment à la voûte de la grotte. Chaque gouttelette d'eau qui suinte du plafond y dépose, avant de tomber, une partie de la calcite dont elle s'est chargée. Peu à peu s'édifie ainsi la concrétion le long de laquelle d'autres gouttes viendront s'écouler.
Les **stalagmites** sont des formations de même nature qui s'élèvent du sol vers le plafond. Les gouttes d'eau tombant toujours au même endroit déposent leur calcite qui forme peu à peu un cierge. Celui-ci s'élance à la rencontre d'une stalactite avec laquelle il finira par se réunir pour constituer un pilier reliant le sol au plafond.
La formation de ces concrétions est extrêmement lente ; elle est actuellement de l'ordre de 1 cm par siècle sous nos climats. Les **excentriques** sont de très fines protubérances, dépassant rarement 20 cm de longueur. Elles se développent dans tous les sens sous forme de minces rayons ou de petits éventails translucides. Elles se sont formées par cristallisation et n'obéissent pas aux lois de la pesanteur. L'aven d'Orgnac, celui de Marzal et la grotte de la Madeleine en possèdent de remarquables.

LES SPÉLÉOLOGUES DÉCOUVREURS

À la fin du 19e s., l'exploration méthodique et scientifique du monde souterrain, à laquelle est attaché le nom d'**Édouard-Alfred Martel**, a permis la découverte et l'aménagement touristique d'un certain nombre de cavités. Depuis, les recherches spéléologiques n'ont pas cessé. En 1935, **Robert de Joly** explore l'aven d'Orgnac et en découve les richesses ; trente ans plus tard, la présence d'un « trou souffleur » dans l'aven conduit à la reconnaissance d'un immense réseau de galeries supérieures.
En 1994, une équipe constituée de **Éliette Brunel**, **Christian Hillaire** et **Jean-Marie Chauvet** pénètre une cavité des environs de Vallon-Pont-d'Arc. Les spéléologues y trouvent plusieurs centaines de peintures rupestres et marques digitales datant de plus de 30 000 ans. La « grotte Chauvet », comme on la nomme à présent, est le plus ancien site préhistorique « décoré » connu au monde.

HISTOIRE

Biens, religions, idées, techniques et arts : depuis la préhistoire, la vallée du Rhône est une voie de communication de premier ordre. Saisissant au passage la culture romaine, les foires médiévales, l'élevage du vers à soie, les idées de la Réforme, l'esprit de la Résistance et le développement énergétique, l'histoire régionale témoigne d'un dynamisme sans cesse renouvelé.

© ROGER-VIOLLET

Insurrection des canuts (1834)

Une terre laborieuse

LA PRÉHISTOIRE

Les découvertes actuelles situent l'arrivée de l'homo sapiens dans la région aux alentours de 40 000 ans av. J.-C., les dessins de la grotte Chauvet sont réalisés 10 000 ans plus tard. Déjà, la vallée du Rhône est une voie de passage. Des groupes se sont installés dans la région ; l'agriculture, l'artisanat et le commerce (ambre, étain…) s'y développent bientôt.

LES ÉPOQUES GAULOISE ET ROMAINE

Au 7e s. avant notre ère, les **Celtes** s'installent de part et d'autre du Rhône : Helviens sur la rive droite, Allobroges sur la rive gauche. Les **Phocéens** (Grecs d'Asie Mineure qui ont fondé Marseille et Arles) multiplient les comptoirs commerciaux.
Les **Romains** comprennent rapidement l'importance stratégique du Rhône : ils s'en servent comme voie de pénétration pour leurs produits, mais aussi pour leur civilisation. Les légions romaines s'installent à Vienne, capitale des Allobroges, et sur la rive gauche du fleuve en 121. Vers l'an 43, la conquête de la Gaule achevée, Munatius Plancus fonde Lyon en installant des colons romains sur les hauteurs qui dominent les rives de la Saône ; Lyon devient **capitale des Gaules** en 27. Grand centre économique et intellectuel, Lyon est aussi le point de départ de la diffusion du christianisme en Gaule. Elle le reste malgré les persécutions de Marc Aurèle en l'an 177 (martyrs des premiers chrétiens dans l'amphithéâtre de Lyon).
En 280 apr. J.-C., l'empereur Probus enlève aux Lyonnais le monopole de la vente du vin en Gaule. C'est le début du déclin de Lyon devenue, sous Dioclétien, simple capitale de province.

LE MOYEN-ÂGE

Les **Burgondes**, puis les **Francs** se substituent aux Romains dans la région : c'est, du 5e au 6e s., la période des grandes invasions mais aussi de la fondation des premières abbayes dans la vallée. Au 8e siècle ont lieu les incursions arabes qui pénétreront jusqu'à Poitiers.
En 843, le traité de Verdun partage l'empire de Charlemagne entre les trois fils de Louis le Débonnaire. Lothaire reçoit les territoires allant de Rouen à la mer du Nord, la Provence, la vallée du Rhône et la Bourgogne. Bientôt, l'ensemble du territoire voit l'ascension de **puissances féodales** : ici, les comtes du Forez et les évêques de Viviers dont le domaine

deviendra le Vivarais. Une première église est construite au sommet du rocher d'Aiguilhe au Puy-en-Velay, attirant les pèlerins à partir du 10e s. C'est une période de croissance économique, urbaine et démographique qui s'instaure sur la région et au-delà. Les 11e et 12e s. voient naître de nouvelles abbayes en Vivarais : Mazan, Bonnefoy… Les comtes d'Albon, « Dauphins de Viennois », étendent leurs possessions ; leurs terres, du Rhône aux Alpes, recevront le nom de Dauphiné.

Parallèlement, le développement des cités entraîne l'octroi au 13e s. de nombreuses chartes de franchises communales. À la même époque, la puissance du royaume de France s'impose progressivement. Elle se conclut par le rattachement du Dauphiné à la France et la constitution des **États du Dauphiné** en 1349, tandis que, depuis presque 50 ans, la papauté siège en Avignon. Le 14e s. est entaché par deux handicaps majeurs : la peste, qui ravage la proche Auvergne en 1348 et se maintient ensuite de manière endémique, la guerre anglaise, qui sévit à proximité et avec quelques débordements en Auvergne jusqu'à la fin du siècle.

LE TEMPS DES FOIRES

Le calme et la prospérité reviennent pour la région, se traduisant par la création de l'université de Valence en 1452, la nouvelle spécialisation de St-Étienne dans la fabrication d'armes à feu, et le développement des foires et marchés, dans le Velay et à Lyon. Les premières foires de Lyon sont instituées en 1419 par le dauphin Charles, futur Charles VII. Dès 1463, Louis XI confirme les foires de Lyon par privilèges royaux. La ville devient une plaque commerciale et financière inévitable pour toute l'Europe. Au nombre de quatre par an au milieu du 15e s., les foires de Lyon déclinent au 16e s. pour des raisons fiscales et des difficultés économiques plus ou moins liées aux guerres d'Italie, puis aux guerres de Religion. C'est pourtant à leur occasion que Rabelais publie à Lyon, en 1532 et 1534, son *Pantagruel* et son *Gargantua*.

LA RÉFORME ET LES GUERRES DE RELIGION

La première moitié du 16e s. voit la propagation de la Réforme vers les Cévennes par la vallée du Rhône, le Vivarais et la vallée de la Durance ; Lyon imprime et diffuse les doctrines prêchées à Bâle et à Genève.

Vers 1528, les premiers prédicateurs œuvrent à Annonay. Malgré la répression exercée par le Parlement de Toulouse, l'« hérésie » gagne le terrain. Le protestantisme est stimulé par le rayonnement, sur l'autre rive du Rhône, de l'Église vaudoise, réformée à partir de 1532, qui répand les influences genevoises et lyonnaises. Les habitants ont été sensibles aux idées calvinistes qui répondent à leur goût d'indépendance.

Vers 1550-1560, la Réforme est implantée dans tout le pays, même en Velay. Les artisans sont rejoints par des savants (Olivier de Serres) et des nobles (comte Antoine de Crussol). Les « religionnaires » affirment publiquement leurs croyances. Comme à Genève, le protestantisme se durcit. Les « consistoires », assemblées représentatives et délibérantes, mènent campagne contre les festins, les danses, les cartes et les dés. En 1546 ouvre la première église réformée lyonnaise.

C'est pendant la seconde moitié du 16e s. que catholiques et protestants s'affrontent. Dans le Dauphiné et le Vivarais, c'est une guerre de sacs de villes et de massacres qui est menée par les « religionnaires » et les « papistes ». Le baron des Adrets s'empare des principales villes du Dauphiné, où il conduit le mouvement huguenot. Il décime la vallée du Rhône avec ses bandes, puis marche sur le Forez où il fait tomber Montbrison. Plus tard, passant à nouveau au catholicisme, sa foi d'origine, il se retourne contre les réformés, alors défendus par le connétable François de Lesdiguières. Ailleurs, comme en Velay, le catholicisme triomphe sur le terrain. Les plus grandes villes (Lyon, Le Puy) se déclarent pour le parti ultra-catholique de la Ligue, qui résista au roi jusqu'en 1595.

La paix n'est rétablie qu'en 1596, et en 1598, Henri IV promulgue l'édit de Nantes, stipulant que les sujets du roi, adeptes du protestantisme, obtiennent la liberté de conscience et des lieux de culte.

LA CONTRE-RÉFORME ET LES DRAGONNADES

En 1536, après la mort de François Ier, son ministre le cardinal François de Tournon se consacre à la lutte contre la Réforme. Il fonde le collège de Tournon, foyer de la culture de la Renaissance.

La Contre-Réforme prend une ampleur décuplée au 17e s. avec la création de nombreux couvents (augustins, visitandines), et les missions de saint Jean-François Régis en Velay et Vivarais. Ces effort refoulent progressivement les réformés.

À partir de 1661, Louis XIV, désirant réaliser l'unité politique et religieuse du royaume, entreprend une vive campagne contre la « religion prétendue réformée » et lance sur le Languedoc et les Cévennes les fameuses « dragonnades ». Ces persécutions conduisent à des abjurations massives. Louis XIV signe, le 18 octobre 1685, la révocation de l'Édit de Nantes : le culte réformé est interdit. Cette décision entraîne l'exode de nombreux huguenots vers les pays protestants : les conséquences pour la vie économique de la région et de la France sont importantes.

Après l'insurrection camisarde qui éclate dans les Cévennes entre 1702 et 1704, le protestantisme renaît clandestinement dans le Vivarais avec des prédicateurs comme Antoine Court jusqu'en 1787. Louis XVI promulgue alors l'édit de Tolérance qui met fin aux persécutions.

LES COCONS, MAGNANS ET SOIERIE

De la Chine à Lyon

Jolie histoire que celle de la découverte de la soie ! Selon la tradition, une princesse chinoise prenait en effet le thé à l'ombre de son jardin, selon les règles de l'art quand, plof ! une boule blanche tomba dans son bol. L'élégante dame entreprit donc de l'en retirer, avec des baguettes, bien sûr. Mais les baguettes glissaient sur la boule, elle dut s'y reprendre à plusieurs reprises et, surprise, finit par voir la boule blanche tourner comme une toupie dans la décoction bouillante : un cocon de bombyx du mûrier était tombé dans son thé, elle avait attrapé la soie et découvrait que ce fil, résistant, était d'une longueur impressionnante (jusqu'à 1,5 km). Histoire ou légende ? Qui sait ? Toujours est-il que la soie est utilisée en Chine dès le 17e s av. J.-C. et que le secret de sa fabrication y est gardé pendant vingt-trois siècles.

Après avoir traversé la Perse et l'Inde, l'élevage des vers à soie passe la Méditerranée (particulièrement en Italie) aux alentours du 12e s., arrive en Provence avec les papes d'Avignon. En 1450, Charles VII accorde à Lyon le monopole de la vente de la soie dans le royaume, mais la ville est devancée vingt ans plus tard par Tours. Louis XI, François Ier, puis Henri IV se mêlent de l'affaire et encouragent la culture de la soie, ce dernier avec l'aide du savant Olivier de Serres. En 1536, s'installe à Lyon une manufacture ; quelque soixante ans plus tard, l'importation de soierie est interdite.

L'essor

La soierie lyonnaise, en même temps que les élevages de magnans, prennent un grand essor au 18e s., avec des dessins et des techniques d'une complexité croissante. Élevage et tissage deviennent

Les grandes dates

30 000 av. J.-C. – Des hommes ornent la grotte dite « Chauvet ».

121 av. J.-C. – Les légions romaines s'installent à Vienne.

43 av. J.-C. – Fondation de Lugdunum, future Lyon.

27 av. J.-C. – Lugdunum devient capitale des Gaules.

1074 – Le pape Grégoire VII fait de l'archevêque de Lyon le primat des Gaules. Cette primatie, toujours actuelle, élève la ville au rang de capitale religieuse du royaume de France.

1229 – Le traité de Paris met fin à la guerre des Albigeois et à l'influence des comtes de Toulouse en Vivarais.

1349 – Rattachement du Dauphiné à la France.

1450 – Charles VII accorde à Lyon le monopole de la vente de la soie dans le royaume.

1536 – François Ier prend possession du comté du Forez.

1600 – Olivier de Serres, père de l'agriculture française, publie son *Théâtre d'agriculture et Mesnage des champs*.

1629 – Siège et destruction de Privas par les troupes royales.

1793 – Résistance lyonnaise contre la Convention ; la ville est punie par la Terreur.

1831-1834 – Principales insurrections des canuts à Lyon.

1863 – Fondation du Crédit Lyonnais.

1934 – Création de la Compagnie nationale du Rhône pour l'aménagement du fleuve.

Fin 1940 – Lyon devient la capitale de la Résistance réfugiée en zone libre.

1972 – Création de la région Rhône-Alpes.

1986-1998 – Fonctionnement à Creys-et-Pusignieu de Superphénix, premier réacteur européen à neutrons rapides.

1998 – Le site historique de Lyon (confluent), la cathédrale et l'Hôtel-Dieu du Puy-en-Velay sont inscrits sur la liste du Patrimoine mondial de l'Unesco.

une activité majeure dans l'ensemble de la région. À l'aube du 19e s., Jacquard invente une machine automatisant en partie le travail du canut, ouvrier de la soie. La production explose et, à sa suite, les révoltes de canuts en 1831, 1834, 1848, 1885.

La crise

En 1850, la pébrine, maladie du ver à soie, ravage la sériciculture du Vivarais. Lorsque Pasteur y trouve un remède, le marché s'est orienté vers d'autres sources ; les magnaneries disparaissent une à une. Malgré le perfectionnement de son savoir-faire, le tissage ne tarde pas à prendre la suite : la Première Guerre, l'apparition des tissus synthétiques portent le coup de grâce à la grande époque de la soierie lyonnaise. Quelques grandes maisons en perpétuent néanmoins le souvenir, aujourd'hui encore.

LA RÉVOLUTION ET L'ESSOR DE L'INDUSTRIE

La **Révolution** offre à Lyon sa première municipalité lyonnaise, mais bientôt, la résisance lyonnaise à la Convention engendre les terribles représailles de la Terreur. Comme dans le reste de la France, une fois les troubles calmés, la **croissance industrielle** prend son essor : 1800 voit les débuts de la fabrication de la mousseline à Tarare, que suivront les industries des cotonnades quelque trente ans plus tard. Le **chemin de fer** relie St-Étienne à Andrézieux en 1827, puis à Lyon en 1832. Dix ans ne sont pas passés avant que ne suive l'inauguration du **canal de Roanne**. En 1880, le phylloxéra détruit la moitié du vignoble ardéchois, mais les vignes sont rapidement remplacées par des vergers dans les vallées du Rhône et de l'Eyrieux. Enfin, la fin du siècle assiste à la naissance de l'**industrie chimique** lyonnaise et l'essor de la **métallurgie** dans la vallée du Rhône.

L'OCCUPATION ET LA LIBÉRATION

Alors que le gouvernement vaincu de la France s'installe à Vichy, la ligne de démarcation passe au Nord de la région. À la fin de 1940, Lyon devient la **capitale de la Résistance** réfugiée en zone libre. La ville ne tarde pourtant pas à être occupée par les Allemands, le 11 novembre 1942, rendant plus dangereux les actes de résistance : en mai 1943, **Jean Moulin** est arrêté près de Lyon par la Gestapo. Dans le

Jean Moulin

© Photo JOSSE

Vercors, au mont Mouchet, les Allemands détruisent les maquis. En 1944, les combats de la Libération gagnent la vallée du Rhône. Les ponts sont détruits par les Allemands. C'est en 1987 que sera jugé le chef de la Gestapo pour la région lyonnaise, **Klaus Barbie**. Condamné pour crimes contre l'humanité à Lyon, il décédera en prison en 1991.

L'INDUSTRIE, L'ÉNERGIE ET LA CITÉ INTERNATIONALE

L'industrialisation et l'équipement de la vallée du Rhône tendent d'abord à s'accentuer : construction des ouvrages de Donzère-Mondragon (1948-1952) ; mise en service à Pierrelatte d'une usine de séparation isotopique, portant l'enrichissement de l'uranium à un taux supérieur à 90 % (1967), construction à Creys-et-Pusignieu de Superphénix, premier réacteur européen à neutrons rapides (1986). La région est desservie par le premier TGV, qui relie Paris à Lyon en 1981. Au-delà de son influence régionale, Lyon aspire à compter parmi les plus importantes capitales européennes. Ancien premier minsitre, Raymond Barre est élu en 1995 maire de Lyon ; il prend la suite de Michel Noir. En 1996, Lyon confirme sa dimension internationale en accueillant le sommet du G 7. Sa « cité internationale », son opéra et son orchestre national ont su aussi se hisser au plus haut rang. Rivale de Milan et Barcelone, Lyon signe cependant des accords depuis 1998 avec la Lombardie et la Catalogne afin de développer des liens économiques et politiques.

Un pays de novateurs

Qui a conçu la montgolfière ? Qui sont les inventeurs du cinématographe ? Et la machine à coudre ou le métier à tisser : qui les a créés ? La région s'avère être une pépinière de savants et d'ingénieurs dignes du concours Lépine (lequel est justement né à Lyon !).

LE BALLON DES FRÈRES MONTGOLFIER

Dans les dernières années de l'Ancien Régime, les frères **Joseph** (1740-1810) et **Étienne** (1745-1799) **de Montgolfier**, descendants de l'une des plus anciennes familles de papetiers d'Europe, ont acquis la célébrité en réussissant les premières ascensions en ballon.

Poursuivant inlassablement sa recherche d'un gaz plus léger que l'air, Joseph fait une première expérience concluante avec un parallélépipède en taffetas qu'il emplit d'air chaud en faisant brûler un mélange de paille mouillée et de laine. Associant son frère à ses recherches et après plusieurs tentatives fructueuses, dont l'une menée dans les jardins de la papeterie familiale à Vidalon-lès-Annonay, il lance avec succès son premier aérostat, place des Cordeliers à Annonay, le 4 juin 1783.

Mandés dans la capitale pour renouveler leur exploit devant le roi, ils décident de se séparer momentanément, le temps que l'un d'eux accomplisse cette mission. C'est ainsi que le 19 septembre de la même année fut inauguré à Versailles, sous la conduite d'Étienne et devant la famille royale et la cour médusées, le premier vol habité. Au ballon est attachée une cage à claire-voie, où les premiers passagers de l'espace sont un coq, un canard et un mouton. En quelques minutes, le *Réveillon*, timbré sur fond bleu du chiffre du roi, s'élève dans les airs, puis va se poser en douceur dans le bois de Vaucresson. Le mammifère et les deux volatiles ont parfaitement supporté le voyage ! Tous les espoirs sont permis.

LA CHAUDIÈRE DE MARC SEGUIN

Marc Seguin est né à Annonay en 1786. Il n'a pas seulement, avec son frère Camille, contribué à améliorer la technique des ponts suspendus par câbles de fer. Une autre de ses découvertes allait avoir une influence considérable sur le développement des chemins de fer.

Les premières locomotives produisaient à peine assez de vapeur pour atteindre 9 km/h. Appliqué en 1830 à la *Rocket* (fusée), l'une des locomotives de l'Anglais Stephenson, le nouveau système de chaudière tubulaire se révèle une remarquable innovation : la plus grande quantité de vapeur dans un appareil de petites dimensions, multiplie la vitesse par 7, puis 10. Lors d'une première expérience, la fusée atteignit 60 km/h. Aux essais suivants, elle fut même poussée à près de 100 km/h.

Conscient de l'importance de son invention, Marc Seguin laissa le brevet tomber dans le domaine public, refusant de tirer un profit personnel de l'intelligence dont le ciel l'avait favorisé. On doit enfin à Marc Seguin des travaux sur les bateaux à vapeur, ainsi que l'idée de remplacer les rails en fonte par des rails en fer et les dés en fer par des traverses en bois. Il mourut en 1875.

DU FIL À L'ÉTOFFE

La soie de Serres

Olivier de Serres, le père de l'agriculture française, naît à Villeneuve-de-Berg en 1539 et meurt en 1619 dans son domaine du Pradel, près de sa ville natale. Gentilhomme huguenot, exploitant lui-même ses terres, il mesure les ruines causées par les guerres de Religion. Aussi, lorsque Henri IV, après la publication de l'édit de Nantes en 1598, fait appel aux bonnes volontés pour restaurer le royaume, Olivier de Serres consigne son expérience dans une étude sur *L'Art de la cueillette de la soie*. L'idée entre dans les vues du roi : l'extension de la culture du mûrier permettrait d'arrêter les sorties d'or pour l'achat d'étoffes étrangères. Henri IV donne l'exemple. Il fait planter 20 000 pieds de mûriers aux Tuileries ; une magnanerie modèle est construite. La sériciculture s'étendra ensuite à la moitié de la France.

Encouragé par ce premier succès, Olivier de Serres publie en 1600 le *Théâtre d'agriculture et Mesnage des champs*. L'auteur y préconise le labour profond, l'alternance des cultures, le soufrage de la vigne, les prairies artificielles, la culture du maïs, de la betterave à sucre, du houblon et probablement de la pomme de terre qu'il appelle « cartoufle » : autant d'innovations mises en pratique au Pradel.

Jacquard et les risques du métier

Joseph-Marie Jacquard naît à Lyon en 1752. Son père, petit fabricant en étoffes façonnées, l'emploie à « tirer les lacs », ces cordes qui font mouvoir

Joël Damase / MICHELIN

Les frères Lumière sur la fresque des Lyonnais célèbres (Lyon)

la machine compliquée servant à former le dessin de la soierie. L'enfant, de santé fragile, n'y résiste pas. On le place chez un relieur, puis chez un fondeur de caractères.

Après la mort de son père, Jacquard tente de monter une fabrique de tissus. Son inexpérience commerciale et ses recherches pour perfectionner le tissage le ruinent. Il doit se placer comme ouvrier chez un fabricant de chaux du Bugey, tandis que sa femme tresse la paille. En 1793, il s'engage dans un régiment de Saône-et-Loire avec son fils ; celui-ci sera tué à ses côtés. Rentré à Lyon, Jacquard travaille le jour chez un fabricant et, la nuit, à la construction d'un nouveau métier et d'une machine à fabriquer les filets de pêche. La République cherche des inventeurs : Carnot, ministre de l'Intérieur, fait venir Jacquard à Paris.

En 1804, Jacquard retourne à Lyon pour achever le métier auquel son nom est resté attaché. À un attirail de cordages et de pédales exigeant le travail de 6 personnes, il substitue un mécanisme simple, permettant à un seul ouvrier d'exécuter les étoffes les plus compliquées aussi facilement qu'une étoffe unie. 3 ouvriers et 2 ouvrières se trouvent supprimés pour chaque métier ; dans une ville qui compte alors 20 000 métiers, des dizaines de milliers d'ouvriers se voient menacés dans leur travail. Les canuts se dressent contre cette « évantion » qui leur coupe les bras.

Pourtant, Jacquard parvient à convaincre les canuts de l'utilité de sa découverte. Des fabricants montrent l'exemple et, en 1812, plusieurs « Jacquards » fonctionnent à Lyon. Retiré à Oullins, leur inventeur peut enfin goûter un repos bien mérité. Il décède en 1834.

La machine à coudre de Thimonnier

Aussi opiniâtre que le tisseur lyonnais, **Barthélemy Thimonnier** (1793-1857) n'eut pas comme lui le bonheur de voir sa découverte exploitée dans son pays natal.

Lorsque la famille s'installe en 1795 à Amplepuis, le jeune Barthélemy est placé comme apprenti tailleur. En 1822, il s'installe comme tailleur d'habits à Valbenoîte près de Saint-Étienne. Hanté par l'idée de coudre mécaniquement et s'inspirant du crochet utilisé par les brodeuses des monts du Lyonnais, il construit dans le secret un appareil en bois et en métal permettant d'exécuter le point de chaînette. La machine à coudre était née.

Pour parvenir à breveter son invention, il s'associe à Auguste Ferrand, répétiteur à l'École des mineurs de Saint-Étienne. Une demande est déposée le 13 avril 1830 aux noms des deux associés.

Thimonnier quitte ensuite Saint-Étienne pour la capitale où, bientôt, le premier atelier de couture mécanique voit le jour au 155, rue de Sèvres. Là, 80 machines à coudre fonctionnent six fois plus vite que manuellement. Cela déclenche la haine des tailleurs parisiens qui, lui reprochant de vouloir ruiner leur profession, saccagent l'atelier ; Thimonnier, ruiné, revient à Amplepuis, où il reprend son métier de tailleur.

En 1848, une compagnie de Manchester s'intéresse à son « couso-brodeur ». Épuisé par 30 ans de travail et de luttes, il s'éteint à l'âge de 64 ans, trop tôt pour connaître l'extraordinaire essor de la machine à coudre.

UN GRAND MÉDECIN : CLAUDE BERNARD

Il y a du sucre dans le foie, plus précisément du glycogène : par cette grande découverte (1843), le physiologiste **Claude Bernard** permit d'expliquer les mécanismes du diabète en 1853. Théoricien fondamental de la médecine expérimentale, il a aussi contribué à comprendre le système nerveux. Quel chemin parcouru par ce membre des académies de Médecine et des Sciences, par cet enseignant qui délivra des cours à la Sorbonne et au Collège de France ! Il est l'auteur de *La Science expérimentale* (1876).

Fils d'humbles vignerons de Saint-Julien dans le Beaujolais, Claude Bernard est né en 1813 : on peut voir sa maison au hameau de Chatenay, près du musée qui lui est consacré. C'est, dit-on, grâce au curé du village qu'on l'envoya étudier à Lyon. De là, il « monta » à Paris pour étudier la médecine.

LUMIÈRE ! ET LE CINÉMA EST NÉ...

En 1882, un photographe venu de Besançon, Antoine Lumière, s'installe dans un hangar de la rue St-Victor à Lyon et entreprend la fabrication de plaques sèches au gélatino-bromure d'argent, selon une formule qu'il a trouvée. Quatre ans plus tard, il a déjà vendu plus d'un million de plaques sous le nom d'« étiquette bleue ». Les deux fils de l'ancien photographe, **Auguste** (1862-1954) et **Louis Lumière** (1864-1948), associés à leur père, travaillent à un appareil de leur invention. Ils le présentent en 1895 à la Société d'Encouragement. L'appareil, qui reçoit finalement le nom de cinématographe, est présenté à Lyon le 10 juin 1896.

D'abord indifférent, le public se rue bientôt pour voir les dix premiers films, courtes saynètes dont l'humour n'a pas vieilli. Sortie d'un hangar lyonnais, la prodigieuse aventure du cinéma commençait...

Autres personnalités de la région

Abbé Pierre, alias Henri Grouès, ancien député et fondateur du mouvement Emmaüs chargé de lutter contre la pauvreté, est né en 1912 à Lyon.

Marc Bloch (1886-1944), historien du Moyen-Âge, cofondateur des *Annales d'histoire économique et sociales*. Juif et résistant, il est fusillé par les Allemands en 1944 près de Lyon, sa ville natale.

Pierre Boulez, né en 1925 à Montbrison, chef d'orchestre et compositeur dodécaphoniste, est une personnalité majeure de la musique contemporaine française. Il a fondé l'Institut de recherche et coordination acoustique/musique (Ircam) à Paris.

Raymond Depardon, grand photographe, fondateur de l'agence Gamma et cinéaste, est né à Villefranche-sur-Saône en 1942. Dans le livre *La Ferme du Garet*, il raconte son enfance dans le Beaujolais.

Liane Foly, chanteuse, est née en 1963 à Lyon.

Hector Guimard (1867-1942), architecte. Né à Lyon, cet adepte de l'Art Nouveau est le créateur des premières bouches de métro de Paris.

Jean-Baptiste Guimet (1785-1871), polytechnicien, fait fortune avec la fabrication du bleu outremer artificiel de son invention, bon marché.

Son fils **Émile** (1836-1919) collectionna les œuvres d'art asiatiques visibles au Musée Guimet de Paris.

Jean-Pierre Jeunet, né en 1953 à Roanne. Cinéaste, auteur de *Delicatessen*, du n° 4 d'*Alien* et du *Fabuleux Destin d'Amélie Poulain*.

Antoine Pinay (1891-1994) est né à Saint-Symphorien-sur-Coise. Ministre de l'Économie, il instaura le « nouveau franc » en 1959.

Alain Prost, champion du monde de course automobile en 1985, 1986, 1989 et 1993, est né en 1955 à Lorette.

Pierre Cécil Puvis de Chavannes (1824-1898), peintre né à Lyon. Classé parmi les artistes académiques, il fut cependant admiré par les symbolistes et de jeunes confrères avant-gardistes tels que Paul Gauguin.

Muriel Robin, née en 1955 à Montbrison. Comédienne et humoriste.

Éric-Emmanuel Schmitt, auteur de théâtre, est né en 1960 à Sainte-Foy-lès-Lyon. Les questions spirituelles hantent les pièces à succès de ce normalien. *Le Visiteur* (1994) fut couronné par trois molières.

Anne Sylvestre, chanteuse et auteur d'une foule de chansons enfantines, est née en 1934 à Lyon.

Bertrand Tavernier, né en 1941 à Lyon, cinéaste. Son *Horloger de Saint-Paul* se déroule dans sa ville natale, est également président de l'Institut Lumière basé à Lyon.

Saint Vincent de Paul (1576-1660), prêtre. En 1617, il a fondé la première Confrérie de la Charité à Châtillon-sur-Chalaronne.

ART ET CULTURE

Si la géographie a ici influé sur l'art et la culture, c'est pour leur transmettre les multiples tonalités véhiculées par ce lieu de passage, lié à la grande Rome de l'Antiquité, au séjour des rois de France, à l'omniprésent Paris de la période moderne, et peut-être, dans l'avenir, à l'inexorable accélération du mélange des cultures du monde.

Mosaïque de Lycurgue (2ᵉ s.), musée archéologique de St-Romain-en-Gal

Les grandes étapes de la création

Au carrefour entre le Nord de l'Europe et la Méditerranée, les diverses influences contribuent à la richesse du patrimoine artistique de la région, au même titre que les vestiges des civilisations antiques ou les créations contemporaines.

LES MONUMENTS ROMAINS

Fondées après de la conquête de la vallée du Rhône par les légions romaines une centaine d'années av. J.-C., les cités de Lyon et de Vienne sont au faîte de leur splendeur au 2ᵉ s. ap. J.-C. Elles déclinent à partir du 4ᵉ s., puis les troubles et les incursions barbares occasionnent des ravages multiples.

Au Moyen-Âge, les grands monuments servent de carrière. Rares sont les vestiges gallo-romains encore visibles. À partir de 1922 à Vienne et de 1933 à Lyon, sur les chantiers des sites archéologiques, des ensembles monumentaux remarquables (théâtres, odéons) sont exhumés.

Les théâtres

Ils se composent de gradins ceinturés par une colonnade, d'un orchestre réservé aux personnes de marque, et d'une scène surélevée par rapport à l'orchestre.

Les acteurs jouent en avant d'un mur percé de portes par où se font leurs entrées. Derrière le mur de scène richement décoré se trouvent les loges des acteurs et les magasins. Au-delà encore, un portique donnant sur des jardins reçoit les acteurs avant leur entrée en scène. Les spectateurs viennent s'y promener pendant les entractes ou s'y abriter de la pluie. L'acoustique des théâtres romains étonne encore dans ces édifices pourtant à moitié détruits, ce qui peut se vérifier à Fourvière (notamment lors des Nuits de Fourvière) et à Vienne.

Les temples

Demeures des dieux et non lieux de culte, les temples se composent d'un sanctuaire fermé contenant une effigie divine – qui peut être également celle d'un empereur divinisé – et d'un vestibule ouvert. Les temples sont entourés partiellement ou totalement d'une colonnade. Le temple d'Auguste et de Livie à Vienne, comparable à la Maison carrée de Nîmes, est l'un des derniers temples romains dans la région ; seules les grandes cités en possèdent un. À l'image des temples romains d'Italie, celui de Vienne est construit sur un podium auquel on accède par un escalier frontal ; le portique est profond, la colonnade avec ses chapiteaux à feuillage enroulé est d'ordre corinthien. De dimensions imposantes et majestueuses, ces temples reflétaient, de par leur architecture, la grandeur d'un règne et l'importance de la cité.

Les thermes

Les thermes romains, gratuits, sont à la fois bains publics, établissements de culture physique, clubs, casinos, centres de conférences. Le fonctionnement des thermes prouve une grande maîtrise des problèmes d'adduction d'eau et de chauffage. L'eau arrive par un aqueduc, elle est accumulée dans des citernes, puis distribuée par un circuit de canalisations en plomb et en mortier ; l'évacuation se fait par un réseau d'égouts. Le chauffage de l'eau et des pièces est assuré par un système de foyer et d'hypocaustes en sous-sol.

Dans ces très vastes bâtiments, la décoration est somptueuse : colonnes et chapiteaux rehaussés de couleurs vives, parements de mosaïques, revêtements de marbres de couleur, voûtes à riches caissons, fresques sur les murs. Les fouilles de St-Romain-en-Gal *(voir Vienne)* ont exhumé quelques vestiges de décorations luxueuses, le site lui-même, grâce aux proportions du musée et à l'emprise au sol des ruines, donnant une idée plus concrète de l'importance de ces établissements au sein des cités romaines.

L'amphithéâtre

L'élément principal est l'arène, de forme ovale généralement, où se donnent les spectacles : combats de fauves ou de gladiateurs, exécutions de condamnés non citoyens romains qui sont livrés aux bêtes ou au bourreau. Le cri « aux lions, les chrétiens » est resté tristement célèbre. Autour de l'arène s'ordonnent les gradins qui reçoivent les spectateurs. Lyon, centre du culte officiel de Rome en Gaule, se devait d'avoir un amphithéâtre : c'est l'amphithéâtre des Trois-Gaules.

Le cirque

Il attire les foules passionnées de courses de chars. Au milieu de la piste se trouve une longue construction rectangulaire, la spina, marquée au centre par une « pyramide » et limitée à chaque extrémité par de grosses bornes semi-circulaires. Les chevaux et les cochers portent les couleurs blanches, bleues, rouges ou vertes des factions rivales qui organisent la compétition. Le cirque est construit en grande partie en bois, ce qui explique qu'on en trouve si peu de traces.

L'ART ROMAN

La vallée du Rhône n'est pas à l'origine d'une grande école comme la Bourgogne ou l'Auvergne. La diversité de ses régions, de ses reliefs et de ses paysages se retrouve dans la floraison d'églises romanes qui reprennent, mêlent, et parfois subliment des influences artistiques très différentes.

Lyonnais et région de Vienne

Les églises romanes de ces régions assurent la transition entre la Bourgogne, la Provence et le Velay. Elles témoignent aussi parfois de la diffusion de découvertes artistique. Ainsi, les absides à bancs et colonnettes de marbres des cathédrales de Lyon et de Vienne relèvent d'une technique décorative d'inspiration orientale dont on trouve le premier exemple à Ste-Sophie de Constantinople et qui a gagné la vallée du Rhône par l'intermédiaire de l'Italie (St-Marc de Venise). Elle caractérise l'art viennois-lyonnais.

Parmi les monuments majeurs de la région lyonnaise, la basilique St-Martin-d'Ainay à Lyon est reconnaissable à la toiture de son clocher-porche (pyramide encadrée d'acrotères) ; l'influence bourguignonne se retrouve surtout dans la composition intérieure et le décor des chapiteaux.

Plus en aval sur le Rhône, l'église St-Pierre de Vienne présente également un imposant clocher-porche à trois niveaux d'arcades. Mais la présence d'arcs trilobés évoque déjà le Velay ou la Provence.

Temple d'Auguste et de Livie à Vienne

Joël Damase / MICHELIN

Forez-Velay

La Loire et le Forez ont largement bénéficié du rayonnement artistique de l'école de Cluny. Souvent fortifiées, les églises sont d'une sobre élégance comme en témoigne le portail de l'église de Bourg-Argental. Le contraste est frappant avec le Velay où la pierre rouge donne un ton très différent aux églises et prieurés, qui dépendaient souvent de monastères auvergnats. L'école auvergnate y est bien présente, mais est associée à des influences orientales très marquées, dont les styles s'intègrent parfaitement à l'architecture romane française. La richesse, voire l'exubérance de certains décors byzantins, triomphe dans le portail de la chapelle St-Michel-d'Aiguilhe ou dans la cathédrale du Puy.

Vlivarais-Tricastin

En Vivarais, l'église romane est remarquable par l'équilibre de ses volumes et la sobriété de ses formes. L'exemple le plus abouti en est certainement l'abbatiale de Cruas.

Dans le Bas-Rhône, les traditions antiques persistent dans certaines églises : portail à fronton triangulaire, chapiteaux à feuilles d'acanthe, frise sous le faux triforium. Le plan présente aussi des particularités : les absides de l'église de La Garde-Adhémar sont opposées.

LA PÉRIODE GOTHIQUE (13E-15E S.)

Dans la vallée du Rhône et les régions voisines, l'époque gothique est loin d'être aussi riche que la période romane. L'emploi systématique de la croisée d'ogives et de l'arc brisé constitue le caractère essentiel de l'architecture religieuse. Désormais, l'architecte dirige les poussées de l'édifice sur les quatre piliers déterminant une travée au moyen des arcs, ogives, formerets et doubleaux. Il suffit alors d'épauler les piliers par des contreforts et des arcs-boutants. L'église ainsi soutenue, on peut évider les murs et garnir les baies de vitraux. Avec le style flamboyant apparaissent des arcs purement décoratifs, dits liernes et tiercerons.

Monuments religieux

La vallée du Rhône n'a subi que des influences méridionales, discernables dans la largeur des édifices et l'horizontalité de leurs toits. Les cathédrales de Lyon et de Vienne, amples monuments aux lignes austères et rudes, sont intéressantes dans leurs détails. L'abbatiale de St-Antoine (12e s.-15e s.) permet de suivre l'évolution du style gothique de sa naissance à son déclin. L'église St-Nizier de Lyon et celle d'Ambierle offrent de bons exemples du style flamboyant, sans les outrances habituelles du genre.

Monuments civils

L'architecture militaire issue de la féodalité rhodanienne et vellave est abondamment représentée en cette marche-frontière entre le « Royaume » et « l'Empire » : châteaux ruinés de Rochemaure, de Tournon, de Crussol ou de Polignac.

LA RENAISSANCE (16E S.)

L'architecture

Sous l'influence de l'Italie, l'architecture Renaissance suit une orientation nouvelle marquée par le retour aux formes antiques.

La Renaissance italienne a trouvé dans le sillon rhodanien son principal chemin d'accès vers le Nord de la France. Elle a laissé son empreinte à la maison des Chevaliers à Viviers, au château de la Rochelambert dans le Velay, dans certaines maisons lyonnaises des quartiers St-Jean et St-Nizier et, près de Feurs, au château de La Bastie-d'Urfé.

Poètes humanistes et gens de lettres

Dans le domaine littéraire, Lyon connaît au 16e s. une intense activité culturelle. Des ateliers de nombreux imprimeurs partent des ouvrages de poètes italiens, dont les chantres de la Renaissance, Pétrarque et Dante.

C'est dans ce contexte que se succèdent au cours du siècle les tenants de la poésie emblématique, néo-latine et amoureuse, écrivant en latin puis en langue française. Rabelais rencontre à Lyon Symphorien Champier, auteur et éditeur ; Maurice Scève, soucieux du renouveau de la langue littéraire, participe à un concours de poésie organisé par Clément Marot et organise à Lyon les fêtes en l'honneur du séjour de François Ier. Les femmes ne sont pas exclues de cette recherche esthétique, avec des poétesses comme Pernette du Guillet et **Louise Labé,** surnommée la Belle Cordière, dont les œuvres tranchent sur le formalisme ambiant par leur ardeur et la sincérité des sentiments exprimés.

Cette grande période humaniste de Lyon s'éteint dans la seconde moitié du 16e s. avec le déclin des foires de Lyon,

Bord d'étang, aquarelle d'Auguste Ravier

J.-M. Gaillard / © Maison Ravier

l'écroulement d'un emprunt d'État, la crise financière qui s'ensuit et l'austérité militante des débuts de la Réforme.

PÉRIODE CLASSIQUE (17ᴱ-18ᴱ S.)

Tantôt sobre et relevant de la manière antique, tantôt surchargé et s'inspirant de l'esprit baroque, l'art classique a laissé maintes traces dans la vallée du Rhône, mais on ne découvre d'ensembles majeurs qu'à Lyon.

Au 17ᵉ s., l'urbanisme classique trouve son principal champ d'action dans le quartier des Terreaux et, au 18ᵉ s., dans les quartiers de Bellecour et Perrache : la place Bellecour, tracée sous Louis XIV et encadrée d'immeubles Louis XVI, en est l'élément capital. L'architecte lyonnais **Germain Soufflot** (1710-1783), auteur du Panthéon à Paris, fait figure de chef d'école à l'égard du style Louis XVI par son souci de remettre l'Antiquité à l'honneur.

PÉRIODE MODERNE (19ᴱ-20ᴱ S.)

La peinture

Au cours du 19ᵉ s., de nombreux artistes de la région sont formés à la peinture de fleurs à l'école des Beaux-Arts de Lyon. Ils composent minutieusement des motifs pour les fabricants de soieries. L'un des plus réputés sera **Simon Saint-Jean**.

Durant la même époque éclot l'école lyonnaise de peinture, partagée entre le réalisme et l'idéalisme, alliant une certaine austérité allant parfois jusqu'à la mélancolie, sensible dans les portraits, les paysages, les natures mortes. Dans la première moitié du siècle s'imposent des artistes réalistes, tels **Berjon** (1754-1808), auteur attentif de natures mortes et de portraits, puis **Jean-Michel Grobon** (1770-1853) qui se consacre surtout au paysage. Vers 1840, la peinture lyonnaise est marquée par un fort courant mystique dont le chef-d'œuvre est certainement le célèbre *Poème de l'âme* de **Louis Janmot** (1814-1892).

La seconde partie du siècle voit régner le triumvirat composé d'**Auguste Ravier** (1814-1895), **Louis Carrand** (1821-1899) et **François Vernay** (1821-1896). Ces peintres prolongent le mouvement des paysagistes installés à Barbizon. Après avoir arpenté la région, Ravier s'installe à Crémieu, puis Morestel *(voir ce nom)*.

Après la Seconde Guerre mondiale, le groupe Témoignage de Lyon s'inspire du surréalisme.

L'architecture

L'art des architectes et des ingénieurs s'est exercé à Lyon lors de la construction de la basilique de Fourvière, élevée dans un style byzantino-médiéval original, et sur le Rhône dans le lancement, à partir de 1825, de ponts suspendus en fer qui, après la Seconde Guerre mondiale, furent remplacés par des ouvrages en béton.

Depuis 1945 ont été édifiés des monuments religieux d'une conception neuve comme le couvent d'Éveux, l'église de Pouzin ainsi que des ensembles urbains comme Firminy (Le Corbusier) et le quartier de La Part-Dieu à Lyon. L'œuvre la plus spectaculaire de la fin du 20ᵉ s. est l'aéroport de Lyon-Saint-Exupéry, anciennement Lyon-Satolas (Calatrava).

ABC d'architecture

Les dessins présentés dans les planches qui suivent offrent un aperçu visuel de l'histoire de l'architecture dans la région et de ses particularités. Les définitions des termes d'art permettent de se familiariser avec un vocabulaire spécifique et de profiter au mieux des visites des monuments religieux, militaires ou civils.

VALENCE – Plan de la cathédrale St-Apollinaire (12ᵉ s.)

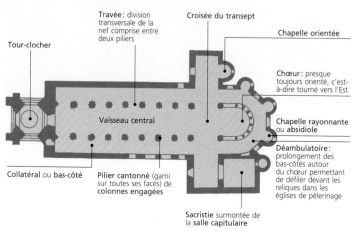

Travée : division transversale de la nef comprise entre deux piliers

Croisée du transept

Chapelle orientée

Tour-clocher

Chœur : presque toujours orienté, c'est-à-dire tourné vers l'Est.

Vaisseau central

Chapelle rayonnante ou absidiole

Déambulatoire : prolongement des bas-côtés autour du chœur permettant de défiler devant les reliques dans les églises de pèlerinage

Collatéral ou bas-côté

Pilier cantonné (garni sur toutes ses faces) de colonnes engagées

Sacristie surmontée de la salle capitulaire

LA GARDE-ADHÉMAR – Coupe de l'église St-Michel (12ᵉ s.)

Restaurée au 19ᵉ s., cette petite église romane témoigne d'évolutions architecturales majeures dans l'art roman du 12ᵉ s.

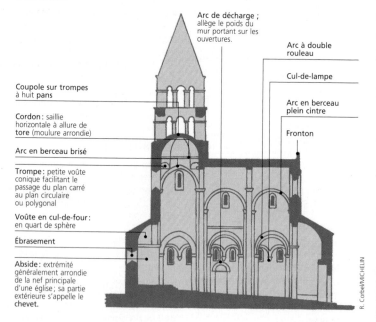

Arc de décharge ; allège le poids du mur portant sur les ouvertures.

Arc à double rouleau

Cul-de-lampe

Coupole sur trompes à huit pans

Arc en berceau plein cintre

Cordon : saillie horizontale à allure de tore (moulure arrondie)

Fronton

Arc en berceau brisé

Trompe : petite voûte conique facilitant le passage du plan carré au plan circulaire ou polygonal

Voûte en cul-de-four : en quart de sphère

Ébrasement

Abside : extrémité généralement arrondie de la nef principale d'une église ; sa partie extérieure s'appelle le chevet.

R. Corbel/MICHELIN

LE PUY-EN-VELAY – Portail de la chapelle St-Michel (12ᵉ s.)

Semblant s'élancer hors du rocher qu'elle couronne, cette chapelle, parfois qualifiée de « huitième merveille du monde », est nettement marquée par des influences orientales.

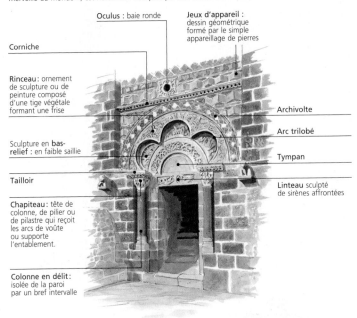

Oculus : baie ronde

Jeux d'appareil : dessin géométrique formé par le simple appareillage de pierres

Corniche

Rinceau : ornement de sculpture ou de peinture composé d'une tige végétale formant une frise

Archivolte

Arc trilobé

Sculpture en **bas-relief** : en faible saillie

Tympan

Taillloir

Linteau sculpté de sirènes affrontées

Chapiteau : tête de colonne, de pilier ou de pilastre qui reçoit les arcs de voûte ou supporte l'entablement.

Colonne en délit : isolée de la paroi par un bref intervalle

CRUAS – Ancienne abbatiale (11ᵉ au 13ᵉ s.)

Cette abbatiale vivaroise a bien résisté aux outrages du temps ; des fouilles mettent en évidence des trésors architecturaux caractéristiques des périodes carolingienne et romane.

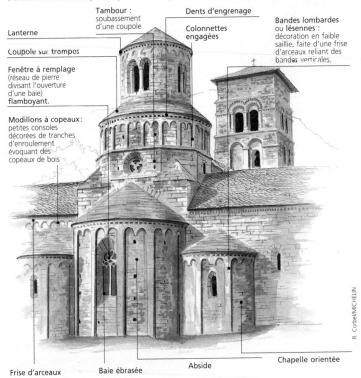

Tambour : soubassement d'une coupole

Dents d'engrenage

Lanterne

Colonnettes engagées

Bandes lombardes ou lésennes : décoration en faible saillie, faite d'une frise d'arceaux reliant des bandes verticales.

Coupole sur trompes

Fenêtre à remplage (réseau de pierre divisant l'ouverture d'une baie) **flamboyant.**

Modillons à copeaux : petites consoles décorées de tranches d'enroulement évoquant des copeaux de bois

Frise d'arceaux

Baie ébrasée

Abside

Chapelle orientée

R. Corbel/MICHELIN

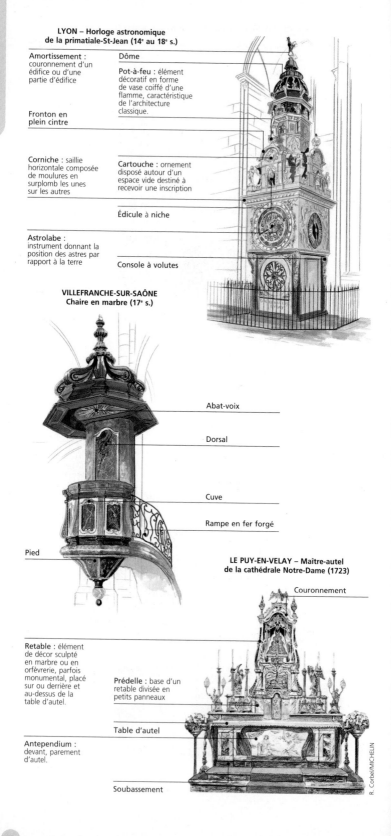

LYON – Horloge astronomique
de la primatiale-St-Jean (14ᵉ au 18ᵉ s.)

Amortissement : couronnement d'un édifice ou d'une partie d'édifice

Dôme

Pot-à-feu : élément décoratif en forme de vase coiffé d'une flamme, caractéristique de l'architecture classique.

Fronton en plein cintre

Corniche : saillie horizontale composée de moulures en surplomb les unes sur les autres

Cartouche : ornement disposé autour d'un espace vide destiné à recevoir une inscription

Édicule à niche

Astrolabe : instrument donnant la position des astres par rapport à la terre

Console à volutes

VILLEFRANCHE-SUR-SAÔNE
Chaire en marbre (17ᵉ s.)

Abat-voix

Dorsal

Cuve

Rampe en fer forgé

Pied

LE PUY-EN-VELAY – Maître-autel
de la cathédrale Notre-Dame (1723)

Couronnement

Retable : élément de décor sculpté en marbre ou en orfèvrerie, parfois monumental, placé sur ou derrière et au-dessus de la table d'autel.

Prédelle : base d'un retable divisée en petits panneaux

Table d'autel

Antependium : devant, parement d'autel

Soubassement

R. Corbel/MICHELIN

LYON – Primatiale St-Jean (12ᵉ au 15ᵉ s.)

Cette cathédrale doit son nom au rang de l'Archevêque de Lyon qui est « Primat des Gaules » depuis 1079.

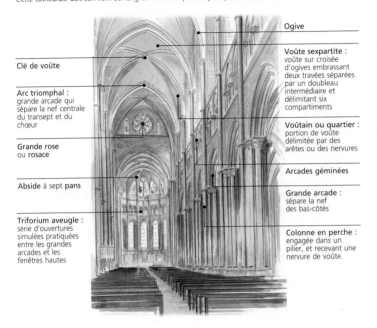

Ogive

Voûte sexpartite : voûte sur croisée d'ogives embrassant deux travées séparées par un doubleau intermédiaire et délimitant six compartiments

Clé de voûte

Arc triomphal : grande arcade qui sépare la nef centrale du transept et du chœur

Voûtain ou quartier : portion de voûte délimitée par des arêtes ou des nervures

Grande rose ou **rosace**

Arcades géminées

Abside à sept pans

Grande arcade : sépare la nef des bas-côtés

Triforium aveugle : série d'ouvertures simulées pratiquées entre les grandes arcades et les fenêtres hautes

Colonne en perche : engagée dans un pilier, et recevant une nervure de voûte.

LYON – Basilique Notre-Dame de Fourvière (19ᵉ s.)

Réalisée par l'architecte Bossan, cette « citadelle » surprend par ses proportions massives à peine atténuées par une riche et abondante décoration.

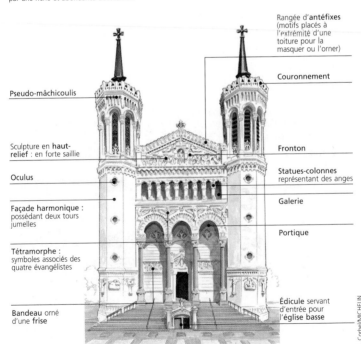

Rangée d'antéfixes (motifs placés à l'extrémité d'une toiture pour la masquer ou l'orner)

Couronnement

Pseudo-mâchicoulis

Sculpture en haut-relief : en forte saillie

Fronton

Oculus

Statues-colonnes représentant des anges

Façade harmonique : possédant deux tours jumelles

Galerie

Portique

Tétramorphe : symboles associés des quatre évangélistes

Bandeau orné d'une **frise**

Édicule servant d'entrée pour l'**église basse**

Architecture militaire

MONTÉLIMAR – Château des Adhémar (12ᵉ s.)

Cette puissante forteresse, solidement ancrée sur la colline qui domine la ville, regroupe en réalité les vestiges de deux châteaux occupés par des frères de la famille Adhémar au début du 13ᵉ s.

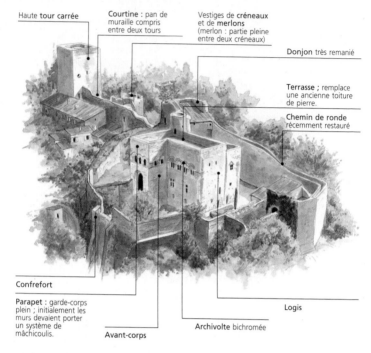

Haute **tour carrée**

Courtine : pan de muraille compris entre deux tours

Vestiges de **créneaux** et de **merlons** (merlon : partie pleine entre deux créneaux)

Donjon très remanié

Terrasse ; remplace une ancienne toiture de pierre

Chemin de ronde récemment restauré

Confrefort

Parapet : garde-corps plein ; initialement les murs devaient porter un système de mâchicoulis.

Avant-corps

Archivolte bichromée

Logis

Architecture civile

LA BASTIE-D'URFÉ (14ᵉ au 16ᵉ s.)

Ce joyau de la Renaissance, bordé par le Lignon, est un exemple très abouti des transformations inspirées par la Renaissance italienne pour égayer et orner les austères manoirs de province.

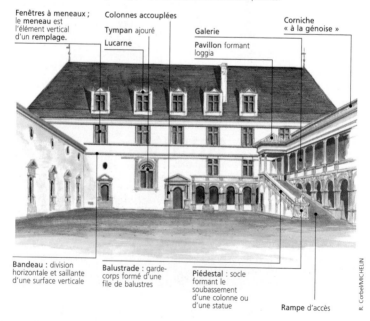

Fenêtres à meneaux ; le **meneau** est l'élément vertical d'un **remplage**.

Colonnes accouplées

Tympan ajouré

Lucarne

Galerie

Corniche « à la génoise »

Pavillon formant loggia

Bandeau : division horizontale et saillante d'une surface verticale

Balustrade : garde-corps formé d'une file de balustres

Piédestal : socle formant le soubassement d'une colonne ou d'une statue

Rampe d'accès

R. Corbel/MICHELIN

MARCY-L'ÉTOILE – Château de Lacroix-Laval (17ᵉ et 18ᵉ s.)

Remanié sur les conseils de Soufflot au 18ᵉ s., ce château a été complètement « mis à sac » à la Révolution. Plusieurs fois restauré, il a conservé une façade classique représentative des demeures d'agrément du 18ᵉ s.

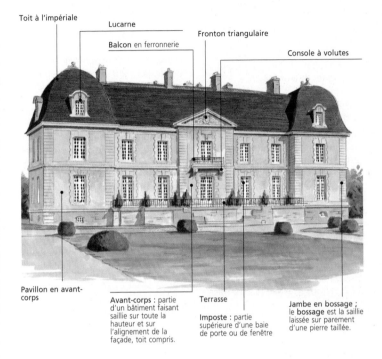

Toit à l'impériale

Lucarne

Fronton triangulaire

Balcon en ferronnerie

Console à volutes

Pavillon en avant-corps

Avant-corps : partie d'un bâtiment faisant saillie sur toute la hauteur et sur l'alignement de la façade, toit compris.

Terrasse

Imposte : partie supérieure d'une baie de porte ou de fenêtre

Jambe en bossage ; le bossage est la saillie laissée sur parement d'une pierre taillée.

Architecture industrielle

LYON – Halle Tony-Garnier (1914)

Cette « cathédrale de fer », véritable prouesse technique permettant de couvrir près de 18 000 m² sans piliers, a été conçue au début du siècle par l'architecte lyonnais Tony Garnier. Bien qu'ayant changé de vocation, elle reste une référence et marque l'architecture industrielle contemporaine.

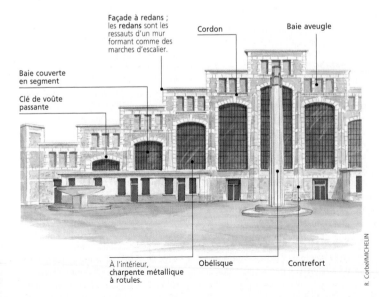

Façade à redans ; les redans sont les ressauts d'un mur formant comme des marches d'escalier.

Cordon

Baie aveugle

Baie couverte en segment

Clé de voûte passante

À l'intérieur, charpente métallique à rotules.

Obélisque

Contrefort

R. Corbel/MICHELIN

Les maisons rurales traditionnelles

En marge de l'architecture de prestige, les maisons rurales expriment la culture régionale? Adaptées au travail des champs et subissant l'influence des régions voisines et des nouveaux procédés de construction, elles montrent comment les hommes ont su intégrer les particularités géographiques et climatiques de leur province.

Les maisons du Forez et du Lyonnais

La ferme forézienne – Elle ordonne ses hauts murs autour d'une cour fermée. Certaines sont pourvues d'une galerie de bois à balustrade. La couverture est en tuiles. Sur les hauteurs du Forez et du Pilat, les jasseries sont des annexes éloignées de la ferme où, durant l'été, le berger dispose du matériel nécessaire à la fabrication des fromages et, au-dessous, d'une cave à fromages.

La maison Beaujolais – Couverte de tuiles romaines, la demeure beaujolaise, bâtie sur plan rectangulaire, est en pierre grise au Nord, brune ou rousse dans la montagne, dorée au Sud. Robuste et simple, elle comporte au rez-de-chaussée une cave ou un caveau à l'entrée en anse de panier. Un escalier extérieur couvert d'un avant-toit formant auvent, soutenu par des colonnes de bois ou de pierre, donne accès au logement. Les bâtiments annexes ferment rarement la cour.

La ferme de la Dombes – Allongée et pourvue d'un étage, elle présente extérieurement un crépi protégeant ses murs en brique (terre cuite) ou en pisé (terre crue). Le toit en tuiles rondes soutenu par des étais forme auvent.

La maison du Velay

Au Sud et au Sud-Est du Velay sur les flancs du Mézenc, la ferme est sans étage. Vers le Nord, en descendant des plateaux, l'habitation tend à devenir plus haute et plus confortable. En terre plus riche, la maison possède un étage percé d'étroites fenêtres. Dans les vallées du Nord et de l'Est, la maison est adaptée au travail ancien de la dentelle ou du ruban : de hautes fenêtres éclairent la chambre du métier. La maison vellave est originale par sa maçonnerie en moellons bruts.

Les maisons rhodaniennes

Dans les plaines de Valence et de Montélimar, l'habitat n'est pas très individualisé, les caractères les plus constants étant sa petite taille et un mur aveugle côté Nord, d'où souffle le mistral. De grosses exploitations isolées ressemblant à des maisons fortes groupent leurs bâtiments autour d'une cour.

La maison du Bas-Dauphiné

Entre Bourbe et Isère, les maisons sont en cailloux roulés, abondants dans cette région de dépôts moraïniques et alluviaux. Les cailloux sont placés de chant, sur un lit de mortier, en arêtes de poisson. Dans la région de Morestel, à Creys, Brangues, Mérieu, le « pignon à mantelure » ou à escalier de pierre est un mode de couverture emprunté aux Préalpes. Le toit, en tuiles plates, prend appui sur les pignons des murs latéraux dont les rampants présentent des décrochements ; les marches ainsi constituées sont couvertes d'une grosse dalle de pierre débordante.

Les maisons vivaroises

La maison du Haut-Vivarais – Aux confins du Velay, dans le massif du Mézenc et sur les hauts plateaux dominant l'Ardèche et l'Eyrieux naissants, la maison de montagne, basse et trapue, au toit de lauzes paraît écrasée sous cette carapace conçue pour résister aux intempéries : « Qui bien lauze, pour cent ans pose », rappelle un vieux dicton. Cette maison aux murs de granit ou de basalte, aux ouvertures rares, est une habitation d'éleveurs. Dans la région de Vernoux, les bâtiments de ferme s'ordonnent en fer à cheval autour de la cour.

La maison du Coiron – Elle présente un aspect assez confus en raison des multiples bâtiments accolés autour du corps de logis initial. Les constructions sont, en général, en basalte et les toits sont presque plats. Les villages sont établis sur les versants ensoleillés.

La maison du Bas-Vivarais – C'est une maison à étages sur plan carré, de type méridional. Le toit, en tuiles romaines, présente une faible pente ; le haut des murs est orné d'une génoise (bandeau constitué d'un double ou triple rang de tuiles prises dans le mortier).

La magnanerie avait souvent son entrée directe sur le couradou, la terrasse couverte ; réservée à l'élevage du ver à soie, ce fut, jusque vers 1850, un élément essentiel de la vie vivaroise. Au corps de logis, des bâtiments annexes s'ajoutent souvent : four à pain, grange et, dans la zone du châtaignier, le séchoir à châtaignes (clède ou clédo). Dans la moyenne vallée de l'Ardèche, la maison en pierres calcaires est de règle. À l'Ouest et au Nord de Joyeuse, dans la zone du châtaignier, la maison de schiste domine.

LA DESTINATION AUJOURD'HUI

Est-il vraiment loin le temps où Lyon, alias Lugdunum, était la capitale des Gaules ? Tout récemment distancée par l'extension de l'agglomération marseillaise, la troisième ville de France, par le nombre de ses habitants, rayonne dans une région au poids économique majeur, riche de ses industries de pointe mais aussi de ses traditions en vin, gastronomie et cultures fruitières.

Joël Damase / MICHELIN

Le Rhône, utilisé pour la production d'électricité, a attiré de nombreuses industries.

Un pôle économique international

Si la ville est passée au troisième rang, la région Rhône-Alpes, elle, caracole toujours juste derrière l'Île-de-France comme second pôle économique français, tant par l'étendue de sa population, que par l'activité de production qui y est concentrée. Elle figure parmi les quinze régions de l'Union européenne qui créent le plus de richesses. Les départements du Rhône, de la Loire, de l'Ardèche et les parties de l'Ain, de la Drôme et de l'Isère traitées dans ce guide constituent la majeure partie de cette région administrative.

UN GRAND CARREFOUR

C'est sa situation géographique qui favorise la vallée du Rhône : elle lui permet d'entretenir aisément des échanges économiques forts avec l'ensemble de l'Europe, notamment avec le Piémont et la Suisse, grâce à son réseau autoroutier, ses liaisons ferroviaires à grande vitesse et l'aéroport international de Lyon-Saint-Exupéry. Faisant aujourd'hui partie du Grand Sud-Est de la France, elle se trouve située à un carrefour où se croisent l'axe Rhin-Rhône, orienté Nord-Sud, et l'Arc méditerranéen, orienté Est-Ouest.

D'importants centres urbains sont implantés sur tout le territoire de la région, chacun s'étant spécialisé dans une activité. Les très grandes villes sont Lyon (près de 1 350 000 habitants) et St-Étienne (un peu moins de 300 000 habitants) – non traitée dans ce guide, Grenoble abrite plus de 400 000 habitants. D'autres villes sont de dimension importante, leur population s'élevant à environ 100 000 habitants : Annonay, Roanne, Valence. Parmi les mastodontes de l'économie régionale figurent des entreprises dont les sièges sociaux sont restés locaux. C'est le cas du Crédit Lyonnais, Entrelec, SEB (Lyon), Casino (St-Étienne).

UNE ÉCONOMIE DIVERSIFIÉE

Côté industrie, la plasturgie, la pharmacie, la chimie, l'électronique et le textile se hissent aux premiers rangs, suivies par la mécanique, la chimie, l'agroalimentaire et l'énergie. Un quart de l'activité nationale de sous-traitance est effectué dans la région, souvent par des entreprises de type PMI.

C'est dans le secteur des services que se créent le plus d'entreprises, dans les domaines de l'informatique, l'ingénierie et les études techniques, le travail temporaire, le traitement des déchets… La région est également l'un des grands pôles français du transport de marchandises et de la logistique, et voit ses activités de commerce interentreprises (aussi appelées B to B) s'intensifier. Quant au tourisme, il bénéficie essentiellement du succès de Lyon et de l'Ardèche (avec une fréquentation majeure des campings). Il renforce en maintes zones rurales les activités agricoles. Même si la viticulture et l'arboriculture connaissent parfois des difficultés, elles restent fortement implantées dans la vallée du Rhône.

Dans le département de la Haute-Loire (Auvergne), les activités sont essentiellement agricoles, avec une zone d'industrie autour d'Yssingeaux.

LA CHIMIE, SECTEUR DE POINTE

Quand vous prenez un cachet de paracétamol ou lorsque vous achetez un objet conçu en PVC, vous consommez quasi automatiquement du *made in* vallée du Rhône, région qui s'est spécialisée dans la fabrication de ces deux produits. S'y sont en effet concentrés la plupart des industriels de la chimie implantés en France. De la recherche au conditionnement des produits finis, tous les acteurs de la filière se trouvent à Lyon et dans les environs.

Tout a commencé à la fin du 18e s. quand des entrepreneurs se sont mis au service des soyeux lyonnais. Aux ordres de ces derniers, ils ont inventé des solutions pour le nettoyage des fibres, leur blanchiment et leur teinture, puis ont élargi leurs compétences aux domaines de la pharmacie, de la photographie, de la fabrication et de la transformation des polymères, des élastomères ou encore des fibres artificielles.

Dans la région, on distingue quatre grands ensembles d'activités spécialisées dans la chimie. Symbolisée par la raffinerie pétrochimique de Feyzin, la **chimie lourde** consiste à fabriquer des produits de base à partir de matières premières. C'est l'activité de groupes d'envergure internationale comme Atofina, Rhodia ou Air liquide. La **chimie fine**, appelée aussi chimie de spécialités, est un domaine qui mobilise beaucoup de chercheurs et dans lequel les PME et PMI sont nombreuses. Elle utilise les produits issus de la chimie lourde pour élaborer des molécules complexes. La **parachimie** fabrique des produits ciblés : colles et adhésifs, insecticides, herbicides, explosifs, peintures, vernis… Enfin, la **pharmacie** utilise les principes actifs de la chimie fine et élabore des médicaments dans le domaine de la santé des hommes et des animaux.

La tendance, en ce début de 21e s., est à la réduction des industries de chimie lourde, en butte à une forte concurrence internationale, au profit des entreprises spécialisées.

La bio-industrie lyonnaise

Biotechnologies, pharmacie, diagnostic humain et vétérinaire, technologies médicales, bio services, recherche et développement… S'il est un domaine où Lyon continue à aller « Avant, avant, le melhor » selon sa devise, c'est celui des sciences du vivant, la bio-industrie. L'agglomération lyonnaise est en effet le **premier centre de fabrication de produits biologiques** au monde avec la présence d'entreprises de très grande envergure comme Sanofi-Aventis.

Les numéros uns mondiaux sont légion parmi les 450 sociétés spécialisées de la région : Sanofi Pasteur (vaccins humains), Merial (vaccins à usage vétérinaire), BioMérieux (diagnostic bactériologique), Boiron (homéopathie), Merck-Santé (traitement du diabète), SMAD-Fresenius (secteur de la dialyse)… 66 000 personnes travaillent à la fabrication de médicaments, de vaccins, de molécules bioactives ou de matériels médicaux, ainsi qu'à la recherche, notamment en ce qui concerne la **thérapie génique**.

C'est à Lyon et alentours que se situent le Centre international de recherche sur le cancer, le Centre européen d'immunologie et de virologie, la Fondation Marcel-Mérieux - celle-ci comprend l'**unique unité de recherche européenne consacrée aux maladies infectieuses émergentes ou résurgentes** tels que les virus Ebola et Lhassa -, les centres privés de recherche et développement d'Aventis Pasteur, de Schering Plough, de BioMérieux, d'Edap-Technomed…

La recherche, c'est aussi l'affaire d'importants établissements d'enseignement supérieur (Université Claude Bernard Lyon 1, École nationale vétérinaire…) et hospitaliers (Hospices civils de Lyon, Centre anticancéreux Léon Bérard…). Enfin, organismes privés et publics collaborent au sein d'instituts fédératifs de recherche (neurosciences, cardiovasculaire, virologie et immunologie…).

Une telle concentration d'atouts a incité les pouvoirs publics et économiques nationaux et régionaux à favoriser le développement de pôles d'excellence, tels que **Génopole Rhône-Alpes**, **Cancéropôle Lyon Rhône-Alpes**, **Lyon Biopole**, destinés à renforcer la recherche et la production dans la région.

Un vignoble varié

Sur les coteaux dominant la Saône et le Rhône s'étagent les prestigieux vignobles qui sont l'objet d'une culture spécialisée intensive. La diversité des terroirs, des cépages et du climat permet à la région de décliner toute une gamme de vins classés selon leur qualité : les meilleurs vins reconnus bénéficient de l'Appellation d'origine contrôlée (AOC) ; viennent ensuite les Vins délimités de qualité supérieure (VDQS), puis les Vins de pays et Vins de table.

LES CÔTES DU RHÔNE

L'origine des vignobles remonte au temps des Romains ; les vétérans des légions romaines plantèrent des vignes qui prospérèrent jusqu'au coup d'arrêt de Domitien qui en ordonna la destruction par crainte de concurrence. La production devint pour un temps clandestine, puis reprit de plus belle.

Le vin le plus ancien de la région est certainement la clairette de Die, qui n'a pourtant obtenu son AOC qu'en 1993. Son célèbre hermitage doit son nom à

LE BEAUJOLAIS

Les vins du Beaujolais se rattachent par tradition au patrimoine gastronomique de la région. Légers en bouche, souples et fruités, servis entre 10 et 14 °C, ces vins sont idéaux pour accompagner les produits du terroir.

Le vignoble s'étend sur une longueur de 60 kilomètres et une largeur de 12 kilomètres. Il occupe une superficie de près de 22 000 ha, avec une production moyenne de 1 300 000 hl par an. Il s'étage entre 180 et 550 m d'altitude, et couvre la pente des coteaux ensoleillés qui dominent la Saône. Le cépage commun est le gamay noir à jus blanc pour les vins rouges ; au Nord, l'élite du Beaujolais est constituée de 10 crus ; les beaujolais-villages, au cœur du vignoble, sont des vins charpentés et fruités de qualité ; plus au Sud, le pays des Pierres Dorées regroupe des beaujolais supérieurs. La caractéristique du beaujolais est de se boire jeune et frais ; chaque année, le troisième jeudi de novembre à 0 heure, une partie de la production est commercialisée sous le nom de « beaujolais nouveau ». Cependant, les crus charnus et robustes se conservent jusqu'à cinq ans.

VIGNOBLE ET VERGERS

0   20 km

Chénas Vignoble

Vergers

● Crus les plus renommés

Mâcon
Juliénas ● St-Amour
Chénas ● Moulin-à-Vent
Chiroubles ● Fleurie
Régnié ● Morgon
Brouilly ● Côtes-de-Brouilly
BEAUJOLAIS
Villefranche-s-Saône
Saône
RHÔNE
LYON
Côte-rôtie   Vienne
Condrieu ●
Château-Grillet
Beaurepaire
CÔTES DU RHÔNE SEPTENTRIONALES
Annonay
St-Joseph ●
Crozes-Hermitage ●
Tain-l'Hermitage
Tournon-s-Rhône ● Hermitage ●
Romans-s-Isère
Isère
Lamastre ● Cornas ●
Eyrieux St-Péray ● Valence
Beauchastel
Die ●
Drôme Clairette ●
Privas ●
Aubenas ●
RHÔNE
Montélimar ●
Aigues
Bourg-St-Andéol Côteaux du Tricastin
Vinsobres ● Nyons
Ardèche Bollène ● Ouvèze
CÔTES DU RHÔNE MÉRIDIONALES Cairanne ● Rasteau
Gigondas ●
Chusclan ● Vacqueyras ●
Laudun ● Orange Beaumes-de-Venise ●
Muscat Côtes du Ventoux
Lirac ● Châteauneuf-du-Pape ● Carpentras
Tavel ●
AVIGNON

N

Stéphane Sauvignier / MICHELIN

Raisins blancs dans les vignes de St-Joseph

un chevalier, Gaspard de Sterimberg, qui se retira sur le coteau après la croisade contre les Albigeois.

Les ordres religieux contribuèrent au développement des vignobles, parfois relayés par l'intérêt de la cour royale ; ainsi, les vins du Vivarais connurent le succès à la cour de Louis XII.

À la fin du 19ᵉ s., le phylloxéra fit des ravages dans les vignes, qui furent arrachées parfois au profit de vergers ; mais le développement de l'œnologie et des réglementations a permis d'améliorer la qualité des vins.

Aujourd'hui, le vignoble de la vallée du Rhône se place au deuxième rang des AOC françaises, en superficie (75 000 ha) et en production (3 500 000 hl). Il s'étend sur 200 km en un long ruban de part et d'autre du fleuve et doit sa variété aux cépages choisis, aux différences des sols sur lesquels il s'est installé, aux nuances climatiques des bassins et, enfin, aux diverses expositions des gradins qui s'étagent en direction des Cévennes et des Alpes. S'y distinguent les Côtes du Rhône méridionales, au Sud de Montélimar, et les Côtes du Rhône septentrionales, au Nord de Valence.

Les crus, de qualité, sont réalisés par un savant dosage des cépages. La plupart des côtes-du-rhône font d'excellents vins de garde, mais certains peuvent être dégustés en primeur à partir de minovembre. Les rouges se boivent peu chambrés, les blancs très frais.

Les grands crus

Les côtes-du-rhône doivent leur célébrité à quelques grands crus : côte-rôtie, crozes-hermitage dans les côtes septentrionales, châteauneuf-du-pape dans les côtes méridionales.

LES AUTRES CRUS

La Loire

Le pays roannais et le Forez, situés dans le département de la Loire, recèlent chacun une AOC de rouge ou rosé.

Très fruité, le **côte roannaise** (qui reçut l'AOC en 1994) se boit jeune et frais. Le **côtes du Forez** (qui obtint l'AOC en 1999) est également un vin fruité à savourer dès son plus jeune âge.

Moins connu mais très agréable, le vin de pays d'Urfé (rouge ou blanc) est un agréable vin local.

Les vins de pays d'Ardèche

Blancs, rosés ou rouges, les vins de pays des coteaux de l'Ardèche sont élaborés à partir d'une mosaïque de vignes qui autorise une gamme étendue de cépages. Les blancs sont plutôt secs et accompagnent bien les plats de poissons ou se servent à l'apéritif, comme les rosés. Volontiers corsés et épicés, les rouges se lient sans façon avec les plats de viande rouge et le gibier.

Cas à part, le chatus est quant à lui typiquement ardèchois, produit à partir d'un cépage ancestral. Très tannique, il convient aux plats riches.

LE CHOIX DU VIN	1993	1994	1995	1996	1997	1998	1999	2000	2001	2002	2003	2004
Beaujolais	★★	★★	★★★	★	★★★	★★	★★★	★★	★★	★★	★★★	★★
Côtes du Rhône septentrionales	★★	★★	★★	★★★	★★★	★★	★★★	★★	★★	★★	★★★	★★
Côtes du Rhône méridionales	★★	★★	★★	★★★	★★★	★★	★★★	★★★	★★★	★	★★	★★

★★★ : grande année   ★★ : bonne année   ★ : année moyenne

Les vins de Vienne

Déjà, sous l'empire romain, le vignoble de Seyssuel était réputé. Pendant des siècles, on a apprécié le « goût de poix » de ses vins rouges. Après sa destruction par le phylloxera à la fin du 19e s., il renaît, mais sa production connaît quelques faiblesses. Dans les années 1990, trois vignerons plantent des cépages syrah et viognier (cépages anciens) près du château des Archevêques. De leurs douze hectares « jaillissent » à présent deux cuvées nommées Sotanum et Taburnum.

Les côteaux du Lyonnais

Produits à l'Ouest de Lyon, les vins du côteaux du Lyonnais bénéficient d'une appellation d'origine contrôlée (AOC). Les rouges sont issus de gamay, avec des tonalités de framboise et cassis, les blancs de chardonnay, avec des parfums de pêche blanche. Les premiers accompagnent mieux les viandes, les seconds les fruits de mer.

Un verger pour la France

Favorable à la culture du raisin, la vallée du Rhône l'est également à celle des framboises, des groseilles, des pêches, des abricots, des châtaignes et de tant d'autres fruits encore, à tel point qu'elle alimente le tiers de la production française !

CULTURES FRUITIÈRES

À partir de 1880, les cultures fruitières ont pris le relais du vignoble sévèrement touché par le phylloxéra. Au printemps, la vallée ressemble à un superbe jardin en raison de l'étendue de la floraison. L'échelonnement de la maturité rendu possible par la sélection des variétés et l'utilisation judicieuse des différences d'exposition ou d'altitude permet aux vergers de la vallée du Rhône une production fruitière massive.

Arbustes et arbres fruitiers

Un climat doux, des sols favorables, des systèmes d'irrigation et des méthodes de production qui, bien que mécanisées, restent en majeure partie artisanales, participent à l'épanouissement des fruits de grande qualité.

Aux framboises, aux groseilles, aux cassis, aux noix de l'Isère, il convient d'ajouter les cerises et les abricots, dont la production s'accroît actuellement, ainsi que les poires et les pommes.

Abricots

La palme revient aux pêchers qui, depuis les premières plantations en 1880 à St-Laurent-du-Pape, font la renommée de la vallée de l'Eyrieux d'où ils se sont répandus dans la vallée du Rhône. Jaunes ou blanches, ou encore sanguines, leurs variétés sont nombreuses. Les récoltes précoces, de pleine saison ou tardives assurent une activité majeure pour la région pendant la période estivale et ce, malgré une régression importante de la production.

Châtaignes et châtaigniers

La légende veut que ce soient les Romains qui aient apporté dans leurs chars les précieuses châtaignes de l'Ardèche. On en a pourtant trouvé une fossilisée datant de 8,5 millions d'années. Les châtaigniers, appelés « arbres à pain », furent longtemps la base de l'alimentation quotidienne et l'une des principales ressources pour les villageois qui les cultivaient à quelque 800 m d'altitude.

Deux grandes variétés sont connues chez les connaisseurs gastronomes : la **comballe** et la **garinche**. La comballe, « blonde et douce » est la variété la plus connue : les marrons glacés, la crème ou la purée de marrons et les pâtisseries permettent de juger de sa haute qualité gustative. La châtaigne est aussi un fruit recherché pour l'accompagnement du gibier et de certaines volailles.

Avec plus de 5 000 t, l'**Ardèche** se classe premier département français avec environ la moitié de la production nationale. Ses producteurs cherchent a obtenir le label AOC.

Pêchers en fleurs à Mirmande

La table

Dans la vallée du Rhône, terre d'élection de la gastronomie, la variété et la beauté des paysages semblent directement s'imprimer dans la composition inventive de la table. Étangs et champs forment des viviers de productions naturelles de grande qualité à partir desquels se mitonnent quenelles de brochet, soupe aux truffes et volaille de Bresse. Les vignobles apportent leur alliance généreuse à une cuisine régionale qui fait le plaisir des gourmets.

LYON, TABLE EN FÊTE

Ne cachant pas son amertume devant une ville qui lui avait déplu, Stendhal, qui savait avoir la dent dure, se sentait toutefois obligé d'admettre : « Je ne connais qu'une seule chose qu'on fasse bien à Lyon, c'est manger ».

Aux portes même de la ville se pressent les riches élevages de la Bresse et du Charolais, les gibiers de la Dombes, les eaux poissonneuses des proches lacs savoyards, ou encore les potagers et les vergers de la vallée du Rhône et du Forez. Lyon doit ainsi une grande partie de sa renommée à un subtil mariage de produits de haute qualité, sélectionnés avec un soin jaloux aussi bien par les chefs les plus célèbres que par les fameuses « Mères », ces robustes cuisinières du cru.

Les spécialités au menu

Voici une petite sélection de la carte, pour rêver des plaisirs de bouche avant le départ : la **quenelle** de brochet gratinée au four se sert bien gonflée dans un beurre blond grésillant, le **saucisson de Lyon** est délicieux dans le fourreau de sa brioche chaude. On appréciera le **cervelas** chaud truffé et pistaché. La truite se cuisine volontiers braisée et farcie, et les volailles, surtout la poularde demi-deuil, reçoivent des lames de truffes entre chair et peau avant d'être cuites au bouillon. Plus traditionnels, mais non moins savoureux : le poulet à la crème, les cardons à la moelle ou gratinés, la galette au sucre de Pérouges (fabriquée avec de la pâte briochée, saupoudrée de sucre) et les **bugnes**, sortes de beignets, de Mardi gras.

DES CUISINES RÉGIONALES DE CARACTÈRE

Les fastes de la cuisine lyonnaise pourraient avoir tendance, pour les non-initiés, à éclipser les scintillements plus discret des autres tables de la vallée du Rhône. En sillonnant au plus près la région rhodanienne, on gagne pourtant à faire connaissance avec des spécialités qui ne manquent pas de caractère.

Ardèche et Velay

En particulier, les préparations inventives de produits traditionnels donnent en Ardèche de tendres pâtisseries, telles que Lou Pisadou, déclinées à partir du fruits de l'« arbre à pain » (châtaignier). Dans le Velay, où la qualité des cultures est remarquable, on découvre aussi avec bonheur les subtilités de la cuisson des **lentilles vertes,** qui bénéficient à la fois de la pauvreté du sol et de la rigueur climatique qui lui conviennent, et la délicatesse du parfum de la **verveine** (herbe ou liqueur), qui peut aussi bien adoucir un plat en sauce que relever un entremets.

Finesses en Forez et Pays roannais

Dans le Forez et du côté de Roanne, volailles, écrevisses et truites du Lignon entrent dans la préparation de nombreux plats. La qualité des viandes de boucherie est ici exceptionnelle. Dans la département de la Loire, une grande partie des bovins est de race charolaise. Sur l'étal des marchés, on pourra trouver du pâté en croûte, de délicieux jambons de pays, sans oublier la **rosette** de Feurs et l'**andouille** de Charlieu. La **fourme** de Montbrison (AOC) est un des plus anciens fromages de France. La dégustation de ce bleu persillé précède avantageusement celle des airelles, ces myrtilles sauvages que l'on glane dans les bois du Pilat et du Forez durant la première quinzaine d'août.

Du Vivarais au Bas-Dauphiné

Au pays des châtaignes, des bolets et des mousserons, le nom des plats est déjà savoureux : perdrix aux choux du Vivarais, grive aux raisins, poule en vessie, poulet aux écrevisses, oie ou dinde aux marrons, lièvre en poivrade. L'Ardèche donne de délicieuses charcuteries telles que la **caillette**, petit pâté de porc aromatisé aux herbes qui se mange chaud ou froid, outre les saucissons et jambons. Quant aux fruits – abricots, pêches, nectarines, cerises –, profitant de collines ensoleillées et d'une pluviosité minime, ils sont parmi les plus beaux de France. Le Bas-Dauphiné rhodanien est avant tout le pays du gratin de pommes de terre (cuites au lait et à la crème), connu sous le nom de gratin dauphinois. Autre grande spécialité : la **raviole**, pâte fraîche farcie de comté, de fromage blanc frais et de persil revenu dans du beurre. On peut aussi se laisser tenter par un cul de veau aux poireaux (dont la viande est prise dans le cuisseau), un bœuf braisé à la grignanaise, ou un mets réalisé à partir de truffe noire du Tricastin. Sur la carte des fromages locaux trône le **saint-marcellin**. Sur celle des desserts et des friandises, on a le choix entre la **pogne** de Romans et de Valence (brioche aromatisée à la fleur d'oranger) et l'inimitable **nougat** de Montélimar. Enfin, comme l'Ardèche a ses châtaignes, le Bas-Dauphiné s'énorgueillit de ses **noix de Grenoble**, cultivées de manière expensive en diverses variétés. La longue tradition régionale dans « l'élevage » des noix a permis l'élaboration de divers desserts, frais ou secs.

LES EAUX DE SOURCE

Les eaux de source des départements de la Loire et de l'Ardèche sont à juste titre fort réputées.

Eaux de la Loire

La plus connue est la **Badoit**. Eau minérale naturellement gazeuse, elle est riche en calcium, magnésium, sodium et fluor. La production de bouteilles se fait à Saint-Galmier.

Pétillante aussi, l'eau de **Parot** provient de Saint-Romain-le-Puy dans le Forez. Elle contient notamment du bicarbonate de soude et du fluor.

Saint-Alban-les-Eaux et **Sail-les-Bains**, deux cités au long passé thermal, commercialisent leurs eaux. La seconde a la particularité d'être riche en silicate, ce qui lui donne des vertus thérapeutiques en matière de dermatologie.

Enfin, peut-être buvez-vous fréquemment de la **Montarcher** sans le savoir. Cette eau des monts du Forez remplit en effet nombre de fontaines d'eau placées dans les entreprises.

Détail d'une fresque des thermes de Vals-les-Bains

Eaux pétillantes de l'Ardèche

Les eaux gazeuses sont nombreuses en Ardèche. Les fines bulles de l'eau de **Vals** sont les plus célèbres. S'y ajoutent la **Vernet** de Prades, l'**Arcens**, toutes deux bicarbonatées, et la **Volcan** qui jaillit de l'Aizac. D'Asperjoc viennent la **Reine des Basaltes**, calcique, bicarbonatée et magnésique, et la **Ferrugineuse Incomparable** dont le nom rappelle irrésistiblement, pour tous ceux qui l'ont entendu, le célèbre sketch de Bourvil. À Meyras-Neyrac-les-Bains, la source du Pestrin donne la gazeuse **Ventadour** et, enfin, une eau plate, la **Chantemerle**.

*Le vignoble de Tain-l'Hermitage
et le Rhône depuis le belvédère de
Pierre-Aiguille*
Joël Damase / MICHELIN

La primatiale St-Jean, Fourvière et les quais de Saône

LYON

445 452 LYONNAIS (AGGLOMÉRATION : 1 348 832 H.) – CARTE GÉNÉRALE B2
PLANS DE VILLE MICHELIN Nᵒˢ 30 OU 31
ET CARTE MICHELIN LOCAL 327 H5, I5 – RHÔNE (69)

« Porte du Midi » trop souvent contournée par des vacanciers pressés, Lyon cultive à la perfection les traditions de savoir-vivre qui font le bonheur de ses hôtes. Fourvière, la « colline qui prie », et la Croix-Rousse, « la colline qui travaille », dominent un site de confluence exceptionnel qui a mérité son inscription au Patrimoine mondial de l'Unesco. Sa richesse est à la mesure de ses vingt siècles d'histoire, immense et variée. Parfois qualifiée de discrète, voire de réservée, Lyon est en fait une ville généreuse et accueillante, qui ne manque pas de séduire ceux qui lui consacrent un peu de leur temps.

Se repérer – Pour les automobilistes, excellente desserte autoroutière : A 6, A 7, A 42, A 43.
Les plans du Guide Vert peuvent être complétés par les plans Michelin nᵒˢ 30 et 31 et par la carte n° 110 (environs de Lyon). Voir également la carte « Les plus beaux quartiers et monuments de Lyon » p. 98-99.

Se garer – Le stationnement dans une grande cité n'est jamais simple, mais la ville de Lyon a aménagé des parkings souterrains dans de nombreux lieux stratégiques, dont les Célestins, les Terreaux et la République.

À ne pas manquer – Le Vieux-Lyon des hôtels Renaissance et traboules, la basilique de Fourvière et son belvédère, les superbes collections des musées des Beaux-Arts et des Tissus, et un repas dans un bouchon, voire dans un des grands restaurants de Lyon.

Organiser son temps – Nous vous proposons trois programmes en fonction du temps dont vous pourvez disposer.
– En **1 jour** : Vieux-Lyon (à pied), terrasse de Fourvière et théâtres romains (sans les musées et en utilisant le funiculaire) le matin ; musée des Tissus ou des Beaux-Arts et une promenade sur le plateau de la Croix-Rousse l'après-midi.
– En **2 jours** : le 1ᵉʳ pour le Vieux-Lyon, la colline de Fourvière (avec ses musées) et les bords de Saône. Le 2ᵉ, visite à pied de la Presqu'île, de ses musées (des Beaux-Arts, des Tissus, des Arts décoratifs), et de la Croix-Rousse.
– En **3 jours** : ajouter 1 journée pour le Centre d'histoire de la Résistance, le parc de la Tête d'Or avec sa Cité internationale et, au choix, un aperçu de la Rive gauche, du Grand-Lyon ou le musée automobile Henri-Malartre.

Avec les enfants – Une séance avec Guignol, les musées des Miniatures et des Automates, le parc de la Tête d'Or, le Château de la poupée à Lacroix-Laval.

Pour poursuivre la visite – Voir aussi la Dombes, les monts du Lyonnais, le Mont-d'Or lyonnais, Pérouges, Trévoux et Vienne.

Lyon dans le guide

Pensez aussi à vous reporter aux rubriques consacrées à Lyon dans la partie « Organiser son voyage », rubriques :
– Idée de week-end, p. 17
– Les atouts de la région au fil des saisons, p. 19
- Transports (et accès), p. 22-24
Dans « Comprendre la région », des développements sont consacrés aux Lyonnais célèbres, p. 62-63.

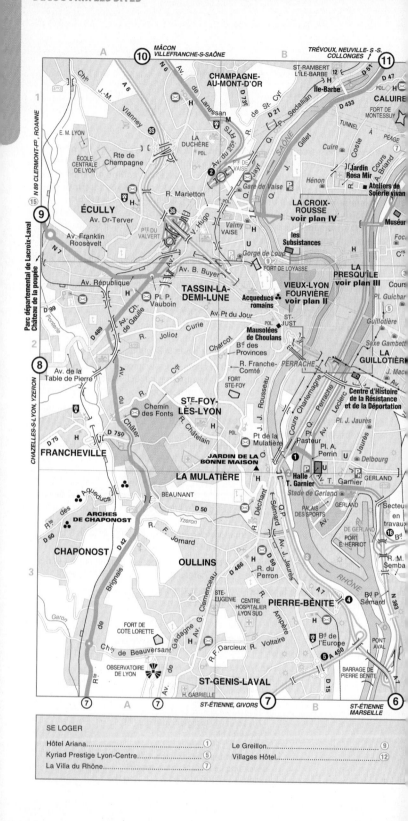

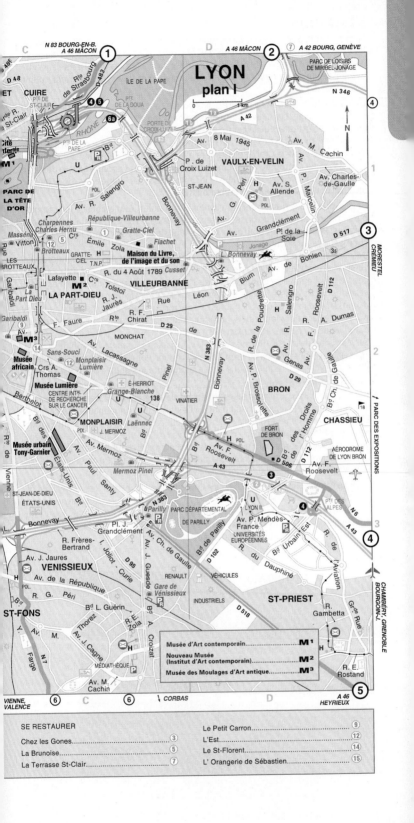

LYON
plan I

0 — 1 km

L'histoire

Légende celtique – Deux princes, Momoros et Atepomaros, se seraient arrêtés un jour au confluent et auraient décidé d'y construire une ville. Tandis qu'ils creusaient les fondations, une nuée de corbeaux s'abattit autour d'eux. Reconnaissant dans cette manifestation une intervention divine, ils appelèrent leur cité *Lugdunum* (colline des corbeaux).

Une ville entre fleuve et rivière – À l'époque romaine, le confluent se situait au pied de la colline. Les alluvions du Rhône l'ont repoussé vers le Sud ; la presqu'île ainsi formée est devenue le centre vital de la ville. La Saône et le Rhône offrent le magnifique spectacle de leurs cours contrastés, au pied des deux célèbres collines de Fourvière et de la Croix-Rousse, face à la basse plaine dauphinoise. Venue du Nord, la Saône contourne le petit massif du Mont-d'Or et s'engage dans le défilé de Pierre-Scize, creusé entre Fourvière et la Croix-Rousse. Le Rhône arrive des Alpes en un large flot qui bute contre la Croix-Rousse.

La capitale des Gaules – Décidé à conquérir la Gaule, César établit ici son camp de base et, après sa mort, l'un de ses lieutenants, Munatius Plancus, y installe des colons romains. Peu après, Agrippa, qui a reçu d'Auguste la mission d'organiser la Gaule, choisit *Lugdunum* pour capitale.

Dès lors, le réseau des routes impériales s'établit au départ de Lyon : cinq grandes voies rayonnent vers l'Aquitaine, l'Océan, le Rhin, Arles et l'Italie. Auguste séjourne dans la cité. L'empereur Claude y naît. Au 2e s., des aqueducs conduisent à Fourvière l'eau des monts voisins. La ville, gouvernée par sa curie, a le monopole du commerce du vin dans toute la Gaule. Les nautes de son port sont de puissants armateurs ; ses potiers, de véritables industriels. Les riches négociants occupent un quartier à part, dans l'île des Canabae, à l'emplacement actuel d'Ainay.

Sur les pentes de la Croix-Rousse s'étend la ville gauloise, *Condate*. L'amphithéâtre des Trois Gaules (dont on a retrouvé en 1958 l'inscription votive) et le temple de Rome et d'Auguste voient se réunir chaque année la bruyante Assemblée des Gaules.

Le christianisme à Lyon – Lyon est devenu le rendez-vous d'affaires de tous les pays. Soldats, marchands ou missionnaires arrivant d'Asie Mineure se font les propagateurs du nouvel Évangile et bientôt grandit dans la ville une petite communauté chrétienne. En 177 éclate une émeute populaire qui aboutit aux célèbres martyres de **saint Pothin**, de **sainte Blandine** et de leurs compagnons *(voir p. 129)*. Vingt ans plus tard, lorsque Septime Sévère, après avoir triomphé de son compétiteur Albin soutenu par Lyon, décide de livrer la ville aux flammes, il trouve encore à Lyon 18 000 chrétiens qu'il fait massacrer ; parmi eux, figure saint Irénée, successeur de saint Pothin.

Lyon au Moyen-Âge – Après le règne de Charlemagne, legs et dots font passer Lyon de mains en mains. Finalement, la ville tombe sous l'autorité temporelle de ses archevêques. C'est une grande époque de construction. À Lyon et dans tout le Lyonnais fleurissent églises et abbayes. Le pont du Change est lancé sur la Saône ; le pont de la Guillotière, œuvre des frères Pontifes, permet de franchir le Rhône.

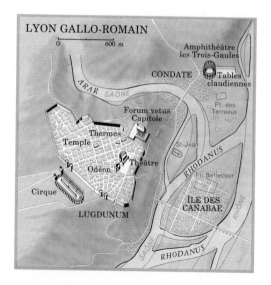

Au début du 14e s., Lyon est rattaché directement au pouvoir royal et obtient le droit d'élire douze consuls : la commune est proclamée à l'Île Barbe en 1312. Les consuls, issus de la riche bourgeoisie, lèvent les impôts et assurent la police. C'est à cette époque que Lyon acquiert sa devise, toujours valable, « Avant, avant, Lyon le melhor ». Le petit peuple, volontiers porté à la « rebeyne » (rébellion), et qui n'avait pas hésité à assiéger l'archevêque dans son palais, découvre alors que la main des consuls est encore moins tendre que celle du clergé.

« Lyon n'est plus » – Le 12 octobre 1793, le Comité de salut public rend le célèbre décret « Lyon fit la guerre à la liberté, Lyon n'est plus ». Et, pour punir la ville de la résistance qu'elle a opposée à la Convention, la Terreur prend un caractère furieusement violent. Chaque jour, d'innombrables Lyonnais périssent, victimes de l'exaltation des agents de Robespierre. Couthon prescrit la destruction des maisons de Bellecour. Le nom de Lyon est changé en celui de « Commune affranchie ».

Sainte Blandine (St-Martin-d'Ainay), martyr de Lyon

L'art et l'industrie

Le triomphe des lettres et des arts au 16e s. – À la fin du 15e s., la création des foires et le développement de la banque attirent les commerçants de l'Europe entière. La vie mondaine, intellectuelle et artistique s'épanouit, stimulée par la venue de François Ier et de sa sœur, la reine Marguerite. S'y distingue le personnage de la Belle Cordière. De célèbres « libraires », Jean Meumeister, Jean de Tournes et Guillaume Roville portent au loin le renom de l'imprimerie lyonnaise qui compte 100 ateliers en 1515, puis plus de 400 en 1548. Peintres, sculpteurs, céramistes, imprégnés de culture italienne, préparent la Renaissance française.

À Lyon brillent des poètes comme Maurice Scève et Clément Marot, des conteurs comme Rabelais ; médecin à l'Hôtel-Dieu, ce dernier publie coup sur coup, en 1532 et 1534, à l'occasion des foires, son *Gargantua* et son *Pantagruel*.

Guignol – Laurent Mourguet (1769-1844), d'ouvrier de la soie qu'il était, se reconvertit en forain et arracheur public de dents. La tradition de cette époque veut que l'on attire les clients en improvisant des saynètes avec des poupées animées. Mourguet utilise donc ce moyen « publicitaire » avec la marionnette vedette en ce début du 19e s. : **Polichinelle**. Il innove rapidement avec l'apparition de **Gnafron** et, vers 1808, de **Guignol**. Les Lyonnais se reconnaissent volontiers dans le personnage de Guignol, sympathique marionnette qui porte sous son bonnet noir une petite tresse qu'il appelle son « sarcifis ». Sous la naïveté et la gentillesse du personnage perce un esprit moqueur qui sait déceler les ridicules et s'en amuser. Il incarne parfaitement l'âme du « gone » lyonnais : un gros bon sens, une ironie narquoise, un peu d'esprit frondeur et une pointe de poésie. Sa femme **Madelon**, avec laquelle il a souvent des scènes de ménage, est une épouse modèle mais ronchonneuse. L'inséparable ami, c'est le truculent Gnafron dont le nez rubicond traduit un net penchant pour le beaujolais ; lui demande-t-on sa profession, il la définit ainsi : « Les gens qui ont reçu de l'éducance nous appellent savetiers, ceux qui n'en ont pas reçu nous appellent gnafres. » Devant le succès remporté par les premières représentations, Mourguet se consacre uniquement à ces spectacles. Les représentations se déroulent dans un « castelet » mobile en plein air ou dans un café, pour distraire un public populaire, qui vient entendre parler de lui-même dans une langue qui est la sienne. Bientôt l'audience s'élargit et Mourguet joue un peu partout à Lyon, au Petit Tivoli et dans la grande allée des Brotteaux où le dimanche on doit disposer un triple rang de chaises.

L'essor des sciences au 18e s. – Après l'essor littéraire et artistique, les sciences prennent leur revanche au 18e s. avec les **frères Jussieu**, illustres botanistes, et **Bourgelat** qui fonde à Lyon, en 1762, la première école vétérinaire d'Europe.

En 1783, **Jouffroy** expérimente sur la Saône la navigation à vapeur avec son « Pyroscaphe » qui ne lui rapportera guère que le surnom ingrat de « Jouffroy la pompe ».

En 1784, Joseph de Montgolfier et Pilâtre de Rozier réussissent, aux Brotteaux, une des premières ascensions en aérostat. Quelques années plus tard, Ampère le grand physicien et Jacquard avec son métier à tisser révèlent à leur tour un génie inventif.

L'industrie de la soie – C'est la soie qui, au 16e s., a fait de Lyon une grande ville industrielle. Jusqu'alors, la plus grande partie des étoffes de soie venait d'Italie. En 1536, le Piémontais **Étienne Turquet** propose d'amener à Lyon des tisseurs génois et d'y établir une manufacture. Soucieux de combattre l'exportation d'argent, François Ier accepte et poursuit ainsi la politique de Louis XI qui avait déjà supprimé taxes et impôts sur ce travail. En 1804, **Jacquard**, s'inspirant d'une machine de Vaucanson, invente un métier qui, utilisant un système de cartes perforées, permet à un seul ouvrier de faire le travail de six. Le quartier de la Croix-Rousse se couvre alors de ses maisons-ateliers caractéristiques : leurs étages élevés abritent les métiers sur lesquels les « **canuts** » tissent la soie fournie par le fabricant.

En 1875, une véritable révolution se produit dans l'industrie soyeuse. L'introduction du métier mécanique et le changement de la mode qui n'est plus aux étoffes façonnées ou brochées réduisent les canuts à la misère. Seuls subsistent à Lyon quelques métiers destinés à la fabrication d'étoffes spéciales de très grand prix.

Importée d'Italie ou du Japon, la soie naturelle ne représente plus, actuellement, qu'un infime pourcentage des quantités traitées mais le tissage, dit « de soierie » utilisant des fibres de toutes origines (verre, carbone, bore, aramide), reste un art lyonnais. Le savoir-faire traditionnel des soyeux trouve, notamment, des applications directes dans l'élaboration de pièces hautement sophistiquées (techniques Michel-Brochier) servant à l'industrie aéronautique, spatiale et même électronique. Ces activités sont étroitement liées à la chimie pour la recherche et la combinaison de molécules nouvelles (Rhône-Poulenc Fibres).

L'architecture éclairée

Les grands travaux – Une des caractéristiques de la ville de Lyon est la qualité de son développement qui a respecté les périodes antérieures. Cela n'a pas toujours été le cas, car même le quartier Renaissance du Vieux-Lyon a failli disparaître sous le pic des démolisseurs. Mais aujourd'hui, Lyon peut décliner son histoire au fil de ses quartiers ; chacun a sa caractéristique, son histoire, son âme. Cette richesse, Lyon la doit en bonne partie à ses maires qui l'ont transformée avec sagesse et audace. Le plus connu est sans conteste **Édouard Herriot** (1872-1957) qui a veillé pendant plus de 50 ans à la destinée de la ville. On lui doit une politique d'urbanisation énergique confiée en partie à Tony Garnier.

Mise en lumière – Célèbre par la Fête des Lumières qui l'illumine tous les 8 décembre avec des milliers de bougies, la ville de Lyon avait sans doute des prédispositions pour valoriser son éclairage public ; elle l'a prouvé par la réalisation du « Plan lumière » qui a pour objectifs la sécurité et la mise en valeur de son patrimoine. Plus d'une centaine de sites et monuments ont été choisis pour bénéficier de mises en lumière cohérentes qui leur donnent une nouvelle dimension. La basilique de Fourvière se détache comme un phare au sommet de la colline ; l'Opéra se projette dans le futur avec son immense verrière rougeoyante ; les places des Terreaux ou de la Bourse, les quais de Saône ou du

Fête des Lumières

Le culte de la Vierge s'est perpétué ici à travers les siècles. Le **8 décembre**, la fête de l'Immaculée Conception est célébrée à Lyon avec un éclat particulier. Le soir, des milliers de lampions multicolores éclairent les fenêtres de la ville. Cette fête a pour origine l'inauguration de la Vierge dorée de Fourvière en 1852. Des inondations retardèrent le travail du sculpteur Fabish, qui ne put livrer la statue le 8 septembre. La cérémonie fut reportée au 8 décembre, fête de l'Immaculée Conception. Ce jour-là, de très fortes pluies firent annuler la fête nocturne ; contre toute attente, elles cessèrent « miraculeusement » à l'heure prévue. Les Lyonnais illuminèrent spontanément leurs balcons avec des milliers de lumignons. Cette tradition religieuse est devenue une fête populaire, avec la participation de la municipalité et des commerçants qui inaugurent leurs étalages de Noël.

Rhône s'illuminent chaque soir d'éclairages indirects et de toute une palette de couleurs chaudes ou froides selon les lieux. Le « crayon » de La Part-Dieu, le port St-Jean, l'Hôtel-Dieu et de nombreux autres monuments de la ville participent à ce vaste spectacle qui crée une atmosphère empreinte de poésie et de magie. Cette invitation à la vie nocturne, relayée par le développement des animations, fait de « Lyon by night » une étape incontournable. Un guide « Plan lumière » est disponible dans les bureaux de l'office de tourisme.

Le plus grand « crayon » du monde ! La tour du Crédit Lyonnais s'élève à 140 m.

La mégapole

Les foires de Lyon – Au Moyen-Âge, Lyon est l'une des « clefs du royaume », à la frontière des pays de Savoie, Dauphiné, États pontificaux et Saint-Empire d'un côté, Beaujolais, Bourgogne, Languedoc, Forez et Auvergne de l'autre. Le jour où, en 1419, le Dauphin, futur Charles VII, comprenant la valeur commerciale d'une telle situation, y établit deux foires franches par an, il fit de Lyon l'un des plus grands entrepôts du monde.

À partir de 1463, grâce à Louis XI, les foires ont lieu quatre fois par an, encourageant la création du Change, origine de la Bourse actuelle, et du Tribunal de la conservation, d'où sortiront plus tard les tribunaux de commerce.

Rétablie en 1916 après une longue interruption, la Foire internationale de Lyon, qui se tient chaque année à Chassieu, dans le vaste parc des expositions, « Eurexpo », maintient sa tradition de grande place d'affaires internationale. Elle est doublée de salons spécialisés comme Ipharmex (pharmacie), Infora (informatique), Eurobat (bâtiment et construction) ou le Salon des métiers de bouche.

Un carrefour européen – La ville de Lyon est située au milieu d'un réseau autoroutier la reliant dans le sens Nord-Sud à l'Europe du Nord et méditerranéenne et dans le sens Ouest-Est au Massif central, à la Suisse et à l'Italie via St-Étienne, Clermont-Ferrand, Genève, Annecy, Chambéry et Grenoble.

Depuis 1981, en complément de nombreuses liaisons ferroviaires rapides avec l'ensemble de la France, Lyon bénéficie d'une desserte accélérée par le Train à Grande Vitesse (TGV). L'aéroport international de St-Exupéry, à l'Est de la ville, desservi par une ligne TGV, connaît un trafic important qui le place au 4e rang français. Depuis 2000, il porte ce nom en hommage à l'écrivain Antoine de Saint-Exupéry, né à Lyon en 1900.

L'aéroport de Bron est dévolu à l'aviation d'affaires. Par ailleurs, le port Édouard-Herriot, au Sud de Gerland, connaît un trafic notoire de chalands lourds remontant jusqu'à Auxonne sur la Saône (32 km au Sud-Est de Dijon) ; une ligne fluvio-maritime directe sans transbordement a été ouverte avec Le Pirée (Grèce) en 1984, Alger en 1986 et Haïfa (Israël) en 1991.

Le nouveau visage de Lyon – Les années 1930 avaient vu surgir les ensembles de gratte-ciel de Villeurbanne et du quartier des États-Unis qui représentaient alors une réalisation audacieuse. L'après-guerre a été marqué par un plan d'urbanisme structuré, d'où sont issus les vastes ensembles de Bron-Parilly, Rillieux-la-Pape, Vénissieux, la Duchère et Vaulx-en-Velin.

À la construction des tunnels routiers de la Croix-Rousse et de Fourvière, des voies sur berge du Rhône, de l'aménagement du quartier de la Part-Dieu et du port Édouard-Herriot succède la poursuite de la restauration du Vieux-Lyon, de la rénovation des quartiers Mercière-St-Antoine et Tolozan-Martinière, de l'aménagement du quartier du Tonkin à Villeurbanne. Dans l'ancienne gare des Brotteaux, qui a reçu le premier TGV en 1981, a été aménagée une grande brasserie dirigée par Paul Bocuse.

À l'Est de Lyon, la ville nouvelle de l'Isle-d'Abeau a été conçue pour équilibrer le développement de la métropole régionale. La gare de St-Exupéry, à l'architecture futuriste, est signée par l'architecte espagnol Calatrava. Elle assure les liaisons nationales du TGV avec l'aéroport régional.

Depuis 1993, l'autoroute de contournement Est de la ville permet de désengorger notablement le quartier du tunnel de Fourvière et les voies sur berge du Rhône. Malgré de longues polémiques, le périphérique à péage Nord-Ouest (TEO) est également terminé.

Par ailleurs, pour assurer son avenir, Lyon développe plusieurs technopoles. C'est ainsi qu'entre le Rhône et le parc de la Tête d'Or, la **Cité internationale** se développe et accueille un Centre des congrès internationaux de 2 000 places, le siège d'Interpol (Organisation internationale de police criminelle), ainsi qu'un ensemble hôtelier, un casino et le musée d'Art contemporain. À l'Est, autour du campus universitaire de la Doua, s'implantent d'importants bureaux de recherches techniques.

Le quartier de Gerland, où est installé le stade municipal, rénové et agrandi à l'occasion de la Coupe du monde de football 1998, poursuit sa mutation.

PRINCIPAUX TRANSPORTS EN COMMUN

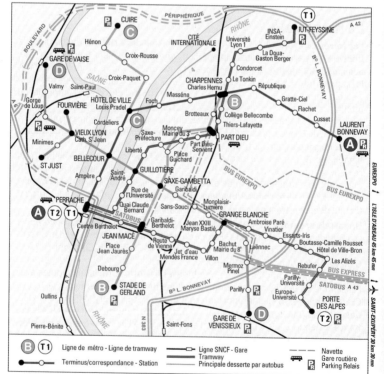

Lyon pratique

Adresse utile

🛈 **Office du tourisme de Lyon** – *Pl. Bellecour - 69002 LYON - ℘ 04 72 77 69 69 - www.lyon-france.com - de mi-avr. à mi-oct. : 9h-19h, dim. 10h-18h ; reste de l'année : 10h-18h, dim. 10h-17h30 - fermé 1er janv., 1er Mai et 25 déc.*

Transports

En voiture, en train ou en avion – Pour les automobilistes, excellente desserte autoroutière : A 6, A 7, A 42, A 43. La ville est également très bien desservie par un service régulier de TGV qui la relie à Paris en 2h. Les gares de Perrache et de La Part-Dieu sont à proximité immédiate du centre-ville par le métro. Des dessertes aériennes à partir des grandes villes permettent de rejoindre l'aéroport de Lyon-St-Exupéry, lui même relié au centre-ville par des navettes. ℘ 0 826 800 826 - www.lyon.aeroport.fr

Transports urbains – Adapté aux besoins des touristes, le Ticket-Liberté, valable 1 j, est le moyen le plus économique permettant d'utiliser, sans limitation du nombre de voyages, toutes les lignes du réseau urbain lyonnais (métro, tramway, autobus, funiculaire, trolley-bus). Renseignements auprès des agences **TCL**, dont les principales sont situées 5 r. de la République, 11 bd Vivier-Merle (prox. gare Part-Dieu), gare routière de Perrache et métro Bellecour (fermées dim.). ℘ 0 820 427 000 (0,12 €/mn depuis un poste fixe) ou www.tcl.fr

Se déplacer à vélo – Laissez votre voiture au parking et découvrez Lyon de façon originale et écologique. *Vélo'V* propose un système de location de vélos en libre-service fonctionnant par abonnement (30 premières minutes gratuites). Les moins sportifs loueront des vélos électriques au *3 r. du Vieil-Renversé.* Ceux qui veulent tout voir sans surveiller la route opteront pour *Cyclopolitain* qui organise des visites thématiques - « cyclotour cœur de presqu'île », « cyclotour panorama » et « cyclotour shopping » - à bord d'un tricycle électrique piloté par un jeune chauffeur, le cyclonaute. Enfin, pour une alternative au traditionnel taxi, contactez *Allo Cyclo* (℘ 0 826 100 003) qui vous transportera d'un point à un autre en pousse-pousse.

Visites

Les programmes de visite à Lyon - Se renseigner à l'office de tourisme sur la Lyon City Card, passeport individuel qui offre des formules avantageuses pour 1, 2 ou 3 jours.
Si l'on ne peut réserver qu'une journée à la découverte de Lyon, la matinée doit être consacrée au Vieux-Lyon (à pied), à la terrasse de Fourvière et aux théâtres romains (en utilisant le funiculaire), à l'exclusion des musées s'y trouvant ; dans l'après-midi, la Presqu'île avec le musée des Tissus et, au choix, la visite du musée des Beaux-Arts ou la promenade sur les pentes de la Croix-Rousse.
Deux jours permettront d'explorer plus à fond la colline de Fourvière et les divers musées, et de flâner le long de la Saône, la première journée. Le lendemain sera consacré à la visite à pied de la Presqu'île et de ses musées (des Tissus, de l'Imprimerie, des Hospices civils), et à une des promenades proposées dans le quartier de la Croix-Rousse.
Une troisième journée serait réservée au Centre d'histoire de la Résistance et, au choix, au musée automobile Henri-Malartre à Rochetaillée ou au Château de la Poupée au parc Lacroix-Laval.

Circuits organisés - L'office de tourisme propose des circuits à pied, en bus, en bateau, en taxi ou en hélicoptère. Des visites-conférences sont organisées régulièrement dans différents quartiers de la ville : le Vieux-Lyon, la Croix-Rousse, la cité Tony-Garnier.

Les Visites insolites – ℘ 04 78 25 13 01 - www.lyon-fourviere.com - juin-sept. : visite guidée (1h15) 14h30 et 16h ; avr.-mai : merc. et dim. 14h30 et 16h ; oct.-nov. : merc. et dim. 14h30 et 15h - dép. sur le parvis - 5 € (-16 ans 3 €).

Visites guidées – Lyon propose des visites-découvertes animées par des guides-conférenciers agréés par le ministère de la Culture et de la Communication - Renseignements ℘ 04 72 77 69 69 ou sur www.lyon-france.com (office de tourisme).

Promenades en bateaux-mouches – Circuit de l'Île-Barbe (1h) : mai-août : dép. à 14h, 16h30 et parfois 17h30, w.-end à 14h30, 15h30, 16h, 16h30 et 17h30 ; avr. et sept.-oct. : à 14h, 16h30 et parfois 17h30. Circuit du confluent (1h15) : mai-août : dép. à 15h, w.-end à 14h et 17h ; avr. et sept.-oct. : à 15h. Croisières nocturnes (1h) : juil.-août : sam. à 21h30. Croisières en matinée : juil.-août : w.-end à 10h45. Embarcadère : quai des Célestins. Réservations : Naviginter, 13 bis quai Rambaud, 69002 Lyon. ℘ 04 78 42 96 81, www.naviginter.fr

Se loger

Bon week-end à Lyon – La ville de Lyon participe depuis des années à cette opération qui se développe dans de nombreuses villes françaises. À la deuxième nuit d'hôtel offerte s'ajoutent des cadeaux, ainsi que de nombreuses réductions pour les visites de la ville et des musées. Pour obtenir la liste des hôtels et les conditions de réservation, se renseigner à l'office de tourisme.

▱ **St-Pierre-des-Terreaux** *(plan III, p. 116)* – 8 r. Paul-Chenavard - ☏ 04 78 28 24 61 - fermé 15 j en août et vac. de Noël - 16 ch. 33/44 € - ☑ 5,50 €. Cet hôtel est fort pratique pour résider en ville, face au musée St-Pierre et à deux pas de la place des Terreaux (parking). Ses chambres, fonctionnelles et bien tenues, sont très bien insonorisées. L'accueil est familial et plaisant et les prix modérés.

▱ **Villages Hôtel** *(plan I, p. 86-87)* – 93 cours Gambetta - ☏ 0 892 707 534 - www.villages-hotel.com - **P** - 114 ch. 38/46 € - ☑ 4,50 €. Cet hôtel de chaîne offre de nombreuses commodités - situation centrale, proximité de la gare et du métro - et des chambres confortables et spacieuses, toutes équipées de lits «king size». Une bonne adresse pour les budgets limités.

▱ **Élysée Hôtel** *(plan III, p. 116)* – 92 r. du Prés.-Edouard-Herriot - ☏ 04 78 42 03 15 - elysee-hotel@wanadoo.fr - 29 ch. 43/74 € - ☑ 7,60 €. Un petit hôtel familial pour séjourner sur la Presqu'île à un tarif raisonnable. Ses petites chambres, de couleurs rouge et jaune, sont modestes mais plutôt gaies et bien tenues. Celles sur l'arrière garantissent des nuits calmes.

▱ **Bellecordière** *(plan III, p. 116)* – 18 r. Bellecordière - ☏ 04 78 42 27 78 - www. hotel-bellecordiere.com - 45 ch. 45/52 € - ☑ 6 €. Cet établissement proche des quais du Rhône et de la station de métro Bellecour propose des chambres de tailles assez restreintes mais très convenables pour l'étape. Elles affichent les couleurs de la Provence, au même titre que la salle des petits-déjeuners.

▱ **Hôtel Ariana** *(plan I, p. 86-87)* – 163 cours Émile-Zola - 69100 Villeurbanne - ☏ 04 78 85 32 33 - ariana@ariana-hotel.fr - 102 ch. 50/74 € - ☑ 8,80 €. Hôtel avant tout pratique, voisin de la « cité des Gratte-Ciel » de Villeurbanne édifiée dans les années 1930. Chambres climatisées et insonorisées, sobrement dotées de meubles cérusés gris. Laissez votre voiture au garage et gagnez le centre de Lyon par le métro.

▱▱ **Savoies** *(plan III, p. 116)* – 80 r. de la Charité - ☏ 04 78 37 66 94 - hotel.des. savoies@wanadoo.fr - 46 ch. 63/74 € - ☑ 5 €. Façade rehaussée de blasons savoyards dans le quartier de la gare de Perrache. La propreté des chambres standard - mobilier simple et moquettes aux teintes pastel -, un garage fort commode et des prix raisonnables en font une adresse appréciée de la clientèle.

▱▱ **Hôtel La Résidence** *(plan III, p. 116)* – 18 r. Victor-Hugo - ☏ 04 78 42 63 28 - hotel-la-residence@wanadoo.fr - 67 ch. 70 € - ☑ 6,50 €. Cet hôtel tenu par la même famille depuis 1954 borde une rue piétonne proche de la place Bellecour. Préférez les chambres rénovées, les autres semblent d'une autre époque avec leur mobilier 1970, mais elles sont bien tenues.

▱▱ **Kyriad Prestige Lyon-Centre** *(plan I, p. 86-87)* – 4/6 r. du Mortier - ☏ 04 78 60 03 09 - www.kyriad.fr - 126 ch. 89/119 € - ☑ 11 €. À 5mn à pied de la place Bellecour, cet hôtel moderne à la façade vitrée est plutôt agréable : ses chambres toutes identiques, fumeurs ou non-fumeurs, sont claires, fonctionnelles et bien équipées.

▱▱ **Le Greillon** *(plan I, p. 86-87)* – 12 montée du Greillon - ☏ 04 72 29 10 97 - www.legreillon.com - 5 ch. 78/100 € ☑. On se croirait presque à la campagne dans cette maison du 18ᵉ s., ex-propriété du sculpteur Joseph Chinard, dissimulant un ravissant petit jardin. L'intérieur séduit également avec ses meubles d'antiquaire et sa décoration soignée. L'adresse, paisible, jouit en outre d'une vue superbe sur la Saône et la Croix-Rousse.

▱▱ **La Villa du Rhône** *(plan I, p. 86-87)* – Chemin de la Lune - 01700 Miribel - 12 km au NE de Lyon, prendre l'autoroute A 42 dir. Genève, sortir parc de Miribel-Jonage, puis dir. le Mas-Rillier et la Madone-Campanile - ☏ 04 78 55 54 16 - www.lavilladurhone. com - 🍴 - 4 ch. 75/100 € - ☑ - repas 25 €. Aux portes de Lyon, paisible villa contemporaine surveillant la vallée du Rhône. Les deux chambres aménagées en surplomb de la piscine donnent sur le jardin et leurs terrasses privatives offrent un panorama spectaculaire sur le fleuve.

Se restaurer

Reportez-vous aux chapitres Vieux-Lyon, Fourvière, Presqu'île, Croix-Rousse, Rive gauche et Grand-Lyon.

En soirée

👁 **Bon à savoir** – Pour avoir sous la main tous les films à l'affiche, les spectacles et les expositions, munissez-vous de l'hebdomadaire *Lyon Poche*, en vente dans les kiosques ou chez les marchands de journaux. Et pour acheter son billet les soirs de match, orientez-vous vers les boutiques *Planète OL, rue Grolée*, et *OL Store, avenue Tony-Garnier*.

Rue Ste-Catherine – Rue très animée où vous trouverez de nombreuses adresses ouvertes jusqu'au bout de la nuit.

Bar de La Tour Rose – 22 r. du Bœuf - ☏ 04 78 92 69 10 - www.tour-rose.com - 17h-2h. Ce bar d'hôtel de standing occupe l'emplacement d'un ancien jeu de Paume où Molière en personne est venu donner une représentation. L'établissement accueille tous les deux mois les débats des « Cafés du Droit ».

Café Léone – 8 r. de la Monnaie - ☏ 04 78 92 93 70 - mai-oct. : 12h-14h, 19h-1h ; nov.-avr. : tlj sf dim. 19h-1h - fermé 31 déc. Avec ses tapas servies sur le comptoir comme à Barcelone, sa bière San Miguel et ses corridas à la télé, ce café est un vrai bar espagnol, animé et tapageur comme on les aime… Vous pouvez réserver la salle pour vos soirées.

La Cave des Voyageurs – *7 pl. St-Paul -* ℰ *04 78 28 92 28 - www. lacavedesvoyageurs.fr - tlj sf dim. et lun. 10h-1h - fermé août et j. fériés.* Sympathique petit bar à vins au décor délicieusement rétro. Bourgognes, beaujolais, languedocs-roussillons et crus du monde entier se dégustent avec du foie gras maison, des assiettes de charcuteries ou de fromages, à des prix tout à fait… gouleyants.

Eden Rock Café – *68 r. Mercière -* ℰ *04 78 38 28 18 - charlotte@edenrockcafe.com - mar. 12h-1h, merc.-jeu.12h-2h, vend.-sam.12h-3h - fermé 3 sem. en août.* Ce bar occupant un bâtiment classé monument historique se trouve au cœur d'une rue piétonne très animée le soir. Le décor est magnifique et la carte vaut le coup d'œil : si vous n'avez jamais goûté au filet d'autruche, c'est l'occasion ou jamais ! Concerts de blues, de rock et de funk du mercredi au samedi.

Hot Club de Lyon – *26 r. Lanterne -* ℰ *04 78 39 54 74 - www.hotclubjazz.com - tlj sf dim. et lun. 21h30-1h, vend. 22h-1h, sam. 16h-1h - fermé fin juil. à mi-sept.* Tous les amateurs de jazz fréquentent le Hot Club lyonnais, installé dans une cave comme ses illustres prédécesseurs de Saint-Germain-des-Prés… Du style New Orléans au jazz fusion en passant par les standards de Duke Ellington et de la bossa nova, tous les styles y sont généreusement représentés. Le samedi après-midi est gratuit et les consommations sont très abordables.

Le Cintra – *43 r. de la Bourse -* ℰ *04 78 42 54 08 - www.cintra-lyon.fr - tlj sf dim. 7h30-5h - fermé 24 déc. et 1er janv.* Situé à côté de la Chambre de Commerce, cet établissement est un lieu de rendez-vous chic où hommes et femmes d'affaires aiment se retrouver pour déjeuner, dîner ou prendre un verre pendant l'animation piano-bar (à partir de 22h chaque soir). Beau décor en bois du Liban, créé en 1921.

Casino Le Lyon Vert – *200 av. du Casino - 69890 La Tour-de-Salvagny -* ℰ *04 78 87 02 70 - www.lyonvert.com ou www. partouche.fr - 10h-4h.* Le démon du jeu vous titille, vous êtes majeur et vous avez une tenue correcte ? Pas d'hésitation : ici, vous attendent 400 machines à sous, poker vidéo, roulettes et black-jack. L'établissement comprend aussi trois restaurant et deux bars.

Au pied dans l'plat – *18 r. Lainerie -* ℰ *04 78 27 13 26 - www.aupieddanslplat. fr - tlj sf dim. à partir de 20h30 - fermé 26 juil.-26 août.* Ce cabaret très prisé des Lyonnais, installé dans une belle cave voûtée du 16e s., propose des dîners-spectacles à tendance satirique dans une ambiance débridée et rabelaisienne. Un succès non démenti depuis maintenant 30 ans…

Auditorium-Orchestre national de Lyon – *149 r. Garibaldi -* ℰ *04 78 95 95 95 - www.auditorium-lyon.com - billetterie : tlj sf dim. 11h-18h, sam. si concert 14h-18h - fermé 1er-22 août.* L'auditorium de Lyon dispose d'une salle de 2 076 places où peuvent s'exprimer tous les styles de musique : classique, jazz, musiques du monde, ciné-concerts… C'est également le lieu de résidence de l'Orchestre national de Lyon (orchestre symphonique) qui s'y produit tout au long de l'année.

Maison de la danse – *8 av. Jean-Mermoz -* ℰ *04 72 78 18 18 - www.maisondeladanse. com - billetterie : tlj sf dim. 11h45-18h45 ; les sam. de représentations : 14h-18h45 - fermé 23 juil.-21 août.* Du flamenco aux claquettes en passant par les ballets et les danses traditionnelles d'Occident et d'Orient, vous pénétrez ici dans le temple de la danse… les plus grands noms se succèdent ici : Maurice Béjart, Carolyn Carlson, Grupo Corpo, Alain Platel, Sidi Larbi Cherkaoui, Bill T Jones…

Stéphane Sauvignier / MICHELIN

Guignol est devenu un symbole de la ville de Lyon.

Opéra national de Lyon – *1 pl. de la Comédie -* ℰ *0 826 305 325 - www.opera-lyon.com - billetterie : tlj sf dim. et lun. 12h-19h - fermé 25 juil.-29 août.* C'est l'un des plus beaux monuments de la ville avec sa splendide verrière imaginée par Jean Nouvel. L'Opéra (1 100 places) réunit un orchestre, un ballet, un chœur et une maîtrise d'enfants. Programmation plus variée (cabaret, jazz, musiques du monde, etc.) proposée dans l'amphithéâtre et au Péristyle (café-concert).

Spectacles - Halle Tony Garnier – *20 pl. Antonin-Perrin, Quartier de Gerland -* ℰ *04 72 76 85 85 - www.halle-tony-garnier. com - bureaux : tlj sf w.-end 8h30-12h30, 14h-18h -* Visites selon la programmation. Prendre contact par téléphone pour un rendez-vous.

Théâtre « La Maison de Guignol » – 👤👤 *- 2 montée du Gourguillon -* ℰ *04 72 40 26 61 - www.lamaisondeguignol.fr.st - spectacle : merc. et sam. 15h et 16h30 ; vac. scol. : 15h et 16h30, dim. 15h ; spectacle adultes : jeu. 21h.* Ce théâtre construit en 1962 a été restauré avec le souci de conserver son style d'origine un peu rétro. Spectacle traditionnel pour toute la famille et exposition permettant de tout savoir sur la célèbre marionnette. Séance spéciale - « Guignol fait l'info » - le jeudi soir.

Théâtre Le Guignol de Lyon - Compagnie des Zonzons – 👥 - *2 r. Louis-Carrand - 𝄞 04 78 28 92 57 - www.guignol-lyon.com - merc. et sam. : 15h et 16h30, dim. 15h, tlj pdt les vac. scol. - fermé 1re quinz. de janv. et août - 9 € (enf. : 7 €).* Pour les petits et les grands, la compagnie des Zonzons propose des pièces mêlant le burlesque et le fantastique, un peu dans la tradition des cartoons de Tex Avery, histoire de donner au personnage de Guignol un petit coup de jeune… Pour les adultes seulement, les spectacles sont plus mordants et s'inspirent des événements de la vie lyonnaise.

Théâtre National Populaire - Villeurbanne – *8 pl. Lazare-Goujon - 69627 Villeurbanne - 𝄞 04 73 03 30 00 - direction@tnp-villeurbanne.com - billetterie : sur place mar.-sam. 11h-19h et par tél. - fermé 3 sem. en août et lun.* Villeurbanne est une ville qui compte beaucoup sur ses ressources culturelles comme le Théâtre National Populaire (dit TNP) qui est sa plus grande réussite. Les créations contemporaines s'y succèdent toute l'année.

Marché de la Création

Que rapporter

Marchés – Le dimanche matin, marché de la Création, quai Romain-Rolland et marché de l'Artisanat, quai de Bondy. Les bouquinistes occupent le quai de la Pêcherie, samedi et dimanche de 10h à 18h. Vente de produits régionaux et petits bouchons aux Halles de Lyon, 102 cours Lafayette.

Commerces – Les grands magasins (Printemps, Grand Bazar) se situent dans le 2e arrondissement entre la place de la République et la place des Cordeliers. Le Centre commercial de La Part-Dieu, un des plus grands d'Europe, réunit 260 magasins dont les Galeries Lafayette et des restaurants. La Cité des Antiquaires s'est installée avec ses 150 boutiques, 117 bd de Stalingrad à Villeurbanne.

Spécialités – Parmi les nombreuses spécialités de la ville, ses charcuteries et triperies s'accompagnent volontiers d'un bon beaujolais. Si vous cherchez une **rosette**, une **andouillette** ou des **quenelles** de Lyon, rendez-vous chez le charcutier-traiteur Reynon, 13 r. des Archers ou chez Pignol, 8 pl. Bellecour ; si vous préférez goûter différents produits autour d'un verre de beaujolais, c'est aux Halles qu'il faut aller.

Les promenades dans les quartiers anciens et les secteurs piétonniers peuvent aussi être l'occasion de découvrir des friandises lyonnaises parmi lesquelles figurent en bonne place les « **bugnes** », pâtisseries faites de pâtes sucrées et torsadées, ainsi que les « **cocons** » et les « **coussins** », sucreries décorées de motifs empruntés à l'industrie de la soie.

Bonnard – *36 r. Grenette - 𝄞 04 78 42 19 63 - tlj sf dim. et lun. 9h-13h30, 15h-19h30 - fermé août et j. fériés.* Cette charcuterie, créée en 1850, est une belle adresse pour qui veut faire provision de spécialités lyonnaises comme le fameux cervelas truffé (5 %) ou les quenelles de brochet. Le cadre Art déco et la verrière surmontée d'une magnifique tête de lion en cuivre valent le coup d'œil.

Elyès – *Les Halles de Lyon - 𝄞 04 78 62 39 33 - tlj sf lun. 7h30-19h30, dim. 7h30-13h.* Une épicerie plus que fine pourrait-on dire, puisqu'on y trouve des produits originaux préparés avec le concours de grands chefs… Savoir-faire et créativité garantis ! On peut également commander un plateau-repas pour petit en-cas « de luxe ». Projet d'aménagement d'un coin dégustation sur place.

Les Quenelles Giraudet – *2 r. du Col.-Chambonnet - 𝄞 04 72 77 98 58 - www.giraudet.fr - tlj sf dim. 9h-19h, lun. 11h-19h - fermé 1er-15 août.* Fondée en 1910 à Bourg-en-Bresse, la maison Giraudet perpétue depuis quatre générations la tradition des authentiques quenelles bressanes. Cette jolie boutique lyonnaise propose également des sauces d'accompagnement et des soupes de saison fraîches, à emporter ou à découvrir dans son espace restauration. Cours de cuisine et dégustations.

Pignol – *8 pl. Bellecour - 𝄞 04 78 37 39 61 - www.pignol.fr - tlj sf dim. 8h-19h30 ; août : tlj sf dim. et lun.* Après des débuts artisanaux (en 1954) rapidement couronnés de succès, ce traiteur a multiplié les conquêtes et possède aujourd'hui trois restaurants, six boutiques et deux unités de production. La maison se voit régulièrement confier la restauration d'évènements nationaux ou internationaux organisés sur Lyon.

Reynon – *13 r. des Archers -* ℘ *04 78 37 39 08 - www.reynon.com - tlj sf dim. et lun. 8h30-13h30, 15h-19h30 - fermé de fin juil. à mi-août, 1er Mai, 14 Juil. et 1er nov.* Maison tenue par la même famille depuis sa création en 1937. Saucissons, rosettes, jésus et plats cuisinés sont préparés avec beaucoup d'attention. Amateurs d'anecdotes et de recettes, lisez *Le Fils du charcutier* écrit par Claudius Reynon.

Voisin – *28 r. de la République -* ℘ *04 78 42 46 24 - lun. 14h-19h ; tlj sf dim. 9h-19h30.* Cette maison fabrique une cinquantaine de chocolats, pâtes de fruits et autres savoureuses spécialités lyonnaises comme les coussins ou les quenelles de Lyon. Elle approvisionne aussi ses 18 boutiques de l'agglomération lyonnaise en cafés fraîchement torréfiés et en thés grands crus. Un must !

Canova – *25 quai St-Vincent -* ℘ *04 78 39 40 40 - tlj sf dim. 9h-19h.* Ce célèbre soyeux lyonnais vous ouvre les portes de son atelier d'impression où sont produits, entre autres, peignoirs, cravates ou carrés de soie d'une qualité exceptionnelle. Il confectionne aussi de la petite maroquinerie de luxe. Oui, c'est un peu cher, mais c'est si beau…

L'Atelier de Soierie – *33 r. Romarin -* ℘ *04 72 07 97 83 - tlj sf dim. 9h-12h, 14h-19h - fermé j. fériés.* Lyon fut la capitale française de la soie à partir du 16e s. Aujourd'hui, l'Atelier de Soierie perpétue ce savoir-faire, mêlant l'utilisation de métiers traditionnels et la peinture à la main. Entre autres spécialités, la panne de velours, exclusivement réalisée à Lyon, est une mousseline de soie et de velours façonnée en relief puis peinte à la main. Superbe !

La Maison des Canuts – *10-12 r. d'Ivry -* ℘ *04 78 28 62 04 - tlj sf dim. et lun. 10h-18h30 ; visite guidée : 11h et 15h30 - fermé 3 sem. en août.* Il n'y a qu'ici que vous pourrez voir fonctionner les métiers à tisser la soie. La visite de l'atelier permet de découvrir la fabrication du fameux velours de Lyon, et d'admirer de vieilles machines, dont un « Jacquard » d'avant 1804. Il suffira ensuite de traverser la rue pour rejoindre le magasin.

Tousoie – *19 r. Auguste-Comte -* ℘ *04 78 92 94 63 - www.tousoie.com - tlj sf dim. 10h-13h, 14h-19h, lun. 14h-19h - fermé sem. du 15 août.* Ce magasin, spécialiste de la mousseline depuis plus de 100 ans, propose de surcroît un vaste choix de tissus prestigieux. Sa collaboration avec de grands couturiers et la qualité de ses produits lui confèrent une solide réputation.

Chez Disagn'Cardelli - Petit musée fantastique du Guignol – *6 r. St-Jean, Vieux-Lyon St-Jean -* ℘ *04 78 37 01 67 - patrice-cardelli@free.fr - 11h-13h, 14h30-19h, dim. 11h-13h, 15h-18h ; lun. apr.-midi 14h30-19h - fermé 25 déc. et 1er janv.* Au sous-sol, le Petit musée fantastique du Guignol vous révèlera l'univers passionnant des marionnettes lyonnaises, automates et autres boîtes à musique en vente à la boutique. La visite est audio-guidée en plusieurs langues (anglais, espagnol, japonais, etc.) et auto-illuminée sur le passage.

Sports & Loisirs

👁 **Bon à savoir** – Les amateurs de sensations fortes trouveront leur bonheur à Lyon qui compte pas moins de trois parcs aventure. En centre-ville, à proximité de la place Bellecour, *Fourvière Aventures (Piste de la Sarra, 3 place du 158e Régiment d'Infanterie)* propose 5 parcours sécurisés offrant un panorama exceptionnel sur Lyon. En proche banlieue, vous aurez le choix entre *City Aventure à Ste-Foy-lès-Lyon* (7 parcours dont un 100 % tyrolienne) et *City Aventure à Albigny-sur-Saône* (6 parcours, « X-jump », bornes interactives, vidéos, etc.).

Parc de Miribel-Jonage – *Chemin de la Bletta - 5 km au NE de Lyon par A 42, sortie 4 ou 5 - 69120 Vaulx-en-Velin -* ℘ *04 78 80 56 20 - www.parc-miribel.fr - mai-sept. : 9h-21h, dim. et j. fériés 9h-20h ; oct.-avr. : 9h-19h30, w.-end 10h-18h30.* Cet océan de verdure proche de la ville est accessible à tous gratuitement. Nombreuses activités sur place : randonnées pédestres ou en VTT, pêche, équitation, etc. On pourra rejoindre la base nautique du lac des Eaux Bleues par l'une des pistes cyclables du parc.

Calendrier

La Foire internationale – *2e quinz. de mars -* ℘ *04 72 22 33 44 - www. foiredelyon.com*

La Fêtes des bannières du monde avec les Pennons de Lyon en juin - www.fetes- lyon.com

Le Festival de musique du Vieux-Lyon (juil. et nov.-déc.), ℘ 04 78 38 09 09.

Les Nuits de Fourvière, théâtre, danse, concerts cinémas (de mi-juin à mi-sept.), ℘ 04 72 32 00 00.

La Biennale d'Art contemporain/Danse (sept.-oct.), ℘ 04 72 40 26 26.

La Fête des Lumières (8 déc.)

La Foire aux tupiniers (appellation locale des anciens potiers ; 2e w.-end de sept.) - ℘ 04 72 77 92 42.

Les plus beaux quartiers et monuments de Lyon

MUSÉE DES BEAUX-ARTS	★★★	Très vivement recommandé
Rue St-Jean	★★	Recommandé
Musée Gadagne	★	Intéressant
Château Lumière		Autre site décrit dans ce guide.

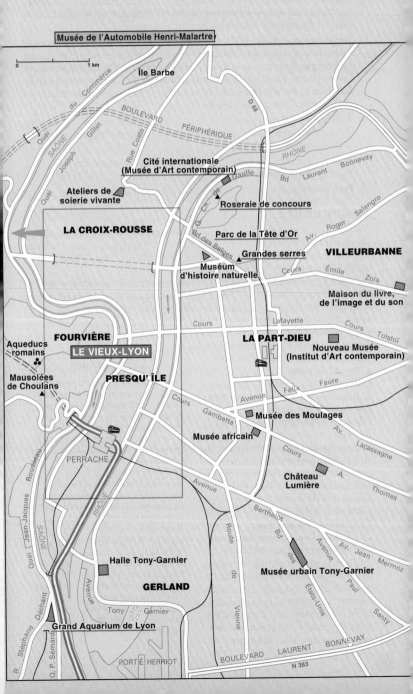

Musée de l'Automobile Henri-Malartre

Île Barbe

BOULEVARD PÉRIPHÉRIQUE

Quai du Commerce

Rue Coste

SAÔNE

Quai Gillet

Quai Joseph

Cité internationale
(Musée d'Art contemporain)

Ateliers de
soierie vivante

Roseraie de concours

LA CROIX-ROUSSE

Parc de la Tête d'Or

Grandes serres

Muséum
d'histoire naturelle

VILLEURBANNE

Bd des Belges

Av. Roger Salengro

Émile Zola

Cours

Maison du livre,
de l'image et du son

Cours Lafayette

Cours Tolstoï

FOURVIÈRE

Aqueducs
romains

Mausolées
de Choulans

LE VIEUX-LYON

PRESQU' ÎLE

LA PART-DIEU

Nouveau Musée
(Institut d'Art contemporain)

Avenue Félix Faure

Cours Gambetta

Musée des Moulages

Musée africain

Av. Lacassagne

Cours

A. Thomas

Château
Lumière

PERRACHE

RHÔNE

SAÔNE

Quai Jean-Jacques Rousseau

Avenue

Berthelot

Bd des

Route de Vienne

Avenue

Av. Jean Mermoz

Avenue Paul Santy

États-Unis

Halle Tony-Garnier

GERLAND

Musée urbain Tony-Garnier

Tony Garnier

Grand Aquarium de Lyon

R. Stéphane Déchant

Q. P. Sémard

PORT E. HERRIOT

BOULEVARD LAURENT BONNEVAY

N 383

Le **Vieux-Lyon**★★★

MÉTRO VIEUX-LYON – ST-JEAN, GARE ST-PAUL – PLAN I P. 86-87 – PLAN II P. 103

Sillonné de ruelles à l'italienne, tout d'ocre et de rose, le Vieux-Lyon marie avec grande harmonie le Moyen-Âge et la Renaissance autour de sa cathédrale. Attiré-là par une tourelle, ici par une merveilleuse galerie, ici encore par une façade à blasons ou un escalier à vis, vous vous perdrez avec bonheur dans ce petit labyrinthe au gré des cours et des traboules.

- **Se repérer** – Pris en étau entre la Saône et Fourvière sur plus d'un kilomètre de longueur, le Vieux-Lyon se compose des quartiers St-Jean, au centre, St-Paul, au Nord, et St-Georges, au Sud.

- **Se garer** – Le Vieux-Lyon est un quartier piéton. Il n'est accessible qu'aux résidents, aux taxis et aux voitures de livraison de 4h à 11h30. Se garer sur les quais ou dans dans un des parkings de la Presqu'île.

- **Organiser son temps** – Préférez la balade à St-Jean au petit jour, avant la foule, l'ouverture des magasins et des établissements touristiques, mais il vous faudra repasser plus tard pour voir à l'œuvre l'horloge à automates de la cathédrale qui se met en marche à midi et toutes les heures de 14h à 16h. Si vous pensez continuer la balade à pied vers Fourvière par les escaliers, munissez-vous de chaussures confortables (et de courage, cela grimpe dur !).

- **À ne pas manquer** – La cathédrale St-Jean et son chœur roman ; les belles demeures de la rue St-Jean et des alentours ; la galerie de Philibert Delorme au n° 8 rue Juiverie.

- **Avec les enfants** – La Renaissance des automates, le musée des Miniatures, l'horloge astronomique de la cathédrale.

- **Pour poursuivre la visite** – Voir aussi la colline de Fourvière.

Comprendre

C'était autrefois le centre de la cité, où se regroupaient toutes les corporations, notamment les ouvriers de la soie – on comptait 18 000 métiers à tisser à la fin du règne de François Ier. Négociants, banquiers, clercs, officiers royaux y habitaient de magnifiques demeures.

Près de 300 d'entre elles ont été conservées, formant un exceptionnel ensemble urbain de l'époque Renaissance. Dans ce secteur sauvegardé, objet de très importants travaux de restauration, on remarque la variété de la décoration de ces logis, le soin apporté à leur construction, et leur hauteur qu'explique le manque de place : ces maisons vieilles de quatre siècles ont fréquemment quatre étages d'origine, car des étages supplémentaires furent très tôt ajoutés pour pouvoir exposer les métiers à tisser à la lumière.

L'aspect des logis, reflétant la date de leur construction, échelonnée du 15e au 17e s., permet de distinguer plusieurs styles.

Les **maisons fin gothique** se signalent par l'élégante décoration de leur façade de style flamboyant : arcs polylobés ou en accolades, fleurons, gâbles sculptés et ornés de crochets. Les fenêtres s'ordonnent souvent sur un rythme dissymétrique. Un couloir voûté d'ogives conduit à une cour intérieure où une tourelle d'angle abrite l'escalier à vis.

Les **maisons Renaissance fleurie** sont les plus belles et les plus nombreuses. La structure n'a pas changé, mais l'ensemble de la construction est plus important. De nouveaux détails décoratifs, d'inspiration italienne, apparaissent. Les tourelles d'escalier, polygonales, sont d'une parfaite exécution. Chaque cour possède ses galeries superposées, à arcs surbaissés.

Les traboules

Une des caractéristiques du Vieux-Lyon sont ses nombreuses **traboules** (du latin « trans ambulare », circuler à travers), notamment entre la rue St-Jean, la rue des Trois-Marie et le quai Romain-Rolland, la rue St-Georges et le quai Fulchiron. Faute de place pour aménager un large réseau de rues, ces passages perpendiculaires à la Saône relient les immeubles entre eux. Ces couloirs sont souvent voûtés d'ogives ou ornés de plafonds à la française, et donnent accès à des cours intérieures à galeries Renaissance. *Les traboules sont des passages privés habituellement fermés par les riverains. Des conventions permettent d'assurer le libre accès à un grand nombre d'entre elles ; il est conseillé de faire le circuit le matin en s'octroyant les services d'une guide conférencière de l'OT. Pour plus de détails, lire* Le Vieux Lyon - Old Lyon, *par M.-A. Nicolas (Éd. lyonnaise d'art et d'histoire).*

Principale artère traversant une bonne partie du Vieux-Lyon, la rue St-Jean est très animée grâce à ses nombreux bouchons et ses boutiques d'artisanat.

Les **maisons Renaissance française** sont moins nombreuses. On y relève le retour à la référence classique avec l'apparition des ordres antiques. Le célèbre architecte Philibert Delorme, d'origine lyonnaise, lance ce nouveau style avec sa galerie sur trompes, 8 rue Juiverie. L'escalier, souvent rectangulaire, est établi au centre de la façade.

Les **maisons fin 16e s. et préclassiques** se signalent par la rigueur des lignes. La décoration des façades se concentre au rez-de-chaussée : frontons triangulaires avec claveau central en relief, appareil en bossage. Les galeries sur cour trahissent une influence florentine avec leurs arcades en plein cintre reposant sur des colonnes rondes.

Se promener

Au cours de la visite, appréciez les statues de la Vierge dans les cours ou dans les niches d'angle, les enseignes sculptées, les impostes et grilles en fer forgé, les traboules, les vieux puits, les amusants culs-de-lampe des retombées d'ogives dans les couloirs voûtés…

QUARTIERS ST-JEAN ET ST-PAUL★★★

Circuit au départ de la place St-Jean. Voir plan II p. 103.

Place St-Jean (E3)

Au centre se dresse une fontaine à quatre vasques surmontée d'un petit pavillon ajouré abritant la scène du baptême du Christ. Elle est bordée à l'Est par la primatiale St-Jean et la manécanterie.

Manécanterie (F3) – Sur la place St-Jean, à droite de la façade, s'élève un édifice du 12e s., la manécanterie ou maison des chantres. Enfoncée de 0,80 m par suite de l'élévation du sol, la façade, décorée d'une arcature aveugle, surmontée d'incrustations de brique rouge, de colonnettes et niches à personnes, a conservé, malgré des remaniements, une allure romane.

Primatiale St-Jean★ (F3) – *Possibilité de visite guidée dans le cadre de la visite du Vieux-Lyon - s'adresser à l'office de tourisme.*

Commencée au 12e s., la cathédrale ou « primatiale » (siège du primat) St-Jean est un édifice gothique, élevé à partir d'une abside romane. Elle se signale extérieurement par ses quatre tours, deux en façade et deux sur les bras du transept, qui dépassent de peu la hauteur de la nef.

Les lignes horizontales de la façade sont mises en valeur par les gâbles aigus des portails et la pointe du pignon central, surmonté d'une statue du Père éternel. Les trois portails à gâbles et quadrilobes étaient ornés de statues, détruites pendant les guerres de Religion par les troupes du baron des Adrets ; mais les piédroits ont conservé leur remarquable **décoration★** du début du 14e s.

Plus de 300 médaillons forment une suite de scènes historiées : au portail central, les Travaux des mois, le Zodiaque, l'histoire de saint Jean Baptiste, la Genèse ; au portail de gauche, les histoires de Samson, de saint Pierre et l'Apocalypse ; à droite, la légende de Théophile.

À l'intérieur, remarquez l'absence de déambulatoire qui caractérise les églises du Lyonnais. La nef *(illustration p. 71)*, avec ses voûtes d'ogives sexpartites retombant sur de fines colonnes engagées, présente une belle unité gothique.

Le **chœur★★** constitue avec l'abside la partie la plus ancienne de l'église : la construction du soubassement date du 12ᵉ s. La décoration de l'abside est un exemple typique de l'art roman dans la vallée du Rhône. Au pourtour de l'abside, une série de pilastres cannelés supporte une arcature aveugle, surmontée d'une frise de palmettes en incrustations de ciment brun-rouge.

Lieu historique

La cathédrale St-Jean a abrité de nombreuses solennités. En 1245 et 1274, s'y tiennent les deux conciles de Lyon, le premier du temps de Saint Louis, le second proclamant le dogme du purgatoire et tentant une réconciliation avec l'Église grecque. Au siècle suivant, elle fut le théâtre de la consécration du pape d'Avignon Jean XXII. En 1600, Henri IV y épousa en seconde noce Marie de Médicis. Plus près de nous, en 1943, s'y sont déroulées les fêtes du 6ᵉ Grand Pardon : ces fêtes se célèbrent environ une fois par siècle, lorsque la Fête-Dieu tombe le 24 juin, jour de la Saint-Jean-Baptiste, titulaire de l'église.

Deux autres frises de même style se développent au-dessus et au-dessous du triforium qui, avec ses pilastres et son arcature en plein cintre, contraste avec celui, gothique, de la nef.

Le **trône de l'évêque** est adossé au mur de l'abside. Remarquez, au-dessus du simple pilastre qui lui sert de dossier, un petit chapiteau roman représentant le Christ. Des **vitraux** du début du 13ᵉ s. garnissent les fenêtres basses du chœur. Les médaillons de la fenêtre centrale, consacrés à la Rédemption, sont les plus remarquables. Les vitraux des fenêtres hautes (13ᵉ s.), très restaurés, montrent des figures de prophètes.

Les roses du transept et la grande rose de la façade portent des verrières gothiques. Dans le croisillon gauche, une **horloge astronomique★** *(illustration p. 70)*, remontant au 14ᵉ s., donne une curieuse sonnerie dite de l'hymne à saint Jean, avec chant du coq et jeu d'automates représentant l'Annonciation. *Jeux d'automates 12h, 14h, 15h et 16h.* 📞 *04 72 48 28 25.*

La **chapelle des Bourbons★**, de la fin du 15ᵉ s., présente une parure flamboyante d'une remarquable finesse.

Trésor – *Accès au fond du bas-côté droit.* Au premier étage de la manécanterie (**F3**), il présente des pièces d'orfèvrerie religieuse, des objets et ornements liturgiques ayant appartenu au cardinal Fesch, des tapisseries d'Aubusson et des Flandres du 17ᵉ s. *Possibilité de visite guidée (1h) de mi-mai à mi-sept. : tlj sf lun. 9h-12h, 14h-18h30, dim. (tous les 15 j) et j. fériés 14h-18h ; de mi-sept. à mi-mai : tlj sf lun. 9h30-12h, 14h-18h, dim. (tous les 15 j) et j. fériés 14h-18h - fermé 1ᵉʳ janv., 1ᵉʳ Mai et 25 déc. - gratuit.*

La façade de la cathédrale St-Jean a constitué la dernière étape de la construction (15ᵉ s.).

Amaury de Valroger / MICHELIN

Contournez la cathédrale par la gauche (rue St-Étienne) et gagnez le jardin archéologique Girard-Desargues.

Jardin archéologique (E3)

Sur le site de l'église St-Étienne, au Nord de l'actuelle primatiale, ont été mis au jour les vestiges de plusieurs édifices qui se sont succédé depuis le 4ᵉ s. : thermes gallo-romains, baptistère paléochrétien, arcade de l'église Ste-Croix (15ᵉ s.).

L'étroite rue Ste-Croix conduit à la rue St-Jean.

Rue St-Jean★★ (F2)

C'était l'artère principale du Vieux-Lyon, empruntée par les cortèges royaux et les processions religieuses. Juste à droite, l'ancien « **hôtel de la Chamarerie** » (**F2**), au n° **37**, fut édifié au 16ᵉ s. pour le chamarier de la primatiale, responsable de la surveillance du cloître. Sa façade, remaniée au 19ᵉ s., est de style gothique flamboyant.

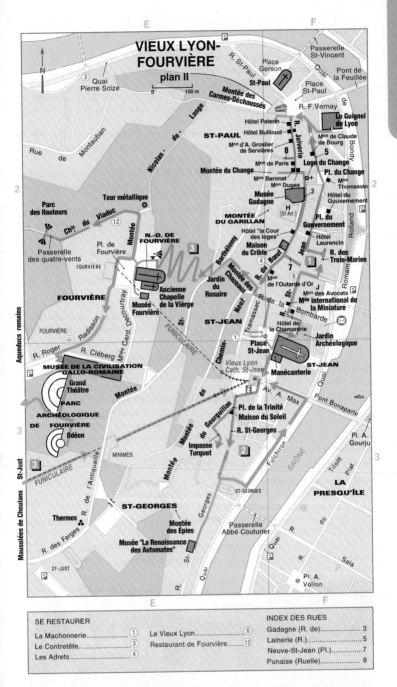

Au croisement avec la rue de la Bombarde, engagez-vous légèrement sur la gauche pour admirer la maison des Avocats.

Maison des Avocats★ (F2) – *60 r. Saint-Jean -* 🕿 *04 72 00 24 77 - www.mimlyon.com - &. - 10h-19h (dernière entrée 18h) - 7 € (-4 ans gratuit, 4-15 ans 5 €).*

👥 Avec ses galeries à arcades reposant sur des colonnes massives et ses dépendances revêtues de crépi rose, elle forme, côté rue de la Bombarde, un bel ensemble du 16e s., d'inspiration italienne. Elle abrite aujourd'hui le **musée international de la Miniature**. Sur trois étages, des origamis (remarquez l'**arche de Noé**), des meubles miniatures, des maisons de poupée, des rues de Lyon ou des scènes d'intérieur, réalisés par des artistes le plus souvent en activité, sont exposés. La pénombre ambiante isolant les vitrines lumineuses aide à perdre ses repères pour entrer dans cet univers imaginaire. Expositions temporaires au rez-de-chaussée et atelier de fabrication au dernier étage. En poursuivant rue St-Jean, remarquez au n° **58** le puits à voûte tripartite, accessible à la fois de la cour, de l'escalier et de l'échoppe.

Le n° **54** ouvre sur **la plus longue traboule** du Vieux-Lyon qui traverse cinq cours avant d'aboutir au 27 rue du Bœuf.

Le n° **52** était la résidence de l'imprimeur Guillaume Leroy (fin 15e s.). Il comporte un escalier à vis logé dans une tour ronde dont les baies s'appuient sur des arcs rampants.

Le n° **50** est un bel exemple rénové d'une cour ornée de galeries et d'un escalier à vis. On retrouve les mêmes éléments au n° **42** qui a conservé un ancien passage en encorbellement supporté par des consoles sculptées.

Au n° **36**, maison de la fin du 15e s., où une tour polygonale abrite l'escalier à vis ; les clefs de voûte des galeries sont ornées d'écussons aux deux premiers niveaux, et le puits est couvert d'un dais en coquille orné de perles.

Prenez presque en face la rue du Palais-de-Justice et tournez à gauche dans la rue des Trois-Maries.

Rue des Trois-Maries (F2)

Elle tire son nom de la niche ornant le fronton du n° **7**, et abritant la Vierge entre deux saintes femmes.

Du côté impair s'ouvrent de nombreuses traboules qui descendent vers la Saône ; le n° **9**, par exemple, donne sur le 17, quai Romain-Rolland.

Au n° **5**, autre niche, à coquille, montrant une Vierge à l'Enfant.

Le n° **3** est un bel immeuble Renaissance française dont l'escalier, au centre de la façade, est surmonté d'une tour ; on retrouve cette disposition au n° **5**, place du Gouvernement.

Revenez au n° 6 et « traboulez » en traversant deux cours pour aboutir 27 rue St-Jean.

Rue St-Jean★★ (F2) *(suite)*

Au n° **27** remarquez les fenêtres à meneaux encadrées de pilastres cannelés.

Le n° **28** cache une magnifique **cour★★** ; son imposante tour renferme un escalier à vis ; les voûtes d'une des galeries sont ornées de décors surprenants.

Le n° **24** est l'**hôtel Laurencin** (F2 K) ; une tour octogonale, crénelée au niveau supérieur, abrite l'escalier à vis. Les loggias des galeries superposées sont voûtées sur croisées d'ogives.

Traversez la place de la Baleine et gagnez la place du Gouvernement.

Place du Gouvernement (F2)

La façade du n° **5**, avec ses portails surmontés d'imposte en fer forgé et d'un balcon de pierre, date du début du 17e s.

Au n° **2** se situe l'**hôtel du Gouvernement** (F2) (16e s.) dont on atteint la **cour★** haute par un long passage couvert d'ogives ; du puits, à droite, ne subsiste plus que le couronnement à coquille (traboule avec le 10 quai Romain-Rolland).

Regagnez la rue St-Jean et suivez-la jusqu'à la place du Change.

L'hôtel Bullioud abrite sans conteste la plus belle galerie du Vieux-Lyon.

Place du Change (F2)

À l'origine place de la Draperie, elle fut, aux 15e et 16e s., fréquentée par les changeurs de monnaie. La **loge du Change** (F2) est pour une grande part l'œuvre de l'architecte Soufflot qui transforma l'édifice d'origine de 1747 à 1750 : à l'étage, des colonnes engagées sont surmontées de chapiteaux ioniques et d'entablements sculptés. Depuis 1803, le bâtiment est affecté au culte de l'Église réformée.

Au no 2, en face, la **maison Thomassin** (F2) possède une façade édifiée au 15e s. dans le style du 14e s. : au 2e étage, les baies accolées par des meneaux et se terminant par des arcs trilobés s'inscrivent dans des arcs en ogive où apparaissent des blasons.

Continuez tout droit et remontez la rue Lainerie.

Rue Lainerie (F2 5)

Peu homogène, elle a conservé quelques maisons intéressantes côté pair.

Le no **18**, par exemple, présente un superbe **couloir voûté**★ dont les ogives retombent sur des culs-de-lampe sculptés.

Au no **14**, la **maison de Claude de Bourg** (F2) a été construite en 1516 pour ce riche magistrat lyonnais et présente une riche façade fleurie très caractéristique avec ses accolades abondamment sculptées. À hauteur du 2e étage, une niche d'angle à coquille abrite une Vierge. *On peut rejoindre, sur la droite, la rue Louis-Garrand où est situé le théâtre de Guignol.*

La rue Lainerie se termine par la place St-Paul avec la gare et, un peu en retrait, l'église.

Avant d'emprunter la rue Juiverie, avancez de quelques mètres dans la montée St-Barthélémy à gauche. Visible de la montée st-Barthélémy, la cour de l'**hôtel Paterin** (F2) ou « maison Henri IV » (au no **4** de la rue Juiverie), est un important témoin de l'art de la Renaissance ; l'**escalier**, dans la cour d'honneur, avec ses trois séries d'arcades superposées reposant sur des colonnes massives, produit un bel effet. À gauche, dans une niche, buste d'Henri IV. *Revenez sur vos pas et tournez à droite.*

Rue Juiverie★ (F2)

Les Juifs en furent expulsés à la fin du 14e s. ; les banquiers italiens, qui s'y installèrent, firent élever de somptueuses demeures.

Au no **8**, la 2e cour de l'**hôtel Bullioud** (F2) s'orne de la célèbre **galerie**★★ de Philibert Delorme, avec sa frise dorique richement décorée, des trompes soutenant les pavillons d'angles décorés à l'antique. Il édifia ce joyau de l'architecture de la Renaissance française à Lyon en 1536, à son retour de Rome. La façade Renaissance de la la **maison d'Antoine Groslier de Servières** (F2) (no **10**) présente, au rez-de-chaussée, cinq arcades surmontées de frontons en marbre noir, triangulaires ou brisés.

Le no **21** se distingue par ses fenêtres accolées aux frontons cintrés. Son sous-sol cache une cave gallo-romaine.

Entre les nos **16** et **18**, la pittoresque **ruelle Punaise** (F2 8), pentue, rejoint la montée St-Barthélémy ; au Moyen-Âge, elle servait d'égout à ciel ouvert.

Au no **20**, maison construite par un gentilhomme prospère du 15e s. : E. Grolier. La façade est ornée de fenêtres à meneaux flanquées de colonnettes. Dans la cour, remarquez la tour qui abrite un escalier à vis, et les galeries voûtées d'ogives.

Le no **22**, dite **maison Baronat** (F2), possède une tourelle d'angle en encorbellement surplombant la montée du Change.

Au no **23**, à l'angle formé avec la rue de la Loge, s'élève la **maison Dugas** (F2) dont la longue façade est ornée de bossages et de têtes de lions.

Tournez à gauche dans la rue de la Loge, puis à droite dans la rue de Gadagne.

Musée Gadagne★ (F2)

L'**hôtel de Gadagne**★ qu'il occupe s'étend du no 10 au no 14 et constitue le plus vaste ensemble Renaissance du Vieux-Lyon. En 1545, il fut acheté par les frères Gadagne, banquiers d'origine italienne à la fortune colossale ; « riche comme Gadagne » devint un dicton lyonnais. Remarquez, côté rue, sur la façade en retrait, la tour à pans coupés avec, à sa gauche, la grille du soupirail, chef-d'œuvre de serrurerie. Dans la cour intérieure, deux corps de bâtiments aux vastes fenêtres à meneaux sont reliés par trois étages de galeries. Le puits, coiffé d'un dôme à écailles, a été transféré ici de la maison du Chamarier *(37 r. St-Jean ; voir p. 102)* ; il est attribué à Philibert Delorme.

Le musée est la réunion du **Musée historique de Lyon**★ et du **musée international de la Marionnette**★. *1 pl. du Petit-Collège - Fermeture provisoire pour rénovation, réouverture prévue fin 2006 - pour horaires et tarifs, se renseigner ☎ 04 72 56 74 06.*

👥 Les travaux en cours ne nous permettent pas de savoir encore comment seront disposées les collections. Celles du Musée historique recèlent des bas-reliefs et sculptures provenant d'églises ou abbayes lyonnaises anciennes, notamment d'Ainay, de St-Pierre et de l'île Barbe (bas-relief de l'Annonciation, manteau de cheminée dit « Couronne de Charlemagne »), des peintures et estampes représentent la ville, des faïences, des étains, des meubles lyonnais et une remarquable collection de **faïences de Nevers** des 17e et 18e s. Nombreux documents concernant la Révolution à Lyon, ainsi que des souvenirs de Napoléon Ier (clés de la ville, 18e s.).

Dans la collection exceptionnelle de marionnettes (à tringle, fils, tige et théâtres d'ombres), provenant de France, Belgique, Hollande, Venise, Turquie, Russie, Angleterre, Extrême-Orient, etc., se trouvent bien sûr Guignol et quelques autres truculents personnages créés par Laurent Mourguet *(voir p. 89)*.

Le chantier de restauration de l'aile Ouest de l'hôtel de Gadagne a permis la mise au jour d'un **hypocauste romain**, astucieux système de chauffage par le sol élaboré à la fin du 2e s.

Au Sud de l'hôtel de Gadagne s'ouvre la montée du Garillan.

Traversez la place du Petit-Collège et gagnez la rue du Bœuf.

Rue du Bœuf★ (E/F2)

Elle doit son nom à une statue de bœuf, enseigne attribuée à M. Hendricy et située à l'angle de la place Neuve-St-Jean, mais il n'y a pas besoin d'être naturaliste distingué pour remarquer qu'il s'agit en fait d'un taureau ! La rue présente de beaux ensembles Renaissance, parfois occupés par des établissements hôteliers haut de gamme.

Au n° **6**, l'hôtel « **La Cour des Loges** » (F2) occupe un bel ensemble restauré de quatre immeubles.

Le n° **14** donne sur une cour à tour polygonale et galeries dont les arcs suspendus sont surmontés d'une frise grecque.

Au n° **16**, la **maison du Crible★ (F2)**, du 17e s., possède un riche portail à bossages et colonnes annelées, dont le fronton est orné d'une petite *Adoration des Mages*, attribuée à Jean de Bologne. Une allée voûtée d'ogives reposant sur des culs-de-lampe sculptés mène à une cour intérieure dont l'élégante tour

Joël Damase / MICHELIN

Connue des gastronomes, la Tour Rose est emblématique du quartier.

ronde, aux ouvertures décalées, doit à son célèbre crépi le nom de « **Tour rose** ». *Ne pas monter vers les jardins suspendus.*

La Tour Rose est également le nom du célèbre complexe hôtelier qui a déménagé au n° **22** : il est possible, avec l'aimable autorisation de l'hôtel, de découvrir ses deux cours étagées ; un verre dans le bar de l'établissement peut être une occasion de contempler l'un des deux murs de jeu de paume du Vieux-Lyon encore visibles.

Place Neuve-St-Jean (F2 7)

Cette ancienne rue, transformée en place sous le Consulat, est signalée à une extrémité par l'enseigne de la rue du Bœuf et à l'autre par une niche qui abrite une statue de saint Jean-Baptiste. Au n° **4**, en retrait, vaste demeure avec un bel escalier sur arcs rampants correspondant à des galeries à arcs surbaissés.

Reprenez la rue du Bœuf.

La **maison de l'Outarde d'Or (F2)** se signale, au n° **19**, par son enseigne en pierre sculptée ; la cour est surtout intéressante par ses deux tourelles : l'une, ronde, sur trompe, l'autre, en encorbellement, de section rectangulaire sur une pyramide renversée.

Le n° **27** est la traboule la plus longue (qui communique avec le 54, rue St-Jean).

Le n° **36** s'ouvre sur une belle cour ornée de galeries restaurées ; il est intéressant de les comparer (en se retournant) à celles du n° **38**, restées obturées par des constructions parasites. La plupart des galeries avaient été fermées avec la paupérisation du quartier, pour gagner de la place et avoir une meilleure isolation.

Passez par le n° 31 qui traboule vers la rue de la Bombarde (à droite). Prenez en face (ou presque) la rue des Antonins qui ramène à la place St-Jean.

♿ De la station de métro St-Jean s'offre la possibilité d'utiliser la correspondance avec le funiculaire ou « ficelle » menant à Fourvière, et d'y revenir après avoir visité la basilique et le site gallo-romain. Une visite rapide du quartier St-Georges peut aussi agréablement compléter celle que vous venez de faire.

QUARTIER ST-GEORGES

Gagnez la rue Mourguet que vous remontez jusqu'à la place de la Trinité.

Place de la Trinité (E3)

Rendue célèbre par le décor de Guignol, la **maison du Soleil** agrémente la place d'un charme vieillot ; les niches d'angle de sa façade abritent, à droite, la statue de saint Pierre, à gauche, celle de la Vierge. L'emblème du soleil surmonte une fenêtre à meneaux plats au 1er étage. À l'intérieur *(accès par le n° 2 rue St-Georges)*, la cour présente des balcons en ellipse.

Montée du Gourguillon (E3)

C'était au Moyen-Âge la voie couramment empruntée par les charrois se rendant en Auvergne par les pentes de Fourvière ; on a peine à imaginer les lourds équipages gravissant une côte aussi raide. C'était également la communication directe entre le cloître St-Jean des chanoines-comtes et St-Just, la ville fortifiée des chanoines-barons. Au n° **2**, maison Renaissance. Un peu plus haut, l'**impasse Turquet (E2)** *(à gauche)* est plutôt pittoresque avec ses vieillottes galeries de bois.

Rue St-Georges (E2)

Au rez-de-chaussée du n° **3**, les arcs sont en anse de panier, et l'imposte du portail est décorée de deux lions debout en fer forgé. Au n° **3 bis**, l'imposte est ornée d'un phénix sur son bûcher. Au n° **6**, la maison du 16e s. possède une jolie cour intérieure (galerie d'art) ; l'escalier à vis est logé dans une tour ronde à ouvertures sur rampants. Le n° **10** traboule vers le n° 12.

Musée « La Renaissance des Automates » (E2) – *100 r. Saint-Georges - 𝄞 04 72 77 75 20 - www.automates-ema.com -* ♿ *- possibilité de visite guidée (1h) 14h30-18h - fermé 25 déc. - 7 € (enf. 4,50 €, +12 ans 5,50 €).*
👥 La technique est au service du rêve dans ce musée qui présente plus de 250 automates en fonctionnement selon des thèmes culturels, traditionnels et régionaux.

Sinon, du n° 10, tournez à droite au niveau de l'église St-Georges et revenez par le quai Fulchiron.
Au passage, remarquez, au n° 7, une maison de style mauresque réalisée par l'architecte Bossan *(voir Fourvière)*.

Vieux-Lyon pratique

Pour les hébergements, sorties, achats, sports, loisirs et calendriers, voir p. 93.

Se restaurer

⊜ **Le Vieux Lyon** – *44 r. St-Jean - 𝄞 04 78 42 48 89 - fermé dim. soir - 11/22 €.* Tous les gourmands lyonnais connaissent ce chaleureux bouchon qui depuis 1947 entretient le bonheur de la convivialité. Salle à manger tout en longueur décorée de photos de Brassens, Brel… ou Herriot. Dans l'assiette, « lyonnaiseries » maison et un menu « Les Copains d'abord » en hommage au poète sétois.

⊜⊜ **Les Adrets** – *30 r. du Bœuf - 𝄞 04 78 38 24 30 - fermé août, 29 déc.-4 janv. et le w.-end -* ✉ *- 19/38 €.* Cette accueillante adresse située dans la rue du Bœuf où se groupent plusieurs restaurants renommés du Vieux-Lyon, a su préserver son cadre rustique et son charme d'antan. Son patron, qui arpente chaque matin les marchés à la recherche des meilleurs produits, mitonne une authentique cuisine traditionnelle et lyonnaise.

⊜⊜ **La Machonnerie** – *36 r. Tramassac - 𝄞 04 78 42 24 62 - felix@lamachonnerie. com - fermé dim. et le midi sf sam. -* ✉ *- 20/42 €.* Les aubergistes inventèrent le substantiel casse-croûte matinal appelé « mâchon » afin, dit-on, de rassasier les ouvriers de la soie attelés à leur travail. Leur savoir-faire s'est transmis de génération en génération jusqu'au chef de cette table qui régale les Lyonnais depuis 30 ans avec de bonnes recettes du pays.

La Colline de **Fourvière**★

MÉTROS FOURVIÈRE, MINIMES ET ST-JUST – PLAN I P. 86-87 – PLAN II P. 103

Monter vers Fourvière, c'est remonter le temps. Se frotter aux pierres de Lugdunum, capitale des Trois-Gaules, et à celles de la basilique qui fut érigée au même endroit des siècles plus tard, s'immerger aux sources de la chrétienté et de ses premiers martyrs, jouir de la quiétude de la « colline qui prie », avec ses jardins clos et ses couvents médiévaux. C'est aussi découvrir Saint-Just (prononcer « Saint-Ju »), petit quartier à l'atmosphère villageoise, hors des sentiers battus.

Se repérer – Située à l'ouest de la Saône, Fourvière domine le Vieux-Lyon.

Organiser son temps – L'idéal est de commencer cette balade le matin. Ainsi, on monte aux heures fraîches et l'on évite les assauts du soleil au sommet (la partie basilique et théâtres romains du parcours n'est pas très arborée). Ensuite, on peut déjeuner dans le charmant quartier St-Just, très tranquille.

À ne pas manquer – La basilique et son incroyable décor symboliste de mosaïques, de vitraux et de sculptures ; la vue panoramique sur Lyon et les monts alentours depuis l'esplanade ou l'observatoire de la basilique ; le grand théâtre et l'odéon romains, l'architecture du Musée gallo-romain et son historique table claudienne.

Comprendre

L'histoire – Le nom « Fourvière » viendrait de *Forum vetus*, situé au cœur de la colonie romaine établie en 43 av. J.-C. et dont subsistent quelques vestiges : théâtre, odéon, aqueducs… Le forum, occupant l'emplacement de l'actuelle esplanade de la basilique, se serait effondré en 840.

À partir du 3e s., la colline fut abandonnée et on remploya les pierres pour reconstruire la ville en contrebas. Au Moyen-Âge, la colline fut en grande partie remise en culture (surtout celle de la vigne). Au 17e s., de nombreux ordres religieux y implantèrent des établissements, ce qui inspira à l'historien Michelet le mot célèbre : Fourvière, la « colline qui prie » face à la Croix-Rousse, la « colline qui travaille ».

Aujourd'hui, Fourvière avec sa basilique, ses monuments romains et son musée, constitue un pôle touristique très visité. Elle domine la vieille ville de plus de 100 m.

Les montées – Escaliers tortueux ou rues en forte pente, les « montées » escaladent la colline de Fourvière tout en offrant des vues plongeantes sur la vieille ville. Chacune possède son charme particulier. Il est aussi arrivé que leur déclivité soit dangereuse : en 1930, dans la nuit du 12 au 13 novembre, de terribles glissements de terrain dévalèrent la colline autour de la montée du Chemin-Neuf, détruisant plusieurs immeubles et provoquant la mort de 40 personnes. La montée des Carmes-Déchaussés **(E2)** doit son nom au monastère fondé au début du 17e s. et occupé aujourd'hui par les Archives départementales ; elle comporte 238 marches. Si l'on y ajoute les 560 marches de la montée Nicolas-de-Lange **(E2),** c'est un total de 798 marches qu'il faut descendre pour atteindre la place St-Paul en partant de la tour métallique de Fourvière. La montée

Mise en valeur par l'éclairage nocturne, la basilique de Fourvière a belle allure.

Joël Damase / MICHELIN

du Change (**F2**) réunit la rue de la Loge et la montée St-Barthélemy. À la descente, ses degrés offrent une vue amusante sur les flèches de l'église St-Nizier, surgissant des immeubles bordant la Saône.

La montée du Garillana (**F2**) est remarquable par ses escaliers en chicane (224 marches) tandis que des montées du Chemin-Neuf (**E2/3**) et St-Barthélemy (**E2/3**), on domine les toits du Vieux-Lyon et la primatiale.

Enfin, la montée des Épies (**E3**) grimpe au-dessus du quartier St-Georges et domine l'église St-Georges, édifice néogothique dû à **Bossan**, architecte de la basilique de Fourvière.

Se promener

Voir plan II p. 103, circuit ③.
Comptez 1/2 journée, ou 3h sans la visite du sanctuaire et des musées. Partez de la cathédrale St-Jean.
Si vous ne vous sentez pas le courage de monter à pied, optez pour le funiculaire (localement appelé « la ficelle ») à la station Vieux-Lyon et limitez votre promenade en partant du sanctuaire de Fourvière.
Si vous êtes en jambes, prenez à droite la rue des Antonins, la rue de la Bombarde à gauche, puis sur quelques mètres la rue du Boeuf à droite. Vous rencontrez la montée des Chazeaux à gauche.

Montée des Chazeaux (**E2**) – Ses 228 marches en plusieurs volées sont rudes à enchaîner. Profitez-en pour faire escales et vous retourner à plusieurs reprises : vous voyez surgir les toits du Vieux-Lyon, la cathédrale, puis la Saône et ses quais.

Vue sur la cathédrale St-Jean de la montée des Chazeaux.

Courage, vous avez fait le plus dur ! Vous arrivez à la montée St-Barthélemy, que vous prenez à gauche sur quelques mètres pour trouver à droite l'entrée du jardin.

Fourvière
L'histoire des édifices religieux élevés à l'emplacement du forum romain en l'honneur de la Vierge couvre une période de près de huit siècles. L'actuelle basilique, couronnant de sa silhouette massive – on l'a taxée d'éléphant renversé – la colline de Fourvière, fait partie intégrante du paysage lyonnais.

Jardin du rosaire (**E2**)
Sa montée en lacets *(comptez 1/2h)* est empruntée chaque jour par les étudiants (écoles à proximité), par les employés désespérant de se garer à proximité du Vieux-Lyon ou par les pèlerins : remarquez au sol les roses de laiton numérotées. Chacune est une étape de la prière du rosaire.

Les lacets sillonnent un sous-bois d'érables, d'ifs et de buis. Propriété de la basilique mais géré par les espaces verts de la ville de Lyon, le jardin se pare petit à petit de coquetteries botaniques : la collection de roses anciennes de la **roseraie★** est à voir pour ses fleurs et senteurs de mi-mai à mi-juin. La floraison hivernale et très parfu-

---

Du rosaire à la basilique

Dès l'origine, le jardin s'intègre au projet de la basilique. Une première série de stèles, conçue par **Bossan** et sculptée par **Fabisch**, a disparu à une date inconnue. Les récentes étapes numérotées en rappellent le souvenir. Le rosaire a une autre raison d'être présent dans ce jardin : juste en contrebas de la roseraie se trouve la maison de Pauline Jaricot. Déclarée vénérable (première étape vers la béatification) en 1963, **Pauline Jaricot** (1799-1862) est une personnalité marquante du catholicisme à Lyon. En pleine période de révolte des canuts, en dépit de son appartenance à la grande bourgeoisie, elle prit plusieurs fois parti pour les ouvriers. Elle mit aussi sur pied une grande chaîne populaire de prière du chapelet, le « Rosaire vivant », et l'Association pour la propagation de la foi, qui donnera naissance aux Œuvres pontificales missionnaires.

mée des arbustes (viburnums et chimonanthes) est plus longue, mais plus discrète. L'été, profitez des associations d'hydrangéas (famille des hortensias) bordées de buis taillés. Avec ses belles échappées sur la ville et sa fraîcheur ombragée, l'endroit est apprécié pour des pique-niques estivaux. La montée débouche par un grand escalier sur l'esplanade.

Points de vue (E2) – L'**esplanade** offre une **vue★** célèbre sur la Presqu'île et la rive gauche du Rhône dominée par la tour du Crédit Lyonnais ; à l'arrière-plan vers l'Ouest se profile un horizon montagneux : Bugey, Alpes, Chartreuse et Vercors.

Pour obtenir un **panorama★★** circulaire, on peut monter à pied à l'**observatoire** de la basilique (287 marches – table d'orientation) ; on découvre alors les monts du Lyonnais, le mont Pilat et le Mont-d'Or ; par beau temps, on distingue à l'Ouest la chaîne des Alpes avec le mont Blanc et, à l'Est, le puy de Dôme. *📞 04 78 25 13 01 - avr.-sept. : 10h30-12h, 14h-18h, w.-end et j. fériés 10h30-12h30, 14h-18h30 ; oct. : 10h30-12h, 13h30-17h30, w.-end 10h30-12h30, 14h-17h30 ; nov.-mars : w.-end et j. fériés 13h30-17h (vac. scol. : merc., jeu. et vend. 13h30-17h) - 2 € (enf. 1 €).*

Basilique Notre-Dame★ (E2)

📞 04 78 25 13 01 - Possibilité de visite guidée avr.-oct. : 10h-12h, 14h-17h.

Lieu de pèlerinage célèbre, la basilique a été élevée sur les plans de l'architecte Pierre Bossan, après la guerre de 1870, à la suite d'un vœu de Mgr de Genouilhac : l'archevêque de Lyon s'était engagé à construire une église si l'ennemi n'approchait pas de la ville. Ses murailles crénelées pourvues de mâchicoulis et flanquées de tours octogonales constituent un mélange curieux d'éléments byzantins et moyenâgeux. Il vous paraît chargé ? *(voir p. 71).* Ce n'est rien à côté de l'exubérance du **décor intérieur★**.

Commencez par descendre à la crypte, relativement sobre. Elle est dédiée à saint Joseph, à qui Pierre Bossan vouait un culte particulier. La basilique repose sur elle, symboliquement, comme la vie matérielle de sa famille reposait sur le travail de Joseph. Le maître autel illustre la mort du saint (entouré de Marie et de Jésus pour son dernier souffle, Joseph est traditionnellement le patron de la bonne mort) et Pierre Bossan lui a donné ses propres traits. Dans la nef, une mosaïque contemporaine a été offerte par les pèlerins de St-Jacques-de-Compostelle.

L'église haute est l'aboutissement du pèlerinage qui passe par le jardin du rosaire et la crypte. Avec ses mosaïques, ses ors, ses bois sculptés et ses marbres variés, cette « maison dorée » surprend et émerveille par la profusion de ses ornements et couleurs. Dans la nef couverte par trois coupoles, les **mosaïques★**, de la fin du 19e et du début du 20e s., relatent l'histoire de la Vierge, à droite dans l'histoire de France, à gauche dans l'histoire de l'Église. À l'entrée, façade Ouest, une dalle du pavement rappelle le passage du pape Jean-Paul II en 1986.

Ancienne chapelle de la Vierge (E2)

À droite de la basilique, la chapelle de pèlerinage proprement dite, du 18e s., abrite une Vierge miraculeuse (16e s.).

Musée de Fourvière (E2)

Aménagé dans la chapelle et les bâtiments des jésuites, il abrite une collection de statues en bois polychromes (12e -19e s.), différents projets conçus au 19e s. pour la basilique et de nombreux ex-voto. *8 pl. Fourvière - 📞 04 78 25 13 01 - www.lyon-fourviere.com - ⚐ - de déb. avr. à déb. janv. : 10h-12h30, 14h-17h30 - 5 € (enf. 3 €).*

Prenez à droite de la basilique la montée Nicolas-de-Lange.

Montée Nicolas-de-Lange

Vous n'en parcourerez qu'une petite partie. Sans vous y rendre, sachez pourtant qu'au-delà de la tour métallique, elle se transforme en escaliers. Ses 560 marches s'ajoutent aux 238 de la montée des Carmes-Déchaussés pour atteindre la gare St-Paul. Remarquez à droite la tour métallique.

Tour métallique (E2)

Bâtie en 1893 sur le modèle de la tour Eiffel, mais en réduction (85 m de hauteur), elle sert aujourd'hui d'émetteur de télévision. *Prenez le chemin à gauche juste avant la tour métallique.*

Parc des hauteurs (E2)

Le chemin longe et surplombe quelques grands jardins et potagers inattendus, puis s'élargit en vastes pelouses. L'ambitieuse réalisation du Parc des hauteurs a pour objectif la mise en valeur de la colline de Fourvière par la création de promenades panoramiques. Ces promenades réunissent divers sites de Fourvière. Le chemin mène à la principale originalité du lieu : la Passerelle des quatre-vents, longue de 72 m, qui offre une belle **vue★** plongeante sur Lyon et la Croix-Rousse.

Revenez sur vos pas et prenez la rue Roger-Radisson. Faites quelques pas à gauche dans la rue Cleberg. Puisque vous y accédez par le haut, profitez, depuis la vilaine petite terrasse à gauche de l'entrée, de la **vue★** plongeante sur les fouilles.

Musée gallo-romain★★ (E3)

17 r. de Cléberg - ✆ 04 72 38 49 30 - www.musees-gallo-romains.com - ⌖ - possibilité de visite guidée (1h30) 10h-18h - fermé 1er janv., 1er Mai, 1er nov. et 25 déc. - 3,80 € (-18 ans gratuit), gratuit jeu.

L'architecte Bernard Zehrfuss a conçu un musée à l'originale **architecture de béton★★**, adossé à la colline et presque entièrement enterré. Ce musée présente, par thèmes mais de manière un peu statique, d'abondantes collections essentiellement gallo-romaines trouvées en grande partie à Lyon et dans la région ; l'ensemble épigraphique (inscriptions) est particulièrement riche.

Dans l'espace consacré à la préhistoire régionale est exposé un rarissime **char processionnel★**, trouvé à La Côte-St-André, sans doute utilisé pour le culte du soleil et datant du 8e s. av. J.-C. Les espaces suivants abordent la fondation de *Lugdunum*, son urbanisme, l'administration municipale et provinciale, l'armée, les religions, le théâtre et les jeux du cirque, la vie économique et domestique, le culte des morts et les débuts du christianisme en Gaule. La **table claudienne★★**, inscription sur bronze découverte en 1528 par un drapier de Lyon et vendue à la ville, est particulièrement remarquable parce qu'elle reproduit le discours historique de l'empereur Claude prononcé au Sénat romain en 48. Notez, grâce à la traduction, le style pompeux et peu littéraire de sa harangue. Le texte méritait pourtant d'être gravé dans le bronze : Claude, né à Lyon, ouvrait aux Gaulois l'accès à la magistrature, et donc à la vie politique romaine.

D'autres pièces méritent l'attention : le **calendrier gaulois** de Coligny gravé dans le bronze à l'époque romaine, l'inscription dédicatoire de l'amphithéâtre des Trois-Gaules, le buste de l'empereur Caracalla, le gobelet d'argent aux dieux gaulois, les larves ou masques funéraires, la mosaïque des Jeux du cirque, la maquette de la machinerie du théâtre voisin.

L'activité des potiers, verriers, ferronniers et orfèvres est illustrée par des céramiques, des vases, des outils et des bijoux. Le trésor d'orfèvrerie, découvert en 1992 dans le quartier de Vaise, est venu enrichir la collection.

Une vaste baie, aménagée dans la salle où sont présentées les maquettes des théâtres romains permet, d'en admirer les vestiges.

Char processionnel, musée gallo-romain

© Musée gallo-romain, Lyon

Parc archéologique de Fourvière★ (E3)

R. de l'Antiquaille - ✆ 04 72 38 49 30 - de mi-avr. à mi-sept. : 7h-21h ; de mi-sept. à mi-avr. : 7h-19h - gratuit.

Le chantier de fouilles ouvert en 1933 a permis de mettre au jour, à Fourvière, des édifices publics antiques présentés dans un parc.

Théâtres romains – L'ensemble monumental dégagé dans la montée de l'Antiquaille comprend un théâtre construit sous Auguste (1er s. av. J.-C.) et agrandi à plusieurs reprises, et un odéon.

Grand théâtre (E3) – De dimensions analogues à ceux d'Arles et d'Orange (108 m de diamètre), ce théâtre, moins vaste que celui de Vienne, est le plus ancien de France.

La première construction est antérieure à l'ère chrétienne. Plus tard, le nombre des gradins sera augmenté en prenant sur les promenoirs. Le dallage de marbre de l'orchestre a pu être reconstitué. La machinerie du rideau de scène, abritée dans la fosse, est l'une des mieux conservées du monde romain ; une maquette de son dispositif est visible au musée. L'anneau extérieur du théâtre montre des substructions où les archéologues reconnaissent le soin apporté par les constructeurs aux dégagements par des couloirs souterrains, et à l'assainissement du sol par un réseau de canalisations et d'égouts.

Gravissez l'escalier menant au sommet des gradins. Le théâtre apparaît dans toute son ampleur. Une voie romaine, faite de grosses dalles de granit, permet de le contourner sur sa partie supérieure. *Par la voie romaine, descendez en direction de l'odéon.*

Odéon (E3) – Les odéons, réservés à la musique et aux conférences, accueillaient l'élite dans un cadre raffiné. Les dispositions d'ensemble sont identiques à celles du théâtre, mais les dimensions en sont plus réduites.

L'épaisseur du mur d'enceinte suggère qu'une véritable toiture, suspendue en porte-à-faux, abritait les gradins. Remarquez le ravissant **décor** géométrique du dallage de l'orchestre, reconstitué à partir d'éléments trouvés sur place : brèche rose, granit gris et cipolin vert.

Revenez sur vos pas pour prendre à gauche, entre le bosquet et les vestiges du quartier dominant le théâtre, les marches montant vers un pavillon ocre.

Quartier dominant le théâtre – Au-dessus de la voie dallée qui ceinture le théâtre, les fouilles récentes ont montré qu'il n'existait pas de temple de Cybèle comme on l'a longtemps affirmé. Dès la fin du 1er s. av. J.-C. est construite à cet emplacement une très vaste et riche demeure de plan centré, bordée côté rue par une série de boutiques ouvrant sur un portique. Un vaste édifice public la recouvre au début du 1er s. apr. J.-C. On en perçoit surtout, au-dessus du théâtre, les puissantes fondations destinées à prolonger vers l'Est une imposante plate-forme. À une date indéterminée fut construite une énorme citerne pour l'aqueduc du Gier.

À la hauteur du pavillon, empruntez le chemin de terre qui part à gauche. Il longe le petit jardin de la Visitation, qui appartenait au couvent du même nom, aujourd'hui occupé par les archives des Hospices civils. Le jardin donne dans la rue Roger-Radisson que vous prenez à gauche.

Aqueducs romains

Au bout de la rue Roger-Radisson – ancienne voie d'Aquitaine – on peut voir, de part et d'autre de la chaussée, des vestiges intéressants de l'aqueduc du Gier, l'un des quatre qui alimentaient la ville en eau.

Redescendez, vers la gauche, par la rue du Cardinal-Gerlier que vous coupez par 2 volées d'escaliers jusqu'à la rue de Trion.

Les eaux du Gier coulaient d'une fontaine offerte par Claude, dont les vestiges sont visibles place de Trion. *Revenez sur vos pas pour descendre la rue de Trion.*

Quartier St-Just★

La longue rue commerçante de Trion longe le site d'une ancienne nécropole que bordaient trois voies romaines, d'où son nom. Elle introduit petit à petit dans le quartier de St-Just, avec son atmosphère de village, ses maisons aux façades ocre ou roses.

Prenez à droite la rue St-Alexandre.

La placette du même nom aligne quelques maisons peu élevées, dont une avec tourelle d'escalier. Empruntez à droite les charmantes rues des Macchabées et Videbourse qui montent et se faufilent entre des murs de jardin.

Vous arrivez à l'église St-Irénée.

L'**église** et le **calvaire St-Irénée** qui la jouxte ont été reconstruits au 19e s., mais l'église occupe l'emplacement de l'ancienne basilique du 5e s., qui abrita les reliques de saint Irénée, un des fondateurs de la communauté chrétienne de Lyon. Une belle porte monumentale fait face à l'église.

Reprenez la rue des Macchabées, puis à droite la montée de Choulans.

Mausolées de Choulans (E3)

Au centre de la place Wernert, trois mausolées rappellent l'existence d'une nécropole gallo-romaine située hors les murs. Le plus ancien (1er s. av. J.-C.), au centre, porte sur une face latérale une inscription rappelant que le monument fut érigé par des esclaves affranchis.

Rue des Macchabées

Elle doit son nom à l'ancien cloître des Macchabées, plus tard rebaptisé St-Just. Cet important établissement fut détruit par les protestants en 1562, mais une **fresque**, sur le mur du n° 17, (ainsi que les marques au sol du jardin archéologique un peu plus loin à droite) en ravive le souvenir. Sur la petite place, remarquez la **fontaine au taurobole** et, aux n° 17 bis et 19, la **maison du Bœuf couronné** et la **tour Bellièvre** (15e s.)

Continuez jusqu'à la rue du Trion que vous prenez sur la gauche jusqu'au **funiculaire de St- Just** (E3), *par lequel vous pouvez regagner la cathédrale.*

Fourvière pratique

Se restaurer

🍽 **Restaurant de Fourvière** – *9 pl. de Fourvière -* 📞 *04 78 25 21 15 -* 🚫 *- 13/33 €.* La basilique Notre-Dame de Fourvière à portée de main et une vue exceptionnelle sur la ville…
Admirablement situé, ce restaurant jouit d'un panorama superbe que ses hôtes peuvent admirer tout en savourant une cuisine traditionnelle aux couleurs lyonnaises : quenelle de brochet, gâteau de foies de volaille, etc.

🍽🍽 **Le Contretête** – *55 quai Pierre-Scize -* 📞 *04 78 29 41 29 - restaurant@tetedoie. com - fermé 3 sem. en août, sam. midi et dim. -* 🚫 *- 28 €.* Christian Têtedoie, restaurateur bien connu des Lyonnais, possédait un garage à côté de son établissement. Après plusieurs années de réflexion, il décida d'y ouvrir un bistrot pour régaler ses convives d'une cuisine familiale comme mitonnaient nos grands-mères. Un décor flambant neuf, mais une table authentique.

La **Presqu'île**★★

MÉTROS HÔTEL-DE-VILLE, CORDELIERS, BELLECOUR, AMPÈRE ET PERRACHE
PLAN I P. 86-87 – PLAN III P. 116

Embrassée par la Sâone et le Rhône, la très minérale Presqu'île est le cœur actif de Lyon : c'est ici que l'on descend en ville le samedi, que l'on flâne dans les magasins, que l'on sort le soir dans les bouchons ou au théâtre, que l'on se retrouve les jours de grand rassemblement et que les grands musées côtoient quelques innovations architecturales.

▶ **Se repérer** – La Presqu'île est très bien desservie par le métro A. De grands axes commerçants, certains piétonniers, la sillonnent du Nord au Sud entre la place des Terreaux et la place Carnot. Au centre se trouve la place Bellecour.

👁 **À ne pas manquer** – Prendre un café en terrasse sur la place des Terreaux ; les collections des très beaux musées des Beaux-Arts et des Tissus ; l'animation de la commerçante « rue de la Ré » ; les trompe-l'œil muraux de la Cité de la création ; le parking à effet optique créé par Daniel Buren place des Célestins.

🕐 **Organiser son temps** – Ce quartier est le plus riche en musées : il est impossible d'en faire le tour en une journée. Il faudra donc faire des choix ; ceux des Beaux-Arts et des Tissus sont de très grande qualité. Si vous voulez rapporter des cadeaux, ne manquez pas de prévoir en plus quelques haltes dans les magasins de spécialités gastronomiques, tous présents sur la Presqu'île. Un marché réputé se tient tous les matins sauf le lundi, quai St-Antoine.

👶 **Pour poursuivre la visite** – Voir aussi la Croix-Rousse.

Comprendre

Du marais aux marchands – Le creusement d'un parking en 1966 a révélé que le quartier de Bellecour avait été drainé, à l'aide d'amphores renversées, dès la période romaine. Le Sud de la Presqu'île était en effet marécageux, coupé par les lônes, bras morts que le Rhône laisse fréquemment sur son passage. C'est à la Renaissance qu'est réalisé le premier aménagement de la place d'arme de Bellecour, alors que la ville commerçante s'étend petit à petit de la rive droite à la rive gauche de la Saône. Pour ce faire, elle passe par le pont de pierre qui enjambe la rivière : c'est devant lui que s'élance la rue Mercière, dont les rez-de-chaussée s'ouvrent en bancs d'échoppe. La rue abrite, durant les 15ᵉ et 16ᵉ s., les grandes merceries, les passementeries mais aussi les librairies et les boutiques d'imprimeurs. S'ensuivent diverses rues commerçantes dont la toponymie garde le souvenir : Tupins pour les potiers, Dubois pour les menuisiers, Grenette pour le blé, mais aussi Fromagerie, Poulaillerie, etc. Dans le même temps, s'installent diverses communautés religieuses dont on trouve aussi la trace dans les places des Cordeliers, des Jacobins ou des Célestins.

Vers la ville moderne – De la Renaissance au 19ᵉ s., le quartier se peuple et se construit : il grignote à nouveau les terres du fleuve, gagnant sur les marécages et les îles vers les Terreaux. Au 17ᵉ s., le développement de l'industrie de la soie déplace le centre économique de la ville vers la Presqu'île, tandis que la construction de l'hôtel de ville ancre là le centre de la vie administrative. L'Hôtel-Dieu, installé dans le quartier depuis le 14ᵉ s., fait l'objet, ainsi que le quartier qui l'entoure, d'une véritable opération immobilière de la part de **Soufflot** au 18ᵉ s. Il se crée, petit à petit, un écart entre la fonction du lieu et l'apparence des rues et maisons anciennes : la **rue Mercière** reste la plus importante jusqu'au milieu du 19ᵉ s. C'est pourquoi le préfet Vaïsse entreprend, sous Napoléon III, les percées « haussmanniennes » des futures rues de la République et **Édouard-Herriot**.

Un lion sur la mairie de Lyon ? Pourtant ces homonymes ont des origines très différentes.

Joël Damase / MICHELIN

Les quatre chevaux frémissants de la fontaine Bartholdi symbolisent les Fleuves allant à l'Océan.

Projet entre deux eaux – Au confluent du Rhône et de la Saône s'ouvrira en 2008 le **musée des Confluences**. Pluridisciplinaire, héritier des riches collections du Muséum qui touchent aux sciences de la vie, de la terre et de l'homme, il abordera des domaines aussi variés que la naissance de l'univers ou les progrès en biotechnologie. D'ores et déjà, il se fixe pour ambition, à partir d'exemples des diverses sociétés du monde, d'ouvrir des pistes de réflexion qui ne soient pas exclusivement occidentales, et d'être un lieu et un acteur de débats sollicitant largement l'opinion du public.
La construction du bâtiment, dessiné par le cabinet d'architectes autrichien Coop Himmelb(l), a commencé en 2005.

Se promener

Des Terreaux à St-Nizier ①

Comptez 1h30 ; les musées sont décrits dans la rubrique « Visiter » ; voir plan III p. 116.

Place des Terreaux (F2)
Pour admirer sa plus belle perspective, se placer côté Nord, près des terrasses de café.
La place est au cœur de l'animation lyonnaise. Son réaménagement, confié en 1994 à **Buren**, a conduit à la mise en place d'un dallage en granit assorti de 14 piliers et de 69 jets d'eau et complété par un éclairage nocturne élaboré.

La place tire son nom du comblement, au moyen de terres rapportées ou terreaux, d'un ancien lit du Rhône ; c'est tout près d'ici que se trouvait le confluent, à l'époque romaine. Pour avoir conspiré contre Richelieu, le marquis de Cinq-Mars y fut décapité en 1642, devant une foule de spectatrices venues voir tomber une aussi jolie tête. À la Révolution, la place reprit cette sinistre fonction contre les Lyonnais eux-mêmes, déclarés coupables de Contre-Révolution.
La célèbre **fontaine**★ monumentale en plomb est due au sculpteur **Bartholdi**, auteur de la statue de la Liberté.

Hôtel de ville (F2 H) – À l'Est de la place, cette remarquable construction, en partie Louis XIII, élevée d'après les plans de Simon Maupin, forme un grand rectangle de bâtiments, cantonné de pavillons et enserrant une cour d'honneur : l'originalité de celle-ci réside dans ses deux niveaux, séparés par un portique en hémicycle.
La façade primitive a disparu à la suite d'un incendie en 1674. Jules Hardouin-Mansart et Robert de Cotte, chargés de la réfection, transformèrent profondément cette façade ; les pavillons latéraux et le beffroi furent coiffés d'un dôme. Au centre, un grand tympan arrondi, soutenu par des atlantes, est orné, sous les armes de la ville, d'une statue équestre d'Henri IV.
Au Sud, la place est bordée par la façade du Palais des arts ou **Palais St-Pierre**★ (F2). L'édifice, construit aux 17e et 18e s., était l'une des plus anciennes abbayes bénédictines de Lyon, celle des Dames de St-Pierre, recrutées dans la haute noblesse. Intérieurement, les bâtiments conservent une partie de leur décoration primitive, d'inspiration italienne, notamment le réfectoire et l'escalier d'honneur. Désaffecté à la Révolution, le bâtiment fut transformé en musée au cours du 19e s.

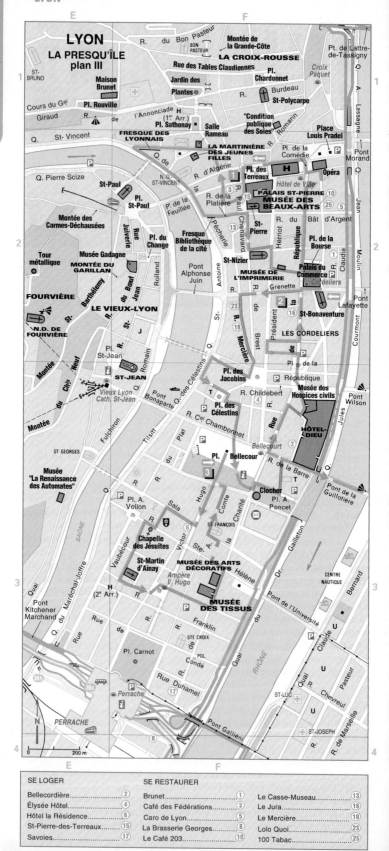

LYON
LA PRESQU'ÎLE
plan III

En 1884, Puvis de Chavannes peignit *Le Bois sacré* dans l'escalier d'entrée. Il abrite aujourd'hui le **musée des Beaux-Arts★★★** *(voir p. 122)*

Empruntez la rue Paul-Chenavard.
Aux n°s 2 et 4 (19e s.), on reconnaît dans les médaillons divers hommes célèbres de la région : Soufflot, Delorme, Jacquart, Montgolfier…
Au n° 21, vous retrouvez une des façades du musée des Beaux-Arts.

Prenez deux fois à droite la rue du Major-Martin, puis la rue de la Lanterne.
Alphonse Daudet, qui y vécut, en garde un souvenir noir qu'il rapporte dans *Le Petit Chose.* Remarquez, au n° 10, l'église évangélique de style néogothique et, au coin de la place Robatel et de la rue d'Algérie, les grilles et lambrequins en fonte des fenêtres, typiques de la ville.

Continuez jusqu'à la rue de la Martinière.
La rue tient son nom d'un illustre Lyonnais, le major Martin, et des écoles qu'il

Bacchus, dans l'agréable cour intérieure du palais St-Pierre

fonda. Au n° 35, **La Martinière des jeunes filles★**, construite en 1906, a gardé son architecture Art Nouveau, avec un élégant portail en fer forgé et des mosaïques vénitiennes. Par une ruche, celle de gauche rend hommage au fructueux labeur du major, celle de droite célèbre la donatrice Mme de Cuzieu, et Lyon par sa devise « Avant, avant, lion le melhor ».
En face, la **salle Rameau** est de la même époque. Lyon gagnait avec sa construction un lieu où abriter les concerts et conférences, elle est donc ornée par les muses de la Réthorique et de la Musique, en émaux de Venise. L'utilisation nouvelle du béton armé a permis de concevoir un vaste espace sans pilier, et l'intérieur garde des staffs et vitraux Art nouveau, dont profite encore l'Académie de billard.
Suivez la rue de la Martinière vers la gauche jusqu'au quai St-Vincent.

Le généreux major et ses écoles

Lorsqu'il s'engage dans la Compagnie Française des Indes, **Claude Martin**, fils d'un tonnelier du quartier des Terreaux, n'a que 17 ans. Il n'imagine sans doute pas quel brillant avenir l'attend, d'autant moins qu'il est fait prisonnier par les Anglais et que la France cède en 1763 la quasi-totalité de ses comptoirs indiens. Mais les Anglais repèrent son intelligence et trouvent un moyen de l'utiliser sans lui faire trahir son pays. Négociant avisé, il lance la culture et l'industrie de l'indigo. Militaire, diplomate, médecin au besoin, le major Martin se met au service du nabab de la province de Lucknow où il habite durant 24 ans. Ces diverses activités lui permettent d'amasser une fortune qu'il lègue à sa mort, en 1800, pour l'éducation des garçons et des filles tant en Inde que dans sa ville natale Lyon. Ainsi naissent après sa mort **les Martinières**, qui comptèrent parmi leurs élèves les frères Lumière, et sont encore actives dans leurs deux pays d'origine.

Quais

Sur la place, arrêtez-vous devant la **fresque des Lyonnais★** réalisée en 1995 par la Cité de la création : 36 personnages de la région y sont représentés, parmi lesquels vous reconnaissez l'abbé Pierre, Bernard Pivot sortant de la Fnac, le chef cuisinier Bocuse, les frères Lumière, Mme Récamier alongée sur sa méridienne, Saint-Exupéry avec son petit prince, Guignol et son inventeur…
Le quai **St-Vincent** offre une **charmante vue★** sur les maisons colorées du Vieux-Lyon et de Fourvière. *Prenez à gauche pour longer la Saône jusqu'à la rue de la Platière.*
Les bouquinistes occupent le quai de la Pêcherie le week-end. Parsemée de citations, la **fresque Bibliothèque de la cité,** qui leur fait face, est justement dédiée aux écrivains de la région (Rabelais, Stendhal, Clavel, Saint-Exupéry, Chevallier…)

Quartier de St-Nizier

Empruntez la rue jusqu'à la place Meissonier. La fontaine centrale (19e s) représente un bienfaiteur de la ville, Pleney, qui légua sa fortune aux orphelins ayant charge de famille. Juste en face se trouve l'**ancienne église St-Pierre**. Remarquez l'étroite façade du 12e s. et le sobre portail roman encadrant de superbes vantaux de bois du 18e s. L'édifice abrite les sculptures du musée des Beaux-Arts.

Prenez la rue Paul-Chenavart pour rejoindre la place St-Nizier.

Église St-Nizier (F2) – *8h-19h, lun. 15h-19h.* Selon la tradition, l'église actuelle, dont la plus grande partie date du 15e s., s'élèverait à l'emplacement du plus ancien sanctuaire lyonnais. La nef est épaulée par des arcs-boutants doubles, bien visibles de la rue de la Fromagerie. Prenez du recul pour voir les flèches, qui constituent l'une des singularités du paysage urbain lyonnais. La flèche Nord, gothique, construite en briques, contraste avec celle, ajourée, du clocher Sud (19e s.). Le portail Renaissance, encadré de quatre colonnes doriques, est surmonté d'un cul-de-four à caissons dans sa partie supérieure. Il est surmonté d'un pignon néo gothique.

L'intérieur, restauré, est caractérisé par sa décoration flamboyante (15e s.) : la voûte, nervurée, comporte des clefs ornées d'armoiries. Un triforium très ouvragé orne tout le pourtour. Dans une chapelle du croisillon Sud, remarquez la gracieuse **Vierge à l'Enfant★** de Coysevox.

La rue de la Fromagerie mène rue Édouard-Herriot, que vous prenez à droite.

Ancienne rue de l'Impératrice, elle ouvre une percée « haussmannienne » dans Lyon. S'y concentrent quelques banques et magasins de luxe. Repérez aux nos 32, 34 et 38, les cariatide et atlante dus à Fabisch, sculpteur de la basilique de Fourvière.

À l'angle avec la rue de la Poulaillerie, l'horloge Charvet est animée par Guignol et sa compagnie.

Prenez la rue de la Poulaillerie. Entrez au n° 13 pour admirer la magnifique cour Renaissance du **musée de l'Imprimerie★★** *(voir «Visiter»)*, qui traboule avec la rue des Forces.

Rue de la République (F2)

Aux nombreuses banques succède rapidement la **place de la Bourse★**. Rénovée en 1994, elle bénéficie d'agréables plantations de magnolias, rhododendrons et azalées, inscrites dans un dessin de buis taillés. Le **Palais du commerce**, contemporain de la rue de la République, la borde de sa façade massive, ornée des allégories du commerce, de la paix et de l'abondance.

Les façades des immeubles, percées de hautes fenêtres dont le linteau s'orne d'un lambrequin en tôle découpée, sont caractéristiques des constructions lyonnaises du 19e s. La rue perd petit à petit son prestige un peu guindé d'ancienne rue Impériale. Piétonne des Cordeliers à Bellecour, très commerçante et populaire, la « rue de la Ré » est animée de grands magasins, boutiques, cinémas et brasseries.

Prenez à droite la rue de l'Arbre-Sec, puis les rues du Garet et Pizay.

Joël Damase / MICHELIN

Véritable cœur de Lyon, la Presqu'île offre de très belles vues sur les quais de Saône et le Vieux-Lyon.

Harmonieuse synthèse des styles classique et moderne, l'Opéra projette Lyon dans le 21ᵉ s.

Rues de bouchons★

Très vivantes, elles concentrent bouchons et établissements à la mode. Le soir, les tables empiètent sur la chaussée. Dans une atmosphère typique, traversant les lumières de restaurants et le brouhaha des dîneurs, la circulation piétonne est dense. La rue Pizay débouche place de la Comédie où de jeunes danseurs de hip-hop ou de rap s'adonnent souvent à des performances sportives. À gauche s'élève l'opéra de Lyon, appelé aussi le Grand Théâtre.

Opéra de Lyon (F2)

Il est l'aboutissement d'une ambitieuse modernisation. La façade de l'ancien théâtre a été restaurée. Le fronton conserve les muses que les impératifs de la symétrie avaient limitées au nombre de huit, excluant ainsi Uranie, la muse de l'Astronomie. Elles semblent aujourd'hui soutenir l'immense verrière semi-cylindrique, œuvre de l'architecte Jean Nouvel.

L'intérieur, outre le foyer rococo d'origine, abrite un amphithéâtre pour les concerts, une salle à l'italienne de 1 300 places, ainsi qu'un restaurant situé sous la verrière.

L'édifice prend une dimension particulière lorsque les éclairages nocturnes, à dominante rouge, mettent en valeur les contrastes de son architecture.

Sa réhabilitation a été récompensée par son élévation au rang d'Opéra national.

Place Louis-Pradel (F2)

Décorée d'une fontaine et de sculptures d'Ipousteguy, elle allie les formes anciennes et modernes. Au-dessus s'étage le quartier de la Croix-Rousse.

Revenez place des Terreaux en passant derrière l'Hôtel de ville.

Des Cordeliers à Bellecour ②

Comptez 1h30. Voir plan III p. 116.

Église St-Bonaventure (F2)

℘ 04 78 37 83 55 - *tlj sf dim.* Du vaste couvent des Cordeliers, ne reste que l'église St-Bonaventure. Cet édifice, cher aux Lyonnais, a conservé son plan franciscain primitif. Les Cordeliers tenaient leur nom de la corde à trois nœuds qu'ils portaient en guise de ceinture et saint Bonaventure, mort au 2ᵉ concile de Lyon, en 1274, fut une gloire de l'ordre franciscain. Le large vaisseau répond aux nécessités de la prédication, tandis que le dépouillement et la simplicité architecturales témoignent du respect des fils de saint François pour toutes les formes de la pauvreté.

À côté, l'ancien Grand Bazar (son nom reste inscrit en façade), fut le premier grand magasin de Lyon (milieu 19ᵉ s.)

En face se dresse une des façades massives du Palais du commerce.

Dans le prolongement de la place des Cordeliers se faufile la rue Grenette. La rue fut très commerçante à la Renaissance. Vous ne trouverez pourtant plus de traces manifestes de cette période ; même la « grenette », la halle aux grains, a disparu. Remarquez pourtant au n° 2 la façade ornée de boiseries sculptées et surmontée d'une Vierge de pierre.

À l'angle de la rue Édouard-Herriot, jetez au moins un coup d'œil au décor de staffs et de miroirs du séculaire **café des Négociants**.

Rue Mercière★ (F2)

Aujourd'hui piétonnière, elle fut pourtant une des plus importantes artères de Lyon, portant le nom de rue mercatoria, c'est-à-dire des marchands. Elle est aujourd'hui dévolue à la restauration. Vous repérerez encore de nombreuses arcades, vestiges des anciennes boutiques, mais remaniées à diverses époques. Les n°s 48, 50 et 52 alignent de belles façades Renaissance de pierre rouge.

Au n° 56 fut imprimé le premier livre en français. Cette **Grande Maison** cache une cour avec galeries à l'italienne.

Place des Jacobins (F3)

Elle est dominée par la majestueuse fontaine des Jacobins élevée en 1886 à la mémoire de quatre artistes lyonnais, représentés en costume de leur époque : Philibert Delorme (architecte), Hippolyte Flandrin (peintre), Guillaume Coustou (sculpteur) et Gérard Audran (graveur).

Prenez à droite la rue du Port-du-Temple jusqu'au quai. La passerelle du palais de Justice a été lancée en 1984. Elle offre de belles vues sur la Saône, Fourvière et la Croix-Rousse.

Prenez deux fois à gauche le quai des Célestins, puis la rue Charles-Dullin.

Quartier des Célestins★ (F3)

De proportions agréables et plantée de magnolias à feuilles caduques, la charmante **place des Célestins** qui fait face au théâtre à l'italienne (19e s.) du même nom suffirait à justifier la visite. C'est pourtant en sous-sol que se trouve la plus étonnante réalisation architecturale. Au milieu de la place, un périscope en donne un aperçu choisi.

Pour accéder au **parking des Célestins★,** prenez à droite l'ascenseur. La rampe hélicoïdale ajourée d'arceaux du parking s'enroule autour d'un puits central. Les lignes architecturales sont accentuées par un double jeu de lumière et d'alternance de peintures noire et blanche. En bas, un miroir circulaire incliné tourne pour en refléter les arches. C'est sur lui que donne le périscope. Intitulé *Sens dessus dessous*, ce parking a été dessiné par **Daniel Buren** et **Michel Targe**.

Prenez la rue des Archers, puis à gauche la rue Émile-Zola. Les hautes arcades de cette petite rue abritent des magasins de luxe.

Place Bellecour (F3)

En son centre trône le « cheval de bronze ». Sous ce nom, les Lyonnais désignent la **statue équestre de Louis XIV** dont le piédestal porte cette inscription : « *Chef-d'œuvre de Lemot, sculpteur lyonnois.* » Une première statue du grand roi, œuvre de Desjardins (1691), avait été dressée ici dès 1713. Considérée comme un symbole de la royauté, elle fut renversée, brisée et fondue sous la Révolution. La statue actuelle date de 1828. Chose rare, son inscription ne se rapporte pas à son sujet (Louis XIV), mais à son auteur, le sculpteur Lemot. L'inscription d'origine a été retirée : c'est en effet par

La place Bellecour, à partir de laquelle se calculent toutes les distances vers Lyon, est l'une des plus vastes de France (310 m sur 200).

ce subterfuge que le commissaire extraordinaire de la République sauva la statue, à son tour menacée de destruction, en 1848. Elle est encadrée par deux bronzes des frères Coustou, le Rhône et la Saône, orientés vers les rives concernées.

Contournez la statue par la gauche pour apercevoir la basilique de Fourvière. La place est bordée à l'Ouest et à l'Est par d'immenses façades symétriques, de style Louis XVI, datant de 1800. De part et d'autre de la statue, deux pavillons se font face. Ils accueillent l'office de tourisme et une annexe pour les biennales lyonnaises. Vous pouvez aussi vous y rafraîchir dans un « pied humide », buvette lyonnaise.

Au Sud-Est de la place, isolé, devant l'hôtel des Postes, s'élève le **clocher de l'ancien hôpital de la Charité** (17e s.).

Au Nord-Est, la Banque nationale de Paris a succédé à une salle où furent données les premières projections du cinématographe Lumière *(voir p. 63)*.

Prenez la rue des Marronniers. Piétonnière, la rue se frange des terrasses de nombreux bouchons. Rejoignez la rue de la Barre que vous prenez sur la droite. Du pont de la Guillotière, jetez un coup d'œil sur l'harmonieuse **façade★** de l'Hôtel-Dieu *(voir ci-dessous)*, agrandie au 18e s. par Soufflot.

Revenez sur vos pas et continuez la rue de la Barre jusqu'à la rue de la République. Remarquez la belle **façade★** de l'ancien siège du Progrès au n° 85, encadrée de cariatides géantes. Le bâtiment Art déco du n° 79 est couronné par un coq Pathé géant ; le cinéma qu'il abrite fut long-temps le plus grand de Lyon.

Prenez la rue du Professeur-Louis-Paufique.

Vous retrouvez, au-dessus de la belle porte ancienne du n° 28, une plaque en mémoire de la **Belle Cordière**.

Hôtel-Dieu★

Ne manquez pas sa **porte★** (18e s.) très ornée ; passez-la pour admirer les jolies **cours** intérieures bordées d'arcades tra-

> ### La Belle Cordière
>
> Une Lyonnaise, **Louise Labé (1524-1566)**, incarne l'esprit de l'époque, tant par sa grâce et sa beauté, que par sa veine poétique. À vingt ans, Louise sait le grec, le latin, l'espagnol, l'italien et la musique. Le goût des aventures la fait partir, « envieuse de bruit », pour le siège de Perpignan, abandonnant les « habits mols des femmes ». Revenue à Lyon, mariée au bonhomme cordier Ennemond Perrin, la « Belle Cordière » ouvre son salon aux poètes, aux artistes et aux érudits, comme le fera Mme de Sévigné un siècle plus tard.

boulant avec le quai Jules-Courmont. La chapelle, du 17e s., est de style Louis XIII. Si les bâtiments remontent au mieux au 17e s., l'Hôtel-Dieu est présent ici depuis le 12e s. (Rabelais y fut médecin de 1532 à 1534). Son fonctionnement exemplaire pour le secours des malades et des pauvres valut en son temps à Lyon le titre de « ville de la charité ».

Musée des Hospices civils (F3) – *1 pl. de l'Hôpital (métro Bellecour). 1 pl. de l'Hôpital - ℘ 04 72 41 30 42 - ら - juil.-sept. : tlj sf w.-end 10h-12h, 13h30-17h30, lun. 13h-17h30 ; reste de l'année : 1er et 3e dim. du mois 13h30-17h30 - fermé j. fériés - 3,40 € (-10 ans gratuit).*

Installé dans la partie 17e s. de l'Hôtel-Dieu, il présente une importante collection de faïences de pharmacies anciennes, une collection d'outils chirurgicaux et dentaires, beaucoup de meubles dont de très belles commodes, des étains, des objets d'art, notamment un buste par Coustou et une Vierge par Coysevox, originaire de Lyon. Chaque lit pouvait accueillir quatre à cinq malades. Trois salles ont reçu des boiseries provenant de l'hôpital de la Charité, aujourd'hui disparu ; les plus remarquables sont celles de l'**Apothicairerie★**, d'époque Louis XIII, ornée de motifs sculptés (l'*Arracheur de dents*), et de la salle des Archives (18e s.).

Prenez à droite la rue Marcel-Gabriel-Rivière jusqu'à la rue de la République. Empruntez sur la gauche le passage de l'Argue. C'est en 1825 que ce passage, qui hérite son nom d'une ancienne activité de tréfilage *(voir Trévoux)*, a reçu sa lumineuse verrière sur arcature métallique. C'est aujourd'hui une galerie marchande.

Ressortez rue Édouard-Herriot à droite jusqu'à la rue Thomassin que vous prenez à droite. Empruntez enfin la rue de la République à gauche, jusqu'aux Cordeliers.

De la place Bellecour à la place Carnot ③

Comptez 45mn (sans les musées, décrits dans la rubrique « Visiter »). Voir plan III p. 116.

Place Bellecour (F3)

Les quartiers situés au Sud de la place Bellecour épousent les contours de l'ancienne **île des Canabae**, qui tient son nom des entrepôts installés là par les Romains. En ce temps-là, le quartier comptait de riches villas, dont les mosaïques ont été transférées au Musée gallo-romain de Fourvière.

Prenez la rue Victor-Hugo. Les hautes façades bordent une artère piétonne très commerçante, qui relie Bellecour à la place Carnot. La rue a été percée entre la fin du 18ᵉ s. et le Second Empire, en gagnant sur les possessions de multiples communautés religieuses. Elle marqua longtemps une nette frontière entre les **congrégations et écoles privées à l'Ouest** et les **rues actives à l'Est**. Remarquez au n° 14 les grilles ouvragées.

En raison du nombre de ses issues, l'immeuble de style Art déco au coin de la rue Sala fut choisi en 1941 pour abriter la fondation du Mouvement lyonnais de Résistance. S'y tinrent plus tard des réunions auxquelles participa **Jean Moulin**, et le quartier général de l'armée secrète de la Résistance.

Tournez à droite rue Sala, puis à gauche rue St-François-de-Salles. Les communautés religieuses sont à l'origine de l'urbanisation du quartier. Vous en trouverez la trace dans l'omniprésence de bâtiments religieux, même s'ils ont souvent été reconstruits plus tardivement. À l'angle de la rue Ste-Hélène, remarquez la vaste façade néogothique de la **chapelle des Jésuites** (19ᵉ s.), construite à l'origine pour une communauté de clarisses.

Prenez à droite la rue Ste-Hélène et à gauche l'impasse Catelin. À gauche, le bâtiment (19ᵉ s.) du Centre Adélaïde-Perrin, portant une statue de la Vierge, a été élevé pour accueillir des jeunes femmes handicapées, tandis que l'ancienne école paroissiale (statue de St-Joseph) est désormais animée par l'Institut supérieur d'agriculture de Rhône-Alpes.

Gagnez par la rue de l'Abbaye la place d'Ainay. Avant de vous tourner vers la basilique, remarquez à droite dans l'enfilade du porche, la **voûte d'Aisnay** (18ᵉ s.), construite à l'emplacement d'une l'ancienne porte d'enceinte de l'abbaye et, au n° 20, la jolie **façade★** néo-romane de l'ancien presbytère, qui s'harmonise avec le style de l'église.

Basilique St-Martin-d'Ainay (F3)

Une première basilique fut contruite au 4ᵉ s., dans le quartier, peut-être à cet endroit même, suivie par une abbaye carolingienne. La basilique, consacrée par le pape Pascal II en 1107, a subi d'importants remaniements. Le clocher-porche se termine par une pyramide encadrée de curieux acrotères d'angle qui lui donnent sa silhouette caractéristique. Remarquez la frise d'animaux courant sous la corniche entre le 2ᵉ et le 3ᵉ étage, et sa **décoration à incrustations de briques**.

À l'intérieur, la nef est séparée des collatéraux par de grosses colonnes d'origine romaine ; les arcades sont en plein cintre. Les **chapiteaux★** romans historiés représentent à droite du chœur, Adam et Ève avec le serpent, l'Annonciation, le Christ en majesté ; à gauche, Caïn tuant Abel, l'offrande de Caïn et d'Abel, saint Michel terrassant le dragon, Jean-Baptiste montrant le Christ.

Sur le croisillon Sud s'ouvre la chapelle Ste-Blandine, primitivement indépendante de l'édifice principal et qui passe pour avoir abrité dans sa courte crypte les restes des martyrs de 177.

Longez l'église pour profiter, à l'angle des rues Bourgelat et Adélaïde-Perrin, de la vue d'ensemble de l'église, dominée par le clocher de façade et la tour carrée du transept.

Traversez la place Ampère. La statue qui trône en son centre est dédiée au physicien, théoricien de l'électromagnétisme, né à Lyon.

Empruntez la rue des Remparts, puis à gauche la rue de la Charité. Les hôtels de Villeroy et Lacroix-Laval, du 18ᵉ s., abritent respectivement les **musées des Tissus★★★** et **des Arts décoratifs★★** *(voir «Visiter», p. 125 et 126)*. L'architecture de l'hôtel Lacroix-Laval et de ses écuries est attribuée à **Soufflot**.

Reprenez la rue de la Charité, puis la rue Ste-Hélène à gauche. Les nᵒˢ 29-31 traboulent joliment (cour des Fainéants décorée de stucs) vers la rue Sala, que vous prenez à gauche. Les boutiques d'antiquaires et galeries d'art de la rue Auguste-Comte, à droite, vous mènent jusqu'à la place Bellecour.

Visiter

Musée des Beaux-Arts★★★ (F3)

20 pl. des Terreaux (métro Hôtel-de-ville–L.-Pradel) - ☏ 04 72 10 17 40 - ♿ - possibilité de visite guidée (1h30) tlj sf mar. et j. fériés 10h-18h, vend. 10h30-18h - de 4 € à 6 € (enf. gratuit).

De la place des Terreaux, entrez dans le jardin de l'ancien cloître dont les galeries sont surmontées d'une terrasse. Transformé au 19ᵉ s. en jardin, le cloître abrite des statues de Bourdelle, Duret et Rodin. Après huit années de travaux, le musée des Beaux-Arts de Lyon est aujourd'hui complètement rénové et figure désormais parmi les plus beaux musées de France. Ses collections se sont enrichies grâce à la donation de 35 toiles impressionnistes et modernes de la collection Jacqueline-Delubac.

Le musée des Beaux-Arts présente un exceptionnel panorama représentatif de l'art mondial. Ses collections sont organisées en cinq départements : peinture, sculpture, antiquité, objets d'art, médailles.

Peinture – Les salles exposent un choix d'œuvres des grandes périodes de l'art pictural européen, à commencer par la Renaissance italienne, avec l'*Ascension du Christ* du Pérugin, don du pape Pie VII à la ville de Lyon, la délicate *Nativité* de Costa et un ensemble de l'âge d'or vénitien : *Bethsabée* de Véronèse, *Danaé* du Tintoret, deux scènes de bataille de Bassano. Le musée renferme également des œuvres des écoles bolonaise, napolitaine, florentine et romaine.

Tandis que Le Greco et Zurbarán illuminent de leurs œuvres la peinture espagnole, à côté de l'école de Cologne et de Cranach l'Ancien pour la peinture allemande, les artistes flamands et hollandais sont représentés par Gérard David, Metsys et plusieurs œuvres de Rubens.

La section de peinture française comprend un ensemble important d'œuvres des maîtres du 17ᵉ s., dont Simon Vouet (*La Crucifixion*), Jacques Blanchard (*Danaé*), Philippe de Champaigne (*L'Adoration des bergers*) et Charles Le Brun (*La Résurrection du Christ*), cependant que le 18ᵉ s. est représenté notamment par Greuze (*La Dame de charité*) et Boucher (*La Lumière du monde*).

Le « Salon des fleurs » annonce le passage au 19ᵉ s. avec une gracieuse statue de Juliette Récamier par J. Chinard, un charmant *Buste de fillette* de Houdon, et les compositions florales colorées d'A. Berjon. Une large place est consacrée à la peinture lyonnaise du 19ᵉ s. avec J.-M. Grobon, Fleury Richard et Pierre Révoil.

Figure emblématique de la peinture lyonnaise, ce dernier dirigea l'école des Beaux-Arts pendant 25 ans. À ces premiers maîtres succède une autre génération lyonnaise représentée par Bonnefond, Flandrin et surtout Janmot dont on peut admirer le *Poème de l'âme*, constitué de 18 tableaux mystiques.

De ce 19ᵉ s. florissant, le musée peut encore s'enorgueillir de toiles de David, Delacroix, Géricault (dont la belle *Monomane de l'envie*) ou Corot.

La peinture impressionniste se taille aussi une belle part des salles dans lesquelles se bousculent Degas, Sisley, Renoir et Gauguin. Après les Nabis, Bonnard et Vuillard préludent à un panorama de la peinture du 20ᵉ s., illustrée, au début, par des compositions de Dufy (*Bateau pavoisé*), Villon (*L'Écuyère*), Braque (*Le Violon*), Jawlensky (*Méduse*), Chagall (*La Corbeille de fruits, Le Coq*), Severini (*La Famille du peintre*), Foujita (*Autoportrait*). Parmi les artistes contemporains, on relève les noms de Masson (*Niobé*), Atlan (*Bérénice*), Max Ernst, Dubuffet et N. de Staël (*La Cathédrale*).

Bethsabée au bain par Véronèse, musée des Beaux-Arts de Lyon

Studio Basset / © Musée des Beaux-Arts de Lyon

Sculpture – Le département des sculptures s'étend de la période romane au gothique et à la Renaissance. Parmi les œuvres du 17ᵉ s. au début du 20ᵉ s., on prête une attention particulière aux bustes de Coysevox et Lemoyne, aux *Trois Grâces* de Canova, aux œuvres de Daumier jusqu'aux superbes marbres de Bourdelle, Maillot et Rodin.

Antiquité – Ce département est composé de trois sections organisées en salles thématiques. La mieux dotée est la **section égyptienne** qui couvre toutes les époques de l'ancienne Égypte ; le thème de « la vie après la mort » est illustré par de splendides sarcophages en bois polychrome, des amulettes ou des *ouchebtis* ; la période ptolémaïque est représentée par les portes monumentales du temple de Méhamoud ; les cultes et la vie quotidienne sont largement évoqués par des stèles et masques funéraires, des instruments et objets usuels. Du **Proche et Moyen-Orient**, remarquez la « Tête de prêtre » d'Assyrie, les têtes de statues de Chypre et les sarcophages en plomb de la Syrie romaine (3ᵉ-6ᵉ s.) qui constituent les plus belles pièces. La dernière section couvre les civilisations **grecque et romaine**. Une exceptionnelle statue de Korê (jeune Athénienne) provenant de l'Acropole

MUSÉE DES BEAUX-ARTS

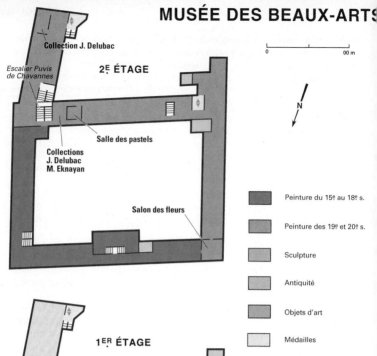

2ᴱ ÉTAGE

Collection J. Delubac

Escalier Puvis de Chavannes

Salle des pastels

Collections J. Delubac M. Eknayan

Salon des fleurs

■	Peinture du 15ᵉ au 18ᵉ s.
■	Peinture des 19ᵉ et 20ᵉ s.
■	Sculpture
■	Antiquité
■	Objets d'art
■	Médailles
■	Expositions temporaires
■	Fermé

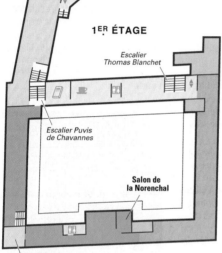

1ᴱᴿ ÉTAGE

Escalier Thomas Blanchet

Escalier Puvis de Chavannes

Salon de la Norenchal

Salle du Médaillier

Information	
Ascenseur	
Accès handicapés	
Librairie	
Café, petite restauration	
Toilettes	
Vestiaire	

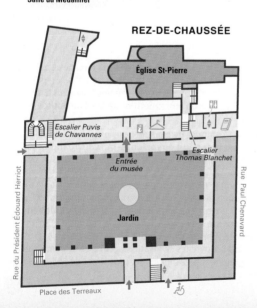

REZ-DE-CHAUSSÉE

Église St-Pierre

Escalier Puvis de Chavannes

Escalier Thomas Blanchet

Entrée du musée

Rue du Président Édouard Herriot

Rue Paul Chenavard

Jardin

Place des Terreaux

témoigne du degré de perfection atteint par la sculpture grecque antique tandis que les célèbres céramiques à figures noires rivalisent de beauté et de finesse avec la technique plus tardive des figures rouges, dans une vaste collection d'amphores, de cratères, d'hydries et autres vases.

Objets d'art – Cette section présente des collections très variées qui traversent les époques et les continents. Le Moyen-Âge nous a laissé des ivoires très travaillés, comme le triptyque attribué au maître du diptyque de Soissons ; cette qualité de travail se retrouve sur les émaux romans et gothiques, souvent de Limoges, ou sur les pièces d'orfèvrerie (bras reliquaire de la fin du 15e s.). L'art islamique est très bien représenté par des céramiques, des bronzes, ou par un bassin iranien de 1347, au décor particulièrement soigné (or et argent). La Renaissance française est illustrée par une armure de cheval dont le décor est d'une exceptionnelle précision. Cette période correspond au développement des faïences hispano-mauresques, des majoliques italiennes parfois historiées (assiette de 1533, *Hercule et Cacus*, Urbino), et des émaux peints, tel le retable de 27 plaques attribué à Jean Ier Limosin (fin du 16e s.). Les périodes suivantes ne sont pas oubliées avec des faïences françaises du 18e s., le salon de « La Norenchal » (décor en trompe-l'œil caractéristique du néoclassicisme), le mobilier Art nouveau d'Hector Guimard…

Remarquez également la collection Raphaël-Collin qui rassemble de nombreuses céramiques de la Chine, de la Corée et du Japon (6e-19e s.).

Médailles – La salle du médaillier, remarquable par son plafond à caissons, expose pour sa part plus de 40 000 pièces, de l'époque grecque à nos jours.

Musée des Tissus★★★ (F3)

34 r. de la Charité (métro Ampère-Victor-Hugo) - ☏ 04 78 38 42 00 - www.musee-des-tissus.com - possibilité de visite guidée (1h) tlj sf lun. et j. fériés 10h-17h30 - fermé dim. de Pâques et de Pentecôte - 5 € (-18 ans gratuit), billet combiné avec le musée des Arts décoratifs.

Fondé par la chambre de commerce de Lyon il y a plus d'un siècle et aménagé dans l'hôtel de Villeroy (1730), ce musée, qui abrite aussi le Centre international d'études des textiles anciens, constitue un véritable « conservatoire » du tissu d'art et fait la fierté des Lyonnais. Les prestigieuses collections sont organisées autour de deux grands pôles : l'Occident et l'Orient.

La première salle initie le visiteur aux différentes techniques utilisées dans le travail de la soie : le satin, le sergé, le taffetas, le velours… Les **tissus français** sont présentés à travers un ensemble de magnifiques étoffes exécutées surtout à Lyon depuis le début du 17e s., époque où la « Fabrique » lyonnaise se distinguait par son savoir-faire. Le 18e s. apporte beaucoup d'innovations, notamment grâce à **Philippe de Lasalle** et à **Jean Pillement** : les portraits brodés et les « chinoiseries » remportent un grand succès. On appréciera aussi le **Meuble Gaudin★**, célèbre tenture pour la chambre à coucher de Joséphine à Fontainebleau. Le début du 19e s. est marqué par le retour à l'antique : panneau à « Motif pompéien » d'après les danseuses d'Herculanum. Dans la salle décorée d'un panoramique en papier peint avec des grisailles de Psyché, de petits **portraits★** en velours illustrent le haut degré de finesse obtenu par le procédé Grégoire (peinture sur fil de soie), au cours d'un siècle qui voit se développer les tissus imprimés à grande échelle et l'engouement pour les « châles des Indes ».

Le musée possède également un important ensemble de vêtements et d'**ornements liturgiques★** regroupant la production européenne du 12e au 18e s. D'Italie, viennent des tissus palermitains et vénitiens, et de somptueux velours génois et florentins de l'époque Renaissance à décor stylisé de chardons et de grenades.

Verrier / © Musée des Tissus et des Arts décoratifs de Lyon

La peinture sur taffetas de ces tiges fleuries, feuilles en ramages, plantes et papillons révèle une maîtrise rare (musée des Tissus).

D'Europe du Nord-Ouest, outre de précieux témoignages de l'art de la broderie, le musée possède des pièces caractéristiques de l'art franco-flamand du 15e s., tandis que l'Espagne est représentée par des tissus hispano-mauresques au décor fortement influencé par l'art arabe et d'admirables velours de soie du 16e s. Parmi les **costumes civils**, l'exceptionnel **pourpoint★** (32 pièces) de Charles de Blois, du 14e s., constitue l'une des plus belles pièces.

La section réservée à l'**Extrême-Orient** offre des pièces raffinées du 16e au 19e s. : panneaux brodés et peints, kimonos du Japon, robes impériales en K'o-sseu (tapisserie au petit point) de Chine.

De l'**Orient**, le musée possède de nombreux éléments caractéristiques de civilisations anciennes : tapisseries coptes en laine ou en lin provenant des fouilles d'Antinoé, tissus sassanides à décor de scènes de chasse ou d'animaux affrontés, délicates broderies de l'Égypte des Fatimides, étoffes byzantines. De magnifiques **tapis★**, provenant de Perse, Turquie, Espagne, du 15e au 18e s., complètent cet ensemble remarquable.

Musée des Arts décoratifs★★ (F3)

34 r. de la Charité (métro Ampère-Victor-Hugo) - ℘ 04 78 38 42 00 - possibilité de visite guidée (1h) tlj sf lun. et j. fériés 10h-12h, 14h-17h30 - fermé dim. de Pâques et de Pentecôte - 5 € (-18 ans gratuit), billet combiné avec le musée des Tissus.

Il peut être difficile d'enchaîner cette visite avec celle, passionnante, du musée des Tissus, mais les très riches collections méritent vraiment que l'on s'y attarde. Aménagé dans le cadre d'un hôtel construit en 1739, le musée est principalement consacré au décor de la vie au 18e s. ; sur trois étages, en parcourant les belles salles ornées de parquets et de boiseries, on peut admirer un important ensemble de meubles estampillés par de grands ébénistes (Hache, Oeben, Riesener), des objets d'art, des instruments de musique (magnifique **clavecin** de 1716), des tapisseries (Gobelins, Beauvais, Flandres, Aubusson), des porcelaines (St-Cloud, Sèvres, Meissen) et des faïences (Lyon, Moustiers, Marseille). Il est impossible de manquer, au deuxième étage, l'exceptionnel **décor de la salle à manger** ; les lambris dorés et sculptés (18e s.) rapportés d'un hôtel particulier de Lyon.

Parmi les salles consacrées à l'art du Moyen-Âge et de la Renaissance, on s'attachera particulièrement à la galerie contenant plus de 200 **majoliques italiennes★** du 15e et 16e s.

Enfin, une section est consacrée à l'**orfèvrerie contemporaine**. Une centaine d'œuvres signées par les plus grandes maisons (Maeght, Alessi) d'après de célèbres designers y sont exposées.

Musée de l'Imprimerie★★ (F2)

13 r. de la Poulaillerie (métro Cordeliers) - ℘ 04 78 37 65 98 - www.bm-lyon.fr/ musee/imprimerie.htm - tlj sf lun., mar. et j. fériés 9h30-12h, 14h-18h - 3,80 € (-18 ans gratuit).

Destiné à l'origine à l'un des marchands prospères qui commerçaient avec l'Italie, le superbe **hôtel de la Couronne** (fin 15e s.) accueille depuis 1963 le musée de l'Imprimerie. Le sujet est parfois un peu technique, la présentation un peu austère, mais les très riches collections du musée sont une occasion unique de découvrir l'incroyable évolution de ces métiers depuis l'apparition de la presse à imprimer au 15e s. Ce retour dans le temps permet de mesurer l'incroyable apport de l'imprimerie dans le partage du savoir et des idées, dans l'essor de la littérature, de la culture, des religions… et la ville de Lyon rend un hommage mérité à ses grands libraires, humanistes, illustrateurs et graveurs.

De rarissimes **incunables** (imprimés avant 1500), d'anciennes presses, des notices et un grand nombre d'éditions anciennes initient le visiteur à l'esthétique des caractères et du livre, à l'évolution des supports, des techniques d'impression, de l'image imprimée avec les différents procédés de la taille (estampes, bois gravés, cuivres gravés, eaux-fortes, lithographies). Ne manquez pas l'exceptionnelle collection de 600 **bois gravés** ayant servi à illustrer la Bible (16e et 18e s.), ainsi que ceux des dessins de Gustave Doré illustrant les œuvres de Rabelais.

La Presqu'île pratique

Pour les hébergements, sorties, achats, sports, loisirs et calendrier voir p.93.

Se restaurer

🍽 **Le Casse-Museau** – 2 r. Chavanne - ☎ 04 72 00 20 52 - www.cassemuseau.com - fermé mar. soir, merc. soir, dim., lun. et j. fériés - réserv. obligatoire - 7/13,50 €. Le « bistrot sans chiqué » de Tante Paulette date de 1947… Chaque premier jeudi du mois, le chef actuel vous propose de découvrir ou redécouvrir le poulet à l'ail, recette qui rendit célèbre cette adresse. Pas cher, convivial et bien connu des Lyonnais.

🍽 **100 Tabac** – 23 r. de l'Arbre-Sec - ☎ 04 78 27 29 14 - www.cafe203.com - fermé 24 déc.-2 janv. - 10/13 €. Avis aux non-fumeurs : le petit frère du café 203 est un endroit affranchi de toute volute de fumée. Côté décor, on retrouve les mêmes éléments : bois blond, laiton et tons rouges. Côté assiette, petits plats du marché, pâtes (fabriquées sur place) et gaufres à prix serrés.

🍽 **Le Café 203** – 9 r. du Garet - ☎ 04 78 28 66 65 - www.cafe203.com - fermé 24 déc.-3 janv. - 12/13 €. Certains le fréquentent pour sa cuisine de marché à découvrir sur l'ardoise et servie dans un cadre bistrot. D'autres viennent pour des nourritures spirituelles : exposition de tableaux, citations de jeunes auteurs et écoute de bandes sonores. Il y a toujours une bonne raison de traîner ses guêtres au 203.

Choix de spécialités lyonnaises au marché St-Antoine

🍽 **Lolo Quoi** – 42 r. Mercière - ☎ 04 72 77 60 90 - 12/44,20 €. Dans cette rue piétonne où se succèdent bouchons et restaurants de chaîne, voici une adresse branchée incontournable. Décor minimaliste et éclairage soigné pour une cuisine italienne moderne et des pâtes aux saveurs recherchées : les Lyonnais adorent !

🍽 **Le Mercière** – 56 r. Mercière - ☎ 04 78 37 67 35 - www.le-merciere.com - réserv. conseillée - 13,60 € déj. - 22,85/45 €. Vieille maison pittoresque à débusquer dans une traboule (passage) s'ouvrant sur l'une des rues de bouche les plus animées de la ville. Cuisine traditionnelle cent pour cent régionale servie dans l'atmosphère typique des bouchons lyonnais.

🍽🍽 **La Brasserie Georges** – 30 cours de Verdun - ☎ 04 72 56 54 54 - brasserie.georges@wanadoo.fr - 19/21,50 €. Ouverte en 1836, cette brasserie proche de la gare de Perrache constitue une incontournable adresse lyonnaise. Son immense salle à manger classée, garnie de banquettes rouges, de lustres Art déco et de fresques mérite à elle seule une visite. Cuisine ad hoc.

🍽 **Le Jura** – 25 r. Tupin - ☎ 04 78 42 20 57 - fermé 21 juil.-21 août, lun. de sept. à avr., sam. de mai à sept. et dim. - réserv. obligatoire - 19,30 €. Non loin de la rue de la République, ce bouchon-là semble exister depuis toujours ! Avec son décor qui date des années 1920 et sa « mère » aux fourneaux, il a gardé une belle authenticité, confirmée par la cuisine typique arrosée des vins du patron…

🍽🍽 **Café des Fédérations** – 8 r. Major-Martin - ☎ 04 78 28 26 00 - yr@lesfedeslyon.com - fermé 23 juil.-21 août et w.-end - réserv. conseillée - 20/23,50 €. Nappes à petits carreaux, tables et convives accolés, saucissons géants suspendus au-dessus du comptoir et cuisine du terroir copieuse : un bouchon, un vrai !

🍽 **Brunet** – 23 r. Claudia - ☎ 04 78 37 44 31 - chezbrunet@wanadoo.fr - fermé dim. et lun. - réserv. conseillée - 21/27 €. Un vrai bouchon lyonnais avec sa façade en bois, ses tables au coude à coude, ses goûteux petits plats arrosés d'une gouleyante sélection de vins servis au pichet et ses serveurs en tablier noir. Belle vaisselle à l'effigie de Guignol et agréable terrasse d'hiver.

🍽🍽 **Caro de Lyon** – 24 r. du Bât-d'Argent - lecarodelyon_reception@ibertysurf.fr - ☎ 04 78 39 58 58 - fermé dim. - 25 € déj. - 27/72 €. Derrière l'Opéra, restaurant conçu comme une bibliothèque. Ambiance intime soignée où se mêlent bois blond, lustres de Murano, objets anciens et chaises de couleurs. Sa cuisine inspirée des saveurs du Sud et asiatiques a conquis le Tout-Lyon, chic et décontracté.

La **Croix-Rousse**

MÉTROS CROIX-PAQUET, CROIX-ROUSSE, HÉNON, CUIRE – PLAN I P. 86-87 –
PLAN IV P. 130- 131

Il flotte à la Croix-Rousse une atmosphère villageoise, en particulier les jours de marché, lorsque les Croix-Roussiens s'attablent en terrasse, leur panier de courses aux pieds, pour prendre l'apéritif. Les plus irréductibles d'entre eux, enracinés sur « le plateau » (intégré à la ville de Lyon qu'en 1852), contemplent de loin l'agitation d'en bas et peuvent, dit-on, passer des mois sans « descendre en ville ».

- **Se repérer** – La colline de la Croix-Rousse domine la Presqu'île au Nord. On distingue deux grands quartiers : les pentes et le plateau.

- **Se garer** – Garez-vous de préférence dans un des parkings de la Presqu'île. Évitez en tout cas de stationner dans les pentes où les voitures sont régulièrement vandalisées.

- **À ne pas manquer** – Le mur des Canuts et la fresque des Lyonnais ; la vue plongeante sur le Rhône de la rue Justin-Godart ; la Cour des Voraces ; les ateliers de soieries ; les jardins et la vue de la Grande-Côte.

- **Organiser son temps** – Prévoyez de visiter les pentes avant la tombée de la nuit, et de préférence le matin par temps chaud. Pour le plateau, préférez les matinées du samedi ou du dimanche afin de partager la pause hebdomadaire qui suit le marché...

- **Pour poursuivre la visite** – Voir aussi la Presqu'île et le quartier du parc de la Tête d'Or, rive gauche.

La soie

Découverte en Chine, la soie (bave du « bombyx de mûrier ») s'implante en France par la volonté du roi Louis XI, en 1466. Elle ne se développe réellement qu'à partir du 16e s. avec le choix de Lyon comme entrepôt de la soie et la plantation massive de mûriers. Cette expansion continue sous le règne de Louis XIV, favorisée par d'illustres novateurs comme Philippe de Lassalle. Malheureusement elle est brutalement stoppée par la Révolution. Dopée par une forte relance sous l'Empire, la soierie lyonnaise va atteindre son apogée vers 1850, avant que la pébrine, maladie héréditaire du ver à soie, ne décime les élevages français. La concurrence extérieure, la découverte de fibres artificielles et l'industrialisation massive ont depuis profondément modifié cette industrie ; mais la soierie lyonnaise est restée une référence au service de la mode et du luxe français.

Comprendre

La colline qui travaille – Tirant son nom d'une croix de pierre colorée qui se dressait, avant la Révolution, à l'un de ses carrefours, le quartier de la Croix-Rousse ne fut pas toujours opposé à Fourvière, « la colline qui prie ». Ce n'est en effet qu'après la Révolution, et les expulsions de communautés religieuses qui l'accompagnent, que les canuts, ouvriers de la soie, gagnent ses coteaux moins onéreux (les canuts tiennent leur nom de leur outil de travail, la cannette, qu'ils glissent entre les fils de trame du métier à tisser).

L'invention de nouvelles techniques par Joseph-Marie Jacquard (1752-1834) accélère l'abandon du quartier St-Jean et l'installation des canuts dans de grands immeubles sévères aux larges fenêtres laissant passer la lumière. Au 19e s., les rues retentissent du « **bistanclaque** », bruit des métiers à bras actionnés par quelque 30 000 canuts. La fabrique de soie s'est déplacée vers la Croix-Rousse, qui a gagné son surnom de « colline qui travaille ». Les traboules *(voir dans Vieux-Lyon)* de la Croix-Rousse, épousant la topographie du terrain, comportent de nombreuses marches. Elles permettent de transporter les pièces de soie à l'abri des intempéries. En 1831, puis en 1834, elles furent le théâtre des sanglantes insurrections de canuts arborant le drapeau noir, symbole de misère, où était inscrite la devise fameuse : « *Vivre en travaillant ou mourir en combattant* ».

Se promener

Les pentes 1️⃣

Circuit au départ de la place des Terreaux (F2), au pied de la Croix-Rousse. Prenez les rues Romarin et Sainte-Catherine jusqu'à la rue St-Polycarpe que vous remontez en direction de l'église.

La « **Condition publique des Soies** » (F1) s'ouvre au n° **7** par un porche dont l'arcade supérieure est décorée d'une majestueuse tête de lion et de feuilles de mûrier. Dans cet établissement, on contrôlait, au 19e s., le degré hygrométrique des étoffes de soie. En effet, ce tissu pouvant absorber jusqu'à 15 % de son poids en eau, il s'avérait nécessaire d'en garantir le poids loyal et marchand.

*Remontez la rue de l'Abbé-Rozier. Dans l'axe se dresse l'*église St-Polycarpe (F1)*, des 17e et 18e s. Tournez à gauche dans la rue Leynaud.* Au n° **19** (face au n° 14), s'ouvre, encadré par deux colonnes, le passage Thiaffait *(nombreuses boutiques)* qui aboutit par un escalier à double volée à la rue Burdeau. En face du n° 36 s'élève la montée du Perron conduisant à la **place Chardonnet** (F1), dominée par le monument élevé à la mémoire du comte Louis-Marie Hilaire de Chardonnet (1839-1924), inventeur de la soie artificielle.

Gagnez la rue des Tables-Claudiennes que vous prenez sur la droite (escalier). La **rue des Tables-Claudiennes** (F1) doit son nom aux inscriptions sur bronze découvertes par le drapier Gribaud dans sa vigne, à l'emplacement de l'amphithéâtre. Le n° **55** traboule vers le 20 rue Imbert-Colomès (escalier). *Prenez en face le n° 29 qui traboule vers la cour des Voraces (escalier et chemin à droite, tournez à gauche au niveau d'une lanterne, puis montez 2 volées d'escalier).*

Cour des Voraces (F1)

Cette cour intérieure, impressionnante par la taille de son escalier, était, au siècle dernier, le lieu de réunion d'une confrérie de canuts. Cette confrérie, dite des Voraces ou des Dévorants, aurait joué un rôle important dans la révolte de 1848. Vous débouchez sur la jolie place Colbert et son square.

Prenez à gauche la rue du Général-de-Sève (escalier), puis la rue Jean-Baptiste-Say qui débouche sur une grande esplanade.

Grande-Côte★ (F1)

La Montée de la Grande-Côte porte bien son nom, mais vous la prenez... en descente. Pour compenser la destruction des maisons anciennes dans sa partie haute, elle a bénéficié d'un superbe réaménagement. L'agréable **jardin★** de la Grande-Côte, planté fin 2000, est orienté de manière à garder les belles **perspectives** sur les quartiers St-Paul, St-Jean et Fourvière. Il étage, au pied de rubans de pelouse, des essences variées d'arbres et d'arbustes à parfum, une collection de cerisiers du Japon, mais aussi les incontournables mûriers à fruits rouges ou blancs en mémoire des canuts. Amateurs de botanique, remarquez tout de suite à gauche les inhabituels mûriers à papier *(Broussonetia papyrifera)* à fruits oranges, poisseux, dont l'aubier était utilisé pour fabriquer du papier en Chine, ou les fibres textiles des *tapa* en Polynésie. La montée, longtemps très populaire, a pris des airs bourgeois, que confirme la rue pavée qui s'ensuit. Repérez après le jardin quelques fenêtres à meneaux, vestiges de bâtisses Renaissance.

Descendez jusqu'à la rue des Tables-Claudiennes que vous prenez sur la droite.

Amphithéâtre des Trois-Gaules (F1)

Selon la dédicace découverte au fond d'un puits en 1958, ce lieu vénérable fut construit en 12 av. J.-C. par Rufus afin de réunir les délégués des soixante tribus gauloises. Agrandi sous l'empereur Hadrien, il connut une triste notoriété sous Marc Aurèle en devenant le lieu de supplice des nouveaux adeptes du christianisme, au nombre desquels figure **sainte Blandine** qui y périt égorgée, après avoir été épargnée par les lions, en 177 (un poteau dans l'arène signale l'endroit du martyre). C'est là que trônaient, à l'origine, les Tables claudiennes *(voir le Musée gallo-romain, à Fourvière)*. De l'ensemble, composé d'une arène entourée d'un caniveau et d'un podium qui supportait les gradins, n'a été dégagée que la partie Nord.

Jardin des plantes (F1)

Il n'en reste pratiquement que le nom, et quelques grands arbres sur la place : l'orangerie, de la fin du 18e s., a été remontée à la Tête d'Or en 1856. Pourtant, la présence d'un jardin au cœur du quartier de la soie était significative : les fleurs servaient de modèles aux dessins des soyeux. Le besoin constant d'innovation a longtemps

LYON
LA CROIX-ROUSSE
plan IV

0 ————————— 200 m

SE RESTAURER

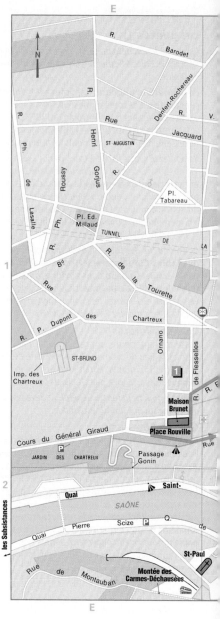

motivé les collections de plantes. Lyon en a gardé un savoir-faire de reproduction et d'hybridation, particulièrement dans le domaine des roses *(voir p. 136)*.

Prenez, dans la montée des Carmélites, la rue Pierre-Blanc à gauche, puis la rue de Flesselles.

Place Rouville (E1)
Elle offre un joli **coup d'œil★** sur Lyon : en face, la dernière boucle de la Saône est dominée par la colline de Fourvière, au pied de laquelle se dresse le clocher de St-Paul ; à gauche, de l'horizon de toits rouges de la Presqu'île émergent le beffroi de l'hôtel de ville, le quartier de La Part-Dieu dominé par la tour du Crédit Lyonnais et, plus à droite, les flèches de St-Nizier.

Au Nord, les n°s **5** et **6** abritent la **maison Brunet (E1)** aux 365 fenêtres, caractéristique de l'habitat canut.

Prenez à gauche la rue de l'Annonciade et descendez sur la droite dans la ruelle F.-Rey.
Vous traversez en biais la charmante placette Fernand-Rey, bordée de quelques agréables bouchons avec terrasse.

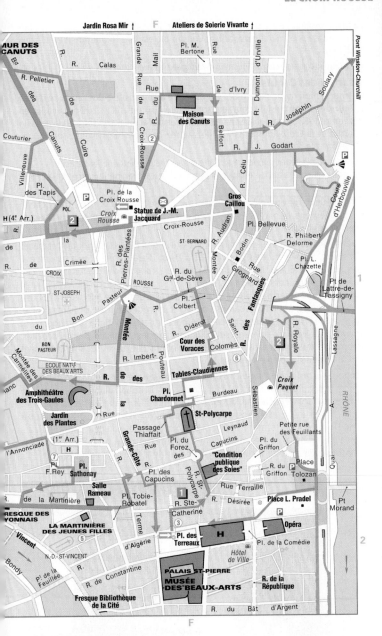

Place Sathonay (F1)

Ombragée de marronniers, elle est dominée au Nord par l'escalier monumental de la montée de l'Amphithéâtre, encadré par deux lions crachant un filet d'eau.

Prenez la rue du Sergent-Blandan à droite. Profitez de la **vue**★ colorée sur les quais du Vieux-Lyon puis, dans la rue de la Martinière, arrêtez-vous devant la **fresque des Lyonnais**★ et la **Martinière des jeunes filles**★ *(voir p. 117).*

Tournez dans la rue Terme sur la gauche, puis prenez la rue des Capucins. Sur la place des Capucins, un escalier et la rue Ste-Marie ramènent à la place des Terreaux.

Le plateau★ ②

Circuit au départ du métro Croix-Rousse sur la place de la Croix-Rousse.

Sur la place de la Croix-Rousse se dresse la statue de Joseph-Marie Jacquard.

Prenez sur la droite le boulevard de la Croix-Rousse jusqu'à la place des Tapis.

La place, ombragée par un double alignement de platanes, combine cinémas, terrasses de cafés et marché quotidien. L'ensemble est très fréquenté par les Croix-Roussiens.

Par la rue Jacquard et la rue Villeneuve, rejoignez le boulevard des Canuts.

Quartier des Canuts★

À l'intersection du boulevard des Canuts et de la rue Denfert-Rochereau se dresse le **Mur des Canuts★ (F1)** peint en trompe-l'œil (superficie : 1 200 m²), réalisé en décembre 1987 et réactualisé en 1997. Il évoque de façon pittoresque la vie dans un quartier de la Croix-Rousse. Remarquez, au rez-de-chaussée, Guignol, son épouse Madelon et le bailli.

Prenez la rue Pelletier, puis la rue de Cuire et la petite rue piétonne Victor-Fort.
Un petit marché s'abrite chaque matin sous les arbres de la place de la Croix-Rousse.

Enfilez l'étroite rue du Mail, commerçante, puis la rue d'Ivry sur la droite. La régularité des façades, égayée par l'alternance de divers tons d'ocre et de rose, est typique du quartier des canuts.

Maison des Canuts (F1) – *10 r. d'Ivry -* 📞 *04 78 28 62 04 -* ♿ *- tlj sf lun., dim. et j. fériés 10h-18h30 - possibilité de visite guidée (1h) à 11h et 15h30 - fermé 1ᵉʳ sem. de janv. et 2 sem. en août - 5 € (enf. 2,50 €) - dans la boutique, coupons de soie, foulards et beau choix de cartes postales sur Lyon.*
Aux nᵒˢ **10** et **12**, les artisans de la coopérative ouvrière de tissage à domicile (Cooptiss) font revivre les traditions des canuts lyonnais et apprécier les tissus de haute qualité. Au cours de la visite guidée, on peut voir fonctionner un métier à la grande tire et un métier de velours. Une exposition de tissus anciens (lampas, damas, brochés, velours aux fers et aux sabres), des tableaux et portraits tissés sur soie instruisent sur l'histoire de la soierie lyonnaise.

Continuez la rue d'Ivry et tournez à droite dans la rue de Belfort, jusqu'à la rue Justin-Godart. Descendez-la doucement, pour profiter de la lente apparition de la rive gauche en face, couronnée par la cime des arbres de la Tête d'Or. La rue, en pente, étroite et calme, abrite un des **ateliers de soierie vivante** *(voir «Visiter»). Continuez jusqu'à ce que la rue se transforme en escalier, que vous descendez un peu, parmi les fleurs crème des sophoras en été, pour profiter de la superbe* **vue★** *sur le Rhône, les quais de la Presqu'île à droite, la rive gauche et le parc de la Tête d'Or à gauche.*

Mourguet et Guignol, Saint-Exupéry et le Petit Prince sont à l'honneur sur la Fresque des Lyonnais.

Vous avez alors le choix entre deux itinéraires : si vous voulez continuer la promenade par le parc, revenez en arrière pour attraper deux fois à droite la rue Célu, puis les volées de marches typiques de la rue Joséphin-Soulary, qui vous mènent au pont Winston-Churchill.
Pour continuer dans la Croix-Rousse, revenez en arrière et attrapez sur votre gauche l'escalier qui coupe la montée Bonafous.

Vous traversez un petit jardin, empruntez sur quelques mètres la montée Bonafous et trouvez dans son virage des escaliers entre deux immeubles élevés. Descendez-les.

Les Quais

Vous débouchez sur le large cours d'Herbouville, que vous prenez tout à droite. Au n° 1 vécut Édouard Herriot.

Un souterrain piétonnier peint – et barbouillé – permet de gagner la rue Royale, qui traboule joliment avec le quai Lassagne aux n°s 13, 15, 17, 19 et 21. Profitez-en, les immeubles du quai Lassagne sont dus à Soufflot.

Rejoignez la place Louis-Pradel par la place Tolozan. Remarquez le bel immeuble (18e s.) au n° 19. Vous arrivez face à la statue qui semble en équilibre instable de *L'Homme de la Liberté*, par le sculpteur César, puis place des Terreaux.

Le travail de la soie

La soie est obtenue par l'« éducation » du bombyx (sériciculture) dans des magnaneries. Après l'étape de la filature, la soie grège n'est pas assez résistante pour être tissée : il faut donc une opération préparatoire, le moulinage, qui assemble et tord les fils. Les bobines sont alors disposées sur un cadre, le cantre, puis déroulées en faisceau sur un ourdissoir ; les chaînes ainsi réalisées sont tendues sur le métier (fils parallèles) et sont croisées perpendiculairement par des fils de trame placés dans les canettes. Pour laisser passer la trame, les fils de chaîne sont soulevés par des cordelettes, les lisses, qui sont actionnées par différentes mécaniques dont la plus célèbre est celle de Jacquard (cartons perforés). Il existe plusieurs types de croisement possibles que l'on appelle armures : les principales sont le taffetas, le sergé et le satin.

Visiter

Ateliers de soierie vivante★
21 r. Richan (Hors plan au Nord de F1) - ℘ 04 78 27 17 13 - www.soierie-vivante.asso.fr - visite guidée (30mn) tlj sf dim. et lun. : 9h-12h, 14h-18h30, mar. 14h-18h30 - fermé août et j. fériés - 3 € (enf. 2 €).
Cette association s'est créée en 1993 pour sauvegarder et mettre en valeur le patrimoine des métiers de la soierie à la Croix-Rousse. Elle propose, à partir de l'Atelier municipal de passementerie, plusieurs circuits de visite d'ateliers familiaux authentiques. La passementerie est expliquée dans l'Atelier municipal où l'on peut voir fonctionner de vénérables métiers en noyer. Quelques rues plus loin revit un atelier de tissage à bras. À l'étage, dans un cadre intact et typique des ateliers de la Croix-Rousse, il conserve des métiers à grande largeur très rares. Les autres ateliers présentent, avec également de nombreuses démonstrations, le tissage mécanique, la guimperie et la peinture à la main.

Les Subsistances *(Hors plan à l'Ouest de E2)*
Se renseigner au moulin (accueil) pour visiter. Elles regroupent un vaste ensemble architectural aux nuances ocre, allongé en bord de Saône. On distingue à droite l'ancien cloître bâti pour les visitandines au début du 17e s., puis mis à disposition de l'armée (1807) pour le stockage des vivres. L'édifice fut complété d'une Manutention (devenue « Subsistances militaires ») constituée, à gauche, du grand bâtiment à base carrée et, au centre, de deux moulins. Le site, aujourd'hui réhabilité, accueille des artistes. Voir en particulier les voûtes ogivales du cloître et la verrière de la cour centrale qui diffuse une douce lumière sur le pavement.

Jardin Rosa Mir
87 Grande Rue de la Croix-Rousse, hors plan au Nord de F1- ℘ 04 72 77 69 69 (office de tourisme) - avr.-nov. : sam. 15h-18h.
Encastré à l'arrière des façades, ce charmant jardin de pierres et de coquillages, bien fleuri, évoque la mode des rocailles ou les fantaisies de Gaudí, en beaucoup plus petit. Le maçon espagnol qui l'a composé lui a simplement donné le nom de sa mère.

La Croix-Rousse pratique

Se restaurer

◎ **Comptoir du Mail** – 14 r. du Mail - ℘ 04 78 27 71 40 - comptoir. mail@wanadoo.fr - fermé 2-25 août - 14/40 €. Ce restaurant a vite été adopté par les Lyonnais qui goûtent sa cuisine traditionnelle inspirée par le marché et son accueil convivial. Décor de bistrot, avec nappes en toile cirée et suggestions du jour inscrites sur les miroirs accrochés aux murs.

◎ **Restaurant des Deux Places** – 5 pl. Fernand-Rey - ℘ 04 78 28 95 10 - fermé 15 juil.-15 août, w.-end et lun. - 15/40 €. À deux pas de la place Sathonay, ce petit restaurant a tout du bouchon de tradition : décor chargé d'objets rustiques, ambiance conviviale et cuisine pur jus avec quelques spécialités comme les langues d'agneau tiédies... Quelques tables en terrasse l'été.

◎◎ **L'Étage** – 4 pl. des Terreaux - ℘ 04 78 28 19 59 - fermé 3-10 mai, 26 juil.-27 août, dim. et lun. - ⊟ - 18/51 €. Pour accéder au restaurant, un ancien atelier de « canut », il vous faudra grimper au 2e étage de cet immeuble Belle Époque. Vous y dégusterez des plats traditionnels assortis de spécialités du terroir, dans un coquette salle à manger aux murs tendus de tissu rouge qui fait salle comble tous les jours.

◎◎ **Maison Villemanzy** – 25 montée St-Sébastien - ℘ 04 72 98 21 21 - leon@relaischateaux.com - fermé 2-15 janv.

- ⊟ - 22,50 €. Non seulement les prix sont raisonnables et les produits de première qualité, mais vous pourrez en outre goûter dans ce restaurant les plaisirs des hauteurs, sa terrasse offrant une vue exceptionnelle sur l'Est lyonnais. Pensez à réserver car le bouche à oreille a fait de cette table une adresse très prisée.

◎◎ **La Table d'Hippolyte** – 22 r. Hippolyte-Flandrin - ℘ 04 78 27 75 59 - fermé août, 25 déc., 1er janv., sam. midi et dim. - 19/50 €. Dans une ruelle proche des halles de la Martinière, adresse « cosy » mariant bibelots, vieux miroirs et bouquets de fleurs fraîches. Petite note romantique : la salle à manger est éclairée à la bougie. Cuisine traditionnelle saisonnière et miniterrasse très prisée des lyonnais.

Calendrier

Chaque année à l'automne depuis 1865, se déroule, sur le boulevard de la Croix-Rousse, **la Vogue** (fête foraine), excellente occasion de déguster des marrons grillés et de découvrir le quartier historique de la soie (canuts) construit au 19e siècle pour abriter les lourds métiers à tisser Jacquard des canuts lyonnais.

Marchés – La **place des Tapis** accueille sous sa double rangée de platanes un grand marché (alimentaire tlj, vêtements le mar.). Celui de la **place de la Croix-Rousse**, quotidien aussi, est dévolu aux fruits et légumes de production locale.

La **Rive gauche**

MÉTROS DES LIGNES B ET D, TRAMWAY 1 – PLAN I P. 86-87

« Go west! » disaient les colons des États-Unis, «Allons Rive gauche» pourraient dire les Lyonnais : la rive gauche du Rhône a permis à la ville, à l'étroit dans sa Presqu'île et au pied de Fourvière, de prendre son extension à partir du 18e s. L'extension, qui est loin d'être achevée, fait cohabiter des quartiers très divers. Des élancées de verre et de brique de la Cité internationale aux superbes hôtels particuliers du boulevard des Belges, en passant par le parc de la Tête d'Or ou très moderne Gerland, la Rive gauche s'avère aussi éclectique que dynamique.

▷ **Se repérer** – La tour du Crédit Lyonnais, « le crayon », signale de loin le quartier de la Part-Dieu. *(voir plan général)*

🅿 **Se garer** – Place du Général-Leclerc ou dans la Cité internationale. Les différents points d'intérêt de la rive gauche, quoique éloignés les uns des autres, sont aussi aisément accessibles en métro.

👁 **À ne pas manquer** – Le beau parc à l'anglaise de la Tête d'Or ; l'architecture du musée d'Art contemporain et de la Cité internationale.

🕐 **Organiser son temps** – Comptez une demi-journée pour la promenade.

👫 **Avec les enfants** – Le parc de la Tête d'Or, pour ses grands espaces, ses animations, son lac, ses fleurs et ses animaux.

🕯 **Pour poursuivre la visite** – Voir aussi la Croix-Rousse.

Se promener

De la cité internationale à Gerland

Pour aller d'un site à l'autre, utilisez le métro ou une voiture.

Cité internationale (C1)

Ce vaste ensemble, composé d'un imposant palais des congrès de 15 000 m², de cinémas (14 salles), d'hôtels et du musée d'Art contemporain a pris place entre le parc de la Tête d'Or et le Rhône. Un nouveau parc doit faire la transition entre celui de la Tête d'Or et les berges du fleuve).

Parc de la Tête d'Or★ (C1)

🕿 04 72 10 30 30 - www.lyon.fr - ⚐ - *de mi-avr. à mi-oct. : 6h30-22h30 ; de mi-oct. à mi-avr. : 6h30-20h30 - gratuit.*
Des grilles monumentales dorées (19e s.) signalent l'entrée principale, place du Général-Leclerc.
C'est en 1856 qu'est décidée la création du grand parc de Lyon. À cet effet, le préfet Vaïsse, qui veut « offrir la campagne à ceux qui n'en ont pas », achète la ferme de la Tête d'Or et ses terres. Avec ses animaux domestiques, ses terres inondables et ses chemins en bord de lône (bras mort du Rhône, que le fleuve alimente lors de ses

---

Le jardinier, la coccinelle et les petits oiseaux

Suivant une tendance marquée du jardinage comme de l'agriculture, la mairie de Lyon a opté depuis 1998 pour une « gestion évolutive durable » de ses espaces verts. Tous les jardins de Lyon ont ainsi vu disparaître l'usage des insecticides et herbicides. Les désherbages sont donc désormais thermiques (par flamme ou par vapeur, les graines et petites plantes sont brûlées) ou manuels, et les plantes adventices (comprenez : les mauvaises herbes) sont tolérées dans les pelouses ou les sous-bois dans une juste proportion. Les feuilles mortes ont de nouveau la fonction de fabriquer de l'humus sous les arbres, les déchets végétaux sont broyés pour former du compost. Les insectes ravageurs (comme les pucerons ou les araignées rouges) sont combattus par des « insectes auxiliaires » tels que les syrphes et coccinelles. Seuls les traitements contre les champignons, qui se répandent par contagion, n'ont encore pu être supprimés. Les jardiniers se réjouissent de voir revenir, avec les insectes, d'autres auxiliaires de culture : les petits oiseaux.
Enfin, l'utilisation du paillage, en plus de limiter la pousse de mauvaises herbes, a permis de limiter les arrosages, si bien que la plus grosse dépense en eau de la Tête d'Or est désormais allouée... au lac, que la baisse de niveau du Rhône a isolé de son alimentation.

Manège au parc de la Tête d'Or

crues), le site remplit cette fonction de loisirs depuis longtemps. Il tire son nom d'une tradition d'après laquelle serait enterrée à son emplacement une tête de Christ en or – des fouilles furent réalisées au 19e s., vainement.

Le projet va offrir à la ville son plus grand et son plus bel espace vert. Pratiquement de la même taille (105 ha) que Kensington Park à Londres, il est parmi les plus vastes parcs urbains d'Europe. Choisi pour le dessiner, le Suisse Denis Bühler, coauteur des parcs de Rennes et de Tours, opte pour un plan à l'anglaise, encore parfaitement lisible aujourd'hui malgré quelques modifications.

Parce que l'industrie de la soie subit alors une crise, ce sont les canuts qui travaillent au terrassement, en dépit de leur inexpérience.

Comptez 2 h pour le parc complet. Partez de la Porte des Enfants-du-Rhône et faites le tour du lac par la gauche.

Parc à l'anglaise, îles et lac – Les arbres sont plantés par bouquets et l'espace, laissant place à de vastes pelouses, est sillonné d'allées en lacets. Bühler a conservé quelques platanes, aujourd'hui bicentenaires. Les lignes droites sont volontairement exclues et les perspectives ne doivent pas s'embrasser d'un seul regard, pour inviter à la découverte. Le parc est isolé de la ville et du Rhône par un remblai, couronné d'un rideau de conifères. Une lône a été transformée en lac de 16 ha – l'île du Souvenir, avec le monument aux morts de Tony Garnier, étant aujourd'hui accessible par un passage souterrain.

Roseraie de concours★ – *Parc de la Tête d'Or - ☎ 04 72 10 30 30 - www.lyon.fr - ＆ - de mi-avr. à mi-oct. : 6h30-22h30 ; de mi-oct. à mi-avr. : 6h30-20h30 - gratuit.*
Aménagée le long du lac, du côté de la Cité internationale, elle est riche de 70 000 plants environ, représentant 350 variétés qui forment une superbe parure entre juin et octobre.

Si vous aimez la botanique, traquez au Nord-Est de la roseraie un rare spécimen d'*Ehretia Thyrsiflora*, arbuste à feuille épaisse et brillante, originaire d'Asie, à la floraison printanière blanche et parfumée. *(Renseignez-vous auprès des jardiniers si vous ne les trouvez pas).*

Parc zoologique, future plaine africaine – 👥👤 . ☎ 04 72 82 35 00 - ＆ - *de mi-juin à mi-sept. : 9h30-18h ; de déb. avr. à mi-juin et de mi-sept. à fin oct. : 9h30-17h30 ; nov.-mars : 9h30-16h30 - gratuit.*

Les roses et Lyon

Les roseraies du parc rendent un hommage indirect à la place que tient la ville dans la création horticole. Stimulés par la demande de modèles pour le dessin des soiries, les horticulteurs de Lyon ont en effet quelques trophées à leur actif : plusieurs milliers de nouvelles variétés obtenues depuis le 19e s., la première exposition de roses (1840), la découverte par Jean-Baptiste Guillot de la greffe en écusson sur églantier (1849, technique généralisée depuis), la création par la même maison du premier hybride moderne ou hybride de Thé, baptisé « La France » (1867), la création du premier hybride moderne à fleur jaune (1900). S'ils ne sont plus quatre-vingts comme à leur belle époque, restent néanmoins à Lyon quelques grands obtenteurs de roses.

Pour conserver cette fonction de « campagne à la ville », la Tête d'Or abrite des animaux qui, de domestiques qu'ils étaient à ses débuts, deviendront de plus en plus exotiques : en 1878, arrivent les premiers crocodiles. Le zoo compte aujourd'hui 1 100 pensionnaires dont de nombreux animaux sauvages non européens. Il fait l'objet de grands travaux qui devraient aboutir à l'ouverture, en 2007, d'espaces plus proches de leurs conditions naturelles de vie, où cohabiteront zèbres, girafes et autres herbivores d'Afrique. À l'Ouest du zoo s'étend le **parc aux daims**.

Serres★ et jardin botanique – *Les serres et les collections de plantes se parcourent agréablement mais gagnent à être commentées.* ℘ 04 72 82 35 02 - *www.jardin-botanique-lyon.com - jardin extérieur : avr.-sept. 9h-18h ; oct.-mars 9h-17h ; jardin alpin : mars-oct. 9h-11h30 ; serres : avr.-sept. 9h-17h30 (w.-end 17h) ; oct.-mars : 9h-16h30 ; serre Madagascar : 9h-11h30, 13h30-17h30 (w.-end 17h) - gratuit.*

Avec ses 21 m de haut, la grande serre jouxtant le parc zoologique est la 3e plus haute d'Europe. Elle s'insère dans un réseau de 7 000 m² abritant une **végétation exotique luxuriante**, déclinée selon divers thèmes : l'évolution et la complexification des modes de reproduction, les plantes aquatiques (l'été, ne manquez pas les spectaculaires *Victoria cruziana*), les milieux arides de Madagascar, les orchidées, les cactus et plantes horticoles.

Le **jardin botanique** s'étend sur 6 ha. Les espèces sont regroupées par zones géographiques dans le jardin alpin ou, dans les rayons d'un demi-cercle, par familles. Observer la forme des feuilles, des fleurs, des tiges et les parfums permet de comprendre, par exemple, que la menthe, la lavande et la sauge sont cousines (labiacées et labiées). En mai-juin, ne manquez pas la floraison des **roses** horticoles et botaniques (sauvages) et des 200 variétés de **pivoines**. Le jardin compte aussi quelques arbres rares, parmi lesquels un beau pin de Bunge à écorce de platane (à sa limite Sud).

Animations – 👫 Sur la place de Guignol, des animations sont proposées aux enfants : manège, jeux et **spectacles de Guignol** présentés par l'équipe du Véritable Guignol du Vieux-Lyon. ℘ 04 78 28 60 41 ou ℘ 04 78 93 71 75 - www.theatre-guignol.com - ♿ - *possibilité de visite guidée, spectacle mars-nov. : 15h, 16h, 17h et 18h ; nov.-mars : 15h, 16h et 17h - 3,30 € (enf. 2,80 €).*

Quais du Rhône

Au Sud de la Tête d'Or, s'étend le quartier des **Brotteaux**. Ses rues géométriquement tracées occupent l'emplacement de bancs de sable déposés autrefois par le Rhône, dont il tire son nom. C'est au 18e s. que le terrain a été conquis sur la zone de crue du Rhône, tout d'abord pour un lotissement de quelques hectares, destiné aux Lyonnais aisés, puis pour un habitat beaucoup plus massif et varié. Aujourd'hui, les Brotteaux constituent l'un des quartiers élégants de Lyon, où sont dispersées quelques belles constructions **Art Nouveau** (boulevard des Belges et, surtout, place Jules-Ferry).

À hauteur de l'Hôtel-Dieu, le quai Augagneur est bordé d'immeubles bourgeois imposants, construits à la fin du 19e s. Cette très belle promenade sous les platanes, égayée quotidiennement (sauf le lundi) par un marché en plein air, est particulièrement attachante par temps brumeux, lorsque le fleuve roule ses eaux tumultueuses. Du pont Wilson, la **vue★** s'étend, en face, sur les pentes de la Croix-Rousse, où s'étagent les hautes maisons des anciens canuts.

Au Sud du pont Wilson, le pont de la Guillotière remplace depuis 1958 un ouvrage établi au 13e s. par les Frères Pontifes. Il offre une bonne **vue** sur la colline de Fourvière. La cosmopolite **Guillotière**, à la population étudiante et multiculturelle, compte parmi les quartiers de Lyon en pleine métamorphose.

La Part-Dieu (C2)

D'après son nom, cet emplacement aurait été mis sous la protection divine, au Moyen Âge. Sur un ancien terrain militaire couvrant 22 ha a été réalisé un vaste projet réunissant des services administratifs, des activités commerciales et bancaires, des sites culturels. L'ensemble, desservi par une dalle piétonne suspendue, comprend un grand nombre d'immeubles et de tours, parmi lesquels la cité administrative d'État, l'hôtel de la Courly, le centre commercial (3 niveaux de galeries marchandes couvrant 110 000 m²), la maison de la Radio, la bibliothèque. Au Nord-Est se dresse l'**auditorium Maurice-Ravel** à l'architecture originale : en forme de coquille, il comporte une voûte d'une portée de 70 m.

À l'Est, la nouvelle **gare de La Part-Dieu**, réalisée pour permettre l'accueil du TGV, s'ouvre sur les façades Ouest et Est, les voies ferrées se trouvant au-dessus du bâtiment d'accueil. Des hôtels et des logements complètent cet équipement. Diverses sculptures modernes et des espaces verts agrémentent les esplanades. Le niveau zéro correspondant à la voirie urbaine est réservé à la circulation routière.

La tour du Crédit Lyonnais

Familièrement appelée « le crayon » par les citadins en raison de son toit cônique, elle domine depuis 1977 le quartier de ses 140 m *(les derniers étages sont occupés par un hôtel)* ; devenue un second repère dans le paysage urbain, après les tours de Fourvière, elle arbore une couleur brique qui s'harmonise avec les toits des vieux quartiers. Ses 42 étages mettent au niveau de la colline de Fourvière sa plateforme, avec vue panoramique.

Gerland (B3)

La ligne B du métro est prolongée jusqu'au stade Gerland. Face au confluent du Rhône et de la Saône, le quartier de Gerland se caractérise par un habitat très morcelé, coupé par de vastes friches, et une population hétérogène. En pleine mutation, il est appelé à devenir une technopole, dont la halle Tony-Garnier constituera le noyau central. L'aménagement en cours a déjà permis d'accueillir l'École normale supérieure, l'Institut Mérieux, l'Institut Pasteur et le palais des sports. La Cité scolaire internationale, œuvre des architectes Jourda et Perraudin, constitue un ensemble en verre ouvert sur le parc Gerland. Les fleurs et sons de la « mégaphorbiaie » et le vaste Skate Park attirent les promeneurs le week-end.

Visiter

Halle Tony-Garnier (B2)

Dans le cadre de son projet de « Cité industrielle », l'architecte urbaniste lyonnais Tony Garnier crée en 1914 la Grande Halle des abattoirs de La Mouche. Sa structure métallique représente le symbole même de l'architecture de fer avec une surface de près de 18 000 m^2 d'un seul tenant sans piliers de soutènement, sous une hauteur de 24 m. Après un long abandon, cette « cathédrale » de fer a bénéficié d'une heureuse restauration, avec notamment la mise en valeur de la charpente par un important ensemble de vitrages permettant une transparence maximale de la toiture et des façades latérales. La halle doit devenir, au terme de l'aménagement en cours du quartier, une « cité de l'image et du temps ». *20 pl. Antonin-Perrin - 69363 Lyon Cedex 07 -* ☎ *04 72 76 85 85 - www.halle-tony-garnier.com - visites selon la programmation - réservation par téléphone.*

Musée d'Art contemporain★ (C1 M¹)

81 Cité Internationale - Quai Charles-de-Gaulle - ☎ *04 72 69 17 17 - www.moca-lyon.org - ⬙ - pdt expositions temporaires : tlj sf lun. et mar. 12h-19h, possibilité de visite guidée (1h-1h30) lors des expositions - 5 € (-18 ans gratuit).*

La structure moderne du nouveau pôle culturel de la Cité internationale, construit autour de l'atrium de l'ancien palais de la Foire, permet une grande flexibilité et une bonne mise en valeur des œuvres. La collection est présentée sous forme de spectacle permanent, juxtaposition d'« espaces » régulièrement renouvelés. Les expositions sont très variées, car depuis sa première acquisition (*Ambiente Spaziale*, de Fontana), le musée est devenu un « centre de production » qui accueille les œuvres de Baldessari, Brecht, Filliou, Kosuth, Yvonnet et de nombreux autres artistes.

Tony Garnier et la Cité industrielle

« En matière d'urbanisme, toute idée neuve et hardie est intéressante » : cette phrase de Tony Garnier résume bien l'élan de son œuvre. Il naît à Lyon en 1869. Après ses études aux écoles nationales des Beaux-Arts de Lyon et de Paris, il travaille dans l'atelier de Julien Guadet et se passionne très vite pour la conception d'une Cité industrielle. Son projet mêle une organisation rationaliste et fonctionnelle des lieux à une vision utopique d'une société qui n'aurait besoin ni de police, ni de religion, mais serait régie par la loi du travail. En architecture, il emprunte des éléments classiques à la Grèce et recourt à des matériaux encore mal connus, comme le béton armé.

En 1905, le nouveau maire, Édouard Herriot, lui confie la direction des « Grands Travaux ». Tony Garnier commence par un coup de maître, en construisant une immense halle (halle Tony-Garnier) au cœur des nouveaux abattoirs de La Mouche. Il poursuit en réalisant un stade olympique (stade de Gerland), un hôpital pavillonnaire (hôpital Édouard-Herriot), une école de tissage, le quartier d'habitation des États-Unis, le monument de l'île du Souvenir au parc de la Tête-d'Or... Quand il meurt en 1948, il laisse une œuvre abondante et innovante qui influencera de nombreux architectes dont le célèbre Le Corbusier.

Museum (B1)

28 bd des Belges - ☏ 04 72 69 05 00 - www.museum-lyon.org - ♿ - possibilité de visite guidée (1h) tlj sf lun. 10h-18h - fermé 1ᵉʳ janv., 1ᵉʳ Mai, 1ᵉʳ nov. et 25 déc. - 2,30 € (-18 ans gratuit), gratuit le jeu.

En cours de travaux et de restructuration, il accueille pour l'instant d'intéressantes expositions temporaires sur les peuples du monde.

Centre d'histoire de la Résistance et de la Déportation★ (B2)

14 av. Berthelot (métro Jean-Macé) - ☏ 04 78 72 23 11 - www.lyon.fr - ♿ - tlj sf lun. et mar. 9h-17h30, w.-end 9h30-18h - fermé vac. scol. de Noël et j. fériés sf le 8 Mai - 3,80 € (-18 ans gratuit).

Ce musée est établi dans une partie des bâtiments qui ont abrité de 1882 au début des années 1970 l'École de santé militaire, et constitué de novembre 1942 à 1944 le siège lyonnais de la Gestapo. Le centre a pour vocation de perpétuer la mémoire des événements ayant trait à la Résistance, à la Déportation et à la Libération en France, et à Lyon en particulier.

La visite audioguidée s'effectue le long d'un circuit jalonné de vidéogrammes, diaporamas, documents d'archives et photographies. Au 1ᵉʳ étage, documents, affiches, extraits de films et diffusions de discours des personnalités de l'époque rappellent l'importance de Lyon dans l'éveil et le développement de la Résistance : événements locaux de juillet 1941 et premiers mouvements de la Résistance lyonnaise, exécutions massives et publiques des otages par les Allemands en août 1944, préludes à l'insurrection et à la libération de la ville par les forces alliées, en passant par la rafle de Vénissieux en août 1942 et l'arrestation de **Jean Moulin** à Caluire en juin 1943.

Un autre ensemble de salles détaille le drame de la Déportation et la chronologie du génocide des Juifs. L'importance de l'information et de la propagande en temps de guerre est affirmée par la reconstitution d'une placette lyonnaise, ornée de documents de propagande d'époque, et d'un intérieur bourgeois avec son poste de radio diffusant les célèbres « messages personnels » de Radio Londres. Le parcours s'achève par la projection d'un diaporama géant qui replace les événements survenus à Lyon et en France dans le contexte mondial.

Les caves du bâtiment, utilisées comme cellules pendant l'Occupation, accueillent tout au long de l'année des expositions temporaires.

À l'entrée des bâtiments, l'aile droite accueille l'Institut d'Études politiques (IEP).

Musée des Moulages (C2 M³)

3 r. Rachais (métro Garibaldi) - ☏ 04 72 84 81 12 - de mi-sept. à fin juin : mar. et jeu. 14h-18h - fermé vac. scol. et j. fériés - 1,50 €.

Toute l'histoire de la sculpture, de la Grèce archaïque au 19ᵉ s., présentée dans un ancien atelier de confection récemment rénové. Ces moulages offrent une occasion unique et saisissante de voir réunis des chefs-d'œuvre tels que *Le Discobole, Laocoon, La Victoire de Samothrace, L'Esclave* (de Michel-Ange)…

Musée africain (C2)

154 cours Gambetta (métro Garibaldi) - ☏ 04 78 61 60 98 - tlj sf lun. et mar. 14h-18h (dernière entrée 1h av. fermeture) - fermé août, 1ᵉʳ janv., Pâques, 1ᵉʳ Mai, 24, 25 et 31 déc. - 4,50 € (enf. 1,50 €).

Appartenant à la société des Missions africaines, ce musée présente sur trois niveaux 2 500 objets provenant de l'Afrique de l'Ouest, notamment du Bénin et de la Côte-d'Ivoire.

Parmi les collections illustrant la vie quotidienne, sociale et religieuse de ces contrées, on remarque, au 1ᵉʳ étage, les figurines de bronze du Bénin, les armes et les ouvrages de passementerie touareg, et surtout, au 2ᵉ étage, un ensemble de poids géométriques et figuratifs (ashanti du Ghana et baoulé de Côte-d'Ivoire) servant à peser la poudre d'or. Au 3ᵉ étage, statuettes, masques et autres objets rituels témoignent d'un art où le symbole est roi.

Musée Lumière (C2)

25 r. du Premier-Film, Lyon-Monplaisir (métro Monplaisir-Lumière). ☏ 04 78 78 18 95 - tlj sf lun. 11h-18h30 - fermé 1ᵉʳ janv., 1ᵉʳ Mai et 25 déc. - 6 € (enf. 5 €).

Antoine Lumière, père d'Auguste et de Louis, inventeurs du cinéma et de la plaque autochrome, fit construire de 1889 à 1901 cette demeure dans le style majestueux cher à la grande bourgeoisie de l'époque. Boiseries somptueuses, lustres sophistiqués, planchers en marqueterie constituent l'étonnant décor intérieur de cet édifice qui abrite l'Institut Lumière et accueille des rencontres autour de l'image fixe et animée. Une exposition retrace la vie de la famille Lumière, illustre l'invention du cinématographe ainsi que l'apparition des premiers autochromes et photographies couleur. Projections de films dans le hangar du premier film et soirées en extérieur pendant l'été *(se renseigner)*.

Musée urbain Tony-Garnier (C2)

Boulevard des États-Unis – plan n° 30 – de part et d'autre du boulevard, entre la rue Paul-Cazeneuve et la rue Jean-Sarrazin. Bus (lignes 32, 34, 36, 53, 176), arrêt Cité-Tony-Garnier.

Accueil public au 4 r. des Serpollières - ℘ 04 78 75 16 75 - www.mutg.org - ⚬

Amaury de Valroger / MICHELIN

Les œuvres de Tony Garnier ont été reprises sur les murs peints de la Cité de la Création.

- avr.-oct. : tlj sf lun. 14h-18h, sam. 11h-19h, visite guidée (1h30) sam. 14h30 et 16h30 ; nov.-mars : tlj sf lun. 14h-18h, visite guidée (1h30) sam. 14h30 - fermé vac. scol. Noël et j. fériés - 6 € (enf. 4 €).

Cet ensemble immobilier collectif a été construit dans les années 1930 par l'architecte urbaniste lyonnais Tony Garnier. À compter de 1991, les façades aveugles de ces grandes bâtisses ont bénéficié d'une mise en valeur originale par le groupe d'artistes « **La Cité de la Création** ». Ayant fait le choix d'un musée de plein air, ce groupe a réalisé une importante série de peintures murales monumentales suivant les thèmes de l'œuvre de Garnier. Il est toutefois possible de pénétrer à l'intérieur des habitations en visitant un appartement **musée**, décoré dans le style spécifique des années 1930. *4 r. des Serpollières - ℘ 04 78 75 16 75 - visite guidée (30mn) avr.-oct. : tlj sf lun. 14h-18h ; sam. 11h-19h, visite guidée 15h, 16h et 17h (sam. 18h) ; nov.-mars : tlj sf lun. 14h-18h, visite guidée 15h, 16h et 17h - fermé vac. scol. Noël et j. fériés - 2,50 €.*

La Rive gauche pratique

Se restaurer

Voir plan I, pages 86-87

⊖ **Chez les Gones** – 102 cours Lafayette (Halle de Lyon) - ℘ 04 78 60 91 61 - chezlesgones@online.fr - fermé dim. et lun. - 13,50 €. Ce bouchon installé au cœur des halles fait chaque jour le plein d'adeptes qui apprécient sa cuisine typiquement lyonnaise, son service tout sourire et sa bonne humeur ambiante. Grande terrasse à l'étage pour les beaux jours.

⊖ **Le St-Florent** – 106 cours Gambetta - ℘ 04 78 72 32 68 - fermé 3 sem. en août, 1 sem. à Noël, sam. midi, lun. midi et dim. - réserv. conseillée - 14/31 €. Très «cocorico», la décoration intérieure du restaurant – murs d'un jaune poussin, dossiers de chaises évoquant des plumes, etc. – donne un indice majeur quant au contenu de la carte, hymne culinaire dédié à la volaille de Bresse.

⊖ **Le Petit Carron** – 48 av. Félix-Faure - ℘ 04 78 60 00 57 - fermé 3 sem. en août, sam. midi et dim. - réserv. conseillée - 15,50/33 €. Répondez donc à l'appel du petit guignol qui égaye la devanture de cet accueillant bouchon lyonnais. La salle de restaurant, feutrée, invite à parcourir une alléchante ardoise de préparations, composée selon le marché et l'inspiration du chef.

⊖⊖ **L'Est** – 14 pl. Jules-Ferry, gare des Brotteaux - ℘ 04 37 24 25 26 - 21/26 €. Dernier bastion de Bocuse à Lyon : la gare de Brotteaux. Dans un décor de grande brasserie style rétro, des trains électriques font le tour de la salle... Côté cuisine, une équipe jeune sert des plats de tous les pays à des prix très sages et ça marche fort ! Terrasse en été.

Le **Grand-Lyon**

PLAN I P. 86-87

Le Grand-Lyon réunit 55 communes en couronne autour de Lyon. Au sein de cette communauté de communes, l'agglomération lyonnaise (50 000 ha), qui comprend 1,2 million d'habitants, représente à elle seule 75 % de la population du Rhône. Le contraste est donc important et visiter le Grand-Lyon donne vite l'impression d'avoir échappé à la ville. Passé les gratte-ciel de Villeurbanne, en quelques tours de roues, vous vous trouverez au cœur du Mont-d'Or, ou aux confins du pays des étangs de la Dombes.

▶ **Se repérer** – Pas de forme géométrique simple pour ce Grand-Lyon qui accole des communes dans un rayon d'une vingtaine de kilomètres autour de la très centrale place Bellecour, allant de Genay au Nord à Vernaison au Sud, de La Tour-de-Salvigny à l'Ouest à Jonage à l'Est.

👁 **À ne pas manquer** – Le musée de l'Automobile et ses pièces uniques de la fin du 19e s. ; un spectacle au TNP de Villeurbanne, réputé pour sa riche programmation, très contemporaine.

🕐 **Organiser son temps** – Comptez la journée pour la promenade et le circuit.

👫 **Avec les enfants** – Une découverte raisonnée de la poupée au musée du parc de Lacroix-Laval.

👣 **Pour poursuivre la visite** – Voir aussi Crémieu, la Dombes, les monts du Lyonnais, le Mont-d'Or Lyonnais, Pérouges, Trévoux et Vienne.

Le Franc-Lyonnais

Représentant la superficie d'un canton actuel, le Franc-Lyonnais était composé de treize « marches » s'étendant entre la Dombes et la rive gauche de la Saône. Une enclave isolée, en amont de Trévoux, formait le « Petit » Franc-Lyonnais. Le territoire principal allait de Genay, en amont de Neuville-sur-Saône, jusqu'au plateau de la Croix-Rousse qui échappait ainsi à la juridiction de Lyon. Les Francs-Lyonnais, pour s'être séparés volontairement du reste de la Bresse et du duché de Savoie, obtinrent de François Ier, en 1525, un véritable statut d'indépendance qui faisait de leur territoire une sorte de protectorat. Fort chatouilleux de leurs franchises et privilèges, refusant de payer aide, gabelle, taille et autres impôts, à l'exception d'un « don gratuit » de 30 000 livres au roi de France, tous les huit ans, les habitants – à peine 4 000 au total – avaient à leur tête un syndic général. La création des départements, sous la Révolution, mit fin à l'histoire du Franc-Lyonnais.

Se promener

VILLEURBANNE ET l'EST (C2)

Jouxtant le quartier de La Part-Dieu, la ville de Villeurbanne doit son nom à son origine romaine ; la *Villa Urbana* était une importante exploitation agricole établie par les Romains sur la colline de Cusset. Le développement de la ville est assez récent, mais il est curieux de remarquer l'indépendance qu'elle a toujours marquée par rapport à Lyon. Après un premier afflux de soyeux à la fin du 19e s., le développement de la ville s'accélère au 20e s. Elle résiste aux pressions hégémoniques lyonnaises et consacre sa différence en construisant dans les années 1930, le spectaculaire quartier des Gratte-Ciel. La ville poursuit aujourd'hui son développement en misant fortement sur les ressources culturelles : le fameux Théâtre National Populaire (TNP), une médiathèque ultramoderne, un musée d'art contemporain, la cité des Antiquaires qui ne réunit pas moins de 150 boutiques (boulevard Stalingrad)...

Les Gratte-Ciel (C1)

Métro Gratte-Ciel. Vers 1930, tandis que s'étend une grave crise économique, Villeurbanne offre des structures inadaptées à sa forte croissance démographique. À l'initiative de son maire, Lazare Goujon, un centre-ville est édifié, rapidement baptisé « cité des Gratte-Ciel », son architecture unique rappelant davantage les constructions d'outre-Atlantique que celles des faubourgs lyonnais. Plus qu'une recherche d'originalité, cette réalisation de l'urbaniste M. Leroux résulte d'une volonté de démocratiser le cœur de la ville. L'entrée du quartier est annoncée par deux hautes tours de 19 étages qui ouvrent une perspective bordée de grands immeubles blancs. Les 6 blocs d'habitation regroupent près de 1 500 logements répartis sur 9 à 11 étages. L'avenue Barbusse se termine par l'imposant et austère **hôtel de ville** dû à R. Giroud, dont la façade rythmée de colonnes cannelées est dominée par un beffroi de 60 m. De l'autre côté, la place du Docteur-Lazare-Goujon est fermée par le **TNP** qui était à l'origine le palais du Travail.

Nouveau Musée (Institut d'Art Contemporain) (C2 M²)

11 r. du Dr-Dolard (métro République) - Descendez le cours de la République vers le cours Tolstoï qu'il faut traverser - 📞 *04 78 03 47 00 - www.i-art-c.org -* ♿ *- juin-sept. : tlj sf lun. et mar. 13h-19h, jeu. 13h-20h ; oct.-mai : tlj sf lun. et mar. 13h-18h, jeu. 13h-20h - 4 € (enf. gratuit).*

L'association Nouveau Musée, créée en 1978, s'est installée depuis quelques années dans cet espace, logiquement moderne, qui regroupe une section d'information et de documentation avec un espace de présentation d'art contemporain. Un partenariat efficace avec la FRAC (Fonds régional d'art contemporain) de Rhône-Alpes lui permet de proposer des expositions thématiques variées.

Maison du livre, de l'image et du son (C1)

247 cours Émile-Zola (métro Flachet) - www.bm.villeurbanne.fr - 📞 *04 78 68 04 04 -* ♿ *- tlj sf dim. et j. fériés 11h-19h, sam. 10h-18h - gratuit.*

Cette médiathèque réalisée en 1988 par le célèbre architecte Mario Botta est organisée sur cinq étages autour d'un puits central. Elle comprend des bibliothèques de prêt, une vidéothèque, une discothèque et une artothèque (prêt d'œuvres d'art contemporain).

Carillon de Miribel

À 13 km au Nord-Est de Villeubanne, par l'A 46 puis l'A 42 - possibilité de visite guidée pendant les concerts - s'adresser à l'office de tourisme - 📞 *04 78 55 61 16.* Construit entre 1939 et 1947, il s'élève à 30 m de haut, dominant de manière spectaculaire le parc de loisirs et le canal de Miribel, et offre un beau panorama jusqu'à Lyon et son « crayon » (table d'orientation). Il accueille le concours international de jeunes carilloneurs.

LA MULATIÈRE

Jardin de la Bonne Maison★ (B2)

Par l'A 7, sortie La Mulatière. Prenez la direction Oullins centre. Au 2ᵉ carrefour, tournez à droite vers Ste-Foy-lès-Lyon, puis au 1ᵉʳ feu à droite. 99 chemin des Fontanières - 📞 *04 78 37 38 37 - mars-juin : tlj sf dim. 9h-13h.*

Installé dans la partie résidentielle de La Mulatière et protégé par ses murs, ce jardin offre son quasi hectare de pente à une exceptionnelle **collection de roses anciennes★★**, d'arbustes (prunus, hydrangéas, viburnums), de vivaces (pivoines, hostas) et de bulbes. Ce sont en effet quelque 750 variétés de roses horticoles ou botaniques qui montent à l'assaut des arbres, couvrent les pergolas, ruissellent des murs ou forment des buissons. Mme Masquelier, propriétaire du jardin, est une spécialiste reconnue de ce fleuron de l'horticulture lyonnaise *(voir p. 136)*. La floraison (d'avril à fin juin) est spectaculaire, suivie de septembre

<small>Gorges Masquelier / © La Bonne Maison</small>

Roseraie de la Bonne Maison

à novembre par les couleurs vives et les formes diverses des cinorrhodons (fruits du rosier).

L'OUEST LYONNAIS

Île Barbe (B1)

Masse de verdure d'où émerge la pointe d'un clocher roman, l'île Barbe abritait l'une des plus puissantes abbayes lyonnaises, fondée au 5ᵉ s. C'est aujourd'hui le domaine de calmes propriétés privées.

Parc départemental de Lacroix-Laval à Marcy-l'Étoile

Sortez de Lyon par le Nord-Ouest (direction Mâcon), puis suivez la D 7 en direction de Charbonnières.

Situé à l'Ouest de l'agglomération lyonnaise dont il constitue un des poumons verts, il couvre une superficie de 119 ha. Parmi ses aménagements, un intéressant parcours de course d'orientation.

Un **petit train touristique**, *Le Furet*, offre une présentation ludique mais documentée du château et de son parc. ✆ 06 09 93 66 03 (M. Bonjour) - 🔹 - trajet en petit train (15-30mn) mars-nov. : vac. scol., merc., w.-end et j. fériés 14h30-19h30 ; reste de l'année : sur demande - AS 2,50 € (enf. 1,50 €) ; AR 3,50 € (enf. 2,50 €).

Château de la poupée★ – *Accès direct en voiture en direction de Charbonnières.* Rte de Saint-Bel - ✆ 04 78 87 87 00 - 🔹 - tlj sf lun. 10h-17h - fermé 1er janv., 1er Mai, 1er nov. et 25 déc. - 3,80 € (-18 ans gratuit), gratuit le jeu.

À l'extrémité Est du parc de Lacroix-Laval, un élégant château du 18e s. *(illustration p. 73)* abrite un exceptionnel ensemble de poupées, du 18e s. à nos jours, provenant d'une collection particulière. La visite s'effectue sur deux niveaux : au niveau supérieur, « l'Univers de la poupée » correspondant à la création, la décoration et l'environnement de la poupée, et au niveau 1, le « Carrefour des regards » qui présente un historique de la poupée, objet d'art. Dans chaque salle, des bornes vidéo guident le visiteur.

Dans un cadre imitant une mise en scène de théâtre, les étapes de la fabrication de la poupée ancienne sont détaillées, particulièrement celle des têtes : en papier mâché jusqu'au début du 19e s., elles deviennent en cire, puis en porcelaine et enfin en biscuit. La porcelaine et le biscuit proviennent tous deux de la terre de kaolin. À l'inverse de la porcelaine qui rend les visages blancs, le biscuit garde sa teinte mate après cuisson et permet d'approcher la coloration de la carnation humaine. La tête en biscuit est entièrement peinte.

Ailleurs sont exposés de beaux ensembles de maisons de poupées, de nurseries et habits du 19e s. Le rôle de la poupée dans l'action éducative en faveur de l'hygiène est mis en valeur avec l'invention et la popularisation du baigneur en celluloïd. La reconstitution d'un atelier actuel de moulages de poupées en plastique fait découvrir la complexité des étapes de fabrication. Remarquez la machine pour implanter les cheveux.

Charbonnières-les-Bains

10 km par le Nord-Ouest (direction Mâcon), puis N 7.

Dans un cadre de bois exploités jadis par des charbonniers, le vallon de Charbonnières constitue un lieu de détente traditionnel des Lyonnais.

Pourquoi ces « bains » accolés au nom de la ville ? Selon la légende, les vertus reconstituantes des eaux du lieu auraient été découvertes par un innocent aliboron. Pelé et galeux, abandonné par son maître, l'âne errait dans les bois et vint boire à une source. On le vit réapparaître, peu après, tout ragaillardi. Plus officiellement, la source ferrugineuse fut mise au jour par un abbé en 1778. Un établissement de bains ouvrit, devint célèbre dans les années 1900, puis déclina, ferma et fut détruit il y a quelques années. Il reste un casino très fréquenté.

Le rallye automobile Lyon-Charbonnières est réputé pour ses étapes de montagne particulièrement sévères.

Circuit de découverte

LES BORDS DE SAÔNE★

38 km - environ 3 h.

Les versants escarpés, dominant la Saône, ont accueilli depuis le 18e s. de nombreuses maisons de maîtres lyonnais et des petits châteaux. Les berges, qui connurent l'intense activité des lavandières et des bateliers, devinrent ensuite des lieux de baignade et de détente champêtre pour les Lyonnais qui s'y rendaient par le *Train bleu*, dont on peut voir un exemplaire au musée de l'Automobile Henri-Malartre. De nos jours, les rives de la Saône ont retrouvé une animation en fin de semaine grâce à l'aménagement d'une partie du chemin de halage, rive gauche.

« Guinguettes » et « clos »

À la belle saison, les « guinguettes » et les « clos », autrefois très nombreux sur les bords du fleuve, proposent de retrouver une ambiance de fête en dégustant une friture arrosée de beaujolais (notamment autour de Collonges, à l'île Roy et à Neuville-sur-Saône).

Quittez Lyon par le Nord (direction Trévoux). Sur la gauche se détache l'imposante masse de verdure de l'île Barbe. La D 433 longe la rive gauche de la Saône, bordée d'épais ombrages jusqu'à Rochetaillée.

Musée de l'Automobile Henri-Malartre à Rochetaillée-sur-Saône★★

2 km après Fontaines-sur-Saône, suivez à droite les indications fléchées. 645 r. du Musée - ✆ 04 78 22 18 80 - www.musee-malartre.com - possibilité de visite guidée (1h30) juil.-août : tlj sf lun. 10h-19h ; reste de l'année : tlj sf lun. 9h-18h - fermé dernière sem. janv., 1er janv. et 25 déc. - 5,30 € (-18 ans gratuit).

Dans ce château du 15e s., restauré, acquis par la ville de Lyon, et dans son parc en terrasses au-dessus de la Saône, sont réunies de remarquables collections d'automobiles (1890 à 1986), cycles (1818 à 1960), motocycles (1904 à 1964) et véhicules de transports en commun (1886 à 1935), tous en état de marche. M. Henri Malartre gérait en 1929 une entreprise de démolition d'automobiles. Sa passion de collectionneur commença en 1931, avec une Rochet-Schneider de 1898 dont le moteur fonctionnait encore puis, deux ans plus tard, avec un double-phaéton Gobron-Brillié, pièce unique, également de 1898.

Sur les 150 **automobiles** exposées, 50 modèles sont antérieurs à 1914, 18 sont de fabrication lyonnaise, rappelant que, dans la région, une centaine de constructeurs se sont lancés dans l'aventure automobile.

Certaines pièces sont uniques comme la Rochet-Schneider (1895), la Gobron-Brillié (1898), la Luc Court (1901), la Thieulin (1908) ; d'autres ont fait date dans le développement technologique, telles la Ford T (1910), la Peugeot BB (1913), la berline Voisin (1932). L'omnibus à vapeur Scotte (1892), la voiturette électrique Mildé (1900), le prototype de la 2 CV Citroën (1936), maquillé en camionnette pendant l'Occupation, cumulent les deux particularités.

On trouve aussi quelques voitures d'hommes célèbres : la Mercedes blindée (1942) d'Adolf Hitler, saisie en 1945 par la division Leclerc à Berchtesgaden, l'Hispano-Suiza (1936), coupé de ville utilisé par le général de Gaulle après la Libération de Paris, la Renault Espace utilisée par le pape Jean-Paul II lors de son passage à Lyon en 1986. À noter également : un coupé-docteur De Dion Bouton (1900), un taxi de la Marne (1914), un ensemble de trois voitures Sizaire (1908, 1924, 1927), une décapotable Bugatti (1930).

Exposées dans le hall Gordini, les **voitures de course** ont été pilotées par les plus grands champions : Rolland Pilain (1923), Talbot Lago (1949), Gordini (1952).

Une série de **cycles** allant de la draisienne au vélo d'Anquetil comprend ces étonnants « Grands Bi ».

Plus de 50 **motocyclettes** sont présentées, parmi lesquelles une Herdtlé-Bruneau (1904), la Koehler-Escoffier (1935) de Georges Monneret, des side-cars et des Zundapp (1937) de l'armée allemande en Afrique et en Russie.

Un hall est consacré aux **transports en commun**. On y voit un tramway hippomobile à impériale ouverte (1880) et à conduite bidirectionnelle (les deux chevaux pouvant être attelés indifféremment à l'avant et à l'arrière pour éviter de tourner le véhicule) ;

© Musée de l'Automobile Henri-Malartre

Hispano-Suiza au musée de l'Automobile Henri-Malartre

la « motrice salon » (1900) utilisée par le président Poincaré à l'exposition de Lyon, en 1914 ; le premier trolleybus lyonnais (1935). Témoin d'un autre temps mais d'un besoin constant de nature, la motrice du « Train bleu » est bien connue des Lyonnais. C'est elle qui passait, jusqu'en 1957, au pied de Rochetaillée pour aller vers les lieux de baignades et les guinguettes de Neuville-sur-Saône.

Poursuivez en direction de la D 433 que l'on prend à droite.

Neuville-sur-Saône

La ville est joliment située à un coude de la Saône. Neuville, qui s'appelait jadis Vimy, fut, sous l'Ancien Régime, la capitale du Franc-Lyonnais. L'**église**, dominée par des clochers jumeaux du 17e s., abrite un ensemble de boiseries du sculpteur lyonnais Perrache (18e s.). *Sur demande auprès des Amis du Vieux-Neuville, M. Heilmann - ℘ 04 78 91 34 36 ou M. Berne - ℘ 04 78 98 21 47 - vend. 9h30-11h30, sam. 10h-12h, 14h-16h30.*

Revenez à Lyon par la D 433.

Le Grand-Lyon pratique

Se restaurer

Voir plan I, pages 86-87

⊖⊖ **L'Orangerie de Sébastien** – *Domaine de Lacroix-Laval - 69280 Marcy-l'Étoile - fermé vac. scol. de fév., dim. soir, lun.-mar. - ℘ 04 78 87 45 95 - ⊐⌶.* Le domaine de l'Orangerie offre, dans un cadre verdoyant d'arbres centenaires, d'étangs romantiques et de ruisseaux aux eaux frémissantes, de multiples activités sportives et culturelles. L'élégant restaurant qui y a pris place sert une cuisine au goût du jour soignée à des prix fort raisonnables.

⊖⊖ **La Brunoise** – *4 r. A.-Boutin - 69100 Villeurbanne - ℘ 04 78 52 07 77 - fermé 3-25 août, lun. soir, mar. soir, sam. midi-dim. - ⊐⌶ - 18/38 €.* Les artistes de la Cité de la Création ont décoré la pimpante façade de cet établissement de fresques à la gloire de ses spécialités culinaires. Les employés des entreprises du quartier se donnent quotidiennement rendez-vous ici autour de savoureux plats traditionnels accompagnés d'un excellent choix de vins.

⊖⊖ **Terrasse St-Clair** – *2 Grande Rue St-Clair - 69300 Caluire-et-Cuire - ℘ 04 72 27 37 37 - leon@relaischateaux.fr - fermé 21 déc.-11 janv. et dim. - ⊐⌶ - 22,50 €.* Le mobilier de style bistrot, les coquines peintures montrant Fanny aux prises avec les joueurs de boules, le plafond orné d'affiches anciennes et la terrasse ombragée de platanes donnent à cet accueillant restaurant avec vue sur le Rhône des airs de guinguette. On y savoure une cuisine traditionnelle soignée.

Pont-d'Arc et canoës

Joël Damase / MICHELIN

LA RÉGION RHODANIENNE

CARTES MICHELIN LOCAL 326, 328, 331, 332, 333.

Un château ruiné dominant le Rhône, un vignoble ensoleillé paré de ses couleurs d'automne, une guirlande lumineuse de fleurs dans une vallée de fruitiers ou le mystère d'un étang de la Dombes encore nimbé de brumes matinales… Aucun tableau, même le plus spectaculaire, ne peut résumer ce vaste territoire qui unit depuis la nuit des temps les cultures du Nord et du Sud. Merveilleuses synthèses de ces multiples influences, dont la ville de Lyon est le joyau. Il n'est qu'à parcourir la route panoramique de St-Romain-de-Lerps pour saisir l'ampleur des décors ; au plus profond des Boutières, dans les somptueuses gorges de l'Ardèche ou sur les douces collines de la Drôme, la nature se révèle toujours aussi séduisante, aussi inattendue. Non contente d'étonner les yeux les plus blasés, elle ravit les gourmands d'une incroyable palette de saveurs qui fait le succès des plus grandes tables. Et même si le Rhône a perdu cette puissance sauvage qui fascinait Mistral, il relie toujours une myriade de petits pays où il fait bon vivre.

- **Se repérer** – La région se compose des départements complets de l'**Ardèche**, de la **Loire** et du **Rhône**, auxquels s'ajoutent l'Ouest de la Drôme (**Préalpes drômoises**), l'Est de la Haute-Loire (**Velay**), l'Ouest de l'Isère (**Chambarans, Terres Froides, Isle-Crémieu**), et le Sud de l'Ain (**Dombes**).
  Ces frontières recoupent peu ou prou celles, historiques et culturelles, de l'extension vers le Nord de la langue d'Oc.

- **Avec les enfants** – La région est riche en possibilités de sorties et activités en famille : parcs, musées, curiosités naturelles *(voir en début de guide le tableau récapitulatif p. 40)*.

- **À ne pas manquer** – Les **villes★★★** et **sites★★★** de la région sont :
  Les paysages et les flots remuants des gorges de l'Ardèche ;
  Les concrétions scintillantes et colorées de l'aven d'Orgnac ;
  Les steppes volcaniques du mont Mézenc ;
  Le site rocheux, la cathédrale et la vieille ville du Puy-en-Velay ;
  Le cours du Rhône longé par sa corniche ;
  Les **panoramas** grandioses sur la vallée du Rhône, les Alpes, le mont Ventoux et le Jura du Crêt de l'Œillon et celui depuis St-Romain-de-Lerps qui s'étend sur treize départements.

Alba-la-Romaine

1 135 ALBÉENS
CARTE GÉNÉRALE B5 – CARTE MICHELIN LOCAL 331 J6 – ARDÈCHE (07)

Comment ne pas être surpris, en arrivant à Alba, par l'austère silhouette du château qui se détache au-dessus du vignoble et de la ville ? Il domine un lacis de ruelles qui recèlent d'anciennes maisons du 15ᵉ s., et un célèbre site archéologique. Parmi les nombreux vestiges, l'ancien théâtre romain revit lors de très belles représentations estivales.

▶ **Se repérer** – Sur la N 102, entre Montélimar à l'Est et Aubenas à l'Ouest.

👁 **À ne pas manquer** – Les rues médiévales d'Alba ; le site de Sceautres aux alentours.

🕐 **Organiser son temps** – Comptez 2h.

🌶 **Pour poursuivre la visite** – Voir aussi : Cruas, Montélimar, Privas, Villeneuve-de-Berg et Viviers.

Comprendre

Une ville romaine et médiévale – Au pied du village actuel, dans la plaine de l'Escoutay, s'élevait, sous l'Empire romain, *Alba Helviorum*, la **« capitale des Helviens »** dont le territoire couvrait à peu près l'actuel Bas-Vivarais. Son nom, *Alba*, désignait une colline, une forteresse. Embellie par Auguste, elle offrait le visage d'une cité gallo-romaine traditionnelle, avec forum, thermes, aqueduc, théâtre, cirque, curie et de nombreux temples. Vers la fin du 4ᵉ s. ou au début du 5ᵉ s. fut établi à Alba un siège épiscopal qui, aux alentours de 475, fut transféré à Viviers. La ville, déchue de son rang de cité, eut, par la suite, à subir les invasions barbares, puis sombra dans un lent déclin.

Ce n'est qu'au Moyen-Âge que l'on retrouve trace d'une communauté villageoise groupée autour d'un donjon et protégée par une solide enceinte.

La ville a été très marquée par la famille d'Aps, propriétaire des lieux, au point de porter son nom des siècles durant. Ce n'est qu'en 1903 qu'elle a retrouvé son nom.

Se promener

Alba se regroupe dans l'ancienne enceinte du château au-dessus de La Roche et de la ville romaine qui couvre quelque 30 ha autour de la D 107.

Le bourg médiéval★

Regroupé autour du château féodal, il est circonscrit dans le périmètre de l'ancienne enceinte fortifiée. De nombreuses maisons du 15ᵉ s., avec escalier extérieur, sont reliées par un ensemble de ruelles sous voûtes, notamment la Grande-Rue et la rue du Four. Remarquez les inscriptions, linteaux datés et sculptures en réemploi.

L'étonnant château féodal surplombe fièrement la plaine de L'Escoutay.

Joël Damase / MICHELIN

Établi sur un neck basaltique, le **château,** élevé au 17e s. à l'emplacement d'un donjon du 11e s., dresse sa silhouette de grosse bastide méridionale au-dessus de la rivière et du bourg. À l'intérieur, certaines salles abritent des expositions de peinture. ℘ *04 75 52 42 90 - www.alba-la-romaine.fr - de fin juin à mi-sept. : 10h-12h, 15h-19h ; de fin mars à fin juin : 14h-18h ; de fin sep. à déb. nov. : tlj sf lun. et mar. 14h-18h - possibilité de visite guidée à 15h en juil.-août ; sur demande le reste de l'année - fermé nov.-mars - 4 € (7-13 ans 2 €).*

Église St-André
Sam. et dim. 10h-12h.
Bâtie au 16e s., avec réemploi de matériaux gallo-romains, elle abrite de beaux objets religieux des 16e et 17e s. et une belle Annonciation du 17e s.

La ville romaine
De part et d'autre de la D 107, des vestiges de l'ancienne Alba ont été mis au jour, notamment à droite vers Viviers, ceux des thermes *(aujourd'hui recouverts)* et de deux maisons *(privées)*. À gauche par un chemin descendant, on atteint les ruines en partie relevées du théâtre *(animations estivales)* et un vaste complexe comprenant sanctuaire et forum, bordés par une voie Nord-Sud, le *cardo*.

Les vestiges paléochrétiens
Le croisement de la D 263 et de la D 107 délimite un enclos de fouilles révélant un ensemble de ruines paléochrétiennes et d'églises. La plus récente, paroissiale jusqu'au début du 16e s., date du 12e s.

Aux alentours

La Roche
1 km au Sud. En bordure de l'Escoutay, le village médiéval de La Roche est également dominé par un neck basaltique. Ses restes de remparts transformés en maisons d'habitation sont, avec ses ruelles enchevêtrées, une agréable invitation à la flânerie.

Sceautres
8 km au Nord par la D 263. Ce minuscule village, blotti sur un replat herbeux en bout de vallée, semble écrasé contre le rocher de basalte noir qui le domine. Ce **site★** étrange est constitué d'un piton de lave (neck), dégagé de la cheminée d'un ancien volcan par le tumultueux torrent qui coule à son pied.

 Par un sentier escarpé, on peut accéder *(1/2h)* au sommet que coiffe une statue de la Vierge. Par temps dégagé, beau **panorama★** sur la coulée basaltique des Coirons à l'Ouest et la plaine d'Alba au Sud.

Alba-la-Romaine pratique

Se loger

🍽🛏 **Chambre d'hôte Le Jeu du Mail** – ℘ *04 75 52 41 59 - http://lejeudumail.free.fr - fermé 15 nov.-15 mars - 5 ch. 50/75 € .* Dans les années 1970, ils furent parmi les premiers à ouvrir des chambres d'hôte en Ardèche… Depuis, ils n'ont jamais cessé de recevoir, avec un plaisir évident, dans leur chaleureuse demeure. En lisière du village, calme de la campagne garanti et petit-déjeuner sous la treille… Piscine et jardin.

Annonay

17 522 ANNONÉENS
CARTE GÉNÉRALE B3 – CARTE MICHELIN LOCAL 331 K2 – ARDÈCHE (07)

C'est un grand moment chaque année quand, pendant la Fête des montgolfières, des dizaines d'aérostats multicolores s'élèvent majestueusement au-dessus de la ville. Quel bel hommage pour une cité qui a vu naître tant de savants et tout particulièrement les frères Montgolfier ! Hommage aussi à une ville active, réputée pour le dynamisme de ses entreprises qui ont longtemps profité de la force des rivières : travail de la laine et du cuir dès le Moyen-Âge, célèbres papeteries par la suite…

- **Se repérer** – À 15 km au Sud-Ouest de Serrières, au Sud du Parc naturel régional du Pilat, Annonay est établi dans une profonde entaille du plateau vivarois, au confluent de la Deûme et de la Cance.

- **À ne pas manquer** – Un vol en montgolfière dans les cieux qui l'ont vu naître ; les animaux du Safari-parc de Peaugres.

- **Organiser son temps** – Comptez une demi-journée pour apprécie la vieille ville et les environs.

- **Avec les enfants** – Une visite au Safari-parc de Peaugres, pour voir évoluer de nombreux animaux en liberté.

- **Pour poursuivre la visite** – Voir aussi : Hauterives, Lalouvesc, le Pilat, Serrières, Tournon-sur-Rhône, Vienne.

> ### 👁 Le saviez-vous ?
> Les ingénieuses gloires annonéennes sont trop nombreuses pour être citées de manière exhaustive. Mais au sommet du box-office reviennent immanquablement les familles **Montgolfier** et **Seguin** qui ont beaucoup contribué à la renommée de leur cité.

Se promener

LA VIEILLE VILLE

Les vieux quartiers s'étagent sur les collines enserrant les deux rivières.

Comptez 1h. Partez de la place de la Libération.

Sur cette place se dresse la statue des frères Montgolfier, érigée en 1883 à l'occasion du premier centenaire commémorant le succès de leurs expériences aérostatiques. À gauche du bureau de poste, un petit belvédère offre une **vue** sur la vallée de la Cance et le parc Mignot en contrebas, à droite.

Empruntez la rue Boissy-d'Anglas.

Chapelle de Trachin

Seul vestige d'un prieuré fondé en 1320 par **Guy Trachin**, bourgeois d'Annonay, cet édifice gothique, qui a échappé aux destructions des guerres de Religion, servit à différentes reprises de chapelle de confrérie et d'église paroissiale. La haute flèche de pierre de la chapelle Trachin est du 16e s. Une sculpture représentant la tête du fondateur surmonte le porche Nord ; au-dessus, une Vierge à l'Enfant du 17e s.

S'engager dans la montée du Château, en contrebas de la place de la Liberté.

Portes fortifiées

La montée du château s'élève en rampe raide jusqu'à une ancienne porte à mâchicoulis, vestige des Rohan-Soubise. Une seconde porte d'enceinte subsiste à droite, rue de Bourgville.

La rue Montgolfier mène au pont du même nom.

Pont Montgolfier

Jeté sur la Deûme, il offre en amont une **vue** sur le vieux **pont Valgelas**, du 14e s., en dos d'âne, et le couvent Ste-Marie, élevé au 16e s. En aval, la Deûme s'engage dans le **défilé des Fouines**, étroit et sombre passage rocheux bordé de mégisseries désaffectées.

Place des Cordeliers

Elle doit son nom à l'ancien couvent édifié à l'emplacement où s'élève aujourd'hui le théâtre. À droite de l'office de tourisme, une plaque rappelle la première expérience publique des frères Montgolfier.

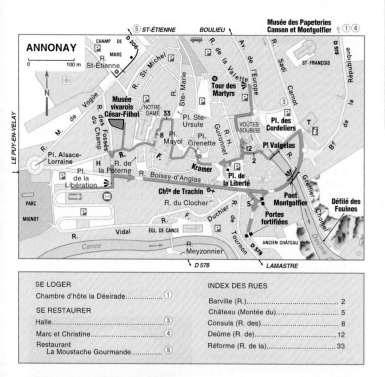

Regagnez le pont Valgelas et empruntez les pittoresques voûtes Soubise ainsi que la rue Barville, en escalier. Par la rue de Deûme, gagnez l'avenue de l'Europe.

À l'intersection de l'avenue de l'Europe, qui couvre en partie la Deûme, et de la rue de la Valette s'offre, à gauche, une **vue** sur la **tour des Martyrs** (12-13e s.), dernier vestige des remparts de la vieille ville, et l'ancien couvent Ste-Marie.

Place de la Liberté

Très animée le mercredi et le samedi, jours de marché, elle occupe le cœur de la cité. Jolie vue sur la chapelle de Trachin.

Au Nord-Ouest de la place s'élève la statue de Marc Seguin. Mais sa maison natale, signalée par une plaque, se trouve dans la rue Franki-Kramer.

Musée vivarois César-Filhol

15 r. Jean-Baptiste-Béchetoille - ℘ 04 75 67 67 93 - www.mairie-annonay.fr - juil.-août : 14h30-18h ; reste de l'année : merc. et w.-end 14h30-18h - fermé 25 déc.-1er janv. et j. fériés - 2,60 € (-16 ans gratuit).

L'ancien bailliage royal (remontant à 1700) rassemble d'intéressantes collections concernant le Vieil Annonay et ses grands hommes. Une cuisine vivaroise a été reconstituée. Une salle est consacrée aux précurseurs de la locomotion : les frères Montgolfier (bien sûr) qui lancèrent à Annonay le premier ballon à air chaud ; Marc Seguin, inventeur de la chaudière tubulaire (maquette de sa locomotive datant de 1828) et des ponts suspendus ; les frères Seguin, créateurs du moteur rotatif d'aviation *Gnôme* en 1908.

Rue Franki-Kramer

C'est l'ancienne grande rue d'Annonay. Tout comme les places Grenette et Mayol, voisines, elle est bordée de pittoresques maisons des 16e, 17e et 18e siècles. Un peu plus haut, une maison d'angle présente des bardages en fer destinés à protéger les murs.

Gagnez la place Grenette et revenez à la rue Franki-Kramer.

Au **n° 15**, l'ancienne église de l'aumône, du 17e s., est aujourd'hui un temple protestant.

Par le passage et la place Mayol, puis la rue Ste-Marie, gagnez la rue des Consuls.

Sur la gauche, vieille demeure à fenêtres à meneaux.

Découvrir

Musée des Papeteries Canson et Montgolfier

2,5 km. Quittez Annonay par le boulevard de la République, en direction de Valence. Juste avant la zone industrielle de Davézieux, prenez à gauche une route en descente signalée « Musée des Papeteries Canson et Montgolfier ». Laissez la voiture sur le parking devant l'église. ℘ *04 75 69 87 19 - visite guidée (1h) juil.-août : 14h15-18h ; sept.-juin : merc. et dim. 14h30-18h - fermé Pâques et 25 déc. - 3,20 € (-6 ans gratuit).*

Tout ce que vous avez toujours voulu savoir sur la fabrication du papier... Aménagé dans la maison natale des fameux frères Montgolfier, le musée retrace l'histoire des papeteries installées sur les rives de la Deûme, et plus précisément celle de Vidalon, devenue, grâce à la qualité de ses produits, manufacture royale en 1784. La rétrospective est vraiment complète : atelier traditionnel de fabrication avec sa cuve, son jeu de formes, son étendoir et sa presse en bois, volumineuse machine à papier à forme ronde du début du siècle, dernières techniques d'impression à partir d'un CD-ROM. Tout y est, même une petite démonstration de fabrication à la main. C'est ce qui s'appelle mettre la main à la pâte !

Une expérience aérostatique

Les **frères Montgolfier** avaient remarqué la force ascensionnelle de l'air chaud. Après plusieurs essais concluants pour capter cette énergie et l'exploiter, ils expérimentent leur procédé publiquement à Annonay, le 4 juin 1783, en présence des États particuliers du Vivarais. Un aérostat de 769 m³ est lancé ; les fuseaux qui forment l'enveloppe sont confectionnés avec de la toile d'emballage et du papier ; ils sont assemblés par quelque 1 800 boutonnières. Cet aérostat s'élève en neuf minutes et demie à sa hauteur maximale (entre 1 000 et 2 000 m selon les divers témoignages), demeure en l'air pendant une demi-heure et finalement atterrit à plus de 2 km du lieu de lancement. L'aérostation, prélude de l'aviation, était née.

Un obélisque, dressé au rond-point de l'avenue Marc-Seguin, une plaque, apposée place des Cordeliers où eut lieu l'expérience, ainsi qu'une reconstitution historique du premier envol commémorent cet exploit.

Reconstitution du premier vol en montgolfière

François Isler / MICHELIN

Aux alentours

Safari-parc de Peaugres★

6 km par le boulevard de la République, au Nord-Est. Comptez au minimum 3h pour la visite. RN 82 - ℘ *04 75 33 00 32 - www.safari-peaugres.com - saison : 9h30-18h ; hors sais. : 10h-16h30 - fermé 25 déc. - 16,50 € (enf. 12 €).*

🚶🚌 Situé au pied du massif du Pilat *(p. 301)* et aménagé de part et d'autre de la N 82, ce parc animalier abrite environ 400 mammifères, 300 oiseaux et une soixantaine de reptiles. Le programme des animations est fourni à l'entrée.

Visite en voiture – *Se conformer aux consignes de sécurité.* La route goudronnée serpente dans les quatre enclos séparés par des sas et permet de voir évoluer librement hamadryas (singes sacrés dans l'ancienne Égypte) et zèbres, ours « barribal » et bisons américains, dromadaires, buffles, yaks, hippopotames, rhinocéros, daims, girafes et éléphants.

Visite à pied – Dans le parc évoluent oiseaux aquatiques, girafes, autruches, élands du Cap (grandes antilopes africaines). Les caves du manoir abritent le vivarium où vivent lézards, caïmans, boas, pythons et roussettes. Dans la singerie paressent mandrills, ouistitis, orangs-outangs et lémuriens. Les lions ont rejoint le parc à pied et se laissent admirer de très près, comme les tigres et les guépards, grâce à un tunnel de verre. Un bassin accueille des otaries et une vingtaine de manchots.

Antilope bongo, originaire d'Afrique, au Safari-parc de Peaugres

Boulieu
5 km par l'avenue de l'Europe, au Nord. Ancien bourg fortifié conservant, de part et d'autre de la rue principale, le dessin de son enceinte carrée.

Château de Thorrenc
10 km au Nord-Est ; après la gare routière, prenez à droite la D 370 et à gauche la D 291. On ne visite pas. Récemment restauré, ce château du 11e s. se dresse au creux du ravin du Thorrençon.

Barrage du Ternay
10 km par la D 206 au Nord, puis la N 82 et la D 306. Construit en 1867 pour l'alimentation en eau d'Annonay, il offre un joli plan d'eau bordé d'une ceinture de cèdres.

Musée de l'Alambic★ à St-Désirat
13 km à l'Est. Rejoignez la D 82 à Davézieux et suivez-la sur environ 7 km ; prenez une petite route à gauche qui conduit à St-Désirat. ☏ 04 75 34 23 11 - www.jeangauthier.com - juil.-août : 8h-19h, w.-end et j. fériés 10h-19h ; sept.-juin : 8h-12h, 14h-18h30, w.-end et j. fériés 10h-12h, 14h-18h30 - fermé 25 déc.-1er janv. - gratuit.
Aménagé dans les bâtiments de la distillerie Gauthier, ce musée fait revivre le métier de bouilleur ambulant. Une franchise est à l'origine de cette activité : de nombreux agriculteurs avaient le droit de faire bouillir jusqu'à 10 l d'alcool pur, pour leur consommation personnelle. La fin de cet avantage en 1960 sonne le glas des bouilleurs ambulants qui sont remplacés par des distilleries artisanales ou industrielles dûment contrôlées.
Plusieurs films, de riches collections, de nombreuses scènes animées de personnages de cire et de panneaux didactiques permettent de suivre l'évolution des matériels et de comprendre les étapes de la fabrication de l'eau-de-vie. Une dégustation termine agréablement la visite. La distillerie, dont la spécialité est l'alcool de poire williams, propose ses différentes productions à la vente.

Circuit de découverte

VALLÉES DE L'AY ET DE LA CANCE
Circuit de 48 km – environ 2h. Quittez Annonay par la rue de Tournon au Sud en direction de Lamastre.

Quintenas-le-Peyron
Le village est dominé par le beau clocher (14e s.) de son **église** romane. Mentionnée dès 776 comme dépendance de l'abbaye de St-Claude dans le Jura, elle fut fortifiée au 14e s., puis restaurée au 19e s. : remarquez la bretèche de la façade et, du côté Sud, les arcatures qui formaient mâchicoulis.

À Quintenas, à droite, en face de l'église, prenez la direction de St-Romain-d'Ay.

La petite route serpente dans la campagne, offrant de belles vues sur les paysages du Haut-Vivarais.

On laisse sur la gauche l'église de St-Romain et on atteint la D 6 où il faut tourner à gauche. À 100 m, à droite, un chemin en descente conduit à N.-D.-d'Ay.

Notre-Dame-d'Ay

Ce modeste sanctuaire du Haut-Vivarais, établi sur un promontoire, est un lieu de pèlerinage très fréquenté ; les terrasses de l'ancien château offrent un joli coup d'œil sur le ravin.

Faites demi-tour, prenez la D 6 à droite, puis suivez la D 221 vers Sarras.

Au-dessus de l'Ay qui cascade, les versants rocheux offrent un aspect déchiqueté. À un tournant apparaît, sur un éperon, le pan de mur de la tour d'Oriol.

À Sarras, tournez à gauche pour suivre la N 86 et à 2 km, avant le pont de la Cance, prenez à gauche la D 270.

La route suit en corniche étroite la vallée de la Cance aux versants abrupts tapissés de chênes. Le torrent baigne en bouillonnant la **roche Péréandre★**, se dressant à plus de 40 m de hauteur.

Poursuivez sur la D 270, puis la D 371 jusqu'à Annonay.

Annonay pratique

Adresse utile

🛈 **Office de tourisme** – Pl. des Cordeliers - 07100 ANNONAY - ✆ 04 75 33 24 51 - www. ardeche-verte.com - tlj sf dim. 9h30-12h30, 13h30-18h30.

Se loger

👄 **Chambre d'hôte La Désirade** – 07340 St-Désirat - 15 km à l'E d'Annonay par D 82 dir. Andance, puis rte secondaire - ✆ 04 75 34 21 88 - www.desirade-fr.com - fermé 25 déc. et 1er janv. - ⚞ - réserv. obligatoire - 6 ch. 40/45 € ⚞ - repas 18 €. Dans les vignes et les arbres, cette maison bourgeoise du 19e s. entièrement rénovée ne manque pas de charme : ses chambres sont simples, claires et agréables. Elles donnent sur la cour et son magnolia ou sur le parc et le vignoble… Cuisine régionale soignée.

Se restaurer

👄 **Halle** – 17 pl. des Cordeliers - ✆ 04 75 32 04 62 - fermé 20 fév.-2 mars, 18 août-5 sept., merc. soir, dim. soir et lun. - 15/42 €. Ce restaurant situé sur une placette de la vieille ville dispose d'une chaleureuse salle à manger à la mise en place soignée et d'une petite terrasse d'été dressée dans une courette. Dedans ou dehors, la cuisine classique est servie avec le sourire.

👄 **Marc et Christine** – 29 av. Marc-Seguin - ✆ 04 75 33 46 97 - ⚞ - 14/36 €. Ce restaurant bâti à flanc de coteau abrite deux salles : l'une bourgeoise, l'autre lumineuse, tournée sur le jardin. Terrasses verdoyantes et cuisine classique. Également formule buffets et originale « criqzza » (mi-crique ardéchoise, mi-pizza).

👄 **Restaurant La Moustache Gourmande** – Au Village - 07430 St-Clair - 3,5 km d'Annonay par D 206, puis D 342 par Boulieu-lès-Annonay - ✆ 04 75 67 01 81 - fermé vac. de fév., 16 août-2 sept., dim. soir et merc. - 15/29,50 € - 4 ch. 36/45 € ⚞. Ce restaurant, tenu par un jovial Charentais et situé au cœur d'un charmant village, a bonne réputation : produits frais, bon choix de poissons et fruits de mer (vivier à homards), décor aux tons pastel et vue superbe sur les collines boisées depuis la terrasse. Quatre chambres d'hôte.

Petite pause

Norbert Chenevier – 7 pl. des Cordeliers - ✆ 04 75 33 40 55 - norbertchenevier@aol. com – mar.-sam. 7h-19h30, dim. 7h-19h - fermé mi-juil.-déb. août. Cette pâtisserie, renommée pour ses pognes, est l'endroit idéal pour faire provision de viennoiseries, galettes ardéchoises, petits fours, chocolats, glaces maison et confiseries (nougatines à l'ancienne, sucres d'orges, etc.). Un espace salon de thé est également à disposition.

Sports & Loisirs

Les Accros-branchés – Chemin du Grand-Mûrier - ✆ 04 75 67 52 20 - www. accrobranche.org - 9h-17h - fermé déc.-janv. Pour les amateurs de sensations qui feront connaissance avec le milieu forestier en se promenant sur les cimes des arbres. Accompagnement en toute sécurité par des professionnels (grimpeurs-élagueurs). **Ardèche Montgolfières** – 64 montée des Aygos - ✆ 04 75 69 39 39 - www.ardeche-montgolfieres.fr Pour découvrir l'Ardèche « à dos de nuage », il faut se lever tôt. Mais c'est de bonne grâce que l'on oublie le manque de sommeil devant le spectacle unique de la nature qui s'éveille dans la lumière du matin. Appareil photo et sourire obligatoires !

Calendrier

Les montgolfières d'Annonay – Reconstitution historique du 1er lancement d'un aérostat par les frères Montgolfier (1er w.-end de juin), ✆ 04 75 33 24 51. Premier w.-end de juin : rassemblement international de montgolfières et reconstitution historique du premier envol d'un aérostat le 4 juin 1783. Fin août : championnat de France de montgolfières. BP 111 - 07102 Annonay Cedex - ✆ 04 75 67 57 56.

Gorges de l'**Ardèche** ★★★

CARTE GÉNÉRALE B5 – CARTE MICHELIN LOCAL 331 I7, J8 –SCHÉMA P.158-159 –
ARDÈCHE (07)

On ne présente plus le célèbre Pont d'Arc, monumentale arche naturelle qui offre une entrée grandiose à l'une des plus imposantes curiosités naturelles du Midi de la France. La majeure partie des gorges a été constituée en réserve naturelle en 1980 et l'ensemble érigé en Grand Site d'intérêt national en 1993. La route touristique hardiment tracée sur la rive gauche s'élance à l'assaut de la corniche et ses nombreux belvédères dévoilent des panoramas à vous couper le souffle !

- 📍 **Se repérer** – La D 290 suit le tracé des gorges de l'Ardèche, entre Vallon-Pont-d'Arc et St-Martin-d'Ardèche.

- 👁 **À ne pas manquer** – La route panoramique, bien sûr, avec ses nombreux belvédères qui offrent des points de vue fantastiques, notamment dans la partie appelée Haute Corniche, le Pont d'Arc, les grottes et avens ; la descente d'une partie au moins de ces gorges en kayak.

- 🕐 **Organiser son temps** – Comptez au moins une journée pour l'ensemble du circuit.

- 👪 **Avec les enfants** – La rivière en canoë si les eaux sont calmes, l'impressionnante visite d'une grotte.

- 🚶 **Pour poursuivre la visite** – Voir aussi : Bourg-St-Andéol, aven d'Orgnac, le Tricastin, Ruoms, Vallon-Pont-d'Arc et Les Vans.

> ### Le saviez-vous ?
>
> 👁 Le mot Ardèche vient d'*ardica* (ou *adrica*), bas latin que l'on rattache à une racine italique *atr*- signifiant « noir » ou « sombre ».
>
> 👁 La grotte Chauvet, le site des Templiers : nombreux sont les témoignages d'une occupation très ancienne des gorges. Elles sont aujourd'hui fréquentées par une multitude de canoéistes et de vacanciers que surveille, sans doute avec étonnement, le superbe et rare aigle de Bonelli. Il ne faut pas oublier que c'est son territoire !

Sésame incontournable des gorges de l'Ardèche, le Pont d'Arc est l'entrée d'un monde enchanteur.

Joël Damase / MICHELIN

Comprendre

À la sortie du bassin de Vallon, l'Ardèche creuse ses gorges dans le plateau calcaire du Bas-Vivarais. De part et d'autre s'étendent le plateau des Gras (sur la gauche) et le plateau d'Orgnac (sur la droite), truffés de grottes et plantés d'un fouillis de chênes verts. La D 290, **route panoramique**, domine l'entaille du plateau côté rive gauche.

Les caprices de l'Ardèche

Prenant sa source à 1 467 m d'altitude dans le massif de Mazan, l'Ardèche se jette dans le Rhône, après 119 km de course, 1 km en amont de Pont-St-Esprit. Si la pente est surtout très forte dans la haute vallée, c'est dans le bas pays que l'on rencontre les exemples d'érosion les plus étonnants : ici, la rivière a dû se frayer un passage dans les assises calcaires du plateau, déjà attaqué par les eaux souterraines. Ses affluents, qui dévalent brutalement de la montagne, accentuent son régime irrégulier : maximum en automne, faible débit hivernal, crues au printemps et basses eaux en été. Le débit de l'Ardèche peut passer de 2,5 m³/s à plus de 7 000 lors des fameux et redoutables « coups de l'Ardèche » : c'est un véritable mur d'eau qui avance à la vitesse de 15 ou 20 km/h au point de repousser le flot du Rhône. La décrue est tout aussi soudaine.

Circuits de découverte

ROUTE PANORAMIQUE 1

38 km au départ de Vallon-Pont-d'Arc (voir ce nom) – comptez une demi-journée. Quittez Vallon vers le Sud en direction du Pont d'Arc.

Ce circuit permet de découvrir les gorges de l'Ardèche par la D 290, route panoramique qui domine la rivière puis, après avoir franchi l'Ardèche à St-Martin-d'Ardèche, de rentrer à Vallon par le plateau d'Orgnac. Il est vivement conseillé de suivre la route panoramique dans le sens Vallon-Pont-d'Arc-St-Martin-d'Ardèche pour accéder facilement aux parkings des nombreux belvédères.

Après être passée au pied du château du vieux Vallon, la route franchit l'Ibie avant de rejoindre l'Ardèche. Sur la gauche s'ouvrent la **grotte des Tunnels** (une rivière souterraine y coulait autrefois), puis la **grotte des Huguenots** (exposition sur la spéléologie, la préhistoire, et l'histoire des huguenots du Sud Vivarais). ✆ 04 75 88 06 71 - de mi-juin à fin août : 10h-19h - 3,50 € (enf. 2,50 €).

Pont d'Arc★★

🚗 *Laissez la voiture sur le grand parking aménagé à gauche de la route. Un sentier s'amorçant de l'autre côté de la route permet d'accéder à la plage située au pied du Pont d'Arc.* Cette impressionnante arche naturelle, haute de 34 m, large de 59 m, enjambe l'Ardèche qui contournait autrefois ce promontoire. Sous l'arche ne se déversait autrefois qu'un simple cours d'eau souterrain. On suppose que l'Ardèche, à la faveur d'une forte crue, aurait abandonné son ancien cours pour se glisser à travers l'orifice qu'elle a peu à peu agrandi, donnant naissance au Pont d'Arc.

Le paysage, à partir du Pont d'Arc, devient grandiose. Au fond d'une gorge déserte, longue de 30 km, cernée par des falaises dont certaines atteignent 300 m de hauteur, les eaux vertes de la rivière dessinent d'harmonieux méandres entrecoupés de rapides. Après Chames, la route effectue un long crochet au fond de l'imposant **cirque★** rocheux du **vallon de Tiourre**, avant de gagner, en corniche, le rebord du plateau.

Belvédère du Serre de Tourre★★

Il est établi à la verticale de l'Ardèche qu'il surplombe d'une hauteur de 200 m. De là, la vue sur le méandre du **Pas du Mousse** est superbe. Seules traces d'occupation humaine, les ruines du château d'Ebbo (16e s.), vissées sur l'échine rocheuse, s'ajoutent à la grandeur du lieu.

Largement tracée dans le taillis de chênes verts des bois Bouchas puis Malbosc, la route épouse le relief tourmenté des falaises. Depuis les **belvédères de Gaud★★**, on découvre la partie amont du méandre de Gaud et les tourelles de son petit château (19e s.).

Belvédère de la Cathédrale

Amaury de Valroger / MICHELIN

Belvédères d'Autridge★

Une boucle en déviation permet d'y accéder. Vues sur l'aiguille de Morsanne, semblable à la proue d'un navire.

500 m après la majestueuse combe d'Agrimont, du rebord de la route se développent de belles **perspectives★★** sur la courbe de l'Ardèche que domine l'aiguille de Morsanne.

Belvédères de Gournier★★

À 200 m au-dessus de l'Ardèche, les belvédères de Gournier voient la rivière se frayer un passage parmi les rochers de la Toupine de Gournier.

Gagnez l'aven de Marzal par la route qui court sur le plateau des Gras (D 590, face à la route d'accès au belvédère de la Madeleine).

Aven de Marzal★

Température intérieure : 14 °C. ℘ 04 75 55 14 82 - visite guidée (1h) avr.-sept. : 10h-18h ; mars et oct.-nov. : dim. et j. fériés 14h-17h - 7,80 € (enf. 5,20 €) billet combiné avec le zoo préhistorique.

S'enfonçant sous le plateau des Gras, cet aven est riche en concrétions de calcite, que colorient divers oxydes allant de l'ocre brun au blanc neigeux.

On accède aux grottes par un escalier métallique *(parcours assez pénible)* qui emprunte l'orifice naturel et débouche dans la Grande Salle, ou salle du Tombeau. Tout près, remarquer les ossements d'animaux tombés dans la grotte (ours, cerfs, bisons). La **salle du Chien**, dont une coulée de draperies blanches surmonte l'entrée, contient des concrétions très variées : orgues de couleurs vives, formations excentriques, en disques et en grappes de raisins. Par la richesse de ses coloris, la **salle de la Pomme de pin** est un enchantement. Terme de la visite, la **salle des Diamants** (130 m au-dessous du sol) scintille de milliers de cristaux, en une féerie de reflets et de couleurs.

À la sortie de l'aven, un musée du Monde souterrain évoque les grandes étapes de la spéléologie en France : équipements ayant appartenu ou ayant été mis au point par les pionniers de cette spécialité tels que Édouard-Alfred Martel, Robert de Joly, Élisabeth et Norbert Casteret ou Guy de Lavaur. ℘ 04 75 55 14 82 - ♾ - avr.-sept. : 10h-18h ; mars et oct.-nov. : dim. et j. fériés 14h-18h - gratuit.

On peut compléter la visite par un parcours ombragé de 800 m, aménagé en

> ## Un garde forestier bien tatillon
>
> En occitan, *marzal* désigne une graminée sauvage. Ce fut le sobriquet dont on affubla le garde forestier de St-Remèze, Dechame, qui avait infligé une amende pour femme, coupable d'avoir cueilli cette plante dans le champ d'un voisin pour nourrir ses lapins. Or peu après, Marzal fut tué par un habitant de la commune qui, pour se débarrasser du corps, le jeta dans un aven dit « Trou de la Barthe ». Le crime découvert, le trou prit le nom de la victime. L'aven ne fut cependant véritablement connu qu'en 1892 lorsque le spéléologue Édouard-Alfred Martel (1859-1938) en fit la première exploration. Mais on oublia sa situation exacte et il ne fut redécouvert qu'en 1949.

« **zoo préhistorique** », qui présente des reproductions, plus ou moins crédibles, de quelques spécimens de la faune locale d'autrefois. Dimétrodon, stégosaure, brachiosaure, tyrannosaure et mammouth… bref, de quoi réjouir les fans de *Jurassic Park*. ℘ 04 75 55 14 82 - ♾ - avr.-sept. : 10h-18h ; mars et oct.-nov. : dim. et j. fériés 13h-17h30 - 7,80 € (enf. 5,20 €) ; 13,40 € (enf. 8,30 €), billet combiné avec l'aven de Marzal.

Poursuivez sur le plateau des Gras par la pittoresque D 201.

Bidon

C'est un minuscule village aux maisons traditionnelles de pierres sèches, où la vie semble s'écouler paisiblement depuis des siècles. Le **musée de la Vie** retrace le prodigieux cheminement suivi par l'univers depuis le fameux Big-Bang jusqu'à nos jours. ♾ *De déb. avr. à mi-nov. : 10h-18h. Fermé de mi-nov. à fin mars. 6 € (6-14 ans : 3 €). ℘ 04 75 04 08 79.*

Revenez aux gorges par la D 590 jusqu'au grand carrefour de la Madeleine.

Vous voici sur la **Haute Corniche★★★**, partie la plus spectaculaire du parcours, où les belvédères offrent des vues parfois saisissantes sur les gorges.

Belvédère de la Madeleine★

Accès au parking en voiture – du moins à partir du mois d'avril, lorsque la barrière est ouverte – par une route goudronnée. Beau point de vue sur le « fort » de la Madeleine barrant vers l'aval l'enfilade des gorges. On peut faire une petite visite à la **Maison de la réserve** (entrée libre).

🚶 Du parking du belvédère de la Madeleine, un sentier des plus caillouteux, parfois raide et assez peu balisé à travers l'épaisse végétation permet aux plus courageux de rejoindre, à pied, le belvédère de la Cathédrale (ci-dessous).

Grotte de la Madeleine★

www.grottemadeleine.com - 📞 *04 75 04 22 20 - visite guidée (1h), dernière visite 1h av. ferme-ture, juil.-août : 9h-19h ; avr.-juin et sept. : 10h-18h ; oct. : 10h-17h - 7 € (enf. 4,50 €).*

Découverte en 1887, la grotte a été forée par un ancien cours d'eau souterrain qui drainait jadis une partie du plateau des Gras. On y pénètre par la Grotte Obs-cure, puis un tunnel taillé dans le roc *(escalier assez raide)* permet d'atteindre la salle du Chaos. Une magnifique coulée blanche entre deux amas rouges de draperies évoque une cascade par sa flui-dité et ses concrétions en forme de rose des sables. Les parois de la salle sont couvertes de petites cristallisations semblables à des coraux.

Belvédère de la Cathédrale★★

🚶 *1/4h à pied depuis le point d'accès au belvédère de la Made-leine, sur un chemin parfois rocailleux (soyez prudents !).* Point de vue imprenable sur un immense rocher ruiniforme : la « Cathédrale », qui dresse ses flèches de pierre en amont de la rivière.

Balcon des Templiers

Il doit son nom aux ruines d'une maladrerie de Templiers posée en contrebas sur un éperon. Vues saisissantes sur le méandre resserré de la rivière, dominé par les magnifiques parois du cirque.

Belvédère de la Maladrerie

Il permet d'apercevoir la « Cathédrale » sous un autre angle ; le belvédère de la **Rou-vière** donne sur les « remparts » du Garn.

Belvédère de la Coutelle

Plus vertigineux, ce belvédère est situé à pic sur la rivière qui coule 180 m plus bas ; à gauche, on aperçoit les rochers de Castelviel et les rapides de la Fève et de la Cadière.

Grand Belvédère★

Il donne sur la sortie des gorges et le dernier méandre de l'Ardèche.

À 200 m en aval du Grand Belvédère, sur la gauche de la D 290, se trouve le bâtiment d'accueil de la grotte de St-Marcel.

Grotte de St-Marcel★

📞 *04 75 04 38 07 - visite guidée (1h) juil.-août : 10h-19h ; de mi-mars à fin juin et sept. : 10h-18h ; de déb. oct. à mi-nov. : 10h-17h (dernière entrée 1h av. fermeture) - 7 €.*

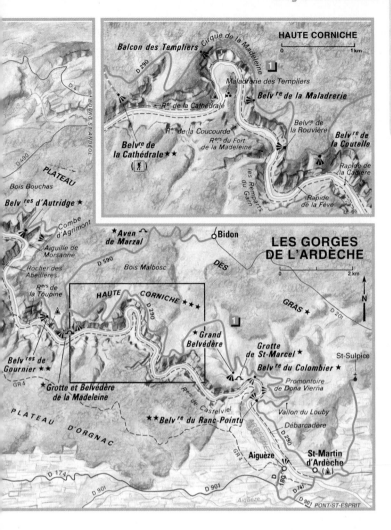

Découverte en 1835 par un chasseur d'Aiguèze, cette grotte, creusée par une rivière souterraine, s'ouvre naturellement par un abri sous roche au flanc des gorges. Aujourd'hui, une partie des galeries (dont le total atteint 32 km) est ouverte aux visiteurs.

Un tunnel donne accès à d'impressionnants couloirs où abondent stalactites, stalagmites, draperies, fistuleuses et autres excentriques, l'intérêt principal de la grotte résidant toutefois dans ses **cascades de gours**. On rencontre la salle de la Fontaine de la Vierge, la galerie des Peintres striée de bandes blanches (calcite), rouges (oxyde de fer) et noires (manganèse), la salle des Rois, la Cathédrale.

Un sentier pédestre tracé autour du site fait découvrir la flore locale (chênes verts, buis, cistes, etc.) et deux monuments mégalithiques *(dépliant remis à la caisse)*.

Reprenez la D 290.

Belvédère du Colombier★

On découvre un méandre aux berges entièrement rocheuses.

La route décrit ensuite un crochet au fond d'une vallée sèche, puis, après le promontoire de Dona Vierna, fait un long détour au fond du vallon du Louby.

Belvédère du Ranc-Pointu★★

Il permet de distinguer stries, marmites, grottes, différents phénomènes dus à l'érosion.

Une vallée cultivée largement ouverte vers le Rhône succède brusquement au paysage tourmenté des gorges. Sur la droite, on aperçoit Aiguèze, agrippée à une crête rocheuse dominant l'Ardèche.

St-Martin-d'Ardèche

Située au débouché des gorges, cette sympathique bourgade a su aujourd'hui se lier d'amitié avec la rivière dont les facéties fréquentes avaient, par le passé, fait surnommer ses habitants les « trempe-culs ». La cité, où Max Ernst séjourna de 1937 à 1940, accueille aujourd'hui aux beaux jours nombre d'adeptes de la baignade ou de la pêche, randonneurs et canoéistes.

Par une petite route à gauche de St-Martin-d'Ardèche *(direction Trignan)*, on accède, au milieu des vignes, à la chapelle romane de **St-Sulpice**, d'une éblouissante blancheur.

> ### Haute protection
>
> Écosystème fragile, la réserve naturelle des gorges de l'Ardèche (zone comprise entre Charmes et Sauze) fait l'objet de mesures de protection : on s'abstiendra donc d'y faire du feu, d'y abandonner des détritus, d'arracher les plantes ou d'ébrancher les arbres et de s'écarter des sentiers. Campings et bivouacs sont interdits en dehors des aires autorisées. Pour les week-ends des mois de juin et juillet, il est impératif de réserver sa place. ✆ *04 75 88 00 41.*

De St-Martin, franchir l'Ardèche sur le pont suspendu (des plus étroits !), puis prenez à droite la D 901 et tout de suite à droite la D 180.

Aiguèze

Stationnez dans le parking aménagé à l'entrée. Ce village médiéval aux rues pavées couronne les dernières falaises des gorges. On pénètre dans l'ancienne forteresse du 14e s. par un arc taillé dans le rocher : depuis le chemin de ronde, **coup d'œil★** sur la sortie du canyon, les tours en ruine et, en contrebas, le pont suspendu que l'on vient de franchir.

PLATEAU D'ORGNAC ②

Circuit de 45 km au départ d'Orgnac-l'Aven. Voir aven d'Orgnac.

Découvrir

AU FOND DES GORGES

La **descente des gorges en barque, en canoë ou à pied★★★**, de Vallon-Pont-d'Arc à St-Martin d'Ardèche, est une expérience inoubliable. *Recommandations : voir le « carnet pratique ». Attention : le rapide du Charlemagne, ou celui de la Dent Noire, risquent de chahuter les cœurs sensibles…*

En barque ou en canoë

Après un calme plan d'eau, l'Ardèche pénètre en méandre dans les gorges. L'impressionnant rapide du Charlemagne, que domine le monumental rocher du même nom, précède le passage sous le porche naturel du Pont d'Arc. Sur la gauche se déploie le cirque d'Estre où s'ouvre la grotte Chauvet ; puis, peu après, on aperçoit sur la droite l'entrée de la grotte ornée d'Ebbo, avant l'étroit Pas du Mousse qui donne accès au plateau. Sur la gauche se détache le rocher de l'Aiguille.

Après les falaises de Saleyron, quelques battements de cœur au passage du rapide de la Dent Noire… Puis, retour au calme dans le méandre du cirque de Gaud. Les rapides alternent alors avec de magnifiques plans d'eau, surplombés par d'impressionnantes parois : aiguille de Morsanne à gauche et, à droite, les arrachements rouges et noirs des Abeillères. Après les rochers et les trous de la Toupine de Gournier (le fond peut y atteindre 18 m), on aperçoit au loin, après environ 4h de navigation, la majestueuse « Cathédrale » et, sur la gauche, une des entrées naturelles de la grotte de la Madeleine. Peu après la « Cathédrale », on contourne la presqu'île des Templiers qui ont cédé aujourd'hui le terrain aux naturistes.

Au pied d'énormes falaises, le cirque de la Madeleine est l'un des plus beaux passages des gorges. Détroits, rapides et plans d'eau irisés se succèdent tandis que les chênes verts contrastent avec les parois dénudées. Le singulier rocher de la Coucourde (de *cogorda*, mot désignant en provençal une « courge » et, donc, un crâne !) et le surplomb de Castelvieil précèdent l'entrée de la grotte St-Marcel. Puis, après le promontoire de Dona Vierna et le belvédère du Ranc-Pointu, les falaises s'abaissent à l'entrée de la percée finale. Sur la droite, la tour d'Aiguèze domine la vallée, désormais élargie.

À pied

Voir les conditions dans le « Carnet pratique ». 🚶 Randonnée de 2 jours avec étape au bivouac de Gournier (réserver). Les premières heures de la matinée sont un vrai bonheur et le moment idéal pour découvrir, avant l'arrivée des canoéistes, la vie dans les gorges. Parmi les occupants permanents des lieux, les moins discrets sont

Il faut toute la vigueur parfois brutale de l'Ardèche pour frayer un chemin dans les plateaux calcaires qui la séparent du Rhône.

les sangliers qui labourent régulièrement les abords du sentier et quelques chèvres sauvages qui jouent les acrobates ; la présence de castors est également très visible sur les arbres et arbustes abattus, ou par leurs traces sur le sable. Avec beaucoup de chance et de bonnes jumelles, vous pourrez peut-être observer le très rare aigle de Bonelli qui règne sur les gorges. Dans ce milieu pourtant difficile se développe une flore très variée : genévriers, genêts, sariettes, chênes blancs et verts… Repérez les très vieux **genévriers de Phénicie**, véritables bonsaïs naturels accrochés aux hautes falaises calcaires, qui font actuellement l'objet d'une étude.

Gorges de l'Ardèche pratique

Voir également les adresses à l'aven d'Orgnac et à Vallon-Pont-d'Arc.

Adresse utile

Office de tourisme – *1 pl. de l'Ancienne-Gare - 07150 VALLON-PONT-D'ARC -* 𝄞 *04 75 88 04 01/41 09 - www.vallon-pont-darc.com - juil.-août : 9h-13h, 15h-19h, dim. et j. fériés 9h30-12h30 ; mai-juin et sept. : tlj sf dim. 9h-12h, 14h-18h (sam. 17h) ; avr. et oct. : tlj sf dim. 9h-12h, 14h-17h (sam. 16h) ; nov.-mars : tlj sf dim. 9h-12h, 14h-17h, sam. 9h-12h.*

Se loger

Les Clapas – *Le Village - 07120 Chauzon -* 𝄞 *04 75 39 79 67 - www.lesclapas.com - fermé vac. de Toussaint et 25 déc.-1er janv. -* 🍽 *- 5 ch. 36/45 €* 🛏. *Les propriétaires de cette ancienne ferme ont aménagé des chambres d'hôte dans une partie indépendante de la propriété. Celles-ci sont à la fois simples, fonctionnelles et décorées avec goût. Possibilité d'accéder à la piscine qui se trouve sur le terrain mitoyen.*

Le Mas St-Michel – *Quartier St-Michel - 07120 Ruoms -* 𝄞 *04 75 39 73 33 -* 🍽 *- 4 ch. 40/55 €* 🛏. *C'est dans l'une des chambres de l'ancienne magnanerie que vous pourrez poser vos bagages et profiter du* calme des lieux. Vue imprenable sur le confluent de la Beaume et de l'Ardèche. S'il fait trop chaud, vous pourrez toujours aller barboter dans la piscine. Confitures et pâtisseries maison au petit-déjeuner.

Chambre d'hôte La Martinade – *Rte de Gras - 07700 St-Remèze - 1,5 km par D 362 -* 𝄞 *04 75 98 89 42 -* 🍽 *- 4 ch. 42/46 €* 🛏 *- repas 18 €. Entre champs de lavande et chênes truffiers, cette ferme deux fois centenaire ne fait pas son âge tant il est agréable d'y vivre. On se prélasse avec bonheur auprès de la cheminée du salon, en attendant de se régaler de bon petits plats provençaux, puis de rejoindre l'une des jolies chambres logées dans les dépendances.*

Hôtel Le Clos des Bruyères – *Rte des Gorges - 07150 Vallon-Pont-d'Arc -* 𝄞 *04 75 37 18 85 - clos.des.bruyeres@online.fr - fermé oct. - mars -* 🅿 *- 32 ch. 55/59 € -* 🛏 *6,80 €. La route des gorges de l'Ardèche est magnifique, mais fatiguante avec ses virages ! Faites étape dans cette maison de style régional, dont les arcades ouvrent sur la piscine d'été. Chambres avec balcon ou en rez-de-jardin. Cuisine de la mer au restaurant doté d'une terrasse.*

La Bastide d'Iris – *07150 Vagnas -* 𝄞 *04 75 88 44 77 - labastidediris@aol.com - fermé janv. -* 🅿 *- 12 ch. 63/105 € -* 🛏 *9 €.*

Murs joliment colorés, tissus assortis, tomettes, meubles en fer forgé et salles de bains gaies caractérisent les chambres de cette charmante bastide flambant neuve.

Se restaurer

⊘ **Le Charabanc** – *07150 Salavas* - ℘ 04 75 88 14 38 - 11/23 €. Ce sympathique petit restaurant, bâti au bord de la route mais doté d'une terrasse ombragée, vous permettra de souffler un peu après la cohue estivale de Vallon-Pont-d'Arc. Service impeccable et cuisine provençale à base de produits frais prouvant que l'on peut faire simple et bon en même temps. Prix très doux.

⊘ **L'Auberge Sarrasine** – *R. de la Fontaine* - *30760 Aiguèze* - ℘ 04 66 50 94 20 - *fermé janv.* - *15/50 €*. En vous promenant dans les ruelles anciennes du village, vous découvrirez ce petit restaurant installé dans trois salles voûtées datant du 11ᵉ s. et agrémentées de belles cheminées. Le chef marie avec bonheur saveurs et couleurs.

Sports & Loisirs

Indy Parc – *2 km au N de Vagnas par D 579 - 07150 Vagnas* - ℘ 04 66 83 38 28 *ou* 06 09 57 57 46. Tremblez de joie et d'émotion dans ce parc aventure aménagé au milieu des bois. Les blasés du baudrier pourront relever le défi « top audace » : un parcours original sans harnais, mais avec un filet de 600 m² qui assure la sécurité en cas de chute. De l'adrénaline pour toute la famille

DESCENTE EN BARQUE OU EN CANOË

Elle peut s'effectuer toute l'année. En période froide (oct.-avr.), se munir d'une combinaison étanche et isotherme. Privilégier les mois de mai, juin (à l'exclusion des w.-ends, très chargés) et septembre (tous les jours). La descente complète représente 30 km en partant avant le Pont-d'Arc, mais il est possible de commencer vers Chames (derniers loueurs) pour réduire la descente à 24 km. Prévoir 2 jours pour profiter au maximum de la descente sans se soucier de l'heure d'arrivée. Ceux qui veulent profiter des gorges sans effort physique peuvent demander les services de la Confrérie des bateliers de l'Ardèche (renseignements et réservations à l'office du tourisme de Vallon). Pour séjourner sur les aires de bivouac de la réserve naturelle, il est nécessaire de réserver sa place à l'avance - ℘ 04 75 88 00 41.

Location – Une soixantaine de loueurs implantés à Vallon-Pont-d'Arc, Salavas, Ruoms, St-Martin et St-Remèze proposent la descente des gorges, soit en location libre soit en location accompagnée de 1 à 2j, pour un forfait moyen de 26 € (1j) ou 36 € (2j) sans hébergement, bivouac obligatoire 5 € et 7 € (sous tente collective) par personne. Liste des loueurs auprès de l'office du tourisme des gorges de l'Ardèche et de Vallon-Pont-d'Arc (le village,- 07150 Vallon-Pont-d'Arc - ℘ 04 75 88 04 01 ; l'office du tourisme du pays Ruomsois - rue Alphonse-Daudet - 07120 Ruoms - ℘ 04 75 93 91 90 et l'Office du tourisme de St-Martin-d'Ardèche - ℘ 04 75 98 70 91). La descente en individuel étant libre, réserver à l'avance sa nuitée en bivouac auprès de la Centrale de réservation des bivouacs de la réserve naturelle des gorges de l'Ardèche - ℘ 04 75 88 00 41.

Prudence – Selon la saison et la hauteur des eaux, prévoir de 6h à 9h pour la descente (dép. interdit après 18h). Quelques passages difficiles nécessitent un minimum d'initiation (et expérience confirmée en zone orange) à demander avant votre départ auprès de votre loueur de canoës. Il est impératif de savoir nager. Gilet de sauvetage désormais exigé, sous peine de lourdes amendes. Un règlement de la navigation est consultable chez tous les loueurs de canoës, dans les mairies, les offices de tourisme et les gendarmeries. Pour une meilleure découverte du patrimoine, traversez en toute sécurité les 26 km de réserve naturelle avec les bateliers de l'Ardèche. Par ailleurs, il est très utile de se procurer le *Plan-guide des gorges de l'Ardèche*, édité par l'association Tourena.

Bivouac – La rivière traverse une réserve naturelle. Sur 30 km de canyon, la porte de départ est le majestueux Pont-d'Arc. L'arrêt pour le pique-nique reste possible tout au long de la rivière, moyennant un strict respect des lieux (abandon de déchets interdit !), mais le bivouac n'est autorisé que sur les aires naturelles de Gaud et de Gournier (5 € par personne ou 7 € sous tente marabout - réservation au 04 75 88 00 41).

DESCENTE À PIED

21 km. Compter deux jours pour la descente des gorges, avec bivouac à Gournier (réserv. au 04 75 88 00 41). Le point de départ se trouve peu après la sortie de Chames, dans un tournant qui précède la montée vers le Serre de Tourre (deux panneaux indicateurs, parking en contrebas de la route). Partir de bonne heure le matin après s'être assuré de la praticabilité des gués et de conditions météo favorables (les crues peuvent être très brutales). Prévoir de bonnes chaussures, deux litres d'eau (chaleur torride en milieu de journée), des sandales pour la traversée des gués, sans oublier nourriture et trousse de premier secours. La rivière refait son lit chaque année et il peut y avoir quelques modifications de parcours. Il y a deux gués à traverser (Charmassonnet et Guitard, en amont de Gournier). Les quelques passages un peu difficiles sont équipés de mains courantes. Il est conseillé de se procurer le topoguide *Les Gorges de l'Ardèche et leurs plateaux* (Gilbert de Cochet), édité par le Syndicat de gestion des gorges de l'Ardèche et de leur région naturelle - ℘ 04 75 98 77 31.

Arlempdes ★

114 HABITANTS
CARTE GÉNÉRALE A4 – CARTE MICHELIN LOCAL 331 F4 – SCHÉMA P. 258 – HAUTE-LOIRE (43)

L'homme peut toujours essayer de copier la nature, jamais il ne fera une aussi belle et solide forteresse que cet étrange piton volcanique qui domine les gorges de la Loire d'un à-pic de 80 m. C'est bien ce que pensaient les seigneurs de Montlaur en y construisant un château au 13ᵉ s. Mais aussi exceptionnelle soit-elle, cette position n'a pas suffi à le protéger, même si ses ruines couronnent toujours avec une certaine fierté la remarquable « citadelle ».

▶ **Se repérer** – Arlempdes est situé à 28 km au Sud du Puy-en-Velay.

👁 **À ne pas manquer** – Le circuit menant aux plateaux volcaniques.

👫 **Avec les enfants** – La visite au Musée vivant du Cheval de trait de Pradelles, pour voir de près des animaux à la fois impressionnants et familiers.

⏱ **Pour poursuivre la visite** – Voir aussi : lac d'Issarlès, Le Monastier-sur-Gazeille et Le Puy-en-Velay.

Visiter

Le village

Campé au pied du château, il conserve une porte d'enceinte fortifiée du 11ᵉ s. et une charmante **église**. Sur la placette qui la précède, se dresse une belle croix à personnages du 15ᵉ s.

Château

1/4h à pied AR. Empruntez, à gauche de l'église, le sentier passant sous une arche et menant à la porte d'entrée. 📞 *04 71 57 19 47 – juil.-août : visite guidée (30mn) 14h-17h30 ; mars-juin et sept.-oct. : 8h-18h - 3 € (enf. 2 €).*
Construit par les seigneurs de Montlaur au 13ᵉ s., il fit l'objet de plusieurs mises à sac malgré sa position « imprenable ».

Le sommet de l'éperon est couronné des vestiges d'une petite chapelle en pierres volcaniques rouges. Son chevet offre un **point de vue** impressionnant sur les gorges où gronde parfois la Loire *(voir p. 255)*.
Le mur d'enceinte Nord garde son couronnement de merlons et de créneaux, face aux splendides coulées basaltiques de la rive opposée. Du pied de la tour de droite, le regard plonge sur la vallée de la Loire à l'aplomb d'une saisissante aiguille basaltique.

Le saviez-vous ?

👁 Après les Montlaur, de nombreuses familles et personnalités se sont succédé à la baronnie d'Arlempdes. Citons Charles de Poitiers, conseiller du roi Charles VII, et une de ses illustres descendantes, Diane de Poitiers, favorite d'Henri II.

👁 En 1588, la cité, assiégée par le capitaine Chambaud, chef des huguenots, fut délivrée grâce à l'intervention héroïque d'une simple paysanne, **Jeanne la Verdette**. Un bas-relief moderne commémore cet événement, à droite de la porte de la Verdette.

Le site d'Arlempdes depuis les gorges de la Loire

Amaury de Valroger / MICHELIN

Circuit de découverte

LES PLATEAUX VOLCANIQUES★

Circuit de 56 km – comptez une demi-journée. Quittez Arlempdes par la D 54 à l'Est et prenez à droite la D 500.

St-Paul-de-Tartas

Village dominé par sa petite église romane aux pierres volcaniques violacées.

Au carrefour de la D 500 et de la N 102, prenez à droite, puis à gauche vers Pradelles.

Pradelles

Le bourg, situé sur un promontoire, au carrefour des routes du Velay et du Vivarais, conserve en bas de la rue de traversée un vieux quartier qui témoigne de l'importance de cette ancienne place forte.

La place de la Halle, notamment, avec son ancien château fort, ses maisons à arceaux, ses logis Renaissance, les gros corbeaux de pierre ou de bois soutenant les toitures – certaines offrent, par contraste, un fronton à génoise – forment un ensemble intéressant. Un réseau de ruelles adjacentes descend vers la porte fortifiée de la Verdette qui donne accès à l'église, et vers celle de St-Clément au Sud.

À gauche de la place des Halles, dans le pittoresque « carrierou de l'Oustaou » pavé, on remarque plusieurs maisons aux fenêtres Renaissance ; l'une d'elles abrite en saison des expositions sur le terroir.

Musée vivant du Cheval de trait – *℘ 04 71 57 19 47 - juil.-août : visite guidée (30mn) 14h-17h30 ; mars-juin et sept.-oct. : 8h-18h - 3 € (enf. 2 €).*

Installé dans une auberge reconstituée, il est consacré aux « chevaux lourds » qui, après une longue période d'abandon, retrouvent progressivement une place dans certaines exploitations (forêt) et dans les loisirs (attelage). Les neuf races reconnues par les Haras nationaux sont : l'ardennais, l'auxois, le boulonnais, le breton, le cob normand, le comtois, le mulassier poitevin, le percheron et le trait du nord.

De la Croix d'Ardennes (butte volcanique de 1 133 m), au-delà du cimetière, belle vue sur la haute vallée de l'Allier.

La N 88 au Sud, puis la D 108, à gauche, mènent à Lespéron.

Lespéron

L'**église** romane, mêlant le granit et la pierre volcanique, est un exemple intéressant de sanctuaire montagnard, avec son clocher-peigne, les chapiteaux sculptés de la nef et surtout sa belle abside à cinq pans.

Par la D 108 et la D 300, gagnez la N 102 pour rejoindre l'auberge de Peyrebeille située sur la commune de Lanarce.

Auberge de Peyrebeille

Cette maison reconstruite sur plan ancien, située sur la commune de Lanarce, est célèbre dans les annales criminelles.

C'est ici que les époux Martin, aidés de leur domestique, ont, pendant un quart de siècle, systématiquement massacré, pour les piller, les voyageurs qui s'arrêtaient chez eux. Le futur préfet du Second Empire, Haussmann, faillit être leur victime. L'affaire éclata en mai 1831. Les assassins furent finalement arrêtés, condamnés à mort et exécutés en 1833 dans la cour même de l'auberge. La thèse de leur culpabilité a fait l'objet de controverses. La sinistre auberge a inspiré Claude Autant-Lara qui en a fait un film en 1951 : *L'Auberge Rouge*. Le cynisme des époux Martin s'y révèle sans limites et rien ne semble pouvoir arrêter cette organisation meurtrière… avant qu'un moine (l'inimitable Fernandel) vienne, très involontairement, tout bouleverser…

Prenez à gauche la D 16.

Coucouron

Le bourg, voué à l'industrie laitière et fromagère, a donné son nom à un fromage, ou plus exactement une « fourme », que l'on retrouve essentiellement dans la région. Il possède une église dont on remarquera le portail roman. À l'intérieur, grand Christ en bois (16e s.).

La D 298 s'enfonce dans le vallon boisé de la Méjanne et rejoint la D 500 (direction Le Monastier). Tournez peu après dans la D 54 qui ramène à Arlempdes.

Aubenas

11 018 ALBENASSIENS
CARTE GÉNÉRALE B4 – CARTE MICHELIN LOCAL 331 I6 – ARDÈCHE (07)

Une acropole en Ardèche ? Rien à voir, bien sûr, avec les célèbres cités grecques, mais la vieille ville a fière allure sur son large éperon rocheux qui domine l'Ardèche. Les robustes silhouettes du château et du Dôme St-Benoît se dressent toujours au-dessus des anciens remparts, immuables témoins du riche passé de la ville.

- ▶ **Se repérer –** Aubenas est une ville carrefour située à l'Ouest de Montélimar (N 102), au Sud-Est du Puy-en-Velay (N 102 et N 88), au Sud-Ouest de Privas (N 304), au Nord des gorges de l'Ardèche (D 579 et D 1) et d'Alès (D 104).

- 👁 **À ne pas manquer –** Le point de vue depuis la table d'orientation d'Aubenas, de même que celui de Jastres ; les Aubenades de la Photographie en juillet ; les reliefs des défilés, de la montagne et de la haute vallée de l'Ardèche.

- 🕓 **Organiser son temps –** Profitez des couleurs et saveurs du marché chaque samedi matin. Comptez au moins une journée pour la ville et ses environs.

- ⚲ **Pour poursuivre la visite –** Voir aussi : Alba-la-Romaine, Largentière, Privas, Ruoms, massif du Tanargue, Thueyts, Vals-les-Bains, Villeneuve-de-Berg.

Vue étendue sur Aubenas et la vallée de l'Ardèche

Se promener

Porte principale de la vallée de l'Ardèche, Aubenas se dresse sur un **site★** perché remarquable. La vieille ville est limitée par l'emplacement des anciens remparts.

Vieilles maisons

La « **maison aux Gargouilles** » (16ᵉ s.) fait face au château ; sa haute tourelle polygonale est ornée de magnifiques gargouilles et sa façade présente de belles fenêtres à meneaux. Place Parmentier, jolie tourelle d'escalier (16ᵉ s.) dans la cour de la « maison de Castrevieille », et belles façades d'hôtels particuliers rue Jourdan. La rue Delichères est amusante avec ses vieux arceaux.

Table d'orientation

La vue s'étend sur la montagne de Ste-Marguerite, la trouée de Vals, le roc de Gourdon, le col de l'Escrinet et les barres du Coiron.

Visiter

Château

🕿 04 75 87 81 11 - www.aubenas.fr - visite guidée (1h30) juil.-août : 11h, 14h, 15h, 16h et 17h ; juin et sept. : tlj sf dim. et lun. 10h30, 14h ; oct.-mai : mar., jeu., vend. et sam. 14h - fermé j. fériés (sf 14 Juil. et 15 août) - 3,50 € (-12 ans gratuit).

Une jacquerie vivaroise

Après l'hiver de 1669-1670 qui fit périr tous les oliviers, des rumeurs concernant des impôts nouveaux créent un mécontentement profond. Le 30 avril 1670, un commis des fermes est lapidé à Aubenas. Le meneur des émeutiers, jeté en prison, est délivré le lendemain par les manifestants qui se donnent pour chef un gentilhomme de La Chapelle-sous-Aubenas, **Antoine du Roure**. Tandis que le gouverneur du Languedoc cherche à gagner du temps par des négociations, les hommes de Roure s'emparent d'Aubenas. Fin juillet, la rencontre avec l'armée royale a lieu à Lavilledieu. Les paysans sont massacrés ; Roure est exécuté à Montpellier. La colère royale s'exerça particulièrement sur Aubenas et La Chapelle, condamnés à de lourdes amendes.

C'est un bel ensemble architectural. Les plus anciennes parties datent du 12e s. Les familles illustres qui s'y sont succédé, Montlaur, Ornano, Vogüé notamment, ont tour à tour agrandi et embelli la demeure.

La **façade★** principale du château, encadrée de tours rondes à mâchicoulis, est devenue au 18e s. l'entrée principale par l'ouverture des deux grandes portes à fronton. La cour intérieure est ornée de tourelles des 15e et 16e s. À l'étage, desservi par des escaliers à vis et un bel escalier du 18e s., la succession de **salles lambrissées et meublées** garde le charme des ensembles du 18e s. L'une d'elles abrite des œuvres du peintre symboliste Chaurand-Naurac (1878-1948) et les bronzes du sculpteur Marcel Gimond.

Dôme St-Benoît

&. - *juil.-août : visite guidée 17h, se renseigner au centre culturel de la mairie -* ℘ *04 75 87 81 11.*
Ancienne chapelle des bénédictines (17e-18e s.), de forme hexagonale. À l'intérieur, mausolée (1640) du maréchal et de la maréchale d'Ornano.

Église St-Laurent

Tlj sf dim. 10h-12h, 15h-18h - possibilité de visite guidée dans le cadre de la visite du centre ancien.
Le chœur est revêtu d'un monumental ensemble de style jésuite, formé de trois retables en bois sculpté. Belle chaire en bois sculpté du 17e s.

Aux alentours

Panorama de Jastres★

7,5 km au Sud-Est par la N 102. À 4 km après le pont sur l'Ardèche, prenez à gauche la voie d'accès à la zone industrielle puis, 200 m plus loin, empruntez à droite un chemin revêtu, suivez-le pendant 1,2 km et tournez à gauche dans un chemin rocailleux en montée ; au sommet, laissez la voiture.

On atteint le rebord du plateau *(1/2h à pied AR)*, lieu d'habitat préhistorique. Au terme du chemin, le panorama embrasse, jusqu'au Guidon du Bouquet, toute la Basse Ardèche, le bassin d'Aubenas, et au Nord-Est, la chaîne du Coiron. Le lieu est parfait pour observer les migrations d'oiseaux au printemps et en automne.

Panorama de Jastres

Circuits de découverte

LES DÉFILÉS DE L'ARDÈCHE★

Les défilés, dans la moyenne vallée de l'Ardèche, présentent une succession de bassins fertiles où la rivière décrit des méandres, et de défilés où elle s'encaisse profondément ; ses eaux vertes contrastent avec les bancs de graviers clairs et les berges de sable doré.

Il est possible de découvrir ces fascinants paysages de différentes façons. Un aménagement de la rivière permet de naviguer en canoë de Vogüé jusqu'à Vallon-Pont-d'Arc, ou d'effectuer des mini-descentes. *Renseignements à l'office du tourisme de la basse vallée d'Ardèche,* ✆ *04 75 37 01 17. Des sentiers ont été aménagés pour les randonnées à pied.*

44 km – environ 2h – Quittez Aubenas par la D 104. À St-Étienne-de-Fontbellon, empruntez à gauche la D 579 vers Vogüé.

La route, tracée au milieu des vergers et des vignobles, se rapproche de la rivière.

Vogüé

Adossé à une falaise surplombant l'Ardèche, le village de Vogüé, aux vieilles rues coupées d'arcades, est dominé par son château.

Château – ✆ *04 75 37 01 95 - www. chateaudevogüe.net - de déb. avr. à fin juin : jeu., vend., w.-end et j. fériés 14h-18h (dernière entrée 17h15) ; de déb. juil. à mi-sept. : 10h30-18h30 (dernière entrée 17h45) ; de mi-sept. à fin oct. : w.-end et j. fériés 14h-18h (dernière entrée 17h15) - 3,50 € (enf. 2 €).*
Cette vaste demeure a remplacé, au 16e s., la forteresse féodale primitive. L'édifice, qui sert de cadre à des expositions sur le Vivarais à travers les âges et à des manifestations culturelles, appartient encore à la famille de Vogüé.
Rejoignez la D 1 au Sud, puis la D 401 à gauche vers Rochecolombe.

Une ancienne famille

Les seigneurs de **Vogüé** figurent parmi les plus célèbres du Vivarais ; ils ont été honorés des titres de baron des États de Languedoc, de grand bailli du Vivarais et de gouverneur de Provence. À la fin du 19e s., deux de leurs descendants ont continué à illustrer le nom de Vogüé : le marquis Charles-Jean-Melchior de Vogüé (1829-1916), diplomate, historien et archéologue, qui écrivit l'histoire de sa famille vivaroise, ouvrage riche en renseignements sur le Vivarais d'autrefois ; et le vicomte Eugène Melchior de Vogüé (1848-1910), auteur de l'essai *Le Roman russe.*

Rochecolombe★

Le village féodal de Rochecolombe domine un petit ruisseau aux eaux limpides jaillissant au fond d'un cirque calcaire. Le **site★** est très retiré. Rochecolombe est formé de deux villages bien distincts. En arrivant au premier groupe de maisons serrées autour de l'église du Bas, construite en 1858, on aperçoit sur un piton les vestiges d'une tour carrée.
Sur la première place rencontrée, où se trouve un petit monument aux morts, tourner à gauche dans un chemin goudronné qui mène à un pont franchissant le ruisseau.
Laissez la voiture à environ 300 m, à hauteur d'un virage.
Un sentier descend vers le lit du torrent qu'enjambent des ponceaux en dos d'âne. À droite s'élève le **village féodal.**
Gagnez le fond du cirque rocheux fermé par de hautes falaises.
À leurs pieds sourdent deux **fontaines de type vauclusien**. Les parois calcaires sont forées de cavités où s'agrippent des buis sauvages. La vue sur le village ruiné, les restes de piliers d'un moulin disparu, la transparence de l'eau verte – réduite à de simples vasques en été – composent un décor paisible.
Revenez à Vogüé. Au pont de Vogüé, prenez la D 114 qui suit la rive droite.
À Lanas, la route franchit la rivière par un pont étroit : jolie vue sur l'Ardèche, à son confluent avec l'Auzon.
À St-Maurice-d'Ardèche, empruntez à droite la D 579, puis 300 m après la gare de Balazuc, tournez dans la D 294.
À la montée, **vue★** sur le bassin, dominé par le Coiron.

Balazuc★

Ce village de calcaire, autrefois fortifié, est accroché à la falaise, dans un défilé retiré. C'est de la rive opposée, une fois le pont franchi *(laissez la voiture au bord de la route qui monte à gauche)*, qu'on a le meilleur point de vue sur Balazuc, dominé par le clocheton de son église romane et les vestiges de ses tours.

En période estivale, laissez la voiture sur le parking avant d'entrer dans le village.

Aux 8ᵉ et 9ᵉ s., Balazuc fut l'un des villages du Bas-Vivarais où s'établit une colonie de Sarrasins ; les vieilles rues fleuries qui s'élèvent vers le château invitent à la flânerie.

Le pont, au pied du village, permet de rejoindre le sentier muletier qui conduit au hameau coopératif du **Vieil Audon** *(15mn)*. Le pont est aussi le point de départ *(prenez le chemin de terre sur la gauche)* d'une très jolie promenade à pied, en aval, au bord de l'Ardèche resserrée entre les falaises ; celle de droite porte les vestiges de la tour de la Reine Jeanne. Au cours de la montée sur le plateau rive droite, la **vue★** embrasse tout le défilé. Du plateau rocailleux, très aride (buis, genévriers), la route redescend vers la dépression d'Uzer ; en face, on aperçoit les hauts de Largentière et une des tours de Montréal, dominés par le Tanargue et, à gauche, le sommet du Lozère.

Empruntez la D 104 vers Uzer puis, à Bellevue, la D 4 en direction de Ruoms.

Un étroit passage rocheux marque l'entrée des gorges de la Ligne ; une belle **perspective** s'ouvre sur l'Ardèche, en amont, au confluent des deux rivières, dominé par des falaises hautes de près de 100 m. La régularité des strates est frappante.

Le Parc naturel régional des Monts d'Ardèche

Initié par des castanéiculteurs (producteurs de châtaignes), le Parc naturel régional des Monts d'Ardèche a vu le jour le 9 avril 2001 après 10 années de gestation. Il couvre plus d'un tiers du département (180 000 ha) et rassemble 132 communes attachées à la protection et au développement des richesses paysagère, biologique, géologique et culturelle des monts d'Ardèche. En tant que parc naturel régional, il reste un lieu de vie soucieux de maintenir et de renforcer sa population. Ce parc participe ainsi activement à l'accueil des randonneurs et des vacanciers, et aux castagnades d'automne (fêtes de la châtaigne) - *PNR des Monts d'Ardèche - La Prade - BP 3 - 07560 Montpezat-sous-Bauzon -* 📞 *04 75 94 35 20 www.parc-monts-ardeche.fr.*

Logo du Parc naturel régional des Monts d'Ardèche

Aux gorges de la Ligne succède le **défilé★** de Ruoms *(voir Ruoms)*. La route offre de jolis passages dont certains en tunnel. À la sortie des tunnels, la silhouette du rocher de Sampzon, reconnaissable à sa forme de calotte, se dresse en avant, dans l'axe de la vallée.

Prenez le pont à gauche vers Ruoms.

Ruoms *(voir ce nom)*

MONTAGNE ET HAUTE VALLÉE DE L'ARDÈCHE★

105 km – Comptez une demi-journée. Quittez Aubenas au Nord par la D 104 et remontez la vallée jusqu'à Pont-de-Labeaume. Prenez alors sur la droite la D 536 en direction de Montpezat-sous-Bauzon.

Montpezat-sous-Bauzon

Le vieux bourg de Montpezat a donné son nom à un important complexe hydro-électrique. Mis en service en 1954, c'est le premier exemple en France d'un ensemble chevauchant la ligne de partage des eaux entre l'Atlantique et la Méditerranée. L'ensemble comprend plusieurs barrages destinés à collecter les eaux de la

Conduite forcée

EDF a utilisé une disposition géographique à peu près unique : la Loire coule à La Palisse, près du lac d'Issarlès, à une altitude voisine de 1 000 m ; à 17 km de là, sur le versant Sud-Est du massif du Mézenc, la Fontaulière coule à l'altitude de 350 m, si bien qu'en perçant un tunnel de 13 km de longueur, on réalisait une chute de 650 m. Le tunnel d'amenée des eaux débouche à l'altitude de 912 m, au-dessus du ravin de la Fontaulière. Une conduite forcée longue de 1 450 m conduit l'eau à l'**usine souterraine** située à 60 m au-dessous du lit du torrent : cette disposition a permis d'augmenter d'autant la hauteur de chute de la centrale de Montpezat (640 m).

L'église N.-D.-de-Prévenchère veille depuis des siècles sur la montagne ardéchoise.

vallée supérieure de la Loire et de ses affluents. Le lac d'Issarlès est utilisé comme réservoir.

Depuis juin 1987, à 1 km en amont de la Fontaulière, le **barrage du pont de Veyrières** assure la régularisation des restitutions de l'usine de Montpezat. *Visite suspendue en raison de l'application du plan Vigipirate renforcé.*

Éperon de Pourcheyrolles★ – *En venant de Pont-de-Labeaume, 800 m avant Montpezat, empruntez à droite, 600 m après le chemin d'accès à l'usine électrique, un court chemin revêtu. Laissez la voiture au terme du revêtement et dirigez-vous (1/4h à pied AR), côté amont, vers des vestiges de constructions en béton.*

À environ 100 m en contrebas du dernier pylône en fer, un promontoire offre un point de vue excellent sur l'éperon basaltique portant les ruines du château féodal de Pourcheyrolles. À droite, la coulée basaltique s'arrondit en forme de cirque : la Pourseille saute l'obstacle par une jolie cascade.

Aussitôt franchi le pont sur la Fontaulière, empruntez en voiture la petite route des Chaudouards qui s'embranche à droite.

Église Notre-Dame-de-Prévenchère – C'est un sobre édifice des 12e et 13e siècles. L'intérieur du monument est remarquable par ses quatre courtes nefs et la variété de leurs voûtes, romanes ou gothiques. Remarquez les voûtes à pans des absides polygonales.

Reprenez en voiture la direction de Montpezat.

La ville basse – L'étroite rue de traversée est bordée de vieilles maisons de granit de type montagnard, à la silhouette trapue, aux façades souvent bombées, percées de porches bas en plein cintre. L'une d'entre elles, à droite, se distingue par sa construction en pierres volcaniques noires et son joli décor sculpté (17e s.).

Continuez sur la D 536 en direction du suc de Bauzon jusqu'à la D 110 que vous prenez à gauche vers St-Cirgues-en-Montagne.

St-Cirgues-en-Montagne

L'**église** de St-Cirgues est un édifice roman typique de la montagne avec son clocher-peigne et ses assises trapues ; la corniche du chevet est joliment décorée de modillons à masques, têtes d'animaux, feuilles d'acanthe…

Prenez la D 239 au Sud en direction de Mazan-l'Abbaye.

Mazan-l'Abbaye★

Dans un repli isolé du massif forestier de Mazan, qui culmine à 1 467 m, fut fondée au 12e s. la première abbaye cistercienne de la province de Languedoc. Ce sont des moines de Mazan qui, plus tard, fondèrent les abbayes provençales de Sénanque et du Thoronet. De la vaste abbatiale romane ne subsistent que des ruines et une partie du cloître, à l'exception de la sobre arcature de l'abside surplombant le ruisseau de Mazan.

À côté, le château, bâti avec des matériaux arrachés aux ruines, est dominé par le clocher-peigne de sa modeste église.

Forêt de Mazan★

Circuit à pied, environ 3h. Quittez Mazan par la D 239 vers le col de la Chavade et emprun-tez sur la gauche, après 400 m, à la sortie d'un virage prononcé, une route non revêtue (interdite aux voitures). On débouche sur la D 239 près de la scierie de Banne ; prenez à droite pour arriver à la maison forestière de Banne et continuez sur la D 239 pour revenir à Mazan.

Rochers moussus, cascatelles, airelles et framboisiers sauvages agrémentent le sous-bois de la splendide futaie de sapins.

Continuez sur la D 239 qui conduit au col de la Chavade et au début de la vallée de l'Ar-dèche.

Col de la Chavade

Alt. 1 266 m. C'est un seuil marquant la ligne de partage des eaux entre l'Atlantique et la Méditerranée. Quelques fermes montagnardes s'y blottissent. La N 102, qui relie Le Puy à Viviers, suit la voie de passage traditionnelle entre le Velay et la vallée du Rhône.

Aux lignes horizontales de la planèze succède brusquement la trouée verticale de la vallée de l'Ardèche ; à 800 m du col, la route franchit le torrent qui tombe en cas-cade à gauche. Le parcours, assez accidenté, offre surtout de belles vues dans l'axe de la vallée, dominée à droite par le sommet en dôme de la Croix de Bauzon et les découpures du rocher d'Abraham.

L'âpreté de cette vallée montagnarde est adoucie par quelques vergers ensoleillés entourant les villages, des treilles sur les façades des maisons ou au-dessus de murettes de soutènement, des silhouettes de vieux ponts en dos d'âne qu'empruntaient les chemins médiévaux. Le parcours, en outre, est jalonné de ruines féodales : **château des Montlaur**, en amont de Mayres ; haute tour ronde du **château de Chadenac** en aval de Mayres…

Prenez la N 102 à gauche.

Mayres

Bourg situé dans une gorge boisée.

D'une passerelle jetée sur l'Ardèche à 1 km en aval, jolie vue sur le hameau et la haute vallée.

Thueyts★ *(voir ce nom)*

À la sortie de Thueyts, vue sur la vallée, dominée à gauche par la montagne de Ste-Marguerite.

Neyrac-les-Bains

Petite station thermale, adossée au volcan du Soulhiol. Les eaux bicarbona-tées, connues des Romains, passaient au Moyen-Âge pour guérir de la lèpre.

À la sortie de Pont-de-Labeaume, prenez à droite la route en montée signalée « Notre-Dame-de-Niègles », qui se dirige au fond du vallon avant d'atteindre un replat. Laissez la voiture en contrebas à droite.

Retour aux sources

Comme d'autres régions volcaniques en France, le Sud de la montagne ar-déchoise regorge de sources, plus ou moins gazeuses, qui sont parfois utili-sées dans les cures thermales. Les eaux les plus connues sont les eaux minérales du Pestrin (Ventadour et Chantemerle) et la célèbre eau de Vals.

Notre-Dame-de-Niègles

L'église se dresse sur une colline en surplomb de la rivière. De l'architecture d'origine (10e s.), il subsiste peu d'éléments et l'aspect actuel est le résultat d'adjonctions successives. Le portail date du 18e s. L'intérieur est éclairé sur les côtés par des oculi ; l'abside est la partie la plus ancienne (11e s.).

La route de retour à Pont-de-Labeaume offre à la descente de belles échappées sur le château de Ventadour.

Château de Ventadour

☎ 04 75 38 00 92 - visite guidée (45mn) de déb. juil. à mi-oct. : 9h-12h, 14h-19h, w.-end 15h-19h - 4-5 € (à l'appréciation du visiteur).

En partie détruite, abandonnée, oubliée, cette imposante forteresse médiévale semblait condamnée à disparaître. Pierre Pottier, secondé par sa femme Françoise et des équipes de bénévoles, tient depuis 1969 le pari fou de la relever de ses ruines. D'abord encouragé par un prix de la restauration, il continue aujourd'hui son travail bien au-delà des vœux des Monuments historiques (qui prônent la restauration, pas la reconstruction en l'absence de plans historiques fiables), et donc sans aide de l'État.

Vals-les-Bains *(voir ce nom)*

Labégude
Le village tire son nom d'un vieux mot provençal signifiant « guinguette, buvette ». *La N 102 mène à Aubenas.*

Aubenas pratique

Adresse utile

Office de tourisme – *4 bd Gambetta - 07204 AUBENAS - ℘ 04 75 89 02 03 - www. aubenas-tourisme.com - juil.-août : 9h-12h30, 13h30-19h, dim. et j. fériés 10h-12h ; reste de l'année : tlj sf dim. 9h-12h, 14h-18h.*

Office de tourisme de Vogüé – *Grand' Rue - ℘ 04 75 37 01 17 - juil.-août : 9h30-12h, 14h-18h, sam. 10h-12h, 14h-16h, dim. 10h-12h ; avr.-juin et sept.-oct. : tlj sf dim. 10h-12h, 14h-17h, sam. 10h-12h ; janv.-mars : tlj sf w.-end 10h-12h, 14h-17h ; nov.-déc. : tlj sf w.-end 14h-17h.*

Visites

Visite du centre ancien – *Juil.-août :* visite guidée du centre ancien (1h45) tlj sf w.-end et j. fériés 17h - 3,50 € - s'adresser au service culturel de la mairie - ℘ 04 75 87 81 11.

Train touristique – *Mai-sept. :* c'est à bord d'un autorail des années 1950 que le train touristique Viaduc 07 vous invite à une balade de 14 km à travers l'Ardèche méridionale, de Vogüé à St-Jean-le-Centenier. Renseignements : Viaduc 07 - BP 23 - 07203 Aubenas Cedex - ℘ 04 75 37 03 52 - www. viaduc07.com

Se loger

Hôtel Cévenol – *77 bd Gambetta -* ℘ 04 75 35 00 10 - **P** *- 44 ch. 38/57 € -* ⌾ *7 €.* Cet hôtel familial des années 1970 est en plein centre. Modeste, il propose des chambres avec bain ou douche, de taille moyenne et parfaitement tenues. Préférez celles qui donnent sur la rue, elles sont plus spacieuses.

Chambre d'hôte La Gibaudelle – *Lieu-dit Le Juge - 07200 Mercuer - 5 km à l'O d'Aubenas par D 235 et dir. Ailhon - ℘ 04 75 93 77 75 - http://perso.wanadoo.fr/la. gibaudelle - fermé 15 déc. au 15 janv. - ⌾ - 4 ch. 40/60 € ⌾ - repas (dîner seul.) 20 €.* À 5mn d'Aubenas, maison bordant une petite route peu passante. Entourée de pins, son beau jardin avec piscine rejoint la nature buissonnante. Chambres progressivement redécorées et personnalisées ; l'une d'elles est entièrement neuve et possède une terrasse privative.

Camping Le Chamadou – *Balazuc - 07120 St-Maurice-d'Ardèche - 3,5 km à l'E de Balazuc par D 294, puis dir. St-Maurice et rte secondaire - ℘ 04 75 37 00 56 - ouv. 1er avr.-24 sept. - réserv. conseillée - 82 empl. 22 € - restauration.* Un petit coin de campagne qui ravira les vacanciers en quête de nature… Très bien tenu dans son ensemble, le terrain manque malheureusement un peu d'ombre. De confort simple, il met à votre disposition piscine, mini-golf, étang de pêche et bungalows.

Chambre d'hôte Le Mas de Mazan – *07200 Mercuer - 5 km au NO d'Aubenas par D 104 et D 435 - ℘ 04 75 35 41 88 - http://perso.wanadoo.fr/masdemazan - ⌿ - 5 ch. 45/47 € ⌾.* Ce couple d'agriculteurs vous accueillera avec enthousiasme. Ravi de partager sa passion pour la région et d'ouvrir les portes de sa ferme typiquement cévenole à ses hôtes, il fera de votre étape en pleine campagne un moment délicieux. Décor simple et ambiance chaleureuse. Piscine.

Hôtel Ibis – *Rte de Montélimar -* ℘ 04 75 35 44 45 - **P** *- 43 ch. 69/120 € -* ⌾ *6,50 € - rest. 18 €.* À la sortie de la ville, en direction de Montélimar, cet hôtel de chaîne est sans surprise : chambres modernes et nettes, mobilier plaqué, bonne insonorisation et climatisation. Sa salle à manger sous charpente ouvre ses baies sur la piscine.

Se restaurer

Le Fournil – *34 r. du 4-Septembre -* ℘ 04 75 93 58 68 - fermé vac. de fév., 22 juin-9 juil., vac. de la Toussaint, de Noël, dim. et lun. - 18/32 €. Dans une petite ruelle, cette maisonnette ancienne vous reçoit dans sa petite salle voûtée et, aux beaux jours, dans son patio. Vous aurez le choix entre plusieurs menus gourmands qui pianotent sur des saveurs régionales.

En soirée

Boulevard de Vernon – Nombre de bars sont regroupés le long de ce boulevard. Si le bruit des flippers et des scooters vous agace, évitez la brasserie du Champ de Mars (le repaire des p'tits jeunes de la région) et découvrez plutôt le bar de La Coupole qui organise des concerts l'été, ou le très british pub Au Bureau.

Que rapporter

L'Atelier des Douceurs – *R. de Tartary, Le Pont - ℘ 04 75 93 89 66 - www.atelier-des-douceurs.fr - tlj sf dim. 9h-12h, 14h-19h - fermé*

2 sem. en fév. et j. fériés. Reconversion réussie pour Jean-Louis Pascal qui a créé cette fabrique de confiseries en 1997 après un licenciement. Très vite, ses délicieuses douceurs travaillées à l'ancienne rencontrent le succès et certaines sont aujourd'hui vendues à l'étranger : caramels, guimauves, sucettes et nougats... difficile de résister !

Maison Sabaton – *Chemin de la Plaine - par la rte de Montélimar. Accès à la boutique par le hall d'entrée de la fabrique - 04 75 87 83 87 - tlj sf sam. sf en déc. 8h-12h30, 13h30-18h30.* La famille Sabaton cultive son savoir-faire depuis 1907 : difficile de trouver mieux dans la région en matière de marrons glacés et de fruits confits... Fort de son succès, l'entreprise s'est dotée d'une fabrique ultra-moderne. À l'accueil, une vidéo évoque la réalisation de la crème de marrons et des marrons glacés.

La Musette – *4 pl. de l'Airette - 04 75 35 21 73 - tlj sf dim. et lun. 9h-12h30, 15h30-19h, sam. 9h-12h30 - fermé j. fériés.* Ouverte en 1996, cette boutique, tenue par 11 agriculteurs, organise tout au long de l'année des « journées dégustation » à thème (fromage de chèvre, foie gras, charcuteries, etc.) et propose un très grand choix de produits du terroir provenant de leurs propres exploitations : pains, viandes, châtaignes, miel...

La Table Gourmande – *16 r. de Bernardy - 04 75 93 37 22 - latablegourmande@free.fr - tlj sf dim. et lun. 8h-12h30, 14h-19h30 - fermé 1 sem. fin juin et lun. sf août et déc.* Fondée en 1901, La Table Gourmande est une vraie institution à Aubenas. Toutes les spécialités régionales y sont proposées, des marrons glacés et des saucissons de pays aux différentes eaux-de-vie, liqueurs de châtaignes et petits vins fruités de l'Ardèche. Très bon rapport qualité-prix.

Le Petit Ardéchois – *Rte d'Alès - quartier des Champs - 07200 St-Étienne-de-Fontbellon - 04 75 89 11 79 - 8h-19h - fermé j. fériés.* Cette petite entreprise artisanale implantée à 4 kilomètres du centre d'Aubenas fabrique ses 25 sortes de nougats selon les méthodes traditionnelles, dans des bassines et poêlons en cuivre. À goûter : le nougat aux marrons, aux myrtilles, au miel de lavande ou aux amandes de Provence. Visite et dégustation gratuites.

Maison des Artisans – *Au Village - 04 75 37 78 08 - juil.-août : 10h-12h, 15h-19h ; avr.-juin et sept. : 10h-12h, 15h-18h - fermé oct.-mars.* Ne quittez pas Balazuc sans faire un petit tour à la Maison des Artisans qui expose une agréable sélection de poteries et de produits régionaux.

Sports & Loisirs

Bon à savoir – Il est possible de découvrir les fascinants paysages des défilés de l'Ardèche de différentes façons. Un aménagement de la rivière permet de naviguer en canoë de Vogüé jusqu'à Vallon-Pont-d'Arc, ou d'effectuer des mini-descentes. Renseignements : office du tourisme de la basse vallée d'Ardèche, 04 75 37 01 17. Des sentiers ont été aménagés pour les randonnées à pied.

Les Intra-terrestres – *8 chemin Tour-du-Ministre - 06 84 41 75 37 - molle. fabrice@wanadoo.fr - 9h-12h, 15h-19h en sais. Réserv. par tél. - fermé nov.-avr. - 27 €/¹/²j.* Les Intra-terrestres organisent des excursions spéléologiques au cœur de l'Ardèche souterraine. Mais amis claustrophobes, rassurez-vous ! Il y a aussi pour vous un tas d'activités en plein air : descente en rappel de canyons et escalade de voies rocheuses, notamment. Si vous avez des enfants ou si le risque ne vous tente pas plus que ça, vous pouvez aussi participer à de superbes randonnées.

Thermes de Neyrac-les-Bains – Spécialités : dermatologie (eczémas, psoriasis), rhumatologie, remise en forme- *les thermes de Neyrac - 07380 Neyrac-les-Bains - 04 75 36 46 00 - www.thermesdeneyrac.com*

Aérodrome d'Aubenas-Ardèche Méridionale – *Rte de l'Aérodrome - D 504 - 07202 Lanas - 04 75 35 23 80 - tlj jusqu'à la tombée de la nuit.* Cet aérodrome possède plusieurs infrastructures ouvertes à tous : un club d'ULM dirigé par Patrice Constantin, champion de France 1989, un aéro-club proposant baptêmes de l'air et cours de pilotage, une société de travail aérien (baptêmes de l'air, banderoles publicitaires, photos aériennes), un bar et un restaurant.

Château de la **Bastie-d'Urfé**★

CARTE GÉNÉRALE A2 – CARTE MICHELIN LOCAL 327 D5 – LOIRE (42)

Bienvenue au pays d'Astrée et de Céladon. Vous êtes en effet dans la verdoyante vallée du Lignon, lieu d'inspiration inépuisable si l'on en croit Honoré d'Urfé qui y a commis L'Astrée, célèbre roman-fleuve de quelque… 5 000 pages ! Mais on vient surtout à la Bastie-d'Urfé pour découvrir son château, véritable joyau Renaissance – style d'ailleurs très rare dans la région – connu pour ses belles galeries superposées et sa séduisante grotte de rocaille.

▸ **Se repérer** – À 7 km à l'Est de Boën et 13 km à l'Ouest de Feurs, la Bastie-d'Urfé est située très au Sud du pays d'Urfé, où s'était installée la famille au Moyen-Âge, dans les paysages ouverts de la plaine du Forez.

🕐 **Organiser son temps** – Comptez 2h.

👣 **Pour poursuivre la visite** – Voir aussi : Feurs, les monts du Forez, les monts du Lyonnais, Montbrison, Montverdun, Roanne et St-Germain-Laval.

Comprendre

Un lieu spirituel – Au 15e s., les rudes seigneurs d'Urfé se bâtissent un manoir sur les rives du Lignon. Le terme Bastie ou Bâtie, comme celui de bastide, désigne une maison forte. L'ascension de la famille est dès lors très rapide. Pendant les guerres d'Italie, Claude d'Urfé séjourne plusieurs années à Rome : il représente, comme ambassadeur, François 1er au concile de Trente, où est proclamé le dogme de la présence réelle du Christ dans l'eucharistie. Il en ressort catholique convaincu, choisissant l'agneau immolé comme armes de sa famille. À son retour, il transforme le manoir de la Bastie en demeure Renaissance, imprégnée d'humanisme et de spiritualité. Les thèmes religieux sont fréquents dans l'architecture et le décor : dès l'entrée, le sphinx, qui trône en bas de la rampe alerte sur la signification cachée des lieux. Derrière, la grotte de rocaille est

Joël Damase / MICHELIN

Neptune en coquillages dans la grotte de rocaille

isolée du monde extérieur par une superbe grille ornée des raisins de l'eucharistie. Elle est ornée de stalactites, de coquillages, d'antiques rapportés d'Italie dont un dieu Pan (qui engendre la panique) et mène à la chapelle. C'est le passage du paganisme au christianisme. Sur la porte de la chapelle, remarquez les signes trinitaires : les 3 marches, les fleurs à 3 pétales, le triangle. Le contraste avec le décor explicite de la chapelle est saisissant. Les armes de la famille et les phrases en hébreu proclament la foi et la culture de cet humaniste catholique. Quelques signes encore dans la partie profane de l'habitation : on accède à l'étage par la rampe cavalière sur laquelle trône le sphinx, qui symbolise la science, la connaissance. Elle est ornée d'un personnage (le Christ ? l'homme de bonne volonté ?) qui porte sa croix, d'une scène de lutte (la connaissance contre l'ignorance ? la vertu contre le vice ?), d'une femme chargée de la corne d'abondance et mène à… la bibliothèque, le lieu du savoir.

Misères d'Urfé – Lorsque la famille d'Urfé s'éteint au 18e s., le château entre dans une redoutable succession de propriétaires, avant de tomber, en 1872, en triste état, entre les mains d'un avocat de Montbrison. C'est lui qui fait araser les bastions de la façade sud au premier étage, supprime les jacobines qui éclairaient les combles et surtout vend à un antiquaire lyonnais la décoration du château. Les décors de la chapelle, les plafonds de la galerie, les portes de la grotte partent pour le Louvre, la collection Rothschild, le Metropolitan Museum à New York. Le bâtiment a été sauvé par la Diana *(voir p 235)* ; les peintures, l'autel et le tympan de la porte de la chapelle ainsi que la porte de la grotte ont réintégré le château.

Le best-seller du roman pastoral

L'Astrée, publié de 1607 à 1628, lance en France la mode du roman et des bergeries. Son succès est extraordinaire. Les interminables amours d'un berger, Céladon, et de sa bergère, Astrée, servent de cadre à un véritable bréviaire de « l'honnête homme » au 17e s. Les amours vécues par son auteur **Honoré d'Urfé** (1567-1625) furent aussi romanesques que son invention. C'est dans le cadre raffiné de ce château que l'écrivain passe son enfance. Après ses études au collège de Tournon, il regagne la Bastie où il est l'hôte de son frère aîné. L'épouse de celui-ci, la belle et ardente **Diane de Châteaumorand**, éveille dans le cœur du jeune homme une brûlante passion. Ayant obtenu l'annulation de son premier mariage non consommé, elle épouse son beau-frère en 1600. Les nouveaux époux s'installent à Châteaumorand, dans le château de Diane, au Nord-Ouest de La Pacaudière. Ce second mariage n'est pas plus heureux que le premier. Honoré d'Urfé fuit Châteaumorand et se remet à la rédaction de *L'Astrée*, ébauchée à son retour de Tournon.

Visiter

☎ 04 77 97 54 68 - visite guidée (45mn) juil.-août : 10h-12h, 13h-18h ; avr.-juin et sept.-oct. : 10h-12h, 14h30-18h ; nov.-mars : merc., vend. et w.-end 14h-17h - fermé 25 déc.-1er janv. - 5 € (enf. 2,50 €).

Trois corps de bâtiments entourent la cour d'honneur à laquelle on accède en franchissant la seule partie subsistante des douves *(illustration au chapitre de l'Art)*.

À gauche, l'aile réservée au corps de garde comprend un cellier légèrement enterré, surmonté d'une suite de six loges voûtées. L'aile de droite est composée de deux galeries superposées à l'italienne et d'une rampe dont le départ est marqué par un sphinx *(voir ci-dessus)*. Le rez-de-chaussée ouvre sur une cuisine médiévale tandis que les salles du premier étage montrent d'admirables plafonds peints. Les pièces de réception sont ornées d'un beau mobilier (16e s.), d'un beau **buste★** de Marc Aurèle et d'une collection de tapisseries représentant des scènes de *L'Astrée*.

Au rez-de-chaussée du corps de logis central s'ouvre la célèbre **grotte de rocaille★★** ou salle de fraîcheur. Son revêtement de cailloutis, de coquillages et de sables diversement teintés, d'où se détachent des figures en relief, forme un ensemble richement coloré. On reconnaît dans les thermes, dont le bas du corps se termine de manière informe, l'été et l'hiver. Les statues antiques du printemps et de l'automne occupaient les niches. Celle du dieu Pan est remplacée aujourd'hui par un Dionysos. Du décor païen de ce nymphée, on passe aux scènes bibliques qui décorent la **chapelle** contiguë. L'élégante **voûte★** à caissons de stuc doré est d'un raffinement exquis.

À l'extérieur, les abords et les jardins sont recomposés pour former à nouveau un bel écrin d'eau et de verdure.

Le Beaujolais★★

CARTE GÉNÉRALE B1 – CARTE MICHELIN LOCAL 327 F2/3/4, G2/3/4, H2/3/4 –
SCHÉMA P.180 –RHÔNE (69)

« Lyon, dit-on, est arrosé par trois fleuves : le Rhône, la Saône et… le Beaujolais. »
Cette boutade tiendrait à accréditer l'idée d'un Beaujolais uniquement viticole.
Très alléchante, cette idée est cependant incomplète pour présenter une région
qui ne cesse de valoriser son patrimoine touristique. Sa richesse tient beaucoup
à la variété et aux contrastes de ses paysages ; au Nord, la montagne y est souvent sauvage, image renforcée par les sombres bois de sapins Douglas, tandis
que dans le Sud, les lumineux villages du pays des Pierres Dorées vibrent aux
premières caresses du soleil.

- **Se repérer** – Séparé de la Dombes par la Saône, le Beaujolais s'étend au Nord-
  Ouest de Lyon. La circulation Nord-Sud se fait essentiellement par la vallée de la
  Saône (N 6), car elle est particulièrement difficile dans la montagne.

- **À ne pas manquer** – Le lacis inextricable de routes qui sillonnent les célèbres
  vignobles. Tout du long, vous pouvez faire halte dans des villages de caractère
  tels que Oingt et Ternand.

- **Organiser son temps** – Comptez 2 jours pour parcourir la région.

- **Pour poursuivre la visite** – Voir aussi : la Dombes, Châtillon-sur-Chalaronne,
  château de Fléchères, Lyon, Mont-d'Or lyonnais, Romanèche-Thorins, Tarare,
  Trévoux et Villefranche-sur-Saône.

Comprendre

Un relief contrasté

Le Beaujolais est un massif montagneux situé entre les bassins de la Loire et du
Rhône, à la ligne de partage des eaux (océan Atlantique-Méditerranée). Ses limites
sont nettes à l'Est et à l'Ouest, beaucoup moins au Nord et au Sud où il se rattache
au Charolais et aux monts du Lyonnais. Si l'altitude est relativement peu élevée – le
mont St-Rigaud, point culminant, est à 1 009 m –, on est frappé par l'abondance des
plateaux, l'existence des vallées sinueuses et encaissées, et surtout, par la dissymétrie
entre les versants Est et Ouest. Alors qu'à l'Ouest on s'élève par une pente assez douce,
c'est un talus accentué qui domine à l'Est la plaine de la Saône. Ce talus constitue la
« Côte beaujolaise », tandis que tout le reste du massif forme la « Montagne ».

La Montagne – Avec ses monts et ses vallées pittoresques, ses paysages variés,
la Montagne est une région digne d'être visitée. De la ligne de crête, et d'un grand
nombre de belvédères, on découvre de vastes panoramas : au-delà de la plaine de la
Saône apparaissent les contreforts du Jura et, plus loin, les hauts sommets des Alpes.
Aux bois de sapins et aux landes de genêts qui couvrent les sommets, succèdent, sur
les pentes, forêts de chênes et vastes clairières.

Joël Damase / MICHELIN

Le vignoble du Beaujolais

Les vins du Beaujolais

Grâce à la culture de la vigne et à la réputation de ses vins, le Beaujolais est connu bien au-delà de nos frontières. La vigne, cultivée ici depuis l'époque romaine, a connu des fortunes diverses : florissante au Moyen-Âge, presque abandonnée au 17e s., elle bénéficie au 18e s. d'une véritable renaissance ; Lyon, « la pompe à beaujolais », cesse alors d'être le seul débouché et des convois sont acheminés vers Paris. Les marchés s'élargissent avec le développement des réseaux routier et ferroviaire, et la culture de la vigne devient une monoculture.

Aujourd'hui, le vignoble s'étend de la côte mâconnaise au Nord à la vallée de l'Azergues au Sud, il recouvre les pentes des coteaux ensoleillés qui dominent la Saône. Le cépage, très homogène, est constitué de gamay noir à jus blanc. Il produit des vins rouges frais et fruités dont le parfum varie selon la composition du sol. Le vignoble est en fait divisé en deux régions dont les productions sont différentes.

Les coteaux du Beaujolais – Au Nord de Villefranche, les terrains granitiques donnent en se décomposant le « gore », argile à l'aspect cendreux qui est caractéristique du vignoble beaujolais. C'est la région des beaujolais-villages et des 10 crus : moulin-à-vent, fleurie, morgon, chiroubles, juliénas, chénas, côte-de-brouilly, brouilly, st-amour et régnié.

Le pays des Pierres Dorées – Entre Villefranche et la vallée de l'Azergues, les terrains sédimentaires dominent et donnent un parfum différent au jus du gamay. C'est la région des beaujolais et beaujolais supérieurs.

De la grande famille au Beaujolais

C'est la famille de Beaujeu qui a donné son nom à la région. Beaujeu pourrait venir du latin *bellus* (beau) et de *jugum* (montagne). Durant les 9e, 10e et 11e s., les sires de Beaujeu se taillèrent un territoire important entre le Mâconnais et le Lyonnais ; ils fondèrent Villefranche et l'abbaye de Belleville. En 1400, Édouard de Beaujeu fait don de ses terres aux Bourbon-Montpensier. Véritable figure dans la région, Anne de France (1461-1522), fille de Louis XI, épousa Pierre II de Beaujeu, fils cadet du duc de Bourbon. La « **Dame de Beaujeu** » assura avec sagesse la régence du royaume de France pendant la minorité de son frère Charles VIII, dont elle favorisa le mariage avec Anne de Bretagne. Sous François Ier, le connétable de Bourbon fit de lourdes erreurs sanctionnées par la confiscation de ses terres, et donc du Beaujolais, par la Couronne ; mais, en 1560, les Bourbon-Montpensier reprennent possession de leurs biens. À sa mort, Marie-Louise de Montpensier, **la Grande Mademoiselle**, lègue le Beaujolais à la famille d'Orléans qui le garde jusqu'à la Révolution.

Circuits de découverte

LE VIGNOBLE★
De Villefranche-sur-Saône à St-Amour-Bellevue 1

98 km – environ 5h – schéma p. 180

La route serpente à travers le vignoble, escaladant les coteaux, puis redescendant vers la vallée de la Saône.

Quittez Villefranche par la D 504. Prenez à droite la D 19, puis à gauche la D 44.

Montmelas-St-Sorlin

On contourne par le Nord le **château** féodal *(on ne visite pas)*, restauré par Dupasquier, élève de Viollet-le-Duc. Juché sur un promontoire rocheux, il a fière allure avec ses hautes murailles crénelées, ses tourelles et son donjon.

De Montmelas, poursuivez jusqu'au col de St-Bonnet. Du col, à droite, un chemin non revêtu conduit au signal de St-Bonnet (1/2h à pied AR).

Signal de St-Bonnet

Du chevet de la chapelle, on découvre un panorama, au premier plan sur Montmelas, puis sur le vignoble et les monts du Beaujolais et, au-delà, sur la vallée de la Saône ; au Sud-Ouest, vue sur les monts du Lyonnais et de Tarare.

Du col, empruntez à droite la D 20.

St-Julien

Ce charmant village de vignerons est la patrie de Claude Bernard (1813-1878).

Musée Claude-Bernard – *Route fléchée.* 🖉 *04 74 67 51 44 - avr.-sept. : tlj sf lun. et mar. 10h-12h, 14h-18h ; oct.-fév. : tlj sf lun. et mar. 10h-12h, 14h-17h - fermé mars, 1er janv., 1er Mai et 25 déc. - 5 € (enf. 3 €).*

Le père de la physiologie

Fils d'humbles vignerons, **Claude Bernard** vient à Paris en 1834. Ses études sur la fonction glycogénique du foie font de lui le véritable créateur de la physiologie. Ses travaux ont servi de base à la médecine moderne et ses méthodes, exposées dans l'*Introduction à l'étude de la médecine expérimentale*, font encore autorité.

Au milieu des vignes se trouve la demeure acquise par le savant : « J'habite sur les coteaux qui font face à la Dombes… » Un musée y a été aménagé sous l'égide de la Fondation Mérieux de Lyon. Manuscrits, documents, photographies évoquent la vie et les découvertes de Claude Bernard. Remarquez notamment les instruments qu'il utilisait lors de ses séjours à St-Julien. En traversant le jardin qui longe les vignes, on peut accéder à sa maison natale située en arrière de la propriété.

Prenez la D 19 jusqu'à Salles.

Salles-Arbuissonnas-en-Beaujolais

Salles-Arbuissonnas-en-Beaujolais a conservé quelques bâtiments d'un **prieuré** fondé au 10e s. par les moines clunisiens et occupé à partir du 14e s. par un chapitre de religieuses bénédictines qui deviendront, au 18e s., chanoinesses-comtesses non cloîtrées, et libérées du vœu de pauvreté comme l'atteste la taille de leur maison. Parmi elles se trouvait la future Mme de Lamartine, tante du poète.

On accède encore au prieuré par une majestueuse entrée (18e s.) donnant sur le parc, entre deux pavillons couronnés de vases de pierre.

Église – Elle s'ouvre par un beau portail roman de grès ocre, au décor floral de style clunisien. À l'intérieur, chœur du 11e s., jolie chaire du prieur, du 16e s., autel et stalles du 18e s.

Salle capitulaire – *Accès par le jardin et le cloître, tout de suite à gauche en sortant de l'église. 🖉 04 74 67 51 50 - visite guidée (30mn) sur demande préalable à Mlle Alliès - 2 €.*

Les voûtes de cette salle du 15e s. retombent sur un pilier central. Remarquez les élégantes clés de voûte décorées des symboles des quatre évangélistes, ainsi que des fresques, malheureusement très abîmées.

Différents souvenirs et objets d'art ont été rassemblés dans cette salle.

Cloître – À droite de la façade de l'église, une petite porte de style flamboyant donne accès à l'ancien cloître roman dont il ne reste qu'une galerie à gracieuse colonnade composée alternativement d'une colonne et de deux colonnettes jumelles ; la cour était le cimetière de la communauté ; à droite de la salle capitulaire, le passage est voûté d'ogives, avec une clef de voûte armoriée. Sortez par là et retournez-vous pour apprécier la vue sur le clocher et un charmant escalier extérieur.

Place du Chapitre – Ombragée de tilleuls et bordée par le rythme régulier des petits balcons et escaliers des anciennes maisons de chanoinesses, elle permet d'admirer la sobriété du chevet de l'église et de son clocher roman coiffé d'une toiture en pyramide, comme le sont souvent les églises bâties au 12e s. en Beaujolais.

De Salles, suivez la D 35, puis la D 49E à droite.

Vaux-en-Beaujolais

Ce village vigneron accroché aux pentes de la montagne beaujolaise *(voir le « Carnet pratique »)* a inspiré Gabriel

Trésor du Beaujolais, le raisin exprime la diversité et la richesse des vignobles.

Stéphane Sauvignier / MICHELIN

Joël Damade / MICHELIN

L'harmonie qui se dégage du cloître de Salles-Arbuissonnas est une invitation permanente au recueillement et à la méditation.

Chevallier (1895-1969) dans son truculent roman *Clochemerle*. Ce village n'est évidemment pas comme les autres et il suffit d'y flâner pour profiter un peu de son ambiance.

La D 49ᴱ traverse le Perréon. Par la D 62, atteindre Charentay.

À 1 km à l'Est de Charentay, dans un tournant à droite, on découvre la silhouette de l'étrange château d'Arginy.

Château d'Arginy

Très délabré, il intéresse par le mystère qui l'entoure. Certains y placent le trésor des Templiers qui aurait été rapporté par le comte Guichard de Beaujeu, neveu de Jacques de Molay, grand maître de l'ordre. De l'époque des Templiers, ne subsiste que la grosse tour en brique rouge dite tour des Huit Béatitudes ou tour d'Alchimie.

Continuez par la D 68, puis la D 19 à gauche et la D 37 à droite jusqu'à Belleville.

Belleville

Située au carrefour des axes de circulation Nord-Sud et Ouest-Est, cette ancienne bastide est à la fois un centre viticole et industriel (construction de machines agricoles). L'**église** du 12ᵉ s. faisait partie d'une abbaye de chanoines augustins, édifiée par les sires de Beaujeu. Le clocher carré fut construit au 13ᵉ s. sur le croisillon Sud. Le beau portail roman, qui donne accès à la nef gothique, présente une arcade extérieure décorée de motifs géométriques. À l'intérieur, les sculptures des chapiteaux, qui représentent les péchés capitaux, sont d'une naïve verdeur.

L'**Hôtel-Dieu**, construit au 18ᵉ s. en remplacement du vieil hôpital, a été occupé par des malades jusqu'en 1991. Ses trois grandes salles présentent les alignements typiques d'alcôves aux rideaux blancs et communiquent avec la chapelle par de belles grilles ouvragées. L'apothicairerie renferme une collection de faïences des 17ᵉ et 18ᵉ s., mises en valeur par les boiseries de noyer. *68 r. de la République - ✆ 04 74 66 44 67 - & - visite guidée (1h) août-sept. : tlj sf lun. et mar. 10h et 16h ; avr.-juil. et oct.-nov. : tlj sf dim., lun. et mar. 16h - 5 € (-10 ans gratuit, 10-15 ans 3 €).*

Reprenez la D 37.

Après Cercié, la route contourne le mont Brouilly.

Pour y accéder, empruntez la D 43, tournez à gauche dans la D 43ᴱ, puis 100 m plus loin, prenez de nouveau à gauche la route de la « Côte de Brouilly ».

Mont Brouilly

Sur ses pentes se récolte le cru des côtes-de-brouilly, à la fois fruité et bouqueté ; ce cru est, avec le brouilly, produit dans les communes s'étendant autour du mont Brouilly, le plus méridional du vignoble beaujolais.

De l'esplanade, **vue★** sur le vignoble, les monts du Beaujolais, la plaine de la Saône et la Dombes ; une chapelle, au sommet (alt. 484 m), est un lieu de pèlerinage pour les vignerons.

Revenez à Cercié, et à la sortie du village, prenez à gauche la D 68ᴱ pour gagner le vieux bourg de Corcelles. De là, prenez à gauche la D 9.

Château de Corcelles★

℘ 04 74 66 00 24 - &. - mars-nov. : 10h-12h, 14h30-18h30 ; déc.-fév. : 10h-12h, 14h30-17h30 - fermé dim. et j. fériés - gratuit.

Ce château fort fut édifié au 15e s. pour défendre la frontière entre la Bourgogne et le Beaujolais. Aménagé au 16e s., il prit une allure de gentilhommière. Au-dessus de l'entrée du donjon, armes de la famille Madeleine-Ragny. La cour intérieure est agrémentée de galeries Renaissance et d'un puits orné de ferronneries du 15e s. La chapelle renferme des boiseries gothiques remarquables. Le château de Corcelles figure parmi les célèbres domaines vinicoles du Beaujolais. Son grand **cuvier** du 17e s. compte parmi les plus beaux de la région.

Reprenez la D 9 à droite.

Cette route traverse les vignobles de crus aux noms prestigieux et offre de belles vues sur la vallée de la Saône. Dans chaque village, un caveau ou une cave coopérative propose la dégustation des grands vins.

Villié-Morgon

Son cru a pour caractéristique de bien vieillir. Produit sur des schistes décomposés, il a un parfum très fruité. *De Villié-Morgon, prenez au Nord la D 68.*

Fleurie

Ses vins « tendres » et légers se boivent jeunes.

De Fleurie, suivez la D 32, à l'Est, puis la D 186, sur la gauche.

Romanèche-Thorins *(voir ce nom)*

Par la D 266 traversant le hameau du Moulin-à-Vent, rejoignez la D 68.

Chénas

Cette commune est le berceau de deux grands vins : le moulin-à-vent, charnu et robuste, dont elle partage les vignobles avec la commune de Romanèche-Thorins, et le chénas proprement dit, plus léger.

Juliénas

Ses vins corsés et résistants peuvent se déguster dans le **cellier** de la vieille église, décoré de scènes bachiques. À la sortie du village, par la D 137, la maison de la Dîme (16e-17e s.) présente une très belle façade à arcades. *℘ 04 74 04 42 98 - &. - tlj sf mar. 9h45-12h, 14h30-18h30 - fermé de déb. janv. à mi-janv. et de mi-fév. à déb. mars - gratuit.*

Gagnez St-Amour-Bellevue.

St-Amour-Bellevue

Située à la pointe Nord du Beaujolais, cette commune produit des vins rouges colorés et charnus ainsi que des vins blancs de qualité.

LA MONTAGNE★
De St-Amour-Bellevue à Villefranche-sur-Saône ②

134 km – environ 6h.

Cet itinéraire très pittoresque s'élève à travers les coteaux couverts de vignes, s'enfonce dans les sombres forêts de sapins, puis redescend sur la riante vallée de l'Azergues animée par ses scieries.

St-Amour-Bellevue et Juliénas – *Description ci-dessus.*

À Juliénas, prenez la D 26 qui s'élève jusqu'au col de Durbize (550 m), puis passe par le col du Truges (445 m).

Beaujeu

« À tout venant, beau jeu », telle était la devise de l'ancienne capitale du Beaujolais, qui aligne ses maisons basses le long d'une rue étroite, entre les collines tapissées de vignes.

Caveau des beaujolais-villages – *Pl. de l'Hôtel-de-Ville - 69430 Beaujeu - ℘ 04 74 04 81 18 - fév.-déc. : 10h30-13h, 14h-19h30 - fermé 3 sem. en janv. et le mardi en hiver* Au sous-sol du musée Marius-Audin, signalé par une belle tête de Bacchus, un caveau de dégustation offre un vaste choix de beaujolais-villages à goûter en compagnie d'un belle effigie en cire de Catherine de Beaujeu.

Les Sources du Beaujolais – *Entrée par la Maison de pays, en face de l'église. Pl. de l'Hôtel-de-Ville - ℘ 04 74 69 20 56 - www.beaujeu.com - &. - juil.-août : 10h-12h30, 14h-19h ; mars-juin et sept.-déc. : tlj sf mar. 10h-12h30, 14h-18h - fermé janv.-fév., 1er janv. et 25 déc. - 6 € (enf. 3 €).*

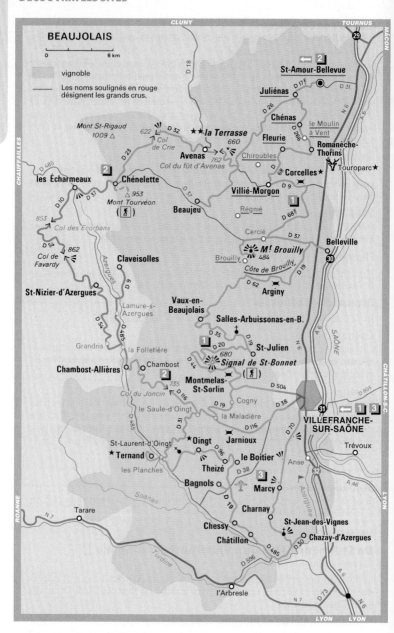

BEAUJOLAIS

0   6 km

vignoble

Les noms soulignés en rouge désignent les grands crus.

Ce pôle œnologique, agrémenté d'une muséographie originale et moderne, propose un parcours historique consacré au monde vinicole du Beaujolais. Après la présentation du passé glorieux de Beaujeu, le malheureux Ganelon vient s'écraser, dans la « salle du puits », devant plusieurs artisans décidément imperturbables. Mais le plus étonnant est sans doute la réplique grandeur nature d'une **péniche** dont on traverse le pont. Boutique de produits régionaux.

Église St-Nicolas – ☎ 04 74 69 20 56 - juil.-août : 9h30-12h30, 14h-18h.
Les moellons irréguliers de roches noires ayant servi à sa construction lui donnent un aspect fort curieux. Édifiée en 1130, mais profondément remaniée au cours des siècles, elle a conservé son clocher roman.

Musée des Traditions populaires Marius-Audin – Pl. de l'Hôtel-de-Ville - ☎ 04 74 69 22 88 - www.beaujeu.com - juin-sept. : 10h-12h30, 14h30-19h ; mai : 10h-12h, 14h-18h ; mars-avr. et oct.-nov. : tlj sf lun. et mar. 10h-12h, 14h-18h - fermé déc.-fév. - 2 €.
Ce musée fut créé en 1942 par l'imprimeur érudit Marius Audin (1872-1951), né à Beaujeu. Dans la section de folklore, un intérieur paysan du 19e s. a été reconstitué

tandis qu'une salle de classe restitue l'ambiance scolaire 1900, avec les pages d'écriture et les leçons de morale. Sont également présentés des outils d'artisans ainsi que des meubles et objets provenant des hospices de Beaujeu. Le point fort du musée est une intéressante **collection de poupées** de mode du 19e s., entourées de miniatures délicatement présentées. Ces poupées ont été les messagères de l'élégance française à l'étranger, surtout en Angleterre, avant de servir de jouets précieux. D'autres figurines arborent des costumes régionaux de France ou d'Italie : Champagne, Bourgogne, Piémont, Sardaigne…

Par les D 26 et D 18, montez à la Terrasse.

La Terrasse★★

Alt. 660 m. Table d'orientation. Située à 1 km du col du fût d'Avenas sur la commune de Chiroubles, dans une boucle de la D 18. De ce lieu-dit se révèle un magnifique **panorama** semi-circulaire : au-delà de la vallée de la Saône, il embrasse les plaines de la Bresse, le Jura et, par temps clair, les Alpes avec le mont Blanc, le massif de la Vanoise et le Pelvoux.

Avenas

Avenas-en-Beaujolais est situé sur l'ancienne voie romaine reliant Lyon à Autun. Ce petit village vit du travail du bois et de la fabrication d'un fromage de chèvre, le « blanc de Faye ». Son **église** date de la seconde moitié du 12e s. et renferme un magnifique **autel★** en calcaire blanc de la même époque. Sur la partie antérieure, le Christ en majesté lève la main droite en signe de bénédiction. Il est entouré des symboles des évangélistes, tandis que les apôtres, disposés de chaque côté sur deux registres, tiennent le livre de leurs écrits. Sur les faces latérales, on voit, à gauche, des scènes de la vie de la Vierge, à droite, le roi Louis VII offrant l'église d'Avenas au chapitre de St-Vincent de Mâcon.

La D 18E, puis la D 32 mènent au col de Crie.

Juste avant ce col se dégage une très belle vue vers le Nord par la trouée de la Grosne orientale. En redescendant, sur la droite, se dresse la masse imposante du **mont St-Rigaud** (alt. 1 009 m), point culminant de la région.

Chénelette

Cette petite localité est agréablement située dans une région boisée. Elle est dominée par le **Tourvéon** (alt. 953 m) au sommet duquel se dressait l'énorme château fort, dit de Ganelon. Ce château aurait été rasé sur ordre du roi Louis le Débonnaire. *Accès aux ruines : 3/4h à pied AR.*

Les Écharmeaux

Une station estivale s'est développée au milieu des herbages cernés de forêts de sapins du col des Écharmeaux, important nœud routier du Beaujolais, à 720 m d'altitude. De ce carrefour, belle vue sur les monts du Haut-Beaujolais.

À partir des Écharmeaux, la D 10 en direction de Ranchal passe par le col des Aillets, puis celui des Écorbans à travers la forêt.

Baigné d'une douce et chaude lumière, l'autel de l'église d'Avenas est remarquable par la qualité des scènes sculptées.

Entre Ranchal et St-Nizier-d'Azergues, la D 54 offre des **vues**★ sur la vallée de l'Azergues. Après le **col de Favardy** (alt. 862 m), un belvédère permet de découvrir un beau **panorama**★ vers le Nord-Est : au premier plan sur la vallée de l'Azergues et au loin, sur la masse du Tourvéon et les derniers contreforts du Beaujolais.

St-Nizier-d'Azergues

Ce petit bourg occupe un site agréable au-dessus de la vallée de l'Azergues.
La route, très pittoresque, se poursuit jusqu'à Grandris.

Après Grandris, prenez à gauche la D 504 jusqu'à la Folletière, puis à gauche, de nouveau, la D 485.

La route longe la haute vallée de l'Azergues et traverse Lamure-sur-Azergues.

Au Gravier, prenez à droite la D 9.

Claveisolles

Ce petit village juché sur un promontoire est surtout connu pour ses sapinières. Au 19e s., le comte du Sablon importa d'Amérique des sapins Douglas. Le peuplement forestier actuel est l'un des plus beaux de France.

Revenez sur la D 485 et prenez à gauche la direction de Chambost-Allières.

Chambost-Allières

Cette commune est formée de deux villages distincts. Allières, dans la vallée, est actif. C'est un lieu de passage. **Chambost**, que l'on atteint par la D 116 s'élevant au-dessus de la vallée, est un petit hameau au charme rural.
De Chambost-Allières à Cogny par le Saule-d'Oingt, le **parcours**★★ est très pittoresque. La route s'élève jusqu'au col du Joncin (alt. 735 m). C'est une agréable route de crête d'où, par temps clair, on découvre une très belle **vue**★ sur les Alpes.

Au Saule-d'Oingt, prenez à gauche la D 31, puis encore à gauche la D 19.

Au cours de la descente, le panorama s'étend à la vallée de la Saône, la Bresse et aux contreforts du Jura.

La D 504 ramène à Villefranche.

LE PAYS DES PIERRES DORÉES★★

Circuit au départ de Villefranche-sur-Saône ③

59 km – environ 4h. Quittez Villefranche par la D 70 au Sud.

Cette jolie **route de crête**★ offre des vues dominantes sur la vallée de la Saône.

Marcy

À l'extérieur du bourg *(accès par une petite route à gauche signalée « Tour Chappe »)* se dresse une **tour** de télégraphe, construite par Claude Chappe en 1799, dont le mécanisme à bras mobiles, restauré, a servi à transmettre des messages optiques jusqu'en 1850. ☎ *04 74 67 02 21 - possibilité de visite guidée (45mn) mars-oct. : dim. 14h30-18h ; nov. : dim. 14h30-17h - fermé déc.-fév. - 1,50 € (enf. gratuit), gratuit dim.*
Du pied de la tour, la vue embrasse la vallée de la Saône, la Dombes, les monts du Lyonnais et du Beaujolais.

Charnay

Située au sommet d'une colline, cette petite bourgade possède des vestiges de fortifications provenant d'un château féodal du 12e s. Sur la place, entourée de maisons des 15e et 16e s. en pierres dorées, l'**église** abrite une très belle statue gothique de saint Christophe en pierre polychrome (12e s.). Plus haut, l'imposant château du 17e s., appelé « la Mansarde », abrite la mairie.

Prenez, au Sud de Charnay, une route étroite menant à St-Jean-des-Vignes.

St-Jean-des-Vignes

La petite église perchée offre, dans son cadre fleuri, une très belle vue sur l'ensemble du pays lyonnais.

Espace Pierres Folles – ☎ *04 78 43 69 20 - www.espace-pierres-folles.asso.fr - possibilité de visite guidée (1h) mars-nov. : tlj sf sam. 9h-12h30, 14h-18h, lun., merc. et dim. 14h30-18h - fermé déc.-fév. - 5 € (enf. 2 €).*

La légende de Ganelon

La **Chanson de Roland** est restée célèbre et beaucoup se souviennent du courage héroïque de Roland. Bien moins connu est le destin de Ganelon, son triste beau-père, qui serait à l'origine de l'embuscade de Roncevaux. La légende rapporte que Ganelon, fait prisonnier, fut enfermé dans un tonneau garni de pointes et jeté dans le vide du haut de la montagne *(voir « Les Sources du Beaujolais » à Beaujeu p. 179).*

La présence de sites géologiques importants dans les environs est à l'origine de la création du musée. Une partie de celui-ci retrace l'histoire de la planète, telle qu'on peut la lire dans la composition du sous-sol. Des vitrines, tableaux et films expliquent cette lente évolution de la vie sur la terre ; remarquez l'aquarium de nautiles vivants et l'hologramme d'un « vol de ptérosaures ». Le reste du musée est consacré à la découverte du terroir et à son exploitation industrielle et touristique.

Rejoignez la D 30 pour atteindre Chazay-d'Azergues.

Chazay-d'Azergues

De la cité fortifiée dominant l'Azergues subsistent un beffroi et quelques maisons des 15e et 16e s. Le château *(on ne visite pas)*, du 15e s., était la résidence des abbés d'Ainay. Ne manquez pas d'aller voir la fameuse « porte du Babouin » : elle doit son nom à un bateleur qui, déguisé

De nombreux fossiles de coquillage attestent le passage de la mer autour de St-Jean-de-Vignes.

Stéphane Sauvignier / MICHELIN

en ours, sauva d'une tour en feu la dame du seigneur et sa petite fille qu'il épousa.

Empruntez la D 30 jusqu'à Lozanne, puis la D 485 jusqu'à Châtillon.

Châtillon

Ce village est dominé par une forteresse des 12e et 13e s. qui commandait l'entrée de la vallée de l'Azergues. Englobée à l'origine dans cette forteresse, la **chapelle St-Barthélemy** *(accès en forte montée signalé à gauche de l'église paroissiale)* fut agrandie au 15e s. par Geoffroy de Balzac, gendre de Jean le Viste pour qui furent tissées, dit-on, les tapisseries de *La Dame à la licorne* exposées au musée de Cluny à Paris. À l'intérieur, tableaux de Lavergne et d'H. Flandrin. Le chevet en encorbellement est très curieux. *☎ 04 78 43 92 66 - possibilité de visite guidée (45mn) de mi-avr. à fin oct. : dim. et j. fériés 14h30-18h - gratuit.*

De l'esplanade du Vingtain, en contrebas, jolie vue sur le bourg. À la sortie du village, sur la D 76 en direction d'Alix, pittoresque puits couvert dit « sarrasin ».

Suivez la D 485 bordée de terrils rouges.

Chessy

L'**église** de style gothique flamboyant abrite un beau bénitier du 16e s. et une sainte Marthe terrassant un dragon. Dans cette localité était exploité autrefois un important gisement de cuivre dont Jacques Cœur fut propriétaire. Le minerai, dit « chessylite », est une variété d'azurite aux beaux reflets bleus, très prisée des collectionneurs.

Empruntez la D 19 en direction de Bagnols.

Bagnols

Le village possède un château du 15e s. restauré en château-hôtel haut-de-gamme. L'**église**, de la même époque, comporte une belle clé de voûte pendante. Sur la place, de très jolies maisons à auvent des 15e et 16e s.

Revenez sur la D 19 que vous prenez à gauche. Arrêtez-vous au hameau du Boitier.

Le Boitier

À la sortie du hameau sur la droite se trouve le clos de la Platière où Mme Roland passa ses plus beaux jours.

Theizé

Parking à droite de la route. Prenez la rue qui grimpe à droite de la place de l'église.

> ### 👁 Le saviez-vous ?
>
> Manon et Jean-Marie Roland de la Platière furent aux débuts de la Révolution des Girondins convaincus. Dans le salon qu'elle tenait à Paris, Mme Roland recevait Robespierre, et elle intervenait aussi bien dans *Le Patriote français* que dans les discours de son mari lorsqu'il fut ministre de l'Intérieur. Mais les temps étaient instables et, tandis que M. Roland échappait de justesse à l'arrestation, Mme Roland était emprisonnée, puis exécutée. En l'apprenant, Jean-Marie Roland se suicida.

L'agréable village de Theizé, typique de la région des Pierres Dorées, a la particularité de posséder deux châteaux, l'un en contrebas de la route et l'autre au sommet du village. Sur la partie haute du village, le **site de Rochebonne**, constitué d'une ancienne chapelle (16ᵉ s.) et d'un château, concentre l'intérêt touristique. La **chapelle**, dont on peut admirer le chœur gothique flamboyant à clef pendante, est aujourd'hui utilisée pour des concerts et des expositions temporaires. ℘ 04 71 16 10 - www.theize-en-beaujolais.com - juil.-août : tlj sf mar. 15h-18h ; mai-juin et de déb. sept. à mi-oct. : w.-end et j. fériés 15h-18h - 3 € (enf. 1,50 €).

Le **château de Rochebonne** se distingue par sa façade classique flanquée de deux tours et surmontée d'un fronton. L'intérieur, qui a conservé un bel escalier à vis, accueille un pôle œnologique et des expositions. Les étages supérieurs, dégradés au cours de longues périodes d'abandon, sont progressivement restaurés. ℘ 04 74 71 16 10 - www.theize-en-beaujolais.com - juil.-août : tlj sf mar. 14h-18h ; mai-juin et de déb. sept. à mi-oct. : w.-end et j. fériés 14h-18h - 3 € (enf. 1,50 €).

Oingt★

De la redoutable forteresse d'Oingt, il ne reste que la porte de Nizy par laquelle on pénètre dans le village dont les rues piétonnes, la « Maison commune » du 16ᵉ s., restaurée et de nombreux ateliers artisanaux (céramique, tissage, etc.) accentuent le charme. Des ruelles bordées de très belles maisons mènent à l'**église**, ancienne chapelle du château (14ᵉ s.), où, sur les culs-de-lampe supportant les arcades du chœur, figurent les têtes sculptées de Guichard IV, son épouse et leurs six enfants. *Mars-oct. : 10h-19h.*

Du sommet de la **tour** s'offre un magnifique panorama sur les monts du Lyonnais et du Beaujolais ainsi que sur la vallée de l'Azergues. ℘ 04 74 71 21 24 - juil.-août : 15h-19h ; de mi-avr. à fin juin et sept. : w.-end et j. fériés 15h-19h - fermé de déb. oct. à mi-avr. - 1,30 € (-12 ans gratuit).

Continuez sur la D 96. à **St-Laurent-d'Oingt**, remarquez l'église à auvent. En arrivant sur la D 485, tournez à droite.

Une porte du bourg d'Oingt, véritable bijou du pays des Pierres Dorées

Sur la gauche se dresse le bourg fortifié du vieux Ternand.

Ternand★

Autrefois bastion des archevêques de Lyon, Ternand a gardé des vestiges de fortifications : le donjon et le chemin de ronde qui offre une jolie perspective sur les monts de Tarare et la vallée de l'Azergues. L'**église** est surtout intéressante par ses chapiteaux carolingiens dans le chœur et ses peintures murales de la même époque dans la crypte. *Visite guidée sur demande à la mairie -* ℘ 04 74 71 33 43.

Faites demi-tour, traversez le lieu-dit Les Planches et suivez la D 31.

Ce **parcours★★**, qui passe par le col du Saule-d'Oingt, est très pittoresque. À flanc de coteau, de très belles fermes dominent des pâturages. Du Saule-d'Oingt, en descendant vers Villefranche, on a une vue très étendue sur la vallée de la Saône.

À la Maladière, tournez à droite vers Jarnioux.

Jarnioux

Le **château**, à six tours, construit aux 15ᵉ et 17ᵉ s., comprend une très belle partie Renaissance. La majestueuse entrée, où subsistent des traces de pont-levis, donne accès à deux cours successives. ℘ 04 74 03 80 85 - de déb. juil. à mi-juil. et de mi-août à fin sept. : visite guidée (50mn) lun., merc., vend. 14h-18h, mar. et jeu. 9h-12h ; fermé reste de l'année, 14 Juil. et 15 août - 4 € (enf. 2,50 €).

Revenez à Villefranche par la D 116 et la D 38.

Le Beaujolais pratique

Adresses utiles

🅘 Office du tourisme de Beaujeu – *Sq. de Grandhan - 69430 -* ☏ *04 74 69 22 88 www.beaujeu.com - mai-sept. : 9h30-12h30, 14h30-18h30 (juil.-août 19h) ; mars-avr. et oct.-nov. : tlj sf lun. et mar. 10h-12h, 14h30-18h - fermé reste de l'année.*

🅘 Office du tourisme de Belleville – *68 r. de la République - 69220 -* ☏ *04 74 66 44 67 - www.ot-beaujolaisvaldesaone.fr - tlj sf dim. et j. fériés 10h-12h, 14h-18h30, lun. 14h-18h30.*

🅘 Office du tourisme d'Anse – *8 pl. du 8-mai-1945 - 69480 -* ☏ *04 74 60 26 16 www.tourismepierresdorees.com - tlj sf dim. 9h-12h, 14h-17h - relais d'information touristique : Café multiservices « Le Bon Vert » - Les Grandes Planches - 69620 Ternand.*

Se loger

🛏 Chambre d'hôte M. et Mme Bonnot – *Au bourg - 69430 Les Ardillats - 5 km au NO de Beaujeu par D 37 -* ☏ *04 74 04 80 20 - fermé janv. -* 🚭 *- 5 ch. 36/42 € 🍴 - repas 17 €.* Enseigne où tout se conjugue pour rendre votre séjour agréable : convivialité, bonne chère et belle cave forcément dédiée au beaujolais. Des mangeoires donnent un cachet rustique à la salle des repas et chaque chambre est associée à un fruit.

🛏 Chambre d'hôte Domaine des Quarante Écus – *Les Vergers - 69430 Lantignié - 4 km à l'E de Beaujeu par D 78 -* ☏ *04 74 04 85 80 - bnesme@wanadoo.fr -* 🚭 *- 5 ch. 36/48 € 🍴.* Ce domaine viticole doit le nom au ginkgo biloba, communément appelé « arbre aux quarante écus », qui est planté devant la maison. Dans un jardin et un verger clos, au milieu des vignes, vous profiterez du calme de la campagne et pourrez déguster le vin produit ici.

🛏 Camping La Grappe Fleurie – *69820 Fleurie - à 0,6 km au S du bourg par D 119ᴱ et à droite -* ☏ *04 74 69 80 07 - camping@fleurie.org - ouv. mi-mars-22 oct. - 96 empl. 14 €.* Ce camping municipal bordé de vignes et très bien entretenu, situé à seulement 600 m du village, propose des emplacements verdoyants bien délimités et quatre chalets (d'autres à venir). Piscine, court de tennis, tables de ping-pong et jeux d'enfants sont à la disposition des vacanciers.

🛏 Chambre d'hôte Gérard Lagneau – *Huire - 69430 Quincié-en-Beaujolais - par D 37, dir. Beaujeu et rte à gauche face à la station Avia -* ☏ *04 74 69 20 70 - http://lagneau.operaction.org - fermé janv. -* 🚭 *- réserv. obligatoire - 4 ch. 46/58 € 🍴.* Cette belle bâtisse en pierres du pays située au cœur du vignoble constitue une « case

départ » idéale pour partir à la découverte du Beaujolais. Chambres sobrement décorées. Vue étendue sur les vignes et la plaine de la Saône. Dégustation de vins de la propriété dans un caveau du 16ᵉ s.

🛏 Chambre d'hôte Domaine de La Grosse Pierre – *69115 Chiroubles - par la D 119 dir. Chiroubles -* ☏ *04 74 69 12 17 - www.chiroubles-passot.com - fermé déc.-janv. - 5 ch. 48 € 🍴.* Adresse idéale pour une immersion complète en plein Beaujolais, ce beau domaine viticole (10 ha) met à votre disposition des chambres agréables, quoique simplement aménagées, et un plaisant salon avec cheminée. Des dégustations de vins ont lieu dans la cave voûtée.

🛏 Chambre d'hôte Domaine de Romarand – *69430 Quincié-en-Beaujolais - 9 km au SE de Beaujeu par D 37, D 9, puis dir. château de Varennes -* ☏ *04 74 04 34 49 - fermé 25 déc.-1ᵉʳ janv. - réserv. obligatoire - 3 ch. 48/58 € 🍴 - repas 20 €.* Cette belle demeure tenue par un couple de viticulteurs ouvre sur les vignes et les monts alentour. Les chambres, modernes et confortables, profitent de cet agréable panorama tout comme la piscine et le jardin de rocaille joliment fleuri. Pâtisseries et confitures maison au petit-déjeuner ; dégustation et vente de vin.

🛏🛏 Hôtel Les Vignes – *Rte de St-Amour - 69840 Juliénas - 3 km au SO de St-Amour-Bellevue par D 17ᴱ -* ☏ *04 74 04 43 70 - contact@hoteldesvignes.com - fermé 7-22 fév., 21-28 déc. et dim. de déc. à mars -* 🅿 *- 22 ch. 43/68 € 🍴 10 €.* À la sortie de Juliénas, cet hôtel bâti à flanc de coteau et entouré de vignes abrite des chambres rénovées, gaies et fonctionnelles. Le petit-déjeuner beaujolais, rehaussé de spécialités charcutières locales et servi dans une salle aux tons ensoleillés, mérite une mention spéciale. Accueil sympathique.

🛏🛏 Les Picorettes – *Montrichard - 69460 Vaux-en-Beaujolais - 2 km au S de Vaux-en-Beaujolais par D 49ᴱ, au lieu-dit Montrichard -* ☏ *04 74 02 14 07 - www.picorettes.com - 4 ch. 57/95 € 🍴 - repas 23 €.* Josette et Francis Blettner ont aménagé trois chambres et une suite familiale dans cette jolie maison beaujolaise. Au 2ᵉ étage, celle baptisée « Vigne » offre la plus belle vue sur le village. Petit-déjeuner mariant le sucré et le salé et cuisine traditionnelle (blanquette, poulet de Bresse) servie à la table d'hôte.

🛏🛏 Domaine de la Chapelle de Vâtre – *Le-Bourbon - 69840 Jullié - 2 km au S de Jullié, à Moulin-Aujas, prendre rte d'Émeringes et chemin à droite -* ☏ *04 74 04 43 57 - www.vatre.com - fermé pdt les* *vendanges - 3 ch. 60/95 € ⌷. Le domaine, sis au sommet d'une colline, ménage un panorama exceptionnel sur les vignobles et la vallée de la Saône. Un couple de Belges a acheté cette demeure, l'a restaurée puis a aménagé trois chambres de caractère - mêlant l'ancien et le contemporain - et un gîte tout aussi superbe. Belle piscine à débordement.*

Se restaurer

⊖ **Auberge Vigneronne** – *Au bourg - 69430 Régnié-Durette - 5 km au S de Beaujeu par D 78 - ℘ 04 74 04 35 95 - www. beaujeu.com - fermé mar. soir d'oct. à avr. et lun. - 10/25 €*. Près de l'église, derrière une belle façade en pierre, restaurant traditionnel complété d'un caveau de dégustation. Deux chaleureuses salles à manger typiquement beaujolaises, dont une avec cheminée, et terrasse d'été.

⊖ **Le Buffet de la Gare** – *Pl. de la Gare - 69220 Belleville - ℘ 04 74 66 07 36 - lebuffetdelagare@wanadoo.fr - fermé 3 sem. en août - réserv. conseillée - 11/20 €*. Ce restaurant a du cachet avec son décor « vieux bistrot », ses banquettes, ses meubles en bois et ses vieilles affiches. On y sert d'appétissantes recettes régionales et un menu du jour, dans une ambiance chaleureuse et bon enfant. L'adresse faisant souvent salle comble à l'heure du déjeuner, pensez à réserver.

⊖ **La Maison des Beaujolais** – *441 av. de l'Europe, RN 6 - 69220 St-Jean-d'Ardières - ℘ 04 74 66 16 46 - www. lamaisondesbeaujolais.com - fermé lun. soir et mar. soir sf juin-sept. - 13,90/28 €*. Voici une excellente adresse pour découvrir la cuisine et les vins du Beaujolais. Au restaurant, vous aurez le choix entre de nombreux menus et les formules du jour, toujours préparés à partir de produits frais. Boutique et espace dégustation où l'on propose des initiations (à partir de 5 personnes et sur réservation).

⊖⊖ **La Terrasse du Beaujolais** – *Rte d'Avenas - 69115 Chiroubles - ℘ 04 74 69 90 79 - fermé 8 déc.-1er mars (sf sam. midi et dim. midi) et lun. soir en juil.-août - 22/53 €*. La salle à manger et la terrasse de ce restaurant campé sur les hauteurs de Chiroubles ménagent une vue exceptionnelle sur les monts du Beaujolais. Cuisine régionale avec pain, terrines et pâtisseries maison ; salon de thé et en-cas l'après-midi.

⊖⊖ **Le Coq à Juliénas** – *Pl. du Marché - 69840 Juliénas - ℘ 04 74 04 41 98 - leon@ relaischateaux.com - fermé 22 déc.-22 janv. et merc. - 22,50/31 €*. Au pays des vins, le coq est roi ! C'est en tout cas vrai dans cette maison pimpante sur la place de Juliénas. Derrière ses volets bleus, sa salle au décor soigné accueille une belle collection de coqs de toutes sortes… À admirer en savourant sa cuisine gourmande.

⊖⊖ **Les Platanes de Chénas** – *Aux Deschamps - 69840 Chénas - 2 km au N de Chénas par D 68 - ℘ 03 85 36 79 80 - fermé fév., 23-28 déc., mar. et merc. sf juil.-août - 17 € déj. - 33/58 €*. Ah ! qu'il est doux de ne rien faire quand tout s'agite autour de soi ! Installé sous les platanes de la terrasse, votre regard s'étend sur les vignobles de Chénas et votre palais découvre les vins d'ici accompagnés d'une honnête cuisine au goût du jour.

⊖⊖ **Christian Mabeau** – *69460 Odenas - 15 km au NO de Villefranche par D 43 - ℘ 04 74 03 41 79 - christian. mabeau@france-beaujolais.com - fermé 2-12 janv., 30 août-12 sept., dim. soir et lun. sf j. fériés - 26,50/54,50 €*. Ce petit restaurant familial situé au cœur du village d'Odenas dresse quelques tables en terrasse, face aux vignes, dès qu'il fait beau. Sa salle à manger est agréable et sa cuisine traditionnelle aux accents du pays s'accompagne d'un bon choix de vins régionaux.

Que rapporter

◉ **Bon à savoir** – Dans les pays de vignobles, il est souvent possible de visiter les chais, et découvrir la grande variété des crus ; les visites sont accompagnées de dégustations de la production locale. Certaines caves sont célèbres, comme celles du château de la Chaize (108 m de long), de Clochermerle et de Villé-Morgon, mais il ne faut pas hésiter à rendre visite aux nombreux vignerons de la région. Il faut parfois prendre rendez-vous : renseignez-vous auprès de l'organisme « Pays Beaujolais ». Parmi les nombreux caveaux de dégustation :

Cave Beaujolaise de Quincié – *au bourg - 5,5 km au S de Beaujeu par la D 37E puis D 37 - 69430 Quincié-en-Beaujolais - ℘ 04 74 04 34 17 - cavedequincie@terre-net.fr - lun.-vend. 8h30-12h, 14h-18h30, sam. 9h-12h, 14h-18h, dim. 15h-18h - lun.-sam. 9h-12h et 14h-18h30, dim. 15h-18h*. Les différents crus, beaujolais-villages, régnié, brouilly, etc. de cette coopérative viticole née en 1928, dispensent des arômes de fruits et de fleurs régulièrement primés dans les concours. Une salle de vente et de dégustation très moderne permet de présenter la sélection dans des conditions optimales.

La Cave de Clochemerle – *Au bourg - 15 km au NO de Villefranche-sur-Saône par D 43 - 69460 Vaux-en-Beaujolais - ℘ 04 74 03 26 58 - 10h30-12h, 15h-19h30 - fermé 25 déc. et 1er janv.*. La cave fut inaugurée en 1956 par Gabriel Chevallier lui-même : juste récompense pour le romancier qui fit passer à la postérité ce paisible village dans son truculent Clochemerle. C'est devenu le repère des confrères du Gosier sec, un havre de bonne humeur où l'on aime pousser la chansonnette à la gloire de Bacchus.

Cave des Producteurs des Grands Vins de Fleurie – *Au bourg - 69820 Fleurie - 𝒫 04 74 04 11 70 - www.cavefleurie.com - 9h-12h, 14h-19h, dim. 9h-12h, 14h30-19h30.* Cette coopérative créée en 1927 est la doyenne des caves du Beaujolais. Elle vinifie un tiers du cru Fleurie, produit une gamme de vins par climat – La Chapelle des Bois, Les Garants, etc. – et s'enorgueillit d'élever deux cuvées d'exception baptisées « Cardinal Bienfaiteur » et « Présidente Marguerite ».

Cave du Château de Chénas – *La Bruyère - 3,5 km au NE de Fleurie par D 68 - 69840 Chénas - 𝒫 04 74 04 48 19 cave.chenas@wanadoo.fr - 8h-12h, 14h-18h, dim. et j. fériés 14h30-19h.* Dans le cadre magnifique du château de Chénas fut constituée en 1934 cette association de viticulteurs qui compte aujourd'hui 275 adhérents. Le domaine de 280 ha produit plusieurs AOC (le vignoble de Chénas donne naissance à deux grands vins : moulin-à-vent et chénas) élevés sous de superbes voûtes du 17e s.

Caveau des beaujolais-villages – *Pl. de l'Hôtel-de-Ville - 69430 Beaujeu - 𝒫 04 74 04 81 18 - mai-nov. : 10h30-13h, 14h-19h30 - fermé 3 sem. en janv.* Ce « temple de Bacchus » dédié à l'appellation beaujolais-villages occupe les caves voûtées de la mairie. La statue de saint Vincent, patron des vignerons, et l'effigie en cire d'Anne de Beaujeu veillent sur les dégustations de beaujolais-villages, beaujolais-villages blanc et beaujolais-villages Hospices de Beaujeu.

La Maison des Beaujolais – *441 av. de l'Europe - 69220 St-Jean-d'Ardières - 𝒫 04 74 66 16 46 - www. lamaisondesbeaujolais.com - été : 12h-22h ; (le reste de l'année : 21h) - fermé vac. de Noël et 1er janv.* L'enseigne est sans équivoque : cette maison est entièrement dédiée aux vins du Beaujolais. Dégustation, boutique et restaurant vous permettront de mieux connaître cette célèbre région viticole ainsi que sa production.

Cap Vignes - Château Bel Air – *394 rte Henry-Fessy-Belleville, à Belleville - 69220 St-Jean-d'Ardières - 𝒫 04 74 66 45 97 - www.capvignes.com - juil.-août : tlj sf dim.-lun. 11h-18h, durée 1h30 ; avr.-juin et sept. : tlj sf dim.-lun. 14h-18h, visite 1h30.* Pour tout savoir sur les métiers du vin, le pôle œnologique et touristique du Beaujolais a créé cet espace éducatif dans l'enceinte du château. Visite complète avec projection de film sur les vendanges, parcours sur le sentier viticole et accès aux bornes interactives.

Domaine Lagneau – *Huire - par D 37, dir. Beaujeu et rte à gauche face à la station Avia - 69430 Quincié-en-Beaujolais - 𝒫 04 74 69 20 70 - jealagneau@ wanadoo.fr - sur RV.* Cette exploitation familiale propose des dégustations conviviales autour d'un tonneau dans son vieux caveau voûté. En vedette et plusieurs fois récompensé, le Régnié, élevé en fût de chêne, est issu de la vendange manuelle d'une vigne vieille de 90 ans. Le domaine abrite également des chambres d'hôtes (voir rubrique « se loger »).

La Maison des Vignerons – *Au bourg - 3,5 km au SO de Fleurie par D 68 - 69115 Chiroubles - 𝒫 04 74 69 14 94 - lamaisondesvignerons@wanadoo.fr - 10h-12h30, 14h-18h30 - fermé 25 déc. et 1er janv.* La maison, nichée dans le petit village de Chiroubles, a mis en place depuis une vingtaine d'années une démarche qualité rigoureuse et vinifie les récoltes de 65 adhérents cultivant une centaine d'hectares situés sur les aires d'appellation contrôlées chiroubles, fleurie, morgon, régnié, beaujolais-village.

Moulin à Huile – *29 r. des Écharmeaux - 69430 Beaujeu - 𝒫 04 74 69 28 06 - huilerie. beaujolaise@wanadoo.fr - tlj sf dim. 8h30-12h, 14h30-19h - fermé 1er-8 janv. et j. fériés.* La vieille meule en pierre de cette huilerie du 19e s. continue de broyer les fruits secs (noix, noisettes, pignons de pin, argan…) et quelques graines oléagineuses pour en tirer les huiles vierges les plus fruitées qui soient. Visite de l'atelier possible et dégustations.

Bourg-Saint-Andéol

7 768 BOURGUESANS.
CARTE GÉNÉRALE B5 – CARTES MICHELIN LOCAL 331 J7, OU 332 A7 – ARDÈCHE (07)

Un bas-relief de Mithra usé par le temps. Voilà tout ce qui reste de ce culte pourtant florissant avant l'évangélisation plutôt efficace de saint Andéol. Très appréciée des évêques de Viviers, la ville a bien vécu de ses activités portuaires comme en témoignent les agréables hôtels particuliers épargnés par les bombardements de 1944.

▸ **Se repérer** – Bourg-St-Andéol est situé au bord du Rhône, à 28 km au Sud de Montélimar. Elle est desservie par la N 86.

🅿 **Se garer** – Stationner sur la place du Champ-de-Mars pour visiter la ville.

👁 **À ne pas manquer** – L'architecture de l'église St-Andéol ; les paysages contrastés du Plateau des Gras ; le panorama depuis le belvédère du Bois de Laoul et la Dent de Rez.

🕐 **Organiser son temps** – Comptez une demi-journée pour la promenade en ville suivie d'une excursion sur le Plateau des Gras.

👥 **Avec les enfants** – Distinguez les parfums du musée de la Lavande à St-Remèze.

✋ **Pour poursuivre la visite** – Voir aussi : gorges de l'Ardèche, Montélimar, aven d'Orgnac, Ruoms, le Tricastin, Vallon-Pont-d'Arc, Villeneuve-de-Berg et Viviers.

Visiter

Dominée par la flèche de son église, Bourg-St-Andéol constitue une étape plaisante sur la rive droite du Rhône. N'hésitez pas à flâner au cœur de la vieille ville qui a conservé de beaux hôtels particuliers et de nombreuses fontaines.

Église St-Andéol★

Elle date dans son ensemble de la fin du 11ᵉ s. et du début du 12ᵉ s. Au-dessus de la façade, refaite au 18ᵉ s., on aperçoit le pignon primitif de la nef romane, surmonté d'un clocheton de style flamboyant.

Le saviez-vous ?

Anciennement *Bergoïate*, puis *Burgum* à l'époque gallo-romaine, la ville a pris son nom actuel en 858 après la découverte des reliques de **saint Andéol**. Ce dernier était sous-diacre à Smyrne lorsque saint Polycarpe l'envoya évangéliser le Vivarais vers l'an 200. Son zèle lui coûta cher car il fut martyrisé sur l'ordre de Septime Sévère, en 208.

L'intérieur séduit par sa simplicité toute romane ; remarquez dans la chapelle à droite du chœur, le sarcophage en marbre blanc de saint Andéol. Il renfermait, à l'origine, la dépouille d'un jeune gallo-romain, comme l'indique l'inscription païenne du cartouche, tenu par deux amours *(côté mur)*, tandis que l'inscription chrétienne *(côté autel)* évoque le martyre du diacre.

Hôtel de Nicolay

Cet hôtel date du début du 16ᵉ s. Remarquez surtout la décoration de sa loggia Renaissance.

Palais des Évêques

☎ 04 75 54 41 76 - www.officedetourisme-bourgstandeol.fr - visite guidée (50mn) juin-sept. : merc., jeu. et w.-end 15h30-19h - 5 € (enf. 3,50 €).

Nouvellement accessible au public, cet ancien palais des évêques de Viviers, seigneurs de Bourg-St-Andéol, procure l'émotion du réveil d'une beauté longtemps endormie. À la façade monumentale découverte sur le Rhône, répond le gigantisme des cheminées de la cuisine et la magnificence des appartements épiscopaux dont les fresques et les peintures (plafonds à la française) sont progressivement mises au jour (chambre « Mazarin »).

Sources de Tourne

Au débouché du vallon, entre les deux sources de Tourne, un bas-relief gallo-romain (2 m x 2 m) représentant Mithra a été taillé à même la paroi calcaire. Malgré son aspect émoussé, on distingue la silhouette du dieu, manteau flottant et coiffé du bonnet phrygien, en train d'immoler le taureau primordial.

Stendhal en goguette

Au siècle dernier, après avoir visité la chartreuse de Valbonne (Gard), **Alfred de Musset** et **George Sand**, habillée en homme, prennent la route de Venise. Ils s'arrêtent dans une auberge de Bourg-St-Andéol où ils retrouvent Stendhal qui regagne, lui, son consulat en Italie. Le soir, grisé par le vin du pays, Stendhal exécute avec la servante une série de pas d'une fantaisie si échevelée que Musset court à son album pour faire, de cette scène piquante, un croquis passé à la postérité.

Joël Damase / MICHELIN

Stendhal en goguette. Dessin de Musset

Circuit de découverte

PLATEAU DES GRAS★

Le plateau des Gras, dominé par la dent de Rez, se déroule entre le Rhône, à l'Est, la montagne de Berg et l'Escoutay, au Nord, les gorges de l'Ardèche, au Sud, les défilés de Ruoms et de Balazuc, à l'Ouest. Les « **assibrats** », qui signifie « assoiffés », est le surnom donné à ses habitants, en raison des dures sécheresses qu'ils doivent supporter.

De chaudes couleurs – Contrastant avec les fourrés de chênes verts du bois de Laoul et du bois Bouchas, les dépressions du plateau offrent un visage plus riant. Les vieux vergers d'amandiers, les lopins de lavande, les troncs noueux des derniers mûriers, les petites haies de buis taillés bordant parfois ses routes, comme entre les Hellys et St-Remèze, et les nombreux vignobles aux ceps à ras du sol composent un paysage original.

Circuit de 51 km – environ 3h. Quittez Bourg-St-Andéol par la D 4, en direction de St-Remèze.

Au cours de la montée, la vue se développe sur le Rhône et la plaine de Pierrelatte.

Belvédère du Bois de Laoul★

Table d'orientation (alt. 340 m). Aménagé en bordure de la route, il offre une **vue** sur la vallée du Rhône, la plaine de Pierrelatte et son complexe industriel, les collines du Tricastin et le mont Ventoux.

Poursuivez la montée et passez au pied de la tour de relais hertzien de télédiffusion. À environ 1 km du relais, on laisse, à gauche, une petite route s'embranchant en face de l'auberge de la Belle Aurore et menant à la chapelle retirée de Notre-Dame-de-Chalon. Sur le plateau, de petits chênes rouvres succèdent aux chênes verts.

Musée de la Lavande de St-Remèze

Les producteurs de lavande de cette maison moderne racontent l'histoire et le travail de la lavande aspic (*Lavandula latifolia*), de la lavande fine (*Lavandula angustifolia*) et de leur enfant stérile, grand producteur de parfum, le lavandin (*Lavandula latifolia X lavandula angustifolia*). Toute l'année, l'huile essentielle est extraite en direct des fagots de fleurs séchées. Un film (15mn), la possibilité de toucher et sentir, et l'observation de la fleur grossie cinquante fois aident à en percer les secrets. *Rte des Gorges - D 490 - 07700 St-Remèze - ☎ 04 75 04 37 26 - www.ardechelavandes.com - ☐. - avr.-sept. : 10h-19h - 5 € (enf. 2,50 €).*

Revenez sur vos pas et tournez à gauche dans la D 362. Au carrefour du Mas-du-Gras, prenez à gauche la D 262 qui descend vers Gras.

Gras

Petit hameau aux maisons anciennes. La voûte de l'**église** a été décorée, à une époque tardive, de curieux médaillons aux couleurs vives.

Sur l'éperon rocheux à gauche du village, remarquez la **chapelle** du 11e s., restaurée, avec petit clocher à peigne et abside en cul-de-four. *Juin-sept. : 10h-20h, reste de l'année : 12h-17h.*

Pour approcher au mieux la dent de Rez, rejoignez le hameau de Gogne à l'Ouest de Gras.

Dent de Rez★

Son curieux profil, sectionné par le col d'Eyrole séparant la dent proprement dite (alt. 719 m) du sommet de Barrès (alt. 670 m), domine tout le plateau.

On peut faire l'ascension du môle le plus élevé par un sentier partant de Gogne et suivant une ancienne piste de chars *(1h1/2 à pied AR)*. Du sommet de la dent de Retz, le **panorama★** s'étend, d'un côté, du Ventoux au Guidon du Bouquet, de l'autre, du Tanargue au Coiron.

De retour au Mas-du-Gras, empruntez à gauche la D 262.

Larnas

L'**église★** romane, aux lignes sobres, s'élève à 100 m de la route, à gauche, près d'un vieux cimetière planté de cyprès. De l'extérieur, jolie vue sur le chevet et la coupole octogonale du transept, assise sur un soubassement carré.

Gorge de la Ste-Baume★

À la sortie de Larnas, la route s'enfonce dans une gorge pierreuse. La chaleur qui y règne en été lui a valu le nom de « **Val Chaud** ».

À l'orée du ravin, à hauteur de la **chapelle de San-Samont★** (11e-14e s.), apparaît St-Montan sur une échine rocheuse.

St-Montan★

Les ruines de la citadelle féodale dominent le village qui doit son nom à l'ermite Montanus. Le bourg, avec son entassement de vieilles maisons, ses ruelles tortueuses, coupées d'escaliers et de passages voûtés, sa petite église, forme un ensemble très attachant et préservé, au débouché de la gorge. Le site est progressivement restauré grâce à la passion de bénévoles qui sont en passe d'achever la remontée du château. *Des visites estivales nocturnes axées sur l'historique de Saint-Montan s'effectuent à la faveur d'une illumination de l'ensemble de la forteresse - juil.-août : visite guidée (1h30) jeu. 21h30 - 5 € - visite guidée de St-Montan toute l'année sur demande - 04 75 54 45 36 - www.mairie-st-montan.fr*

Chapelle St-André-de-Mitroys

Église romane mise en valeur par les cyprès de son vieux cimetière.

Regagnez Bourg-St-Andéol par la D 262 et la N 86.

Bourg-Saint-Andéol pratique

Adresse utile

Office de tourisme – *Pl. du Champs-de-Mars - 07700 BOURG-SAINT-ANDÉOL - 04 75 54 54 20 - www.officedetourisme-bourgstandeol.fr - se renseigner pour les horaires.*

Se loger et se restaurer

Hôtel Le Prieuré – *2 r. Poterne - 04 75 54 62 99 - hotelleprieure@wanadoo.fr - 14 ch. 35/ 58 € - 7 € - rest. 15/31 €.* Posté sur les quais du Rhône, cet authentique prieuré converti en hôtel-restaurant porte encore en lui l'héritage de 900 ans d'histoire. Ses chambres, pour la plupart restaurées, possèdent chacune un décor particulier et sa cuisine raffinée fera oublier les régimes… au moins le temps d'un repas.

Le Clos des Oliviers – *Pl. du Champ-de-Mars - 04 75 54 50 12 - contact@ closdesoliviers.fr - fermé dim. d'oct. à avr. - 24 ch. 37/49 € - 5,50 € - rest. 14/21,90 €.* Cette maison ancienne a profité d'une cure de jouvence bienvenue : petites chambres fonctionnelles et colorées et salles de bains neuves (hébergement plus calme à l'annexe). Aux beaux jours, la cuisine actuelle, aux accents du Sud, est servie sur la terrasse où sont plantés quelques oliviers.

Bourgoin-Jallieu

22 947 BERJALLIENS
CARTE GÉNÉRALE C2 – CARTE MICHELIN LOCAL 333 E4 – ISÈRE (38)

Au pied d'une colline boisée, au croisement des anciennes routes de la soie, Bourgoin-Jallieu conserve les traces vivantes de sa spécialisation textile dans l'impression sur étoffe et le travail des soieries. Après les cours royales d'Europe, ce sont aujourd'hui les grands couturiers parisiens qui prisent ses tissus raffinés. La ville, capitale du Nord-Isère, réserve d'autres « impressions » : fines en bouche avec les délicieux « chaudelets » parfumés à l'anis, ou hautes en couleurs avec l'équipe de rugby au maillot « ciel et grenat ».

- **Se repérer** – Située à 44 km au Sud-Est de Lyon, Bourgoin-Jallieu est desservie par l'A 43 et la N 6. Ces grands axes routiers permettent de rejoindre Chambéry et Grenoble.

- **À ne pas manquer** – L'ennoblissement textile et la peinture post-impressionniste au musée de Bourgoin-Jallieu, les constructions en terre de Villefontaine, les triptyques et les maisons Renaissance de la Tour-du-Pin.

- **Organiser son temps** – Comptez une demi-journée pour la ville et ses environs.

- **Avec les enfants** – Les animaux du château de Moidière ou du zoo de Fitillieu.

- **Pour poursuivre la visite** – Voir aussi : La Côte-St-André, Crémieu, Morestel, lac de Paladru, St-Chef, Vienne et parc Walibi-Rhône-Alpes.

Visiter

Musée de Bourgoin-Jallieu★ – *17 r. Victor-Hugo* - ℘ *04 74 28 19 74 www.bourgoinjallieu.fr* - &. - *tlj sf lun. et j. fériés 10h-12h, 14h-18h - possibilité de visite guidée les 2 derniers dim. du mois (1h) 14h30 et 16h30 - 3,50 € (-15 ans gratuit).*
Aménagé sur trois étages dans la chapelle des Antonins (1503) et dans l'Hôtel-Dieu (18e s.) récemment restaurés, le musée déploie ses collections autour de deux axes : l'œuvre de **Victor Charreton** (1864-1936), peintre post-impressionniste qui fonda le musée en 1929, et l'**ennoblissement textile** – nom donné aux différentes étapes finales de traitement du tissu – qui a forgé l'identité industrielle de la région. Le patrimoine régional fait l'objet d'expositions temporaires.

Sur les traces du penseur – *Durée 2h30 - voiture obligatoire - renseignements et inscriptions à l'office de tourisme - pl. Carnot* - ℘ *04 74 93 47 50.*
Un circuit original pour retrouver pas à pas les lieux qui abritèrent le séjour berjallien de Jean-Jacques Rousseau.

Aux alentours

Le Domaine de la terre à Villefontaine

7,5 km à l'Ouest par la N 6. Prenez la direction de Vaulx-Milieu, puis du bourg et du vieux village, et suivez le fléchage.
Voici un quartier très particulier de la « grande banlieue du Grand-Lyon » : il a été construit dans les années 1980, pour assurer un habitat social moderne, en terre crue ! Aujourd'hui coquettement arborés, ces HLM résidentiels donnent à voir les multiples aspects de ce matériau traditionnel : briques et blocs de terre comprimée, pisé naturel, « terre-paille » (structure en bois emplie de paille trempée dans de l'argile)…

Le saviez-vous ?

- C'est une histoire de désunions et de retrouvailles. Jallieu n'a longtemps été qu'un lieu-dit de la « terre de Bourgoin ». Réunies en 1654, les deux cités se séparent en 1791 dans le tourbillon révolutionnaire pour fusionner définitivement en 1967.
- Bourgoin-Jallieu et la toute proche ferme de Monquin (Sud-Est de Maubec) ont marqué une étape importante (1768-1770) de la vie errante de **Jean-Jacques Rousseau** : il s'y « maria » avec sa compagne de toujours, Thérèse Levasseur, et y rédigea une partie des *Confessions*. La ville est la patrie d'autres célébrités comme l'écrivain Frédéric Dard (alias San-Antonio, voir *Saint-Chef*) et le boxeur Brahim Asloum, médaillé d'or aux JO de Sydney (2000).

Soie, tissage et impression

La Tour-du-Pin

16 km à l'Est par la N 6. La vieille ville étagée au pied de l'église garde quelques logis Renaissance, notamment au n° 29 de la rue d'Italie, la **maison des Dauphins**. Remarquez, dans l'église, deux **triptyques★** : celui de la Passion, peint en 1541 par un élève de Dürer, Georg Pencz ; celui de la visite des mages, contemporain, peint par Arcabas. *En cas de fermeture, s'adresser à l'office de tourisme - ℘ 04 74 97 14 87.*

Château du Passage

23 km à l'Est par la N 6, puis la D 73ᴷ à droite. Tournez à gauche à la hauteur de l'église. ℘ 04 78 84 00 91- de mi-juil. à déb. sept. : 10h-12h, 14h30-17h30 - fermé 15 août - 3 € (enf. 1,50 €).

Construit au 18ᵉ s. sur les restes d'une maison forte, il a vu sa façade principale remaniée au 19ᵉ s. Le toit, fortement pentu et couvert de tuiles en écaille, est typiquement dauphinois. Les étages sont desservis par un escalier monumental avec rampe en fer forgé, orné de **fresques** militaires en trompe-l'œil. Ces fresques, réalisées par un artiste italien au 18ᵉ s., se prolongent par des thèmes floraux dans les salons d'apparat. Remarquez aussi le billard, le beau poêle alsacien, le portrait de soie tissée et la lettre de Napoléon.

Musée du Tisserand dauphinois★ à La Bâtie-Montgascon

24 km à l'Est par la N 6, puis la N 516 à gauche. 76 r. de Tisserand - ℘ 04 74 83 08 99 - http://tisserand.dauphinois.free.fr - mai-oct. : 14h-18h - fermé lun., mar. et j. fériés - 3 € (-12 ans gratuit, 12-16 ans 1,50 €) - joli choix de foulards à la boutique.

Fuyant la révolte des canuts, l'industrie de la soie a gagné au 19ᵉ s. le Nord-Dauphiné où s'étaient fabriquées les « toiles de Voiron » de chanvre (jusque-là très cultivé dans la région) pendant plus de deux siècles. Dans une ancienne usine de tissage réhabilitée, les dévidoirs, les canetières à pédales, les métiers à bras, façonnés et velours, la mécanique jacquard, entre autres, se remettent en marche le temps de fabriquer leur petit bout d'ouvrage. Une section du musée est réservée aux métiers moins connus du tulle et de la dentelle. De la soie brute au produit fini, tout peut être observé, touché, expliqué et réveille souvent, parmi les visiteurs aussi, le souvenir de longues et dures expériences de travail.

Le Domaine des fauves à Fitilieu

26 km à l'Est par la N 6, puis la N 75 à gauche. Ouvert de mai à oct., sf j. fériés, merc.-dim. 14h-18h - ℘ 04 74 83 08 99 - 10h-19h - 7,50 € (3-9 ans 5 €). Distributeurs de granulés pour les animaux et aires de pique-nique.

Sur un espace relativement restreint sont réunis des pumas, des lynx, des panthères, des lions, mais aussi des ratons laveurs, quelques lémuriens, des loups, des singes, des perroquets et quelques herbivores.

Château de Moidière

12 km à l'Ouest par les N 6, D 36 et D 124. Au lieu-dit « Les Eynards », prenez une petite route à gauche en direction de Bonnefamille, et à droite vers le château. ℘ 04 74 96 44 63

© Coll. Musée de Bourgoin-Jallieu

- www.chateau-moidiere.com - de mi-avr. à mi-sept. : tlj sf mar. 14h30-18h ; de mi-sept. à mi-nov. : w.-end et j. fériés 14h30-18h ; de mi-fév. à mi-avr. : dim. et j. fériés 14h30-18h - fermé de mi-nov. à mi-fév. - 7 € (enf. 5 €).

Son toit, en pente très accusée couvert de tuiles à écailles, lui donne une allure typiquement dauphinoise. Premier jalon historique de la « route des Dauphins », ce château d'époque Louis XIV fut reconstruit sous l'Empire après avoir été détruit à la Révolution. À l'intérieur, le grand vestibule et l'escalier d'honneur sont décorés de peintures en trompe-l'œil, réalisées au début du 19e s. par des artistes italiens. On visite également le grand salon et la chambre Empire.

Dans les caves voûtées est installé un vivarium où évoluent des batraciens, reptiles, poissons et petits rongeurs.

Parc animalier – Au cours d'une agréable promenade, on découvre les animaux de la région : fouines, putois, genettes, blaireaux, renards, rapaces nocturnes, ou encore des mouflons, bouquetins, daims, sangliers et loups. Un parc botanique présente, le long d'un sentier d'observation, plus de 2 000 arbres d'espèces de la région.

St-Quentin-Fallavier

19 km à l'Ouest par la N 6. Les ruines du château dominent un habitat clairsemé, le parc et son étang *(chemins de randonnée).*

Le Chambon-sur-Lignon

2 642 CHAMBONNAIS
CARTE GÉNÉRALE A3 – CARTE MICHELIN LOCAL 331 H3 – HAUTE-LOIRE (43)

Situé dans la haute vallée du Lignon, le Chambon est une agréable station estivale dotée de nombreux équipements sportifs. Elle doit à la douceur de son climat, à sa situation dans un cadre pastoral et à son altitude (960 m) d'accueillir de nombreuses maisons d'enfants.

▸ **Se repérer** – Aux limites de la Haute-Loire et de l'Ardèche, Le Chambon-sur-Lignon occupe une très belle vallée entre Tence et St-Agrève, à 43 km à l'Est du Puy-en-Velay.

👁 **À ne pas manquer** – Les environs de la ville, avec le panorama depuis le sommet du Pic du Lizieux et les paysages pittoresques de la vallée du Lignon.

🕐 **Organiser son temps** – Comptez environ 3h.

👶 **Pour poursuivre la visite** – Voir aussi : Lalouvesc, Lamastre, Monistrol-sur-Loire, Le Puy-en-Velay, St-Agrève, Yssingeaux.

Comprendre

La cité huguenote – L'isolement naturel du Chambon a permis à sa population, de religion protestante, de survivre aux persécutions et de se maintenir en forte majorité. En 1598, l'édit de Nantes n'accorda la liberté de culte qu'au Chambon et à St-Voy, mais sa révocation, en 1685, entraîna dans ces deux localités en particulier une résistance cachée tenace et un attachement profond à la religion réformée.

Après la Révolution, le Concordat de 1802 reconnut l'Église consistoriale de St-Voy. De nos jours, Le Chambon possède, entre autres fondations protestantes, un important centre international de culture, le Collège cévenol ouvert en 1938.

Circuits de découverte

LE PLATEAU PROTESTANT★

Circuit de 33 km – environ 2h. Quittez Le Chambon-sur-Lignon au Sud par la D 151, puis la D 7. À Mazet-St-Voy, prenez la 2e route à droite qui mène au hameau de St-Voy. Laissez la voiture sur le terre-plein devant l'église.

St-Voy

La petite **église** romane (11e s.) est dédiée à saint Évode, évêque du Puy vers 374. L'histoire de celle-ci est intimement liée à l'introduction de la Réforme au 16e s. Dès 1560, en effet, la population, à la suite de son curé Bonnefoy, adopta le courant novateur, mais l'église n'abrita le culte réformé qu'une quinzaine d'années.

L'édifice, bâti en granit et couvert de lauzes, a le charme des églises rustiques. Le chœur aux lignes pures est percé de fenêtres dont les soubassements s'élèvent de gauche à droite suivant l'ascension du soleil.

Revenez à Mazet-St-Voy et suivez la signalisation « Foyer de ski de fond du Lizieux ». À 1,3 km, prenez sur la gauche une route non revêtue, signalée « Pic du Lizieux ». À 600 m du chalet s'embranche, à gauche de la route, le sentier d'accès au pic du Lizieux (laissez la voiture sur le terre-plein).

Pic du Lizieux★★

🔭 Alt. 1 388 m. Table d'orientation *(1/2h AR à pied)*. Le plus oriental des sucs phonolithiques du Velay domine un vaste plateau basaltique. Ses flancs se prêtent, l'hiver, à la pratique du ski de fond. Le **panorama** révèle au Nord la vallée du Lignon, à l'Est, les monts du Vivarais, au Sud, la chaîne des Boutières avec son point culminant, le mont Mézenc, à l'Ouest, le massif du Meygal.

Regagnez la voiture et par la petite route, poursuivez jusqu'à Montbuzat ; de là, prenez à droite la route forestière vers le Nord.

Elle contourne une grande partie de la forêt du Lizieux et offre, à l'Ouest, de belles vues sur les pâturages.

Revenez au Chambon-sur-Lignon par Mazet-St-Voy et la D 151.

VALLÉE DU LIGNON

Circuit de 57 km. Quittez Le Chambon-sur-Lignon au Nord par la D 103.

Prenant sa source au pied du versant Nord du mont Mézenc, le Lignon se jette dans la Loire en amont de Monistrol. Ce Lignon vellave offre un cours pittoresque, alternant les passages en gorges boisées et les vallonnements. Aux abords de Tence, en suivant la D 103, se révèlent des vues de la vallée.

Ménageant d'agréables surprises, la verdoyante vallée du Lignon traverse les hauts plateaux du Velay.

Tence

Situé à 840 m d'altitude, le bourg de Tence, traversé par le Lignon et la Sérigoule, renommés pour leurs truites, constitue un bon centre d'excursions. Dans les ruelles en contrebas de l'église, remarquez les quelques maisons encore coiffées de lauzes, et la forme des anciennes cheminées, solidement ancrées sur les constructions pour résister au vent. *Chemin de fer touristique, voir « Carnet pratique ».*

Église – *Se renseigner au presbytère -* 🕿 *04 71 59 81 87.* Dominé par la haute flèche de son clocher, l'édifice possède une nef du 17ᵉ s. Le chœur, gothique (15ᵉ s.), restauré, est la partie la plus intéressante ; remarquez les retombées sculptées des croisées d'ogives représentant les symboles des évangélistes. Les stalles du 17ᵉ s. proviennent de l'ancienne chartreuse de Bonnefoy.

Quittez Tence vers l'Ouest par la D 103, route d'Yssingeaux. À 8 km, prenez à droite la D 47.

Barrage de Lavalette

Établi sur le Lignon, il offre un vaste plan d'eau dans son décor boisé.

Suivez au Nord la D 47, puis à droite la D 105.

Montfaucon-en-Velay

La **chapelle Notre-Dame** située sur la gauche de l'hospice, sur la route d'Yssingeaux, abrite un ensemble de 12 tableaux exécutés en 1592 par le peintre flamand Grimmer (vers 1575-1619) et représentant des paraboles évangéliques dans le décor des travaux des mois. La première peinture *(à droite en entrant, à côté du dispositif d'éclairage)* a pour thème l'arrivée de Marie et Joseph à Bethléem, en décembre, dans l'indifférence des habitants d'un petit village flamand du 16ᵉ s. ; le dernier tableau (novembre), aux tonalités tristes, est centré sur l'appel des apôtres qui pêchent ; remarquez les détails d'arrière-plan, évoquant l'art de la miniature. Au fond du sanctuaire, Vierge couronnée et habillée, du 16ᵉ s.

Poursuivez par la D 105 et prenez à droite la D 233.

Montregard

Ce village est un belvédère face au Meygal et au Mézenc. De la butte la plus à l'Ouest, surmontée d'une statue de saint Jean-François Régis, on découvre un **panorama**★ sur le massif du Mézenc, le pic du Lizieux, les sucs dominant la dépression d'Yssingeaux et les monts du Velay.

Retour à Tence par la D 233 et à droite la D 18. Poursuivez par la D 185 en direction du Chambon-sur-Lignon.

Remarquez au passage les maisons rurales traditionnelles en granit couvertes d'un toit de lauzes à deux versants.

La D 157 ramène au Chambon-sur-Lignon.

Le Chambon-sur-Lignon pratique

Adresse utile

🛈 **Office de tourisme** – *1 r. des Quatre-Saisons - 43400 LE CHAMBON-SUR-LIGNON - ℰ 04 71 59 71 56 ou 04 71 65 88 78 - www.ot-lechambonsurlignon.fr - juin-sept. : 9h-12h, 14h-18h30, dim. et j. fériés 10h-12h ; reste de l'année : tlj sf dim. et j. fériés 9h-12h, 15h-18h.*

Visite

Chemin de fer touristique du Velay – Entre Tence et Ste-Agrève, ou entre Tence et Dunières, le chemin de fer touristique du Velay est une très belle façon de découvrir la vallée et les gorges du Lignon. La remise en état progressive de la ligne a permis la mise en service du train.

De déb. juin à déb. oct. : au dép. de Dunières pour Saint-Agrève - renseignements : office du tourisme de Tence - *ℰ 04 71 59 81 99* ou office du tourisme du Haut-Lignon - *ℰ 04 71 59 71 56.*

Se loger et se restaurer

⌂ **Hôtel L'Escuelle** – *43520 Mazet-St-Voy - 6 km au SO du Chambon-sur-Lignon par D 151 et D 7 - ℰ 04 71 65 00 51 - contact@escuelle.com - fermé 2 janv.- 6 fév., 2-10 nov., dim. soir et lun. - 12 ch. 37/39 € - ☷ 6 € - rest. 12,50/23 €.* Depuis trois générations, la même famille tient cette auberge toute simple située dans la traversée du village. Son décor d'esprit campagnard est certes un peu démodé, mais ses chambres sont propres et bien tenues. Cuisine traditionnelle au restaurant, bar et salon TV.

Calendrier

Lectures sous l'arbre, poésie et musique à Cheyne (environ 3e semaine d'août) - *ℰ 04 71 59 76 46* www.lectures-sous-larbre.com

Châtillon-sur-Chalaronne

4 137 CHÂTILLONNAIS
CARTE GÉNÉRALE B1 – CARTE MICHELIN LOCAL 328 C4 – AIN (01)

C'est à la belle saison qu'il faut venir flâner dans cette agréable ville réputée pour son décor fleuri. Les maisons à pans de bois avec hourdage en pisé ou en brique sont égayées par des brassées de fleurs disposées dans des paniers en osier dits « nids-de-poule ». Les halles, les ponts et les bords de la Chalaronne sont particulièrement attrayants tandis que sur la rivière, des barques semblent couler sous le poids de leur chargement multicolore.

- ▸ **Se repérer** – Au Nord de la Dombes, Châtillon s'allonge dans la vallée de la Chalaronne. La ville se situe à 25 km au Sud de Bourg-en-Bresse.

- ◉ **À ne pas manquer** – Le charme des vieilles halles, des rues et des ponts qui les relient aux rives de la Chalaronne ; le triptyque du Musée municipal.

- ◴ **Organiser son temps** – Comptez 2h pour la promenade en ville.

- ⚲ **Pour poursuivre la visite** – Voir aussi : le Beaujolais, la Dombes, château de Fléchères, Mont-d'Or lyonnais, Pérouges, Romanèche-Thorins, Trévoux, Villars-les-Dombes et Villefranche-s-Saône.

Le saviez-vous ?

◉ Les vestiges du château qui veille sur la ville depuis le 11e s. confirment l'origine militaire du nom : Châtillon à la même origine que château. La Chalaronne est la rivière qui traverse l'ancienne cité médiévale.

◉ **Philibert Commerson** vit le jour à Châtillon en 1727. Botaniste royal, il accompagna le comte de Bougainville dans son expédition autour du monde et rapporta du Japon un arbrisseau ornemental qu'il baptisa « hortensia ».

Se promener

L'arrivée par la route de Villefranche *(D 936)* procure une vue agréable sur les toits rouges du bourg d'où surgit le clocher de l'ancien hospice.

Porte de Villars

Des remparts qui protégeaient la ville, ne subsiste, à l'Est, que cette tour carrée du 14e s. en « carrons » (briques), dont les assises et les angles sont en pierre calcaire. C'est un bel exemple d'architecture militaire réalisé pendant la période savoyarde de Châtillon qui dura de 1272 à 1601, date du rattachement de la cité au royaume de France.

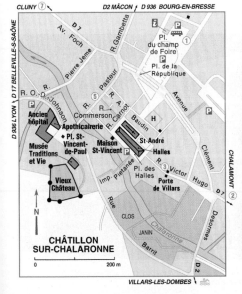

SE LOGER

L'Inattendu......................①
La Porte de Villars.............③

SE RESTAURER

Auberge
de Montessuy.................②
Restaurant
La Gourmandine..............⑤

St-Lazare.........................⑦

Place St-Vincent-de-Paul

Au centre se dresse la statue en bronze de saint Vincent, réalisée par Émilien Cabuchet.

Halles

Les halles actuelles, du 17e s., remplacent celles de 1440, détruites lors d'un incendie. C'est la Grande Mademoiselle, duchesse de Montpensier, qui fournit le bois nécessaire à leur reconstruction : la charpente repose sur 32 piliers faits chacun du tronc d'un des chênes de la forêt de Tanay. Jusque dans les années 1950, on pratiquait sous les halles, de la fin octobre à la mi-novembre, la « louée » des domestiques. De vieilles maisons à échoppes sont restées encastrées à une extrémité de la construction.

Ponts et berges de la Chalaronne

Ils forment, en saison, notamment à hauteur de l'impasse Pietanée et de la rue Pasteur, un ravissant décor fleuri.

Remparts du vieux château

Vestiges d'une des plus importantes places fortes de la Bresse ; le château fut démantelé à la fin du 16e s., lors de l'invasion de la région par Henri IV.

Monsieur Vincent

Châtillon conserve, avec fierté, le souvenir du séjour qu'y fit **saint Vincent de Paul** ou Monsieur Vincent. Né à Pouy, près de Dax, dans les Landes, d'une famille de paysans pauvres, il se destina rapidement à la prêtrise. Devenu précepteur des enfants de M. de Gondi, général des galères, il manifesta le désir d'exercer son sacerdoce dans une paroisse retirée.

Nommé curé de Châtillon-les-Dombes en 1617, il n'y resta que quelques mois, assez cependant pour commencer ici son action charitable auprès de ces « pauvres pêcheurs de sangsues ». Le 23 août, il créa la première Confrérie de la Charité. En 1633, avec Louise de Marillac, il fonda la Compagnie des Filles de la Charité, qui, aujourd'hui encore, poursuit son œuvre.

Visiter

Maison St-Vincent

12 pl. des Halles - 📞 *04 74 55 26 64 - visite guidée (env. 45mn) tlj sf dim. matin 9h-11h30, 14h-17h - gratuit.*

Saint Vincent de Paul, curé de Châtillon pendant cinq mois, y fut hébergé par M. Beynier ; il fonda ici la Confrérie des Dames de la Charité. Dans la chapelle élevée à l'emplacement de sa chambre est conservé l'acte de fondation de cette institution, signé de sa main.

Église St-André

Commencée au 13e s. par Philippe Ier de Savoie, elle subit de nombreuses transformations au cours du 15e s. C'est un édifice très coloré avec sa façade de briques et son toit de tuiles rouges, d'une hauteur exceptionnelle en Dombes. La tour ronde, à demi encastrée dans le mur Sud, est le seul vestige de l'église primitive.

Joël Damase / MICHELIN

Maisons à pans de bois et carrons (briques), la Bresse n'est pas loin. Cette architecture caractéristique et colorée fait le charme de la ville.

À l'intérieur, la nef et les chapelles latérales sont en calcaire blanc du Mâconnais. Au fond, une statue de **saint Sébastien**, sculptée dans un seul morceau de noyer, par un artiste châtillonnais, Jean Tarrit (1865-1950), est saisissante de réalisme.

Musée municipal de Châtillon

Traditions et Vie – *Mêmes conditions de visite que l'apothicairerie -* ℘ *04 74 55 11 70.* Sur le chemin qui grimpe au château, le musée est consacré à la vie rurale, aux anciens métiers et aux savoir-faire de la vie bressane. Les anciens costumes bressans étaient utiles à bien des égards. Ainsi, les bonnets brodés indiquaient par leur décoration la richesse de leur propriétaire, tandis qu'une mentonnière rouge signalait que la fille était à marier. Pratique pour les jeunes hommes cherchant un beau parti !

Ancien hôpital et apothicairerie – *Pl. Saint-Vincent-de-Paul -* ℘ *04 74 55 15 70 -* &. *- visite guidée (45mn) juil.-août : tlj sf lun. 10h-12h, 14h-19h ; avr.-juin et sept. : tlj sf lun. 10h-12h, 14h-18h ; de déb. oct. à mi-nov. : w.-end 10h-12h, 14h-18h - fermé de mi-nov. à fin mars - 3,40 € (enf. 1,80 €) billet combiné avec le musée Traditions et Vie 4,30 € (enf. 2,70 €).*

Élevés par le comte du Châtelard au 18e s., les bâtiments de l'ancien hôpital abritent le Centre culturel de la Dombes.

La pharmacie forme un bel ensemble avec ses boiseries de style Directoire garnies de pots en faïence de Meillonnas.

Dans une autre salle est exposé un **triptyque★** *(Déposition du Christ)* exécuté en 1527 et entièrement restauré. L'ancien ouvroir des religieuses accueille une intéressante collection de costumes bressans qui complète celles du musée Traditions et Vie.

Châtillon-sur-Chalaronne pratique

Adresse utile

🛈 **Office de tourisme** – *Pl. du Champ-de-Foire - 01400 CHÂTILLON-SUR-CHALARONNE* ℘ *04 74 55 02 27/34 78 - www.tourisme-en-dombes.org - avr.-oct. : 9h-12h, 14h-18h30, dim (sf avr.-mai) 10h-12h, 14h-17h ; reste de l'année : tlj sf dim. 9h-12h, 14h-17h.*

Se loger

☺ **L'Inattendu** – *150 pl. du Champ-de-Foire -* ℘ *04 74 55 06 86 - www.inattendu-hotes.fr - fermé 25 déc.-1er janv. - 9 ch. 43/65 € ☐ - repas 22 €.* Vous serez séduit par le charme de cette maison chaleureuse avec ses grosses poutres, ses vieux meubles et son escalier de bois. Ses chambres douillettes sont un préambule au gargantuesque petit-déjeuner qui vous attend au réveil : ne le manquez pas !

☺☺ **La Porte de Villars** – *128 r. Victor-Hugo -* ℘ *04 74 55 41 32 - menard.jean-denis@wanadoo.fr - 2 ch. 50/70 € ☐.* « À défaut de château, prenons la tour » : les intentions de M. et Mme Lelong-Menard étaient pacifiques et le résultat s'avère louable. La Tour de Villars, qui offre une vue superbe sur la vieille ville et les halles, a gardé ses boiseries et un rare papier peint du 18e s., et a trouvé un luxe sans tapage tout à fait digne de chambres de château.

Se restaurer

☺ **Restaurant La Gourmandine** – *142 r. Pasteur -* ℘ *04 74 55 15 92 - fermé 26 août - 1er sept., 25 déc.-1er janv., dim. soir, jeu. soir et lun. sf j. fériés - 15/46 €.* Cette maison du 17e s. proche de la place des Halles, est remarquable avec ses murs de briques et galets et sa salle à manger coiffée de poutres apparentes. La jolie terrasse dressée au bord de la rivière s'avère très agréable en été. Plats régionaux.

☺☺ **Auberge de Montessuy** – *Rte de Marlieux - 0,5 km par D 7 -* ℘ *04 74 55 05 14 - www.montessuy.com - fermé lun. soir et mar. - réserv. conseillée - 23/45 €.* Un choix de spécialités bressanes s'emploie à combler votre appétit dans cette belle auberge traditionnelle de campagne. Dans la salle à manger, un lustre en fer forgé présente les écussons des diverses confréries gastronomiques régionales. Petit jardin avec herbes et plantes du pays.

☺☺☺ **St-Lazare** – *01400 L'Abergement-Clémenciat - 5 km au NO de Châtillon par D 7 et D 64C -* ℘ *04 74 24 00 23 - fermé 15 fév.-3 mars, 20 juil. -5 août, 15-25 nov., dim. soir, merc. et jeu. - réserv. obligatoire - 30 € déj. - 35/70 €.* La bonne réputation de ce restaurant a depuis longtemps franchi les limites de ce village. Son chef propose en effet une savoureuse cuisine, aussi inventive que talentueuse, servie dans trois salles à manger dont une aménagée sous une véranda.

Que rapporter

Marché – Humer, tâter, goûter et même ouvrir grand ses yeux : aux plaisirs habituels du marché s'ajoute en effet ici celui d'admirer les belles halles reconstruites au 17e s. grâce à la générosité de la Grande Mademoiselle qui offrit le bois de la charpente et des piliers. Tous les samedi matins, les petits exploitants occupent une place particulièrement importante, proposant une foule de produits fabriqués localement.

Chazelles-sur-Lyon

4 801 CHAZELLOIS
CARTE GÉNÉRALE B2 – CARTE MICHELIN LOCAL 327 F6 – SCHÉMA P. 264 – LOIRE (42)

Chapeau bas pour cette commune qui doit sa célébrité à la qualité de ses couvre-chefs en feutre ! Les temps ont bien changé depuis le début du 20e s., période faste pour la bourgade qui comptait une trentaine de fabriques. Aujourd'hui, l'industrie du chapeau a bien régressé et il ne reste qu'une entreprise où l'on perpétue le savoir-faire traditionnel.

- **Se repérer** – À 35 km environ au Nord de St-Étienne, Chazelles s'accroche aux derniers contreforts des monts du Lyonnais.

- **Organiser son temps** – Comptez environ 1h pour le musée du Chapeau.

- **Pour poursuivre la visite** – Voir aussi : château de la Bastie-d'Urfé, Feurs, Lyon, les monts du Lyonnais, Montbrison, le Pilat et St-Étienne.

Visiter

Musée du Chapeau

16 rte de Saint-Galmier - 📞 *04 77 94 23 29 - www.museeduchapeau.com - visite guidée juil.-août : 14h-18h, dim. et j. fériés 14h30-18h30 ; reste de l'année : tlj sf mar. 14h-18h, dim. et j. fériés 14h30-18h30 - fermé 1er janv. et 25 déc. - 4,50 € (enf. 2,50 €).*

Pourquoi cette présence du chapeau à Chazelles ? Au 12e s., le comte **Guy II de Forez** y fixa une commanderie de chevaliers de St-Jean-de-Jérusalem dont il ne subsiste aujourd'hui qu'une tour hexagonale. Une tradition veut que les commandeurs aient enseigné aux habitants l'art de fouler le feutre, technique qu'ils auraient eux-mêmes apprise auprès des Arabes lors des Croisades.

Le musée, aménagé dans une ancienne usine de chapellerie, présente dans dix ateliers reconstitués les étapes de la fabrication du feutre de luxe, depuis le soufflage et le « bastissage » du poil de lapin ou de lièvre jusqu'au bichonnage et au garnissage.

© Musée du Chapeau, Chazelles-s-Lyon

Passage d'un feutre à la vapeur

Un film vidéo réalisé dans la dernière usine en activité, un diaporama et des démonstrations sur d'authentiques machines en état de marche agrémentent la visite. Un espace réservé à la création contemporaine accueille chaque année des modistes renommées. Parmi les couvre-chefs exposés, certains le sont à double titre : ils ont été portés par Antoine Pinay, François Mitterrand, Paul Bocuse ou Michel Troisgros.

Chazelles-sur-Lyon pratique

Adresse utile

🅸 **Office de tourisme** – *9 pl. J.-B.-Galland - 42140 CHAZELLES-SUR-LYON -* 📞 *04 77 54 98 86/94 58 - tlj sf lun. et dim. 9h-12h, 14h-18h.*

Se loger

⌂ **Forez** – *6 r. Didier-Guetton - 42330 St-Galmier - 10 km au SO de Chazelles-sur-Lyon* - par D 12 - 📞 *04 77 54 00 23 - relations.@ leforez.fr - fermé 30 juil.-1er août, 23-29 août, dim. soir et lun. midi - 17 ch. 40/59 € - ⌂ 9 € - rest. 17/37 €. Dans la localité où jaillit la source d'eau minérale Badoit, modeste affaire familiale progressivement rénovée abritant des petites chambres fonctionnelles, un restaurant et un caveau de dégustation.*

Condrieu

3 424 CONDRILLOTS

CARTE GÉNÉRALE B2 – CARTE MICHELIN LOCAL 327 H7 – SCHÉMA P. 303 – RHÔNE (69)

Stendhal vous le confirmerait, le territoire de Condrieu produit un excellent vin blanc à partir d'un cépage unique, le Viognier. Cultivé sur les fortes pentes qui dominent le Rhône, il a connu une large diffusion grâce au dynamisme du port, longtemps animé par ses célèbres et courageux mariniers.

- **Se repérer** – La ville se trouve à 13 km au Sud de Vienne (N 86), au bord du Rhône.
- **Organiser son temps** – Comptez 1h de promenade.
- **Pour poursuivre la visite** – Voir aussi : le Pilat, Roussillon, Ste-Croix-en-Jarez, Serrières et Vienne.

Le site de Condrieux et le Rhône

Se promener

S'élevant en lacet sur le coteau au Nord de la ville, la D 28 offre, au niveau du calvaire, une intéressante **vue★** sur le bassin de Condrieu et la boucle du Rhône.

Église
Le tympan de son portail gothique porte un fragment de bas-relief roman, très mutilé. De belles grilles ornementées du 18e s. ferment les chapelles latérales.

Maison de la Gabelle
Située à côté de l'église, sa façade du 16e s. s'orne d'un réseau de moulures s'entre-croisant avec des pilastres à peine saillants, décorés de médaillons. La poutre d'angle sculptée du toit évoque un animal fantastique.

Maison des Villars
Au n° 31 de la rue de l'Arbuel, ce modeste logis de la famille du maréchal de Villars est précédé d'un élégant portail d'entrée.

Le saviez-vous ?

- C'est la position de la ville à la jonction de l'Arbuel et du Rhône qui est à l'origine de son nom : le terme gaulois *condate* désignait en effet un confluent.
- Souvent viticulteurs, les Condrillots n'ont pas oublié leurs ancêtres mariniers dont les culottes doublées de cuir leur avaient valu le surnom de « culs-de-piau ». Très attachés à leurs traditions marinières, ils s'affrontent chaque année avec les meilleurs jouteurs nationaux dans des tournois nautiques sur le Rhône.

Quartier du port

Dans la basse ville, il évoque un petit port du littoral méditerranéen. On pourra flâner rue des Sauzes et rue du Grand-Port. Au pied du pont suspendu reliant Condrieu aux Roches, la place **Frédéric-Mistral** rappelle que le grand poète provençal trouva à Condrieu l'inspiration de son *Poème du Rhône*.

La dive bouteille

« Qu'importe le flacon… » Eh bien non ! Le vin de Condrieu a longtemps été commercialisé dans une bouteille en verre jaune, la « **flûte de Condrieu** ». On regrettera sa disparition au profit de bouteilles très classiques. Mais le vin est à la hauteur, surtout si vous tombez sur un millésime 1990 ; il paraît que c'est un must.

Condrieu pratique

Adresse utile

🛈 Office de tourisme – *Pl. du Séquoia - 69420 CONDRIEU -* ℘ *04 74 56 62 83 - juin-août : 9h30-18h, dim. 9h30-12h ; mai : lun., vend. et sam. 9h30-18h.*

Se loger et se restaurer

◉ La Reclusière – *39 Grande-Rue -* ℘ *04 74 56 67 27 - fermé 15 fév.-2 mars, 21-7 oct., merc. sf le soir de Pâques à fin sept. et mar. - 14 € déj. - 18/44 € - 8 ch. 51/74 € - ⌑ 10 €.* Cette maison bourgeoise située en léger retrait de la route nationale abrite trois petites salles à manger dont le décor contemporain s'agrémente de sculptures et de tableaux. Dans l'assiette, le jeune chef propose une cuisine traditionnelle bien tournée. Belle carte de vins locaux. Chambres confortables.

Sports & Loisirs

Base de loisirs Condrieu-les Roches – ℘ *04 74 56 62 83 (OT).* Aménagé sur un ancien bras du Rhône, ce plan d'eau propose toutes sortes d'activités de plein air : baignade surveillée en juillet et août, location de canoës et kayaks, randonnées en VTT… À noter, la présence d'un club de voile dans le port de plaisance.

Calendrier

Vins et rigottes en fête (1er Mai). ℘ *04 74 59 50 38.*

La Côte-Saint-André

4 240 CÔTOIS
CARTE GÉNÉRALE C3 – CARTE MICHELIN LOCAL 333 E5 – ISÈRE (38)

Il faut venir à La Côte pour comprendre la passion qui anima un Berlioz, admiratif de ce site qui « domine une assez vaste plaine, riche, dorée, verdoyante ». Les mots manquent en effet pour décrire ces éclairages de la Bièvre si particuliers et qui ont inspiré tant de peintres, cette architecture en cailloux roulés ou ces pavillons qui apparaissent au détour d'une place ou dans les pentes d'une vigne. Cette symphonie resterait toutefois « inachevée » sans la touche gastronomique apportée par les délicieuses liqueurs et autres produits locaux.

- **Se repérer** – Entre Vienne (à 39 km à l'Ouest) et Grenoble (51 km à l'Est), La Côte-St-André se développe sur le versant d'une longue colline.

- **À ne pas manquer** – Le musée Hector-Berlioz, consacré à la vie et à l'œuvre du musicien.

- **Organiser son temps** – Comptez environ 3h pour la promenade en ville et la visite au musée Hector-Berlioz.

- **Avec les enfants** – Une visite gourmande au Paradis du chocolat.

- **Pour poursuivre la visite** – Voir aussi : Bourgoin-Jallieu, Hauterives, Morestel, lac de Paladru, St-Antoine-l'Abbaye, Vienne et parc Walibi-Rhône-Alpes.

> ### Le saviez-vous ?
>
> Le grand peintre hollandais **Jongkind** (1819-1891), l'un des précurseurs de l'impressionnisme, passa les dernières années de sa vie à La Côte-St-André.

Comprendre

Un mélodiste surdoué – Hector Berlioz, fils d'un riche médecin côtois, est né à La Côte-St-André en 1803. À l'âge de 17 ans, il arrive à Paris pour apprendre la médecine. Il suit, certes, les cours de la faculté, mais en même temps fréquente assidûment les théâtres lyriques tout en allant consulter la bibliothèque de l'École royale de musique, où, trois ans plus tard, il s'initiera à la composition auprès de Lesueur et de Reicha. En 1828, il connaît ses premiers succès avec *Huit Scènes de Faust*. 1830 est l'année du Grand Prix de Rome et de *La Symphonie fantastique*. Par la suite, il partagera son temps entre la critique musicale, qui l'aidera à vivre, et la composition où il connaîtra des alternances de succès et d'échecs : *Le Requiem, Benvenuto Cellini, Roméo et Juliette, La Marche hongroise, La Damnation de Faust, L'Enfance du Christ, Les Troyens…*
Romantique, Berlioz ? Il répond « Je ne sais pas ce que cela veut dire. Je suis un

Maison natale de Berlioz

classique ». Parmi les musiciens européens, il est considéré comme le créateur du « poème symphonique », mode nouveau et hardi, qui, par une riche orchestration, aboutit à une définition rythmique plus souple qu'auparavant et des associations sonores inattendues, exprimant les aspirations de l'idéal romantique au fantastique et au grandiose.
C'est à l'étranger qu'il rencontrera le meilleur accueil : Berlin, Weimar, Vienne, Prague, Saint-Pétersbourg. Il ne reviendra que fort rarement à La Côte-St-André. Mort à Paris en 1869, ce génie, méconnu de son temps, connaîtra une gloire posthume.
Il laisse derrière lui une œuvre écrite, dont un *Grand traité d'instrumentation et d'orchestration modernes*.

Visiter

Il faut monter au niveau du château Louis-XI ou à la table d'orientation de Notre-Dame de Sciez pour bien découvrir le site.

Musée Hector-Berlioz

69 r. de la République - ☏ 04 74 20 24 88 - www.musee-hector-berlioz.fr - juin-sept. : 10h-19h (lors du festival Berlioz en août : 10h-20h30) ; oct.-mai : 10h-18h. - fermé mar., 1ᵉʳ janv., 1ᵉʳ Mai et 25 déc. - gratuit.

Il est installé dans la maison natale du compositeur, demeure bourgeoise construite à la fin du 17ᵉ s. et restaurée

Fantastique, grandiose et romantique

Berlioz, parmi les musiciens européens, est considéré comme le créateur du « poème symphonique », mode nouveau et hardi, qui, par une riche orchestration, aboutit à une définition rythmique plus souple qu'auparavant et des associations sonores inattendues, exprimant les aspirations de l'idéal romantique au fantastique et au grandiose.

en 1969. La collection est constituée d'un ensemble précieux de partitions, livrets et instruments de musique anciens, ainsi que de portraits, caricatures, reproductions de lettres autographes et de lithographies de Fantin-Latour inspirées par l'œuvre du musicien. Le nouvel aménagement thématique du musée s'attache, sur trois étages, à la vie et à l'œuvre de Berlioz comme à la place que celui-ci occupe dans l'histoire de la musique. La visite de la cuisine, de la salle à manger, du cabinet du docteur Berlioz ou de la chambre natale d'Hector permet de faire plus ample connaissance avec le Romantisme, les femmes qu'il a aimées (en particulier Harriet Smithson) et d'apprécier pleinement son héritage artistique.

Halles

Construites au 13ᵉ s., elles frappent par leurs dimensions exceptionnelles (29 m x 76 m). Cinq allées sont ménagées sous la charpente.

En contrebas de la place s'ouvre l'étroit passage de la Halle où, dans un retour à gauche, on remarque de vétustes maisons à balcons de bois.

Église

Élevée du 11ᵉ au 15ᵉ s., elle est intéressante par son clocher construit en cailloux roulés et en briques, contrastant avec ses chaînages d'angle en calcaire blanc. Sa silhouette et sa riche coloration ont souvent inspiré le peintre Jongkind. À l'intérieur, remarquez dans le chœur, un Christ de jubé du 18ᵉ s.

Le château Louis-XI

☏ 04 74 20 27 00 - visite pendant les Journées du patrimoine en sept..

Bâtie au 13ᵉ s. par Philippe de Savoie sur un beau site défensif, cette construction, conçue à la fois comme forteresse et château résidentiel, fut dévastée par les guerres du 16ᵉ s., puis réédifiée par la suite.

À l'intérieur, la salle Henry-Gérard (1860-1925) abrite, outre une cheminée Renaissance, un ensemble de peintures de cet artiste et quelques beaux meubles provençaux.

Le Paradis du chocolat – *☏ 04 74 20 35 89 - visite libre : w.-end, j. fériés et vac. scol. apr.-midi - visite guidée : se renseigner - 3 € visite libre, 6 € visite guidée.*

👥 C'est à une famille de chocolatiers réputés, les Jouvenal, que l'on doit cette incursion chocolatée dans le château. Elle ne manquera pas de séduire les palais les plus exigeants. Depuis l'histoire du cacao jusqu'aux délicieuses créations, tout y est, même la dégustation.

De la terrasse supérieure s'offre une **vue** étendue sur les toits rouges de la Côte, la plaine de la Bièvre et les Alpes.

Musée des liqueurs

Av. Camille-Rocher - ☏ 04 74 93 38 10 - www.cherryrocher.com - ♿ - de déb. juil. à mi-sept. : tlj sf lun. et j. fériés 15h-18h ; reste de l'année : dim. et j. fériés 15h-18h - 2,50 € (-14 ans gratuit).

Fondée en 1705 par **Barthélemy Rocher** (1675-1747) dans un hôtel de style néo-classique, la distillerie **Cherry Rocher** propose une visite commentée des étapes de la fabrication. La collection, installée dans une cave voûtée, comporte une série d'appareils anciens (pressoir à fruits, alambics, colonnes à rectifier, « infuseurs »). Parmi les chais, remarquez une énorme cuve en chêne de Hongrie, d'une capacité de 32 400 l. Affiches et étiquettes présentent des placards publicitaires truculents, sur les liqueurs, eaux-de-vie et autres élixirs. La visite s'achève par la dégustation d'une de ces liqueurs artisanales à base de fruits rouges.

Aux alentours

Château de Bressieux

8 km par la D 71 au Sud et la petite route s'amorçant, à gauche, à la sortie de St-Siméon-de-Bressieux. Au centre du village, à l'endroit où la route décrit un coude, empruntez le sentier à gauche (1/4h à pied AR). Isolés sur une butte, en haut du village de Bressieux, les vestiges du château composent un décor attachant.

Église de Châtenay

11 km au Sud, par la D 71. L'abbé Combalot, natif de Châtenay, professeur au séminaire de Grenoble et tourné vers les arts, dota cette église au 19e s. de ses deux raretés : un **mobilier** – autels, chaire, chemin de croix – en fonte peinte et un **carillon** de 19 cloches de la maison Bollée (Orléans). Ce qui vaut au village une école et un festival de carillonneurs. *9h-18h - possibilité de visite guidée sur demande préalable à la mairie - 04 74 20 09 82 - auditions du carillon, de mi-juin à mi-sept. : sam. 18h-18h30 à l'exception des jours de concert.*

Marnans

18 km par la D 71 au Sud, la D 130, Viriville et la D 156^C. Dans un repli retiré du plateau de Chambaran, cet humble village possède une belle **église** romane. Dans la partie basse de la façade Ouest s'ouvre le portail principal en plein cintre, aux voussures moulurées de boudins, de denticules et de palmettes, et au tympan orné d'une croix grecque ; dans la partie haute s'ouvre une baie en plein cintre, surmontée d'un œil-de-bœuf. Le chœur présente une travée très courte, voûtée en berceau, précédant un hémicycle voûté en cul-de-four et percé de trois baies flanquées de colonnettes. Remarquez la triple baie au-dessus de l'arc triomphal : celle du milieu est en forme de croix.

Roybon

17 km par la D 71 au Sud. Ce petit bourg pentu de la forêt de Chambaran possède un charmant ensemble de façades traditionnelles, typiques de ce pays sculpté dans la glaise et le bois, décoré de galets (remarquable église néoromane St-Jean-Baptiste). Ce patrimoine ancien, doté d'un vestige de rempart médiéval, reçoit une surprenante touche de modernité avec sa statue de la Liberté, l'une des treize répliques françaises du modèle new-yorkais.

La Côte-Saint-André pratique

Adresse utile

 Office de tourisme – *Pl. Hector-Berlioz - 38260 LA CÔTE-SAINT-ANDRÉ - 04 74 20 61 43/56 25 - juil.-août : 9h-12h, 14h-18h, lun. et sam. 10h-12h, 14h-17h ; reste de l'année : 9h-12h, 14h-17h30, sam. 9h-12h, lun. 14h-17h.*

Se loger

 Chambre d'hôte La Ferme des Collines – *446 r. des Castilles - 38260 Gillonnay - 04 74 20 27 93 - www.fleurs-soleil.tm.fr - - 5 ch. 50/60 € .* Endroit idéal pour se ressourcer que cette ancienne ferme juchée sur une colline, face à la vaste plaine qui inspira Berlioz. Plaisantes chambres garnies de meubles chinés par le propriétaire, antiquaire ; celles en duplex plaisent beaucoup aux familles.

Se restaurer

 France – *Pl. de l'Église - 04 74 20 25 99 - fermé dim. soir et lun. sf j. fériés - 35/78 € - 14 ch. 54/66 € - 10 €.* Cette grosse maison rose est un bastion de la cuisine traditionnelle française : sa table réputée est bien connue des habitants de la région qui viennent y déguster ses truites en croûte… Quelques chambres.

Que rapporter

Chocolaterie Jouvenal – *25 r. de la République - 04 74 20 31 77.* Depuis 1912, la famille Jouvenal transmet sa passion de génération en génération. Même si, au comble de l'Obsession, vous succombez à la Tentation, la Damnation (ce sont les 3 spécialités maison) vous conduira au paradis… du chocolat, véritable petit musée où vous apprendrez tout de la divine fève du cacaoyer.

Crémieu ★

3 169 CRÉMOLANS
CARTE GÉNÉRALE C2 – CARTE MICHELIN LOCAL 333 E3 – ISÈRE (38)

Beau témoin du savoir-faire de nos ancêtres bâtisseurs, Crémieu garde fière allure dans son enceinte encore jalonnée de portes fortifiées : rajeunie par une restauration réussie, elle sait encore séduire les promeneurs curieux en dévoilant les charmes de ses places lumineuses, de ses étroites ruelles, de ses vénérables maisons qui ont traversé les siècles.

- **Se repérer** – Crémieu est situé entre Lyon et Morestel, à 22 km au Nord de Bourgoin-Jallieu.

- **À ne pas manquer** – Les anciennes halles du Vieux Crémieu, avec leur toit de lauze ; les grottes de la Balme où logèrent des hommes préhistoriques et… le bandit Mandrin ; le parcours instructif du parc archéologique de Larina.

- **Organiser son temps** – Comptez au moins une demi-journée pour l'ensemble des visites.

- **Pour poursuivre la visite** – Voir aussi : Bourgoin-Jallieu, la Dombes, Lyon, Morestel, Pérouges, St-Chef et Villefranche-sur-Saône.

Se promener

L'arrivée à Crémieu par la D 517 est spectaculaire en venant de Morestel. La route traverse en effet les gorges de la Fusa et ne découvre la ville qu'au dernier moment.

LE VIEUX CRÉMIEU

Pour découvrir l'ensemble du vieux Crémieu, il faut monter *(si possible le matin)* sur la colline St-Hippolyte qui porte les restes d'un prieuré fortifié de bénédictins, dont la **tour de l'Horloge**, du 16e s. Au niveau de cette tour, prenez à gauche un petit chemin qui conduit à une table d'orientation.

Partir de la porte de la Loi.

Le saviez-vous ?

- C'est au 12e s. que l'on retrouve une mention de Cremiacum qui deviendra Crémieu. Le site appartient alors à la baronnie du Pin et reviendra à la France avec le Dauphiné en 1349.
- Un prieuré de bénédictins s'est installé au 12e s. sur les falaises de St-Hippolyte. Rattachés à l'abbaye de St-Chef (1247), les moines abandonnèrent les lieux au 15e s.

Le château et Notre-Dame de la Salette veillent sur la ville.

Amaury de Valroger / MICHELIN

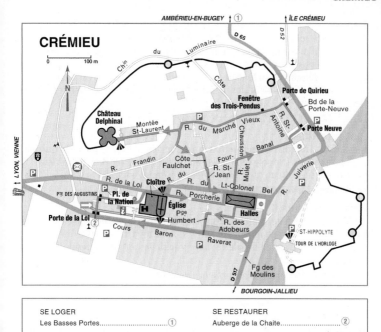

Porte de la Loi

Vestige de l'enceinte du 14e s., elle est coiffée d'un toit à quatre pans et a conservé les corbeaux de ses mâchicoulis.

Franchir la porte des Augustins.

Place de la Nation

Elle tient son nom de la période révolutionnaire. Dans l'angle Nord-Est s'élève une fontaine à balancier construite en 1823.

Hôtel de ville (H)

Pl. de la Nation-Charles-de-Gaulle - ☎ 04 74 90 45 13 - www.ville-cremieu.fr - ♿ - 9h-12h, 13h30-17h (vend. 16h), sam. 9h-12h, dim. 14h30-17h30 (été) - fermé sam. apr.-midi et dim. en hiver - gratuit.

Il occupe, sur la place de la Nation, une partie des bâtiments de l'ancien couvent des augustins, fondé au 14e s. Le hall d'entrée conserve un plafond à la française ; à chacune de ses extrémités, des portes donnent accès, à gauche, à la salle du conseil municipal ornée également d'un plafond à l'italienne, et à droite, à la salle de justice de paix, ancien chauffoir des moines ; ses voûtes d'ogives retombent sur un pilier central.

Cloître

L'ancien cloître du couvent des augustins communique avec la place de la Nation par une belle grille en fer forgé réalisée en 1715. Remarquez, à droite en entrant, les dalles funéraires qui servent, depuis le 19e s., de pavement aux galeries voûtées d'arêtes. Sur certaines sont représentés des outils d'artisans dont le tranchet des adobeurs ou tanneurs de cuir. Dans un angle du cloître, près des dalles funéraires, on reconnaît sur une grille le symbole des augustins : un cœur surmonté d'une flamme et transpercé de deux flèches.

Église

☎ 04 74 90 45 13 - tlj sf lun. 14h-17h30.

Chapelle du monastère, de 1318 à 1791, l'église a subi des transformations. La grille qui permet d'apercevoir l'intérieur est signée Redersdorff (1982). L'édifice abrite un mobilier intéressant : boiseries des stalles et de la chaire, grilles en fer forgé des chapelles latérales. Remarquez aussi la forme des piliers, tous différents, et les bas-côtés étroits aux voûtes d'ogives très serrées.

Du parvis, belle vue sur le château Delphinal et les maisons anciennes décorées de génoises à double ou triple bandeau.

Par la rue Porcherie, gagnez les halles.

Halles★

Elles ont été construites en 1434. Leur grand toit de lauzes repose à ses extrémités sur un mur épais, percé de trois arcades. Remarquez sous la charpente, magnifiquement ordonnée, les trois allées qui correspondent chacune à un commerce déterminé. Au fond des halles, à droite, subsistent des auges en pierre sur lesquelles s'adaptaient des mesures à grains, des goulottes permettant de remplir les sacs.

La rue Mulet, puis la rue du Four-Banal, à droite, mènent à la porte Neuve.

Portes fortifiées

Dite aussi de François Ier, la **porte Neuve** a été édifiée au 16e s. La **porte de Quirieu**, avec ses degrés et sa rigole centrale est du 14e s. Prenez la rue du Marché-Vieux. Remarquez, sur la droite, au n° 14, la fenêtre des Trois-Pendus (14e s.).

Poursuivez par la montée St-Laurent.

Château Delphinal

Les origines de ce château fort *(bar-restaurant, accès réservé aux consommateurs)*, situé sur la colline St-Laurent, remontent au 12e s. Sur la terrasse se dresse une chapelle dédiée à Notre-Dame-de-la-Salette ; belle **vue** sur les toits de lauzes de l'église et de l'ancien couvent.

Faites demi-tour et prenez à droite la rue Frandin, puis à gauche la côte Faulchet en forte descente.

À l'intersection avec la rue du Four-Banal se dresse une demeure du 16e s., ajourée de fenêtres à meneaux, qui abrite la **Maison du Colombier** (expositions).

Prenez la rue St-Jean, la rue du Lieutenant-Colonel-Bel et contournez les halles par l'Ouest pour gagner la rue des Adobeurs. Elle est bordée de petites maisons basses qui abritaient autrefois des ateliers d'artisans dont de nombreux tanneurs.

Le passage Humbert, à gauche, mène au cours Baron-Ravenat.

À hauteur du chevet de l'église, belle **vue** sur le clocher hexagonal dont la flèche se dresse au-dessus d'une ancienne tour d'enceinte.

Circuit de découverte

ÎLE CRÉMIEU : LA ROUTE DE LA LAUZE

Circuit de 60 km. Comptez 4h.

Avec ses falaises, ses étangs, ses toits de lauzes, ses champs bordés de dalles levées et ses gentilhommières, l'Île Crémieu forme un pays nettement individualisé.

Quittez Crémieu par la D 52 en direction d'Optevoz (Nord du plan).

La montée offre d'abord un joli coup d'œil sur l'étang de Ry et, en contre-haut, l'important **château de St-Julien**, moderne. Au débouché sur le plateau, les vues se développent vers le Bugey et en direction des Alpes.

© Grottes de la Balme

Les grottes de la Balme sont célèbres pour leurs petits gours étagés en cascade qui forment une superbe composition.

À la sortie du frais bassin d'Optevoz, poursuivez par la D 52 jusqu'au lieu-dit La Plaine où vous empruntez, à gauche, une agréable petite route (D 52ᴮ) suivant un vallon verdoyant.

St-Baudille-de-la-Tour

Ce charmant village abrite une belle maison forte du 15e s., dite des Dames, avec sa tour couverte de lauzes et son porche armorié. Elle est occupée par Roulottes Dauphiné *(voir « Crémieu pratique »)*.

Par Torjonas, rejoignez la D 65 que vous prenez à droite en direction de La Balme-les-Grottes.

La Balme-les-Grottes

Cet agréable village est surtout connu pour ses grottes qui s'ouvrent au pied de la falaise marquant l'extrémité du plateau de l'Île Crémieu. Nombreux parkings et possibilités de restauration.

Grottes de la Balme★ - $\mathscr{C}$ 04 74 90 63 76 - visite guidée (1h15) mai-août : 10h-18h ; avr. et sept. : tlj sf lun. 11h, 14h-17h ; fév.-mars et oct.-déc. : w.-end et j. fériés 14h-17h30 - fermé janv. et 25 déc. - 6,50 € (enf. 4,10 €).

270 marches. Habitées au paléolithique supérieur, connues dès le Moyen-Âge, visitées par François Iᵉʳ, célébrées comme une des « sept merveilles du Dauphiné », elles auraient, au 18ᵉ s., servi de repaire au fameux brigand Mandrin. Un immense porche, haut de 40 m, sous lequel s'élèvent deux chapelles superposées, donne accès à une vaste salle à l'aspect chaotique, appelée Grande Coupole. De là partent plusieurs galeries. À gauche, la galerie de Mandrin, très étroite, mène au balcon du même nom, commandant l'entrée de la grotte. La galerie du lac longe un superbe ensemble de petits **gours★★** (vasques naturelles) avant d'atteindre la rivière souterraine.

Après une escalade dans la partie appelée « Grottes supérieures » aux riches concrétions, on pénètre dans la galerie de François Iᵉʳ. Ce véritable labyrinthe conduit à un balcon surplombant d'une trentaine de mètres le lit du torrent à l'entrée de la grotte. Un spectacle son et lumière anime la salle de la Grande Fontaine.

Faites demi-tour. Par la D 65, puis par la première route à gauche, rejoignez Hières.

Hières-sur-Amby

La petite bourgade s'étend au débouché du val d'Amby, au pied du plateau de Larina. En contrebas de l'église, l'ancien presbytère du 18ᵉ s., couvert de lauzes, a été transformé en **Maison du Patrimoine**. Une partie de l'exposition archéologique est consacrée aux produits des fouilles effectuées sur le site de Larina *(voir ci-après)* : ossements, outils, monnaies, bijoux et maquette de ferme mérovingienne. Au rez-de-chaussée est reconstituée par un procédé électronique la tombe sous tumulus d'un prince celte (8ᵉ s.) découverte en 1987 à St-Romain-de-Jalionas. Les objets mis au jour, bijoux en or, dont un torque (collier) et un bracelet, vaisselle, armes en bronze et le plus ancien couteau en fer découvert en Europe, sont présentés dans des vitrines voisines. *Montée de la Cure -* $\mathscr{C}$ *04 74 95 19 10 - possibilité de visite guidée (2h) avr.-oct. : 14h-18h ; nov.-mars : tlj sf w.-end et j. fériés 14h-18h - 3,50 € (-12 ans gratuit, 12-18 ans 2 €).*

Si vous avez un peu de temps, nous vous conseillons un petit tour sur la D 65C en direction du château du Cinglé. La route est très belle et dévoile de belles constructions à toits de lauzes.

Traversez Hières-sur-Amby, et tournez à gauche dans la D 52ᴬ.

Gorges d'Amby

La rivière serpente au pied des parois piquetées d'arbrisseaux. On remarque au passage la maison forte de Brotel (15ᵉ s.), en à-pic.

Une étroite route, s'embranchant à droite sur la route des gorges, à hauteur d'une ancienne cimenterie, franchit l'Amby et conduit, par une forte montée, à Chatelans.

Chatelans

Au centre du village, dans une auberge, le **musée de la Lauze** présente de manière didactique les techniques traditionnelles de cette architecture qui caractérise l'habitat de l'Île Crémieu. $\mathscr{C}$ 04 74 83 11 28 - &. - tlj sf mar. 9h-18h - gratuit.

Prenez une petite route à droite, qui, en 2,5 km, mène à la pointe du plateau occupée par le site archéologique de Larina.

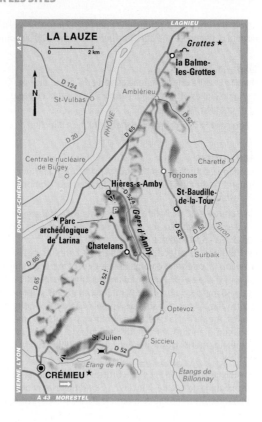

Parc archéologique de Larina★

Circuits balisés et panneaux explicatifs. ☎ 04 74 95 19 10 - du lever au coucher du soleil - gratuit.

Le camp de Larina s'étend sur 21 ha. Il est limité au Nord et à l'Ouest par des falaises dominant la plaine du Rhône et le val d'Amby ; au Sud et à l'Est, il est ceint d'un rempart de pierre long de près d'1 km, encore recouvert de végétation. L'occupation humaine du site est attestée par des objets datant de la période néolithique (vers 3 000 av. J.-C.). Du 5e au 1er s. av. J.-C., un oppidum est édifié sur le plateau, enserrant dans son enceinte des cabanes en bois et torchis. La découverte d'un autel et de gros blocs de fondation attestent l'érection, à l'époque romaine, d'un temple dédié au dieu Mercure.

À la fin de l'Antiquité et pendant le Haut Moyen-Âge, deux grands domaines agricoles se succèdent. Le premier (établi aux 4e et 5e s.) regroupe, autour d'une villa à galerie, divers bâtiments d'exploitation (entrepôts, groupes…) construits en terre et en bois sur des fondations de galets encore bien visibles. Du 6e au 8e s., un deuxième domaine se développe autour d'une vaste maison en pierre couverte de lauzes et de ses bâtiments annexes. Sur la butte au Nord, deux nécropoles ont été installées ; de la seconde, on a retrouvé des tombes sous forme de coffres en dalles de lauzes.

La pointe Nord de la falaise, où se dresse une statue de la Vierge, est un spectaculaire **belvédère** : au premier plan, sur le Rhône, la centrale nucléaire de Bugey et la tourbière de Larina ; plus loin sur les monts du Bugey, la côtière de la Dombes, les monts du Beaujolais, du Lyonnais, les torchères de Feyzin…

De retour à Chatelans, prenez à droite la D 52l vers Crémieu.

Crémieu pratique

Adresse utile

⊞ Office de tourisme – *9 pl. de la Nation - 38460 CRÉMIEU - ☎ 04 74 90 45 13/02 25 - www.ville-cremieu.fr - avr.-sept. : 9h-12h, 14h-17h30 ; reste de l'année : 9h-12h, 14h-17h.*

Se loger

☞ Les Basses Portes – *À Torjonas - 38118 St-Baudille-de-la-Tour - ☎ 04 74 95 18 23 - www.basses-portes.com - ✉ - 3 ch. 40/50 € - 🍽 - repas 17 €.* D'importants travaux ont permis de réhabiliter cette ancienne ferme sans rien ôter à son charme rustique originel. Mélange réussi de l'ancien et du moderne dans les chambres au décor parfois surprenant. Les salles de bains sont flambant neuf.

Se restaurer

☞ Auberge de la Chaite – *Pl. des Tilleuls - ☎ 04 74 90 76 63 - fermé 5-24 avr., 20 déc.-8 janv., mar. midi d'oct. à avr., dim. soir et lun. - 15/33 € - 10 ch. 40/50 € - 🍽 6,50 €.* En face de la porte de la Loi, cette auberge fleurie est simple mais sa grande cheminée, allumée en hiver, la rend chaleureuse… Poutres, mobilier campagnard et nappes à carreaux complètent le tableau de cette étape villageoise sans histoire. Quelques chambres refaites.

Que rapporter

Spécialités – Parmi les spécialités locales, le sabodet (saucisson à cuire) et la foyesse (pâtisseries).

Berlioux – *4 pl. de la Poype - ☎ 04 74 90 75 70 - 7h-13h, 14h30-19h30, w.-end 7h-19h30 - fermé 2 sem. en fév., 2 sem. en août et 2 sem. en sept.* L'atmosphère chaleureuse de cette belle pâtisserie à l'ancienne en séduit plus d'un. Mais l'on est véritablement conquis par les 15 références de chocolats, les viennoiseries, les crèmes glacées et les entremets. Ces délices n'éclipsent pas pour autant la spécialité locale, la foyesse, brioche au beurre, plate et sucrée.

Sports & Loisirs

Base de Loisirs de la Vallée Bleue – *38390 Montalieu-Vercieu - ☎ 04 74 88 49 23 - www.valleebleue.org - de déb. mai à mi-sept.* Le Rhône et les falaises du Bugey offrent un cadre de choix aux très nombreuses activités de cette base : aquaparc de 1 200 m^2, rivière artificielle pour sports en eau vive, location de jet-ski et de quad, chemin de fer touristique du Haut-Rhône, randonnées à pied ou en VTT, parcours aventure dans les arbres, karting…

Roulottes Dauphiné – *Au village - 38118 St-Baudille-de-la-Tour - ☎ 04 74 83 86 13 - renseignements auprès de Roulotte Dauphiné.* Rien de tel que le rythme du cheval pour découvrir les superbes paysages de l'Île Crémieu. Pourquoi ne pas louer un chariot bâché pour une journée ou une roulotte aménagée pour 2 ou 7 jours ?

Crest

7 739 CRESTOIS
CARTE GÉNÉRALE B/C4 – CARTE MICHELIN LOCAL 332 D5 – DRÔME (26)

Une impression de rude puissance se dégage de cet imposant donjon qui domine la ville et la plaine de Valence. Il y a de quoi, car avec ses 52 m de haut, il est quand même le plus haut de France ! Il a donné du fil à retordre à ses assaillants comme à ses prisonniers dont les échelles ou les cordes se révélaient toujours trop courtes. Il n'est pourtant qu'un vestige, certes majestueux, d'une grande place forte qui compta jusqu'à trois châteaux avant d'être démantelée en 1633 sur ordre de Louis XIII.

- **Se repérer** – À 28 km au Sud-Est de Valence, cette ancienne porte fortifiée des Préalpes drômoises ouvre la route de Die.

- **À ne pas manquer** – La vue sur Crest (prononcez crè) et ses environs depuis le haut du donjon ; la route des Préalpes drômoises.

- **Organiser son temps** – Comptez 1h pour la découverte de la ville et une demi-journée pour le circuit.

- **Avec les enfants** – Les nombreuses espèces d'oiseaux à Upie ; les œufs à anecdotes de Soyans ; l'Aquarium tropical du Val-de-Drôme d'Allex.

- **Pour poursuivre la visite** – Voir aussi : Cruas, vallée de l'Eyrieux, Montélimar, Valence, La Voulte-sur-Rhône.

Le saviez-vous ?

- C'est la crête calcaire où trône la Tour qui a donné son nom à la ville fondée par la famille Arnaud. Elle s'est d'ailleurs un temps appelée Crest-Arnaud.

- Au hasard des guerres et des alliances, Crest est passé dans les familles de Poitiers et de Grimaldi, cette dernière confirmant son goût pour les « rochers ». Elle a beaucoup servi de prison depuis le 15e s. Protestants, monarchistes, prisonniers de droit commun et républicains s'y sont succédé dans des conditions souvent difficiles.

Se promener

Montée au donjon

Accès par l'escalier situé à gauche de l'église St-Sauveur, la rue du Vieux-Gouvernement et la rue de la Tour. Pour accéder en voiture jusqu'au parking au pied de la tour, longez la Drôme par le quai de Verdun et tournez à gauche dans la rue de la Calade.

De la rue de la Tour s'offre une vue curieuse sur les vieux toits de Crest et le « casque » en ardoises couronnant la croisée du transept de l'église St-Sauveur.

Donjon★

184 marches jusqu'à la terrasse supérieure. ℘ 04 75 25 32 53 - de déb. mai à mi-sept. : 10h-19h ; fév.-avr. et de mi-sept. à fin oct. : 14h-18h ; reste de l'année : w.-end 14h-18h fermé 1ᵉʳ janv. et 25 déc. (dernière entrée 1h av. fermeture) - 5 € (6-12 ans 2,50 €) -

On ne voit que lui ! Le formidable donjon de Crest domine fièrement la ville et impose toujours le respect.

à l'intérieur, les différents cachots et salles voûtées présentent des expositions thématiques et s'animent de spectacles en saison.

Le donjon de Crest, ou « la Tour », est en fait constitué de trois tours d'époques différentes réunies par un solide mur-bouclier ou « manteau ». Il fut élevé sur une crête de rochers en plusieurs étapes du 11e au 15e s. ; le mur Nord, le plus haut, atteint presque 52 m. La citadelle fut amputée sur ordre de Louis XIII. À l'intérieur, le **tympan** (16e s.) de l'ancienne porte de l'église St-Savour offre une représentation unique, sans doute un peu idéalisée, du château avant sa destruction.

La première terrasse comporte un sol constitué de grandes dalles soigneusement appareillées, inclinées vers une rigole centrale qui alimentait la citerne avec les eaux de pluie recueillies. Elle ne fut couverte qu'au 15e s. ; de puissantes arcades ainsi que d'énormes poutres soutiennent le toit.

De la terrasse supérieure, on découvre les toits de Crest ; au-delà s'étend un superbe **panorama★**, au Nord-Est, sur la montagne de Glandasse et les contreforts du Vercors, au Sud sur la chaîne de Roche-Courbe avec les Trois-Becs, puis Roche-Colombe ; à l'Ouest, l'horizon tourmenté des serres vivaroises s'élève jusqu'au Gerbier-de-Jonc et au Mézenc, visibles par temps très clair.

Outre des salles voûtées, le donjon renferme des cachots ou furent successivement détenus des protestants sous Louis XIII, des prisonniers de guerre pendant la Révolution et 600 républicains hostiles au coup d'État de Louis-Napoléon Bonaparte. Lisez leurs intéressants graffitis.

En descendant du donjon, laissez à gauche l'escalier emprunté à la montée et poursuivez le chemin de corniche qui contourne le chevet de l'ancienne église des cordeliers.

En contrebas, à gauche, quelques marches conduisent à un passage voûté : le **portique des Cordeliers** comportant cinq travées d'ogives, qui débouche sur l'**escalier des Cordeliers** (Y 10). Composé de 124 marches, dont 80 sont taillées dans le rocher, ce monumental escalier produit un bel effet, surtout vu d'en bas.

Vieilles demeures

Bordant l'axe principal ou les rues avoisinantes, subsistent de vastes immeubles élevés par la bourgeoisie crestoise aux 16e et 17e s. : portails à bossages, au n° 11, rue des Cuiretteries, rue des Boucheries, juste avant le passage voûté débouchant sur la rue de l'Hôtel-de-Ville et au n° 2, place du Général-de-Gaulle.

Dans la rue de la République, au n° 10, le portail en plein cintre présente une clef sculptée d'un motif en forme de feuillage ; au n° 14, trois têtes en haut-relief ornent la façade.

Aux alentours

Jardin des oiseaux à Upie

11 km au Nord. Quittez Crest par la D 538 en direction de Chabeuil, puis à gauche, la D 142 vers Upie. ☎ 04 75 84 45 90 - www.jardin-aux-oiseaux.com - &. - été : 10h-19h ; hiver : de 10h à la tombée de la nuit - 10 € (enf. 5 €).

Dans un superbe parc de 6 ha, une agréable promenade permet de découvrir plus de 200 espèces d'oiseaux d'Europe et des tropiques : oiseaux-mouches, grues couronnées, flamants, nandous, pélicans, autruches, calaos, ainsi que de nombreux rapaces et perroquets. Une **serre tropicale** permet d'approcher ces oiseaux exotiques multicolores dans leur cadre naturel reconstitué.

Le parc contribue avec d'autres centres européens à la protection et à l'élevage d'espèces menacées. Du printemps à l'automne, spectacles de perroquets, rapaces, cigognes, ibis, pigeons culbutants. Mini-ferme et promenades à poney pour les enfants.

Circuit de découverte

LES PRÉALPES DRÔMOISES★

Circuit de 83 km – environ 3h. Quittez Crest à l'Est par la D 93. À Aouste-sur-Sye, franchissez la Drôme en direction de Saoû.

Après un premier passage étroit, le pas de Lauzens, séparant Roche Colombe des pentes du Faucon, la route s'élève et débouche en vue d'un **cirque★**, fermé au fond par les **Trois-Becs** de Roche-Courbe.

Au défilé du pertuis de la Forêt, où s'engouffre la Vèbre, laissez à gauche la route privée de la forêt de Saoû.

La forêt de Saoû★

Propriété privée, site classé, elle est cependant libre d'accès sauf quelques jours pendant la période de chasse. C'est un spectaculaire exemple de synclinal perché *(pli géologique)*, formé extérieurement de falaises à pic et recouvert à l'intérieur par un abondant manteau forestier *(chênes blancs et pins sylvestres sur la rive droite de la Vèbre, hêtres sur la rive gauche)*. Isolé au cœur de la forêt, l'auberge des Dauphins est une folie (1930) d'un milliardaire alsacien, copiée sur le petit Trianon de Versailles.

À la sortie du défilé, jolie vue sur le « Roc », isolé à gauche ; à droite se dressent les rochers des Aiguilles.

Saoû

Que ce village semble petit devant les grands reliefs qui marquent l'entrée de la forêt de Saoû ! Petit, certes, mais agréable et dynamique. Il est célèbre pour la production du fromage de chèvre local : le picodon est d'ailleurs classé AOC. *À Saoû, campé à l'orée d'un bassin fertile, empruntez à gauche la D 538, puis la D 328^B sur la droite.*

Le Poët-Celard

Une mairie, un temple et un château sont réunis dans ce minuscule village logé au creux d'un virage, qu'une lente résurrection arrache à ses ruines depuis les années 1980.

Continuez sur la D 328, puis la D 310 vers Pont-de-Barret. Traversez le village et prenez la D 128.

Soyans

👥 Vous arrivez par une jolie perspective. Du château, brûlé à la Révolution, ne restent que des ruines. Le village médiéval se résume à une rue bordée de maisonnettes, et à une ancienne chapelle abritant le petit **musée de l'Œuf**. Constitué sur la base d'une collection personnelle de vrais œufs (du dinosaure à l'escargot) et d'objets s'en inspirant, il associe chaque trouvaille à une anecdote pittoresque. 📞 04 75 76 00 15 - www.lemuseedeloeuf.com - avr.-sept. : visite guidée 15h30, 16h30, 17h30, 18h30, 19h30 ; reste de l'année : se renseigner - gratuit.

Un sentier monte parmi les herbes folles vers la petite église romane et les ruines. Joli panorama en hauteur, en contournant le château, sur les falaises calcaires de la Roche Colombe à gauche, le cours du Roubion et les éboulis bleutés de la montagne d'Eson en face.

Revenez sur vos traces jusqu'à la D 136, que vous prenez à droite pour gagner Puy-st-Martin. De là, par la D 107, gagnez Roynac et son vieux village, puis le col du Devès. Prenez à gauche la D 105 vers le col de Tartaiguille et Marsanne.

La descente offre de très belles vues sur la vallée et le site de Marsanne.

Marsanne

Patrie d'**Émile Loubet**, président de la République de 1899 à 1906. Le bourg est dominé par les vestiges d'un village féodal, escaladant un éperon rocheux. En haut d'une ancienne porte fortifiée, église romane du prieuré St-Félix.

Au Nord du village, dans un vallon de la forêt de Marsanne, la **chapelle N.-D.-de-Fresneau** édifiée par Pierre Bossan, architecte de Fourvière à Lyon, accueille un pèlerinage depuis le 12e s. *(le 8 septembre ou le dimanche le plus proche). Par la D 57, gagnez Mirmande.*

Mirmande

Laissez la voiture en bas du village. Cet ancien bourg fortifié dont les vieilles maisons s'étagent joliment au flanc d'une colline, est réputé pour la beauté de ses **toits★** de tuiles romaines. Vers 1930, grâce au peintre cubiste **André Lhote** (1885-1962), s'y établit une colonie d'artistes séduits par le site. La ville eut aussi un maire célèbre, en la personne du volcanologue **Aroun Tazieff**. La montée à l'église Ste-Foy (12e s.), tout en haut du village, procure de belles vues sur la vallée du Rhône et les monts du Vivarais.

Rejoignez la N 7 que vous prenez vers le Nord jusqu'à Livron-sur-Drôme. Dirigez-vous vers Allex par la D 93^A.

Allex

Aquarium tropical du Val-de-Drôme – 👥 *Quartier la Butte -* 📞 04 75 62 62 11 - ♿ *- de juil. à mi-sept. : 10h-19h ; reste de l'année : 13h30-18h - fermé 1er janv. et 25 déc. - 6,50 € (enf. 5 €).* Résultat du travail acharné de passionnés depuis 1985, l'exposition présente différentes espèces de cichlidés (poissons tropicaux d'eau douce) venant de Madagascar, des grands lacs africains, d'Amérique centrale, d'Amazonie ou d'Asie.

Traversez la Drôme par la D 125.

Chabrillan

À visiter de préférence en mai-juin. Garez-vous place Pierre-Barnier. Parmi les « villages botaniques » perchés, Chabrillan se distingue par la recherche et la variété de ses plantations. Ne manquez pas les collection de pivoines (à votre point de départ) et d'iris (à l'entrée du village), les massifs mettant en valeur les ruines du château (11e s.), le jardin des remparts, la tonnelle parfumée en contrebas, et les ruelles fleuries recélant quelques lilas à feuille de persil ou albizzia aux duveteux pompons roses.

Retour à Crest par la D 104.

Crest pratique

Adresse utile

🚩 Office de tourisme – *Pl. du Dr-Maurice-Rozier - 26400 CREST - ☎ 04 75 25 11 38 ou 04 75 76 79 65 - www.crest-tourisme.com - juil.-août : 9h-30-12h30, 14h-18h30, dim. et j. fériés 10h-12h30 ; avr.-juin et sept. : tlj sf dim. 9h-12h, 14h-18h ; oct.-mars : tlj sf dim. 9h-12h, 14h-17h30, lun. 14h-17h30, sam. 9h-12h.*

Se loger

◇ Le Mas Ste-Marie – *Hameau des Bernards - 26400 Piegros-la-Clastre - ☎ 04 75 40 30 42 - www.mas-sainte-marie.com - ⬚ - 5 ch. 45/65 € ⬚ - repas 17 €.* Cette magnanerie qui date en partie du 16e s. a bénéficié d'une belle restauration et dispose désormais de 5 chambres confortables, sobres et coquettes. On prend vite plaisir à caresser du regard les paysages alentour. Côté cuisine, vous apprécierez le compromis entre terroir et créativité.

Se restaurer

◇ Le Moulin de Crupies – *26460 Crupies - ☎ 04 75 53 39 16 – lemoulindecrupies@libertysurf.fr - 17/22 € - 7 ch. 42/63 € - ⬚ 6 €.* La route départementale passe au bout de l'allée, mais le bruit et l'agitation sont déjà loin quand on passe les portes de ce moulin, dont la restauration et l'animation sont une affaire de passion familiale. Le jardin, où l'on peut prendre ses repas à l'ombre d'un vénérable platane, mêle son atmosphère joyeuse et décontractée à l'accueil attentif des hôtes. La cuisine, soignée, excelle dans quelques spécialités régionales.

◇ La Tartine – *10 r. Peysson - ☎ 04 75 25 11 53 - restotartine@aol.com - ouv. mar.-vend. 12h-14h, à partir de 19h, sam. à partir de 19h - 10/23 €.* Presque caché au cœur de la vieille ville, ce petit restaurant fait le bonheur des papilles grâce à sa cuisine élaborée avec des produits souvent bio et toujours frais. Et aussi le bonheur des yeux lorsque les artistes locaux exposent leurs tableaux et photographies. Peu de places, sachez donc garder le secret…

En soirée

Drôme Perroquets Spectacles – *👥 - Les Chionnes - 26400 Eurre - ☎ 04 75 76 85 86 - www.perroquet-spectacle.com - 15 avr.-sept. : spectacle à partir de 14h30.* L'occasion unique de voir toutes sortes de perroquets faire de la trottinette, de la voiture ou du patin à roulettes. On serait presque surpris de découvrir qu'ils savent surtout voler ! Vous pourrez aussi les contempler dans le parc ornithologique où ces chers oiseaux coulent des jours plus paisibles.

Que rapporter

Spécialités – Au nombre des spécialités crestoises comptent la **défarde**, plat mitonné à base de tripes d'agneau, et les **picodons**, petits fromages de chèvre.

Picodon Cavet – *Quartier Graveyron - à 1,5 km de Dieulefit sur la D 540 direction Montélimar - ☎ 04 75 91 82 00 - www.picodon-cavet.fr - tlj sf dim. 9h-12h, 14h-18h, sam. 9h-12h.* La maison Cavet fabrique toujours ce fromage de chèvre de la forme d'un palet suivant des méthodes proches de la recette née au 14e s., le respect de l'hygiène en plus. Découvrez le picodon AOC (au manteau blanc), le picodon Dieulefit (au manteau bleu) et quelques produits dérivés valant également le détour.

Sports & Loisirs

Cap Plein Air – *Rte des Plantas - 3,5 km à l'E de Crest par D 93 - 26400 Aouste-sur-Sye - ☎ 04 75 40 60 60 - www.cappleinair.com - mars -oct. : 9h-19h.* En plus de sa plage, des terrains de jeu et de son snack-buvette, la base de loisirs Cap Plein Air propose un éventail complet de randonnées en canoë, kayak ou raft. Accessibles à toutes les personnes de plus de 7 ans sachant nager, les parcours vont du simple baptême au programme évasion d'une longueur de 40 km.

Calendrier

Crest s'anime chaque été, au mois d'août, lors du célèbre **Crest jazz festival** qui attire des musiciens et mélomanes du monde entier.

Non loin de là, le village de Saoû organise deux fêtes réputées mais très différentes, jugez-en plutôt : le festival **Saoû chante Mozart** et la **fête des Picodons**. Renseignements à l'office de tourisme, ☎ 04 75 76 01 72.

Cruas

2 400 CRUASSIENS
CARTE GÉNÉRALE B4 – CARTE MICHELIN LOCAL 331 K6 – ARDÈCHE (07)

Signalé par les panaches de la centrale nucléaire, recouvert d'une pellicule poudreuse blanche provenant des cimenteries qui exploitent la falaise, Cruas paye un lourd tribut au développement industriel. Ce contexte difficile ne doit pas faire oublier son exceptionnel patrimoine constitué par son abbatiale et le vieux village que domine l'imposant donjon-chapelle.

- ▷ **Se repérer** – Au pied des falaises de la rive droite du Rhône, Cruas (prononcez le « s »final) prend place entre La Voulte-sur-Rhône et Montélimar, à 15 km au Sud.

- 👁 **À ne pas manquer** – La visite de l'église abbatiale romane.

- 🕐 **Organiser son temps** – Comptez environ 1h.

- 🕯 **Pour poursuivre la visite** – Voir aussi : Alba-la-Romaine, Crest, vallée de l'Eyrieux, Montélimar, Privas et La Voulte-sur-Rhône.

Imperturbable malgré le temps et un environnement difficile, l'abbatiale de Cruas illustre à merveille le talent de ses bâtisseurs.

Comprendre

En 804, des moines bénédictins envoyés par saint Benoît d'Aniane, réformateur de l'ordre, fondent une abbaye à Cruas. La partie la plus ancienne de l'église remonte au 11ᵉ s. Pour se protéger des invasions et des inondations du Rhône, les bénédictins élèvent peu après, sur un replat rocheux de la falaise, une chapelle-refuge, intégrée plus tard dans un ensemble défensif qui lui vaudra le nom de « château des moines ». Aux 16ᵉ et 17ᵉ s., l'abbaye subit les attaques des huguenots, puis périclite. En 1741, l'évêque de Viviers en décide la suppression.

Visiter

Ancienne église abbatiale★

📞 04 75 49 59 20 - visite guidée (45mn) de mi-avr. à fin sept. : 10h30-18h30, dim. et j. fériés 15h-17h ; de déb. oct. à mi-avr. : tlj sf merc. et dim. 14h-18h, sam. 8h-12h - fermé 1ᵉʳ janv., lun. de Pâques, 1ᵉʳ Mai et 25 déc. - 2 € (enf. gratuit).

C'est un bel édifice roman situé en contrebas de la rue centrale. La façade sur la route est dominée par une puissante tour-lanterne, sur plan carré, à étages en retrait. Au-dessus de la croisée du transept s'élève une deuxième tour, surmontée d'un gros lanternon circulaire à toit conique. En contournant l'édifice, on remarque l'élégante homogénéité de sa décoration de bandes lombardes et la sobre ordonnance du chevet.

Intérieur – Très sombre, il comprend une nef voûtée en berceau et flanquée d'étroits collatéraux. Le sol a été fortement exhaussé du 15ᵉ au 18ᵉ s., à la suite d'inondations. Entre la nef et les bas-côtés, de robustes piliers s'ornent de chapiteaux sculptés : remarquez notamment les aigles qui s'affrontent sur un pilier à gauche.

Le chœur est prolongé par une tribune monastique (fin du 12ᵉ s.) qui s'étend sur les deux premières travées de la nef. Elle est surtout intéressante par son système de voûte, significatif de l'évolution de l'architecture passant du roman au gothique : les arêtes des travées sont renforcées de gros tores se croisant à la façon d'ogives. Derrière le maître-autel, l'abside conserve un pavement en **mosaïque**, de style byzantin, représentant les prophètes Élie et Énoch encadrant deux arbres de vie. La mosaïque porte la date : 1098, lisible à droite.

Crypte★ – L'église repose sur une crypte du 11ᵉ s., établie sous le chœur. Celle-ci présente une voûte d'arêtes sur colonnes monolithes décorées de chapiteaux archaïques ; la plupart montrent un animal isolé, oiseau ou quadrupède. L'ensemble de ce bestiaire constitue un remarquable spécimen des débuts de la sculpture romane.

Donjon-chapelle

Prenez la rue Jean-Jaurès : à environ 200 m, empruntez à gauche une route en montée ; laissez la voiture sur une esplanade et atteindre les ruines à pied. Visite guidée 11h, 15h et 17h, s'adresser à l'office de tourisme ☎ 04 75 49 59 20.

L'édifice évoque un donjon : ses tourelles d'angles et les imposantes arcatures soutenant son couronnement crénelé cachent au regard la chapelle primitive du 12ᵉ s. En contrebas, remarquez un ensemble de maisons médiévales en cours de consolidation.

Centre nucléaire de production d'électricité de Cruas-Meysse

3,5 km au Sud de Cruas, à l'Ouest de la N 86. Visite suspendue en raison de l'application du plan Vigipirate renforcé.

Situé sur les territoires des communes de Cruas et de Meysse, il comprend 4 tranches relevant de la filière à eau sous pression (REP) utilisant l'uranium enrichi comme combustible. L'ensemble des installations produit environ 5 % de la production totale d'électricité en France. Un centre d'information à l'entrée permet au visiteur de se familiariser avec le fonctionnement d'une centrale nucléaire.

Une des tours de refroidissement (hauteur : 155 m) est décorée d'une immense **fresque** signée J.-M. Pieret.

Cruas pratique

Adresse utile

🛈 **Office de tourisme** – *9 pl. G.-Clémenceau - 07350 CRUAS - ☎ 04 75 49 59 20 - www.cruas.fr.st/ - De Pâques à fin sept. : tlj sf dim. 10h30-18h30 ; reste de l'année : tlj sf merc. et dim. 14h-18h, sam. 8h-12h.*

Se loger

⌂ **Camping Les Ilons** – *☎ 04 75 49 55 43 - réserv. conseillée - 80 empl. 17 €.* Les joies du camping au bord du lac. Les sanitaires ont été fraîchement rénovés et de nouveaux aménagements sont en cours. Un règlement strict préserve les usagers d'un voisinage bruyant, pour le confort de tous. Piscine « haricot » et location de mobile homes.

La Dombes ★

CARTE GÉNÉRALE B/C1 – CARTE MICHELIN LOCAL 328 C4/5, D4/5 – SCHÉMA P. 219 – AIN (01)

Qualifiée de « mauvaise Bresse » par Edgar Quinet, la Dombes a pris sa revanche sur une nature ingrate en devenant un haut lieu de la gastronomie. Elle doit sa physionomie originale et son charme très particulier à la présence d'environ un millier d'étangs qui parsèment sa surface. Les fermes en pisé, les châteaux en carrons (briques rouges) et les villages fleuris agrémentent les vastes paysages que survolent, par milliers, toutes sortes d'oiseaux venus pêcher ou se reposer sur ses étangs.

- ▷ **Se repérer** – Entre Beaujolais à l'Ouest et Bresse à l'Est, le plateau de la Dombes se situe sur l'axe reliant Lyon à Bourg-en-Bresse.

- 👁 **À ne pas manquer** – Les paysages parsemés d'étangs ; les charmantes maisons en briques et galets.

- 🕐 **Organiser son temps** – Comptez une journée.

- 👣 **Pour poursuivre la visite** – Voir aussi : le Beaujolais, Châtillon-sur-Chalaronne, château de Fléchères, Pérouges, Romanèche-Thorins, Trévoux, Villars-les-Dombes et Villefranche-sur-Saône.

> ### Le saviez-vous ?
>
> 👁 Deux hypothèses plausibles sont avancées pour expliquer l'origine du mot Dombes. Si elle est germanique, le terme signifie « étangs ». Si elle est scandinave, c'est le « brouillard ».
>
> 👁 La Dombes fut érigée en principauté par François Ier après la confiscation des biens du connétable de Bourbon, au 16[e]s. Elle était dotée d'un parlement souverain installé à Trévoux, qui siégea jusqu'en 1762.

Comprendre

Les étangs – C'est au 12e s. que de mauvaises terres commencent à être transformées en étangs fermés par des levées de terre battue, les chaussées ; le Grand Étang de Birieux, l'un des plus vastes, aujourd'hui morcelé, date du 14e s. Mais la trop grande étendue des eaux stagnantes rend la région malsaine et des maladies telles que le paludisme y sévit. Au 19e s., sous l'impulsion des moines de l'abbaye N.-D. des Dombes, deux tiers des étangs sont asséchés et les surfaces libérées sont converties en cultures. Cependant, durant les 100 années qui suivent, on remet en eau une partie de ces terres, en raison, notamment, des difficultés que connaît l'agriculture.

Aujourd'hui, l'eau couvre environ 10 000 ha. La plupart des étangs sont intermittents et constituent une chaîne de pièces d'eau contiguës qui se vident les unes dans les autres lors de la vidange précédant la pêche. Cette opération se fait à partir d'une vanne, le **thou**, installée à l'extrémité de l'étang de tête. Tour à tour, les étangs sont mis en eau et empoissonnés : c'est l'**évolage** qui dure six à sept ans, puis mis en culture (assec) pendant un an, grâce à un procédé de labours en « billons », facilitant le drainage rapide du sol. La pêche avec environ 2 000 t de poissons par an (carpes, tanches, brochets) fait de la région la première région productrice de France pour le poisson d'étang.

À l'automne, on ne manquera pas d'assister à la pêche dans un étang.

La Dombes est également un centre important de production laitière et de viande bovine. L'élevage de chevaux de demi-sang demeure une activité traditionnelle : il n'est pas rare d'apercevoir, enfoncés dans l'eau des étangs, des chevaux paissant la « brouille », sorte de trèfle des marais dont ils sont friands. Le paysage si particulier de la Dombes a servi de cadre aux films *L'Affût* (1991, par Y. Bellon) et *Les Enfants du marais* (1998, par J. Becker).

Circuit de découverte

LA ROUTE DES ÉTANGS ★

Circuit de 99 km au départ de Villars-les-Dombes – avec la visite des villes, comptez une journée. Quittez Villars à l'Ouest par la D 2.

Bouligneux

Dans un site typique se dresse le **château** du 14e s. en briques, à l'aspect de maison forte.

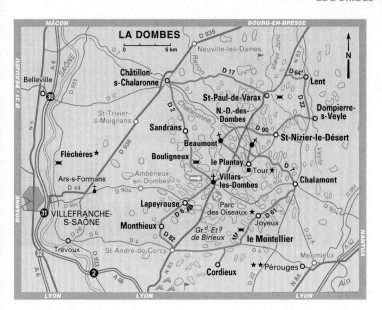

Sandrans

Ce village est renommé pour sa **poype**. Caractéristiques de la Bresse et de la Dombes, les poypes sont d'anciennes mottes castrales ; très répandues au Moyen-Âge, elles étaient parfois de véritables forteresses de terre cernées de fossés. Aujourd'hui subsiste un tertre bien identifié entouré d'un fossé en eau, coiffé d'une tour circulaire en briques, et sur lequel on a reconstruit au 19e s. une maison bourgeoise.

L'**église**, en partie romane, est dans sa simplicité l'une des plus caractéristiques de la Dombes : nef unique ; abside décorée d'une arcature romane dont les curieux pilastres en forme de fuseau portent des silhouettes humaines très étirées ; poutres de gloire à l'entrée du chœur. Remarquez l'ensemble des statues et les fonts baptismaux gothiques.

Châtillon-sur-Chalaronne *(voir ce nom)*

À la sortie Est de Châtillon, prenez la D 17
en direction de St-Paul-de-Varax.

St-Paul-de-Varax

Établi au milieu des étangs et des bois de la Dombes, ce village a conservé une belle église romane et un château représentatif de l'architecture régionale.

Église – Elle date du 12e s. La nef lambrissée est prolongée par un transept non saillant voûté en coupole. La façade Ouest frappe par son bel appareil de pierres et son ordonnance d'arcatures en plein cintre. Deux arcs aveugles encadrent le portail central ; au tympan est représenté le Christ en majesté entre deux anges. Une petite porte s'ouvre du côté droit de l'église ; son tympan, fâcheusement mutilé, évoque un épisode de la vie de saint Antoine. *Tlj sf merc. 8h30-12h, 15h30-17h30 - en cas de fermeture se renseigner à la mairie -* ℘ *04 74 42 50 13.*

Château – C'est l'un des plus jolis manoirs de la Dombes *(on ne visite pas)*. Tout son charme provient de ses grands toits, de ses murs de briques et de sa tourelle d'angle qui se reflètent dans un petit étang.

Prenez au Nord la N 83, puis à droite la D 64ᴬ.

La technique du pisé

Le pisé est le **mode de construction traditionnel de la Dombes,** région dépourvue de carrières de pierre. La terre argileuse qui se trouve sous la terre arable est prête à servir à la construction sans être ni cuite ni adjointe à un liant. Il faut d'abord aérer la terre à pisé pour lui faire prendre du volume : c'est le « frassage ». Après avoir établi un coffrage en bois, la terre frassée y est versée, puis on la dame avec un « pisou », instrument en bois plein, avant de laisser sécher le mur. Les angles et soubassements sont protégés par des briques ou des galets.

Symbole emblématique de la région, la tour du Plantay surveille impassiblement ces vastes étangs.

Lent

Ce village conserve de beaux monuments du 16e s., notamment un beffroi restauré au 18e s. et des maisons de bois. L'origine de l'église romane remonte au 9e s., mais son architecture date du 16e s.

Dompierre-sur-Veyle

Regroupé autour d'une vieille église romane, il voisine avec le plus grand étang de la région : le Grand Marais, d'une superficie de 100 ha.

En empruntant la D 70 en direction de St-Nizier-le-Désert, on longe sur la gauche les importantes étendues d'eau du Grand Marais.

St-Nizier-le-Désert

Agréable halte où sont aménagées des aires de loisirs (pêche, promenade).

Prenez la D 90 qui coupe la N 83 et conduit à Marlieux. Traversez le village et rejoignez la D 7. À la sortie du tournant, prenez une petite route en direction de Beaumont.

Beaumont

Sur la coquette petite place du hameau s'élève la chapelle **Notre-Dame-de-Beaumont**. Autrefois très fréquentée par divers pèlerinages, elle a connu une longue période d'abandon. De récentes restaurations ont mis au jour de splendides **peintures murales★** du 15e s. *Possibilité de visite guidée sur demande à M. Gantier - ✆ 04 74 42 86 35 - tlj 10h-12h, 14h-18h.*

Revenez en arrière sur la petite route d'arrivée jusqu'au premier embranchement. La route qui commence sur la droite passe par le hameau des Villardières, traverse la N 83 et rejoint Le Plantay.

Le Plantay

Environnée des eaux de l'étang du Grand-Châtel, la **tour du Plantay★** *(on ne visite pas)* est remarquable par son appareil de grosses briques rouges décoré de pierres blanches.

Abbaye Notre-Dame-des-Dombes

Fondée par les cisterciens au 19e s., elle a contribué à la mise en valeur des terres cultivables et à l'assainissement de la région. Sa contribution héroïque à la Résistance a valu à l'abbaye d'être décorée de la Légion d'honneur en 1946. Les moines cisterciens sont remplacés, depuis 2001, par la communauté du Chemin Neuf. *Tlj sf mar.*

Chalamont

À 334 m d'altitude, c'est le point culminant de la Dombes. L'îlot de la rue des Halles, dans le bourg, conserve quelques maisons anciennes restaurées du 15e s., avec des étages en encorbellement et un vieux lavoir.

Poursuivez par la D 61 en direction de Joyeux.

On remarque à Joyeux une belle demeure du 19e s.

Avant le village du Montellier, on aperçoit sur la droite le château.

Le Montellier

Le **château** *(on ne visite pas)*, le plus imposant de la Dombes, construit en briques, est flanqué à une extrémité d'un donjon primitif dressé sur sa poype.

Dans le village, l'église d'origine gothique renferme un beau retable sculpté du 18e s.

Cordieux

On y remarque un beau manoir en briques rouges.

Reprenez la D 4 en direction de St-André-de-Corcy, puis après avoir franchi la N 83, dirigez-vous vers Monthieux par la D 82.

Monthieux

La belle église romane en briques roses abrite les tombeaux des seigneurs de Damas. Le manoir de Breuil, du 16e s., possède un intéressant puits sarrasin.

Poursuivez vers Ambérieux et prenez la D 6 à droite.

Lapeyrouse

Du monument aux morts, jolie vue sur la chaîne des Alpes et, au premier plan, sur les étangs du Grand Glareins et le château de Glareins, du 15e s. *(on ne visite pas)*.

Revenez à Villars par la D 904.

La Dombes pratique

Adresse utile

🛈 **Office de tourisme** – *Pl. du Pont - 01600 TRÉVOUX - 🖉 04 74 00 36 32 - www.tourisme.fr/trevoux - mai-sept. : 9h30-12h, 14h-18h30, dim. 14h-17h ; reste de l'année : 9h30-12h, 14h-17h - fermé 25 déc.-1er janv.*

Se loger

🛏 **Le Petit Bessay** – *Le Bessay - 01400 Sandrans - 3 km au S de Châtillon-sur-Chalaronne par D 2 - 🖉 04 74 55 45 82 - fermé 3 sem. en hiver - ⊐ - 3 ch. 37/40 € ⊐ - repas 15 €.* Un agréable parc agrémenté de parterres de fleurs entoure cette ancienne ferme entièrement rénovée. Les chambres et la suite familiale, dotées d'une excellente literie, affichent un décor simple. La propriétaire qui réserve un accueil chaleureux prépare petit-déjeuner maison (gâteaux, confitures) et cuisine du terroir.

🛏 **Chambre d'hôte de Bosseron** – *325 rte de Genève - 01160 Neuville-sur-Ain - 8 km au NE de Pont-d'Ain sur N 84 - 🖉 04 74 37 77 06 - www.arivoire.free.fr - fermé nov.-mars - ⊐ - 4 ch. 50/60 € ⊐.* Cadre privilégié pour cette propriété entourée d'un parc de 2 ha au bord de l'Ain. Intérieur de caractère (meubles choisis, harmonie de couleurs) et chambres personnalisées. Dépendances aménagées comprenant une salle de remise en forme, un billard et une cuisine d'été. Accueil charmant.

Se restaurer

🍽 **Auberge de la Voûte** – *01400 Sandrans - 🖉 04 74 24 53 50 - fermé fév., mar. soir et merc. - 11,50/35 €.* Très prisée dans la région, cette petite auberge à l'ancienne n'essaiera pas de vous bluffer avec une décoration extravagante. Les habitués savent bien qu'ici l'important se trouve dans l'assiette. Au menu, gibier ou poissons frais selon la saison, cuisinés à partir de produits locaux essentiellement.

🍽🍽 **Auberge des Bichonnières** – *Rte d'Ars-sur-Formans - 01330 Ambérieux-en-Dombes - 11 km à l'O de Villars-les-Dombes par D 904 - 🖉 04 74 00 82 07 - bichonnier@aol.com - fermé 15 déc.-15 janv., dim. soir de sept. à juin, lun. sf le soir en juil.-août et mar. midi - réserv. obligatoire - 25/33 €.* Cette ancienne ferme typique de la Dombes est une étape plutôt agréable pour se restaurer autour de spécialités régionales concoctées par le jeune chef. Plusieurs menus vous permettront de les découvrir, attablé en terrasse aux beaux jours.

Sports & Loisirs

Les Attelages de la Dombes – *Domaine du Grand Maréchal - 01400 Sandrans - 🖉 04 74 24 54 96 - sur RV.* Quel plaisir de découvrir la région au son du petit trot. Au choix, 6 voitures neuves, toutes différentes, de la calèche à l'omnibus de ville en passant par le chariot western. Promenades et visites commentées, allant d'une heure à une journée.

Vallée de l'**Eyrieux** ★

CARTE GÉNÉRALE B4 – CARTE MICHELIN LOCAL 331 J4, K4/5 – ARDÈCHE (07)

C'est à ses vastes et lumineux vergers que la vallée doit sa célébrité. La réalité est beaucoup plus contrastée : la haute vallée porte la marque d'un caractère montagnard accusé, aux raides versants ombragés de châtaigniers et d'épicéas, c'est le pays des Boutières ; en aval du Cheylard, le torrent s'enfonce en gorges, puis bassins adoucis et étranglements rocheux alternent jusqu'à sa plaine terminale, à son débouché dans la vallée du Rhône.

- ▶ **Se repérer** – L'Eyrieux, qui prend sa source à 1 120 m d'altitude, au Nord de St-Agrève, dégringole des hauts plateaux vivarois pour venir se jeter dans le Rhône après une course de 70 km, non loin de La Voulte-sur-Rhône, au Sud de Valence.

- 👁 **À ne pas manquer** – Le circuit panoramique de la corniche de l'Eyrieux ; le site du château de Pierre-Gourde.

- 🕐 **Organiser son temps** – Comptez une journée.

- 👥 **Avec les enfants** – Une visite au Musée vivant de la laine et du mouton.

- 🕯 **Pour poursuivre la visite** – Voir aussi : Cruas, Lamastre, Privas, Valence et La Voulte-sur-Rhône.

Comprendre

LA VALLÉE DES PÊCHERS

Moins célèbre que sa consœur méridionale, l'Ardèche, la rivière Eyrieux a néanmoins donné son nom à une vallée accueillante que domine une corniche très sauvage.

De vieux hameaux isolés s'agrippent sur les versants rayés par les murettes des cultures en terrasses. Les bourgades les plus importantes se sont fixées dans les petits bassins intérieurs de la vallée, au débouché des affluents. Quelques-unes connaissent une certaine activité industrielle comme le Cheylard (peausserie, tissages…). Mais le caractère dominant de la vallée provient de la culture du pêcher.

Les pêchers transforment au printemps cette rude vallée en un ruissellement de pétales roses. Des champs de légumes verts et de fraisiers complètent cette culture.

Un verger modèle – Le développement des vergers de l'Eyrieux tient à des conditions naturelles particulièrement favorables : un sol léger, perméable et chaud, se drainant bien ; une vallée abritée du mistral et des vents du Sud, où les gelées printanières sont rares ; des débuts d'été chauds, facilitant la maturation.

Cette réussite est due, pour une grande part, à la volonté des hommes. Les premiers essais de plantation, à **St-Laurent-du-Pape**, demeurée une commune pilote, datent de 1880. Les méthodes de production, patiemment améliorées depuis cette époque, ont été adoptées par les cultivateurs des régions voisines. Peu à peu, les vergers ont gagné du terrain dans la vallée, mais suite à l'introduction de la mécanisation, la production des pêchers plantés au flanc des versants a fortement régressé.

L'Eyrieux est réputée pour son caractère versatile, mais traverse ici en toute quiétude St-Laurent-du-Pape.

La production – Chaque verger n'occupe que 1,5 ha en moyenne. Cette division s'explique par les exigences d'une culture quasi artisanale. Un arbre fournit, en pleine production, de 25 à 40 kg de fruits. Un hectare produit couramment 10 à 16 t de pêches.

La pêche de l'Eyrieux s'est imposée par sa qualité sur le marché national et à l'exportation. L'ensemble de la production de la vallée avoisine les 10 000 t par an.

De ruisseaux en torrent

Le régime de l'Eyrieux est celui d'un torrent. En raison de la pente du cours supérieur, les orages d'automne gonflent subitement la rivière et ses affluents. De 0,8 m³/s, le débit peut monter à 3 600 m³/s en quelques heures. Lors de la grande crue de septembre 1857, les eaux atteignirent 17,25 m dans l'étranglement de Pontpierre, près de St-Fortunat.

Circuits de découverte

ENTRE PÊCHERS ET CHÂTAIGNIERS

Au printemps, à la fin du mois de mars, on ne manquera pas de parcourir la D 120 ; c'est la féerie des pêchers en fleur. L'étalement de la floraison, qui commence par les vergers de la basse vallée, crée une extraordinaire symphonie de rose pâle, de carmin et de pourpre. *40 km – comptez 2h1/2. Quittez La Voulte au Nord.*

Beauchastel

Cet ancien village classé se blottit au pied des ruines de son château. Il faut grimper au milieu d'un dédale de ruelles et passages couverts pour gagner la Maison du patrimoine et la terrasse qui offre une très belle **vue** sur St-Laurent-du-Pape et la vallée.

Reprenez la D 21 en direction de St-Laurent-du-Pape.

St-Laurent-du-Pape

Peut-être grâce à son pont qui traverse l'Eyrieux, St-Laurent est la véritable porte de la vallée et un agréable lieu de séjour.

Continuez à suivre la vallée en direction du Cheylard.

À droite de la route, les vergers se succèdent et constituent un magnifique spectacle au printemps.

St-Sauveur-de-Montagut

Dominé par les ruines du château de Montagut (*accessible par la D 244 et un chemin forestier*), le village est au confluent de l'Eyrieux et de la Glueyre.

Prenez avant le pont la D 102 en direction de St-Pierreville.

La route longe la vallée de la Gluyère dans laquelle une plage a été aménagée. La route suit la rivière presque jusqu'à St-Pierreville. Le spectacle de cette nature sauvage et escarpée est de toute beauté.

Il faut traverser la rivière pour arriver à St-Pierreville. Déjà, apparaissent de nombreux châtaigniers aisément reconnaissables aux branches mortes qui couronnent les cimes. La maladie a fait des ravages avant d'être progressivement contrôlée.

St-Pierreville

Bienvenue dans la capitale du châtaignier. Pour bien s'en convaincre, il suffit d'aller manger à l'hôtel-restaurant ou de se rendre à la **Maison du châtaignier**. Une exposition didactique et quelques vidéos vous éclaireront sur les évolutions de cette activité et sur la lutte contre la maladie. Mais attention, il faut venir en octobre pour la cueillette ! On peut heureusement la déguster toute l'année et les nombreux produits présentés ne manqueront pas de vous combler. ℘ 04 75 66 64 33 - www.chataignier.fr - possibilité de visite guidée (1h15) juil.-août : 11h-12h30, 14h30-18h ; avr.-juin et sept.-nov. : merc. et dim. 14h-18h ; vac. scol. : 14h-18h - fermé déc.-mars, 1er Mai - 3,50 € (enf. 1,90 €).

Musée vivant de la Laine et du Mouton – ℘ 04 75 66 66 11 - www.ardelaine.fr - ⅏ - juil.-août : visite guidée toutes les heures (1h30) 11h-17h ; reste de l'année : 14h-17h, visite guidée dim. et j. fériés 15h (1h30) - fermé janv. et 25 déc. - 3,50 € (enf. 2 €), visite guidée 5,20 € (enf. 3,80 €).

La châtaigne n'est pas l'unique activité de la région, car les moutons s'accommodent très bien de ces terrains si difficiles à cultiver. L'entreprise Ardelaine présente les différentes races de mouton et la qualité très inégale de leurs laines : ne cherchez pas, le meilleur, c'est le mérinos. Toutes les étapes du travail de la laine sont présentées et le parcours se termine logiquement à la boutique pour apprécier le résultat.

CORNICHE DE L'EYRIEUX★★★

Circuit de 90 km – environ 3h1/2. Quittez St-Laurent-du-Pape par la D 120 et prenez rapidement à droite la D 21 en direction de Vernoux.

Cette très belle route de crête offre, à la montée vers le col de Serre-Mure (alt. 765 m), des vues sur les serres du Vivarais, le haut bassin de l'Eyrieux, le pays des Boutières et sur le versant Ouest du piton de Pierre-Gourde. À l'approche de Vernoux, au cours de la descente rapide dans les gorges de la Dunière, apparaît le château de la Tourette.

Tournez à gauche dans la D 231, puis la D 331.

St-Julien-le-Roux

Du cimetière entourant l'église, on découvre un vaste **horizon★** montagneux, au-dessus des ruines du château de la Tourette.

Revenez sur vos pas vers la D 231, que vous prenez à gauche. Prenez à droite, en épingle à cheveux, la D 233 vers Silhac. Après nombre de lacets, laissez sur votre droite la direction de Boucharnoux. Précisément 70 mètres après un transformateur à gauche, prenez l'étroite route goudronnée à droite. Garez-vous à l'entrée du hameau de **La Chareyre**.

Écomusée des Terrasses

Quelques maisons, parfaitement perdues, jouissent d'un panorama localement conservé, celui des anciennes terrasses de culture. S'accomplit ici un rude travail de rares passionnés, qui n'avance qu'à un petit rythme en regard de la tâche à accomplir : leur restauration. Un itinéraire de verger en culture, de sentiers en escaliers camouflés, permet d'en redécouvrir la précision et la variété. Avec guide et commentaire, vous distinguerez les murs tout-venants, assisés, les escaliers rentrants, les chemins terrasse et les murs chemins… Toute une poésie du paysage. Un second itinéraire – « Sur les pas de Jean Victor » – de cet écomusée en plein air fait découvrir le territoire et l'activité d'une famille « de la pente » au 19ᵉ s. ℘04 75 65 24 70 - *visite guidée juil.-août : mar. et vend. 10h-13h, 16h-19h ; reste de l'année sur demande - 3 € (-12 ans gratuit), 5 € visite guidée.*

Reprenez la D 233 à gauche. À Silhac, empruntez la D 2 à droite.

Vernoux-en-Vivarais

Sur le plateau vivarois, entre l'Eyrieux et le Doux, au centre d'une cuvette harmonieuse, Vernoux offre de loin une agréable silhouette de gros bourg, ramassé autour de la haute flèche de son église (19ᵉ s.).

Château de la Tourette – *Laissez la voiture sur l'aire aménagée de la ferme de Pailler et terminez à pied : 1/2h AR. Partant de Vernoux, une petite route goudronnée et fléchée « La Tourette » mène directement en voiture au château.*

Les ruines de ce bastion, qui marquait jadis l'entrée des États du Languedoc, comptent, dans un **site★** très sauvage, parmi les plus évocatrices du Vivarais. L'énorme donjon

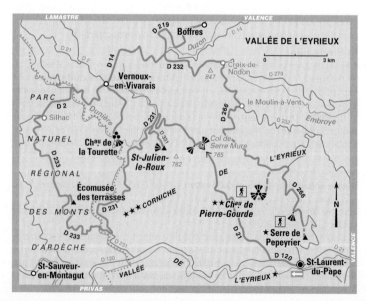

garde une partie de son couronnement de mâchicoulis et de corbeaux. Des ruines, la vue plonge sur le ravin de la Dunière dessinant une série de méandres profondément encaissés. Au clair de lune, sa silhouette ruinée est des plus fantomatiques.

Rejoignez Boffres, 8,5 km au Nord-Est par la D 14 et la D 219.

Boffres

Bâti sur un ressaut de terrain, en demi-cercle au pied de sa toute simple église de granit rose et des vestiges d'un ancien château fort, le village perché de Boffres domine un paysage rural encadré de châtaigneraies.

À quelques centaines de mètres du village, un buste en bronze dû au sculpteur ardéchois Gimond, érigé en bordure de la route, évoque la mémoire de **Vincent d'Indy**.

Revenez en arrière vers le carrefour avec la D 14 et prenez, à gauche, la D 232.

La route serpente à flanc de coteau, offrant de belles vues sur Vernoux-en-Vivarais au centre de sa cuvette ; au fond, à gauche, s'étend la dépression du Duzon. Après Croix-de-Nodon, on découvre une ample échappée vers la vallée du Rhône ; la route, bordée de taillis et de bois maigres, domine alors, en premier plan, la profonde vallée boisée de l'Embroye.

Au Moulin-à-Vent, prenez à droite la D 266.

Après un long passage boisé, la route emprunte un tracé en corniche assez impressionnant, face au piton de Pierre-Gourde, en avant des crêtes fermant la vallée de l'Eyrieux.

À droite de la D 286 s'amorce le chemin d'accès au château de Pierre-Gourde, non revêtu. Laissez la voiture à un col, en vue des ruines.

Panorama du château de Pierre-Gourde★★

Ce château féodal en ruine occupe un **site★** magnifique. Au pied du piton qui portait le donjon apparaissent les vestiges du corps de logis, des pans de murs de l'enceinte fortifiée et du village féodal.

Contournez les ruines par la gauche pour atteindre une plate-forme rocheuse qui sert de belvédère.

Le **belvédère** découvre le Rhône, à travers l'échancrure du Bas-Eyrieux, et, dans l'axe, les Trois-Becs, entre la barre du Vercors, les Baronnies et le Ventoux. À l'opposé, l'échine déchiquetée de la Croix de Bauzon domine la trouée du Haut-Eyrieux ; le sommet du Mézenc limite à l'horizon le réseau compliqué des serres vivaroises.

Vincent d'Indy (1851-1931)

Célèbre compositeur, Vincent d'Indy est né à Paris, mais est issu d'une famille de la région. C'est au château des Faugs, à l'Ouest de Boffres, qu'il venait chercher l'inspiration de son œuvre musicale *(Symphonie cévenole, 1886, Jour d'été à la montagne)*, notant des thèmes au cours de ses promenades. Il composa son opéra *Fervaal*, un matin de brouillard sur les crêtes du mont Mézenc.

Ruines du château de Pierre-Gourde

Stéphane Sauvignier / MICHELIN

Au cours de la descente, deux virages panoramiques offrent des vues impressionnantes sur la vallée de l'Eyrieux, dont les plans détachés de serres se répètent à l'infini, et sur la vallée du Rhône, à gauche.

À 5 km environ de Pierre-Gourde, un panneau, à droite de la D 266, indique la direction du serre de Pepeyrier. Laissez la voiture à 250 m en direction du relais de télédiffusion et montez sur le rebord du serre.

Vue du serre de Pepeyrier★

1/4h à pied AR. Très belle **vue** du serre sur le débouché de l'Eyrieux et ses vastes vergers de pêchers, Beauchastel et la plaine du Rhône ; au fond, le Ventoux se détache distinctement.

LES BOUTIÈRES★★

Circuit de 64 km au départ de St-Agrève. Description p. 342.

Vallée de l'Eyrieux pratique

Adresse utile

Office de tourisme – *3 pl. du Gén.-de-Gaulle - 07000 PRIVAS -* 04 75 64 33 35/73 95 *- www.paysprivas.com - tlj sf dim. 9h-12h, 14h-17h30 ; juil.-août : 9h-12h30, 14h-18h30, dim. et j. fériés 9h-13h.*

Se loger

Le Pass'Eyrieux – *Le Bas-Pranles - 07360 Les Ollières-sur-Eyrieux -* 04 75 66 21 50 *- réserv. conseillée en hiver - 4 ch. 37/40 € - repas 17 €.* Situé entre route et rivière, cet ancien relais de diligences abrite des chambres simples (murs blancs et plancher en bois brut). Si le cours d'eau vous inspire, profitez du canoë mis à la disposition des clients. Table d'hôte proposée ponctuellement.

Chambre d'hôte de la Porte de Besse – *Porte de Besse - 07240 Chalencon -* 04 75 58 15 18 *- www.portedebesse.free.fr - fermé 1er nov.-Pâques - 3 ch. 40/45 € .* Cette maison du 12e s. située à l'entrée du village médiéval séduira qui aime l'authenticité. Décor personnalisé (voir la « Mandragore » et son lit à baldaquin). Recettes moyenâgeuses et produits du terroir servis dans une salle voûtée.

Camping L'Ardéchois – *07190 St-Sauveur-de-Montagut - 8,5 km à l'O de St-Sauveur par D 102 dir. Albon -* 04 75 66 61 87 *- ardechois.camping@wanadoo.fr - ouv. 15 avr.-oct. - réserv. conseillée - 107 empl. 25,50 € - restauration.* Ici, vous goûterez aux joies de la nature ardéchoise : ce camping à l'ambiance familiale vous offre les eaux claires de sa petite rivière et l'ombrage de ses emplacements pour des vacances paisibles… Piscine et club-enfants.

Se restaurer

Châtaignes et Champignons – *R. de l'Église - 07240 Chalencon -* 04 75 58 62 05 *- fermé mi-déc.-Pâques ; vac. scol. : ouv. merc.-dim. ; le reste de l'année : ouv. w.-end - 11/19 €.* Au cœur du village, trois petites salles à manger qui fleurent bon le charme campagnard. On y propose des plats préparés exclusivement avec des produits de la région. Hors saison, table d'hôte chaleureuse et conviviale pour déguster de bien belles spécialités, à l'image du lieu.

Montagut – *Pl. de l'Église - 07190 St-Sauveur-de-Montagut -* 04 75 65 40 31 *- fermé 5-13 janv., 22-28 mars, 9-16 juin, 15-30 sept., lun. et mar. sf juil.-août - 13,60/40 € - 4 ch. 35 € - 5,50 €.* Auberge d'esprit rustique dans un petit village ardéchois dominé par les ruines d'un château. Salle à manger au décor frais et vaste terrasse ombragée où l'on propose une cuisine régionale. Repas plus simples servis au bar fréquenté par une clientèle locale.

Auberge de Duzon – *07440 Alboussière -* 04 75 58 29 40 *- reception@auberge-duzon.fr - fermé dim. soir et lun. - 17/47 € - 8 ch. 49,50/59,50 € - 8,50 €.* Cet ancien relais de poste entièrement rénové a beaucoup de charme. Ses quelques chambres prennent des airs de magazines de décoration avec leurs meubles choisis et leurs détails soignés. Chaleureux restaurant, petit bistrot (fréquentes soirées à thème) et cave à vins.

Sports & Loisirs

Eyrium – *Base des Collanges - 07160 Le Cheylard -* 04 75 29 34 65 *- 15 juin-1er sept. : 11h-20h.* Blotti dans la vallée, ce grand espace aquatique doté d'un bassin de 1 200 m² propose un riche éventail d'activités ludiques… Location de pédalos sur la retenue d'eau voisine.

Indian Forest Ardèche – *Les 3-Chemins - 07000 Coux -* 04 75 64 10 10 *- juil.-août : 9h30-18h ; Pâques-juin, sept. : w.-end et j. fériés 9h30-18h.* Plus de 2 hectares dédiés à l'aventure, en famille ou entre amis. Le parcours jaune convient parfaitement aux enfants mesurant plus de 1,10 m. La sensation du parcours or, la grande tyrolienne de 250 m est, quant à elle, réservée aux experts.

Feurs

7 669 FORÉZIENS
CARTE GÉNÉRALE A2 – CARTE MICHELIN LOCAL 327 E5 – LOIRE (42)

On ne refait pas l'Histoire et c'est dommage pour Feurs, qui a connu une réelle prospérité au temps des Gaulois dont elle était une place commerciale importante. La situation n'est pas si grave car elle bénéficie, aujourd'hui encore, de sa position stratégique dans la vallée de la Loire. Cet atout lui apporte pas mal d'activités et en fait une étape pratique pour rayonner dans la plaine forézienne.

▷ **Se repérer** – Entre Roanne (à 41 km au Nord) et St-Étienne (à 50 km au Sud), Feurs est établi au centre de la plaine forézienne, sur la rive droite de la Loire.

🕐 **Organiser son temps** – Comptez 2h pour la ville et ses environs.

♿ **Pour poursuivre la visite** – Voir aussi : château de la Bastie-d'Urfé, Chazelles-sur-Loire, les monts du Forez, les monts du Lyonnais, Montbrison, Montverdun, Roanne, St-Bonnet-le-Château, St-Étienne, St-Germain-Laval et Tarare.

👁 Le saviez-vous ?

Citée par Ptolémée dès le 3ᵉ s., Feurs est une ancienne place commerciale dont le nom dérive du nom latin *forum* (marché, place). Une campagne de fouilles effectuée entre 1978 et 1981 a cependant confirmé que les Gaulois occupaient le site avant la conquête de César.

Visiter

Musée de Feurs

3 r. Victor-de-Laprade. ✆ *04 77 26 24 48 - tlj sf sam. et j. fériés 14h-18h, possibilité de visite guidée (1h) - 3 € (enf. 1 €), gratuit printemps des musées.*
Il est consacré à l'archéologie gauloise et gallo-romaine ainsi qu'aux arts et traditions populaires. Dans le parc, reproduction d'une *villa* où sont exposés une mosaïque découverte à Feurs, des marbres et des éléments lapidaires.

Église Notre-Dame

C'est un édifice à trois nefs, de style gothique flamboyant. Le clocher, très ouvragé, refait au 19ᵉ s., porte une horloge à jaquemart de la fin du 15ᵉ s. Le chœur du 12ᵉ s. subsiste en partie. À droite de celui-ci, une *Vierge à l'Enfant* de J.-M. Bonnassieux. Les boiseries et les stalles (18ᵉ s.) proviennent du prieuré de Pommiers.

Découvrir

LA PLAINE DU FOREZ

Dès que l'on s'écarte des grands axes pour emprunter ses petites routes sinueuses, la cuvette intérieure du Forez réserve d'agréables découvertes.

Pouilly-lès-Feurs

7 km au Nord de Feurs par la N 82 et la D 58.
Ancien bourg fortifié dont l'église romane, intéressante, dépendait d'un **prieuré** clunisien ; remarquez surtout la façade, très sobre, et, à l'intérieur, l'homogénéité de la construction du 12ᵉ s. *Possibilité de visite guidée -* ✆ *04 77 26 05 84.*

Le Forez, par Honoré d'Urfé

Les premières pages de *L'Astrée*, roman pastoral d'Honoré d'Urfé, s'imposent à l'esprit : « ... il y a un pays nommé Forez qui, en sa petitesse, contient ce qui est le plus rare au reste des Gaules ; car étant divisé en plaines et en montagnes, les unes et les autres sont si fertiles et situées en air si tempéré que la terre est capable de tout ce que peut désirer le laboureur... Au cœur du pays est le plus beau de la plaine, ceinte comme d'une forte muraille de monts et arrosée du fleuve de Loire qui passe presque par le milieu, non point encore enflé et orgueilleux, mais doux et paisible... ».
Les buttes volcaniques, qui émergent de la plaine comme les îlots rocheux, portent de vénérables sanctuaires : St-Romain-le-Puy, Montverdun. À leur pied, les cultures alternent avec les bocages, les étangs et les vieilles fermes closes.

Un observatoire permet une première approche de la faune aquatique.

À l'Ouest de Pouilly, un petit pavillon Renaissance conserve un fronton sculpté et une loggia à l'étage.

Musée du Tissage à Bussières

14 km au Nord par la N 82, puis la D 58 à droite. Pl. Vaucanson - ℰ 04 77 27 33 95 - ♿ - visite guidée (1h30) juil.-août : 15h, 16h et 17h ; reste de l'année : tlj sf lun., mar. et merc. 15h, 16h et 17h - fermé les j. fériés - 4,50 € (-12 ans gratuit, 12-18 ans 2,50 €).

Animé et commenté par d'anciens ouvriers du textile, il réunit un grand nombre de machines en état de fonctionnement, avec leur ouvrage en cours. L'occasion est bonne de comprendre la fabrication des tissus, du cocon de soie jusqu'à la fabrication du liseré.

La Valette

7 km au Nord-Est de Feurs par la D 113. À 2 km à l'Est de Salvizinet, empruntez à droite, après le pont sur la Charpassonne, le chemin d'accès revêtu s'amorçant devant l'auberge.

Humble **église** rurale, au flanc du vallon de la Charpassonne. C'est un petit édifice roman à nef unique et chœur surélevé ; mobilier typiquement forézien, d'une naïve rusticité.

Chambéon

Écopôle du Forez – *6 km au Sud de Feurs par la N 89 et la D 107. Fléché à partir de Chambéon et de Magneux-Haute-Rive. ℰ 04 77 27 86 40 - ♿ - possibilité de visite guidée (1h30) de fin mars à fin oct. : 14h-18h, dim. et j. fériés 14h-19h ; reste de l'année : 14h-18h - fermé 1er janv. et 25 déc. - 3,05 € (enf. 1,52 €), visite guidée 4,57 € (enf. 2,29 €).*

À proximité de l'aéroport de St-Étienne, mais aussi et surtout de la Loire, l'Écopôle est une zone préservée en milieu humide devenue un observatoire idéal pour étudier les oiseaux migrateurs et la faune aquatique. Un grand centre d'observation et 12 km de sentiers pédagogiques invitent à découvrir les secrets de la nature sur les berges de la Loire. Si vous en avez, emportez vos jumelles, car cela facilitera l'observation des oiseaux. À défaut, il y a possibilité d'en emprunter (sur le grand observatoire) ou d'en louer pour votre parcours.

Feurs pratique

Adresse utile

Office de tourisme – *Pl. du Forum - 42110 FEURS - 𝒫 04 77 26 05 27/00 55 - www.officedutourismedefeurs.org mai-oct. : tlj sf dim. 9h-12h, 14h-18h, lun. 14h-18h ; reste de l'année : tlj sf dim. 9h-12h, 14h-18h, sam. 9h-12h, lun. 14h-18h.*

Se loger

La Bussinière – *Rte de Lyon - A 72 sortie N° 6 - 𝒫 04 77 27 06 36 - www.labussiniere. com - 3 ch. 32/40 € - repas 15 €.* Les chambres occupent une dépendance attenante à cette ancienne ferme rénovée, en bord de route. Toutes sont de bon confort, parfaitement tenues et insonorisées. Accueil des plus charmants ; cuisine familiale et produits du jardin à la table d'hôte.

La Ferme des roses – *Le Clair - 42360 Panissières - à 20 km au NE de Feurs par D 89 puis D 60 - 𝒫 04 77 28 63 63 ou 06 17 84 51 61 - jednostka.arabians@free.fr - 5 ch. 40/55 € - repas 15 €.* Les chambres de cette ancienne ferme (1813), garnies de meubles contemporains, sont baptisées sur le thème des roses, deuxième passion du propriétaire après celle des chevaux. Les repas mettent à l'honneur les produits du terroir, notamment le traditionnel « casse-croûte forézien » servi en guise de petit-déjeuner.

Gîte le Nid douillet – *Rte de Montbrison - 42110 Poncins - à 5 km à l'O de Feurs par N 89 - 𝒫 04 77 27 80 36 ou 06 88 26 44 07 - www.le-nid-douillet.com - 6 chalets 325/500 €/sem. pour 6 pers.* Ce parc résidentiel et de loisirs aménagé au cœur de la plaine du Forez dispose de 6 chalets équipés (four, linge fourni, terrasse et salon de jardin) pouvant accueillir 4 à 6 personnes. Possibilité de louer à la nuitée. Piscine avec solarium et transats ; 10 box à chevaux pour « touristes équestres ».

Se restaurer

Assiette Saltoise – *Au bourg - 42110 Salt-en-Donzy - 𝒫 04 77 26 04 29 - fermé mar. soir et merc. - 10 € déj. - 13/23 €.* Cette auberge de campagne jouxte la petite église romane au cœur d'un paisible village rural. Dans cette vieille maison, devancée par une terrasse ombragée d'une tonnelle et de tilleuls, le cadre est simple, mais la cuisine du terroir est généreuse et soignée.

La Boule d'or – *42 r. René-Cassin - 𝒫 04 77 26 20 68 - fermé 16 janv.-1er fév., 1er-24 août, dim. soir, merc. soir et lun. - 18/55 €.* Située à la sortie de la petite ville, sobre bâtisse abritant trois salles à manger colorées où se déguste une solide cuisine traditionnelle. Terrasse de poche ombragée.

Château de **Fléchères** ★

CARTE GÉNÉRALE B1 – CARTES MICHELIN LOCAL 327 H3 OU 328 B4 – AIN (01)

La réhabilitation d'un monument est toujours un moment intense et émouvant, particulièrement à Fléchères, où celle-ci s'est accompagnée d'un lot de découvertes. L'architecture extérieure, tout d'abord, ne peut manquer d'étonner par son originalité ; il s'agit en effet d'un exemple rare de château construit autour d'un temple protestant. L'intérieur n'est pas en reste grâce aux magnifiques fresques qui ornent dix pièces du château et qui, au fil de leur restauration, réapparaissent près de quatre siècles après leur création.

- ▶ **Se repérer** – À 6 km au Nord-Est de Villefranche-sur-Saône par la D 933, Fléchères se trouve sur la commune de Fareins.

- ◕ **Organiser son temps** – Comptez 1h30 pour le parc et le château.

- ✦ **Pour poursuivre la visite** – Voir aussi : le Beaujolais, Châtillon-sur-Chalaronne, la Dombes, Mont-d'Or lyonnais, Trévoux, Villars-les-Dombes et Villefranche-sur-Saône.

Comprendre

Une architecture codée – N'allez pas vous imaginer que l'architecture soit le fruit du hasard ou de la simple recherche esthétique ! Elle est au contraire déterminée par une double orientation. Jean de Sève, échevin et prévôt des marchands à Lyon, fait édifier rapidement ce château à partir de 1608. Calviniste convaincu et bénéficiant de la « haute justice », il peut y organiser librement des réunions pour le culte. Le **temple** prend donc place dans le château ou, plus exactement, le château s'installe autour du temple : ce dernier occupe comme il se doit le dernier étage (pour que rien ne soit au-dessus de Dieu), éclairé par des fenêtres au nombre symbolique de 7 (l'infini), couronné par 3 lucarnes en trompe l'œil, au 3e étage (trois symbolisant la Trinité), et est orienté vers l'Est, ce qui différencie le château de tous ses voisins, habituellement tournés vers la Saône. Cette orientation religieuse sera prolongée dans les thèmes des décors. Seconde intention manifeste : Jean de Sève fait partie de la bourgeoisie montante de Lyon et revendique depuis peu une parenté avec l'ancienne et noble **famille italienne des Seva**. C'est pour accréditer cette origine que son château emprunte à l'art italien quelques éléments d'architecture et la facture de ses fresques.

La triple chance des fresques – Les archives du château relèvent le séjour d'un an, en 1632, du peintre italien Pietro Ricchi pour un travail à fresques. Au 18e s, la mode change et son travail est soit masqué derrière un ensemble de boiseries, soit en partie recouvert de peinture. Si les boiseries sont un atout parce qu'elles protègent les couleurs, la peinture s'accompagne en revanche d'un redoutable piquetage. La seconde chance des fresques est d'avoir été découvertes il y a quelques années, et la troisième se trouve à la Bibliothèque nationale, qui en détenait les dessins. Seule cette source fiable en autorise la reconstitution, en cours, financée par un mécénat privé.

Visiter

✆ 04 74 67 86 59 - juil.-août : 10h-12h, 14h30-18h ; avr.-juin et déb. sept. à mi-nov. : w.-end et j. fériés 10h-12h, 14h30-17h30 - fermé déc.-mars - 6 € (enf. 4 €).

Extérieur – Le château est situé dans un parc de 30 ha qui garde de longues allées ombragées de platanes et de marronniers, des perspectives, terrasses et bassin à l'italienne, et un ensemble de buis taillés en topiaire.

Entouré de douves et autrefois accessible par un pont-levis, il s'élève sur une ancienne place forte qui contrôlait un gué sur la Saône. L'entrée dans la cour est du plus bel effet, dévoilant progressivement la rigoureuse façade rythmée de fenêtres à meneaux et encadrée de tours coiffées de dômes. Le motif maniériste de triangle brisé et inversé au dessus de la porte (inspiré de la Porte des suppliques aux Offices de Florence),

Un décor de cinéma

Le Diable par la queue, film dans lequel Yves Montand donne la réplique à Madeleine Renaud et Marthe Keller, a été tourné à Fléchères. Dans cette comédie de Philippe de Broca (1968), des aristocrates désargentés ont transformé leur château en hôtel. Le butin de gangsters réfugiés chez eux permettrait de rendre son lustre d'antan à leur demeure…

Joël Damase / MICHELIN

L'étonnante et rigoureuse silhouette du château serait sévère sans la présence de cette fontaine ornée de sympathiques marmousets.

de même que l'architecture des anciens communs, affichent une allure italianisante. Les appartements sont limités aux ailes, d'ailleurs surbaissées, tandis que dans le corps central, l'immense pièce principale était consacrée au temple.

Intérieur – Sur la gauche, une porte dérobée ménage un accès vers les vastes cuisines voûtées en demi sous-sol, chauffées par une grande cheminée. Mais le plus intéressant se trouve aux étages nobles : un exceptionnel ensemble de **fresques★★** italiennes de Pietro Ricchi y a été découvert. Au rez-de-chaussée, remarquez dans la **salle de la chasse**, la cheminée monumentale datant de la construction, avec le lion du prévôt de Lyon, la corne d'abondance pour le commerce, la licorne pour l'honnêteté. Les fresques, parfaitement conservées, pourraient être moins profanes qu'il n'y paraît, le combat avec le sanglier, le lion, le cerf et le tigre pris au piège de son reflet symbolisant respectivement la lutte contre l'instinct, l'orgueil, la mélancolie solitaire et la superficialité. Dans les pièces qui suivent, les très belles soieries offertes par les grandes maisons lyonnaises restituent le charme plus feutré des chambres-salons intimes du 18ᵉ s.

À l'étage supérieur, les fresques de **la salle des Perspectives** et de **la Comédie italienne** revoient enfin le jour. Notez le goût prononcé pour les perspectives, caractéristique de cette période. La représentation de l'entrée triomphale d'Henri IV dans Lyon traduit la conversion de la famille au catholicisme. D'autres pièces (dix salles ornées ont été découvertes) sont en cours de restauration et ouvriront au rythme de l'avancée des travaux. L'étage du temple, dont les murs sont toujours restés nus, ne se visite pas.

Château de Fléchères pratique

Voir aussi Trévoux, la Dombes

Adresse utile

Office de tourisme – *Pl. du Pont - 01600 TRÉVOUX - ☎ 04 74 00 36 32 - www. tourisme.fr/trevoux - mai-sept. : 9h30-12h, 14h-18h30, dim. 14h-17h ; reste de l'année : 9h30-12h, 14h-17h - fermé 25 déc.-1ᵉʳ janv.*

Se loger

Chambre d'hôte Mme Robin – *R. des Vignes, « Le Marquet » - 01090 Amareins - ☎ 04 74 69 30 90 - www.jeanetjosette.fr.st - 🖬 - 3 ch. 34/44 € ⯐ - repas 17 €. Vous serez très bien accueilli dans cette charmante maison voisine du château.*

Chambres spacieuses et bien tenues. Malgré le désagrément des WC installés sur le palier, l'ensemble est très correct. Un jardin arboré et fleuri, une piscine et un solarium agrémentent le séjour.

Se restaurer

Au petit moulin – *01600 Ste-Euphémie - ☎ 04 74 00 60 10 - fermé fév., merc. en hiver, lun. (sf le midi en hiver), dim. soir et mar. - 11 € déj. - 18/26 €. Grenouilles, poissons d'eau douce et volailles, soigneusement mitonnés et généreusement servis, figurent sur la carte de cette modeste auberge de campagne voisine de la Dombes.*

Monts du **Forez**★★

CARTE GÉNÉRALE A2 – CARTE MICHELIN LOCAL 327 B5/6, C5/6, D5/6 – LOIRE (42) ET PUY-DE-DÔME (63)

Pays des hautes chaumes, des jasseries et de l'estive, les monts du Forez ou « montagnes du Soir » offrent des paysages contrastés, souvent assombris par les noirs bois de sapins. Mais au-dessus, souvent masqués par les brumes et les nuages, les sommets étonnent par leurs vastes landes dénudées paraissant abandonnées. Cet étrange paysage devient presque lunaire sous certains éclairages ; seuls, des rochers granitiques, de profondes tourbières ou des buissons de genêts marquent ces rudes étendues.

◗ **Se repérer** – Au Sud-Ouest de Roanne, les monts du Forez se situent au cœur d'un quasi rectangle ponctué, à l'Ouest, par Ambert et Thiers et, à l'Est, par St-Germain-Laval et Montbrison.

◉ **À ne pas manquer** – Les panoramas du col du Bréal et du balcon du Forez ; le point de vue depuis le col des Supeyres.

🕐 **Organiser son temps** – Comptez une journée et demie pour découvrir la région.

Monts et vallées

Les monts granitiques du Forez forment, sur 45 km, une chaîne centrale de laquelle se détachent des chaînons parallèles séparant les pittoresques vallées qui se dirigent d'un côté vers la Dore, de l'autre vers la Loire. Le versant Est domine la plaine du Forez (*voir p. 227 Feurs*) ; il est moins abrupt que le versant Ouest qui tombe brusquement sur le fossé de la Dore.

♿ **Pour poursuivre la visite** – Voir aussi : château de la Bastie-d'Urfé, Chazelles-sur-Lyon, Feurs, Montbrison, Montverdun, St-Bonnet-le-Château et St-Germain-Laval.

Découvrir

PARC NATUREL RÉGIONAL LIVRADOIS-FOREZ

Les monts du Forez sont une petite partie du **Parc naturel régional Livradois-Forez**, créé en 1984 et couvrant plus de 300 000 ha. Ses objectifs sont la revitalisation d'un milieu rural en déclin, la présentation et la promotion du patrimoine local, notamment artisanal et industriel. Par ailleurs, le parc cherche à favoriser le tourisme vert.

Maison du Parc

À St-Gervais-sous-Meymont. 📞 04 73 95 57 57 - www.parc-livradois-forez.org - ♿ - mai-sept. : 9h-12h30, 13h30-19h, w.-end 15h-19h - reste de l'année : tlj sf w.-end 9h-12h30, 13h30-17h30, vend. 13h30-16h30 - fermé 1er janv., 1er et 11 Nov., 25 déc. - gratuit.

Logo du Parc naturel régional Livradois-Forez

Parc naturel régional Livradois-Forez

Circuits de découverte

PAR LE COL DU BÉAL★ 1

84 km. Comptez une journée.

Boën

Dominant la rive gauche du Lignon, Boën (*prononcez Bo-in*) marque la limite entre la plaine et la montagne foréziennes. La ville est la patrie de l'**abbé Terray** (1715-1778), contrôleur général des Finances à la fin du règne de Louis XV. Les mesures impopulaires qu'il dut prendre pour rétablir l'équilibre du budget, compromis par les dépenses de la Cour, lui valurent le triste surnom de « vide-gousset ».

Château de la vigne et du vin★ – 📞 04 77 24 08 12 - www.boen.fr - ♿ - juil.-août : tlj sf lun. 10h-12h, 14h-18h30, dim. 14h-18h30 ; reste de l'année : tlj sf lun. 14h30-18h30 - fermé déc.-janv. et 1er Mai - 4 € (enf. 2 €).

Cette élégante demeure du 18e s. abrite un **musée** à la scénographie inventive. Il est constitué quasi exclusivement de dons de Foréziens, ce qui confère une réelle authenticité aux reconstitutions d'intérieurs traditionnels (loges, fermes) comme aux présentations plus techniques de l'activité viticole. La visite débute au 2e étage et propose un cheminement historique au travers de mobiliers, d'outillages, d'alambics, d'ambiances sonores (ne manquez pas le bistrot sous les combles) et de récits de la vie d'autrefois racontés avec le savoureux accent du Forez. Toute la vie vigneronne d'autrefois est là dans cet écrin muséographique. Avant de partir, ne manquez pas la dernière salle œnologique présente des testeurs olfactifs et gustatifs des côtes du Forez.

Quittez Boën par la N 89, puis à 2,5 km, prenez à gauche la D 6 vers Sail-sous-Couzan.

Sail-sous-Couzan

Ce village tranquille est devenu depuis peu un lieu de pèlerinage pour les passionnés de foot qui veulent connaître les lieux où Aimé Jacquet a fait ses premières armes ou plutôt ses premières passes. Inévitable, le stade qui porte son nom près de la rivière offre une belle vue sur le château. Il ne faudrait pas quitter Couzan sans faire un petit tour à sa fontaine où coule une eau gazeuse déjà recommandée par un prieur au 17e s.

Empruntez, sur la route de St-Georges-en-Couzan (D 6), le chemin revêtu, à droite, menant en très forte montée jusqu'au pied des ruines où on laisse la voiture.

Château de Couzan★

Fort de ses trois enceintes épaulées de puissantes tours, le château de Couzan se dresse sur un promontoire rocheux, étranglé entre les ravins du Lignon et du Chagnon. Il fut construit à partir du 11e s. par les Damas, issus d'une importante famille bourguignonne. Quand ils venaient au château, les seigneurs de Couzan résidaient dans la citadelle qui couronne la place forte. Elle est progressivement restaurée et, en saison, un centre culturel (La Diana) y entretient une animation locale.

Panorama★ – Du promontoire rocheux situé derrière le château, à l'Ouest, admirez la vue sur les murailles de l'enceinte, ancrées à pic au-dessus du Lignon, et le vigoureux contraste entre les âpres ravins du côté montagne et la plaine forézienne.

De retour à Sail-sous-Couzan, rejoignez à gauche la D 97 en direction de St-Just-en-Bas.

La route franchit le col de Croix-Ladret. Un tracé en corniche au-dessus de la haute vallée du Lignon dominée par Pierre-sur-Haute, précède l'arrivée à Jeansagnière.

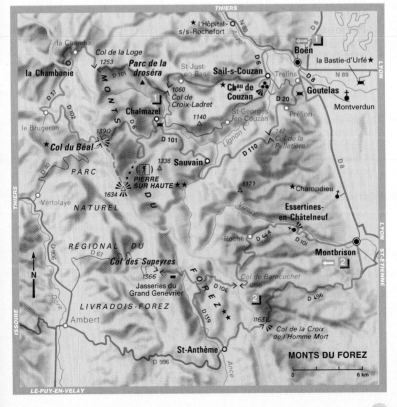

L'estive dans les hautes chaumes

L'homme, ou plutôt la femme, a essayé de s'accommoder de cet environnement hostile : en effet une société matriarcale a vu le jour et s'est développée dans les fermes d'estive à la belle saison ; c'est l'origine des jasseries. Tandis que les hommes travaillaient et moissonnaient dans la vallée, les femmes et les enfants rejoignaient les hauteurs avec le bétail (vache ferrandaise) pour fabriquer la fameuse fourme ou cueillir les « simples » (plantes médicinales).

Ce mode de vie difficile a lentement décliné et désormais il n'y a plus de jasseries en activité ; cependant, certaines d'entre elles ont été restaurées sous forme d'écomusées qui présentent les traditions et métiers de ces fières « amazones » de la montagne.

Parc de la droséra à Jeansagnière

℘ 04 77 24 81 44 - www.parc-de-la-drosera.fr - 10h - 6 € (enf. 4 €). Des reproductions miniatures des monuments du Forez parsèment la flore naturelle d'un joli **site** avec en bouquet final, une chûte d'eau vertigineuse. Les reproductions ne sont pas d'une grande qualité, mais l'ensemble offre un panorama complet de la région, chaque monument étant accompagné d'une longue notice bien documentée et riche en anecdotes.

Poursuivre vers le **col de la Loge** : le rideau de sapins s'entrouvre en clairière, délimitant une fraîche pelouse. Avant la Chamba, la forêt cède la place à un paysage pastoral ; le tracé, épousant une succession de cirques occupés par de beaux pâturages, offre de belles échappées vers la troué de la Dore et le Livradois.

2 km après la Chamba, tournez à gauche et poursuivez en direction du Brugeron.

La Chambonie

Village niché dans un cirque pastoral.

Aussitôt après une scierie, prenez à droite la D 37. Après une longue montée forestière, la **vue** se dégage de façon magnifique sur la chaîne des monts Dôme. Après un nouveau passage forestier, on atteint la zone des hauts pâturages parsemés de jasseries.

Col du Béal★

Du col, on jouit d'un **panorama** étendu sur les monts d'Auvergne et du Lyonnais. Il forme un seuil entre les deux versants du Forez.

Pierre-sur-Haute★★

Promenade de 2h1/2 à pied AR, recommandée par temps clair, en montant directement à travers les chaumes par la ligne de crête, ou accès par télécabine. ℘ 04 77 24 85 09 - déb. juil. à mi-sept. : 14h-18h - 5,50 €.

Pierre-sur-Haute, point culminant des monts du Forez (1 634 m), est une montagne granitique en forme de dôme, couronnée par des installations de radars de l'armée. Les landes qui la tapissent, balayées par le vent, sont surmontées çà et là de gros éboulis rocheux. Des jasseries sont établies sur ses flancs.

Du point culminant (signal et croix), à droite des installations militaires, le **panorama** englobe tout le Forez, les monts du Lyonnais et du Beaujolais, la Limagne, les monts Dôme, les monts Dore, le Cantal, les monts du Velay et du Vivarais.

Au cours de la descente rapide du col du Béal sur Chalmazel, trois types de paysages se succèdent : chaumes, puis belle forêt de sapins et enfin une zone de pins et de prairies.

À 7 km du col du Béal s'embranche sur la droite la route qui mène aux pistes de ski et à la télécabine de Pierre-sur-Haute. À l'arrivée sur Chalmazel, jolie vue plongeante sur le château.

Chalmazel

Accroché au flanc du ravin de Lignon, ce bourg montagnard, animé par les sports d'hiver, est dominé par l'ancien **château des Talaru-Marcilly** (13ᵉ s.), grosse bastide flanquée de tours d'angle conservant son chemin de ronde et son souterrain de fuite. La chapelle est ornée de fresques du 16ᵉ s. *℘ 04 77 24 88 09 - visite guidée (45mn) juil.-août : 14h-19h ; de mi-mai à fin juin et sept. : w.-end et j fériés 10h-18h - 4,50 € (enf. 3,50 €).*

Prenez la D 101 en direction de Sauvain.

Sauvain

On ne saurait affirmer avec certitude que le village ait été fondé par les sylvains, sympathiques génies des bois, mais il y a de fortes présomptions !

Joël Damase / MICHELIN

Indissociables des paysages foréziens, ces jasseries ont une large toiture de chaume qui descend jusqu'au sol.

Maison Sauvagnarde – *Le Bourg* - ✆ *04 77 76 85 21 -* ♿ *- juil.-août : tlj sf lun. 14h30-18h30 ; juin et sept.-oct. : dim. 14h30-18h30 - 3 € (enf. 1,50 €).*
Cette ancienne ferme du 17ᵉ s. appartenait au célèbre Louis Lépine, organisateur d'un fameux concours d'innovations. Les expositions illustrent la fabrication de la fourme et la vie dans la région au début du siècle.

Poursuivez la D 101 en direction de Montbrison. Aussitôt après avoir traversé le Lignon à Pont-de-Pierre, prenez à gauche la D 110 vers le col de la Pelletière. Par la Bruyère et Prélion (D 20), gagnez Trelins où vous prenez à droite la D 20ᴬ.

Château de Goutelas

Dominant en terrasses la plaine du Forez, c'est une jolie demeure de la fin du 16ᵉ s., restaurée, qui accueille des stages et des séminaires. On peut pénétrer dans la cour d'honneur et faire le tour extérieur du bâtiment.

Faites demi-tour pour regagner Boën par la D 8.

PAR LE COL DES SUPEYRES★ 2

70 km – comptez une demi-journée

Montbrison *(voir ce nom)*

Quittez Montbrison à l'Ouest par la D 101 qui remonte le ravin pelé et rocailleux du Vizezy. Un court crochet mène au village d'Essertines.

Essertines-en-Châtelneuf

Petite église gothique à décoration flamboyante. Du bourg, vue sur la plaine du Forez d'où émerge le piton de St-Romain-le-Puy.

Reprenez la D 101, puis tournez à gauche par la D 44ᴬ. À Roche, prenez à gauche la D 44 et poursuivez ensuite par la D 113 vers le col de Baracuchet.

La route offre quelques échappées sur la plaine du Forez. La montée se poursuit en traversant des vallons cultivés dominés par des hauteurs boisées. À l'approche du col, les arbres rabougrissent, puis laissent la place à une vaste clairière d'où l'on aperçoit, à gauche, la vallée de l'Ance et, face à la route, la ligne de crête du Forez.

La montée au col des Supeyres s'effectue au milieu des hautes chaumes tapissées de bruyères. Çà et là des jasseries apparaissent. On laisse à gauche les jasseries du Grand Genévrier qui seront visitées au retour.

Le saviez-vous ?

👁 Feurs, Forez, c'est toujours la même racine latine (*forum* = marché, place) qui désigne aussi bien la plaine que la montagne forézienne.

👁 La Société historique et archéologique du Forez, la **Diana**, œuvre pour la connaissance du passé de la région ; elle anime les sites de la Bastie-d'Urfé et du château de Couzan.

👁 Au moins une personnalité forézienne est universellement connue : **Aimé Jacquet**, l'entraîneur de cette fameuse équipe de football française qui remporta la Coupe du monde en 1998.

Col des Supeyres

Alt. 1 366 m. Situé à l'Est du Parc naturel régional Livradois-Forez, il offre un paysage steppique de hautes chaumes mal drainées, d'une solitude prenante. On ressentira particulièrement cette impression de sauvage isolement en empruntant une amorce de route en direction de Pierre-sur-Haute, carrossable sur 1 km environ. Une table de lecture de paysage, « la Montagne des Allebasses », et un sentier à thème *(durée 2h30)*, aident à la compréhension de la vie dans la région.

Zone protégée

Bien préservée grâce à son enclavement, la montagne forézienne comblera certainement les amoureux de la nature. Il convient de respecter les plantes rares ou même protégées, comme le lys martagon. Une règle essentielle : si vous devez cueillir des fleurs, n'arrachez jamais les racines ou les bulbes.

À la descente du col vers St-Anthème, la route longe le groupe de **jasseries du Grand Genévrier**, dont l'une est ouverte aux visiteurs.

Jasserie du Coq-Noir

La visite de cette ancienne ferme de transhumance instruit sur la vie pastorale en montagne, l'art de couvrir les toits de chaume et la fabrication des fourmes. On peut y faire collation de lait, de pain de seigle et de fourme de St-Anthème.

La descente vers St-Anthème offre des vues sur les sucs du Velay : Meygal, Lizieux, Mézenc et Gerbier-de-Jonc.

St-Anthème

Ce bourg abrite ses toits rouges au creux de la vallée de l'Ance.

Pour le retour à Montbrison, empruntez à St-Anthème la D 496.

Après le col de la Croix-de-l'Homme-Mort, la route offre de très jolies vues sur la plaine du Forez, les monts du Lyonnais et le mont Pilat.

Monts du Forez pratique

Adresse utile

Office de tourisme – *63880 SAINT-GERVAIS-SOUS-MEYMONT - ✆ 04 73 95 57 57 - www.parc-livradois-forez.org - mai-sept. : 9h-12h30, 13h30-19h, w.-end et j. fériés 15h-19h ; reste de l'année : 9h30-12h30, 13h30-17h30 (vend. 16h30).*

Visite

Visite guidée – Le pays du Forez, qui porte le label Pays d'art et d'histoire, propose des visites-découvertes animées par des guides-conférenciers agréés par le ministère de la Culture et de la Communication. Renseignements auprès du Syndicat Mixte des Pays du Forez, service du Pays d'art et d'histoire, Place du Prieuré, BP 14 - 42600 Champdieu - *✆ 04 77 97 70 35.*

Circuits des balcons et du basalte – Pour une découverte plus longitudinale du Forez, suivez les panneaux : tout en hauteur, **la route des balcons** relie Cervières à St-Juste-St-Rambert tandis que **la route du basalte** chemine en contrebas dans les plaines, entre Boën et Montbrison.

Se loger

Les Genets – *63880 Le Brugeron - ✆ 04 73 72 60 36 - fermé 30 nov.-15 fév. - P - 10 ch. 38/43 € - ☕ 6 € - restaurant 12/27 €.* Un joli parc accessible à la clientèle se dissimule à l'arrière de cette construction en pierre nichée au cœur du village. Les chambres, sans reproche, sont garnies de meubles modernes. Salle de restaurant où prime la simplicité. Cuisine traditionnelle.

La Fromentière – *Fromentier - 42550 Usson-en-Forez - 1,5 km au S du bourg par D 498, puis petite rte à droite, dir. lieu-dit Fromentier - ✆ 04 77 50 90 50 - http://site.voila.fr/lafromentière - fermé 25 déc.-1er janv. - 🚭 - 3 ch. 32/46 € ☕ - repas 14 €.* Aux confins de l'Auvergne, cette ferme entièrement restaurée ménage une vue superbe sur le Forez et le Velay. On appréciera le confort des chambres coquettement aménagées et on se régalera de copieuses assiettes régionales dans la jolie salle rustique. Week-ends à thème : cueillette des champignons en automne.

L'Écusson – *Au bourg - 42560 Marols - ✆ 04 77 76 70 38 - fermé nov.-avr. - 🚭 - 4 ch. 37/49 € ☕ - repas 15 €.* Vous vous sentirez très vite à l'aise dans cette maison rénovée avec goût et qui hébergeait jadis un bistrot-boulangerie (le four à bois fonctionne toujours). C'est à l'humour et à la bonne humeur contagieuse de la propriétaire que l'on doit le nom des jolies chambres meublées d'ancien. Table d'hôte sur réservation.

⊖⊜ **Parc de la droséra** – *42920 Jeansagnière - à 5 km au N de Chalmazel par D 101 - ℰ 04 77 24 81 44 - www.parc-de-la-drosera.fr - 10 chalets 490/725 €/sem. pour 6 pers. -* ⌴ *6,50 € - restaurant 18/29 €.* Ce parc locatif situé sur le versant Est des monts du Forez propose des chalets tout équipés, aménagés en pleine nature. Vous trouverez sur place un restaurant servant une cuisine régionale, une piscine couverte et un sentier de 2 km retraçant l'histoire du Forez à travers plus de 50 maquettes.

Se restaurer

⊖ **Ferme-auberge des Granges** – *Les Granges - 42920 Chalmazel - 5 km au SO de Chalmazel dir. le col du Béal - ℰ 04 77 24 80 62 - fermé nov. - réserv. conseillée le soir - 7,50/10,50 €.* Ce long chalet élevé à seulement 100 mètres des pistes s'avère des plus commodes pour recharger ses batteries après une tonifiante journée de ski. Copieuses préparations valorisant les sains produits de la ferme.

⊖ **Ferme-auberge du Mazet** – *42990 St-Georges-en-Couzan - ℰ 04 77 24 80 95 - fermé déc., janv. et dim. soir - 10,50/14,80 € - 6 ch. 28/44 €* ⌴. Cette ferme-auberge perchée sur les hauteurs du village profite d'une belle vue sur les monts du Forez. Appétissante cuisine élaborée avec les produits de l'exploitation - charcuteries, patcha forézien, poulet rôti, etc. - servie dans un cadre rustique. Six chambres d'hôte et un gîte d'étape, simples et bien tenus.

⊖ **Les 4 Saisons** – *21 r. St-Jean - 42130 Boën - ℰ 04 77 24 09 04 - fermé le soir - 14/25 €.* Ne vous fiez pas à l'aspect passe-partout de cet établissement. Derrière sa devanture toute simple se cache en effet un petit restaurant fort sympathique, très prisé des locaux. Au menu, plusieurs formules qui vont du plat unique à « la totale » avec foie gras maison, sauté de biche et assiette gourmande.

⊖⊜ **Gaudon** – *63880 Le Brugeron - 6 km au S de La Chambonie par D 101 et D 37 - ℰ 04 73 72 60 46 - fermé janv., dim. soir, lun. soir et mar. du 15 sept. au 1er juin - 20,60/36,90 € - 8 ch. 37/42,20 € -* ⌴ *7 €.* Maison bâtie en 1929 à l'entrée du village du Brugeron, au cœur des monts du Forez. Son décor campagnard n'est certes pas de toute première jeunesse, mais ses nombreux menus proposent une cuisine traditionnelle mitonnée avec soin. Chambres simples et fonctionnelles.

Que rapporter

Les Vignerons foréziens – *Le Pont-Rompu - 42130 Trelins - ℰ 04 77 24 00 12 - 9h-12h, 14h-19h.* Cette cave coopérative produit chaque année 6 500 hl de vin principalement issus du cépage gamay noir à jus blanc. Outre l'enfant du pays, le côtes-du-forez AOC, on appréciera particulièrement la cuvée du domaine de Montaubourg ou encore le vin de pays d'Urfé (cépage chardonnay) en rosé demi-sec.

Sports & Loisirs

En piste – *42920 Chalmazel - ℰ 04 77 24 85 09 - www.station-chalmazel.com - tlj sf mar. et jeu. - fermé 30 sept.-15 mai - 18 € (enf. : 14 €).* Allô neige - *ℰ 04 77 24 83 11.* Ce ne sont pas les Alpes, mais la station fait les yeux doux pour attirer les skieurs : un télésiège, plusieurs téléskis, une batterie de canons à neige et toutes sortes de pistes. Que demander de plus pour être de plein pied avec le panorama de Pierre-sur-Haute ?

Docil'âne – *Valensanges - 42600 Lezigneux - ℰ 04 77 58 68 22 - sur RV.* Les randonnées paraissent faciles quand un âne porte les bagages. Partageant les locaux avec la Halte Bleue, cette structure de loisirs propose des séjours-promenades de plusieurs jours pour découvrir le Forez de manière originale. À vivre en famille.

Hauterives ★

1 333 HAUTERIVOIS
CARTE GÉNÉRALE B3 – CARTE MICHELIN LOCAL 332 D2 – DRÔME (26)

Du monde entier, des milliers de visiteurs viennent chaque année à Hauterives. Ce ne sont pas tant les ruines du château médiéval qui les attirent, que ce fabuleux palais aux allures de temple khmer. Ils rendent ainsi hommage à un homme étonnant, le facteur Cheval, un « paysan » selon lui, qui prouva à force de volonté que ce n'est pas la culture qui fait l'art, mais la qualité du rêve et le courage de l'accomplir.

- **Se repérer** – Le village d'Hauterives se trouve à 25 km au Nord de Romans. On y accède par la D 538.

- **À ne pas manquer** – Le grand attrait du lieu réside dans l'oeuvre naïve du facteur Cheval.

- **Organiser son temps** – Comptez au moins 3h pour la visite de la ville et de ses environs. En priorité (surtout si vous manquez de temps), voyez impérativement le Palais idéal, mais dans la mesure où vous n'êtes pas pressé, complétez au moins par le tombeau.

- **Avec les enfants** – Le parcours enfants du Palais idéal ; le labyrinthe.

- **Pour poursuivre la visite** – Voir aussi : Bourgoin-Jallieu, La Côte-Saint-André, Roussillon, Serrières, Saint-Antoine-l'Abbaye, Vienne.

Comprendre

Un site féerique – L'auteur de la construction qui fait la renommée de Hauterives a une vie digne d'un conte, tragique et édifiante à la fois. S'il écrit sur la façade Ouest de son palais « Le travail fut ma seule gloire, l'honneur mon seul bonheur » (signé : « un facteur rural »), c'est qu'elle ne manque pas de drames : à 37 ans, **Ferdinand Cheval** a déjà perdu sa première épouse et un enfant ; avant de mourir, il perdra sa deuxième épouse et ses deux autres enfants.

Il était hanté depuis longtemps par des rêves de palais féerique et avait noté ses visions, mais ce n'est qu'à 43 ans, après avoir trébuché sur sa « pierre d'achoppement » (l'expression fait référence à l'évangile), qu'il décide d'entreprendre sa construction. Il est alors facteur, sans culture architecturale ou artistique, et le village entier se moque de sa prétention, le taxe d'un sommaire « réalisateur d'inutile ! ».

Pendant sa tournée à pied, il charge son sac des pierres qu'il rencontre, les dépose par tas et vient les rechercher le soir avec sa brouette. Il les utilise pour édifier dans son jardin murs, pinacles et gargouilles, cela pendant trente-trois ans ; « Je me suis dit : puisque la nature veut faire la sculpture, moi je ferai la maçonnerie et l'architecture ». Il voulait faire de ce palais son tombeau mais l'administration lui en refuse l'autorisation.

Qu'à cela ne tienne, Cheval consacre les dix dernières années de sa vie à construire, de la même façon, son tombeau au cimetière.

C'est elle, la première, la « pierre d'achoppement ». Trouvez-la dans le Palais.

Joël Damase / MICHELIN

Il meurt en 1924 au terme d'un travail inlassable. Son œuvre sera classée en 1969 par l'écrivain et ministre de la Culture André Malraux, qui dira : « Il serait enfantin de ne pas classer la **seule architecture naïve du monde**, quand c'est nous, Français, qui avons la chance de la posséder. »

Joël Damase / MICHELIN

Orné d'une incroyable parure de pierre, le Palais idéal semble sorti d'un monde imaginaire.

Visiter

Le Palais idéal★★

☏ 04 75 68 81 19 - www.facteurcheval.com - ♿ - juil.-août : 9h-12h30, 13h30-19h30 ; avr.-juin et sept. : 9h-12h30, 13h30-18h30 ; fév.-mars et oct.-nov. : 9h30-12h30, 13h30-17h30 ; déc.-janv. : 9h30-12h30, 13h30-16h30 - fermé 25 déc., 1ᵉʳ janv. et 15-31 janv. - 5,10 € (enf. : 3,60 €). En soirée, un éclairage nocturne très étudié met en valeur certains aspects méconnus du monument. Trois films en boucle, dont un avec des interviews de personnes ayant connu Cheval, durent respectivement 15, 25 et 20 mn. Parcours enfants sur demande.

👥 Au milieu du jardin, sur un quadrilatère d'environ 300 m² et à une dizaine de mètres de hauteur, se dresse la construction, hérissée d'étranges ornements.

Le **côté Est**, le plus singulier, montre trois géants revêtus d'un cailloutis rougeâtre s'apparentant aux mystérieuses statues de l'île de Pâques : ce sont César, conquérant romain, Archimède, savant grec, et Vercingétorix, héros de la Gaule. Remarquez leurs gestes : Vercingétorix montre le ciel et la terre, César et Archimède posent un bras sur son épaules, dans son autre main, Archimède tient une branche d'olivier. Entre eux s'encastrent deux déesses, Isis et Veleda, levant les mains en signe de louange. Cheval, pour qui ces personnages incarnent sans doute le fleuron de l'humanité, inscrit lui-même la signification de la scène : « À la fraternité des peuples ». En retrait, dans une petite **grotte**, s'encastrent les seuls soutiens du facteur Cheval : ses outils et sa brouette, qui déclare « Moi, sa brouette, j'ai eu cet honneur d'avoir été 27 ans sa compagne de labeur [...] et, chez lui, [...] j'occupe la place d'honneur. »

La **façade Sud** est dédiée aux pierres antédiluviennes. Cheval y réunit les pierres qui n'ont pas trouvé leur place ailleurs. L'arbre de vie – celui qui, dans la Genèse, donne la vie éternelle – symbolise sans doute pour lui la vie avant le déluge.

L'entrée du palais est située **côté Ouest**. Des imitations de végétaux voisinent

Les mots et les pierres

Les formes sont oniriques ; elles matérialisent le monde imaginé par un homme qui n'a pas voyagé, révélant ainsi son univers intérieur. D'autant que le facteur Cheval les ponctue de ses réflexions. En voici quelques-unes, révélatrices de son intention et de ses efforts : « Ami de la Nature, mais de naissance obscure, ce qui rend la vie dure. Je l'ai subie sans murmure. » ; « Cette merveille, dont l'auteur peut être fier, sera unique dans l'Univers » ; « En créant ce rocher, j'ai voulu prouver ce que peut la volonté » ; « Dieu, dont les desseins sont impénétrables, se sert de ses humbles créatures pour les accomplir » ; « Si tu veux de l'or, fouille dans tes coudes. »

avec des réminiscences sans doute inspirées des expositions universelles, parmi lesquels on « reconnaît » un temple Hindou, le chalet suisse, la Maison blanche et la Maison carrée d'Alger, et un château fort. L'**intérieur** est percé de galeries et de grottes ornées de volutes. Par de petits escaliers, on accède à la **terrasse**, autrefois traversée de canaux et tuyaux irriguant les fontaines de la façade Est. C'est ici le centre de l'univers fantastique du facteur, où est enchâssée la première pierre de la construction.

La **façade Nord** est la dernière construite. Elle grouille de petits éléments décoratifs, et intègre le récit de la Genèse, Adam et Ève, l'arbre de la connaissance du bien et du mal et le serpent.

À quelques dizaine de mètres à l'Est de l'ensemble, Cheval a élevé un **belvédère** pour profiter de la vue sur son œuvre dans la lumière du soleil couchant. Il y a inscrit : « Chaque fois que tu me regardes, tu vois la vie qui s'en va. »

Le tombeau★★

Il est posssible d'y accéder à pied (5 mn) par un chemin fléché au départ de la rue centrale. Pour y aller en voiture, du centre, prenez la D 51 vers Châteauneuf-de-Galaure et la dernière rue à gauche (direction cimetière) juste avant de quitter Hauterives. « Le tombeau du silence et du repos sans fin » est le dernier travail de bâtisseur du facteur rural. Coiffé d'une croix et portant les lettres JMJ (sans doute pour Jésus-Marie-Joseph), il présente un travail plus miniaturiste, orné de coquillages. Y reposent les corps de Ferdinand Cheval et de sa famille.

L'Art en marche

Grande Rue - 📞 *04 75 68 95 40 - avr.-sept. : 10h-12h15, 13h30-18h ; oct.-mars : 10h-12h15, 13h30-17h30 - fermé de mi-janv. à fin janv, 1er janv. et 25 déc. - 5 € (6-16 ans 3,50 €).*

Dans le prolongement des innovations naïves de Cheval, il présente un grand ensemble d'œuvres hors normes de tous pays.

Les Labyrinthes

3,5 km. Prenez la D 51 vers le Grand-Serre et tournez à gauche dans St-Germain.
📞 *04 75 68 96 27 - mai-août : 11h-19h ; sept. : w.-end 11h-19h - fermé oct.-avr. - 6 € (4-16 ans 5 €).*

👪 Aménagés sur une colline, quatre grands labyrinthes végétaux forment un jeu de piste. À l'abri du soleil, la Maison des enfants leur propose des animations amusantes à partir de mosaïques.

Aux alentours

Musée de l'Ours et de la Poupée à Lens-Lestang

6 km au Nord par la D 538. Le Coteau - D 538 - 📞 *04 75 31 84 29 - http://mop26.free.fr -* ♿ *- de déb. avr. à déb. nov. : 10h-19h - 5 € (enf. 3,50 €) - boutiques de jouets, peluches et vente d'ours en kit prédécoupés à réaliser soi-même.*

Un couple de passionnés s'attache à faire découvrir, dans de vastes vitrines vieillotes, la folle aventure des jouets et peluches, la naissance de l'ours articulé, les baigneurs, les barbies et leurs intermédiaires les grandes poupées chics pour adultes. L'ensemble, qu'on ne touche ni ne berce, est plus destiné aux « grands gamins » qu'aux petits enfants…

Manthes

9 km au Nord par les D 538, D 1 et D 137. L'**église** romane est plantée sur le rebord d'un coteau. Le beau vitrail du 14e s. de l'abside représente saint Pierre et saint Paul. L'église est accolée à un **prieuré** clunisien. *Visite sur demande à Mme Parade -* 📞 *04 75 31 80 05/98 39.*

La Motte-de-Galaure

12 km au Sud-Ouest d'Hauterives par la D 51. Le prieuré Ste-Agnès, restauré, a conservé deux arcades primitives de son cloître. L'**église** présente une charmante façade du 12e s., percée d'une fenêtre à arc polylobé, surmontée d'un fronton ajouré pour les cloches. À l'entrée du chœur, Vierge à l'Enfant en bois doré (16e s.) posée sur une colonne à fûts entrelacés provenant de l'ancien cloître. Accolée au transept Nord, la chapelle, de style gothique flamboyant, abrite un grand Christ en bois du 18e s.

Hauterives pratique

Adresse utile

🛈 **Office de tourisme** – *R. du Palais-Idéal - 26390 HAUTERIVES -* ☏ *04 75 68 86 82/ 92 96 - www.facteurcheval.com - avr.-sept. : 10h-12h30, 13h30-18h ; fév.-mars et oct.- nov. : 10h-12h30, 13h-17h30 ; déc.-janv. : 10h-12h30, 13h30-16h30 - fermé 1er janv. et 25 déc.*

Se loger

🛏 **Hôtel Le Relais** – ☏ *04 75 68 81 12 - fermé 15 janv.-28 fév., dim. soir et lun. sf juil.-août -* 🅿 *- 15 ch. 29/50 € -* 🍽 *6 € - restaurant 14/30,50 €.* Façade en galets roulés et volets blancs pour cet hôtel de village sis dans une grande maison ancienne. Ses chambres sont simples et accueillantes, régulièrement rafraîchies. Petits plats traditionnels servis dans la salle à manger rustique ou en terrasse. Une adresse pour petits budgets.

🛏 **Le Lit de la Galaure** – *26390 Treigneux -* ☏ *04 75 68 97 56 – lelitdelagalaure@ wanadoo.fr – www.perso.wanadoo.fr/ lelitdelagalaure/– 4 ch. 45 €* 🍽 *- repas 16 €.* D'après le propriétaire des lieux, le lit de la Galaure est garni de galets, ce qui lui a donné son nom. C'est vrai pour la rivière mais, ici, les galets de l'ancienne ferme sont sertis dans les murs tandis que les lits sont au calme, dans des chambres aux tons pastel. De l'ancienne ferme restent peu de souvenirs, sauf peut-être un goût prononcé pour les confitures maison, la cuisine régionale et la compagnie des animaux.

Se restaurer

🍴🛏 **Yves Leydier** – *26330 Châteauneuf- de-Galaure - 6 km au SO de Hauterives par D 51 -* ☏ *04 75 68 68 02 - fermé 2-28 fév., dim. soir sf juil.-août, mar. soir et merc. - 18/40 €.* Sur la place du village, cette jolie maison en galets de la Galaure ouvre sa façade arrière sur un grand jardin où les enfants pourront jouer en été. Les grands profiteront aussi de la verdure sur la terrasse ombragée. La cuisine, à base de produits frais, est fort alléchante et évolue au gré des saisons.

Lac d'**Issarlès** ★

CARTE GÉNÉRALE A4 – CARTE MICHELIN LOCAL 331 G5 – ARDÈCHE (07)

Tel un saphir incrusté dans un profond cratère, le joli lac d'Issarlès apporte tout l'éclat des ses eaux d'un bleu intense à sa parure volcanique ponctuée de sucs. De forme arrondie, il fait partie de l'ensemble hydroélectrique de Montpezat, ce qui provoque des variations de niveau de son plan d'eau ; il est maintenu en pleine eau pendant la période estivale durant laquelle il attire les amateurs de baignade.

- ▶ **Se repérer** – Aux confins de l'Ardèche et de la Haute-Loire, le lac se situe à 43 km au Sud du Puy-en-Velay.
- 👁 **À ne pas manquer** – Le mont Gerbier-de-Jonc où vous voyez des filets d'eau qui vont se transformer en fleuve ; un autre panorama impressionnant vous attend en haut du mont Mézenc.
- 🕓 **Organiser son temps** – Comptez une journée pour le lac et ses environs.
- 🐾 **Pour poursuivre la visite** – Voir aussi : Arlempdes, Le Monastier-sur-Gazeille, Le Puy-en-Velay, massif du Tanargue et Thueyts.

Découvrir

Tour du lac

Situé à une altitude de 1 000 m, le lac occupe un cratère volcanique de 90 ha, profond de 138 m. Il est possible d'en faire le tour (environ 5 km de circonférence) ; une bonne partie de la promenade est en sous-bois, mais il est conseillé de se renseigner car les bords sont parfois inondés en fonction de l'activité hydroélectrique.

Point de vue★

1/4h à pied AR. Emprunter, à l'extrémité Sud du village, le chemin montant à gauche de la plage. Suivez ce chemin à travers les pins, jusqu'aux vestiges d'une habitation troglodytique creusée dans un affleurement rocheux.
Un peu plus loin, un second rocher forme un excellent belvédère au-dessus du lac et de son cadre forestier. De cette plate-forme, un sentier dégringole vers la rive sablonneuse, que l'on pourra suivre au retour.

Circuit de découverte

AU PAYS DES SUCS ET DE LA LAUZE

Comptez une journée. Quittez le lac d'Issarlès par la D 16 vers le Béage où l'on prend la direction de Ste-Eulalie.

Ste-Eulalie

Commune du Gerbier-de-Jonc et donc des sources de la Loire, le village est également réputé pour ses toits de genêts qui disparaissent malheureusement du paysage.

Amaury de Valroger / MICHELIN

Ce n'est pas un mirage ! Ce bleu profond frangé de blond fait de ce lac un joyau très recherché.

Juste à côté de l'église, on peut encore admirer une de ces anciennes maisons particulièrement bien entretenue. Vers le Gerbier-de-Jonc, on peut voir également une très belle « paillisse » avec son toit de genêts, la **ferme Philip**. ℰ 04 75 38 80 00 - visite guidée de mi-juil. à fin août : tlj sf w.-end 10h-12h, 15h-18h ; reste de l'année sur demande - 3 € par personne.

Continuez sur la D 122 en direction de Lachamp-Raphaël jusqu'au carrefour avec la D 378.

Le dendroctone

La forêt du Mézenc revient de loin. Vous avez certainement remarqué que les pins ne semblent pas au mieux de leur forme. Ils étaient en effet attaqués par un insecte, le Dendroctonus ponderosae et il a fallu faire venir son prédateur de Russie, pour en venir à bout (au Canada, les arbres infestés sont brûlés sur pied).

Ferme de Bourlatier★

ℰ 04 75 38 84 90 - possibilité de visite guidée (1h) de fin juin à déb. sept. : 11h-18h ; de fin mai à fin juin et de déb. sept. à fin sept. : w.-end et j. fériés 11h-18h - fermé reste de l'année - 2,50 € (enf. gratuit).

Magnifique témoin de l'architecture à toits de lauzes, cette grande ferme seigneuriale a été totalement restaurée selon les règles de l'art. Sa partie la plus exceptionnelle est sa superbe charpente en forme de carène renversée qui doit supporter les quelque 150 tonnes – excusez du peu ! – de la toiture.

Prenez au carrefour la D 378 en direction des Estables et du Gerbier-de-Jonc.

Gerbier-de-Jonc

Pourquoi ce nom ? Le mot « Gerbier » est la latinisation de la racine indo-européenne « gar » signifiant rocher. Quant au mot « Jonc », c'est un dérivé du latin jugum, montagne. Littéralement, Gerbier-de-Jonc signifie donc le mont rocheux, aux dépens de l'image plaisante d'une gerbe de joncs…

On ne peut pas manquer son étonnante silhouette qui se détache à 1 551 m d'altitude, sur la ligne de crête séparant les bassins de la Loire et du Rhône.

Le Gerbier, qui appartient au massif du Mézenc, est constitué de roches phonolithiques. Ces roches, d'origine volcanique et sonores sous le choc, se délitent par plaques.

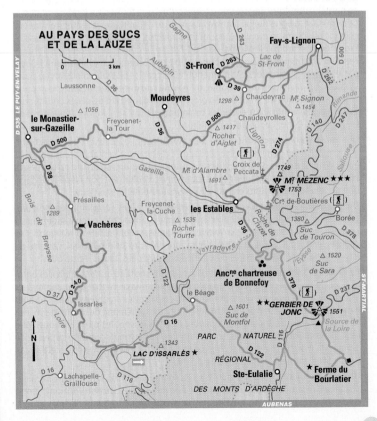

Elles forment des éboulis instables et semblent habiller le mont d'une carapace écailleuse. Au pied du versant Sud-Ouest naissent plusieurs filets d'eau : les sources de la Loire.

Accès – C'est en venant de St-Martial, au Nord-Est, ou de Ste-Eulalie, au Sud, en remontant le vallon pastoral de la Loire naissante, que la découverte du Gerbier-de-Jonc est la plus frappante.

Ascension – 🚶 La montée est rude mais assez courte *(3/4h à pied AR)*. Du sommet, le **panorama**★★ est impressionnant. Du côté Nord-Est, le regard plonge au-dessus de la trouée de l'Eysse, affluent de l'Eyrieux ; du fond des ravins monte le sourd grondement du torrent. La vue est particulièrement belle vers le Sud-Est, découvrant un vaste horizon de crêtes et de sucs, hérissant l'échine de la montagne, entre Eyrieux et Ardèche. Le mont Alambre, le Mézenc et le suc de Sara bornent l'horizon au Nord, le suc de Montfol à l'Ouest. Reconnaissable à sa forme tabulaire, le suc de la Barre forme un premier plan tout proche au Sud. Une partie de la chaîne des Alpes est visible par temps clair.

Poursuivez sur la D 378 vers les Estables.

Très agréable parcours de crête, en particulier à l'approche du rocher des Pradoux.

Ancienne chartreuse de Bonnefoy
1 km au départ de la D 378. Site très verdoyant. De la chartreuse, fondée au 12ᵉ s. et reconstruite après les guerres de Religion, ne subsistent qu'une tour carrée et la façade d'honneur datant de la reconstruction des bâtiments au 18ᵉ s.

La D 378ᴬ, puis la D 36 mènent aux Estables.

Les Estables
À 1 367 m d'altitude, sur les contreforts du Mézenc, ce village montagnard est le plus élevé du Massif central. Grâce aux remonte-pentes installés sur les flancs du mont d'Alambre (1 691 m) et aux nombreuses pistes de ski de fond, le tourisme hivernal s'y est considérablement développé.

Traversez le village dans le sens Sud-Nord pour prendre à droite vers le mont Mézenc par la Croix de Peccata.

Mont Mézenc★★★
Le massif volcanique du Mézenc *(prononcer : Mézin)* forme une barrière naturelle déterminant la ligne de partage des eaux entre l'Atlantique et la Méditerranée. Il culmine à 1 753 m au mont Mézenc qui a donné son nom à l'ensemble du massif. Prolongé au Nord par le Meygal, au Sud-Est par le Coiron, le Mézenc constitue le centre d'une traînée volcanique coupant l'axe des Cévennes. Il est flanqué à l'Ouest par les monts granitiques de la Margeride, à l'Est par les plateaux cristallins du Haut-Vivarais. Un vaste domaine skiable, dit **« zone nordique du Mézenc »**, se prête l'hiver à la pratique du ski de fond *(voir p. 38)*. Plus de 100 km de pistes entretenues et aménagées sont réparties sur les communes de Fay-sur-Lignon, Chaudeyrolles, Freycenet-la-Cuche, les Estables et St-Front.

Des versants d'aspect contrasté – Du côté du Velay, le Mézenc offre l'aspect d'un immense plateau dénudé. En été, il évoque l'image d'une véritable steppe balayée par le vent, parsemée de fermes basses aux toits de chaume ou de lauzes. Le versant vivarois présente un paysage des plus tourmentés, s'enfonçant brutalement en direction du Rhône. Les torrents ont mis à nu le soubassement granitique.

De splendides coulées basaltiques – Au flanc des vallées, l'érosion a dégagé d'amples coulées basaltiques, particulièrement remarquables dans le cours supérieur de l'Ardèche et de ses affluents : la Volane, la Bourges, la Fontaulière et le Lignon. Ces coulées, en forme d'orgues prismatiques, ont créé des sites célèbres : cascade du Ray-Pic, chaussée de Thueyts, éperons de Pourcheyrolles, Jaujac, Antraigues.

La flore des sommets – Le Haut-Mézenc possède une flore qui fera la joie des botanistes. Le séneçon leucophylle n'apparaît, dans tout le Massif central, qu'au sommet du Mézenc : c'est la fameuse « herbe du Mézenc », aux feuilles argentées et aux capitules d'un beau jaune vif. Grande violette des montagnes, anémone des Alpes, gentianes de toutes sortes, trolles, arnicas, épilobes, saxifrages sont les plus répandus. Mais c'est à la floraison des narcisses, au mois de juin, que la montagne offre sa plus belle parure. Un marché traditionnel de plantes médicinales, la « Foire des violettes », se tient à **Ste-Eulalie**, chaque année *(voir p. 242)*.

Un cortège royal – Les sucs phonolithiques apparus à la fin de l'ère tertiaire forment, de part et d'autre du mont Mézenc, un cortège majestueux : au Nord, le mont Signon (1 454 m), à l'Est, la montagne de Roche-Borée et le suc de Touron (1 380 m) ; au Sud-

Est, le suc de Sara (1 520 m), le Gerbier-de-Jonc (1 551 m), les sucs de Montivernoux (1 441 m) et de l'Areilladou (1 448 m) ; au Sud, les sucs du Pal et de Bauzon ; au Sud-Ouest, le suc de Montfol (1 601 m) ; à l'Ouest, le Rocher-Tourte (1 535 m) et le mont d'Alambre (1 691 m).

Deux accès sont possibles, mais le plus fréquenté et le mieux signalé est celui de la Croix de Boutières.

Accès par la Croix de Boutières – *2,5 km au départ des Estables par la D 631. Laissez la voiture à la Croix de Boutières (alt. 1 508 m).*
Le rocher qui domine le col de la Croix de Boutières, à droite, offre une belle **vue★★** sur le suc de Sara, la montagne de Roche-Borée et les Boutières.

Prenez le GR 7 (1h1/4 à pied AR) qui s'élève, à gauche, vers le sommet.

Par le replat intérieur séparant les deux sommets, on gagne le sommet Sud (1 753 m).

Accès par la Croix de Peccata – *3 km au départ des Estables. Laissez la voiture à la Croix de Peccata (alt. 1 570 m), puis prenez à droite le sentier (1h à pied AR).*

Il s'élève sous bois, puis serpente au milieu des bruyères et des genévriers.

Obliquez à gauche vers le sommet Nord (1 749 m), surmonté d'une croix.

Panorama★★★ – Si le temps le permet, le lever du soleil derrière les Alpes est un spectacle inoubliable, mais qui impose de partir des Estables de très bonne heure et chaudement vêtu. Du sommet, un **panorama** immense se révèle : au Nord, le Meygal et les monts du Forez ; à l'Ouest, le bassin du Puy, le Velay et les monts d'Auvergne ; au Sud, le lac d'Issarlès et un horizon de sucs ; à l'Est, les gorges de la Saliouse et de l'Eysse creusent, vers le Haut-Eyrieux, le pays des Boutières aux trouées profondes entrecoupées de crêtes, de serres et de pics : des plans multiples, enchevêtrés, se dessinent jusqu'à la vallée du Rhône. Au-delà apparaissent les Alpes dont on distingue, par temps clair, les principaux sommets.

Par la Croix de Peccata, rejoignez la D 274 au Nord. Au croisement avec la D 39, possibilité de rejoindre Fay-sur-Lignon sur la droite.

Fay-sur-Lignon
Au flanc d'un piton phonolithique, Fay-sur-Lignon *(prononcer : faï)* offre, aux confins du Velay et du Vivarais, l'aspect d'une bourgade montagnarde : les maisons basses semblent se serrer pour mieux résister en hiver aux rafales de la « burle » glacée. L'hiver, un foyer de ski de fond attire les amateurs de neige.

Reprenez la D 39 en direction de St-Front.

St-Front
Ce vieux village adossé à une butte offre une **vue★** excellente sur le versant Nord-Est du Mézenc et le mont d'Alambre. Remarquez, au centre du bourg, l'église de montagne avec son clocher-peigne typique (11ᵉ s.).

Prenez à droite la D 263 qui conduit au lac de St-Front. Rejoignez la D 39 par le bois de Chaudeyrac et continuez en face sur la D 500 vers Le Monastier.

L'architecture traditionnelle de Moudeyres exerce un charme irrésistible.

On découvre un immense plateau à pâturages qui, à la fin de l'été, prend l'aspect d'une véritable steppe. À gauche, au flanc du Mézenc, trois sombres témoins basaltiques évoquent des tours en ruine, d'où leur nom de « Chastelas » ; pour les habitants de la région, ce sont les « Dents du Mézenc » ou « Dents du Diable ». Un peu plus loin sur la gauche se dresse le rocher d'Aiglet et, en arrière, le mont Alambre.

Quelques kilomètres après, prenez à droite la D 36 et la D 361 vers Moudeyres.

Moudeyres

Le village conserve de nombreuses chaumières typiques du plateau du Mézenc. La **ferme des Frères Perrel** (17e-18e s.) notamment, avec ses murs de basalte, son toit de chaume coiffant les bâtiments d'exploitation et ses lauzes couvrant l'habitation proprement dite, a conservé l'intégralité de son ameublement et de son outillage à la date où les frères Perrel en firent don à la mairie (1974). L'ensemble introduit dans les coulisses d'une vie familiale rurale déjà presque oubliée. ☎ 04 71 05 12 13 - *avr.-oct. : visite guidée (45mn) 10h-12h, 14h30-18h30 - fermé nov.-mars et vend. - 3 € (enf. 1,50 €).*

Au centre du village, un clocheton signale la petite **Maison de la béate**.

Faites demi-tour et regagnez la D 500 que l'on prend à droite vers Le Monastier-sur-Gazeille.

Le Monastier-sur-Gazeille *(voir ce nom)*
Prenez à gauche la D 38 vers Issarlès.

Château de Vachères *(voir p. 270)*
7,5 km, au Sud-Est du Monastier par la D 38. On ne visite pas.
Rejoignez le lac d'Issarlès.

Béates du Velay

Les « béates » (de *beatus*, heureux), étaient des « demoiselles de l'instruction », ayant religieusement consacré leur vie à l'instruction spirituelle, scolaire et manuelle (technique de la dentelle) des enfants, mais aussi aux soins et au conseil des adultes. Elles devaient être appelées par le curé du village et les paroissiens prenaient à leur compte la construction de leur maison et leur modeste nourriture. Précieux lien social au sein du village, elles furent interdites d'enseignement en 1880 (loi Ferry). Ne leur restait que la dentelle et le catéchisme, qu'elles enseignèrent longtemps…

Lac d'Issarlès pratique

Adresse utile
🏢 **Office de tourisme** – *07470 ISSARLÈS,* ☎ *04 66 46 26 26.*

Se loger
🛏 **Camping La Plaine de la Loire** – *07470 Issarlès* - ☎ *04 66 46 25 77 - campingdelaplaine@wanadoo.fr - ouv. juin-août -* 📅 *- réserv. conseillée - 55 empl. 12 €.* Situé au bord de la Loire, à près de 1 000 m d'altitude, ce camping satisfera les amateurs de vacances au grand air. Sans être à la pointe de la modernité, les sanitaires sont propres et fonctionnels. Même s'il ne fourmille pas d'activités originales, on appréciera le lieu pour sa simplicité et sa bonne tenue.

🛏🛏 **Hôtel du Nord** – *07510 Ste-Eulalie - 16 km à l'E du lac d'Issarlès par D 16 et D 122 - ☎ 04 75 38 80 09 - hotelnord.mouyon@wanadoo.fr - fermé 12 nov.-28 fév., mar. soir et merc. sf juil.-août -* 🅿 *- 15 ch. 46/69 € -* 🍽 *7 € - restaurant 17/34 €.* Cette auberge de campagne située dans un village proche du Gerbier-de-Jonc constitue une étape pratique : chambres confortables, régulièrement rénovées, et sobre salle à manger où l'on sert une cuisine familiale inspirée du terroir.

Que rapporter
Auberge des Fermiers du Mézenc – *Au bourg - 43150 Estables - ☎ 04 71 08 34 30 - a.ribes@tiscali.fr - auberge à partir de 12h et 19h ; point de vente 14h-19h - fermé 15 nov.-10 déc.* Petit détour conseillé dans cette auberge qui propose toutes sortes de spécialités : fromages de pays, miels, confitures, tartes aux châtaignes…

Sports et loisirs
Non loin du village d'Issarlès, qui lui a donné son nom, le lac est un lieu de villégiature très prisé des vacanciers. Le site est fréquenté par les amateurs de ski de fond l'hiver et les baigneurs en été.

Lalouvesc

494 LOUVETOUS
CARTE GÉNÉRALE B3 – CARTE MICHELIN LOCAL 331 J3 – ARDÈCHE (07)

Une basilique dans ce modeste village ? On y vénère saint Jean-François Régis. Décédé tragiquement en 1640, ce « missionnaire » a marqué la région. Lieu de pèlerinage, Lalouvesc est aussi une agréable station établie sur un col à 1 050 m d'altitude, appréciée pour la pureté de son air et de ses sources, entre deux monts boisés.

- **Se repérer** – À 25 km au Sud-Ouest d'Annonay, Lalouvesc siège dans une zone montagneuse encadrée par le suc de Mirabel et les montagnes de Chaix et du Besset.

- **À ne pas manquer** – Le panorama de la basilique ; les routes des plateaux du Haut-Vivarais.

- **Organiser son temps** – Comptez environ 4h.

- **Pour poursuivre la visite** – Voir aussi : Annonay, Le Chambon-sur-Lignon, Lamastre, St-Agrève, St-Étienne, Tournon-sur-Rhône.

Le saviez-vous ?

👁 Le nom de Lalouvesc *(prononcez Lalouvé)* a bien évolué au cours des siècles : Alaudisco, Alauvesco, Alavesc, La Louvée, La Louvesc… Sa forme la plus ancienne pourrait être *Alaudacum* (villa d'Alauda) et désigner une terre attribuée à un vétéran de la légion d'Alauda (alouette), composée de soldats gaulois élevés au rang de citoyens romains.

👁 Outre saint Jean-François Régis, on vénère également ici **sainte Thérèse Couderc** (1805-1885), canonisée en 1970.

Se promener

Basilique

Construite au 19ᵉ s. par Bossan, l'architecte de Notre-Dame-de-Fourvière à Lyon, elle se dresse, comme l'église qu'elle a remplacée, sur le lieu de la tombe du saint. À l'intérieur, une châsse en bronze abrite ses reliques.

À proximité de la basilique, les pèlerins peuvent visiter, outre la chapelle St-François-Régis, élevée sur le lieu de la mort du saint, un petit musée avec diaporama, une œuvre de Serraz, des souvenirs de saint Jean-François Régis, et le couvent du Cénacle où se trouvent la chapelle et la châsse de sainte Thérèse Couderc.

Point de vue★

De la table d'orientation située devant la basilique se découvre un vaste **panorama** sur la vallée du Rhône et les Alpes au-dessus de la trouée de l'Ay.

Circuit de découverte

LES PLATEAUX DU HAUT-VIVARAIS★

Circuit de 62 km – environ 2 h1/2. Quittez Lalouvesc par la D 532, direction Tournon, puis empruntez à droite la D 236 vers Lamastre.

La route contourne la montagne du Besset. Le parcours, ombragé, offre des échappées vers le Mézenc et des **vues★** sur les villages perchés de Lafarre et Molières.

L'apôtre du Vivarais

Né à Fontcouverte, près de Narbonne, en 1597, **Jean-François Régis** entre au noviciat des jésuites à Toulouse où il est ordonné prêtre en 1630. C'est l'époque de la Contre-Réforme : les évêques envoient dans leur diocèse des « missionnaires » chargés moins de convertir les protestants que de ranimer la foi des catholiques. Dès ses premières missions, Jean-François Régis, par son humilité et sa flamme, sait gagner le cœur des populations simples et farouches des Boutières et des hauts plateaux du Velay et du Vivarais. Lalouvesc n'est encore qu'un humble village quand, fin 1640, l'apôtre vient y prêcher une mission à la veille de Noël. Égaré sur les pentes de la montagne de Chaix, dans la tempête de neige et la « burle » glacée, il passe la nuit dans une cabane de bûcheron où il prend froid. Il meurt à Lalouvesc le 31 décembre. Les habitants gardent jalousement son corps : des miracles se produisent. Il fut canonisé en 1737.

Les basiliques de Fourvière et de Lalouvesc ont une visible parenté.

Col du Buisson

Alt. 920 m. *Laissez la voiture sur le parking.* Au-delà du village de Pailharès, au Nord-Est, la **vue** porte, par temps clair, sur le mont Blanc, les Grandes Rousses et la Meije ; au Sud se profilent la vallée du Doux, et, plus à l'Ouest, les monts Mézenc et Gerbier-de-Jonc. À l'intersection des D 273 et D 236 s'étend un **village ardéchois en miniature**, réalisé en granit du pays. ℘ 04 75 23 14 77 - *possibilité de visite guidée (30mn) mai-oct. : 10h-20h - fermé reste de l'année - 1,60 € (-8 ans gratuit).*
Empruntez la D 273 à gauche.

Pailharès

Le village conserve le dessin rectangulaire de son ancienne enceinte fortifiée.

St-Félicien

L'**église** est intéressante pour ses parties romanes : arcature du collatéral Nord, avec ses pilastres surmontés de colonnes engagées. *À St-Félicien, empruntez à gauche la D 115.* Le parcours en corniche offre de belles **vues★** en direction de la vallée du Rhône. *À Satillieu, empruntez la D 480 vers St-Symphorien-de-Mahun, puis prenez une route à gauche.*

Veyrine

L'**église** est un édifice roman en granit d'une simplicité attachante, notamment la façade avec son porche creux orné de tores. À l'intérieur, remarquez, à l'entrée du chœur, deux frustes chapiteaux : à droite, la Descente du Christ aux limbes ; à gauche, Ève recevant du serpent, dans une main, la pomme qu'elle place, de l'autre main, dans la bouche d'Adam.
Retour à Lalouvesc par la D 578^A, s'élevant au flanc de la montagne de Chaix.

Lalouvesc pratique

Adresse utile

🛈 **Office de tourisme** – *R. St-Régis - 07520 LALOUVESC - ℘ 04 75 67 84 20/80 09 - se renseigner pour les horaires - ℘ 04 75 67 84 20.*

Se loger

⊜⊜ **Fort du Pré** – *43290 St-Bonnet-le-Froid - 11 km au NO de Lalouvesc par D 532 - ℘ 04 71 59 91 83 - info@le-fort-du-pre.fr - fermé 27 août-2 sept., 15 déc.-15 fév., dim. soir et lun. sf juil.-août -* 🅿 *- 28 ch. 58/65 € -* 🍽 *8,50 € - restaurant 18/60 €.* Jolie ferme restaurée isolée en pleine nature. Vous apprécierez ses activités de loisirs (piscine couverte, fitness) et ses chambres pratiques et colorées. La salle à manger est prolongée d'une véranda, elle-même ouverte sur une verdoyante terrasse. Produits du terroir.

Calendrier

L'Ardéchoise –Le petit village de St-Félicien (1 200 âmes) s'anime chaque mois de juin en recevant plus de 15 000 cyclosportifs et cyclotouristes. Le plus grand peloton du monde concernant une épreuve de montagne se déplace en 1, 2 ou 3 jours, sur un des 20 parcours proposés compris entre 66 km (2 cols) et 550 km (41 ols).

Pèlerinages – Le 16 juin, le dimanche suivant, le 15 août et le dernier dimanche d'août.

Lamastre

2 467 LAMASTROIS
CARTE GÉNÉRALE B4 – CARTE MICHELIN LOCAL 331 J4 – ARDÈCHE (07)

Lamastre, tout le monde descend ! En venant de Tournon par l'autorail ou par le sympathique train à vapeur, on a pu apprécier l'étonnante vallée du Doux qui y conduit. La ville doit beaucoup à cette rivière qui entraînait ses moulins et de nombreux ateliers. Les châteaux ruinés assistent, sans doute avec étonnement, à l'essor touristique et au succès du festival rock de la cité.

- ▶ **Se repérer** – Lamastre se trouve à 35 km à l'Ouest de Valence, sur la D 533.
- 👁 **À ne pas manquer** – La vue sur le bassin du Doux à Rochebloine ; le charme du village médiéval de Désaignes.
- 🕐 **Organiser son temps** – Comptez environ 3h.
- 👫 **Avec les enfants** – Un tour dans la vallée du Doux à bord du Mastrou, petit train à vapeur (voir «Carnet pratique»).
- 👣 **Pour poursuivre la visite** – Voir aussi : vallée de l'Eyrieux, Lalouvesc, St-Agrève, Tournon-sur-Rhône, Valence.

Visiter

Lamastre est situé à 373 m d'altitude sur les rives du Doux, rivière qui relie la ville à Tournon. L'ancienne ville haute est dominée par le château de Pécheylard, tandis que sur les bords du Doux se développe la ville basse, le Savel.

Église

Située en haut de la ville, dans le vieux quartier de Marcheville, c'est une construction de style roman, aux pierres d'une jolie coloration rose. Seule l'abside, décorée extérieurement d'une baie polylobée, date du 12e s. ; le reste de l'édifice est une reconstruction moderne. De la terrasse de l'église, vue plongeante sur la ville, dominée par les vestiges d'un château féodal.

Aux alentours

Point de vue de Rochebloine★★

9 km. Quittez Lamastre à l'Ouest par la D 236. Au début de la montée, la route offre une vue sur les ruines du château de Retourtour. Jusqu'à Nozières, le parcours en corniche découvre des **vues★** étendues sur les crêtes séparant le Doux et l'Eyrieux, puis, à droite, sur la butte de Boucieu-le-Roi. À 2,5 km au-delà de Nozières, un chemin se détache à gauche ; le sentier qui le prolonge mène aux ruines de Rochebloine.

🚶 Dans un virage prononcé à droite, un chemin *(1/4h à pied AR)* mène à l'extrémité du promontoire où subsistent quelques vestiges d'un château fort. La **vue** sur le haut bassin du Doux est saisissante.

Désaignes★

7 km à l'Ouest par la D 533. Bien des vestiges, dont ceux d'une voie romaine, attestent l'importance du village à l'époque gallo-romaine. Il deviendra, bien plus tard, la ville la plus peuplée du Vivarais. De cette grandeur passée, Désaignes conserve un très bel ensemble restauré. En franchissant le porche de l'enceinte, on découvre de nombreuses maisons gothiques et des ruelles étroites que dominent le **temple** (belles fenêtres à colonnettes romanes) et le **château** du 14e s.

Château – ☎ 04 75 06 61 19 - juil.-sept. : tlj sf lun. 14h-18h ; de Pâques à fin juin et oct. : w.-end 14h-18h - fermé de Toussaint à Pâques - 3 € (enf. 1,50 €).

L'ancienne salle à manger abrite au rez-de-chaussée un musée de la vie rurale à la scénographie ancienne attachante. La visite proprement dite du château est desservie par l'escalier à vis qui débouche sur le poste de guet de la tour.

Circuit de découverte

ENTRE DOUX ET EYRIEUX★

64 km – environ 3h. Quittez Lamastre au Sud, en direction de Vernoux (D 2), puis empruntez à droite la D 283 vers Cluac.

Le tracé offre de jolies vues sur le vallon de la Sumène et le bassin supérieur du Doux.

À Cluac, empruntez la D 21, à droite.

La descente sur Nonières offre une vue sur un horizon hérissé de sucs volcaniques ; puis, au cours de la montée vers St-Julien-Labrousse, par la D 241, un virage dévoile une ample **vue★** sur les sucs du massif du Mézenc.

Chalencon

Ce vieux bourg, jadis fortifié, était le siège d'une importante baronnie. De l'esplanade du monument aux morts, située dans la partie la plus ancienne du bourg, vue plongeante sur les gorges de l'Eyrieux.

Vernoux-en-Vivarais *(voir p. 224)*

Château de la Tourette *(voir p. 224)*

Quittez Vernoux par la D 14 et revenez à Lamastre, par la D 105 et le col de Montreynaud (D 2).

Le parcours ombragé de châtaigniers est agréable ; remarquez les maisons basses du plateau de Châteauneuf-de-Vernoux. Du col, on découvre une vue sur le bassin de Lamastre et la haute vallée du Doux, dominés au Nord par les monts de Lalouvesc.

Lamastre pratique

Adresse utile

🚩 **Office de tourisme** – *Pl. Montgolfier - 07270 LAMASTRE -* 📞 *04 75 06 48 99 - www.lamastre.fr - juil.-août : 10h-12h30, 13h30-18h30, dim. 10h30-12h30 ; reste de l'année : tlj sf dim. 10h-12h30, 14h-17h.*

Se loger et se restaurer

🛏 **Les Négociants** – *14 pl. Rampon -* 📞 *04 75 06 41 34 -* 🍴 *- 15 ch. 32/40 € -* 🍽 *5 € - restaurant 9/23 €.* Quel plaisir de s'attabler sur cette terrasse fleurie d'où l'on voit passer le fameux train à vapeur du Vivarais. Mais le bonheur est aussi dans l'assiette pour qui veut découvrir la gastronomie ardéchoise à des prix très abordables. Chambres propres et bien entretenues.

🛏🛏 **Hôtel du Midi** – *Pl. Seignobos -* 📞 *04 75 06 41 50 - fermé fin déc. à mi-fév., vend. soir, dim. soir et lun. - 10 ch. 62/98 € -* 🍽 *14 € - restaurant 36/82 €.* Au cœur du village, cet hôtel installé dans deux maisons est agréable. Ses chambres ressemblent à celles de nos grands-mères, coquettes et meublées à l'ancienne, et son jardinet est charmant… Cuisine soignée servie en menus uniquement.

Sports & Loisirs

Le Mastrou – 🚶🚂 *Trajets Lamastre-Tournon (2h) - juil.-août : dép. à 8h, en vapeur à 16h ; mai-juin et sept. : tlj sf lun. ; avr. : w.-end et j. fériés ; oct. : 1er et 2e w.-end, 3 derniers dim. Retour assuré, il est conseillé de se renseigner.* Reconnaissable à son panache de fumée, ce petit train à vapeur (chemin de fer du Vivarais) reste le meilleur moyen de découvrir les paysages sauvages de la vallée du Doux - *18 € AR -* 📞 *04 75 08 20 30 - www.ardeche-train.com*

Baignade – Le plan d'eau de Désaignes fait le bonheur des vacanciers qui viennent s'y prélasser et s'y baigner (toboggan).

Largentière

1 942 LARGENTIÈROIS
CARTE GÉNÉRALE A5 – CARTE MICHELIN LOCAL 331 H6 – ARDÈCHE (07)

Son nom sonne agréablement et laisse imaginer une ville agréable et prospère. La réalité n'est pas si différente, car même si les mines d'argent se sont taries, la ville a bien préservé le cadre de l'ancienne ville médiévale, encore dominée par son puissant château et l'étonnant palais de justice à l'allure de temple grec. Ce riche patrimoine s'intègre avec bonheur dans le séduisant val de Ligne dont elle est le principal atout.

- **Se repérer** – Largentière se trouve à 18 km au Sud-Ouest d'Aubenas.

- **Se garer** – La vieille ville ne se visite pas en voiture. De grands parkings longent ses remparts. Il ne vous restera qu'à passer le pont et monter un peu à pied.

- **À ne pas manquer** – Les rues anciennes et pittoresques de Largentière, celles de Montréal, Chassiers et Joyeuse, et le paysage composite du sentier des lauzes

- **Organiser son temps** – Comptez une demi-journée pour profiter de Largentière et de ses environs.

- **Avec les enfants** – Plusieurs sites de baignade sont ouverts au public dans la vallée de la Beaume (*voir* «Carnet pratique»).

- **Pour poursuivre la visite** – Voir aussi : Aubenas, Ruoms, massif du Tanargue, Thueyts, Les Vans.

Le saviez-vous ?

La cité doit son nom à des mines d'argent, exploitées du 10e au 15e s. Plusieurs tentatives de reprise en 1863 et 1962 n'ont duré que quelques années. La ville fut aussi le plus grand centre de filature de soie en Ardèche au 19e s.

Ce sont les évêques de Viviers, barons de Largentière, qui ont contrôlé la ville jusqu'au début du 18e s. Mais ce contrôle était en fait très relatif, car ils ont dû partager le pouvoir et les revenus avec les comtes de Toulouse, fortement intéressés par l'exploitation des trop fameuses mines.

Se promener

Le château et la route de Chassiers offrent de splendides belvédères sur la vieille ville. Ils permettent de bien distinguer ses contours et le tracé de ses voies.

LE VIEUX LARGENTIÈRE★

La vieille ville reste typiquement médiévale, avec son dédale d'étroites et tortueuses ruelles pavées. Il faut s'y perdre pour découvrir de belles maisons anciennes, des hôtels particuliers, des terrasses surplombant de petites places.

Porte des Récollets

Très beau vestige des anciens remparts de la ville, cette porte du 15e s. contrôle toujours l'accès à la vieille ville. Des vestiges des remparts se rencontrent aussi dans l'avenue des Marronniers

Hôtel de ville

Il est installé, en partie, dans une sobre demeure du 15e s., flanquée d'une tourelle d'angle et d'une fenêtre à anse de panier.

Église N.-D.-des-Pommiers

Située sur une plate-forme, cette église gothique (13e s.) est intéressante par sa haute abside à trois pans. La flèche est néogothique.
La « calade » (montée) Albin-Mazon, bel escalier en forte pente, descend jusqu'au pont des remparts.

Château

L'ancienne demeure des barons de Largentière, du 15e s., domine la rivière et la vieille ville. Sa tour carrée (12e s.) qui constitue la base du château actuel était une véritable forteresse. Tribunal et prison après la Révolution, hôpital jusqu'en 1996, il abrite aujourd'hui des expositions temporaires. *On ne visite pas.*

Aux alentours

Montréal

1,5 km par la D 5, les D 212 et D 312, au Sud. Dominé par d'imposantes tours carrées, vestiges d'une forteresse (13e s.) qui défendait jadis les mines de Largentière, le village a conservé de belles et hautes maisons rurales, en moellons de grès soigneusement appareillés.

Château – ☎ 04 75 83 91 81 - www.largentiere.net/chateaumontreal.htm - juil.-août : visite guidée tlj sf sam. 10h30-12h30, 15h-19h ; mars-juin : 9h-12h, 14h-18h, w.-end et j. fériés 15h-19h ; sept.-déc. : 15h-19h - fermé janv.-fév. - 4 à 6 € (enf. 2 à 3 €).

À la tour maîtresse romane édifiée par les Montréal, les Balazuc ajoutèrent au 14ᵉ s. un château gothique doté d'une belle cour intérieure et d'un joli escalier. Remarquez l'appareillage en bossage diamant. L'ensemble est en cours de restauration massive. Animations médiévales en saison.

Chassiers

1,5 km par la D 103, au Nord-Est.

Une église fortifiée originale domine ce vieux bourg vivarois établi en terrasse face aux plateaux de la Basse-Ardèche.

Village perché de Montréal

Joël Damase / MICHELIN

Église – Elle remonte au 14ᵉ s. On en découvre la vue la plus imposante de la place centrale du bourg, au pied du chevet. Au-dessus du mur plat de l'abside fortifiée apparaît la flèche du clocher à arêtes dentelées ; une tour, ancienne pièce maîtresse des fortifications, constitue son soubassement. Un escalier, au Sud de l'église, permet de gagner la petite esplanade au niveau de la façade. Celle-ci est surmontée d'une jolie bretèche armoriée.

Chapelle St-Benoît – *Visite sur demande préalable à la mairie -* ☎ 04 75 39 11 16. Elle est située en contrebas de la rue principale. C'est un édifice roman très simple, avec ses deux nefs accolées et ses deux absides distinctes. Dans la nef de gauche, remarquez les anciennes lanternes, les ostensoirs de procession et les bougeoirs disposés sur les stalles.

Château de la Mothe-Chalendar – 14ᵉ-16ᵉ s. À l'entrée Sud du bourg, c'est une construction basse, à l'allure de maison forte avec ses tours et ses échauguettes percées de meurtrières.

Tauriers

2 km au Nord-Ouest, par la D 305, petite route s'amorçant place Mazon, près de l'église.

Village autrefois fortifié, perché sur un éperon au-dessus de la vallée de la Ligne.

Vinezac

8 km à l'Est, par la D 103 et la D 423.

L'**église** romane de ce vieux bourg est remarquable par sa haute abside polygonale et son clocher à gargouilles.

Sentier des lauzes à St-Mélany★

34 km à l'Est, par la D 5, puis la D 24 à gauche, la D 203 à gauche et la D 220 à droite. Départ sous la mairie de St-Mélany. Circuit de 15 km, balisé en rouge et jaune, puis en jaune et blanc. Comptez au moins 5h, et chaussez-vous en conséquence.

Largentière pratique

Adresse utile

🛈 **Office de tourisme** – 8 r. Camille-Vielfaure - 07110 LARGENTIÈRE - ℘ 04 75 39 14 28/23 66 - www.largentiere.net - juil.-août : 9h-12h, 14h-18h, dim. 9h-12h ; reste de l'année : tlj sf dim. 9h-12h, 14h-17h, lun. 14h-17h.

Se loger

⌑ **Camping Le Moulinage** – 07110 Montréal - 5,5 km au SE de Montréal par D 5, D 104, puis D 4 vers Ruoms - ℘ 04 75 36 86 20 - moulinage@aol.com - ouv. Pâques au 15 sept. - réserv. conseillée - 90 empl. 23,20 € - restauration. Un terrain qui ne cesse de changer ces dernières années : des réalisations comme le mini-golf ou l'aménagement de la berge le rendent de plus en plus agréable. Piscine, snack et libre-service.

⌑⌑ **Hôtel Le Chêne Vert** - À Rocher - 4 km au N de Largentière par D 5 - ℘ 04 75 88 34 02 - contact@hotellechenevert.com - fermé 2 nov.-31 mars, lun. et mar. en oct. - 🅿 - 25 ch. 57/70 € - 😴 8 € - restaurant 17/36 €. Cet hôtel de campagne situé au bord d'une petite route s'avère néanmoins une adresse tranquille. Ses chambres, plus grandes dans l'annexe récente, sont fonctionnelles, bien tenues et parfois dotées de balcons tournés sur la piscine. Fitness. Cuisine familiale.

⌑⌑ **Auberge de la Tour de Brison** – À la Chapelette - 07110 Sanilhac - ℘ 04 75 39 29 00 - belinc@wanadoo.fr - fermé 2 nov.-30 mars et merc. sf juil.-août - 🅿 - 14 ch. 57/70 € - 😴 8 € - restaurant 25 €. Cette accueillante auberge bâtie à flanc de colline jouit d'une jolie vue sur la vallée et sur le plateau du Coiron. Chambres actuelles et confortables. Bons petits plats de saison réalisés avec les produits du terroir et charcuteries maison à savourer dans une salle-véranda panoramique.

Se restaurer

😋😋 **Mas de la Madeleine** – Rte de Tauriers - 600 m à l'O de Largentière centre par D 305 rte de Tauriers - ℘ 04 75 39 23 18 - www.masdelamadeleine.com - 24/25 € - 6 ch 60/68 € - 😴. Cette ferme-auberge qui vit au rythme de ses chèvres et de ses brebis ravira les amateurs de fine cuisine provençale, préparée en majeure partie avec des produits issus de l'exploitation. Les chambres d'hôte allient caractère et confort avec leur mobilier au cachet rustique.

😋😋😋 **La Bastide du Soleil** – Au bourg - 07110 Vinezac - 8 km à l'E de Largentière par D 103 et D 423 - ℘ 04 75 36 91 66 - bastidesoleil@wanadoo.fr - fermé déc., janv., mar. midi, merc. midi et lun. de sept. à juin, le midi en sem. en été et dim. soir d'oct. à mars - 30/45 € - 5 ch 130 € - 😴 12 €. Cette belle demeure du 17e s. est tout à fait dans le ton du charmant village de Vinezac. Son décor moderne mâtiné de touches provençales est lumineux. Les amateurs de vieilles pierres apprécieront son bel escalier d'époque.

Loisirs

Baignade – À partir des Deux-Aygues, au nord de Joyeuse, la vallée de la Beaume offre quelques sites de baignade très agréables. Venir de bonne heure, car les endroits assez profonds sont vite occupés.

🐾 Suivant plus ou moins la courbe de niveau, le sentier caillouteux traverse quelques hameaux, se glisse entre deux maisons, débusque un moulin, une grange, une chapelle, longe les cultures en terrasses ou se faufile en sous-bois au gré des murets de lauzes. Le paysage, façonné par l'agriculture ou naturel, est beau en soi. Grâce à une association de la vallée de la Drobie, soucieuse de la conservation de ce patrimoine fragile, il est désormais agrémenté de trois installations artistiques en plein air, baptisées *Parole de lauzes★* (Domingo Cisnero) et *Silence de lauzes* (Christian Lapie et Erik Samakh). ℘ 04 75 36 96 46 - www.surlesentierdeslauzes.fr

Circuit de découverte

LES GORGES DE LA BEAUME

Circuit de 40 km – environ 2h. Quittez Largentière par la D 5 et la D 212 au Sud, et gagnez Joyeuse.

Joyeuse

Dominé par les vestiges de son château (actuelle mairie, belvédère), le bourg conserve dans sa partie haute quelques maisons anciennes et des passages couverts étonnants qui donnent sur la ville basse. Le plus impressionnant est le **goulajou des Endettés** qui part un peu en dessous de la place de la Recluse et descend jusqu'à la rue principale qui traverse Joyeuse.

Musée de la Châtaigneraie – *Parvis de l'église -* 📞 *04 75 39 90 66 - juil.-août : 10h-12h30, 15h-19h, dim., lun. et j. fériés 15h-19h ; mai-juin et sept. : 9h-12h, 14h-18h, dim., lun. et j. fériés 14h-18h ; de mi-mars à fin avr. et de déb. oct. à mi-nov. : tlj sf dim. et lun. 9h-12h, 14h-18h - fermé de mi-nov. à mi-mars, 1ᵉʳ janv., 1ᵉʳ Mai, 1ᵉʳ et 11 Nov. et 25 déc. - 4,20 € (enf. 3 €) - vente de produits locaux à la boutique.*

Complémentaire de la Maison du châtaignier à St-Pierreville, le musée de Joyeuse expose une collection d'outils mais aussi et surtout de très beaux meubles en châtaignier présentés dans une salle voûtée du 17ᵉ s.

Partant de Joyeuse, la D 203 suit, à partir des Deux-Aygues, les gorges supérieures de la Beaume.

D'âpres aiguilles schisteuses alternent, ici, avec de gros chaos granitiques ; la vallée, resserrée, est très sauvage.

Retour à Largentière par la D 24 et la D 5.

La famille Joyeuse

Quel nom engageant et réjouissant pour cet ancien village qui fut le berceau d'une famille illustre aux 16ᵉ et 17ᵉ s ! Le vicomte de Joyeuse, maréchal de France, eut plusieurs fils qui s'illustrèrent diversement : l'aîné, favori d'Henri III, épousa la sœur de la reine ; le deuxième devint archevêque puis cardinal, présida les États généraux de 1614 et sacra Louis XIII à Reims ; un autre enfin, tour à tour soldat et capucin, commanda les ligueurs du Midi contre Henri IV, puis fut gouverneur du Languedoc avant de retourner au couvent.

Gorges de la **Loire** ★

CARTE GÉNÉRALE A3 – CARTES MICHELIN LOCAL 327 C8/9, D8, E7
OU 331 F2/3, G2/5, H1/4 – LOIRE (42)

De la Loire, tout le monde connaît la partie prestigieuse de son cours agrémenté d'un somptueux cortège de châteaux. Moins connus sont ses débuts dans les âpres reliefs volcaniques du Massif central. Depuis le mont Gerbier-de-Jonc, un parcours sauvage franchit des coulées basaltiques avant de tailler de profondes gorges en arrivant vers St-Étienne. Mais l'homme a considérablement modifié l'œuvre de la nature en créant les grandes retenues de Grangent ou de Villerest.

▶ **Se repérer** – La Loire coule depuis le mont Gerbier-de-Jonc. Elle traverse le lac d'Issarlès, Arlempdes, Le Puy-en-Velay, Vorey, Retournac, Monistrol-sur-Loire, Aurec-sur-Loire, Saint-Just-Saint-Rambert où, des gorges dans lesquelles elle s'était frayé un passage, elle débouche sur la plaine du Forez.

👁 **À ne pas manquer** – Le mont Gerbier-de-Jonc pour assister à la naissance du fleuve ; les paysages spectaculaires du circuit entre Aurec et St-Just-St-Rambert.

🕐 **Organiser son temps** – Comptez une journée et demi pour parcourir les gorges.

🕯 **Pour poursuivre la visite** – Voir aussi : Monistrol-sur-Loire, Le Puy-en-Velay, St-Bonnet-le-Château, St-Étienne et Yssingeaux.

De la mer aux gorges

Le cours de la Loire occupe un ancien fossé marin qui a subi le contrecoup de la surrection alpine, à la fin de l'ère tertiaire. De véritables fosses d'effondrement – bassins du Puy, du Forez, de Roanne – ont obligé le fleuve à se tailler un passage dans les plateaux séparant ces bassins.

Panorama sur la Loire, du château d'Arlempdes

Amaury de Valroger / MICHELIN

Circuits de découverte

LA HAUTE VALLÉE VELLAVE★

De belles forteresses en ruine et quelques vieilles demeures, perchées sur des éperons rocheux ou sur le flanc des versants bien exposés, regardent la Loire étroite et fougueuse, qui prend à peine ses airs de grand fleuve sauvage. S'égrainent Arlempdes, Bouzols, Lavoûte-Polignac, Rochebaron, St-Victor-sur-Loire, Grangent, St-Jean-St-Maurice-sur-Loire…
Des églises romanes, souvent des prieurés à l'origine, jalonnent la route des gorges ; la plus remarquable est celle de Chamalières-sur-Loire.

Du Gerbier-de-Jonc au Puy-en-Velay [1]

115 km – comptez une journée.

Gerbier-de-Jonc★★ *(voir p. 243)*

Empruntez la D 116 puis, entre Ste-Eulalie et Rieutord, prenez la D 302 à droite, en direction d'Usclades-et-Rieutord. Juste après avoir passé Usclades-et-Rieutord, toujours sur la D 302, empruntez la D 160 jusqu'à La Palisse où l'on trouve la D 116 à sa droite. Cette route mène au lac d'Issarlès.

La route descend le long du vallon pastoral de la Loire. À Ste-Eulalie et près d'Usclades-et-Rieutord, on aperçoit encore des maisons à toit de chaume. Après Usclades, la route longe le lac artificiel de La Palisse. Peu après un passage forestier, belle coulée basaltique à gauche, dominant la Loire. La route franchit la vallée encaissée du Gage.

Lac d'Issarlès★ *(voir ce nom)*

À ce premier parcours montagnard succède un tracé accidenté s'écartant à maintes reprises de la Loire qui s'enfonce en gorge dans le plateau vellave.
Joignez Issarlès, puis prenez la D 37 sur la gauche. Avant Salettes, prenez à gauche la D 500. Aux Arcis, empruntez à droite la D 54 jusqu'à Arlempdes.

Arlempdes★ *(voir ce nom)*

La D 54 se poursuit, puis s'arrête au passage de la D 49. Prenez à droite en direction de Goudet et St-Martin-de-Fugères.

Goudet

Petit hameau dominé par les ruines du château de Beaufort.

St-Martin-de-Fugères

De la D 49, en haut du bourg, **vue**★ sur le bassin du Puy, les gorges de Peyredeyre et les monts du Velay.

Après un demi-tour, on suit la D 49 jusqu'à Costarros où, en s'orientant à droite, on prend la N 88 pour atteindre Le Puy-en-Velay.

Le Puy-en-Velay★★★ *(voir ce nom)*

Du Puy-en-Velay à Retournac [2]

58 km – comptez une journée. Quittez le Puy-en-Velay au Nord par la D 103. En sortant du bassin du Puy, la Loire s'enfonce dans les gorges de Peyredeyre. À Peyredeyre, prenez à droite la D 71.

Chaspinhac

La route pittoresque surplombe la vallée de la Sumène avant d'atteindre le hameau de Chaspinhac dont la modeste **église** romane, au bel appareil en pierre volcanique rouge, renferme de beaux chapiteaux sculptés.

L'apparition du château de Lavoûte-Polignac marque l'entrée dans le riant bassin de l'Emblaves où la vallée s'épanouit, au pied d'un cirque dominé par des pitons de formes variées. *Reprenez la D 71 en direction de Malrevers. Là, empruntez à gauche, la D 26 puis, encore à gauche la D 7 pour aller à Lavoûte-sur-Loire.*

Château de Lavoûte-Polignac

☏ 04 71 08 50 02 - visite guidée (45mn) juin-sept. : 10h-13h, 14h-19h ; vac. de Pâques : 14h-18h ; mai et oct. : w.-end et j. fériés 14h-18h - fermé de la Toussaint à Pâques - tarif non communiqué.

Déjà possession des Polignac au 13e s., il était destiné à servir de manoir de plaisance alors que Polignac était la forteresse. L'unique corps de bâtiment, restauré après la Révolution, vaut surtout pour son site perché, à l'intérieur d'une « voulte » (boucle) de la Loire. La visite est intéressante par les évocations que permettent les **souvenirs**★ de famille (mobilier, tableaux, tapisseries, correspondance).

Lavoûte-sur-Loire

Mai-sept. : 9h-19h - se renseigner - ☏ 04 71 08 52 40. La petite **église** romane, à nef unique, abrite, au-dessus du maître-autel, un remarquable **Christ**★ en bois sculpté du 13e s. *Prenez au Nord la D 103.*

Vorey

Station climatique d'été.
Reprendre au Nord la D 103.

Chamalières-sur-Loire

Sur la rive droite de la Loire, en aval du Puy-en-Velay, le bourg s'allonge en terrasse au pied du mont Gerbizon (1 064 m), face à la ligne des monts Miaune dont le dernier mamelon porte les ruines du château d'Artias. Chamalières mérite un arrêt pour son église romane (début du

12e s.). Elle appartenait à un ancien prieuré bénédictin assez prestigieux disputé par les plus grandes familles du Velay et du Forez. Des bâtiments conventuels, il ne subsiste aujourd'hui que des vestiges. L'église a été restaurée au début du 20e s.

Église★ – *Possibilité de visite guidée, se renseigner à l'office de tourisme -* 📞 *04 71 01 30 67.* À l'extérieur, la partie haute de la nef, du côté Sud, est décorée d'une belle arcature en plein cintre se poursuivant autour de l'abside.

L'intérieur comprend une nef de trois travées en berceau, flanquée de bas-côtés, à voûtes d'arêtes. L'**abside** est tout à fait remarquable par sa voûte en cul-de-four, d'une ampleur exceptionnelle. À mi-hauteur de la voûte, au-dessus des oculi, les petits orifices disposés sur trois rangs correspondent à des vases acoustiques, ou *échéa*, noyés dans la maçonnerie.

À droite, en entrant, se trouve une célèbre sculpture romane, à l'origine pilier monolithe de l'ancien cloître, creusé plus tard en vasque et utilisé comme bénitier. Sur le pilier gauche du transept, du côté du maître-autel, une peinture murale (13e s.) représente la Vierge en majesté. Au fond du bas-côté Sud est conservée la porte romane primitive de l'église (12e s.).

Ancien cloître – Une porte s'ouvrant dans le bas-côté gauche de l'église donne accès aux vestiges du cloître roman, établi jadis en terrasse au-dessus de la Loire.

Peu après la sortie de Chamalières, prenez à gauche la D 35 qui traverse la Loire et conduit à Roche-en-Régnier.

Roche-en-Régnier

Vieux village perché sur la rive gauche et dominé par un chicot volcanique portant une ancienne tour de défense.

Au pied de la tour, **panorama★** sur les monts du Velay, du Forez et les sucs d'Yssingeaux.

Prenez sur la droite la D 29 en direction de St-André-de-Chalencon. À St-André-de-Chalencon, empruntez la petite route s'amorçant derrière le chevet de l'église, puis celle passant en contrebas du cimetière, à gauche. À environ 1,8 km, laissez la voiture au parc de stationnement aménagé en vue des ruines (1/4h à pied AR).

Chalencon

Le **coup d'œil★**, à l'arrivée sur Chalencon, est superbe : en haut du vieux village silencieux, une belle tour ronde crénelée se dresse au centre d'une enceinte carrée. À l'extrémité droite de l'éperon, la façade de l'ancienne chapelle seigneuriale s'inscrit harmonieusement dans le site. Du pied de la tour, vue sur les gorges de l'Ance que franchit le pont du Diable.

Château – Les ruines du château de Chalencon occupent une position forte sur un piton rocheux, à la limite du Velay et du Forez. Chalencon était le fief d'origine d'une des plus anciennes familles du Velay qui compta parmi ses membres plusieurs évêques du Puy-en-Velay.

Promenade de l'Ance – 🚶 En revenant à la voiture, empruntez à droite le sentier en descente menant à un second pont ancien situé en amont. Le **site★**, très retiré, au fond des gorges, permet une agréable promenade.

Revenez en arrière vers la D 9 que l'on prend jusqu'à Retournac.

Retournac

Joliment situé, le bourg abrite une **église**, en partie romane, qui se signale extérieurement par sa construction en pierres d'une belle coloration jaune, son clocher massif et sa couverture de lauzes.

À l'intérieur, remarquez la coupole sur trompes, la sobre élégance du chœur, une Vierge à l'Enfant, œuvre italienne du 16e s., l'autel moderne de P. Kaeppelin et des vitraux d'H. Guérin.

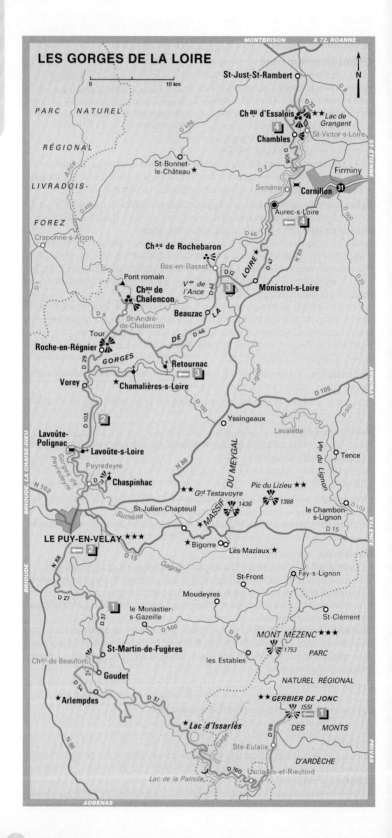

LES GORGES DE LA LOIRE

Musée des Manufactures de dentelles – *14 av. de la Gare - ℘ 04 71 59 41 63 - www.ville-retournac.fr -* ⟨ *- juil.-août : 14h30-19h ; avr.-juin et sept. : 14h30-18h - fermé de mi-nov. à fin mars et 1er Mai - 3 € (-12 ans gratuit).*

Sur les lieux mêmes de l'ancienne manufacture « Experton Frère et Sœur » construite en 1913, il restitue avec charme l'atmosphère d'un atelier et la mémoire des dentellières. Une façon sensible et originale de pénétrer au cœur d'un artisanat d'art qui, aux 19e et 20e s., fit l'identité de la Haute-Loire en même temps que sa réputation internationale. Cette riche collection de modèles de dentelle, de mobiliers et d'archives est amenée à s'étoffer au fil du développement du musée.

ENTRE FOREZ ET VIVARAIS★
De Retournac à Aurec ③

35 km – environ 2h. Quittant le petit bassin de Retournac, la route *(D 46)*, tracée sur le plateau rive gauche, s'écarte un moment de la Loire qui s'épanouit de nouveau en aval dans le bassin du Basset.

Beauzac *(voir p. 273)*
Poursuivez sur la D 46 et arrêtez-vous à Bas-en-Basset.

Château de Rochebaron *(voir p. 272)*
3/4h à pied AR. Reprenez la D 46 en faisant demi-tour. Prenez à gauche la D 12.

Monistrol-sur-Loire *(voir ce nom)*
Prenez au Nord la D 47.

> ### Ravachol
>
> Ravachol, alias François-Claudius Kœnigstein (1859-1892), a bien sinistre réputation. Son père, d'origine néerlandaise, a quitté sa mère (Ravachol est son nom). Le jeune homme a sa famille à charge. Il ne cesse pourtant de perdre ses emplois d'ouvrier et devient cambrioleur. En 1891 à Chambles, il assassine un vieil ermite qui l'a surpris en pleine rapine. C'est son premier meutre. Peu de temps après, ce solitaire commet de sanglants attentats à Paris au nom de l'Anarchie. Il sera guillotiné le 11 juillet 1892.

Aurec-sur-Loire

Blottie dans une boucle de la Loire, la bourgade a conservé un bel ensemble médiéval récemment restauré : à partir de l'**église,** construite sur des bases antérieures à l'an mil, on chemine dans le **parc du château** (tour Guillaume de la Roue 1466) et le long des remparts qui dominent le fleuve, avant de passer sous la porte David (à côté de la maison du Bailli). Le **château** du Moine-Sacristain et sa **tour** des Bourguignons (16e s.) abritent un **musée** traditionnel bien fourni. *℘ 04 77 35 26 55 - www.office-tourisme-aurec.com - mai-sept. : 10h-12h, 14h30-18h, dim. et j. fériés 14h-18h ; janv.-avr. : tlj sf lun. et mar. mat. 10h-12h, 14h-18h, sam. 10h-12h ; oct.-déc. : 10h-12h, 14h-18h - fermé 1er janv., dim. de Pâques, 1er Mai et 25 déc. - 2 € (enf. gratuit).* Sur la rive gauche, prendre la rue de Chazournes (site du troisième château devenu collège) pour rejoindre la **table d'orientation** perchée sur les hauteurs, à **Mons** *(3 km).*

D'Aurec à St-Just-St-Rambert ④

30 km – environ 3h. À partir d'Aurec-sur-Loire commence **le lac de retenue de Grangent★★** : de Semène à la crête du barrage, le parcours en **corniche★★** escarpée *(D 108, puis D 32)* offre des vues sur les méandres sauvages en partie submergés.

Cornillon

Le **château** *(on ne visite pas),* perché sur un éperon, domine les gorges de la Loire ; ce fut jadis le siège d'une des plus importantes baronnies du Forez.

Chambles

Ce site est l'un des plus beaux des gorges de la Loire. À côté de l'église trapue, la tour de l'ancien château se dresse sur le rebord d'un haut escarpement, dominant les méandres de Grangent. Cette tour est caractéristique du système défensif des châteaux du Moyen-Âge par son entrée située à mi-hauteur, qui n'était accessible qu'avec une échelle escamotable ; une porte plus récente permet de grimper au sommet *(accès difficile),* d'où s'étend un vaste **panorama★** sur le Forez et le Lyonnais ; à gauche, silhouettes des châteaux de Vassalieux et d'Essalois.

2 km après Chambles, prenez à droite la petite route vers le château d'Essalois.

Château d'Essalois

Sa robuste silhouette se détache au-dessus des gorges escarpées ; de cette belle sentinelle superbement restaurée s'étend une **vue★★** impressionnante sur le lac et l'île de Grangent.

À proximité du château, un oppidum celtique témoigne de l'importance stratégique des lieux.

Sur l'autre rive, des sites comme le plateau de la Danse (site préhistorique) ou St-Victor-sur-Loire (base nautique) permettent d'autres points de vue sur les gorges. L'histoire de ces lieux, faite de légendes, de guerres et de vie religieuse, leur confère, aujourd'hui encore, magie et mystère.

Île de Grangent

Le lac artificiel a isolé la languette d'une échine rocheuse portant les vestiges du château de Grangent (tour du 12e s.) et une petite chapelle coiffée de tuiles rouges. De la D 32, sur la rive droite, **vue★** dans un virage (*à 750 m de la crête du barrage*).

St-Just-St-Rambert

Situé au débouché des gorges de la Loire, dans le Sud de la plaine du Forez, St-Rambert, ancien bourg gallo-romain d'*Occianum*, est accroché au flanc d'une butte ; St-Just, la partie moderne de la localité, s'étend sur la rive droite.

Église St-André★ – *Possibilité de visite guidée sur demande à l'office de tourisme - ☎ 04 77 52 05 14.* C'est un robuste édifice des 11e et 12e s. Deux clochers le surmontent : au-dessus de la façade s'élève un clocher-tour fortifié (11e s.) et à la croisée du transept se dresse le **clocher★** proprement dit, du 12e s. À l'intérieur, les arcs situés entre la nef et les bas-côtés sont de plus en plus larges à mesure que l'on

> ### Les « saint-rambertes »
>
> St-Rambert a donné son nom à des embarcations en sapin, les « saint-rambertes », qui étaient fabriquées sur place pour transporter le charbon et le vin. Arrivées à destination, elles étaient détruites ou vendues car on ne pouvait leur faire remonter le courant.

approche du chœur, ce qui a pour effet de donner plus de profondeur à la perspective. À la croisée du transept, une coupole sur trompes soutient le clocher central.

Chapelle St-Jean – *Visite combinée avec l'église St-André, sur demande à l'office de tourisme.* Cet édifice du 11e s., qui servait de baptistère, flanque l'église au Nord.

Musée des Civilisations « le Prieuré » –*Pl. Madeleine Rousseau - ☎ 04 77 52 03 11 - tlj sf mar. 14h-18h - fermé 1er janv., 1er Mai et 25 déc. - 4 € (+10 ans 2,50 €).*
L'histoire locale est représentée par des objets d'art évoquant saint Rambert et le passé de la cité. Caricatures de Cham, Daumier, etc. D'autres salles abritent des collections de divers pays, en particulier une collection d'art africain et océanien : **bronzes★** du Bénin, et un beau masque égyptien en obsidienne (18e dynastie).
En aval de St-Rambert, à l'entrée de la cuvette du Forez, la Loire, grossie à Andrézieux par les eaux du Furan descendues de la région stéphanoise, devient un fleuve de plaine, aux rives basses.

Gorges de la Loire pratique

Adresse utile

⬛ Office de tourisme – *Pl. de la Paix - 42170 SAINT-JUST-SAINT-RAMBERT - ☎ 04 77 52 05 14 - www.loireforez.com - mai-sept. : 9h-12h, 14h-18h, dim. et j. fériés 9h-12h ; reste de l'année : tlj sf dim. et j. fériés 9h-12h, 14h-18h.*

Se loger

⊖ Chambre d'hôte Les Revers – *43130 Retournac - 8 km au SE de Retournac par D 103, puis fléché « Les Revers » - ☎ 04 71 59 42 81 - www.lesrevers.fr.st - fermé oct.-mars - ⌷ - 4 ch. 33/45 € ⌷ - repas 16 €.* Par amour de la nature, cette famille de Stéphanois a choisi de se retirer dans ce lieu extraordinairement isolé, entre prés et forêts… Lui, passionné de chevaux, les élève et organise des balades avec ses hôtes… Chambres sobres et ambiance décontractée.

⊖ Chambre d'hôte Mme Grimand – *Pracoin - 42230 St-Victor-sur-Loire - ☎ 04 77 90 37 95 - www.chambre-hotes-loire.com - fermé 25 déc.-1er janv. - ⌷ - 3 ch. 36/45 € ⌷.* À proximité des gorges de la Loire et du village médiéval de St-Victor, ce sont trois chambres harmonieusement aménagées qui vous sont réservées. Petit-déjeuner composé de pâtisseries et confitures maison. La propriétaire, très accueillante, saura vous conseiller pour découvrir les charmes de la région.

Se restaurer

⊖ La Presqu'Île – *Rte du Port - 42230 St-Victor-sur-Loire - ☎ 04 77 53 70 08 - 8/35 €.* Ce bâtiment situé aux portes du village médiéval ménage une très belle vue sur les gorges de la Loire et la presqu'île du Châtelet. C'est donc avec plaisir que vous prendrez place près de la baie vitrée pour déguster une cuisine traditionnelle raffinée, préparée avec des produits frais.

Sports & Loisirs

👁 Bon à savoir – Malgré un niveau d'eau assez faible en période estivale, la Loire offre des secteurs intéressants pour le kayak, notamment entre Lavoûte-sur-Loire et Aurec-sur-Loire.

Base Multisports – *43110 Aurec-sur-Loire - ☎ 04 77 35 43 68 - www.csl.fr - 8h-19h.* Les sportifs ont l'embarras du choix avec la pratique du canoë-kayak, de la voile, mais aussi des promenades à cheval ou en VTT, l'escalade, la pêche sportive… Ce centre propose de très nombreuses animations, particulièrement en été.

Base de Loisirs Loire-Forez – *« Les Giraudières » - 42170 St-Just-St-Rambert - ☎ 04 77 76 32 52.* À la fois proche du centre-ville et de la campagne, cette base nautique située sur les bords de la Loire offre un choix complet d'activités : découverte de l'eau-vive en kayak ou rafting (seul ou avec un moniteur), VTT, tir à l'arc, roller…

Monts du **Lyonnais**★

CARTE GÉNÉRALE B2 – CARTE MICHELIN LOCAL 327 F6, G5/6, H5 – RHÔNE (69)

C'est un véritable dépaysement qui attend le promeneur lyonnais à deux pas de son immense agglomération. La région regroupe un peu de plaine, mais surtout des coteaux et des monts (700-900 m). Les vieilles maisons rurales, à la disposition caractéristique – trois bâtiments en équerre enserrant une cour généralement fermée – sont encore nombreuses. Les paysages parfois tourmentés de cette région montagneuse offrent de belles balades dans un milieu naturel encore préservé.

- ▶ **Se repérer** – Les monts du Lyonnais s'interposent entre Saint-Étienne et Lyon, au-dessus du parc naturel régional du Pilat.

- 👁 **À ne pas manquer** – Les vestiges des aqueducs romains, notamment les arches de Chaponost ; le Signal de St-André qui offre un panorama sur les Alpes.

- 🕐 **Organiser son temps** – Comptez deux jours pour parcourir la région.

- 👪 **Avec les enfants** – Laissez-vous effrayer par le spectacle de (haut) vol des rapaces au Parc animalier de Courzieu, ou par les menaces de disparition sur les espèces animales au zoo de St-Martin-la-Plaine.

- 👍 **Pour poursuivre la visite** – Voir aussi : château de La Bastie-d'Urfé, Chazelles-sur-Loire, Feurs, Montbrison et le Pilat.

Comprendre

Le relief – Les monts du Lyonnais sont coupés de profondes dépressions – Brévenne et Azergues au Nord, Gier au Sud – qui séparent la montagne des massifs voisins : Pilat, monts de Tarare et du Beaujolais. À l'ère quaternaire, les glaciers ont raboté la partie orientale, donnant naissance au plateau lyonnais. Son rebord domine le Rhône de 100 à 150 m par un front de collines portant la trace d'anciennes moraines.

La vie économique – Cultures maraîchères, vignes et vergers occupent les basses vallées. Plus haut se dressent les sommets où les pâturages et les cultures réduisent la forêt à d'épais taillis de châtaigniers et de chênes. La « fabrique » lyonnaise employait autrefois à domicile la main-d'œuvre locale. Aujourd'hui, la région vit surtout d'élevage et de production laitière. L'activité proprement industrielle est limitée aux localités les plus importantes : Chazelles-sur-Lyon, St-Galmier et Ste-Foy-l'Argentière.

Découvrir

AQUEDUCS ROMAINS

Le plateau conserve de nombreux vestiges des aqueducs qui alimentaient le Lyon gallo-romain en eau. La ville recevait journellement 75 000 m³ d'eau de ses quatre aqueducs : Mont-d'Or, Brévenne, Yzeron et Gier.

Ludovic Campion / MICHELIN

Anciennes arches de Chaponost

C'est l'aqueduc du Gier, le dernier construit, long de 75 km, qui a laissé le plus de vestiges. Sa construction, sous le règne d'Hadrien, au début du 2e s., fut particulièrement soignée : parement réticulé, à moellons clairs et foncés, disposés en nid d'abeilles, arcades à claveaux alternés de pierres et de briques, canal cimenté. Il était le seul à alimenter les hauteurs de la colline de Fourvière.

Les ponts-siphons

Plus encore que par leur architecture, les aqueducs romains nous étonnent par la science hydraulique dont ils témoignent. La technique des ponts-siphons fait l'originalité des aqueducs lyonnais. Ils permettaient de franchir les vallées sans avoir recours à de gigantesques et coûteux ponts-aqueducs, comme celui du Gard.

Arches de Chaponost★

À **Beaunant**, dans le creux du vallon de l'Yzeron, envahi par les constructions suburbaines, subsiste une partie du pont-siphon.

Poursuivez par la D 50.

Au débouché sur le plateau, au « Plat de l'Air », la route offre, à droite, une jolie **perspective★** sur l'enfilade d'une quarantaine d'arches subsistantes, sectionnées en plusieurs tronçons.

Laissez la voiture à l'entrée du chemin et longez à pied l'aqueduc.

À l'extrémité de l'enfilade, l'ancien réservoir de chasse du pont-siphon de Beaunant est encore visible, sur la pile terminale. Un plan incliné, en maçonnerie, permet d'accéder au sommet. On distingue les orifices des tuyaux et l'enduit de ciment rougeâtre du canal *(1/4h à pied AR)*.

Autres vestiges – D'autres vestiges subsistent à **Brignais** (mur réticulé), **Soucieu-en-Jarrest** (réservoir de l'aqueduc ou « chameau », en raison de sa silhouette bossue), **Craponne** (tourillons ou piles d'un réservoir) et **Mornant** : à 300 m du bourg – qui conserve une belle église gothique – empruntez sur la D 63, direction St-Sorlin, un sentier, à droite, menant au pied d'une arche, dans le creux d'un vallon *(5mn à pied AR)*. À Lyon même, on peut voir également des vestiges d'aqueduc comme l'entrée de l'ancienne voie d'Aquitaine, aujourd'hui rue Roger-Radisson.

Circuits de découverte

DE LYON À ST-ÉTIENNE ①

128 km – comptez une journée sans la visite de Lyon. Quittez Lyon, à l'Ouest, par l'autoroute A 6. À la sortie de Tassin-la-Demi-Lune, suivez la N 7 sur 1 km pour prendre à gauche la D 7. À la Rivoire, prenez à gauche la D 70 et, à Pollionnay, la route à droite qui s'élève en forêt et offre, à la Croix-du-Banc, une belle vue, à droite, sur le bassin de l'Arbresle. Après Chevinay, prenez la D 24 à gauche.

Col de la Luère★

Agréable site forestier. Entre les cols de la Luère et de Malval, près du château de St-Bonnet-le-Froid, la route offre, à droite, une **vue★** sur la vallée de la Brévenne.

Au col de Malval, prenez deux fois à droite, la D 50 et une route forestière.

Parc animalier de Courzieu

☎ 04 74 70 96 10 - www.parc-de-courzieu.fr - mars-oct. : 10h-19h - spectacles : 14h30 et 16h30 (rapaces en vol), 15h30 (rencontre avec les loups) - 10 € (4-12 ans 8,50 €).

👥 Ce parc de 20 ha fait découvrir grâce à une promenade en sous-bois la vie des prédateurs d'Europe (loups, rapaces). Une structure d'accueil d'inspiration nordique (cabanes en rondins de mélèzes et toits en gazon), une aire de jeux de même inspiration et un jardin botanique agrémentent la visite. Dans la journée, belle **démonstration de vol** *(1/2h)*, sur fond musical, des effraies, hulottes, grand duc, buse américaine, milan noir, vautours, aigles royal et d'Amérique.

Après le col de Malval, la D 113 ménage successivement des échappées sur la vallée du Rhône à gauche et la vallée de la Brévenne à droite. À environ 800 m au Sud du col, un **panorama★** se dégage sur la plaine du Rhône, le Mont-d'Or à gauche, le mont Pilat à droite et, au fond, les contreforts des Alpes.

Yzeron

De l'église, la **vue★** vers la vallée du Rhône s'inscrit dans l'axe de la trouée de l'Yzeron.

À St-Martin-en-Haut, prenez la D 113.

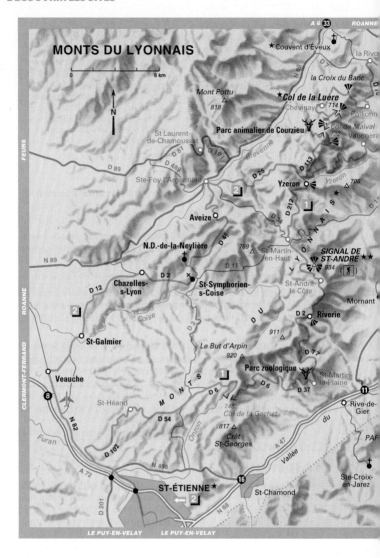

MONTS DU LYONNAIS

Signal de St-André★★

🚶 *3/4h à pied AR*. À environ 800 m au Nord-Ouest du bourg de St-André-la-Côte, un sentier, partant de la D 113, mène au sommet du signal (alt. 934 m). Un **panorama** se révèle face aux Alpes, et en arrière sur des villages perchés.

Riverie

Vieux bourg féodal établi sur un promontoire. De l'ancien chemin de ronde, vue bien dégagée en direction du Sud-Est.

Quittez Riverie à l'Ouest par la D 2, puis à Ste-Catherine, suivez la D 77 jusqu'à l'entrée de St-Martin-la-Plaine, où vous prenez la D 37, à droite.

Parc zoologique de St-Martin-la-Plaine

📞 04 77 75 18 68 - www.espace-zoologique.com - ♿ - avr.-sept. : 9h-18h ; oct.-nov. et fév.-mars : 10h-17h - fermé déc.-janv. et 25 déc. - 12 € (3-10 ans 8 €).

👥 À proximité de la vallée du Gier, ce parc s'attache aux problèmes de reproduction des espèces menacées dans leur milieu naturel. De nombreux animaux ont été placés en prêt, pour l'élevage, par d'autres zoos. Parmi les espèces présentes et devenues rares : des gorilles, tigres de Sibérie, loups à crinière des pampas d'Amérique du Sud, des binturongs, babiroussas…

Dans la maison des gorilles, où sont recréées les conditions climatiques des forêts humides équatoriales, évoluent quelques représentants de ces grands anthropoïdes. Possibilité d'assister à leur repas (vers 14h).

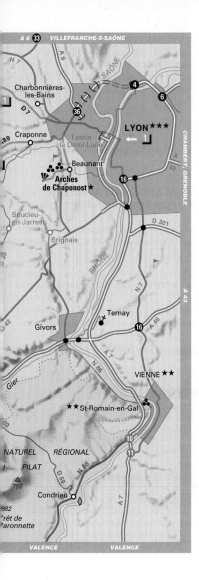

Poursuivez par les D 37, D 6 et D 54.

Jusqu'à St-Héand, la route offre de belles échappées sur les monts du Lyonnais. En fin de parcours, les vues plongent au-dessus de la vallée du Gier, à gauche, et du bassin de la Loire, à droite. De St-Héand, la D 102 descend dans la vallée du Furan.

Gagnez St-Étienne par la N 82.

DE ST-ÉTIENNE À LYON 2

108 km – comptez une journée sans la visite de Lyon. Quittez St-Étienne au Nord par la N 82 qui suit la vallée du Furan.

Veauche

Sur le rebord d'un coteau dominant la Loire, Veauche, dont l'activité principale est la fabrication des bouteilles pour les eaux de St-Galmier, est connue des archéologues et des amateurs d'art. L'**église** était, à l'origine, un petit prieuré donné en 970 à l'abbaye de Savigny. Très modeste extérieurement, l'édifice a été presque entièrement rebâti aux 15e et 16e s. La partie préromane (deux premières travées de la nef) se distingue par une sobre arcature plaquée contre les murs des collatéraux. *S'adresser à la cure.*

St-Galmier

Les eaux de la ville, connues dès l'époque romaine, ne devinrent vraiment réputées qu'au début du 19e s., grâce à l'esprit d'initiative de **A.-S. Badoit** qui, le premier en France, eut l'idée de mettre l'eau en bouteilles. Pour vaincre les préjugés de son époque – on pensait alors que l'eau ainsi transportée perdait ses propriétés –, Badoit organise une véritable campagne publicitaire, en France et à l'étranger : la société qui porte son nom connaît rapidement un essor important. Cette eau pétillante, froide et limpide, est riche en gaz carbonique, sels de calcium et fluorures. Elle est captée à une profondeur de 78 m et mise en bouteilles dans l'**usine** située près de la source. *Possibilité de visite guidée (1h30) sur demande préalable à l'office de tourisme - 04 77 54 06 08.*

Église – *Été : 9h-19h ; hiver : 9h-18h. Visite guidée sur demande préalable à l'office de tourisme - 04 77 54 06 08.* C'est un édifice de style flamboyant à trois nefs. En entrant, à gauche, sous la tribune, très belle **Vierge du pilier**★ de l'école de Michel Colombe (16e s.). Contre le 2e pilier de la nef, à droite, **triptyque**★ de l'école flamande (15e s.) ; le volet central, en bois sculpté et doré, représente une Vierge à l'oiseau, entre sainte Barbe et sainte Catherine.

Hôpital – Il est installé dans un ancien couvent d'ursulines. La chapelle, à droite en entrant, possède un beau retable en bois sculpté, à colonnes torses, du 17e s.

Vieux quartier – *En sortant de l'hôpital, tournez à droite, puis empruntez à gauche la rue Félix-Commarmond.* Cette rue bordée de maisons anciennes mène place des Roches.

Roseraie – *Pour y accéder, prenez la direction de Cuzieu et, à gauche, l'avenue de la Coise. Suivez le fléchage.* Créée en l'an 2000 pour célébrer le passage au 3ᵉ millénaire, elle réunit sur moins d'un hectare environ 300 variétés de roses anciennes et modernes, soigneusement étiquetées au milieu d'un choix judicieux d'arbustes (collection de viburnums) et de plantes vivaces (plusieurs variétés de népétas, de vrais géraniums, etc.).

Chazelles-sur-Lyon *(voir ce nom)*

St-Symphorien-sur-Coise

Son église gothique domine cet ancien bourg fortifié. C'est aujourd'hui un petit centre industriel où l'on fabrique du saucisson sec.

N.-D.-de-la-Neylière

Outre la chapelle, il est possible de visiter les musées d'Océanie et de Jean-Claude Colin, chaque dimanche après-midi à partir de 15h et sur demande préalable à La Neylière - 69590 Pomeys - ℘ 04 78 48 40 33.

Maison d'accueil des pères maristes bâtie sur une colline dominant la vallée de la Coise. Dans la chapelle très dépouillée mais ornée de vitraux et d'une fresque modernes, repose le père Jean-Claude Colin (1790-1875), fondateur de la Société de Marie.

Aveize

À la sortie Nord du bourg, de la D 4, **vue★** sur Ste-Foy-l'Argentière établie au creux de la dépression de la Brévenne.

La montée vers Montromant par la D 25 est étroite et très sinueuse. Dans un virage, avant le col de la Croix-de-Part, la route offre une belle vue sur la vallée de la Brévenne.

Rejoignez Lyon par Yzeron, les Arches de Chaponost et la D 50.

Monts du Lyonnais pratique

Voir également les adresses de Chazelles-sur-Lyon et de Tarare.

Adresse utile

🛈 **Office du tourisme de Lyon** – *Pl. Bellecour - 69002 LYON - ℘ 04 72 77 69 69 - www.lyon-france.com - de mi-avr. à mi-oct. : 9h-19h, dim. 10h-18h ; reste de l'année : 10h-18h, dim. 10h-17h30 - fermé 1ᵉʳ janv., 1ᵉʳ Mai et 25 déc.*

Se loger

⊖ **Chez Jacotte et Elia** – *Le Plat - 42330 St-Galmier - 3 km du centre sur D 12, en ville prendre petite rte dir. Lachai - ℘ 04 77 54 08 27 - http://jacotte.elia.free.fr -🛏- 4 ch. 50/68 € -�- repas 24 €.* Cette authentique ferme fortifiée, isolée en pleine campagne, a été restaurée avec goût. Meubles anciens et décoration soignée partout, notamment dans les chambres. La table d'hôte, dressée dehors aux beaux jours, invite à découvrir les légumes du potager et les produits locaux. Tennis, jacuzzi extérieur et terrain de pétanque.

⊖⊖ **Auberge « Les Blés d'Or »** – *La Curtillat, rte de St-Julien-sur-Bibost - 69770 Montrottier - 3 km au NE du bourg par D 24E et petit chemin à droite - ℘ 04 74 70 13 56 -* 🅿 *- 8 ch. 48/60 € -⊇ 6,10 € - restaurant 24 €.* Véritable bijou dans un écrin de verdure, cette ferme restaurée et convertie en auberge pourrait rivaliser avec les grands hôtels grâce au confort de ses chambres et de sa décoration rustique soignée. À réserver assez tôt car l'endroit affiche souvent complet. Vous comprendrez vite pourquoi, si vous êtes chanceux…

⊖⊖ **La Maison Dieu** – *3 r. Dupuy - 42330 St-Galmier - ℘ 04 77 54 03 03 - www.peycelon.com - fermé en déc. -🛏- 4 ch. 65 € -⊇- repas 20 €.* Vous serez séduit par le charme insolite de cette maison bourgeoise recelant une chapelle (1882) et, à côté du superbe jardin, une galerie en forme de cloître qui donne aux petits-déjeuners d'été une saveur inoubliable. Chambres raffinées et table d'hôte réputée : Mme Peycelon anime un atelier cuisine hebdomadaire.

Se restaurer

⊖⊖ **Auberge la Picoraille** – *Pl. du Marché - 69440 Riverie - ℘ 04 78 81 82 87 - ouv. w.-end et j. fériés -🛏- 13/22 €.* Dans une belle bâtisse du 14ᵉ s., cette auberge fut créée en 1975 par des agricultrices qui souhaitaient réunir citadins et ruraux autour de leur table. Malgré une nouvelle équipe, l'adresse n'a rien perdu de son authenticité ! Cuisine familiale préparée avec une majorité de produits fermiers.

⊖⊖ **Ferme-auberge des 17 Clochers** – *Domaine de Lérieux - 69620 St-Vérand - ℘ 04 74 71 74 82 - www.info-contact.com/domaine-de-lerieux - ouv. vend. soir-dim. - 18,50/22,50 € - 12 ch. 30,50/45 €.* Cette ferme-auberge réputée profite d'une splendide vue sur les vignobles et les églises des dix-sept villages environnants.

Ambiance rustique, cuisine du terroir et dégustations de vin ; les cuvées Vieille Vigne, Fût de Chêne et Sainte-Catherine Vendange Tardive valent le détour. Chambres d'hôte au confort simple.

Que rapporter

La Maison de Pays – *Au bourg - 69440 Mornant -* ✆ *04 78 44 03 76 - 15 juin-15 sept. : 14h30-18h30 ; reste de l'année : sam. 14h30-18h30, dim. 11h-12h30, 14h30-18h30.* Occupant les trois niveaux d'une bâtisse du 16e s., la Maison de Pays propose une découverte du patrimoine régional à travers des expositions de peintures, sculptures et objets anciens. Vente de produits locaux au rez-de-chaussée : charcuteries, vins des coteaux du Lyonnais, miels, terrines, etc.

Maître-Verrier - M. Marion – *Manoir Philip, bd du Sud - 42330 St-Galmier -* ✆ *04 77 52 50 36.* Après avoir terminé son apprentissage Outre-Manche et transmis son savoir aux États-Unis, Maître Marion (oui, il mérite ce titre) est revenu au pays perpétuer la tradition verrière. Au cours d'une démonstration commentée, il transforme sous vos yeux la matière brute en œuvre d'art. De la magie ? Non, du métier !

Calendrier

Marché aux bestiaux – *69930 St-Laurent-de-Chamousset - lun. à partir de 10h.* Folklore et tradition sont au rendez-vous tous les lundis matin lors du marché aux bestiaux. Les plus importants ont lieu les 1er et 3e lundis du mois. Ambiance campagnarde et accent local garantis.

Le Monastier-sur-Gazeille

1 734 MONASTÉROIS
CARTE GÉNÉRALE A4 – CARTE MICHELIN LOCAL 331 G4 – HAUTE-LOIRE (43)

Tout en longueur, le bourg s'étire de part et d'autre d'une ancienne abbaye, sur les bords de la Gazeille. Situé à mi-distance entre le mont Mézenc et la haute vallée de la Loire, c'est un excellent point de départ pour randonner sur toute la partie Sud du Velay. Vous découvrirez avec plaisir son patrimoine attachant et son festival des cuivres qui propose des spectacles de qualité et fait naître au mois d'août un air de fête à vous ravir le cœur.

- **Se repérer** – Situé à 21 km au Sud-Est du Puy, Le Monastier-sur-Gazeille a Arlempdes et le lac d'Issarlès pour voisins proches.
- **À ne pas manquer** – La façade très particulière de l'abbatiale.
- **Organiser son temps** – Comptez 1h.
- **Pour poursuivre la visite** – Voir aussi : Arlempdes, Le Chambon-sur-Lignon, lac d'Issarlès, Le Puy-en-Velay, Thueyts et Yssingeaux.

Comprendre

Ce gros bourg de la Haute-Loire doit son nom à un monastère bénédictin, le plus ancien du Velay : son origine remonte à la fin du 7e s. Les bâtiments conventuels qui abritent actuellement la mairie sont ceux élevés au 18e s. sous la direction de l'abbé de Castries. Calmin, comte d'Auvergne, fonde le monastère et fait venir Eudes, du monastère de Lérins, comme premier abbé. En 728, **saint Théofrède**, son successeur, est massacré lors d'une incursion sarrasine. Le monastère, relevé de ses ruines, connaît durant plusieurs siècles un rayonnement extraordinaire. À la fin du 12e s., le domaine abbatial compte 235 dépendances ou prieurés, notamment Chamalières-sur-Loire en Velay, Veyrine et Thines en Vivarais. Le déclin est très rapide à partir du 16e s., quand des abbés commendataires succèdent aux abbés réguliers.

Visiter

L'abbatiale

Le sanctuaire roman élevé au 11e s. a été profondément remanié au 15e s.

Façade★ – Elle date du 11e s., vivement colorée avec ses pierres volcaniques sombres ou dorées dont l'assemblage *en pain d'épice* illustre une technique décorative répandue dans l'Auvergne et le Velay romans. C'est à l'étage, au-des-

---

L'équipée de Stevenson

Réputés pour leur «amour de la dive bouteille, leur liberté de langage et leurs dissensions politiques sans égales. Une vraie Pologne montagnarde » : ainsi **Robert Louis Stevenson** décrivit-il les Monestérois après son passage par le village. Durant l'automne 1878, le romancier britannique, auteur de *L'Île au trésor*, cherche à satisfaire son humeur vagabonde et à retrouver la trace du vieil esprit camisard. Il traverse à pied les Cévennes, du Monastier à Alès, couchant à la belle étoile ou dans des auberges de fortune. Son carnet de voyage est une mine d'observations humoristiques et pertinentes sur la diversité des paysages et des personnages rencontrés au hasard de sa promenade. Pour porter l'invraisemblable sac de couchage qu'il s'est fait confectionner, Stevenson a fait l'acquisition d'une ânesse, aussitôt baptisée **Modestine**. Le conflit entre l'obstination du romancier et l'entêtement d'une ânesse du Velay durera autant que le voyage.

Joël Damase / MICHELIN

Portrait de Robert-Louis Stevenson

La robustesse de l'abbatiale est allégée par la hauteur de la voûte et la vivacité des chapiteaux.

sus du porche, que le jeu des couleurs est le plus marqué. La corniche du grand fronton triangulaire est décorée d'une frise d'animaux, de figures grotesques et de feuillages.

Intérieur – Vous serez frappé, en entrant, par le contraste entre la nef en pierre volcanique grise et le chœur de style flamboyant, en arkose claire. Transept et collatéraux ont conservé leurs voûtes romanes. Le chœur du 15e s. est entouré d'un petit déambulatoire sur lequel s'ouvrent cinq chapelles rayonnantes. La deuxième à droite, la plus tardive, est de pur style Renaissance, avec son plafond à caissons agrémenté d'écussons et de médaillons.

Dans le bas-côté Nord, un bel **orgue★** de 1518, restauré, attire l'attention par la délicatesse du décor peint et des claires-voies ornant le buffet. Dans la partie haute figurent, dans un écu, les armes de l'abbé Gaspard de Tournon ; de nombreuses restaurations datent de son abbatiat, entre 1504 et 1520.

Le **trésor** est exposé dans la sacristie attenante au bas-côté Nord et abrite des pièces intéressantes dévoilées uniquement pendant la visite guidée : une Pietà en pierre polychrome du 15e s., deux étoffes de soie byzantines ayant enveloppé les reliques des saints fondateurs, une Vierge en bois polychrome du 17e s. et surtout le **buste-reliquaire★** de saint Théofrède, dit aussi **saint Chaffre**, en chêne recouvert de plaques d'argent serties de pierres précieuses. *Visite guidée (1h30) sur demande préalable à l'office de tourisme - ℘ 04 71 08 37 76 - 3 € (enf. 2 €).*

Musée municipal
Château abbatial - ℘ 04 71 03 80 01/94 08 - &. - juil.-août : tlj sf lun. 10h30-12h, 14h-18h ; sept. : tlj sf lun. 10h30-12h, 14h30-17h ; juin et oct. : tlj sf lun. 14h30-17h - 2 €.

Il est aménagé dans les belles salles voûtées du **château abbatial** (sous-sol et rez-de-chaussée). Le bâtiment actuel, cantonné de quatre grosses tours rondes et d'une tour qui renferme un escalier à vis, fut élevé en 1525, sur les fondations d'un château du 14e s., par Charles de Sennecterre (ou Saint-Nectaire), dont la famille fournit des dignitaires ecclésiastiques au Velay pendant un siècle et demi (blason aux 5 fuseaux surmontés d'une crosse). Les collections illustrent l'ethnologie régionale (dentelles, costumes vellaves traditionnels), la préhistoire de la haute vallée de la Loire. **Une salle est consacrée à R.L. Stevenson**, une autre abrite un ensemble lapidaire composé de vestiges de l'abbaye. Au 1er étage, dans la tour Sud, la chapelle de l'abbé présente des vestiges de fresques du 17e s.

Église St-Jean
Située à l'extrémité Sud du village, cette ancienne église paroissiale édifiée au 9e s., et très remaniée au 15e s., est d'une sobre élégance. Elle est entièrement restaurée.

Aux alentours

Viaduc de la Recoumène
2 km. Quittez Le Monastier au Sud par la D 500, puis la D 535 en direction d'Aubenas.
Ce bel ouvrage d'art, franchissant la Gazeille à près de 66 m de hauteur, fut construit entre 1921 et 1925. Comportant huit arches en basalte, il était destiné à former un

jalon sur la ligne de chemin de fer Le Puy-Niègles (Ardèche), qui ne fut jamais mise en service. C'est à l'heure actuelle le seul site du Velay homologué pour le **saut à l'élastique** (frissons garantis !).

Château de Vachères

7,5 km au Sud-Est du Monastier par la D 38. On ne visite pas. Un donjon massif flanqué de tours à poivrières donne à ce château (13e s.), avec ses blocs de basalte noir noyés dans un mortier blanc, une fière allure médiévale.

Freycenet-la-Tour

7 km à l'Est du Monastier par la D 500. La tour a disparu, mais ce village vaut le coup d'œil pour son église romane et les rives romantiques de l'étang des Barthes, niché au cœur d'une grande forêt domaniale.

Moudeyres *(voir p. 246)*

Le Monastier-sur-Gazeille pratique

Adresse utile

🛈 **Office de tourisme** – *32 r. Saint Pierre - 43150 LE MONASTIER-SUR-GAZEILLE -* 🖉 *04 71 08 37 76 - www.paysdumezenc. com - de mi-juin à mi-sept. : 10h-12h, 15h-19h ; reste de l'année : tlj sf dim. et lun. 9h30-12h, 14h30-17h - fermé j. fériés.*

Se loger et se restaurer

⊖ **Le Provence** – *Av. des Écoles -* 🖉 *04 71 03 82 37 - www.le-provence.com -* 🅿 *- 9 ch. 35/52 € -* ⌐ *6 € - restaurant 12/17 €.* À deux pas du centre-ville, cet hôtel-restaurant a le mérite de faire les choses de façon simple. Le mobilier des chambres est un peu vieillot, mais l'ensemble reste propre et bien entretenu. Côté restaurant, les menus comptent quelques spécialités régionales d'un bon rapport qualité-prix.

⊖ **Auberge des Acacias** – 🖉 *04 71 08 38 11 - www.auberge-pays-auvergne.com - fermé vac. de fév. et 2-15 nov. - 4 ch. 38/44 € -* ⌐ *5 € - repas 10/26 €.* Affilié à l'association « Auberge de pays », ce petit hôtel-restaurant bénéficie d'un charme unique. Les chambres sont coquettement aménagées et la salle de restaurant offre un agréable décor campagnard avec ses boiseries et son mobilier rustique. Cuisine simple, mais bonne.

Calendrier

Musique des cuivres, festival international (1er w.-end d'août), 🖉 04 71 08 37 76.

Monistrol-sur-Loire

7 451 MONISTROLIENS
CARTE GÉNÉRALE A3 – CARTE MICHELIN LOCAL 331 H2 – HAUTE-LOIRE (43)

L'important développement de la ville a heureusement épargné le bourg ancien qui surprend par son caractère méridional et ses ruelles médiévales bordées de maisons à génoise aux toits faiblement inclinés. C'est un agréable lieu de villégiature, un bon point de départ pour partir en promenade le long des gorges de la Loire ou au pays des sucs qui gravitent autour d'Yssingeaux.

◔ **Se repérer** – Monistrol se trouve à 31 km au Sud-Ouest de St-Étienne.

👁 **À ne pas manquer** – Les peintures murales de la chapelle du château de Valprivas produites par l'atelier de Rubens ; les très agréables paysages de la vallée de l'Ance.

◔ **Organiser son temps** – Comptez une journée pour la ville et ses environs.

👶 **Pour poursuivre la visite** – Voir aussi : Le Chambon-sur-Lignon, gorges de la Loire, St-Bonnet-le-Château, St-Étienne, Yssingeaux.

Le saviez-vous ?

👁 Monistrol-sur-Loire tire son nom d'un petit établissement monastique (« *monasteriolum* ») qui n'a pas laissé d'autres traces. Le climat et la situation remarquable du site ont dû séduire les évêques du Puy-en-Velay car ils en ont fait un de leurs séjours favoris. L'endroit s'est tellement transformé qu'il est devenu la seconde ville du diocèse sous le nom de Monistrol-l'Évêque. La cité s'appellera ensuite Monistrol-en-Velay et, enfin, Monistrol-sur-Loire.

👁 À côté de Monistrol se trouve Valprivas. C'est là qu'Antoine Verd du Verdier, humaniste forézien et ami des poètes de la Pléiade, rédigea sa *Bibliothèque française*. Cet ouvrage est considéré comme le premier essai de bibliographie en France.

Visiter

Château des Évêques

℘ *04 71 66 03 14 - juil.-août : 9h-12h, 14h30-18h, lun. 9h-12h ; reste de l'année : 9h-12h, 14h-17h30, lun. 9h-12h - fermé j. fériés sf 14 Juil. - gratuit.*
Partant de la place Néron, une promenade plantée de tilleuls monte vers les grosses tours rondes de l'ancien château des Évêques (14e-18e s.), qui abrite aujourd'hui l'office de tourisme et des expositions. Remarquez, à l'intérieur, les statues du Christ au jardin des Oliviers (16e s.) et la rampe en fer forgé (18e s.).

Contournez le château par l'allée à droite.

De l'extrémité de la terrasse Ouest, vous bénéficierez d'une jolie vue sur la vallée de la Loire, Bas-en-Basset et le plateau de St-Bonnet.

Église

℘ *04 71 66 50 62 - tlj sf dim. apr.-midi 8h30-18h30.*
Sa nef centrale avec ses deux colonnes (unique exemple en Velay) et la coupole du chœur ont seuls résisté aux destructions révolutionnaires. La tour-clocher du 17e s. a retrouvé son dôme d'origine.

Le noyau ancien

Empruntez, en partant de l'église, la rue du Commerce, puis la première rue à droite.
Égarez-vous pour le plaisir dans un lacis de ruelles et retrouvez-vous ici en plein Moyen-Âge ou là dans le Monistrol classique du 17e s. (façades des couvents des Ursulines et des Capucins).

Aux alentours

St-Didier-en-Velay

11 km environ. Quittez Monistrol par la D 12 à l'Est en direction de St-Didier.
Au cœur de la vallée de la Semène, ce bourg vellave a conservé sa vieille ville dont la pièce la plus ancienne est l'**église** de style roman joliment située sur la place du Senis (« seigneur du château »). Deux passages couverts, les « tounes », construits probablement au 18e s., ménagent une percée singulière dans les

rues de St-Didier. Aux alentours de la **halle** aux grains (19ᵉ s.), qui abrite aussi un musée d'Art et traditions populaires, observez la largeur inhabituelle des fenêtres : elle favorisait l'éclairage des métiers des passementiers (rubans) jadis installés à domicile.

Circuits de découverte

LA RIVE GAUCHE DE LA LOIRE

30 km – 2h environ. Quittez Monistrol par la D 12, en direction de Bas-en-Basset.

À environ 300 m au-dessus de la place des Marronniers, empruntez le chemin s'amorçant à gauche d'un mur d'enceinte (3/4h à pied AR).

Château de Rochebaron

On atteint les ruines du château féodal perché sur un éperon dominant la Loire, érigé entre le 11ᵉ et le 13ᵉ s., et précédé d'une triple enceinte. Seule reste intacte une tour ronde avec ses salles voûtées, reliées par un escalier à vis.

De l'extrémité du promontoire, **vue★** sur le Basset et la vallée de la Loire.

Reprenez la D 12 sur la droite, puis la D 125 à gauche. À Valprivas, gagnez le haut du village, au-delà de l'église.

Château de Valprivas

Claude Essertel / MICHELIN

📞 04 71 66 71 33 - *visite guidée (45mn) avr.-sept. : tlj sf lun. 10h30-12h, 15h30-18h ; oct.-mars : sur demande la veille au centre culturel du château - 3,50 € (-12 ans gratuit).*

Dans la cour d'honneur, la tour ronde abrite un rare escalier à vis tout en chêne, et présente un portail encadré de cariatides et surmonté d'un blason ; deux galeries superposées, à l'italienne, sont dotées au rez-de-chaussée de voûtes sur croisées d'ogives et à l'étage, d'un plafond à caissons.

La chapelle castrale, « reconsacrée » en 1493, est décorée de deux **peintures murales★**, réalisées à la fin du 16ᵉ s. par des artistes de l'atelier de P.-P. Rubens,

Sur les vestiges d'une place forte établie au 10ᵉ s. fut élevé le château de Valprivas, édifice Renaissance, agréablement restauré.

fixés à Lyon après avoir travaillé au château de Fontainebleau. Sur le mur Est, une peinture murale figure la Résurrection des morts (A. Verd du Verdier est représenté en orant, à gauche) ; sur le mur Sud, une étonnante scène évoque l'Enfer. On visite également de vastes pièces aux belles cheminées ; à l'étage, dans la grande salle Renaissance reconstituée, les mélomanes apprécieront les concerts du **Centre culturel de Valprivas**.

Regagnez Monistrol en empruntant la petite route qui redescend vers la vallée de l'Ance et traverse le hameau de Coutenson.

VALLÉE DE L'ANCE

46 km – comptez une demi-journée. Quittez Monistrol par la D 12, en direction de Bas-en-Basset. Au pont, prenez à gauche la D 42, puis la D 44 vers Tiranges.

La route suit d'abord la riante **vallée de l'Ance**, puis, à partir du village du Vert, s'élève en **corniche★**. Entre Chales et les Arnauds, les amateurs de points de vue bénéficieront de belles échappées sur le bassin de la Loire, la vallée de l'Andrable et les monts du Velay.

À Tiranges, empruntez à gauche la D 24.

Au cours de la descente sur l'Ance, la tour de Chalencon apparaît sur un piton.

Poursuivez par la D 24 jusqu'au carrefour avec la D 9. Prenez 2 fois à droite par la D 9, puis la D 29. Traversez le bourg de St-André-de-Chalencon et prenez la route qui longe le cimetière.

À 2 km, garez-vous et continuez à pied (15mn AR).

Château de Chalencon *(voir p. 257)*

Reprenez la D 24, traversez Solignac pour prendre à gauche la D 46, en direction de Beauzac.

Beauzac

Sa petite **église** (12e-17e s.) présente un portail latéral flamboyant et un élégant clocher-peigne à trois étages. Sous l'abside se trouve une crypte, fait exceptionnel dans le Velay. Romane, celle-ci présente une grande sobriété de lignes ; notez l'absence de chapelles rayonnantes.

Quelques maisons du bourg, imbriquées dans les anciens remparts percés de deux portes, montrent, à la naissance du toit, de curieuses galeries de bois reposant sur de gros corbeaux.

Retournez à Monistrol par Pont de Lignon (D 461) et la N 88.

Monistrol-sur-Loire pratique

Adresse utile

Office de tourisme – *4 bis r. du Château - 43120 MONISTROL-SUR-LOIRE - ℘ 04 71 66 03 14 ou 04 71 61 61 95 - www. ot-monistrol.com - juil.-août : tlj sf dim. 9h-12h, 14h30-18h, lun. 9h-12h ; reste de l'année : tlj sf dim. 9h-12h, 14h-17h30, lun. 9h-12h.*

Se loger

Chambre d'hôte Lou Chandel'Aigue – *Les Mazeaux - 43140 La Séauve-sur-Semène - 3 km au SO de St-Didier-en-Velay par D 500 - ℘ 04 71 66 26 16 - 4 ch. 45 € - repas 14 €.* Un petit pont permet d'accéder à cette grande demeure du 17e s. abritant des chambres spacieuses décorées avec goût, un salon très cossu et une plaisante salle à manger où l'on sert les petits-déjeuners en hiver. Agréable jardin avec piscine ; pêche à la truite dans la Semène qui longe la propriété.

Se restaurer

Table du Barret – *Bransac - 43590 Beauzac - 3 km au S de Beauzac par D 42 - ℘ 04 71 61 47 74 - sandy.caire@wanadoo.fr - fermé fév., 10-23 nov., dim. soir, mar. et merc. - 25/65 € - 9 ch. 50/55 € - 9,50 €.* Cette maison rose des années 1920, située au cœur d'un paisible hameau proche de la Loire, abrite un restaurant. Récemment repris par un ancien bijoutier et son fils, il propose une cuisine traditionnelle soignée. Intérieur moderne et agréable terrasse ombragée. Chambres confortables.

Montbrison

14 589 MONTBRISONNAIS
CARTE GÉNÉRALE A2 – CARTE MICHELIN LOCAL 327 D6 – LOIRE (42)

Montbrison, bâti en cercle autour d'une butte volcanique, est dominé par le dôme (18e s.) de l'ancien couvent de la Visitation (actuel palais de justice) et par l'imposant clocher de son église gothique. Au 11e s., quelques maisons se groupent au pied du château des comtes du Forez. Des boulevards ombragés remplacent maintenant les anciens remparts de cette ville close. Différentes festivités culturelles animeront votre séjour. L'ancienne capitale du comté du Forez vit aujourd'hui surtout du commerce de la fourme (AOC), dont la finesse et le goût délicat restent sans égal.

▶ **Se repérer** – Montbrison est situé sur la D 8, à 34 km au Nord-Ouest de St-Étienne.

👁 **À ne pas manquer** – Les orgues de la collégiale N.-D.-d'Espérance, l'église fortifiée de Champdieu ; les boiseries et plafonds du château de Sury-le-Comtal.

🕐 **Organiser son temps** – Comptez une demi-journée pour la ville et ses environs.

👶 **Pour poursuivre la visite** – Voir aussi : château de La Bastie-d'Urfé, les monts du Forez, le Pilat, Monistrol-sur-Loire, Montverdun, St-Bonnet-le-Château, St-Étienne.

Le saviez-vous ?

👁 Une aimable tradition raconte que les Gaulois avaient dédié le site de Montbrison à Briso, la déesse des songes. Mais le nom de la ville signifierait plutôt « mont brisé », en référence à la butte d'origine volcanique sur laquelle elle est construite.

👁 Outre le passage de Mandrin *(voir Valence)*, la ville a vu naître **Pierre Boulez**, le célèbre compositeur créateur de l'IRCAM, et le comique **Muriel Robin**, à 30 ans d'écart exactement.

Visiter

Collégiale N.-D.-d'Espérance

Fondée en 1226 par Guy IV, comte du Forez, c'est une importante construction gothique restaurée en 1970. L'austérité de la façade est accentuée par l'aspect massif de la tour-clocher épaulée de contreforts. Le portail flamboyant, ajouté au 15e s., expose au tympan une jolie Vierge à l'Enfant du 14e s.

Intérieur★ – Il frappe par l'aspect harmonieux et la longueur de la nef. Remarquez la disposition des grandes fenêtres en triple lancette ; leur partie inférieure offre l'aspect d'un triforium aux arcatures trilobées. Le chœur, de style gothique rayonnant, abrite, à gauche, le tombeau de Guy IV. À l'extrémité du collatéral Nord, beau gisant du 14e s.

Classé monument historique, l'orgue comporte un buffet réalisé par le facteur d'orgue alsacien **Callinet**. Il se compose de 46 jeux ou registres, et de 4 claviers. Sa qualité lui permet de recevoir, une année sur deux, le concours international d'improvisation.

La Diana

7 r. Florimond-Robertet - 𝄢 04 77 96 01 10 - possibilité de visite guidée (1h) mar. 14h-17h, merc. et sam. 9h-12h, 14h-17h - fermé j. fériés - 5 € (-12 ans gratuit).

Construite à l'occasion du mariage du comte du Forez, Jean Ier, en 1296, cette salle servit plus tard de lieu de réunion aux prêtres du doyenné, en latin *decanatus*, d'où son nom de Diana. L'intérieur (14e s.) est remarquable par sa voûte en bois, divisée en petits caissons peints – près de 1 700 – représentant les armoiries, répétées plusieurs fois, de grandes familles françaises et maisons nobles du Forez. C'est assurément un édifice à ne pas manquer !

La salle donne accès à un musée lapidaire.

Musée d'Allard

Entrée : 13 bd de la Préfecture - 𝄢 04 77 96 39 15 - possibilité de visite guidée (1h30) tlj sf mar. 14h-18h - fermé 1er janv. et 25 déc. - 2,70 € (enf. 1,25 €).

Belle bibliothèque, décoration somptueuse, la Diana ne ménage pas ses effets pour séduire.

Situé dans l'ancien hôtel particulier de Jean-Baptiste d'Allard, ce musée est aménagé sur 4 niveaux. Au sous-sol et au rez-de-chaussée sont rassemblées d'importantes collections de minéraux (beaux spécimens de roches fluorescentes) et d'oiseaux naturalisés. Au 1er étage est exposée une importante collection de **poupées** du monde entier (plus de 600 pièces). Vous avez l'embarras du choix, depuis les « shaouabtis » découvertes dans les sarcophages égyptiens jusqu'aux poupées de mode du 18e s., en passant par les modèles précolombiens en terre cuite. Remarquez les dînettes anciennes et récipients miniatures, en porcelaine de Limoges ou de Chine et en faïence de Nevers, et une remarquable collection de bénitiers de chevet. Le musée s'est agrandi pour accueillir des petits trains et du matériel ferroviaire miniature.

Jardin d'Allard
Ce jardin public est agréablement tracé et ombragé. Il fut aménagé à la demande de Jean-Baptiste Allard, derrière son hôtel particulier.

Promenade dans la ville
Il faut prendre le temps de baguenauder un peu dans le centre ancien, qui cache de **beaux hôtels particuliers,** notamment rue St-Pierre *(nos 1, 7, 10, 11, 13 et 17)*, rue Puy-de-la-Bâtie *(nos 5, 9, 11, 14, 18, 19 et 20)* et rue Martin-Bernard *(nos 5, 14, 23 et 25)*. L'office de tourisme a édité en plusieurs langues des itinéraires de balades qui vous guideront aussi vers le **palais de justice**, ancien couvent de la Visitation dont l'autre partie sert de cadre à un centre musical, la **butte du calvaire** *(point de vue actuellement inaccessible)*, la **chapelle des Pénitents**, transformée en centre culturel, et dont la façade 18e s. est attribuée à Soufflot.

Aux alentours

Moingt
3 km. Sortie Sud de Montbrison par la D 8. Cette ancienne cité, de fondation romaine, a gardé son aspect médiéval avec ses ruelles étroites et sineuses. Ce village possède l'**église** St-Julien dont le clocher est remarquable par ses chapiteaux à entrelacs datant du 11e s. *Se renseigner ✆ 04 77 96 12 90*.
La place de l'église s'ouvre par une porte voûtée, flanquée d'une tour du 15e s., derniers vestiges d'un château médiéval.

Champdieu
4,5 km au Nord par la D 8. À la limite de la plaine et des monts du Forez, Champdieu possède une remarquable **église romane★** construite pour un prieuré bénédictin. Au 14e s., l'église et l'ensemble des bâtiments du prieuré reçurent une puissante armature fortifiée.
Église – Elle surprend par l'importance de son appareil défensif : de hautes arcatures forment mâchicoulis sur le flanc et le croisillon Sud de l'église ; un même système d'arcatures se développe le long des murs du prieuré établis en quadrilatère autour d'une cour dont l'église forme le côté méridional. Des deux clochers du sanctuaire, le plus remarquable, d'époque romane, est celui du transept, percé de jolies baies en

plein cintre. Le second clocher, sur la façade, date du 15e s. ; sa base forme le narthex. Au portail de la façade, à gauche, remarquez le chapiteau représentant une sirène à double queue.

À l'**intérieur**, on est frappé par la sobriété des lignes et l'influence très marquée du style roman auvergnat, le prieuré de Champdieu relevant de l'abbaye de Manglieu en Auvergne : nef centrale en berceau, collatéraux voûtés en quart-de-rond et croisillons saillants, percés à leur extrémité d'une arcature encadrant un arc en mitre caractéristique. Une arcature, à colonnettes et chapiteaux sculptés, décore l'abside principale. Sous le chœur s'étend une crypte de la fin du 11e s., remarquable surtout pour sa partie centrale divisée en trois nefs par des colonnettes à chapiteaux sculptés.

Réfectoire – *Accès par une porte s'ouvrant à gauche de l'église.* Au rez-de-chaussée de la partie Ouest du prieuré, l'ancien réfectoire des moines a conservé sa décoration du 15e s. : plafond peint à caissons et, au-dessus de la cheminée, belle peinture murale représentant la Cène.

Les deux clochers massifs de l'église de Champdieu ne laissent aucun doute sur l'importance de cette église fortifiée.

Château de Vaugirard – Classique et relativement modeste, la construction présente, dans sa façade et ses pavillons, une symétrie caractéristique du 17e s. Parmi les bas-reliefs rapportés sur la façade, l'un commémorerait le passage d'Henri IV. Mais c'est l'intérieur qui s'avère le plus intéressant : d'abord par la signification des armes du constructeur Jacques Girard, négociant en grain anobli pour avoir fait don de ses réserves lors d'une famine, qui choisit trois épis surmontés de trois roses avec pour devise « L'espoir d'une autre vie ». Ensuite pour les plafonds à la française, cheminées (19e s.) et fresques des salles d'apparat. Malheureusement très restaurées « à l'identique », les fresques offrent une rare représentation du grand carrousel de Louis XIV.

Chalain-d'Uzore

7,5 km au Nord. ℰ 04 77 97 13 12 - de mi-juil. à fin août : visite guidée (40mn) 14h30, 15h30 et 16h30 - 4 € (enf. 2 €).

Le **château** (14e-16e s.) est surtout intéressant pour son ancienne salle de Justice, transformée en salle des Fêtes à la Renaissance (cheminée monumentale), et pour sa galerie aux portes sculptées. De la terrasse, jolie vue sur les monts du Forez. Jardins à la française.

Montrond-les-Bains

11 km à l'Est. Quittez Montbrison à l'Est par la D 496.

Cette station thermale du Forez, où l'on soigne l'obésité et le diabète, a gardé un château dont les ruines se dressent sur une motte basaltique tout près de la Loire.

Château – ℰ 04 77 06 91 91 - www.montrond-les-bains.com - juil.-sept. : tlj sf mar. 14h-20h ; avr.-juin : tlj sf mar. 14h-18h ; oct. : w.-end 14h-18h - fermé de la Toussaint à Pâques - 4 € (enf. 3 €).

Brûlé au 18e s., le château a gardé intact son mur d'enceinte. On pénètre par un vaste porche orné de pilastres cannelés et de chapiteaux, avant de visiter la partie dédiée aux seigneurs de Montrond. À l'extérieur, on circule dans les vestiges du corps de logis des 14e et 15e s. qui présentent de belles fenêtres à meneaux et des ruines de monumentales cheminées. Depuis les tours, belle vue sur la plaine et les monts du Forez à l'Ouest, le mont Pilat au Sud-Est. La tour ronde accueille un insolite **musée de la Poste**.

St-Romain-le-Puy

7 km au Sud de Montbrison. L'église de l'ancien prieuré de St-Romain-le-Puy qui dépendait, dès la fin du 10e s., de l'abbaye St-Martin-d'Ainay, à Lyon, se dresse sur un piton volcanique émergeant de la plaine du Forez, dominant une verrerie de St-Gobain située au pied du pic. Une source minérale est exploitée au Nord-Est de la localité près de la D 8 (source Parot).

Le château de Montrond-les-Bains dresse ses imposantes ruines au-dessus de la ville.

De la plate-forme devant l'église, le panorama s'étend sur un vaste cercle montagneux : monts du Forez à l'Ouest, d'Uzore au Nord et de Tarare et du Lyonnais du Nord-Est au Sud-Est.

Église du prieuré★ – *Accès en voiture à partir de la place Michalon jusqu'au parking situé à mi-pente.* 🎧 *04 77 76 92 10 - avr.-oct. : tlj sf mar. 14h30-19h, dim. 10h30-19h - possibilité de visite guidée sur demande préalable au prieuré.*

Par sa situation, son ancienneté, l'originalité de sa construction et de son décor sculpté, l'édifice est très curieux. On y relève la trace de plusieurs chantiers successifs. Les vestiges les plus anciens sont antérieurs au 10e s. (partie proche de la porte et, du côté droit, deux portes, murées, présentent des intercalations de briques). Les murs sont construits en moellons de granit rose ou gris, mêlés de blocs de basalte. Le chevet est la partie la plus intéressante avec son arcature en plein cintre et surtout la curieuse frise sculptée encastrée sous l'arcature et constituée de plaques rectangulaires ou carrées, décorées de motifs en relief très frustes.

L'**intérieur** frappe par son aspect archaïque et la dissymétrie du plan. Le sol de l'abside et du chœur est surélevé par rapport au niveau de la nef primitive. L'ensemble des chapiteaux est à décor floral et géométrique.

Des vestiges de **peintures murales**, exécutées en plusieurs étapes du 12e au 15e s., sont visibles en différents endroits ; elles ont été restaurées.

Sury-le-Comtal

10 km au Sud. Laissez la voiture sur la place de l'Église et dirigez-vous vers l'entrée du château qui se trouve à droite de l'église.

Château – 🎧 *04 77 90 18 80 - visite guidée (1h) juil.-sept. : tlj sf w.-end, lun. et mar. 9h-12h, 15h-18h - 5 € (-12 ans gratuit).*

La **décoration★** de ce château du 17e s. est constituée de riches boiseries et plafonds sculptés. Admirez dans le salon du cardinal de Sourdis les deux cheminées Louis XIII, l'une en pierre, l'autre en bois sculpté, et un cabinet dont les panneaux illustrent des scènes de *L'Astrée* ; dans le salon d'été, le plafond et, au 1er étage, dans la chambre de Marie de Médicis, les boiseries et les coquilles du plafond.

Également dans la chambre de Diane restaurée, le panneau de la cheminée, l'arche de l'alcôve et le plafond sont remarquables.

Église – *8h-12h - se renseigner auprès de M. Fournier -* 🎧 *04 77 30 87 16.*

C'est un édifice gothique, couvert de belles voûtes d'ogives. Remarquez la clef de voûte du chœur, représentant le Père éternel entouré des quatre évangélistes, et la première chapelle du collatéral gauche, d'époque Renaissance.

Montbrison pratique

Adresse utile

🛈 Office de tourisme – *Cloître des Cordeliers - 42600 MONTBRISON - ℰ 04 77 96 08 69 - mai-sept. : 9h-12h, 14h-18h, dim. et j. fériés 9h-12h ; reste de l'année : tlj sf dim. 9h-12h, 14h-18h.*

Visites

Le pays du Forez, qui porte le label Pays d'art et d'histoire, propose des visites-découvertes animées par des guides-conférenciers agréés par le ministère de la Culture et de la Communication. Renseignements auprès du Syndicat Mixte des Pays du Forez, service du Pays d'art et d'histoire - Place du Prieuré, BP 14 - 42600 Champdieu - ℰ 04 77 97 70 35.

Visites guidées nocturnes – ℰ 04 77 96 08 69 - juil.-août : merc. 21h ; sept. : vend. 20h30 - 7,50 € - sur demande préalable à l'office de tourisme.

Se loger

⌣ Gil de France – *18 bis bd Lachèze - ℰ 04 77 58 06 16 - gil-de-france@wanadoo. fr - 30 ch. 35/45 € - ⊒ 6 €.* Bordé d'un vaste espace verdoyant et arboré, cet hôtel-restaurant se situe également à proximité de la vieille ville et de ses rues commerçantes. Les chambres, dotées d'un mobilier standard, sont toutes équipées de TV, téléphone, salle de bains et WC. Un ensemble vraiment correct pour un prix très doux.

⌣ Sous le Pic - La Pérolière – *20 r. Jean-Moulin - 42600 St-Romain-le-Puy - ℰ 04 77 76 97 10 - www.laperoliere.com - fermé 5 janv.-15 mars - ⊟ - 4 ch. 42/68 € ⊒.* Cette ferme forézienne soigneusement rénovée se trouve au pied d'un prieuré du 11ᵉ s. joliment illuminé le soir. Après une bonne nuit dans l'une des chambres calmes, simples et coquettes, vous pourrez déguster un petit-déjeuner gourmand (salades de fruits, gâteaux et confitures maison, etc.). Accueil charmant.

⌣🍴 Marytel – *95 rte de Lyon - 42600 Savigneux - 1,5 km à l'E de Montbrison par D 496 - ℰ 04 77 58 72 00 - hm4203@inter-hotel.com - 🅿 - 33 ch. 46/51 € - ⊒ 6,50 €.* Cette construction récente en bord de route est protégée des bruits de la circulation par un double vitrage efficace. Les chambres, simples et fonctionnelles, sont bien tenues. Une étape avant tout pratique.

⌣🍴 Camping Le Bigi – *2 km au SO de Montbrison par D 113 dir. Lérigneux - ℰ 04 77 58 06 39 - ouv. 15 juin-15 sept. - réserv. conseillée 300/490 €/sem. pour 6 pers.* Ce terrain installé sur le site d'une ancienne pépinière, aux portes des monts du Forez, est simple et très bien tenu. Outre la location de mobile homes, vous y trouverez un abri-jeux pour les enfants et une petite piscine.

En soirée

Casino de Montrond-les-Bains – *Rte de Roanne - 42210 Montrond-les-Bains - ℰ 04 77 52 70 70 - casino. montrond@moliflor.com - 10h-4h, w.-end 10h-5h ; discothèque : w.-end 22h30-4h.* Venez découvrir le casino de Montrond-les-Bains, ses 180 machines à sous et ses jeux traditionnels (roulette, black-jack, stud-poker, boule 2000). Vous pouvez fêter vos gains au Saxo, célèbre discothèque, ou sabrer le champagne au restaurant La Montgolfière.

Que rapporter

Marché – Le samedi matin.

Spécialité – La fourme de Montbrison, plus moelleuse que celle d'Ambert, est un fromage cylindrique dont la pâte onctueuse et persillée, a un goût délicat. Fabriquée sur les Hautes-Chaumes, elle est très parfumée. N'hésitez pas à en emporter chez vous. Pour effectuer vos emplettes, privilégiez le marché du samedi ainsi que les **journées annuelles** de la Fourme qui valorisent ce savoureux fromage (fourme alliée au pain bis, et aux vins des côtes du Forez). Il existe actuellement trois sites de production de Fourme de Montbrison dans les monts du Forez qui accueillent les visiteurs et proposent, bien sûr, dégustation et vente sur place : la fromagerie des Hautes Chaumes (ℰ 04 77 76 89 12) et la fromagerie Forez-Fourme (ℰ 04 77 76 81 80) à Sauvain, et enfin la fromagerie du Pont de la Pierre (ℰ 04 77 76 82 86) à St-Bonnet-le-Courreau.

Sports & Loisirs

Port Miniature « Petit Mousse Loisirs » – *42600 Savigneux - ℰ 06 20 53 93 67 - http://petitmousseloisirs.free.fr - juil.-août : à partir de 14h30 ; fin avr.-juin et sept. : w.-end et j. fériés à partir de 14h30.* Cette structure originale bâtie au bord d'un étang vous permettra de tester vos talents de navigateur à bord de reproductions miniatures de chalutiers, de bateaux pompiers ou de ferries. Si vous n'avez vraiment pas le pied marin, vous pourrez toujours vous rabattre sur le golf.

Les Thermes – *42210 Montrond-les-Bains - ℰ 04 77 94 67 61 - montrond@valvital.fr* Outre leurs qualités digestives reconnues, les eaux thermales de Montrond-les-Bains permettent de traiter différents troubles de la nutrition. Entre bains hydromassants et douches au jet, rien de tel qu'une petite cure pour une grande remise en forme.

Le Mont-d'Or lyonnais ★

CARTE GÉNÉRALE B2 – CARTE MICHELIN LOCAL 327 H4 – RHÔNE (69)

Dominant la vallée de la Saône en amont de Lyon, le petit massif du Mont-d'Or constitue un pays au charme rural. Ses sommets offrent d'admirables points de vue. Les pentes exposées au Midi sont assez arides, piquetées de buis sauvages et d'arbustes. Les versants Nord sont plus boisés. Vergers, vignes, jardinets fleuris, petites cultures et pâturages composent le joli décor des vallons intérieurs.

▶ **Se repérer** – Le massif est bordé au Nord-Ouest par le Beaujolais, au Nord-Est par la Dombes et au Sud par l'agglomération lyonnaise.

⏱ **Pour poursuivre la visite** – Voir aussi : la Dombes, Fléchères, Lyon, Tarare, Trévoux et Villefranche-sur-Saône.

Comprendre

Quand on le découvre en venant par le Nord, le Mont-d'Or semble un récif émergeant de l'ample val de Saône en raison de ses dimensions modestes (6 km sur 12) et de l'altitude de ses sommets ; mont Verdun (625 m), mont Thou (609 m), mont Cindre (469 m). Les affleurements calcaires donnent au terrain une riche coloration ocrée. Des carrières y sont exploitées depuis le 15ᵉ s.

Circuit de découverte

CIRCUIT DES SOMMETS

55 km – environ 2h1/2. Quittez Lyon par la N 6, et empruntez à droite la D 42 vers Limonest. Au centre du bourg, tournez à droite dans la D 73 puis, à la sortie du village, prenez, à gauche, la D 92 en direction du col du mont Verdun.

Les restes de l'habitat ancien, de type méridional, et des parcelles cultivées bordées de murs de pierre sèche subsistent, notamment autour de Poleymieux.

La route contourne le **château de la Barollière** (18ᵉ s.), flanqué de tourelles carrées, et offre de belles **échappées★** vers les monts du Lyonnais.

Le col du **mont Verdun** est occupé par un fort datant de 1875 *(accès interdit)*.

Au col, tournez à gauche.

La descente offre de jolies vues sur le val de Saône.

Aux premières maisons de Poleymieux, prenez à gauche, puis à droite dans un chemin de terre sur 200 m. L'accès à la croix Rampau se fait à pied par un sentier en montée à gauche.

Croix Rampau★

Table d'orientation. Le **panorama** s'étend, par temps favorable, du puy de Dôme au mont Blanc.

Regagnez le bourg de Poleymieux en se dirigeant vers l'église et remontez le vallon jusqu'à la maison d'Ampère.

Maison d'Ampère à Poleymieux-au-Mont-d'Or

300 rte Ampère - ☎ *04 78 91 90 77 - http://musee-ampere.univ-lyon1.fr - tlj sf mar. 10h-12h, 14h-17h30 - 4 € (enf. 3 €).*

Le savant lyonnais **A.-M. Ampère** (1775-1836) passa ici son enfance et ses premières années d'homme.

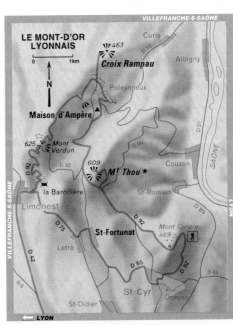

Le saviez-vous ?

👁 Le nom de ce site fait référence à un point de mine d'or. Mais au 10ᵉ s., il s'appelait déjà *Mons aureus*, ce qui pourrait être une déformation de *Monte tauro* (culte celtique du taureau).

👁 Célébrité locale, **A.-M. Ampère** est un des inventeurs des propriétés de l'électricité. Ses découvertes en mathématiques, physique et chimie le placent au premier rang des pionniers de la science au 19ᵉ s.

Dans la chapelle, à droite, on peut suivre une présentation audiovisuelle de la vie et de l'œuvre d'Ampère. La « chambre à recevoir » évoque le cadre de l'existence familiale ; la salle des « Trois Ampère » rappelle la vie du savant, celle de son père mort sur l'échafaud en 1793 et celle de son fils Jean-Jacques, historien et littérateur. Dans le **musée de l'Électricité★**, des appareils permettent d'exécuter les expériences fondamentales sur les courants, les aimants, etc.

Prenez la direction de St-Didier et, au premier carrefour, obliquez à gauche vers le mont Thou.

Point de vue du mont Thou★

À 50 m du sommet *(terrain militaire, accès interdit)*, une esplanade offre une **vue** sur le val de Saône, le mont Cindre, Fourvière et l'agglomération lyonnaise.

À la descente du mont Thou, se diriger vers le mont Cindre. Contournez par la droite la tour-relais de télédiffusion, d'où la D 92 descend vers St-Cyr. Dans le premier grand tournant, départ pédestre pour le « sentier des Rapaces ».

Sentier des Rapaces – 🐾 Ce sentier-découverte a été aménagé sur un chemin rural de 1,9 km pour observer ces rapaces que l'on voit nombreux dans les airs du Mont-d'Or.

À l'entrée de St-Cyr, dominé par un donjon, prenez à droite la D 65 en direction de Limonest, puis encore à droite la route menant à St-Fortunat.

St-Fortunat

Le village, étiré en ruelle sur une raide échine rocheuse, est amusant à découvrir. À mi-côte s'inscrit le portail flamboyant de son humble chapelle.

Du haut de St-Fortunat, prenez à gauche, redescendez vers St-Didier et, aussitôt, tournez à droite dans la D 73.

Vues sur les monts du Lyonnais, en arrière de Fourvière.

Retour à Lyon par Limonest et la N 6.

Le Mont-d'Or lyonnais pratique

Adresse utile

🏛 **Office du tourisme de Lyon** – *Pl. Bellecour - 69002 LYON -* 📞 *04 72 77 69 69 - www.lyon-france.com - de mi-avr. à mi-oct. : 9h-19h, dim. 10h-18h ; reste de l'année : 10h-18h, dim. 10h-17h30 - fermé 1ᵉʳ janv., 1ᵉʳ Mai et 25 déc.*

Se loger et se restaurer

🍴 **La Chaumière** – *11 av. du Gén.-de-Gaulle - 69410 Champagne-au-Mont-d'Or -* 📞 *04 78 35 10 60 -* 🅿 *- 16 ch. 40/60 € -* 🍽 *6 € - restaurant 13/28 €.* L'établissement, aménagé dans un bâtiment contemporain, abrite des chambres lumineuses, très bien tenues, et une salle à manger d'esprit rustique. Prix corrects compte tenu de la situation géographique… Cette « chaumière »-là constitue une judicieuse alternative aux hôtels de chaînes.

🍴🍴 **Le Collonges** – *10 r. Gallieni - 69660 Collonges-au-Mont-d'Or -* 📞 *04 72 27 84 00 - www.lecollonges.com - 29 ch. 41 € -* 🍽 *7 € - restaurant 12/31 €.* Situé à 10mn du vieux Lyon, sur les quais de Saône, cet hôtel-restaurant propose des chambres sobres et confortables, une carte avec plusieurs plats de poissons (parce que la rivière n'est pas loin ?) et des petits-déjeuners sous forme de buffet. Le tout pour un très bon rapport qualité-prix.

Montélimar

31 344 MONTILIENS
CARTE GÉNÉRALE B5 – CARTE MICHELIN LOCAL 332 B6 – DRÔME (26)

Prononcez le nom de Montélimar et, en écho, vous reviendra le mot « nougat ». C'est dire la popularité de cette friandise dont la cité, forte de sa position charnière qui ouvre sur l'Ardèche et la Drôme provençale, s'est fait une spécialité. Mais la gourmandise n'est pas le seul attrait d'une ville à l'ambiance déjà provençale, renommée pour ses cafés littéraires comme pour son musée de la Miniature.

- **Se repérer** – Au bord du Rhône, Montélimar se trouve entre Valence (au Nord) et Orange (au Sud), sur le trajet de l'A 7 et de la N 7. En allant vers l'Ouest, on gagne Aubenas par la N 102.

- **À ne pas manquer** – La dégustation du véritable nougat ; les collections sans cesse renouvelées du musée de la Miniature ; le site spectaculaire du château en ruines de Rochemaure ; le point de vue depuis le pic de Chenavari ; le chapelet de cités médiévales des environs.

☉ Le saviez-vous ?

Montélimar doit son nom à une forteresse féodale, bâtie par les seigneurs d'Adhémar (ou Aymard) de Monteil, à l'emplacement de l'antique *Acunum Acusio* détruit par les Wisigoths. D'où son nom de *Montilium Aymardii* devenu peu à peu Montélimar. Le dernier représentant de la famille fut, au 17e s., le comte de Grignan, gendre de Mme de Sévigné.

- **Organiser son temps** – Comptez une journée pour la ville et ses environs.

- **Avec les enfants** – Le musée de la Miniature, lequel recèle de petites et jolies surprises, et le Palais des bonbons et du nougat.

- **Pour poursuivre la visite** – Voir aussi : Alba-la-Romaine, Crest, Cruas, Privas, le Tricastin, Villeneuve-de-Berg et Viviers.

Se promener

Des neuf portes que comportait l'enceinte, seule subsiste la porte **St-Martin (Y)** au Nord, qui donne accès au centre de la cité. Le cœur de la ville est agrémenté par des allées piétonnières récemment aménagées.

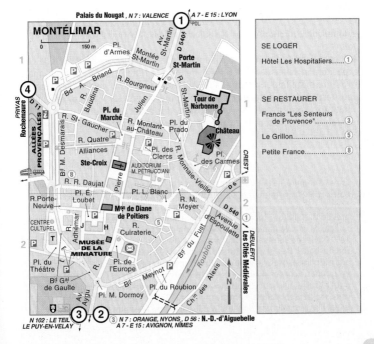

Allées Provençales (1)

Montélimar s'est donné une allure méridionale en aménageant les fameuses **Allées Provençales★**, larges voies semi-piétonnes qui regroupent plusieurs boulevards sur plus de 1 km. Devenues une halte de verdure incontournable, elles protègent des assauts du soleil montilien ; vous pourrez ainsi en toute quiétude profiter des terrasses de cafés pour une pause rafraîchissante, ou flâner devant les vitrines des nombreuses boutiques de spécialités régionales.

Vieille ville

La **collégiale Ste-Croix** (1), du 15e s., a beaucoup souffert des guerres de Religion et a connu plusieurs campagnes de restauration jusqu'au 19e s. Elle possède un bel orgue Beckerath (1982) dont le buffet a été réalisé par J. Gourjon. Levez les yeux pour apercevoir les génoises, typiques du Bas-Vivarais, qui surplombent les rues autour de la collégiale. Quant à la **place du Marché** (1) avec ses façades colorées, ses balcons en fer forgé et ses arcades, c'est déjà la Provence !

La place Émile-Loubet est bordée au Nord par la **maison de Diane de Poitiers** (2) qui présente une belle façade percée de fenêtres à meneaux.

Un maire élu Président de la République

Émile Loubet (né à Marsanne en 1838) fut élu maire de Montélimar en 1870. Ce brave homme aux idées très modérées était apprécié de tous, ce qui ne pouvait que faciliter sa carrière politique : c'est ainsi qu'il fut élu en 1899 président de la République et qu'il mena à terme son septennat malgré une époque troublée par les polémiques liées à l'affaire Dreyfus et à la séparation de l'Église et de l'État.

Visiter

Château (1)

🕽 04 75 00 62 30 - juil.-août : 9h30-11h30, 14h-18h ; reste de l'année : 9h30-11h30, 14h-17h30 - fermé mar. (nov.-mars), 1er janv. et 25 déc. - 3,50 € (enf. 2,60 €).

La forteresse primitive (12e s.) a été agrandie au 14e s. sous la domination papale. Elle servit de prison de 1790 à 1929. La visite se limite au logis seigneurial et au chemin de ronde.

Au Nord se dresse la massive **tour de Narbonne** (Y N). Du rez-de-chaussée du donjon, un escalier à vis mène au chemin de ronde d'où un vaste **panorama** se découvre à l'Ouest sur la ville, et à l'Est sur les Préalpes drômoises.

La façade Ouest du **logis seigneurial** est percée, au 1er étage, de **neuf belles fenêtres romanes**. Ce cadre majestueux et austère accueille régulièrement des **expositions temporaires** d'art contemporain.

Musée de la Miniature★ (2)

19 r. Pierre-Julien - 🕽 04 75 53 79 24 - www.ville-montelimar.com - juil.-août : 10h-18h ; reste de l'année : tlj sf lun. et mar. 14h-18h - fermé janv., 1er nov. et 25 déc. - 4,90 € (-10 ans gratuit).

Le succès du Festival international de la Miniature est à l'origine de cette exposition installée dans la chapelle de l'ancien Hôtel-Dieu (19e s.). L'étonnante structure métallique indépendante qui s'élève sur trois niveaux a été choisie pour respecter l'architecture des lieux et mettre en valeur les collections. Les miniatures sont prêtées par des musées, des collectionneurs ou des artisans du club de la Miniature française, ce qui permet un renouvellement régulier.

La saga du nougat

Dans l'Antiquité, il était une gourmandise à base de miel, de noix et d'œufs dont le gastronome latin Apicius nous a livré la recette, le *nucatum*. Hélas, après les invasions barbares, le *nucatum* sombra dans un regrettable oubli. Au 16e s., cependant, apparut près de Marseille une friandise, également à base de noix, d'où son nom provençal de nougat. Mais le véritable nougat, le nôtre, était encore à venir : il fallut attendre qu'en 1650 **Olivier de Serres** acclimate l'amandier, originaire d'Asie, dans son domaine vivarois du Pradel. Dès lors, le destin de Montélimar était scellé ! Sa position stratégique, entre le plateau des Gras où la culture des amandes s'était généralisée, et la Provence et les Alpes, riches en miel, ne pouvait que faire un jour germer l'idée de mélanger les unes à l'autre : une industrie était née qui prit l'ampleur que l'on connaît lorsque des usines se créèrent dans la première moitié du 20e s. Souvent copié, rarement égalé, le nougat de Montélimar a donné à sa ville natale une renommée universelle.

Des micro-miniatures, invisibles à l'œil nu, sont également présentées sous des oculaires ou des loupes. Le dernier étage est consacré à des expositions temporaires thématiques.

Palais des bonbons et du nougat

Sur la droite en direction de Valence par la N 7, juste avant le panneau de sortie de la ville. 100 rte de Valence - Village Au fil du temps - ℘ 04 75 50 62 66 - www.palais-bonbons.com - juin-sept. : 10h-19h ; oct.-mai : 14h-19h, dim. 10h-19h - fermé 3 sem. en janv. (dernière entrée 30mn av. fermeture) - 5 € (-5 ans gratuit, 5-12 ans 3 €). Toute la chaîne de production du sucre (4 films d'une dizaine de minutes) y est présentée, de la canne à sucre aux bonbons et nougats industriels, en passant par les **œuvres fantaisistes** et kitsch en sucre filé, soufflé et tiré de talentueux confiseurs. La présentation se veut ludique et se termine par un grand espace de vente.

Aux alentours

Le Teil

6 km à l'Ouest par la N 102 au Sud de la ville. Sur la rive droite du Rhône, dominée par les ruines du château d'Adhémar de Monteil (13e s.), cette cité industrielle doit son développement à l'exploitation des falaises calcaires du talus vivarois.

Au début du 19e s., de petites entreprises locales exploitaient déjà des carrières à ciel ouvert pour la fabrication de chaux et de ciment. Le site était depuis longtemps réputé pour la qualité de sa pierre à chaux quand, au milieu du 18e s., le receveur des gabelles Claude-François Pavin le racheta, avec son château, à la seigneurie locale. Presque un siècle plus tard, grâce à l'achat d'un brevet américain, la construction du chemin de fer et au percement du canal de Suez, son descendant Édouard Pavin en fit une société de rang mondial. Il lui donna le nom qu'il porte, et qui est lié à la terre et au château, **Lafarge**.

De part et d'autre du Teil, en particulier à Lafarge, en aval, et Cruas, en amont, le paysage rhodanien est profondément marqué par cette activité.

À proximité des fours à chaux, une pellicule blanchâtre recouvre végétation et maisons.

Église de Mélas – *Laissez la voiture sur la place d'où l'on domine l'église. Accès par la porte de côté à droite. Possibilité de visite guidée sur demande, se renseigner à l'office de tourisme - ℘ 04 75 49 10 46 - http://leteildardeche.free.fr* De dimensions modestes, cet édifice présente une nef centrale (12e s.), en berceau brisé sur doubleaux, flanquée de collatéraux en demi-berceaux ; celui de gauche est du 11e s. Une coupole sur trompes, très creuse, couvre le chœur. Remarquez, à gauche, dans la nef, deux beaux chapiteaux sculptés : le Sacrifice d'Abraham et le Pèsement des âmes (12e s.).

Baptistère★ – Sur le bas-côté gauche de l'église s'ouvre le baptistère (cette vocation a été parfois mise en doute) du 10e s., bâti à l'emplacement d'une nécropole primitive. L'intérieur se singularise par son plan alvéolé, inscrit dans l'octogone de la construction ; d'étroites et hautes niches (qui abritaient, peut-être, des reliques de saints) alternent avec les absides en cul-de-four, un peu plus profondes.

Notre-Dame-d'Aiguebelle

20 km au Sud de Montélimar par la D 56. L'abbaye fut fondée en 1137 sous l'impulsion de saint Bernard, abbé de Clairvaux. D'un lieu désert, les moines firent une région prospère et l'abbaye, riche et renommée pour la sainteté de ses moines, connut une période de grandeur. Puis vint la décadence. Au 15e s., elle fut confiée à des « abbés commendataires » (titre honorifique accordé à un prêtre séculier ou un laïc) qui profitèrent largement de ses revenus. En 1562, les réformés la pillèrent. La Révolution acheva sa ruine.

Rachetée en 1815 et habitée de nouveau par les moines, elle reprend vie et c'est maintenant un monastère florissant où se fabrique une liqueur réputée.

Abbaye de Notre-Dame-d'Aiguebelle

Joël Damase / MICHELIN

L'abbaye est soumise au régime austère de la Trappe. Tout luxe est banni et la vie des moines est organisée selon la règle de saint Benoît : les heures de prière, de travail manuel ou intellectuel et de repos sont également réparties.

Église abbatiale – L'église abbatiale qui, seule se visite, adopte le plan cistercien traditionnel tout en y mêlant des éléments caractéristiques du style roman de transition. La nef se compose de trois travées qui communiquent avec les bas-côtés voûtés d'ogives par des arcades en plein cintre. Les croisillons du transept sont flanqués à l'Est de quatre absidioles semi-circulaires, probablement carrées à l'origine. Le chœur présente une voûte en cul-de-four à cinq pans et reçoit la lumière par trois baies en plein cintre.

Les champs et les jardins cultivés par les moines s'étendent autour de l'abbaye.

Ruines du prieuré d'Aleyrac
22 km au Sud-Est de Montélimar par la D 540, puis la D 9.

Perdues dans un site sauvage, les ruines de Notre-Dame-la-Brune laissent encore voir une sobre et belle architecture romane (12ᵉ s.). Sous ce qui était le chœur coule encore la source qui permit l'implantation des bénédictines, jusqu'à leur départ au 14ᵉ s.

Circuits de découverte

EN SURPLOMB DU RHÔNE

Rochemaure★
7 km au Nord-Ouest par D 11 – environ 3/4h. 📞 *04 75 49 08 07 - possibilité de visite guidée (30mn) de mi-juil. à mi-août : tlj sf mar. 10h-12h, 15h-19h - fermé reste de l'année - 2,50 € (-12 ans gratuit).*

Dominant la plaine de Montélimar et le pont suspendu sur le Rhône (malgré son aspect moyenâgeux, il a été construit au 19ᵉ s.), les ruines de Rochemaure se tiennent sur une arête marquant l'extrême avancée du Coiron. Le **site★★** est impressionnant, et le contraste entre les prismes de basalte succédant, sur la rive du fleuve, aux escarpements calcaires, étonnant.

La forteresse (12ᵉ-14ᵉ s.), avec son village féodal protégé par une ceinture de remparts, appartint jusqu'en 1378 à une branche de la famille des Adhémar, alliée aux comtes de Poitiers, puis à des familles tout aussi prestigieuses comme les Lévis-Ventadour ou les Rohan-Soubise. Plusieurs fois assiégée par les huguenots aux 16ᵉ et 17ᵉ s., elle fut abandonnée au 18ᵉ s.

Dans Rochemaure, empruntez à hauteur de l'église la petite route, passant entre le monument aux morts et la mairie, fléchée « château ».

Chapelle N.-D.-des-Anges – *À droite sur la route montant au château.* Cette chapelle du 13ᵉ s., détruite en 1567 par les protestants, fut reconstruite en 1596. De style gothique, elle servit de sépulture aux propriétaires successifs du château. Au cours de la montée, on traverse par deux fois l'enceinte du 14ᵉ s.

Tournez à gauche en débouchant sur le plateau et laissez la voiture au pied de l'enceinte fortifiée. Gagnez les ruines, en empruntant la route goudronnée qui bifurque sur la gauche.

Château de Rochemaure

Étienne Larribère / MICHELIN

Ruines du château★ – Fierté du château, son imposant **donjon** a été érigé au 12ᵉ s. sur un piton basaltique. Il est constitué d'une tour carrée surmontée d'une tour pentagonale qui permettait aux archers de varier leur angle de tir. La **vue★** s'étend au Nord sur les tours de réfrigération de la centrale de Cruas-Meysse, le barrage de Rochemaure, à l'Est, sur la plaine de Montélimar, au Sud, sur le défilé de Donzère ; en arrière-plan se profilent le massif du Vercors et le mont Ventoux.

Le vieux village – *En revenant du château, empruntez devant la mairie la rue du Faubourg, puis la rue de la Violle.* Ces rues sont bordées de nombreuses maisons à façades médiévales ; remarquez une maison du 15ᵉ s. ornée d'une fenêtre d'angle à doubles meneaux. L'extrémité Sud du village est limitée par la porte des Tournelles surmontée de son mâchicoulis.

Pic de Chenavari★★

4,5 km au départ du château de Rochemaure. Au pied de la chapelle St-Laurent, prenez la route de droite, s'élevant jusqu'aux Videaux. Prenez alors à gauche le chemin des Freydières, puis continuez à monter, laissez à droite le chemin d'accès à une ferme et suivez à gauche une route non revêtue ; gagnez un seuil (pylônes électriques).

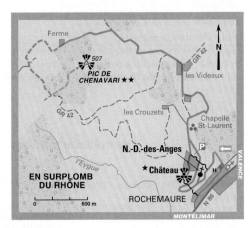

De là, on atteint facilement le sommet (3/4h à pied AR). Du sommet (alt. 507 m), **vue** sur le Rhône, avec en avant-plan le donjon de Rochemaure ; plus à droite s'élèvent les collines de la Basse-Ardèche. Le Vercors et les Baronnies ferment l'horizon à l'Est. Du côté Sud s'étend en contrebas une vaste plate-forme basaltique dont le rebord est sculpté en orgues.

PETITES CITÉS MÉDIÉVALES★

Circuit de 78 km – environ 3h1/2. Quittez Montélimar par la D 540. Peu après le passage sous l'autoroute, prenez à droite vers Puygiron.

Remarquez, dans la **plaine de la Valdaine**, les habitations rurales en calcaire. Un mur aveugle et un rideau de cyprès, côté Nord, les protègent du mistral.

Puygiron

Dominé par son ancien château (13ᵉ-16ᵉ s.), le village vaut surtout par son **site★**. Il offre une vue sur les Trois-Becs, Marsanne et le plateau du Coiron.

Revenez à la D 540 que l'on emprunte à droite.

La Bégude-de-Mazenc★

Au carrefour central du bourg moderne, empruntez, à gauche, la D 9, puis la petite route revêtue menant à l'entrée du vieux village perché ; laissez y la voiture.

On pénètre dans le lacis des ruelles par une porte fortifiée, s'adossant au chevet de l'église en partie romane. Les artisans d'art, qui ont investi la cité, contribuent à la relever peu à peu de ses ruines. Un chemin en forte montée mène au sommet de la butte couronnée d'une jolie pinède. Dans le vieux cimetière, remarquez le chevet à trois absidioles de la chapelle Notre-Dame (12ᵉ s.).

La D 540 remonte, en direction de Dieulefit, la vallée du Jabron.

Le Poët-Laval★

Ce village perché, bien restauré, occupe un **site★** escarpé et conserve un ensemble médiéval intéressant : une commanderie de Malte, un donjon du 12ᵉ s., des vestiges de remparts et des maisons du 15ᵉ s. De l'ancienne église ne subsistent que le clocher et l'abside romane. L'ancien temple, aménagé au 17ᵉ s. dans la maison d'un chevalier du 15ᵉ s. au centre du village *(suivez les indications)*, abrite la bibliothèque (documents sur l'histoire régionale) et le petit **musée du Protestantisme dauphinois**. ✆ 04 75 46 46 33 - www.museeduprotestantismedauphinois.org - possibilité de visite guidée (1h) avr.-sept. : 11h-12h, 15h-18h30, vend. et dim. 15h-18h30 (dernière entrée 30mn av. fermeture) - fermé reste de l'année - 4 € (-18 ans gratuit).

Reprenez la D 540.

La vallée du Jabron est jalonnée d'ateliers de potiers.

Dieulefit

Joliment située dans un élargissement de la vallée du Jabron, cette petite ville, de tradition protestante, vit du tourisme, du séjour des curistes, grâce à son centre de remise en forme, et de l'artisanat d'art qui a contribué à la renommée de ses poteries. En plein centre, la vaste Maison de la terre organise des expositions annuelles sur la céramique contemporaine.

La D 538 descend la vallée du Lez, dominée par les vestiges féodaux de Béconne et le donjon de Blacon (14e s.).

Tournez à droite dans la D 14 vers Taulignan.

Taulignan *(voir Le Guide Vert Provence)*

Grignan★ *(voir Le Guide Vert Provence)*

Retour à Montélimar par la D 4.

Beaux **points de vue** en direction des contreforts du Vercors et vers le bassin du Roubion. À la descente du Fraysse, on aperçoit, en avant, les ruines imposantes du **château de Rochefort-en-Valdaine**, dominant le vallon boisé de la Citelles.

Montélimar pratique

Adresse utile

🛈 **Office de tourisme** – *Allées des Provençales - 26200 MONTELIMAR - ☎ 04 75 01 00 20 - www.montelimar-tourisme.com - 9h-12h15, 14h-18h (horaires variables suivant les saisons).*

Se loger

◗🖩 **Hôtel Les Hospitaliers** – *26160 Poët-Laval - 5 km à l'O de Dieulefit par D 540 - ☎ 04 75 46 22 32 - contact@hotel-les-hospitaliers.com - fermé 15 nov.-12 mars et 18-31 déc. - 🅿 - 20 ch. 72/135 € - 🖵 15 € - restaurant 39/53 €.* Idéalement situé dans le village, hôtel regroupant un ensemble de maisons en pierres sèches. Les chambres, anciennes, offrent une vue superbe sur la vallée et les montagnes. Piscine et terrasse panoramiques. Cuisine au goût du jour et belle carte des vins.

Se restaurer

◗ **Petite France** – *34 imp. Raymond-Daujat - ☎ 04 75 46 07 94 - fermé 10 juil.-15 août, 24-28 déc., dim., lun. et j. fériés - 12,50/28 €.* L'enseigne de ce restaurant évoque un quartier du vieux Strasbourg et la fresque de sa salle voûtée représente une place de village alsacien. On y propose des petits plats traditionnels soignés.

◗ **Le Grillon** – *40 r. Cuiraterie - ☎ 04 75 01 79 02 - fermé 12 juil.-2 août, jeu. soir, dim. soir et lun. - 14/29 €.* Dans une petite rue de la vieille ville, ce restaurant à la façade discrète cache en fait une grande salle à manger rustique, une agréable terrasse et un espace jeux pour les enfants.
Le jeune chef sert une bonne cuisine du terroir (notamment, en hiver, un menu dédié à la truffe). Toute la pâtisserie est faite maison.

◗◗ **Francis « Les Senteurs de Provence »** – *202 Rte de Marseille - 2,5 km au S de Montélimar par N 7 - ☎ 04 75 01 43 82 - fermé dim. soir, mar. soir et merc. - 16/40 €.* Une maison bien connue des habitants de la ville. Légèrement en dehors de Montélimar, avec sa façade neuve, son décor coloré et chaleureux d'inspiration provençale (tons ocre et orangé, mobilier en fer forgé), elle fait salle comble autour de ses menus au goût du jour mâtinés de saveurs méridionales.

Joël Damase / MICHELIN

Fabrique de nougat Diane de Poytiers

Faire une pause

La Véranda – *18 r. Roger-Payol, espace Déborah - ☎ 04 75 51 14 23 - lun.-mar. 10h-19h ; merc.-sam. 8h-1h.* Cette adresse est, en plein centre-ville, un havre de paix. Elle dispose d'une délicieuse terrasse ouvrant sur un parc verdoyant et ombragé. À la carte : assiettes du jour et grand choix de tartines pour le déjeuner, belle sélection de thés et de glaces pour le goûter.

En soirée

👁 **Bon à savoir** – En bordure des Allées Provençales, le boulevard Aristide-Briand regroupe les principaux pubs et brasseries de la ville, tous pourvus de belles terrasses ombragées.

Théâtre municipal – *1 pl. du Théâtre - 𝄞 04 75 00 79 01 - regie.spectacle@mairie-montelimar.fr - billetterie : tlj sf w.-end et lun. 15h-18h30 - fermé juil.-août et j. fériés.* Construit en 1885 dans le plus pur style néo-classique/IIIe République, le théâtre municipal (250 places) est le symbole de « l'âge d'or » de Montélimar : Émile Loubet, l'enfant du pays, accédait alors à la présidence de la République… Théâtre, danse, concerts de musique classique. De nombreux spectacles se déroulent également à l'auditorium Michel-Petrucciani (434 places) situé en centre-ville.

Que rapporter

Fabriques de nougat (artisanales et industrielles) – La visite se fera si possible pendant la fabrication, pour certaines uniquement le matin et pour d'autres toute la journée. La liste complète des installations ouvertes à la visite est disponible à l'office de tourisme.

Au rucher de Provence - La Maison du nougat – *35 bd Desmarais, Les Allées Provençales - 𝄞 04 75 52 01 59 - www.aurucherdeprovence.fr - magasin : 8h-19h30 ; fabrique : tlj sf w.-end 9h30-11h45, 14h30-17h30 ; été : 9h30-11h45, 14h30-17h30, dim. sur RV.* La famille Bonnieu fabrique des nougats haut de gamme : le Stoupany, la plus ancienne marque montilienne (1787), et le Rucher de Provence (1938). Les confiseries sont réalisées dans la pure tradition artisanale. La visite est suivie d'une dégustation du nougat tout juste sorti d'un chaudron en cuivre.

Nougat Chabert et Guillot – *9 r. Charles-Chabert - 𝄞 04 75 00 82 00 - lun.-sam. 8h-12h30, 14h-19h ; mar.-vend. 8h-19h15 - fermé j. fériés.* Pour les spécialistes « les nougats » comme pour le grand public,

cette maison fondée en 1913 est LE nougatier de Montélimar. Sa renommée est telle qu'on ne compte plus les anciens employés, devenus patron de fabrique et qui se revendiquent maintenant comme ses disciples… Le cas le plus célèbre demeure celui du Rucher de Provence fondé en 1938 par Marcel Tournillon, neveu d'Henri Guillot.

Nougat Diane de Poytiers – *99 av. Jean-Jaurès - 𝄞 04 75 01 67 02 - www.diane-de-poytiers.fr - atelier : hiver : tlj sf w.-end 9h-12h, 14h-17h ; été : tlj sf dim. et lun. 9h-12h, 14h-18h ; magasin : 9h-12h30, 14h-19h. Visites guidées et commentées tte l'année - fermé 25 déc. et 1er janv.* Depuis trois générations, la même famille est aux commandes de cet atelier artisanal (le plus ancien de la ville). Visite guidée dévoilant toutes les étapes de la fabrication du nougat (recette datant des fondateurs) cuit dans des chaudrons d'époque. Dégustation gratuite et vente dans la boutique attenante.

Escobar Patissier-Confiseur-Chocolatier-Glacier – *2 pl. Léopold-Blanc - 𝄞 04 75 01 25 53 - www.nougats-escobar.com - lun. 9h30-12h30, 14h-19h ; mar.-sam. 9h-12h30, 14h-19h30 ; dim. et j. fériés 8h-13h, 15h-18h30 -* Ce pâtissier-chocolatier, sacré meilleur ouvrier de France en 1982, appartient au cercle restreint des « vrais » artisans montiliens. Son gâteau aux trois chocolats est un must et sa recette de nougat est jalousement gardée.

Découvrez la dernière création maison : « le rocher du parc », un praliné aux amandes de Provence agrémenté d'une nougatine au miel de lavande enrobée de chocolat.

Événements

Foire mensuelle, le 2e mercredi du mois, au coeur de la ville.

Festival Voix et Guitares du monde en juillet.

Cafés littéraires de Montélimar, le 1er week-end d'octobre.

Concerts d'orgue réguliers dans la collégiale Sainte-Croix.

Montverdun

759 HABITANTS
CARTE GÉNÉRALE A2 – CARTE MICHELIN LOCAL 327 D5 – LOIRE (42)

Curiosité géologique insolite, le « pic » de Montverdun s'élève entre la vallée du Lignon et le mont d'Uzore. C'est une éminence volcanique formée à l'ère tertiaire par les mouvements tectoniques qui ont donné naissance à la plaine du Forez. Au cours de son histoire, elle a été couronnée d'un prieuré fortifié et a vu un village se développer à ses pieds.

- **Se repérer** – Le site se trouve à 13 km au Nord de Montbrison.
- **Organiser son temps** – Comptez 1h.
- **Pour poursuivre la visite** – Voir aussi : château de La Bastie-d'Urfé, Chazelles-sur-Loire, Feurs, les monts du Forez, les monts du Lyonnais, Montbrison et St-Germain-Laval.

Le saviez-vous ?

- Connu depuis le 10e s. sous le nom de *Mons Verdunus*, Montverdun serait issu du gaulois *vero-dunum*, « grande citadelle », ce qui semble flatteur.
- Le prieuré, fondé au 8e s. par **saint Porcaire**, fut confié au 13e s. aux bénédictins de La Chaise-Dieu, qui en firent un domaine important. Le dernier moine s'y éteignit en 1700.

Visiter

Ancien prieuré

Partant du bourg moderne, une route mène à la butte. Laissez la voiture à l'extérieur de l'enceinte. 04 77 97 53 33 *- possibilité de visite guidée (1h) avr.-oct. : 14h-18h, dim. et j. fériés 15h-19h ; nov.-mars : tlj sf dim. et lun. 14h-18h - fermé 1er janv. et 25 déc. - 2,50 € (-7 ans gratuit).* Du monastère fortifié ne subsistent que les soubassements, l'église et des vestiges des bâtiments conventuels, dont le logis prieural. Le cloître a disparu.

Église – C'est un édifice des 12e et 15e s., dont la sévérité est accentuée par l'emploi de basalte noir. Remarquez un bénitier du 15e s. et un autel en bois doré du 18e s., dédié à la Vierge. Des peintures murales ont été dégagées : observez celles surmontant la porte dans le mur Nord, qui donne accès au cimetière.
À gauche, dans le chœur, est exposée la châsse en argent finement ciselée (17e s.) de saint Porcaire, torturé par les Sarrasins au 8e s. Dans le croisillon Sud, on repère la pierre tombale d'un Bourbon, archevêque de Narbonne et prieur à Montverdun au 15e s.

Cimetière – Il est jonché de croix en fonte désordonnées. Du cimetière, la fortification du monastère apparaît évidente : murailles percées de meurtrières, tour crénelée. Les dimensions du clocher de l'église laissent supposer la présence passée d'un hourd.

Logis du prieur – Il a conservé sa remarquable **galerie en chêne★** du 15e s. À l'étage, dans la salle ornée d'une cheminée gothique aux armes des Bourbons, ont été dégagés des décors peints superposés dont les premiers dateraient du début du 13e s.

Point de vue★ – Du terre-plein, la vue s'étend sur le Forez, le Beaujolais, le Lyonnais, et barrant la perspective au Sud, le mont d'Uzore.

Sur le pic qui domine la ville, le prieuré dresse sa robuste et claire silhouette.

Joël Damase / MICHELIN

Morestel

3 034 MORESTELLOIS
CARTE GÉNÉRALE C2 – CARTE MICHELIN LOCAL 333 F3 – ISÈRE (38)

Combien de voyageurs traversent la ville sans se douter de l'intérêt de cette ancienne « cité des peintres » ? Le site et la lumière si particulière de cette place forte ont en effet attiré, depuis le milieu du 19e s., de grands artistes tels que Corot, Daubigny ou Turner. Cette vitalité artistique perdure dans la vieille ville restaurée qui accueille de nombreuses galeries d'art.

- ▶ **Se repérer** – Morestel se trouve à 20 km au Nord-Est de Bourgoin-Jallieu. Le Jura et la Savoie sont à deux pas, en poursuivant vers l'Est.
- 👁 **À ne pas manquer** – Le site du château de Mérieu.
- 🕐 **Organiser son temps** – Comptez environ 1h.
- ⏱ **Pour poursuivre la visite** – Voir aussi : Bourgoin-Jallieu, Crémieu, lac de Paladru, St-Chef et parc Walibi-Rhône-Alpes.

Visiter

Les espaces consacrés à la peinture sont nombreux et nous ne citons que les deux plus connus :

Maison Ravier

302 r. François-Auguste-Ravier - ✆ 04 74 80 06 80 - www.maisonravier.com - mars-nov. : tlj sf mar. 14h30-18h30 - 3,50 € (-18 ans 2 €), gratuit 1er lun. du mois.
Les peintres ont souvent bon goût comme en témoigne cette très belle maison dans laquelle l'artiste a vécu de 1867 à 1895. Rachetée par la ville, elle est aujourd'hui un centre culturel connu pour la qualité de ses expositions.

Tour médiévale

Cet ancien donjon est le principal vestige de la forteresse qui dominait la ville dès le 11e s. Il constitue un excellent belvédère sur la région (table d'orientation) et connaît une reconversion réussie en lieu d'exposition. *✆ 04 74 33 04 51 - juil.-août : tlj sf lun. 10h-12h, 14h30-19h ; de mi-mars à fin juin et sept.-nov. : tlj sf lun. 14h30-18h30 ; dim. et j. fériés : 10h-12h, 14h30-19h - fermé de déb. janv. à mi-mars - gratuit.*

Aux alentours

Château de Mérieu

8 km au Nord par la D 16. Datant en majeure partie du 17e s., il occupe un **site★** magnifique sur la rive gauche du Rhône, dans un cadre de prairies et de bois se détachant sur les escarpements du Bugey méridional.

Brangues

6 km à l'Est par la D 60ᴬ. Sur la route historique par la D 60A, ce bourg du Bas-Dauphiné est remarquable par la belle apparence de ses maisons de calcaire blanc aux grands toits de tuiles plates ; beaucoup de demeures présentent encore des pignons à mantelure. Brangues intéressera, en outre, à deux titres différents, les touristes sensibles aux souvenirs littéraires. L'auteur du *Soulier de satin* (1868-1955) s'était attaché au **château** de Brangues *(on ne visite pas),* grosse gentilhommière du 18e s. située aux abords Nord-Ouest du bourg. Chaque année, il y réunissait autour de lui ses enfants et ses petits-enfants.

Espace Stendhal-Claudel – *Pl. Paul-Claudel - ✆ 04 74 80 32 14 - juil.-août : tlj sf mar. 10h-12h, 15h-19h ; mai-juin : w.-end et j. fériés 10h-12h, 15h-19h ; avr. et sept.-nov. : dim. 14h-18h - 2 € (12-18 ans 1 €).* Étrange coïncidence qui réunit là ces deux écrivains, quand on lit le mépris qu'avait le second pour le premier. Illustré par de nombreuses photos et citations, le lieu s'avère une bonne occasion de découvrir, au-delà de l'ambassadeur et du grand auteur de théâtre, Paul Claudel le croyant, le travailleur, le grand-père tendre, l'homme de tous les jours, qui s'émerveille de la nature, doute de lui-même ou se prépare à mourir.

👁 **Le saviez-vous ?**

La région, sublimée par les plus grands peintres paysagistes, répond aujourd'hui au superbe nom de « Pays de la fine lumière dorée ». Parmi les peintres qu'elle séduisit figure **Auguste Ravier** (1814-1895), qui termina ses jours à Morestel. Cet ami de Corot s'est spécialisé dans les crépuscules, dont il savait à merveille rendre les incroyables nuances.

Un fait divers stendhalien

En 1827, un ancien séminariste, **Antoine Berthet**, originaire de Brangues, tira un coup de feu dans l'église du bourg sur l'épouse d'un notable de la région. Berthet, condamné à mort, fut guillotiné en 1828. L'église, où eut lieu le drame, a été remplacée par un autre édifice, mais on peut voir encore, en contrebas du chevet, la petite maison qu'habitait Berthet, fort jolie d'aspect, avec son grand toit débordant et son grenier à fourrage. Inspiré par ce fait divers, Stendhal écrivit *Le Rouge et le Noir*, roman qui parut au début de l'année 1830. La scène y est transposée à Verrières en Franche-Comté.

La tombe de Paul Claudel – *Accès par la D 60 à l'Ouest de Brangues*. Il avait écrit « Alors salut, étoile du soir ! Il y a pour t'indiquer pensivement dans le ciel, au fond du parc, dans le coin le plus reculé de mon jardin, un long peuplier mince, comme un cierge, comme un acte de foi, comme un acte d'amour ! C'est là, sous un vieux mur tapissé de mousses et de capillaires, que j'ai marqué ma place. C'est là, à peine séparé de la campagne et de ses travaux, que je reposerai, à côté de ce petit enfant innocent que j'ai perdu, et sur la tombe de qui je viens souvent égrener mon chapelet. » Selon son vœu, il est donc inhumé là, avec sa femme et son fils. Un petit jardin japonais, hommage du pays dont cet ambassadeur s'était épris, intègre désormais les tombes en son sein.

Centrale nucléaire de Creys-Malville

11 km au Nord. Visite suspendue en raison de l'application du plan Vigipirate renforcé. Se renseigner ☎ 04 74 34 30 09.

Du belvédère d'observation situé à l'extrémité du parking, la vue embrasse l'ensemble du site. Construite sur des alluvions du Rhône, face aux monts du Bas-Bugey, la centrale nucléaire – équipée d'un réacteur à neutrons rapides refroidi au sodium – est un prototype de taille industrielle de la filière des surgénérateurs. Baptisé « Superphénix », il paraissait immortel. Le surgénérateur est pourtant arrêté et condamné à disparaître.

Modestel pratique

Adresse utile

🛈 **Office de tourisme** – *100 pl. des Halles - 38510 MORESTEL - ☎ 04 74 80 19 59/56 71 - www.morestel.com - 9h-12h, 14h30-18h30 ; dim., lun. et j. fériés 9h30-12h.*

Se loger

🛏 **Hôtel Servhotel** – *Rte de Grenoble - ☎ 04 74 80 06 22 - www.morestel.net - 🅿 - 21 ch. 32/49 € - ☕ 5,50 €.*

Cet établissement avant tout fonctionnel est une adresse utile à seulement 10 km du parc d'attractions Walibi Rhône-Alpes. Les chambres offrent un confort simple et moderne. Terrasse, aire de pique-nique privée et grand parking. L'accueil y est cordial.

Aven d'**Orgnac**★★★

CARTE GÉNÉRALE A/B5 – CARTE MICHELIN LOCAL 331 I8 – ARDÈCHE (07)

On ne saura jamais assez remercier Robert de Joly pour cette remarquable découverte en août 1935. Ce qui n'était qu'un sombre gouffre a révélé un magnifique
réseau de salles décorées d'une grande variété de concrétions. Façonnées par
des eaux souterraines, les immenses salles ont enregistré les changements climatiques de l'ère quaternaire.

- ◐ **Se repérer** – À 15 km de Vallon-
  Pont-d'Arc, l'aven est situé à l'extré-
  mité Sud de l'Ardèche.
- ◔ **Organiser son temps** – Comptez
  une demi-journée pour la visite de
  l'aven et de ses environs.
- ◔ **Pour poursuivre la visite** – Voir
  aussi : gorges de l'Ardèche, Bourg-St-
  Andéol, Ruoms, Vallon-Pont-d'Arc,
  Les Vans et Viviers.

> **👁 Le saviez-vous ?**
>
> **Robert de Joly** (1887-1968) explora
> l'aven le 19 août 1935. Ce pionnier de
> la spéléologie, qui visita bon nombre
> de gouffres de la région, joua un rôle
> fondamental dans la mise au point du
> matériel et de la technique d'explo-
> ration. À tel point qu'en dernier hom-
> mage, l'urne contenant son cœur fut
> placée dans la niche d'une concrétion
> de la salle supérieure.

Visiter

L'aven

*Ne descendez pas sans au moins un chandail ou une veste : la température avoisine
10,5 °C toute l'année dans le gouffre. La remontée des 120 m de déclivité se fait désormais
en ascenceur.*

☎ *04 75 38 65 10 - www.orgnac.com - visite guidée (1h) juil.-août : 9h30-18h ; avr.-juin
et sept. : 9h30-17h30 ; de déb. oct. à mi-nov. : 9h30-12h, 14h-17h15 ; fév.-mars et vac. de
Noël : 10h30-12h, 14h-16h45 - fermé de mi-nov. à fin janv. - 9,20 € billet combiné grotte
et musée (enf. 5,70 €).*

👥 S'infiltrant par les calcaires fissurés, les eaux sont à l'origine de la formation de
cet aven comme des stalagmites, qui n'ont pas bougé depuis 15 000 ans. Une faible
lumière bleutée baigne la **salle supérieure** d'une atmosphère irréelle. Haute de 17 à
40 m, longue de 250 m et large de 125 m, cette salle possède de magnifiques stalagmites, de tailles imposantes. Comme des poissons parmi les coraux, vous sillonnez le
gouffre en suivant le petit sentier balisé. Un jeu de lumière sans cesse renouvelé met en
valeur successivement les multiples points d'intérêt du site. Au centre, les plus grosses
stalagmites montrent des excroissances qui leur donnent l'aspect de « pommes de
pin ». Elles n'ont pu, à cause de la hauteur de la voûte, se souder aux stalactites pour
former des colonnes, mais elles se sont épaissies à la base, atteignant parfois un
diamètre imposant. D'autres, plus récentes et plus grêles, en forme d'« assiettes empi-
lées », les surmontent. Leur lente construction étant toujours en cours, vous aurez la
chance, grâce à un savant éclairage, de voir « l'ouvrier au travail » : la goutte perlant au
plafond, s'en décrochant pour une trajectoire vertigineuse achevée en éclaboussures.
Sur le pourtour de la salle, on remarque de frêles colonnettes. Certaines ont atteint
une grande hauteur, les unes « en baïonnette », d'autres très droites. L'ensemble
constitué de cristaux de chalcite scintille sous le feu des éclairages.

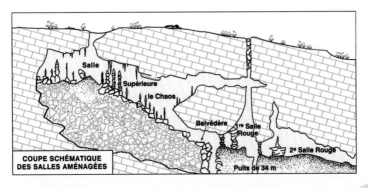

COUPE SCHÉMATIQUE
DES SALLES AMÉNAGÉES

Salle Supérieure · le Chaos · Belvédère · 1re Salle Rouge · 2e Salle Rouge · Puits de 34 m

Dans la **salle du Chaos**, encombrée de concrétions tombées de la salle supérieure, les parois suintent d'une multitude de gouttes glissant cette fois-ci lentement sur des formes molles : elles forment alors les magnifiques « draperies » blanches ou colorées. Les couleurs sont issues des minerais présents dans le sol en surplomb : tons de vert pour le cuivre, de rouge et d'ocre pour le fer.

Au niveau du belvédère de la **salle Rouge**, les eaux d'infiltration, enrichies en carbonate de chaux par la traversée de la couche calcaire, ont permis aux concrétions de se multiplier.

Vous atteignez enfin le **Grand Théâtre**, tout d'abord plongé dans une obscurité totale. Vous êtes installé sur le belvédère quand toutes les lumières s'éteignent pour laisser place au clou du spectacle : le **son et lumière★★**. Sur fond de chant choral, un jeu d'éclairages, presque une chorégraphie, révèle par adroites touches successives, de plus en plus spectaculaires, la profondeur sans limite et le paysage tourmenté de la plus grande salle d'Orgnac.

Musée régional de Préhistoire

☏ 04 75 38 65 10 - www.orgnac.com - ♿ - mêmes conditions de visite que les grottes.
Les salles ordonnées autour d'un patio rassemblent les produits des fouilles pratiquées en Ardèche et dans le Nord du Gard depuis le paléolithique inférieur jusqu'au début de l'âge du fer, soit de 350 000 à 600 ans avant J.-C. Des reconstitutions (cabane acheuléenne d'Orgnac 3, atelier de taille du silex ou grotte ornée de la Tête du Lion) introduisent le visiteur dans le mode de vie des hommes préhistoriques.

Circuits de découverte

GORGES DE L'ARDÈCHE★★★ 1 *(voir ce nom)*

PLATEAU D'ORGNAC 2

Circuit de 45 km au départ de l'aven d'Orgnac – schéma p. 158. Suivez la D 317 vers l'Ouest jusqu'à Barjac.

Barjac

Célèbre dans toute la région pour ses deux brocantes annuelles, Barjac possède un quartier haut qui mérite une flânerie dans les ruelles que bordent des demeures 18e s., autour de son noble château reconverti en centre culturel (cinéma et médiathèque). De l'esplanade qui domine la plaine, belle vue sur les Cévennes.

Prenez au Nord la D 979. À Vagnas, prenez à droite la D 355.

Labastide-de-Virac

Au Nord de cette bastide fortifiée constituée de calades et de ruelles sous voûtes – point de départ d'excursions sur le plateau et dans les gorges – se dresse le **château des Roure**, édifié au 16e s. pour contrôler le passage des gorges de l'Ardèche au niveau du Pont d'Arc. Il arbore une cour de style florentin, une belle cheminée dans la grande salle du 1er étage et une magnanerie en activité (exposition des productions de soieries locales). Après avoir subi les assauts des camisards de Jean Cavalier en 1703, ce château est passé en 1825 aux métayers des comtes de Roure. La famille comptait alors dans ses membres le sculpteur James Pradier, auteur du décor de l'Arc de triomphe, à Paris. *☏ 04 75 38 61 13 - www.chateaudesroure.com - juil.-août : 10h-19h ; de Pâques à fin juin et sept. : tlj sf merc. 14h-18h - 5,50 € château, 7,50 € château et musée de la Soie.*

Après Labastide, sur la D 217, tournez à gauche.

La route permet de traverser **Les Crottes**, village martyre dont les habitants furent massacrés par les nazis le 3 mars 1944. Au **belvédère du Méandre de Gaud★★**, belle vue sur l'Ardèche et le cirque de Gaud.

Faites demi-tour et prenez la D 217 à gauche. Bientôt, sur la droite, une petite route permet d'accéder à l'aven de la Forestière.

Aven de la Forestière★

☏ 04 75 38 63 08 - visite guidée (1h) avr.-sept. : 10h-19h ; oct.-mars : sur réserv. - 5,50 € (enf. 3,50 €).
On remarquera l'extrême finesse des concrétions de la grande salle : cristallisations en forme de chou-fleur, longs macaronis pendant de la voûte, excentriques aux formes capricieuses, draperies de stalactites aux couleurs variées et imposant plancher de stalagmites mis en lumière. Un zoo cavernicole présente crustacés, poissons, batraciens et insectes.

Aven d'Orgnac pratique

Adresse utile

☐ Office de tourisme – *1 pl. de l'Ancienne-Gare - 07150 VALLON-PONT-D'ARC - ✆ 04 75 88 04 01/41 09 - www.vallon-pont-darc. com - juil.-août : 9h-13h, 15h-19h, dim. et j. fériés 9h30-12h30 ; mai-juin et sept. : tlj sf dim. 9h-12h, 14h-18h (sam. 17h) ; avr. et oct. : tlj sf dim. 9h-12h, 14h-17h (sam. 16h) ; nov.-mars : tlj sf dim. 9h-12h, 14h-17h, sam. 9h-12h.*

Se loger

☎ Le Mas des Roches – *07150 Labastide-de-Virac - ✆ 04 75 38 63 12 - www.ardeche. com/tourism/roches -✍- 6 ch. 38 € ☐.* Ensemble d'hébergement au sein d'une propriété de plusieurs hectares. Au choix : chambres d'hôte (logées dans la maison principale) ou 9 maisonnettes neuves, sans vis-à-vis et accessibles par un petit chemin de terre. Belle piscine et terrasse fleurie.

☎☎ Hôtel de l'Aven – *Pl. de la Mairie - 07150 Orgnac-l'Aven - ✆ 04 75 38 61 80 - www.aven.sarrazin.com - ☐ - 25 ch. 43/48 € - ☐ 6,70 € - restaurant 12,95 €.* Même si, dans son ensemble, l'établissement n'est pas un modèle de confort, on sera satisfait de savoir que les chambres sont bien entretenues et que celles orientées plein Sud disposent de la climatisation. Ajoutez à cela un restaurant correct proposant une carte variée, et vous obtenez une adresse très convenable.

☎☎ Chambre d'hôte La Sérénité – *Pl. de la Mairie - 30430 Barjac - 6 km à l'O de l'aven d'Orgnac par D 317 et D 176 - ✆ 04 66 24 54 63 - www.la-serenite.fr - fermé déc. à Pâques -✍- 3 ch. 70/115 € ☐.* Au cœur du village, demeure du 17ᵉ s. aux volets bleus tapissée de vigne vierge. Meubles chinés, bibelots, patine des murs, carrelages et tomettes personnalisent chaque chambre. Délicieux petit-déjeuner servi devant la cheminée ou sur la terrasse fleurie à la belle saison. Un vrai bijou !

Se restaurer

☎ Les Stalagmites – *07150 Orgnac-l'Aven - ✆ 04 75 38 60 67 - fermé 16 nov.-28 fév. - 12/18 € - 25 ch. 30/45 € - ☐ 6 €.* Un hôtel-restaurant familial simple, très accueillant et vraiment pas cher, à dénicher dans le village même. Aux beaux jours, délaissez la sobre salle à manger pour vous attabler sous la tonnelle, afin d'y déguster de copieuses assiettes traditionnelles et régionales. Chambres modestes, plus récentes à l'annexe.

☎☎ La Chaise Longue – *30430 Barjac - ✆ 04 66 24 57 01 - la-chaise-longue@ wanadoo.fr - 15 avr.-15 oct. et fermé merc. sf. juil.-août - 24/52 €.* Cet ancien couvent invite à goûter au plaisir des nourritures terrestres - plats actuels - dans trois jolies petites salles voûtées ou sur une terrasse ombragée.

Sports & Loisirs

Recommandations – La température (constante) dans la grotte est de 13 °C : prévoir donc de se couvrir surtout au plus fort de l'été quand dehors il fait (très) chaud... sinon gare aux angines et bronchites !

Rando souterraine – *Juil.-août : sur demande préalable. Groupes de 4 à 8 pers. (14 ans minimum). De 60 € à 38 €. ✆ 04 75 38 65 10. www.orgnac.com* Aux visiteurs passionnés s'offre la possibilité d'un contact unique et privilégié avec l'aven dans les premières salles des réseaux non aménagés (donc fermés habituellement à la visite). Cette promenade effectuée en groupe restreint, raisonnable compromis entre la visite traditionnelle et l'Odyssée souterraine *(voir ci-dessous)*, présente peu de difficultés et ne requiert aucun effort physique particulier.

Odyssée souterraine – Vous désirez avoir une approche privilégiée du milieu souterrain, vous êtes en bonne condition physique, alors n'hésitez pas ! Partez pour une journée d'aventures spéléologiques dans une partie non aménagée de ce vaste réseau souterrain. Accompagné d'un guide diplômé d'État, vous découvrirez un monde grandiose et magique peuplé de myriades de concrétions aux formes les plus étonnantes. Un moment inoubliable. Sur demande uniquement.

S.IV.U. Orgnac - Issirac – *07150 Orgnac-l'Aven - ✆ 04 75 38 65 10 - www.orgnac. com - 9h-12h, 14h-17h - 35 €.* Aux visiteurs passionnés s'offre la possibilité d'un contact unique et privilégié avec l'aven dans les premières salles des réseaux non aménagés (donc fermés habituellement à la visite). Cette promenade (3h) effectuée en groupe restreint présente peu de difficultés et ne requiert aucun effort physique particulier. Uniquement sur réservation. Groupes de 4 à 8 pers. (10 ans mini).

Lac de **Paladru** ★

CARTE GÉNÉRALE C2/3 – CARTE MICHELIN LOCAL 333 G5 – ISÈRE (38)

Le lac de Paladru occupe une dépression d'origine glaciaire parmi les collines verdoyantes du Bas-Dauphiné. Ses eaux émeraude forment une jolie nappe étirée en longueur sur 390 ha. Pendant la belle saison, cette dernière attire de nombreux Lyonnais et Grenoblois, amateurs de sports nautiques et de randonnées.

- **Se repérer** – À un peu plus de 20 km à l'Est de La Côte-St-André, ce lac est finalement très proche de Grenoble grâce à l'A 48.

- **À ne pas manquer** – Le tour du lac, à pied ou en voiture, la belle architecture du château de Virieu.

- **Organiser son temps** – Comptez 1h1/2.

- **Pour poursuivre la visite** – Voir aussi : Bourgoin-Jallieu, La Côte-St-André, Morestel, St-Antoine-l'Abbaye, St-Chef et le parc Walibi-Rhône-Alpes.

Comprendre

La civilisation du bois – Dans sa partie méridionale, le lac de Paladru recèle deux sites archéologiques immergés d'un grand intérêt. Loin de conforter l'existence de cités palafittes (bâties sur pilotis), la découverte de nombreux pieux et madriers émergeant par basses eaux a permis d'affirmer que ceux-ci constituaient l'ossature de maisons construites sur des hauts-fonds de craie lacustre, qui furent, à plusieurs reprises, affectés par des variations du niveau du lac. La variété et l'abondance des vestiges mis au jour, ainsi que l'analyse des pollens contenus dans les sédiments, ont contribué à définir la nature du manteau forestier environnant et les activités quotidiennes des habitants, largement orientées vers l'exploitation du bois.

La station des « Baigneurs » – Ce village néolithique d'agriculteurs a connu autour de l'an 2700 av. J.-C. deux phases d'occupation successives se rattachant à la civilisation Saône-Rhône. Grâce à la présence de manches de haches et de cuillères en bois, de silex taillés, de fusaïoles ainsi que de débris calcinés, on a pu mettre en évidence, outre la production artisanale, la pratique, après déforestation, de l'écobuage – fertilisation des sols par brûlage des arbres abattus – précédant la mise en culture (blé, pavot, lin).

Le site de Colletière – Actuellement noyé sous 6 m d'eau, il révèle un habitat fortifié établi à la fin du 10ᵉ s. à la suite d'une baisse sensible du niveau du lac correspondant à une embellie climatique. Les habitants ont vécu là jusqu'au début de l'an mil, lorsqu'une montée brusque des eaux les a obligés à quitter précipitamment les lieux en abandonnant leurs biens. L'intérêt archéologique exceptionnel de Colletière réside dans l'absence, depuis son immersion, de pillage ou de dégradation.

Les habitants étaient à la fois cultivateurs, éleveurs et pêcheurs. La découverte d'équipements d'équitation, de lances et d'armes lourdes atteste qu'ils assuraient aussi la défense de la communauté. Cette société préféodale était régie par des règles égalitaires devant le travail et paraissait subvenir largement à ses besoins. Les archéologues estiment probable une population d'une centaine d'individus.

Le milieu lacustre a parfaitement protégé de nombreux objets usuels fragiles qui habituellement nous parviennent rarement : chaussures en cuir intactes, textiles, instruments rares de musique en bois (tambourin, hautbois, embout de cornemuse), des jeux (intégralité d'un jeu d'échecs) et même des jouets reproduisant des armes (arbalète).

Vers 1040, à l'abandon des habitats littoraux, la colonisation du lac de Paladru se poursuit avec l'apparition sur les collines environnantes des premières « mottes castrales ». Remplacées pour bon nombre d'entre elles par des constructions en pierres au cours du 13ᵉ s., elles constituent les noyaux des futurs fiefs des grandes familles dauphinoises : tour de Clermont, les Trois Croix (à Paladru), château de Virieu…

Visiter

Musée du lac de Paladru

R. de la Mairie - ☎ 04 76 55 77 47 - www.museelacdepaladru.com - possibilité de visite guidée (1h) juil.-août : tlj sf lun. 15h-19h ; mai : w.-end et j. fériés 14h-18h ; juin et sept. : tlj sf lun. 14h-18h - 3 € (12-18 ans 2 €).

Il présente le résultat des fouilles subaquatiques des villages engloutis du néolithique et du Haut Moyen-Âge. La présentation des plus belles pièces mises au jour, de superbes maquettes et des audiovisuels font revivre au visiteur la vie quotidienne des habitants à deux époques charnières de l'histoire du lac.

Tour du lac★

Au départ de Charavines, deux promenades faciles procurent d'agréables vues d'ensemble sur le lac et le relief méridional. Il existe des possibilités de tour pédestre du lac, renseignez-vous à l'office du tourisme de Paladru.

Deux jolies routes – D 50 et D 50D (prolongée par la D 90) – permettent de faire le tour du lac (15 km). Elles relient la station animée de **Charavines**, à la pointe Sud du lac, au village plus paisible de Paladru, à l'autre extrémité. Elles permettent d'admirer en plusieurs points les évolutions des cygnes et des oiseaux habitant les nombreuses roselières.

Aux alentours

Grange dîmière de la Silve bénite

Les traditionnelles fermes des coteaux dominant le lac et la vallée supérieure de la Bourbre sont remarquables par leur vaste toiture débordante. En direction de Chambéry par l'autoroute A 48 (itinéraire fléché), on admirera la grange dîmière (16e s.) qui abrite, en saison, des expositions. 📞 *04 76 55 77 47 - ♿ - juil.-août : tlj sf lun. 15h-19h ; sept. : w.-end 14h-18h - 2 € (-12 ans gratuit, 12-18 ans 1 €).*

La tour de Clermont

🚶 45mn. Au départ de Charavines, suivez le chemin longeant la Fure jusqu'au pont de la D 50, puis prenez à gauche le chemin balisé en jaune qui monte à travers prés. Après la traversée du hameau de la Grangière, un chemin à gauche mène à la tour de Clermont. Ce fier donjon du 13e s., de forme pentagonale à trois niveaux, est le seul vestige du puissant château de Clermont démantelé au début du 17e s. Le sommet a disparu et la porte a été percée ultérieurement (à l'origine une passerelle était jetée à hauteur du premier étage). C'était la demeure d'une des plus anciennes familles du Dauphiné dont la descendance unie à la Bourgogne allait donner la branche des Clermont-Tonnerre.

La croix des Cochettes

🚶 Cet itinéraire plus pentu que le précédent offre l'avantage d'être bien balisé (45mn). Depuis le parking de Collétière, prenez le sentier en montée, marqué en orange, en direction de Louisias. À un replat, poursuivez vers l'Est à flanc de coteau pour rejoindre un sentier balisé en bleu qui permet d'atteindre la croix des Cochettes. Vue panoramique sur le lac.

Hervé Kaufmann / MICHELIN

Château de Virieu

Château de Virieu★

7,5 km au Nord-Ouest par la D 17. 📞 04 74 88 27 32 - www.chateau-de-virieu.com - ⛪
- visite guidée (45mn) juil.-août : tlj sf lun. 14h-18h ; de Pâques à fin juin et sept.-oct. :
w.-end et j. fériés 14h-18h - 6 € (enf. 2,50 €).

La construction, échelonnée du 11ᵉ au 18ᵉ s., fut restaurée au début du 20ᵉ s.

Le château eut l'honneur d'accueillir Louis XIII, en 1622, à son retour de Montpellier où il avait signé la paix. Le monarque fit don, lors de son passage à Virieu, de plusieurs **canons**, conservés avec leurs affûts fleurdelisés sous les arcades de la cour intérieure. On y visite la chambre de Louis XIII, l'ancienne cuisine avec une grande cheminée à arc surbaissé de la fin du 15ᵉ s. et une plaque portant les armoiries primitives de l'ordre des Chartreux, la Grande Salle…

Château de Pupetières

Au Sud de Virieu. C'est dans le cadre agreste de la vallée de la Bourbre, au château de Pupetières, que **Lamartine** composa, en 1819, son célèbre poème, *Le Vallon*, publié l'année suivante avec ses *Premières Méditations*.

Repose-toi, mon âme, en ce dernier asile,
Ainsi qu'un voyageur qui, le cœur plein d'espoir,
S'assied, avant d'entrer, aux portes de la ville,
Et respire un moment l'air embaumé du soir.

A. de Lamartine, extrait de *Le Vallon*.

Lac de Paladru pratique

Adresse utile

🛈 **Office de tourisme** – *R. des Bains - 38850 CHARAVINES* - 📞 04 76 06 60 31 - www.pays-voironnais.info - *juin-août : 9h-12h, 14h-18h, w.-end et j. fériés 9h-12h15, 14h15-18h30 ; reste de l'année : se renseigner pour les horaires - fermé 24-31 déc.*

Visites guidées

Le pays du lac de Paladru-Les Trois Vals, qui porte le label Pays d'art et d'histoire, propose des animations et des visites-découvertes animées par des guides-conférenciers agréés par le ministère de la Culture et de la Communication - renseignements et programmations au musée du lac de Paladru à Charavines ou sur www.museelacdepaladru.com

Se loger

🛏 **Les Balcons du Lac** – *145 chemin de Béluran, lieu-dit Vers-Ars - 38730 Le Pin - 1 km au SO du lac de Paladru par D 50 -* 📞 04 76 06 68 82 - *fermé vac. de Noël -* 🍽 *5 ch. 32/43 € -* 🍴 *repas 15 €.* Cette ancienne ferme s'ouvre d'un côté sur le lac de Paladru, de l'autre sur les champs et les bois. Les chambres, simples et douillettes, jouissent presque toutes de la vue sur les eaux couleur émeraude ; trois d'entre elles possèdent une kitchenette. Accueil charmant.

🏕 **Camping Le Calatrin** – *38850 Paladru -* 📞 04 76 32 37 48 - lecalatrin@wanadoo.fr - *ouv. avr.-sept. -* 🍽 *- réserv. conseillée - 60 empl. 14 €.* À l'instar de ses voisins bordant le lac, ce camping dispose

d'emplacements bien entretenus, aménagés en terrasses. Un grand bâtiment à l'entrée abrite l'accueil et un bloc sanitaire classique et correct. Une adresse de choix.

🛏🍴 **Beau Rivage** – *38850 Charavines - 1 km au N de Charavines par D 50 -* 📞 04 76 06 61 08 - *fermé janv., lun. sf le soir en juil.-août, dim. soir et lun. de sept. à mai -* 🅿 *28 ch. 48/58 € -* 🍽 *6 € - restaurant 15/44 €.* Au bord du lac de Paladru, cet hôtel a les pieds dans l'eau : il met d'ailleurs à la disposition de ses clients une petite plage aménagée. Ses chambres sont assez grandes, simplement meublées et bien entretenues. Restaurant et terrasse avec vue sur le lac.

Se restaurer

🍴 **Hôtel Les Bains** – *345 r. Principale - 38850 Charavines - 1 km au S du lac de Paladru par D 50 -* 📞 04 76 06 60 20 - hotel.desbains@wanadoo.fr - *12/35 €.* Des bains, oui mais des bains… - marie et la plonge, dans l'évier ! Car le lieu est bien un restaurant. Son chaleureux décor à l'ancienne - parquet, mobilier bistrot, assiettes fleuries… - est très plaisant. Cuisine traditionnelle et une spécialité : la friture.

Loisirs

👁 **Bon à savoir** – Le lac de Paladru étant privé, la baignade y est interdite en dehors des 6 plages surveillées. Sachez qu'elles sont toutes payantes, à l'exception de la plage municipale de Charavines.

Pérouges★★

1 103 PÉROUGIENS
CARTE GÉNÉRALE C2 – CARTE MICHELIN LOCAL 328 E5, – AIN (01)

C'est une miraculée ! Pérouges n'oubliera pas le 20ᵉ s. qui l'a vu passer d'une longue phase d'abandon, voire de destruction, à une restauration exemplaire. Couronnant une colline, protégé par ses remparts, ce véritable joyau d'architecture médiévale se découvre au fil de ses rues tortueuses bordées de vieilles maisons. Le décor pérougien est si typique que les cinéastes l'ont utilisé dans des films à cadre historique comme « Les Trois Mousquetaires », « Vingt ans après » ou encore « Monsieur Vincent ».

- ▶ **Se repérer** – Relié à Lyon, tout proche, par l'A 42 et la N 84, Pérouges est situé au Sud de la Dombes, non loin d'Ambérieu-en-Bugey.
- 👁 **À ne pas manquer** – La place de la Halle.
- 🕐 **Organiser son temps** – Comptez 2h pour la ville et ses environs.
- 👣 **Pour poursuivre la visite** – Voir aussi : Châtillon-sur-Chalaronne, Crémieu, la Dombes, Mont-d'Or lyonnais, Morestel, St-Chef et Villars-les-Dombes.

Le saviez-vous ?

👁 Pérouges aurait été fondé, avant l'occupation romaine, par une colonie italique venue de Perugia (Pérouse).
👁 Parmi ses habitants figura un célèbre académicien : Claude Favre de **Vaugelas** (1585-1650), baron de Pérouges, qui fut l'arbitre du bon langage.

Comprendre

Grandeur et décadence – Pendant le Moyen-Âge et jusqu'à l'annexion française (1601), les souverains du Dauphiné et de la Savoie se disputent la ville. Le siège de 1468, épisode de cette lutte, est resté fameux dans les annales locales.

Dans la cité, riche et active, des centaines d'artisans tissent la toile tirée du chanvre qu'on cultive tout alentour. Au 19ᵉ s., cette prospérité disparaît : Pérouges est loin du chemin de fer et l'artisanat ne peut soutenir la concurrence des usines. Des 1 500 habitants qu'elle comptait au temps de sa splendeur, l'agglomération tombe à 90. En 1909-1910, elle est sur le point de disparaître tout à fait. Beaucoup de propriétaires sont pris d'une fièvre de destruction. Des pâtés entiers de vieilles demeures tombent sous le pic. La ville aurait disparu sans l'intervention des passionnés regroupés au Comité du Vieux Pérouges qui s'allient à quelques Lyonnais et aux Beaux-Arts. Leur intervention est vigoureuse : les maisons les plus intéressantes sont achetées, restaurées avec goût, classées monuments historiques. L'essentiel de la cité est sauvé. Le Comité du Vieux Pérouges continue aujourd'hui cette action de sauvegarde.

Vieilles rues, vieilles maisons – La plupart des maisons de Pérouges, rebâties après le siège de 1468, sont du style de transition gothico-Renaissance. Les demeures seigneuriales ou de la riche bourgeoisie se distinguaient par l'importance de leurs

Place pavée de la cité médiévale

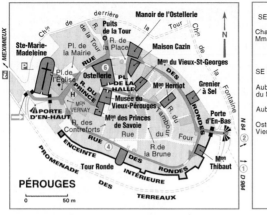

SE LOGER

Chambre d'hôte M. et
Mme Debeney-Truchon... ①

SE RESTAURER

Auberge de Campagne
du Mollard................... ②

Auberge du Coq............ ④

Ostellerie du
Vieux Pérouges............. ⑥

PÉROUGES

dimensions et par leur luxe intérieur : hautes et vastes salles, plafonds à poutres sculptées, cheminées monumentales, fresques intérieures et extérieures. Celles des artisans et des marchands étaient beaucoup plus simples, les baies cintrées du rez-de-chaussée éclairaient l'atelier ou servaient à l'étalage des marchandises. Les plus anciennes maisons sont à pans de bois, avec des étages en encorbellement. Des rues sont restées telles qu'elles étaient au Moyen-Âge.

Découvrir

LA CITÉ★★

Laissez la voiture, à l'extérieur, à gauche de l'église ou sur le parking en contrebas.

Porte d'En-Haut★

Entrée principale de Pérouges, elle était aussi la plus exposée, en raison de la pente douce du terrain à cet endroit. Sa défense était renforcée par l'église-forteresse et par une barbacane. Dans l'encadrement ogival apparaît la maison Vernay.

Du terre-plein, jolie vue sur la campagne, au-delà du fossé des fortifications.

Rue du Prince★

C'était la voie principale. Les bouchers, vanniers, drapiers, l'armurier et l'apothi-

> ## Tenir le haut du pavé
>
> Étroites et sinueuses, les rues avaient un pavage à double pente avec une rigole médiane pour l'écoulement des eaux. Les toits des maisons, débordant très largement, abritaient le « haut du pavé », réservé aux personnes de qualité. Les gens du commun devaient céder le pas et s'aventurer vers les zones insalubres du milieu de la chaussée. De cette tradition largement pratiquée en France, reste l'expression… et les pavés de Pérouges.

caire y tenaient boutiques : on y voit encore les tables de pierre des éventaires. Elle est bordée par la **maison des Princes de Savoie**.

Place de la Halle★★★

Au centre de la cité, elle offre l'un des décors les plus évocateurs de France. Elle doit son nom aux halles qui brûlèrent dans un incendie en 1839. Le splendide tilleul qui se dresse au centre est un arbre de la liberté planté en 1792. Presque toutes les maisons qui entourent la place sont pittoresques.

Ostellerie – Elle est signalée par une enseigne portant les armes de la cité. La façade Est, à pans de bois, est du 13ᵉ s., la façade Sud Renaissance.

Musée du Vieux-Pérouges – *Pl. du Tilleul - ☎ 04 74 61 00 88 - possibilité de visite guidée (45mn) avr.-sept. : 10h-12h, 14h-18h - 4 € (enf. gratuit).*
Consacré à l'histoire et l'archéologie de la Dombes et de la Bresse (gravures, ustensiles, mobilier, faïences de Meillonnas), il est aménagé dans une partie de la maison des Princes de Savoie et dans la maison Heer, qui donne sur la place pour une galerie à piliers gothiques. Au rez-de-chaussée a été reconstitué un atelier de tisserand avec son métier.

Maison du Vieux-St-Georges – Sur la façade, une niche en coquille abrite une curieuse statue en bois du 15ᵉ s., représentant saint Georges, patron de Pérouges, en cavalier. *Prenez, au fond de la place, une ruelle en descente.*

« Ces coquins de Dauphinois »

Sur la face extérieure de la porte d'En-Bas, une inscription, d'un latin approximatif, est relative au siège de 1468. Elle peut se traduire ainsi : « Pérouges des Pérougiens ! Ville imprenable ! Ces coquins de Dauphinois ont voulu la prendre, mais ils n'ont pas pu. Cependant, ils emmenèrent les portes, les ferrures, les serrures et dégringolèrent avec elles. Que le diable les emporte ! »

Maison Herriot – Avec ses vastes baies (en plein cintre, au rez-de-chaussée, à meneaux, à l'étage), elle a un aspect cossu.

Revenez sur la place et prenez la rue de la Place, au Nord.

Maison Cazin – L'une des plus belles demeures de Pérouges présente des étages en encorbellement et à pans de bois. Au rez-de-chaussée, les fenêtres en plein cintre sont grillagées.

Prenez à droite la rue des Rondes.

En face de la maison Cazin, adossée au rempart Nord, s'élève le **manoir de l'Ostellerie**, ancienne maison Messimy.

Rue des Rondes★

Elle a conservé, presque partout, son pavage ancien et sa rigole centrale. Les maisons anciennes qui la bordent, dont le **grenier à sel** et la **maison Thibaut**, sont protégées par des toits en surplomb.

Porte d'En-Bas

Plus ancienne que la porte d'En-Haut, elle est en plein cintre. Des abords de la porte, on a une jolie **vue★** sur les environs, les monts du Bugey et par temps clair, les Alpes.

Poursuivant dans la rue des Rondes, on débouche sur la place de l'Église.

Église Ste-Marie-Madeleine

Elle a l'aspect d'une forteresse. Édifiée au 15e s., elle présente au Nord-Ouest une muraille percée de créneaux, de meurtrières et de baies très hautes et très étroites. Le clocher, détruit sous la Révolution, a été reconstruit sous l'Empire et doté d'un dôme à quatre pans, à la manière franc-comtoise. Le chemin de ronde, qui entourait l'enceinte, passe, dans l'église, au-dessus des voûtes latérales et dans les tribunes du mur de façade. À l'intérieur, remarquez l'ensemble des clefs de voûte armoriées ; la voûte centrale, notamment, porte le blason de la Maison de Savoie et les symboles des quatre évangélistes. À droite du chœur, statue en bois polychrome du 17e s., représentant saint Georges. *Par la rue des Rondes, gagnez la rue de la Tour.*

Puits de la Tour

Pendant longtemps, il suffit à fournir l'eau de toute la ville. Il doit son nom à la tour édifiée par les Romains, qui fut détruite en 1749, et dont le presbytère marque l'emplacement) ; avec une lanterne située à sa partie supérieure, on pouvait communiquer par signaux avec des tours analogues formant relais jusqu'à Lyon.

Les deux enceintes

La rampe partant de la porte d'En-Haut mène à la **promenade des Terreaux★** tracée dans le fossé de l'enceinte extérieure réduite à l'état de vestiges ; l'enceinte intérieure est presque complète : elle sert de soubassement aux maisons de la rue des Rondes.La **tour Ronde**, où s'adosse la maison du sergent de Justice, servait de prison.

Aux alentours

Montluel

9,5 km au Sud-Ouest. Quittez Pérouges par la N 84 en direction de Lyon. Ce bourg fleuri a conservé plusieurs édifices intéressants qui rythment agréablement une promenade à partir de la collégiale Notre-Dame-du-Marais (16e -17e s) : remarquez la façade de la **chapelle** de l'ancien couvent de la Visitation, puis le porche St-Étienne (12e s) et les fenêtres à meneaux dans la Grande rue, ou encore l'**apothicairerie** avec ses boiseries sculptées. *32 r. Neuve - ℘ 04 78 06 06 23 - possibilité de visite guidée (45mn) mai-oct. : merc. et sam. 15h-18h ; reste de l'année : sam. 15h-18h - fermé j. fériés - 2,50 € (-16 ans gratuit).*

Sur les hauteurs (*reprenez la voiture*), à proximité des ruines de l'ancien château féodal, les alentours de la chapelle St-Barthélémy (13ᵉ s) offrent une **vue** panoramique sur les confins de la Dombes.

St-Maurice-de-Gourdans

12 km au Sud par la D 65ᵇ. La bourgade est située sur le rebord d'un plateau dominant le confluent du Rhône et de l'Ain.

Église – Elle date du 12ᵉ s. Une restauration adroite a mis au jour le mode de construction primitif ; pierres calcaires et cailloux roulés du Rhône, avec lits intercalaires de petites briques et de pierres plates.

L'**intérieur★** frappe par son aspect archaïque : la nef unique, basse, est un long berceau reposant sur une suite d'arcatures aveugles orné de peintures murales. Disposées en bandeaux, elles illustrent dans un style naïf des scènes tirées pour la plupart des Évangiles. Dans la création du monde, repérez Adam et Ève piégés par le serpent.

Centre nucléaire de production d'électricité du Bugey

11 km. Quittez St-Maurice-de-Gourdans à l'Est par la D 84, puis la D 65 en direction de Loyettes. Peu avant Loyettes, tournez à gauche dans la D 20. Visite suspendue en raison de l'application du plan Vigipirate renforcé. Se renseigner ℘ 04 74 34 30 09.

Dominée par l'Île Crémieu, la centrale est située à St-Vulbas, sur la rive droite du Rhône.

On visite la salle des machines et les abords du simulateur de conduite. Au centre de documentation et d'information, renseignements variés sur l'énergie, ainsi que sur le cycle nucléaire et les différents types de centrales.

Pérouges pratique

Adresse utile

Office de tourisme – *Entrée de la Cité - 01800 PÉROUGES - ℘ 04 74 61 01 14 - www.perouges.org - mai-août : 10h-17h ; déc.-avr. et sept.-oct. : 10h-12h, 14h-17h, w.-end 14h-17h ; nov.-fév. : tlj sf w.-end 14h-16h30 - fermé 25 déc.-1ᵉʳ janv., 14 Juil., 15 août, 1ᵉʳ et 11 Nov.*

Se loger

Chambre d'hôte M. et Mme Debeney-Truchon – *« L'Hôpital » - 01150 Chazey-sur-Ain - 9 km à l'E de Pérouges par N 84, puis D 40 et rte secondaire - ℘ 04 74 61 95 87 - 6 ch. 28/40 € .* C'est l'accueil et la simplicité du cadre qui vous séduiront dans cette ferme villageoise. Les propriétaires, ravis de recevoir, regrettent juste de voir passer leurs hôtes si vite… Lui, surtout, adorerait montrer comment il fait son pain. Amateurs de pétanque bienvenus !

Se restaurer

Auberge du Coq – *R. des Rondes - ℘ 04 74 61 05 47 - www.membres.lycos.fr/aubergeducoq - fermé fév., dim. soir, mar. midi d'avr. à nov. et dim. soir, lun., mar. de déc. à avr. - 15,10/43 €.* Dans une ruelle pavée de galets, ce restaurant évoque les échoppes d'autrefois. Le patron, un italien gourmand natif de Pérouges, défend à sa table quelques belles spécialités comme le gâteau de foies blonds à la crème d'écrevisses, les grenouilles fraîches ou le poulet fermier aux morilles… à découvrir.

Auberge de Campagne du Mollard – *01320 Châtillon-la-Palud - 13,6 km au NE de Pérouges par D 984 et D 904, dir. Chalamont puis chemin à gauche - ℘ 04 74 35 66 09 - www.aubergedumollard.com - ouv. tte l'année sur réserv., vend. soir, dim. midi et sam. - réserv. obligatoire - 17/36 € - 4 ch. 50/65 € .* Cette ferme dombiste alanguie dans les champs vous ouvre ses portes : chambres garnies d'un joli mobilier en bois sculpté, salle à manger rustique avec mezzanine et cuisine à base de produits fermiers.

Ostellerie du Vieux Pérouges – *℘ 04 74 61 00 88 - thibaut@ostellerie.com - fermé 14-20 fév. - - 35/75 € - 13 ch. 120/220 € - 14 € - La célébrité de cette magnifique maison au cœur du village a dépassé les frontières depuis que Bill Clinton s'y est attablé en 1997…* Il faut dire que c'est une belle étape, avec son décor typiquement bressan. Deux catégories de chambres et prix en conséquence. Salon de thé.

Événements

℘ 04 74 61 01 14, www.festival-perouges.org Depuis 1996, Pérouges accueille sur un mois (mai-juin) ce festival qui a pour thème « Au fil de la Voix ». L'église forteresse de Pérouges, le prieuré de Blyes et l'ensemble du territoire de la plaine de l'Ain réunissent des artistes très variés autour d'un programme thématique sur l'expression vocale.

Le Pilat ★★

CARTE GÉNÉRALE B3 – CARTE MICHELIN LOCAL 327 F7/8, G7/8, H7 – LOIRE (42)

Ce sont d'abord des paysages, beaux et variés : au bord du Rhône, des vergers et des vignobles (comme celui, fameux, de la Côte-Rôtie) qui font place, sur les plateaux, aux pâturages, puis en altitude à des forêts de hêtres et de sapins. La fraîcheur de ses sapinières, de ses eaux vives et de ses hauts pâturages contrastant avec les vallées industrieuses de l'Ondaine, du Janon et du Gier, en font un lieu fort apprécié des randonneurs comme de tous ceux qui, pour un temps, rêvent de « se mettre au vert ».

- ▶ **Se repérer** – Le massif du Pilat s'élève à l'Est de St-Étienne, entre le bassin de la Loire et la vallée du Rhône.

- 👁 **À ne pas manquer** – Les sensations fortes procurées par le site du Gouffre d'Enfer (1h à pied AR) et le panorama sur la vallée du Rhône depuis le crêt de l'Œillon.

- 🕐 **Organiser son temps** – Comptez une journée pour traverser le massif et profiter de ses fastes.

- ✋ **Pour poursuivre la visite** – Voir aussi : Annonay, Condrieu, les monts du Lyonnais, Roussillon, Serrières, Ste-Croix-en-Jarez, St-Étienne et Vienne.

👁 Le saviez-vous ?

Le Pilat était autrefois appelé « le rivage » puisqu'il descend vers le Rhône. Il devrait son nom actuel à Ponce Pilate. L'ancien procurateur de Judée aurait été, selon la légende, envoyé en exil à Vienne et, désespéré, serait venu se suicider dans la montagne… peut-être au saut du Gier puisque l'endroit est également appelé le saut de Pilate.

Comprendre

Un passé mouvementé – Tout commence avec le plissement hercynien : surgit alors une haute montagne aux plis orientés du Sud-Ouest au Nord-Est, que l'érosion, durant l'ère secondaire, transforme en un plateau incliné vers l'actuelle vallée du Rhône. Mais le plateau est submergé par les eaux qui y déposent plusieurs couches de sédiments avant de se retirer au cours de l'ère tertiaire. Survient alors le plissement alpin : le fossé rhodanien s'effondre tandis que le massif se redresse ; le Pilat ainsi « rajeuni » atteint 1 500 m d'altitude et les rivières, le Gier au Nord, le Limony au Sud, se glissent au pied des failles. À l'époque quaternaire, l'érosion reprend son œuvre. De nombreuses rivières descendent rapidement vers le Gier, le Rhône ou la Loire par des vallées encaissées. Le Gier lui-même, peu après sa source, franchit le **saut du Gier**.
Le crêt de la Perdrix (point culminant à 1 432 m), le crêt de l'Œillon (alt. 1 370 m) se hérissent de curieux amas de blocs granitiques provenant du démantèlement des sommets : ce sont les « **chirats** ».

Paysage du Pilat vers Ste-Croix-en-Jarez

Joël Damase / MICHELIN

Découvrir

PARC NATUREL RÉGIONAL DU PILAT

Créé en 1974, le parc s'étend sur 65 000 ha et regroupe une cinquantaine de communes réparties sur les départements du Rhône et de la Loire. Soucieux de préserver la nature et l'environnement, il développe des activités liées aux domaines rural, artisanal, touristique et culturel.

Parc naturel régional du Pilat

Logo du Parc naturel régional du Pilat

Maison du Parc

De Pâques au 11 Nov. : 9h30-12h30, 14h-18h, w.-end et j. fériés 9h30-12h30, 14h-18h30 ; reste de l'année : tlj sf dim. 10h-12h30, 14h-18h (vend. 17h), mar. 14h-18h, sam. 9h30-12h30 - Maison du parc et office de tourisme - Moulin de Virieu - 42410 Pélussin - ℘ 04 74 87 52 00 - randonnées accompagnées, sorties découvertes, animations, programme sur demande - www.parc-naturel-pilat.fr

Moulin de Virieu à Pélussin – Adresse principale du Parc, elle accueille des expositions, propose des animations et des randonnées, renseigne les visiteurs.

Pour faciliter une approche de la flore et de la faune, le parc propose un important réseau d'itinéraires de randonnée :

– 500 km de sentiers pédestres balisés (traits marron et blancs) dont des tronçons des GR 7 et GR 42 (traits blancs et rouges).

– 3 sentiers d'interprétation formant des boucles de 3 à 4 km. Les milieux traversés sont détaillés sur une plaquette proposée par la maison du Parc.

– 8 sentiers thématiques identifiés par un numéro.

Le **sentier Jean-Jacques Rousseau**, de Condrieu à la Jasserie ①, rappelle que l'écrivain-philosophe, qui se voulait proche de la nature, vint en 1769 herboriser dans le massif du Pilat ; le **sentier Flore** ⑨ permet de passer très rapidement (sur 22 km) de la végétation quasi méditerranéenne de la région de Malleval à l'étage subalpin du crêt de la Perdrix, soit du cactus raquette à l'arnica des montagnes. Le **sentier ornithologique**, tracé entre St-Pierre-de-Bœuf et la chapelle St-Sabin, permet d'observer (surtout de la mi-mai à la mi-juin) quelques-unes des 90 espèces d'oiseaux recensées : canard colvert (sur le plan d'eau de St-Pierre), cingle-plongeur près des torrents, bec-croisé des sapins et bruant-fou de la lande à genêts.

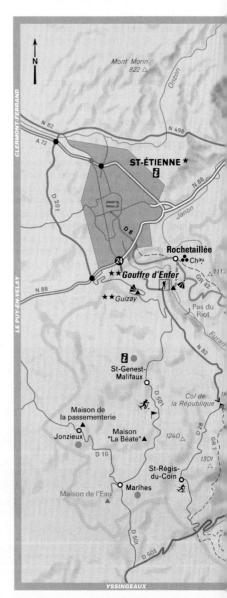

Pour faire connaître et revivre certaines activités traditionnelles, le Parc a ouvert quelques maisons :

La **Maison des arts et traditions populaires « La Béate »** à Marlhes, consacrée au patrimoine culturel. *L'Allier -* ℘ *04 77 51 24 70 - visite guidée (1h) juil.-sept. : dim. et j. fériés 14h30-18h30 (dernière entrée 18h) - tarif libre.*

La **Maison de la passementerie** à Jonzieux. ℘ *04 77 39 93 38 - possibilité de visite guidée (1h30) de déb. mai à mi-oct. : tlj sur demande, dim. 14h30-18h30 - 2,50 € (enf. 1,40 €).*

La **Maison des tresses et lacets** possède d'anciens métiers (1750) animés par une des dernières roues à augets de La Terrasse-sur-Dorlay. *Le Moulin Pinte -* ℘ *04 77 20 91 06 -* &. *- visite guidée (1h) juil.-août : tlj sf mar. 14h30-18h (dernière entrée 1h av. fermeture) ; fév.-juin et sept.-déc. : tlj sf mar. et sam. 14h30-18h (dernière entrée 1h av. fermeture) - fermé janv. - 4 € (enf. 2,50 €).*

Genette, où es-tu ?

Un charmant petit carnivore, friand de reptiles, petits mammifères et oiseaux, court la région. C'est la **genette**. Il est difficile de la rencontrer car cet animal craintif est connu pour ses mœurs nocturnes.

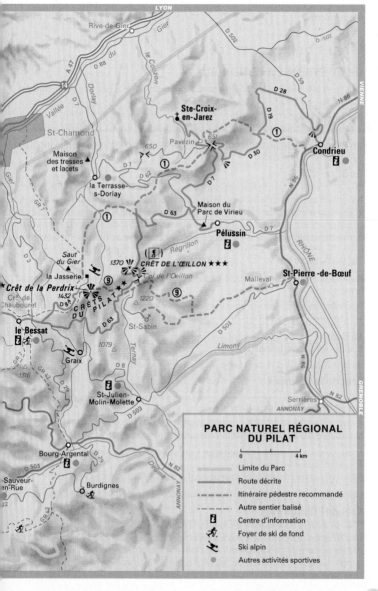

Dominé par les ruines d'un château féodal, le village de Rochetaillée éclaire le sombre manteau forestier du Pilat.

Circuit de découverte

DE ST-ÉTIENNE À CONDRIEU

89 km – environ 6h, visite de St-Étienne non comprise. Quittez St-Étienne vers le Sud-Est par la D 8.

Rochetaillée

Au cours de la montée, on découvre le site bien exposé de Rochetaillée, petit village perché sur un étranglement rocheux, entre deux ravins, et dominé par les tours en ruine d'un château féodal.

Gouffre-d'Enfer★★

1h à pied AR. À droite de l'auberge de la Cascade, un chemin suit le lit de l'ancien torrent jusqu'au pied du barrage. Le site est impressionnant : les parois rocheuses, vigoureusement taillées, se referment jusqu'à former un étroit et sombre goulet. Le barrage a été construit en 1866 pour alimenter St-Étienne en eau. Des escaliers permettent d'accéder à la crête. La retenue se développe au pied de versants couverts de sapins. À 50 m à gauche, des escaliers donnent accès à un **belvédère** face à Rochetaillée.

Pour rejoindre la voiture, tournez à gauche et prenez à droite le chemin passant devant la maison des Ponts et Chaussées.

Après Rochetaillée, jolies vues plongeantes, à droite, sur le barrage du Gouffre-d'Enfer et le barrage du Pas-du-Riot.

Le Bessat

Station estivale et de sports d'hiver.

Au Bessat, poursuivez en direction de la Croix de Chaubouret.

Crêt de la Perdrix★

Peu après la Croix de Chaubouret, prenez à gauche la D 8ᴬ vers la Jasserie. Épicéas, hauts chaumes et bruyères se succèdent.

À environ 5 km, au sommet de la montée, laissez la voiture à hauteur du sentier conduisant (1/4h à pied AR) au crêt de la Perdrix couronné par un chirat.

De la table d'orientation, le **panorama** s'étend sur les pics du Mézenc, du Lizieux, du Meygal et du Gerbier-de-Jonc.

Revenez sur la D 8 et empruntez la D 63 en direction du crêt de l'Œillon.

La route serpente tantôt parmi les conifères, tantôt parmi des landes à bruyères.

Crêt de l'Œillon★★★

1/4h à pied AR. Au col de la Croix de l'Œillon, empruntez à gauche la route conduisant à l'embranchement de la route privée menant au relais de télédiffusion. Laissez la voiture au parc de stationnement. Au sommet, contournez l'enceinte du relais par sa gauche ; la table d'orientation se trouve à l'extrémité Est du promontoire, au pied d'une croix monumentale.

Le **panorama** est l'un des plus grandioses de la vallée du Rhône. Au premier plan, au-delà des rochers du Pic des Trois Dents, vue plongeante sur la vallée du Rhône, de Vienne à Serrières. Au loin à l'Est, la vue s'étend sur les Alpes ; au Sud-Est, sur le mont Ventoux ; à l'Ouest, sur le puy de Sancy et les monts du Forez ; au Nord, sur les monts du Lyonnais et au Nord-Est sur le Jura. *Poursuivez vers Pélussin.*

Au belvédère de la Faucharat, belles échappées sur les vallée du Régrillon, du Rhône et du Pélussin.

Pélussin

Laissez la voiture sur la place Abbé-Vincent, devant l'hôpital rural. Descendez la rue du Dr-Soubeyran et prenez à gauche de la rue de la Halle.

L'ancienne halle forme belvédère au-dessus de la plaine du Rhône et de l'agglomération de Pélussin. Passez ensuite sous une porte fortifiée et tournez à gauche. Remarquez l'ancienne chapelle et le vieux château.

Faites demi-tour et prenez la D 7 à droite vers le col de Pavezin.

Ste-Croix-en-Jarez *(voir ce nom)*

Au col de Pavezin, empruntez à droite la D 30 offrant au début de la descente une belle vue sur la vallée du Rhône. Par les D 19 et D 28, on atteint Condrieu.

L'arrivée est précédée, au tournant du calvaire, au-dessus de la ville, d'une **vue★** panoramique sur le bassin de Condrieu et la boucle du Rhône.

Condrieu *(voir ce nom)*

Aux alentours

Bourg-Argental

Cette petite ville active, située au pied du massif du Pilat, a largement diversifié ses activités industrielles et artisanales.

Église – Reconstruite au 19e s. dans le style roman, elle conserve, sur la façade, un **portail★** sculpté (12e s.) ; remarquez surtout le tympan dont le registre inférieur, sous la mandorle du Christ en majesté, est orné de scènes de la vie de la Vierge, trahissant une certaine influence clunisienne.

Histoires d'eaux

Subissant les influences méditerranéennes à l'Est, et atlantiques à l'Ouest, Le Pilat comporte une ligne de partage des eaux, notamment au col de Chaubouret (1 363 m), et joue pour la région stéphanoise un rôle de « château d'eau ».

Le Pilat pratique

Adresse utile

🛈 **Office du tourisme de St-Étienne** – *16 av. de la Libération - 42000 SAINT-ÉTIENNE - ℘ 04 77 49 39 00/39 03 - avr.-sept. : 9h-19h, dim. et j fériés 9h-12h ; reste de l'année : 9h-18h, dim. et j. fériés 9h-12h - fermé 1er janv., 1er Mai, 1er nov. et 25 déc.*

Se loger

⌂ **Le Cottage** – *3 r. Barge - 42410 Pélussin - ℘ 04 74 87 52 52 - 𝗣 - 25 ch. 29/50 € - 🍴 5 €.* Cet hôtel niché au cœur du village est scindé en deux bâtiments, postés de part et d'autre de la rue. Les chambres aménagées au-dessus du bar-restaurant sont assez modestes (WC sur le palier), et par conséquent moins chères. On optera donc pour l'aile récente si l'on souhaite plus de confort. Prix très sages.

⌂ **Le Troll** – *49 r. du Forez - 42660 St-Genest-Malifaux - ℘ 04 77 39 02 70 - www.letroll.massifpilat.com - 🚫 - 4 ch. 31/42 € 🍴.* Ne vous laissez pas intimider

par l'enseigne, vous serez accueilli fort chaleureusement dans cette maison des années 1950. Chambres récemment rafraîchies, sobres et agréables ; cuisinette à disposition des hôtes. Une adresse idéale, à un prix très raisonnable, pour découvrir le Parc naturel régional du Pilat.

⌂ **Le Moulin Payre** – *42740 La Terrasse-sur-Dorlay - ℘ 04 77 20 91 46 - fermé de mi-oct. à mi-mars - 🚫 - 5 ch. 38/63 € - repas 20 €.* Si à l'extérieur quelques travaux restent à faire, en revanche, à l'intérieur, il n'y a rien à redire : les chambres, décorées avec goût, sont très bien entretenues. La propriétaire, très accueillante, mitonne une cuisine familiale à partir de produits fermiers. Un bon rapport qualité-prix.

⌂ **Chambre d'hôte Le Moulin du Bost** – *42131 La Valla-en-Gier - 13 km au N du Bessat par D 2, puis D 76 après La Valla-en-Gier dir. Doizieux - ℘ 04 77 20 06 62 -*

moulinbost@aol.com - *fermé 1er nov.-
Pâques - 🍴 - 2 ch. 42/48 € 🛏 - repas 17 €.*
Marcheur passionné et membre des
« relais randonneurs », le propriétaire de
cette maison située dans le Parc naturel
régional du Pilat vous conseillera plusieurs
circuits pédestres adaptés à votre niveau.
Chambres simples et table d'hôte
généreuse. Une adresse pour communier
avec la nature.

🛏 **Chambre d'hôte La Rivoire** – *42220 St-
Julien-Molin-Molette - 5 km à l'E de Bourg-
Argental par N 82 - 🕿 04 77 39 65 44 - www.
larivoire.net - 🍴 - réserv. obligatoire en
hiver - 5 ch. 45/55 € 🛏 - repas 18 €.* Cette
maison a beaucoup de charme avec sa
tour ronde et son grand jardin potager
familial… Très bien située, elle domine la
vallée de la Déûme : une vue splendide
que vous pourrez admirer de toutes ses
chambres et de la terrasse. Séjour
reposant garanti.

🛏 **Domaine de l'Astrée** – *L'Allier - 42220
Bourg-Argental - à la sortie du bourg dans le
sens St-Étienne - Annonay - 🕿 04 77 39
72 97 - prl@bourgargental.fr - 38 empl.
+ 22 chalets 29 €.* Ce camping municipal
installé au cœur du Parc naturel régional
du Pilat propose 22 chalets, dont plusieurs
accessibles aux handicapés, de très bon
confort : cuisine équipée, salle de bains
avec WC indépendants, terrasse et salon
de jardin. Nombreuses activités sur place
et à proximité.

🛏🍴🛏 **Castel-Guéret** – *42220 St-Julien-
Molin-Molette - 1 km au N de St-Julien par
D 8, dir. Le Bessat - 🕿 04 77 51 56 04 - www.
domaine-castelgueret.com - 🍴 - réserv.
obligatoire - 5 ch. 54/77 € 🛏 - repas 25 €.*
Noble demeure fin 19e s. embellie d'un
grand parc. Restauré dans l'esprit de
l'époque, l'intérieur conserve son parquet
d'origine. Les chambres adoptent les
styles Louis XV et Louis XVI tandis que les
salles d'eau s'offrent quelques concessions
à la modernité.

Se restaurer

🛏 **Auberge Vernollon** – *42220 Colombier-
sous-Pilat - 8 km à l'E du Bessat par D 8, puis
D 63 vers le col de l'Œillon - 🕿 04 77 51
56 58 - aubergevermollon@wanadoo.fr -
fermé 15 déc.-31 janv., lun. soir et mar. -
réserv. obligatoire - 10/17,50 € - 3 ch.
22/51 € 🛏.* Cette ancienne ferme
restaurée avec soin est une étape
incontournable sur la route du crêt de
l'Œillon. La savoureuse cuisine familiale se
déguste sous la magnifique charpente de
la grange ou sur la terrasse panoramique.
Quatre chambres d'hôte dont une
pouvant accueillir sept personnes.

🛏 **La Petit'Auberge** – *Au bourg - 42410 La
Chapelle-Villars - 🕿 04 74 87 89 20 - fermé
dim. soir et lun. - 11/25 €.* Seul commerce
du petit village, cette auberge fait aussi
office de bar, épicerie et dépôt de pain.
Ambiance campagnarde et cuisine
bénéficiant d'une solide réputation dans
les environs : pâtés et terrines maison,
savoureux plats en sauce… Aux beaux
jours, les repas peuvent être servis sous le
préau en bois.

🛏🛏🛏 **Chanterelle** – *Sagnemorte - 42520
Roisey - 🕿 04 74 87 47 27 - lachanterelle.
augereau@wanadoo.fr - fermé 2 janv.-7 fév.,
lun. et mar. sf juil.-août - réserv. obligatoire -
26/46 €.* Dans un parc boisé bien
aménagé, coquet chalet offrant un
superbe panorama sur la vallée du Rhône
et les crêts du Pilat. Cuisine classique
personnalisée, servie dans un cadre
actuel.

Sports & Loisirs

Randonnée – Les marcheurs peuvent se
reporter au guide *Le Massif du Pilat*
(balades à pied) édité par Chamina.

Bases de loisirs – Les aménagements
touristiques et sportifs ne cessent de se
développer : la base de loisirs de St-Pierre-
de-Bœuf (rivière artificielle), la base de
canoë à la Terrasse-sur-Dorlay, les foyers
de ski de fond au Bessat, à Burdignes, St-
Régis-du-Coin et St-Genest-Malifaux, le
balisage de très nombreux sentiers de
VTT…

Espace Eau Vive Fédéral – *Av. du Rhône -
42520 St-Pierre-de-Bœuf - 🕿 04 74 87 16 09.*
Toutes les activités auxquelles on
s'adonne habituellement dans une base
de loisirs, ainsi que l'hydrospeed, pour
descendre la rivière à la nage, et le « hot-
dog ». À tester absolument : la « sherpa »,
une trottinette tout terrain.

Via Ferrata de Planfoy – *42660 Planfoy.*
Un itinéraire d'escalade réputé ardu en
raison de ses quelques passages
athlétiques. En fait, le plus difficile
consiste à vaincre son vertige, surtout
dans la première partie du parcours.
L'équipement (obligatoire) est en location,
entre autres au *Café de la Belote* situé dans
le bourg.

Événements

Des journées d'animation font connaître
les produits du terroir :
Journée de la pomme le 11 Nov. à
Pélussin (siège du Parc).
Marché au vin de Chavanay le 2e w.-end
de déc.
Vins et Rigottes en fête à Condrieu le
1er Mai.

Privas

9 170 PRIVADOIS
CARTE GÉNÉRALE B4 – CARTE MICHELIN LOCAL 331 J5 – ARDÈCHE (07)

Privas occupe un site★ original dans le bassin de l'Ouvèze, au pied du mont Toulon. Toute en longueur, la partie haute de la ville s'encombre facilement aux heures de pointe. Peu de places ont été aussi durement marquées par l'Histoire, et le siège qu'a subi la cité au 17e s. a été particulièrement destructeur. Les remparts ont été abattus, mais pas le dynamisme de la ville qui est devenue la préfecture de l'Ardèche et la capitale incontestée du marron glacé.

- ▶ **Se repérer** – Situé entre le Parc naturel régional des monts d'Ardèche et la vallée du Rhône, Privas est à une trentaine de kilomètres d'Aubenas (au Sud-Ouest) et de Montélimar (au Sud-Est).
- 👁 **À ne pas manquer** – L'architecture et la mécanique des moulins à Pranles ; les paysages volcaniques du Coiron.
- 🕐 **Organiser son temps** – Comptez une demi-journée.
- 👫 **Avec les enfants** – Décortiquer le fonctionnement des moulins à Pranles et se baigner au plan d'eau de la Neuve (voir « Carnet pratique »).
- 🕯 **Pour poursuivre la visite** – Voir aussi : Alba-la-Romaine, Aubenas, Cruas, vallée de l'Eyrieux, Montélimar, Vals-les-Bains, Villeneuve-de-Berg, La Voulte-sur-Rhône.

Comprendre

Pour le meilleur et pour le pire – La politique d'unification de Richelieu et des haines encore vivaces raniment le conflit religieux qu'attise en Vivarais une question de mariage. **Paule de Chambaud**, veuve du chef huguenot, Jacques de Chambaud, héritière de la baronnie de Privas, a le choix, pour se remarier, entre deux prétendants, un catholique et un protestant. Elle choisit le plus jeune, le catholique **Claude de Hautefort-Lestrange**, à la grande colère des Privadois, en majorité protestants, et qui ne veulent pas d'un « papiste » pour seigneur.

Les combats reprennent. En 1629, l'armée royale, commandée par Schomberg et Biron, vient camper devant Privas. Louis XIII s'installe au Sud de la ville, dans une demeure désignée depuis sous le nom de Logis du Roi. Face à l'armée royale, forte de 20 000 hommes, les assiégés ne disposent que de 1 600 défenseurs. Après un siège de 16 jours, l'assaut est lancé. Une partie des défenseurs se réfugie sur le mont Toulon. Préférant « périr par le feu plutôt que par la corde », l'un de leurs chefs met le feu à ses propres réserves de poudre. Pris de panique, ses compagnons se jettent dehors mais ils se font tuer par les soldats du roi. La ville est prise, pillée et brûlée, les habitants massacrés.

La revanche des Privadois – Les habitants qui avaient réussi à s'échapper obtinrent plus tard le droit de revenir, poursuivis cependant, de tribunaux en tribunaux, par le vicomte de Lestrange, leur seigneur, qui leur réclamait le prix de son château détruit… du moins jusqu'en 1632. Compromis dans l'un des complots de Gaston d'Orléans, Lestrange fut alors fait prisonnier et fouetté publiquement à Privas, puis exécuté à Pont-St-Esprit.

Visiter

Mont Toulon

🚶 Comptez 1h AR – Se garer près du musée de la Terre ardéchoise et montez le boulevard du Montoulon. Un chemin fléché, sur la droite, conduit au sommet où l'on peut voir un **calvaire** monumental (trois croix) et une belle **vue★** sur les environs.

Pont Louis-XIII

Construit sur l'Ouvèze, il conserve son couronnement de gros corbeaux de pierre et offre une bonne vue sur le site de Privas.

Aux alentours

Musée du Vivarais protestant à Bouschet-de-Pranles

15 km au Nord par la D 2 et la D 344. Ce petit musée a été installé dans la maison natale de **Pierre Durand**, pasteur des églises du Désert au 18e s., et de sa sœur **Marie Durand**. Cette héroïne huguenote du 18e s. resta enfermée 38 années dans la tour de Constance d'Aigues-Mortes (1730-1768), tandis que son frère fut pendu

> ### Le saviez-vous ?
>
> 👁 Privas a joué pendant les guerres de Religion un rôle de premier plan qui lui valut le titre de « Boulevard (rempart) de la Réforme ». C'est un prêtre privadois, **Jacques Valéry** (ou Vallier), qui introduisit la Réforme à Privas dès 1534. Au centre des premières luttes religieuses, la ville fut l'une des places fortes concédées aux protestants par Henri IV, lors de l'édit de Nantes, en 1598.

pour avoir continué à célébrer le culte. Au travers d'objets de la vie quotidienne, de bibles et de lettres ressurgit leur foi simple et forte. Pranles est devenu un haut lieu du martyr vivarois et le siège de la Société d'histoire du Protestantisme français. 📞 04 75 64 22 74 - possibilité de visite guidée (1h) juil.-août : 10h-12h, 14h-18h ; mai-juin : w.-end et j. fériés 14h-18h ; sept. : 14h-18h - fermé oct.-avr., lun. - 4 € (-12 ans gratuit).

Moulin de Mandy★ à Pranles

👫 13 km au Nord par la D 2. En venant de Privas, restez sur la D 2 et tournez à gauche, 2 km après avoir laissé sur votre gauche la direction de Pranles. Si, pendant l'été, le débit des « béalières » est insuffisant pour produire de la farine comme pendant le reste de l'année, il permet néanmoins de mettre en route la lourde et belle **mécanique** de bois et de métal. La passion d'un vieux meunier, relayée par une association de passionnés, a permis la survie puis la restauration de ce moulin, agrandi au 19ᵉ s. sur la base d'un bâtiment du 15ᵉ s. Les moulins à grain, à huile, à tan, et à laine, qui furent jusqu'à 103 greffés sur les eaux du Vivarais, ainsi que l'architecture d'Ardèche, sont le thème d'une **exposition** permanente bien illustrée. 📞 04 75 64 26 03 ou 04 75 65 02 63 - juil.-août : 14h30-18h30, merc. 10h30-18h30 (11h30 cuisson du pain au four à bois) ; reste de l'année : sur demande - 4,50 € (-12 ans gratuit).

Plusieurs sentiers partent du moulin pour faire découvrir le réseau de béalières. L'un mène à l'**église** romane de Pranles (comptez 1h1/4 AR), vestige d'un prieuré rattaché à La Chaise-Dieu. Remarquez la belle facture de ses chapiteaux.

Circuit de découverte

LE COIRON★★

Circuit de 77 km – comptez une demi-journée. Quittez Privas par la D 7, au Sud, en direction de Villeneuve-de-Berg.

Fortement érodée, la barre volcanique du Coiron limite, au Nord, le Bas-Vivarais. Du col de l'Escrinet au Rhône, ses basaltes noirs interrompent la ligne des coteaux et créent le contraste puissant des dykes (roches éruptives formant muraille) de Rochemaure. La partie supérieure offre l'aspect d'un vaste plateau dénudé, d'une altitude moyenne de 800 m, s'élevant du Rhône vers le Nord-Ouest.

La route traverse le bassin de l'Ouvèze, puis pénètre dans le ravin calciné de la Bayonne. Au cours d'une montée se succèdent de très belles vues sur le site de Privas. Soudain le paysage s'assombrit : la couche de basalte a recouvert le socle de la montagne.

À l'embranchement vers Freyssenet, poursuivez à gauche vers Taverne.

Le plateau déroule ses vastes ondulations de landes piquetées de genévriers, de buis et de genêts. Dans cet horizon dépeuplé surgit l'humble hameau de Taverne.

À Taverne, empruntez la D 213.

Entre le col de Fontenelle et le hameau des Molières, une large trouée permet d'apercevoir au loin le Rhône. Les premiers plans sont constitués par des orgues basaltiques d'où s'échappe un filet d'eau ; sur un versant, à droite, l'érosion a dégagé le calcaire sous-jacent. Puis c'est la descente rapide en contre-haut du hameau des Molières et au flanc d'un ravin montrant à nu ses strates.

L'arrivée à St-Martin-le-Supérieur est précédée d'une jolie vue sur sa charmante petite église romane à clocher-mur.

En contrebas de St-Martin-l'Inférieur, suivez la basse vallée du Lavézon dont le lit s'encombre de gros cailloux roulés noirs ou blancs.

Meysse

1/4h à pied AR. Vieux village conservant, en arrière d'un front d'habitations plus récentes, son aspect de jadis. Autour de l'ancienne église romane, désaffectée et délabrée, s'étend un lacis de ruelles et de passages voûtés.

Quittez Meysse par la N 86 au Sud.

À la sortie du village se détache de la falaise, à droite, une aiguille basaltique, puis apparaissent les ruines du château de Rochemaure.

Château de Rochemaure★ *(voir p. 284)*

Pic de Chenavari★★ *(voir p. 285)*

Revenez à Meysse pour longer la basse vallée du Lavézon par la D 2 que l'on poursuit à droite, en direction de St-Vincent-de-Barrès.

La route pénètre dans la vaste dépression du **Barrès**, aux riches cultures. Elle emprunte la vallée affluente du Rhône qui sépare le massif calcaire de Cruas à droite et les Coirons volcaniques à gauche.

St-Vincent-de-Barrès

Beau village perché sur un neck basaltique émergeant de la plaine du Barrès et dominé par les tours de basalte de son ancienne forteresse. De l'esplanade de l'église, vue sur le Barrès.

Retour à Privas par Chomérac.

Privas pratique

Adresse utile

🛈 Office de tourisme – *3 pl. du Gén.-de-Gaulle - 07000 PRIVAS - ℘ 04 75 64 33 35 /73 95 - www.paysprivas.com - tlj sf dim. 9h-12h, 14h-17h30 ; juil.-août : 9h-12h30, 14h-18h30, dim. et j. fériés 9h-13h.*

Se loger

⊖⊜ **Les Châtaigniers** – *Plaine du Lac - ℘ 04 75 66 39 60 - hotel.chataigniers@free. fr - 🅿 - 52 ch. 46/52 € - � 7 € - restaurant 15/27 €.* Avec ses chambres fonctionnelles et climatisées, cet hôtel constitue une étape toute trouvée sur la route du massif du Coiron. Petit-déjeuner servi au bar ou en terrasse. Une carte de recettes traditionnelles est proposée dans la lumineuse salle à manger.

⊖⊜⊜ **Chambre d'hôte Château de Fontblachère** – *07210 St-Lager-Bressac - 15 km au SE de Privas par D 22, puis D 2 et D 322 à gauche face au village de St-Lager-Bressac, fléchage - ℘ 04 75 65 15 02 - www. chateau-fontblachere.com - fermé nov.-mars ; ouv. w.-end hors sais. - 5 ch. 100/130 € - repas 30 €.* Cette ravissante maison des collines ardéchoises est la promesse d'un séjour paisible dans un décor à la fois simple et élégant. Chambres peintes aux pigments naturels et aménagées avec goût. Orangerie (17e s.), piscine, tennis et jacuzzi sont disséminés dans le superbe parc. Deux appartements pour les longs séjours.

Se restaurer

⊖ **Le Corentin** – *2 pl. de la République - ℘ 04 75 64 75 75 - fermé 15-30 mai, 15-30 sept., 22 déc.- 6 janv., merc. soir et dim. - 11,30/22 €.* Sur une placette calme et ombragée, cette crêperie sert aussi une cuisine bistrot soignée et un menu du terroir « Goûtez l'Ardèche » parfait pour découvrir les saveurs d'ici : caillette, joues de porc confites avec criques (pommes paillasson), picodon et glaces artisanales…

Que rapporter

Clément Faugier – *Chemin du Logis-du-Roy - ℘ 04 75 64 07 11 - www.clement-faugier.fr - tlj sf w.-end 8h15-11h30, 13h45-17h30 (vend. 16h30) - fermé 25 juil.-24 août.* Cette usine ardéchoise fabrique, depuis 1882, des produits à base de marrons (crème, purée, marrons glacés, au cognac, au sirop), qu'elle vend ensuite individuellement ou présentés dans un joli panier cadeau. À voir, le petit musée et une vidéo expliquant les secrets de fabrication.

Sports & Loisirs

Plan d'eau de la Neuve – *2 km au N par la D 2 et la D 260 à gauche.* Dans le vallon du Mézayon, près d'un ancien moulinage en ruine, site de baignade aménagé et surveillé en saison.

Le Puy-en-Velay★★★

20 490 PONOTS
CARTE GÉNÉRALE A3/4 - CARTE MICHELIN LOCAL 331 F3 – HAUTE-LOIRE (43)

Capitale du Velay, le Puy bénéficie d'un site exceptionnel, l'un des plus beaux que compte la France. Vision splendide, inoubliable, de cette cité où le volcanisme a façonné des décors surprenants : le rocher St-Michel surmonté d'une chapelle romane, le rocher Corneille couronné par une statue monumentale de la Vierge, la cathédrale Notre-Dame-du-Puy, non moins étrange, presque orientale, qui abrite la Vierge noire toujours vénérée.

- **Se repérer** – La ville est située sur la N 88, axe européen, entre St-Étienne et Mende. Elle est aussi positionnée sur les grandes voies de pèlerinage : le GR 65, qui mène de Genève à Compostelle en Espagne, et celle qui va vers le mont Gagliano, en Italie.

- **À ne pas manquer** – La rare architecture de la cathédrale ; les vieilles rues de la ville, très animées le samedi, jour de marché ; l'extérieur, l'intérieur et la vue de St-Michel-d'Aiguilhe.

- **Organiser son temps** – Comptez une journée.

- **Pour poursuivre la visite** – Voir aussi : Arlempdes, lac d'Issarlès, gorges de la Loire, Le Monastier-sur-Gazeille et Yssingeaux.

Cathédrale Notre-Dame

Comprendre

UNE REINE INCONTESTÉE

La cité de la Vierge – La capitale vellave de l'époque romaine, *Ruessium*, a été identifiée à St-Paulien. Le site du Puy semble avoir été un très ancien lieu de culte païen (restes d'un sanctuaire du 1er s. dans les fondations de la cathédrale).

Des apparitions de la Vierge, des guérisons miraculeuses auprès d'une table de dolmen appelée depuis « Pierre des fièvres » auraient incité les premiers évêques à se transporter en ces lieux et à s'y établir, sans doute à la fin du 5e s. Une basilique s'éleva, puis une cathédrale autour de laquelle se développa une ville, l'ancienne Ruessium étant déchue de son rang.

Au Moyen-Âge, le pèlerinage du Puy connaît un succès d'autant plus important que la cité constitue elle-même un point de départ pour St-Jacques-de-Compostelle. Avec Chartres, c'est le plus ancien lieu de culte marial de France. Des rois, des princes, des foules d'humbles gens s'y pressent pour invoquer la mère de Dieu.

Au 12e s., les ravages d'un corps d'aventuriers, les Cotereaux, compromettent gravement les pèlerinages et ce qu'ils valent à la ville de prospérité et de renom. Devant ce péril, la Vierge, apparue en rêve au charpentier Durand, ordonne la guerre sainte.

La Vierge noire accroît encore la célébrité du Puy. À partir du 15e s., un Jubilé promet des indulgences aux pèlerins les années où l'Annonciation (25 mars) coïncide avec le Vendredi saint. Des foules difficiles à maîtriser se rassemblent à cette occasion très irrégulière et des dizaines de morts ont parfois été retrouvés étouffés dans les ruelles de la haute ville. Douloureusement rescapée des guerres de Religion, la ville connaît au 17e s. une floraison religieuse et artistique. L'atelier de peinture des François, formés en Italie à la sensibilité nouvelle des Caravagesques, produit pour tout le midi de la France. Aujourd'hui Le Puy-en-Velay reste la cité de la Vierge ; la haute statue de N.-D. de France (16 m de hauteur, 110 t, ou 835 avec son piédestal), au sommet du rocher Corneille, jette sur sa ville un regard apaisant… en attendant les fastes du prochain Jubilé.

Découvrir

Des rebords des plateaux qui le délimitent, de belles vues s'offrent sur le bassin du Puy, surtout quand les tons dorés de ses vastes chaumes sont mis en valeur par les rayons du soleil couchant.

St-Michel-d'Aiguilhe★★ (A1)

𝄞 04 71 09 50 03 - mai-sept. : 9h-18h30 (de mi-juil. à fin août 18h45) ; de mi-mars à fin avr. et de déb. oct. à mi-nov. : 9h30-12h, 14h-17h30 ; de déb. fév. à mi-mars et vac. de Noël : 14h-17h - fermé 1er janv. et 25 déc. - 2,50 €. On accède au sommet par un escalier de 268 marches, une fois franchi le portail d'entrée. Des paliers à la place des oratoires qui jalonnaient cette rude montée, vous permettront de reprendre votre souffle.

Avant d'entreprendre la découverte de la ville haute et l'ascension du rocher Corneille, il semble souhaitable, pour une bonne compréhension de l'ensemble du site, de commencer votre promenade par la montée vers cette ravissante chapelle romane, juchée au sommet d'un gigantesque dyke (aiguille de lave) basaltique, qui s'élève d'un jet à 80 m au-dessus du sol.

À pied, la montée de Gouteyron relie le rocher d'Aiguilhe à la Haute Ville. Vous pouvez aussi parvenir au pied du rocher en voiture et la laisser à proximité. La construction, des 10e-12e s., est d'inspiration orientale avec son portail trilobé, son gracieux décor d'arabesques, ses **mosaïques de pierres noires, grises, blanches et rouges**. À l'intérieur, le plan, très irrégulier, épouse les contours du rocher. La complexité du système de voûtes témoigne de l'art avec lequel les architectes ont su tirer parti du terrain. Les colonnettes, qui dessinent comme un déambulatoire autour d'une courte nef, sont surmontées de chapiteaux sculptés. La voûte de la petite abside est décorée de **peintures murales** du 10e s. À droite, une vitrine abrite des objets d'art trouvés sous l'autel en 1955, notamment un petit **Christ-reliquaire** en bois datant du 11e s. et un **coffret en ivoire** byzantin du 13e s.

Un chemin de ronde contourne la chapelle, d'où l'on domine, à l'Est, le **vieux pont (BY)** à redents qui enjambe la Borne.

La chapelle St-Michel-d'Aiguilhe prolonge le doigt rocheux d'origine volcanique.

Joël Damase / MICHELIN

Se promener

CIRCUITS URBAINS

L'île aux trésors★★★ 1

La cité épiscopale domine la ville haute, un secteur sauvegardé de 35 ha.

Partir de la place des Tables où s'élève la gracieuse fontaine du Choriste (15ᵉ s.) et montez vers la cathédrale par la pittoresque rue des Tables aux escaliers latéraux bordés de quelques demeures anciennes.

Cathédrale Notre-Dame★★★ (B1)

Possibilité de visite guidée - s'adresser à l'office de tourisme - ☎ 04 71 09 38 41.

C'est un extraordinaire édifice inscrit au Patrimoine mondial de l'Unesco dans le cadre du classement des Chemins de St-Jacques de Compostelle. De style roman, il doit son originalité à l'influence de l'Orient. On y retrouve également la marque byzantine, due aux croisés, dans les coupoles octogonales des voûtes de la nef. L'église primitive correspond au chevet actuel. Quand, au 12ᵉ s., on entreprend de l'agrandir, la place vient à manquer ; alors, les dernières travées de la nef ainsi que le porche Ouest sont construits pour ainsi dire dans le vide, de hautes arcades servant de pilotis. À la fin du 12ᵉ s., on ajoute les porches du For et St-Jean.

Trajet sous la cathédrale – À différentes époques, la cathédrale fait l'objet d'importantes restaurations. Les dernières concernent la remise en place du grand escalier qui aboutit dans le chœur. Les degrés se prolongent jusqu'à la porte principale sous les quatre travées construites au 12ᵉ s. Au niveau de la deuxième, deux portes à **vantaux★** ferment deux chapelles latérales. Leurs sculptures à faible relief retracent la vie de Jésus. Elles sont du 12ᵉ s. Dans la travée suivante, on voit deux **fresques** restaurées : la Vierge Mère (13ᵉ s.) à gauche et la Transfiguration de Notre-Seigneur à droite. Franchissez la porte principale, encadrée de deux colonnes de porphyre rouge. Tout droit, le grand escalier rénové vient à nouveau déboucher dans la cathédrale face au maître-autel, ce qui faisait dire qu'« on entrait à Notre-Dame-du-Puy par le nombril, et qu'on en sortait par les oreilles » !

Prenez l'escalier central ou, s'il est fermé, l'escalier de droite qui conduit à une porte située dans le bas-côté.

Intérieur – L'originalité de l'église réside dans la suite de coupoles qui couvrent la nef (celle de la croisée du transept est moderne). Remarquez la **chaire (1)** et le beau **maître-autel (2)** qui porte la statue en bois remplaçant la première Vierge noire brûlée lors de la Révolution

Le grand orgue baroque à deux faces sculptées, récemment restauré, est placé au fond de la nef à l'Ouest. La tapisserie à fleurs de lys de l'évêque Jean de Bourbon (fin 15ᵉ s.) occupe la paroi du fond du chœur. Dans le bas-côté Nord, un grand tableau de Jean Solvain dit « **Vœu de la Peste** » (1630) **(3)** illustre une procession d'actions de grâces qui se déroula sur la place du For. Dans le bras gauche du transept, belles

---

La statue de Notre-Dame-du-Puy

On ne connaît pas l'origine de la première statue de la Vierge du Puy, mais on sait qu'elle était noire au moins depuis la fin du Moyen-Âge. Pourquoi cette couleur qu'on retrouve fréquemment pour les statues anciennes ? Au Puy, il semblerait que la fumée des cierges et de l'encens en soit la cause. D'aucuns aiment pourtant y voir un écho au texte prophétique du Cantique des cantiques, qui fait dire à la fiancée : « Je suis noire, mais je suis belle. » Couverte d'habits somptueux, La Vierge du Puy a été copiée dans de très nombreux sanctuaires du centre de la France. La statue actuelle de la Vierge noire, couronnée en 1856 et très vénérée depuis, remplace celle brûlée en 1794.

Vierge noire

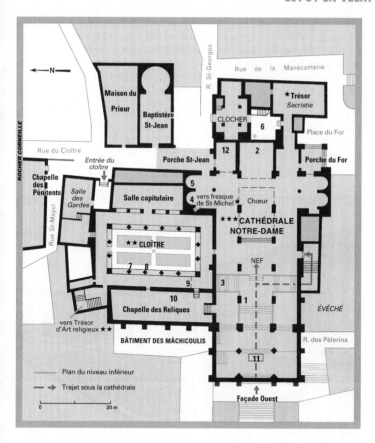

fresques romanes : les **Saintes Femmes au tombeau (4)** et le **Martyre de sainte Catherine d'Alexandrie (5)**. Sur la gauche, on aperçoit une tribune où se trouve une **fresque de saint Michel★** (fin 11e s.-déb. 12e s.), la plus grande peinture connue en France représentant l'Archange. *Mêmes conditions de visite que la Maison du prieur.* La fameuse « **Pierre des fièvres** » **(12)** se trouve dans la chapelle qui jouxte le porche St-Jean. Les plus belles pièces du **trésor★** sont exposées dans la sacristie. À voir, dans l'ordre qu'il vous plaira : une Pietà, peinture sur bois de l'école bourguignonne, une tête de Christ en cuivre doré (du 15e s) ; un Christ en ivoire, une croix de bateliers du Rhône et des boiseries en noyer, du 17e s.

Porche du For

Il date de la fin du 12e s. et donne accès à la cathédrale par la « **Porte Papale** », selon l'inscription qui la surmonte. Dans l'angle intérieur, les ogives retombent sur un pilastre que soutient une main ouverte sortant de la muraille.

De la petite place du For, on a une **vue** étonnante sur l'ensemble du site, le clocher se détachant légèrement du chevet fortement restauré : c'est une construction de forme pyramidale, à sept étages. *Contournez le chevet par la rue de la Manécanterie.*

Porche St-Jean

Précédé d'une grande arcade surbaissée, ce porche qui était destiné au passage des souverains relie la cathédrale au baptistère St-Jean (10e-11e s.) dont l'entrée est flanquée de deux lions en pierre. Les battants, recouverts de cuir, arborent de belles **pentures** (appliques en fer forgé) du 12e s.

Passez sous le clocher pour gagner la petite cour attenante au chevet.

Remarquer, au passage, les tombeaux d'abbés et de chanoines, et dans la cour **(6)**, derrière le puits roman, les bas-reliefs gallo-romains encastrés dans la base du chevet et la frise qui les couronne (scènes de chasse).

Cloître★★ (A1)

𝄞 04 71 05 45 52 - www.monum.fr - juil.-août : 9h-18h30 ; de mi-mai à fin juin et sept. : 9h-12h, 14h-18h30 ; de déb. oct. à mi-mai : 9h-12h, 14h-17h - fermé 1er janv., 1er Mai, 1er et 11 Nov., 25 déc. - 4,60 € (enf. gratuit), gratuit 1er dim. du mois (oct.-mai).

Ce très beau cloître, accolé au Nord de la cathédrale, est composé de galeries d'époques différentes, la plus ancienne, au Sud, étant romane. Tout autour, au-dessus des arcades, court une **corniche** délicatement ornée, illustrant avec verve le bestiaire du Moyen-Âge. Au nombre des **chapiteaux historiés** présents, dans la galerie Ouest, l'un **(7)** représente une dispute autour d'une crosse abbatiale, et l'autre **(8)** figure un centaure. Une remarquable **grille romane★ (9)** ferme la galerie Ouest. De l'angle Sud-Ouest du cloître, on découvre une cheminée romane coiffant le logis des clergeons. Sur la galerie Est s'ouvre la **salle capitulaire**, chapelle des Morts au 14e s., dont l'entrée est encadrée par des pilastres striés de cannelures à double ondulation (motif rare). Elle est ornée, sur le mur Sud, d'une fresque du 13e s., représentant la Crucifixion (*éclairage à l'entrée*).

La polychromie des claveaux, les écoinçons en losanges rouges, ocre, blancs ou noirs formant des mosaïques, composent un décor dont on a souligné la parenté avec l'art islamique.

Bâtiment des Mâchicoulis
Cette construction massive abritée derrière la chapelle de l'Hôtel-Dieu est l'ancien lieu de réunion des États du Velay. Ce bâtiment fait partie des fortifications de la cathédrale et du palais épiscopal au 13e s.

Il comporte deux niveaux, accessibles aux visites par deux entrées différentes : le niveau inférieur abrite la chapelle des Reliques, dont l'accès se fait par le collatéral gauche de la cathédrale, et le niveau supérieur la salle du trésor d'art religieux rattachée au musée du cloître.

Chapelle des Reliques – *Mêmes conditions de visite que le cloître.*
Cette chapelle, dite aussi chapelle d'hiver *(elle s'ouvre sur le bas-côté Nord de la cathédrale)* tire son nom du beau retable doré qui abritait, jusqu'à la Révolution, les reliques apportées à Notre-Dame-du-Puy. Ancienne bibliothèque de l'université Saint-Mayol, elle fut ornée, au 15e s., sur le mur Est, de la célèbre peinture des **Arts libéraux★ (10)** un des rares « primitifs » français. Chaque art libéral (Grammaire, Logique, Rhétorique, Musique) est représenté par une femme assise et par un personnage allégorique. La précision des étoffes et des bijoux est riche d'enseignement sur les goûts de cette époque.

Trésor d'art religieux★★ – *Mêmes conditions de visite que le cloître.*
Aménagé dans l'ancienne **salle des États du Velay**, au-dessus de la chapelle des Reliques, il rassemble un bon nombre d'œuvres d'art, parmi lesquelles on remarque une **chape de soie** du 11e s., une **châsse** en émail champlevé du 13e s., une « **Vierge allaitant** » du 15e s. en pierre polychrome, un magnifique manteau brodé de la Vierge noire du 16e s. et un remarquable **parchemin** du 15e s., *Genèse de la création du monde à la Résurrection*. Parmi les tableaux se distinguent *L'Adoration des Bergers*, par Parier (1598), et surtout la *Sainte Famille*, attribuée à Jean Van Eyck (15e s.). Repérez les panneaux mythologiques et les deux statues d'esclaves en noyer du sculpteur montpelliérain **Pierre Vaneau** (1653-1694).

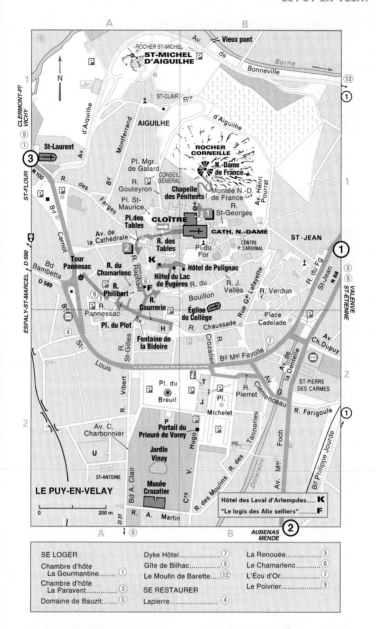

LE PUY-EN-VELAY

SE LOGER		Dyke Hôtel................(7)	La Renouée................(5)
Chambre d'hôte La Gourmantine........(1)		Gîte de Bilhac..............(9)	Le Chamarlenc..........(6)
Chambre d'hôte La Paravent..............(3)		Le Moulin de Barette.....(12)	L'Écu d'Or................(7)
Domaine de Bauzit.......(5)		SE RESTAURER	Le Poivrier................(9)
		Lapiere......................(4)	

Hôtel des Laval d'Arlempdes.....**K**
"Le logis des Alix selliers".........**F**

Chapelle des Pénitents (B1)

Juil.-août : 14h-18h. On y pénètre par une porte aux vantaux de bois sculptés dans le style Renaissance. À l'intérieur, les peintures décorant la tribune, les parois lambrissées de la nef unique mais surtout le beau **plafond caissonné** relatent la *vie de la Vierge*. Elles ont été réalisées aux 17e et 18e s. Les instruments de la Passion et les nombreux bâtons de la confrérie, fondée en 1584, sont encore portés en procession notamment pour la veillée du Jeudi saint.

Baptistère St-Jean

Relié à la cathédrale par le porche du même nom, cet édifice, datant des 10e-12e s., servit de baptistère à l'ensemble des paroisses de la cité jusqu'à la Révolution. L'entrée Sud est flanquée de lions en pierre érodés. À l'intérieur, on voit la cuve baptismale de forme pyramidale.

Maison du Prieur

℘ *04 71 05 62 75 - de déb. juil. à mi-sept. : 10h-12h, 14h-18h - 1 €.* Attenante au baptistère St-Jean, l'ancienne résidence de l'administrateur des baptêmes abrite dans ses salles voûtées l'exposition « **En Velay autrefois** », remarquable collection d'outils ruraux et artisanaux.

La rue du Cloître mène au rocher Corneille.

Rocher Corneille (B1)

🕿 04 71 04 11 33 - *juil.-août : 9h-19h30 ; mai-juin et sept. : 9h-19h ; de mi-mars à fin avr. : 9h-18h ; de déb. oct. à mi-mars et vac. de Noël : 10h-17h ; déc.-janv. : dim. 14h-17h - 3 € (7-18 ans 2,50 €).*

C'est un reste de cône appartenant sans doute au volcan dont le rocher St-Michel représente la cheminée. De la plate-forme, **vue★** panoramique sur les toits rouges de la ville et le bassin du Puy, sur le rocher St-Michel au Nord-Ouest, derrière lequel se profile le château de Polignac. Le rocher est surmonté d'une colossale **statue de N.-D. de France**, érigée en 1860, par souscription nationale. 213 canons, prélevés sur les trophées de la prise de Sébastopol (1855) durant la guerre de Crimée, servirent à la couler. On peut monter à l'intérieur, jusqu'au niveau du cou.

Revenez à la place des Tables.

En parcourant l'ancienne cité★ ②

La vieille ville regroupe ses hautes maisons aux toits rouges autour du rocher Corneille, tandis que les boulevards circulaires marquent le début de la ville basse moderne. Au pied de la cathédrale, la **place des Tables (AY 49)** offre un intéressant aperçu de la cité épiscopale. À gauche, au n° **56** de la rue Raphaël, un logis du 16ᵉ s. à cinq niveaux, dit « **le logis des Alix selliers** ».

Au terme de cette rue, prenez à gauche la rue Roche-Taillade.

À l'angle de la rue du Cardinal-de-Polignac s'élève l'**hôtel du Lac de Fugères (AY F)**, du 15ᵉ s., et, en s'engageant dans cette rue, au n° **8**, l'**hôtel de Polignac (BY L)** présente une tour polygonale du 15ᵉ s.

En revenant vers le croisement de la rue Roche-Taillade, remarquer, au n° 3 de la rue Vaneau, l'hôtel des Laval d'Arlempdes.

Descendez la rue Roche-Taillade qui se prolonge par la rue Chênebouterie **(AY 13)** ; au n° **8**, cour avec tourelle du 15ᵉ s. et en face, au n° **9**, maison natale (16ᵉ s.) du maréchal Fayolle.

On gagne la **place du Plot (AZ 38)**. Les pourtours de la **fontaine de la Bidoire (AZ E)**, datée de 1246, sont animés chaque samedi matin par un marché coloré aussi ancien que la fontaine : au 13ᵉ s., les marchands du Poitou, de Provence et d'Espagne y étalaient leurs armes, leurs laines, leurs cuirs et leurs joyaux. Au 16ᵉ s., il devenait le marché des fruits et légumes.

En face, **rue Courrerie (AZ 20)**, au n° **8**, intéressante façade du 16ᵉ s. suivie de celle de l'hôtel de Marminhac, aux baies en plein cintre dont les clefs portent des masques sculptés. On atteint la place du Martouret (lieu d'exécution sous la Révolution), où se dresse la façade de l'hôtel de ville.

Rejoignez la place du Plot et empruntez la rue Pannessac.

Cette rue en partie piétonne est bordée d'élégantes maisons Renaissance des 16ᵉ et 17ᵉ s. présentant des façades en encorbellement parfois flanquées d'une tour ou échauguette, notamment aux nᵒˢ 16, 18 et **23**. À droite, les ruelles de traverse : rues **Philibert (AY 36)** et du **Chamarlenc (AY 10)**, ont conservé leur caractère médiéval ; au n° **16**, rue du Chamarlenc, la façade de la **demeure des Cornards**, joyeuse confrérie de paillards et de bons buveurs, dont le privilège était de brocarder les bourgeois de la ville, est ornée de deux têtes à cornes, l'une hilare, l'autre tirant la langue, surmontées d'inscriptions facétieuses.

Rue Pannessac **(AY)**, au n° **42**, le **logis des André**, et au n° **46**, le **logis des frères Michel** du 17ᵉ s.,

La ville de la dentelle

Au Puy et dans le Velay, comme dans la région d'Arlanc, la dentelle à la main tenait autrefois une place importante dans l'économie locale. Son origine remonte le plus sûrement au 17ᵉ s. où, grâce à l'action d'un père jésuite, canonisé sous le nom de **saint Jean-François Régis**, elle prend un essor décisif tandis qu'une organisation particulière se met en place. Dans tous les villages, des femmes travaillent à domicile pour le compte de marchands établis dans les villes voisines. Des « leveuses », apportant fils et cartons aux ouvrières, servent d'intermédiaires avec les patrons. Ce travail d'appoint est une nécessité pour la paysannerie pauvre de la région. L'imprégnation religieuse du métier resta longtemps très forte. La transmission du savoir-faire se faisait de mères en filles, mais aussi par des femmes pieuses appelées « béates », qui enseignaient en même temps le catéchisme.

La colère des éléments

Le feu, la pierre et l'eau… C'est à des phénomènes volcaniques que le bassin doit sa physionomie si originale. Le site du Puy est formé suite à l'effondrement du plateau vellave, en contrecoup du plissement alpin. Puis des sédiments arrachés aux hauteurs environnantes comblent en partie le bassin où la Loire s'enfonce en gorge. À la fin du tertiaire, une série d'éruptions volcaniques bouleverse la région ; le lit de la Loire se trouve déporté à l'Est. À l'ère quaternaire, l'érosion reprend son travail, laissant en saillie des récifs volcaniques plus résistants, d'origines diverses ; on reconnaît : des tables basaltiques, restes de coulées (rocher de Polignac), des cheminées de volcans (rocher St-Michel, piton d'Espaly, piton de l'Arbousset), des parties de cônes éruptifs (rocher Corneille, rocher de Ceyssac, volcan de Denise). Les coulées, en se refroidissant, ont donné naissance à des assemblages de colonnes prismatiques comme les orgues d'Espaly.

orné au rez-de-chaussée de masques et d'écoinçons sculptés et aux étages de mascarons, de guirlandes et de cartouches, affichent l'opulence des commerçants qui habitaient ce quartier. Au bout de la rue, la tour de Pannessac, du 14ᵉ s., est le dernier vestige des dix-huit portes fortifiées, à tours jumelles, que possédait l'enceinte.

Visiter

Musée Crozatier (A2)

Jardin Henri-Vinay - ℘ 04 71 06 62 40 - mai-sept. : tlj sf mar. 10h-12h, 14h-18h (sf de mi-juin à mi-sept. tlj) ; oct.-nov. et fév.-avr. : tlj sf mar. 10h-12h, 14h-16h, dim. 14h-16h - fermé déc.-janv., 1ᵉʳ Mai, 1ᵉʳ et 11 Nov., 17 avr. (mat.) - 3 € (-18 ans gratuit), gratuit dim. (oct.-avr.).

Ombragé de platanes et de sycomores, le **jardin Vinay** accueille, entre autres monuments, le beau portail du prieuré de Vorey. Au fond, les intéressantes collections du musée sur l'histoire ponote sont abritées dans un imposant bâtiment (1865). De part et d'autre de l'exposition temporaire est présentée une **collection lapidaire★** (arts gallo-romain, roman et gothique) : nombreux chapiteaux historiés et sculptures provenant de la cathédrale. Une salle regroupe un bel ensemble d'objets d'art et de peinture du Moyen-Âge et de la Renaissance dont une **Vierge de l'Annonciation** en pierre polychrome et dorée de la fin du 15ᵉ s. Au même niveau, panneaux et maquettes didactiques de mécanique, **praxinoscope** (ancêtre du théâtre d'animation) inventé en 1877 par Émile Reynaud, prototype de machine à coudre (1828) de Pierre Clair. Une belle collection de sculptures monumentales est présentée dans le hall.

Le 1ᵉʳ étage est consacré aux artisanats et traditions vellaves ; découvrez une riche collection de **dentelles★** à la main, du 16ᵉ s. au début du 20ᵉ s, magnifiques ouvrages au fuseau ou à l'aiguille. On accède au 2ᵉ étage, réservé aux **Beaux-Arts**, par une porte-tambour du 17ᵉ s. rapportée du couvent de la Visitation. Parmi les peintures et sculptures couvrant la période du 14ᵉ au 20ᵉ s., remarquez les tableaux du peintre Guy François (1578 ?-1650). Au dernier étage, dans la section d'histoire naturelle, la collection ornithologique regroupe près de quatre cents espèces.

Église St-Laurent (A1)

Rare exemple de l'art gothique en Velay, elle date du 14ᵉ s. et faisait partie d'un couvent de dominicains. Le portail de façade est de style flamboyant. À l'intérieur, la nef surprend par son ampleur. Dans le chœur, à droite, le tombeau de Du Guesclin contient les entrailles du connétable, mort en 1380 pendant le siège de Châteauneuf-de-Randon. Des travaux effectués dans le chœur ont amené à la découverte du tombeau de l'évêque Bernard de Montaigu (13ᵉ s.). Ne manquez pas les pavages réalisés par Daniel Dezeuze en 1988. Les dessins préparatoires de l'artiste ont été déposés au Fonds national d'art contemporain.

À gauche de l'église, une chapelle du 14ᵉ s., dite **salle capitulaire**, a été dégagée. *Tlj sf w.-end.*

Église du Collège (B1)

Au tout début du 17ᵉ s., le père jésuite Martellange construit pour le nouveau collège de son ordre un bâtiment du nouveau style baroque italien, le premier en France. On y admire des retables dorés, ornés de tableaux de Guy François. *Tlj sf dim. apr.-midi en hiver 9h-19h.*

Aux alentours

Polignac★

5 km – environ 1h. Quittez Le Puy-en-Velay par la N 102, vers Clermont-Ferrand, et prenez, après l'hôpital, la D 13, à droite, qui offre des échappées sur le site du Puy.

Au sommet de la montée se dégage subitement la table basaltique de Polignac. (*Voir Le Guide Vert Auvergne*).

Espaly-St-Marcel

2 km, puis 45mn de visite. Accès par le boulevard Gambetta et la D 590 en direction de St-Flour. Dans Espaly, quittez la D 590 et empruntez la rue signalée « St-Joseph », jusqu'au parc de stationnement.

Piton d'Espaly – Il était jadis couronné d'un château qui, après avoir servi de résidence aux évêques du Puy – Charles VII, dauphin puis roi de France, y reçut l'hospitalité lors de ses fréquents pèlerinages –, fut ruiné durant les combats de la Ligue.

Rocher St-Joseph – *9 r. Abbé-Fontanille -* ℘ *04 71 09 04 28 - possibilité de visite guidée du sanctuaire (45mn) avr.-oct. : 8h-19h ; nov.-mars : 8h-18h - fermé lun. - 2 €* (*enf. 1,50 €*) *- pèlerinage les 19 mars et 1er Mai.* La terrasse supérieure, aménagée au pied de la statue monumentale (22,40 m de haut) inaugurée en 1910, offre une **vue★** sur la vieille ville du Puy-en-Velay, d'où émergent la cathédrale, le rocher Corneille et St-Michel-d'Aiguilhe.

Château de St-Vidal

11 km à l'Ouest. Quittez Le Puy par la N 102. À 8 km, prenez à gauche, au lieu-dit Bleu, la route de St-Vidal (D 112). ℘ *04 71 08 03 68 - visite guidée (30mn) du 14 Juil. à fin août : 14h-18h30 - 3,50 € (6-14 ans 2 €).*

Dominant de ses tours massives le village groupé sur une éminence dans la vallée de la Borne, ce château fut le fief du baron **Antoine de la Tour**, gouverneur du Velay au 16e s. Il conserve de son origine féodale des caves voûtées et une cuisine ogivale pourvue d'immenses cheminées. Les galeries voûtées d'ogives bordant la cour intérieure sur trois côtés, le plafond à la française et le portail en pierre sculpté de la salle d'apparat ainsi que la façade Sud ont été ajoutés ou remaniés aux 15e et 16e s.

Un escalier à vis mène au dernier étage de la tour de l'église (14e-16e s.), qui était affecté à l'artillerie.

Le Puy-en-Velay pratique

Adresse utile

🛈 **Office de tourisme** – *2 pl. du Clauzel - 43000 LE PUY-EN-VELAY -* ℘ *04 71 09 38 41 ou 04 71 05 22 62 - www.ot-lepuyenvelay.fr - juil.-août : 8h30-19h30 ; de Pâques à fin juin et sept. : 8h30-12h, 13h30-18h15 ; reste de l'année : 8h30-12h, 13h30-18h15, dim. et j. fériés 10h-12h.*

Visites

Visites guidées –Le Puy-en-Velay, qui porte le label Ville d'art et d'histoire, propose des visites-découvertes (2h) animées par des guides-conférenciers agréés par le ministère de la Culture et de la Communication *- juil. et de mi-août à fin août : 15h30 ; de déb. août à mi-août : 10h et 15h30 ; de déb. janv. à fin juin et de fin sept. à fin déc. : sam. 15h ; de déb. sept. à mi-sept. : 15h - 5 € (-12 ans gratuit). Renseignements à l'office de tourisme -* ℘ *04 71 09 38 41 - www.vpah.culture.fr*

Train touristique – ℘ *04 71 02 70 70 - dép. sur le parking - pl. Michelet - il fait découvrir les principales curiosités de la* ville - visite guidée (45mn) *mai-sept. : dép. 10h, 11h, 14h, 15h, 16h, 17h (juil.-août : dép. suppl. 18h) ; de mi-juil. à fin août : dép. suppl. mar., merc. et jeu. 21h30 - 6,50 P* (*enf. 4 P*).

Se loger

◒ **Dyke Hôtel** – *37 bd du Mar.-Fayolle -* ℘ *04 71 09 05 30 - fermé 25 déc. et 1er janv. - 15 ch. 35/48 € -* ⭎ *5,50 €.* Cet hôtel familial en centre-ville peut vous dépanner si vous passez au Puy. Les chambres au décor contemporain sont peu spacieuses mais bien tenues. Prenez votre petit-déjeuner dans le bar, en compagnie des habitués ponots.

◒ **Le Moulin de Barette** – *43700 Blavozy -* ℘ *04 73 03 00 88 - www.lemoulindebarette.com - fermé de mi-janv. à mi-fév. -* 🅿 *- 28 ch. et 12 studios 32/58 € -* ⭎ *6 €.* Même si le bâtiment principal, tapissé de vigne vierge, demeure très correct, on sera davantage attiré par les chambres du motel, à la fois simples et fonctionnelles. Également sur place, un beau terrain pour le camping.

Côté loisirs, une piscine à 2 bassins et son snack libre-service pour grignoter après la baignade.

⌣ **Domaine de Bauzit** – 43750 Vals-Près-le-Puy - ☎ 04 71 03 67 01 et 06 89 62 45 28 - http://ch.bauzit.free.fr - fermé 16 oct.-14 mars - 🍴 - 6 ch. 33/39 € - 🛏 - repas 16 €. Blottie dans un vaste domaine, cette ancienne abbaye respire la sérénité. Le décor des chambres rend hommage à 5 différents pays d'Asie, tandis que la sixième et dernière, « Auvergne », s'avère plus simple mais tout aussi confortable. Cuisine du pays le plus souvent, et de temps en temps, repas asiatique… passion oblige.

⌣ **Gîte de Bilhac** – Bilhac - 43000 Polignac - ☎ 04 71 09 72 41 - 🍴 - 6 ch. 35/40 € - repas 12 €. Cette belle ferme familiale entièrement restaurée a conservé le caractère rustique de l'auberge qu'elle était il y a encore quelques années. Hébergement très simple mais bien entretenu. Possibilité de louer un gîte pour 9 personnes avec une grande salle et 3 chambres. Spécialités régionales à l'heure des repas.

⌣ **Chambre d'hôte La Gourmantine** – Chemin de Ridet - 43000 Polignac - ☎ 04 71 05 94 29 - www.gourmantine.fr - fermé 15 oct.-4 nov., 25 déc. et 1er janv. - 🍴 - 5 ch. 42/53 € 🛏 - repas 19 €. Située au pied du château, cette ferme rénovée bénéficie du calme du village tout en restant très proche du centre du Puy. Chambres coquettes et cuisine familiale servie dans la « salle à manger Monet ». La propriétaire, grande collectionneuse, expose ses trésors dans la salle des petits-déjeuners (copieux et bons).

⌣ **Chambre d'hôte La Paravent** – 43700 Chaspinhac - 10 km au NE du Puy par N 88 dir. St-Étienne sortie chaspinhac - ☎ 04 71 03 54 75 - michel-jourde@wanadoo.fr - 🍴 - 5 ch. 44/48 € 🛏 - repas (dîner seul.) 10/16 €. Vous serez bichonné dans cette belle maison campagnarde située à quelques kilomètres du Puy. Son décor est authentique et ses douillettes chambres chaleureuses ; certaines sont même dotées d'un petit salon. Une étape simple tenue par un couple sympathique qui vous fera partager sa passion pour la dentelle.

Se restaurer

⌣ **Le Chamarlenc** – 19 r. Raphaël - ☎ 04 71 02 17 72 - fermé lun. d'oct. à mai - 14/20 €. Si vous ne connaissez pas encore la cuisine à la plancha, ce petit restaurant du centre historique fait figure de passage obligé pour une découverte gastronomique à moindre frais. Au menu : viande (veau et bœuf), poissons ou crustacés. Déjà initiés ? Alors arrêtez de saliver et courez vite vous attabler.

⌣ **L'Écu d'Or** – 59-61 r. Pannessac - ☎ 04 71 02 19 36 - www.lepuyenvelay.

com/alecudor - fermé dim. soir et merc. d'oct. à mai - réserv. obligatoire juil.-août - 15/45 €. Dans une rue piétonne de la vieille ville, ce restaurant, dans une belle salle voûtée des 14e et 16e s. décorée de grandes fresques murales, est assez pittoresque. La table est plutôt bonne et le service jeune.

⌣ **Le Poivrier** – 69 r. Pannessac - ☎ 04 71 02 41 30 - fermé vac. de fév., dim. et lun. sf en juil.-août - 15/28 €. Une sympathique ambiance bistrot règne dans les deux salles de ce restaurant. Leur décor s'agrémente des fameuses « coquilles » des pèlerins en route pour St-Jacques-de-Compostelle. Le chef prépare devant les clients spécialités vellaves et viandes exclusivement élevées et abattues en Haute-Loire.

⌣⌣ **Lapierre** – 6 r. des Capucins - ☎ 04 71 09 08 44 - fermé déc., janv., w.-end sf j. fériés - 23/30 €. Petit restaurant familial légèrement excentré proposant une savoureuse cuisine traditionnelle enrichie de quelques produits issus de l'agriculture biologique. Les célèbres lentilles du Puy figurent également à la carte. Deux salles à manger dont une décorée dans le style jardin d'hiver.

⌣⌣ **La Renouée** – À Cheyrac - 43800 St-Vincent - 16 km au N du Puy par D 103 et rte secondaire - ☎ 04 71 08 55 94 - fermé janv., fév., vac. de Toussaint, mar. soir, merc. soir, jeu. soir en mars et du 12 nov. au 31 déc., dim. soir et lun. - 18,50/38 €. Traversez le petit jardin… Cette maison pourrait être la vôtre ! Deux salles à manger campagnardes dont une agrémentée d'une belle cheminée en pierre. La cuisine du terroir est bien tournée et n'allégera pas trop votre bourse.

En soirée

La distillerie – 11 r. Porte-Aiguière - ☎ 04 71 04 91 12 - lun.-sam. 8h-1h (dim. 19h). Voici une brasserie fort sympathique. Le décor – casiers et bancs en bois, alambic en cuivre, vieux outils… – est très réussi ; la terrasse, sise dans la cour intérieure, au milieu des tonneaux, invite à s'attarder. Sur place, produits de la Verveine du Velay.

Carreau de dentellière

Que rapporter

Bon à savoir – Au fil de la rue des Tables, artère piétonne pleine de charme, vous découvrirez essentiellement des boutiques consacrées à la dentelle. Il est souvent possible d'admirer les dentellières au travail.

Centre d'enseignement de la dentelle au fuseau – 38-40 r. Raphaël - 𝄐 04 71 02 01 68 - www.ladentelledupuy. com - de mi-juin à mi-sept. : lun.-vend. 9h-12h, 13h30-17h, sam. 9h30-16h30 ; de mi-sept. à mi-juin : lun.-vend. 10h-12h, 14h-17h - fermé j. fériés. Par saint Jean-François Régis - patron des dentellières - enfin un établissement digne de ce nom qui permette de découvrir la dentelle de façon originale ! Écrite comme un conte, une vidéo relate l'implantation de la dentelle au Puy dont l'origine remonte probablement au 15ᵉ s. Des expositions thématiques complètent ce dispositif. Et pour celles et ceux qui goûtent moins la théorie que la pratique, un centre d'enseignement permet de s'essayer à la confection au fuseau (cours à l'heure).

Marché – 2 Pl. du Plot - sam. mat. Sur cette place magnifique, embellie d'une fontaine, la campagne vient présenter ses hommages opulents à la ville, avec dans ses paniers le meilleur des produits fermiers (notamment le Velay, un fromage au lait cru) et les fruits des cueillettes saisonnières (fruits rouges et champignons).

Marché aux puces – 2 Pl. du Clauzel. Tous les samedis matin, la place du Clauzel devient le paradis des chineurs, des fouilleurs et des amateurs de bonnes affaires.

Maison de la Lentille verte du Puy – R. des Tables - près de la cathédrale du Puy-en-Velay - 𝄐 04 71 02 60 44 - www. lalentilleverteedupuy.com - lun.-sam. juil. à fin août : 10h-12h30, 14h-19h. La lentille verte du Puy, véritable emblème de la région, fut le premier légume labellisé AOC. Cette bâtisse du 15ᵉ s. lui est entièrement dédiée : vidéos, brochures informatives et boutique proposant une étonnante gamme de produits réalisés à partir de ces petites graines arrondies.

Sabarot – La Combe - 43320 Chaspuzac - 𝄐 04 71 08 09 10 - www.sabarot-wassner.fr - tlj sf sam.-dim. lun.-mar. 9h-12h, 14h-18h - fermé sept.-juin. Cette entreprise, fondée en 1819, était au départ un moulin. Un siècle plus tard, elle entreprend sa diversification en s'intéressant à la lentille du Puy, puis à l'ensemble des légumes secs et aux champignons. Tous ses produits sont en vente au magasin d'usine.

Au Cyrano – 1 r. Crozatier - 𝄐 04 71 09 04 16 - tlj sf lun. 8h-19h. Dentelles, photos anciennes sous-verre : la famille Savelon, installée depuis trois générations à cette adresse, n'oublie pas d'honorer sa jolie ville ! Sa gamme sucrée-salée comporte de nombreuses spécialités comme le Succès ou le Cyrano (recettes inchangées depuis 1930), le pâté en croûte au veau mariné au Madère, les pâtes de fruits ou les délicieux chocolats maison…

Didier Rix – 13 r. St-Gilles - 𝄐 04 71 09 30 07 - mar.-vend. 8h-19h15, sam. 7h30-19h30, dim. 8h-13h - ouv. j. fériés ; fermé 1 sem. fév., 2 sem. juin-juil., 2 sem. oct. Didier Rix, patron de cette petite boutique depuis 1999, imagine sans cesse de nouvelles recettes de gâteaux qu'il élabore ensuite dans le respect de la tradition : ganaches aux fruits, nougat, mille-feuilles réputés, entremets joliment décorés, pâtisseries modernes, glaces (une quinzaine de parfums)…

Chocolaterie du Velay – 70 r. Pannessac - 𝄐 04 71 09 34 82 - robert.cubizol @wanadoo.fr - mar.-sam. 8h-19h30, dim. 8h-13h ; j. fériés 8h-13h - fermé 15-30 juin, 1ᵉʳ-15 sept. et lun. sf juil.-août. Cet artisan chocolatier honore la profession en réalisant d'excellentes friandises à l'image de ses pâtes de fruits (dont une à la verveine biologique), chocolats et gelée de verveine biologique.

Distillerie de la Verveine du Velay-Pagès – ZI de Blavozy - env. 6 km à l'E du Puy par la N 88, sortie ZI de Blavozy, dir. St-Étienne - 43700 St-Germain-Laprade - 𝄐 04 71 03 04 11 - www.verveine.com - janv.-févr. mar.-sam. 10h-12h, 14h30-16h30 ; mars-juin. mar.-sam. 10h-12h, 13h30-18h30 ; juil.-août lun.-dim. 10h-12h, 13h30-18h30 ; sept.-déc. mar.-sam. 10h-12h, 13h30-18h30 - fermé 1ᵉʳ Mai, 1ᵉʳ et 11 Nov., 25 déc. et 1ᵉʳ janv - 5,30 € (enf. 2 €). Les visiteurs sont conviés à la découverte de la fabrication de la célèbre Verveine du Velay conçue en 1859 par J. Rumillet-Charretier. Pas moins de 32 plantes et un savoir-faire jalousement préservé sont nécessaires à son élaboration. Dégustation et salle d'exposition.

Pisciculture des eaux de Vourzac – Rte de Lourdes, moulin de Gauthier - 43320 Sanssac-l'Église - 𝄐 04 71 09 43 84 - lun.-vend. 9h-17h. Cette pisciculture, située en pleine nature, à 700 m d'altitude, est le royaume de la truite, élevée dans des bassins alimentés par l'eau de la source. À la boutique, nombreux produits à base du salmonidé : filets fumés au bois de chêne, carpaccio, terrine…

Événements

La ville vit au rythme de manifestations réputées comme les 15 km pédestres (1ᵉʳ Mai), les **Musicales** (festival de musiques vocales) et le **Festival international de folklore** (juil.), **les fêtes Renaissance du roi de l'oiseau** (sept.), **le rassemblement internationnal de montgolfières** (nov.).

Roanne

38 896 ROANNAIS
CARTE GÉNÉRALE A1 – CARTE MICHELIN LOCAL 327 D3 – LOIRE (42)

Pourquoi vient-on à Roanne ? Sa réputation de ville industrielle spécialisée dans le textile n'est pas forcément une référence touristique. S'il en est une, en revanche, c'est celle de la gastronomie. La ville compte plusieurs établissements de qualité dont un des plus célèbres de France. Ajoutez-y son port, sa proximité de la Côte roannaise (vins AOC) et des gorges de la Loire, la ville a finalement bien des atouts !

- **Se repérer** – À 85 km au Nord-Ouest de Lyon, Roanne est accessible par la N 7 et l'A 72 qui relie Clermont-Ferrand à St-Étienne. La ville s'étend dans la vallée de la Loire, plaine limitée par les monts de la Madeleine à l'Ouest et les monts du Beaujolais à l'Est.

- **À ne pas manquer** – Un repas dans le grand restaurant de Troisgros ou son annexe *Le Central* ; les côtes et gorges roannaises.

- **Organiser son temps** – Comptez une journée pour sillonner la région.

- **Avec les enfants** – À Briennon, « Le parc des canaux » propose aux enfants de faire fonctionner des écluses et des péniches miniatures (*voir Encadré pratique*).

- **Pour poursuivre la visite** – Voir aussi : château de la Bastie-d'Urfé, Beaujolais, Feurs, Montverdun, St-Germain-Laval, Tarare, Villefranche-sur-Saône.

Visiter

Musée des Beaux-Arts et d'archéologie Joseph-Déchelette

22 r. Anatole-France - 04 77 23 68 77 - possibilité de visite guidée (1h30) tlj sf mar. et j. fériés 10h-12h, 14h-18h, sam. 10h-18h, dim. 14h-18h - 4 € (enf. gratuit), gratuit merc. apr.-midi.

Installé dans un hôtel particulier de la fin du 18e s., le musée a été fondé par le grand archéologue roannais Joseph Déchelette (1862-1914). On lui doit la riche **section archéologique** avec ses antiquités gallo-romaines provenant de fouilles de la région ; d'importantes réserves, présentées en rotation, illustrent les périodes préhistorique et égyptienne. Le musée possède aussi d'importantes collections de céramiques dont les célèbres **faïences révolutionnaires★** (300 pièces), regroupées par thèmes. Remarquez les bouteilles en forme de livre, décorées de scènes historiques et les pièces de céramiques contemporaines.

Un ensemble de peintures et de sculptures du 15e au 20e s. complète la visite.

Place de-Lattre-de-Tassigny

L'ancienne place du château (*une partie du donjon reste encore debout*) est bordée au Sud par l'**église St-Étienne**, dont subsiste le vitrail représentant le martyre de saint Sébastien, du 15e s. (*2e travée à droite*). Au chevet de l'église, on a mis au jour des fours de potiers gallo-romains. Flanquant l'église au Nord, le « caveau de Roanne » est une petite maison à colombages.

Le port de plaisance

Le **canal de Roanne à Digoin** est mis en service en 1838. Son trafic commercial est très important, jusqu'en 1945. À l'origine, le canal sert presque exclusivement dans le sens Roanne-Digoin pour le transport du charbon venant de St-Étienne, puis le

---

Le saviez-vous ?

- L'origine de la cité, *Rodumna* dans l'Antiquité, remonte à plus d'un siècle avant l'ère chrétienne. Le radical celtique *rod-* (couler) pourrait se justifier par la position de la ville sur la Loire… et non dans le couloir rhodanien !

- En 1814, la ville résista pendant sept jours aux Autrichiens avec seulement deux canons. Après la capitulation, le maire **Populle** réussit à éviter le pillage. Un jardin public perpétue son nom.

- Roanne est l'un des centres français de l'industrie textile les plus réputés pour la confection, la maille (2e rang en France, après Troyes) et le tissage éponge. Parmi les activités économiques, citons un Arsenal (GIAT) et une unité de production Michelin.

- Comment parler de Roanne sans évoquer sa fameuse équipe de basket, la Chorale, championne de France en 1959, et collectionnant depuis les titres de champions junior, espoir pro, minimes…

Les paysans-tisseurs

L'industrie textile a pris son essor dans la région à partir de 1880, époque où s'affairaient plus de 6 000 tisserands. À la fin du 19e s., l'essor de l'industrie cotonnière s'étendait des monts de la Madeleine à l'Ouest aux monts du Beaujolais à l'Est. Dès le 16e s., le travail domestique des étoffes passa sous le contrôle des négociants lyonnais, qui fournirent la matière première et appliquèrent à cette main-d'œuvre dispersée les règles du système manufacturier. Le tisseur à domicile exerçait son activité dans un bâtiment ou une pièce annexe à son habitation (la cabine) et continuait à cultiver la terre pour améliorer son revenu.

Joël Damase / MICHELIN

Le nouveau port propose des promenades en péniche sur le canal de Roanne à Digoin.

charbon de Montceau-les-Mines « monte » vers Roanne. À partir de 1970, le déclin s'accentue et le trafic commercial s'arrête définitivement en 1992. La navigation de plaisance a pris le relais et le canal confirme sa nouvelle vocation touristique depuis l'ouverture des écluses le dimanche, d'avril à fin octobre.

Chapelle St-Nicolas-du-Port

Sa courte silhouette se dresse à proximité des quais du port. La date inscrite au fronton – 1630 – évoque le vœu, fait cette année-là par les mariniers, d'élever une chapelle à leur patron s'ils échappaient à l'épidémie de peste.

Aux alentours

Montagny

14 km à l'Est par la D 504. Suivez la pancarte « Roseraie » au sortir de Montagny, la parcelle pouvant être déplacée d'une saison à l'autre.

Roseraie Dorieux – *la Rue - Accès libre et gratuit à la roseraie de déb. juil. à mi-sept. ; reste de l'année se renseigner - ✆ 04 77 66 11 46 - possibilité d'achat de rosiers.*

Dans ce paysage régulier de jaune et de vert, la roseraie vient comme une étole jeter ses reflets chatoyants sur la colline. À la belle saison, on peut humer les fragrances des roses créées ici même et baptisées de noms de rêve.

Plateau de la Verrerie

40mn. Quittez Roanne à l'Ouest par la D 9 jusqu'à Renaison, puis prenez la D 47 à droite : à la Grand'Borne, tournez à droite et suivez la D 478 qui conduit au site de la tourbière. Pour redescendre : au col de la Rivière prenez la D 39, puis la D 9 pour Roanne ou la D 4 pour un détour par Briennon.

Cabanes et saint-rambertes

Jusqu'à la fin du 17e s., le trafic sur la Loire n'est possible qu'en aval de la ville. Des bateaux en chêne, les « cabanes », du nom de l'abri qu'ils transportent, relient Roanne à Paris ou à Nantes. Au 18e s., des travaux rendent la Loire navigable vers St-Étienne. De nouvelles embarcations en sapin sont construites à St-Rambert d'où leur nom de « saint-rambertes ».

Pour une échappée belle de la ville, une envie de solitude, choisissez cette route qui grimpe dans la fraîcheur forestière avant de déboucher sur la sécheresse du **plateau de la Verrerie**. La tourbière, fleuron écologique du massif, est aménagé pour une agréable promenade. Cette incursion dans les **monts de la Madeleine** découvre une large **vue** sur la plaine de Roanne.

Le Crozet

25 km au Nord-Ouest par la N 7. Cette petite cité médiévale étage ses maisons fleuries sur les premiers contreforts des monts de la Madeleine. Propriété au 10e s. des vicomtes de Mâcon, elle fut cédée au 13e s. aux comtes de Forez qui la fortifièrent et l'élevèrent au rang de châtellenie au siècle suivant.

Laissez la voiture sur le parking prévu à l'entrée.

On pénètre dans l'ancienne place forte par la « Grand-Porte » flanquée de deux tours rondes tronquées et en partie masquées par des maisons.

Maison du Connétable – Elle offre une belle façade à pans de bois. À cette demeure fait suite l'ancienne halle de cordonnerie (15e s.) ; remarquez les arcades, aujourd'hui murées, qui abritaient les échoppes.

Maison Dauphin – Ancienne halle de la boucherie, cette maison de la fin du 15e s., fortement restaurée, conserve de belles fenêtres Renaissance.

Maison Papon★ – Pénétrez dans la cour afin d'admirer la belle façade Renaissance, de céramique émaillée, ornée de fenêtres à meneaux.

Tour de guet – L'ancien donjon, du 12e s., se dresse à proximité de l'église (19e s.). Il a perdu son couronnement de mâchicoulis. Du sommet, la vue se porte sur les monts de la Madeleine au Sud, du Charolais à l'Est ; table d'orientation.

Musée des Amis du Vieux Crozet – ℘ 04 77 64 11 06 (Syndicat d'initiative) - possibilité de visite guidée juin-sept. : tlj sf lun. et mar. 15h-19h - 2 € (enf. 1 €).
Un petit intérieur paysan a été reconstitué dans cette maison du 15e s., ainsi qu'un atelier de sabotier et celui d'un maréchal-ferrant taillandier.

Le Petit Louvre à La Pacaudière

23 km au Nord-Ouest par la D 207, puis la N 7. ℘ 04 77 64 11 06 - juil.-sept. : tlj sf lun. et mar. 15h-18h - 2,50 € (-12 ans gratuit).
Construite au 16e s., cette ancienne propriété des ducs de Bourbon garde une superbe **toiture★** en tuiles vernissées (motifs de croisillons) de 13 m de haut, une tourelle d'angle, et des fenêtres à meneaux.

Circuits de découverte

LA CÔTE ROANNAISE★ [2]

Une ligne de coteaux à vignobles, « la Côte », orientée Nord-Sud, domine à l'Ouest le bassin de Roanne. Séparés d'elle par les vallées du Rouchin et de la Tache se dressent en arrière-plan les **monts de la Madeleine**, hauteurs granitiques culminant à la Pierre-du-Jour (1 165 m) et prolongeant les monts du Forez et les Bois-Noirs. À la sévérité des monts de la Madeleine, la Côte oppose un aspect riant et coloré, avec ses vignobles produisant des vins rouges réputés classés AOC, mais aussi des vins rosés ou blancs.

Quittez Roanne par la D 9 et empruntez la D 51 vers St-André-d'Apchon.

St-André-d'Apchon

Au centre du bourg se cache, dans un cadre retiré, un château du 16e s. construit pour le maréchal de St-André et conservant sa façade primitive décorée de médaillons Renaissance.

Empruntez à pied, sur la place du monument aux morts, la rue située à l'angle de l'hôtel du Lion-d'Or, puis passez sous le passage voûté à 30 m, à droite.
L'**église**, de style flamboyant, est couverte de tuiles vernissées et ornées de vitraux du 16e s. À droite du clocher, remarquez le portail Renaissance : au tympan, belle statue en pierre de saint André (16e s.), surmontée d'une petite effigie du Père éternel.
Fermeture provisoire pour travaux.

Poursuivez sur la D 51 vers Arcon.

La montée en lacet, au-dessus de St-André, offre une succession de vues sur la plaine roannaise.

Quittez Arcon par le Nord et gagnez l'arboretum des Grands-Murcins.

Arboretum des Grands-Murcins

15mn à pied AR. Sur la commune d'Arcon. L'arboretum créé en 1936-37, au cœur d'un domaine forestier de 150 ha, à une altitude moyenne de 770 m, est surtout riche en résineux, parmi lesquels figurent les pins pleureurs de l'Himalaya, des sapins *Abies alba*, *Tsuga canadensis* aux branches en draperies, et *Douglas* qui prospèrent dans la région à une altitude inférieure à 900 m.

De la table d'orientation, **vue** sur la plaine de Roanne et les monts du Lyonnais.

Revenez à Arcon et gagnez La Croix-Trévingt. Prenez la D 51 vers St-Priest.

Rocher de Rochefort★

Le rocher de Rochefort est surmonté d'une table d'orientation. **Vues** sur la plaine de Roanne, les monts du Beaujolais et du Lyonnais.

Revenez à La Croix-Trévingt. Par la D 51 à gauche, puis la D 41, encore à gauche, empruntant la vallée du Rouchain, on atteint le barrage du Rouchain.

Barrage du Rouchain

Un emplacement pour voitures et une zone piétonne permettent de s'approcher du barrage du Rouchain. Le pied du barrage est accessible par la route qui va au barrage de la Tache. Ce dernier a également son parking, un agréable restaurant ainsi que des aires de jeux pour enfants et un mini-golf ; des sentiers s'élèvent vers la crête du barrage. Nombreuses promenades possibles.

Doublant le barrage de la Tache pour alimenter en eau potable l'agglomération roannaise, cet ouvrage (1977) en enrochement est long de 230 m, haut de 55 m, large de 9 m en crête et de 190 m à la base. Pourvue d'un évacuateur de crue sur la rivière Le Rouchain, la retenue possède une capacité de 6 500 000 m^3 et occupe trois vallées. La D 47, reliant Renaison au bourg des Noës, suit la berge de la retenue.

Barrage de la Tache

Le barrage de la Tache, long de 221 m et haut de 51 m, a été construit de 1888 à 1892. Son épaisseur, qui n'est que de 4 m au sommet, atteint 47,50 m à la base. Il est du type « barrage-poids », c'est-à-dire qu'il résiste par sa masse à la poussée des eaux. Sa capacité est de 3 326 000 m^3.

De l'extrémité droite de la crête, près de la D 41, jolie vue sur le lac-réservoir (30mn à pied AR).

Au cours de la descente vers Renaison, bordée de belles plantations de cèdres bleus de l'Atlas, on découvre le vignoble de la côte roannaise.

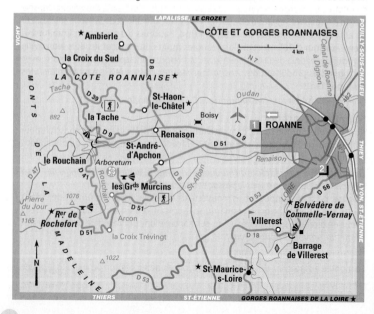

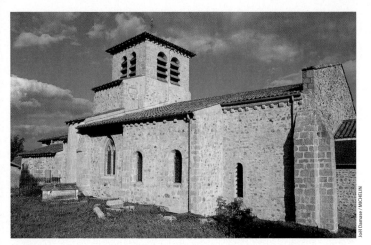

L'église de St-Haon, modeste et forézienne, a été restaurée, comme le reste du village.

Renaison

Centre économique de la Côte roannaise. L'église néogothique renferme un orgue romantique du facteur John Abbey.

Faites demi-tour ; suivez la D 9 en direction de La Croix-du-Sud.

À gauche, un **rocher-belvédère★** offre une jolie vue sur le plan d'eau de la Tache. La montée vers le col ménage ensuite des vues sur les hauteurs de la Madeleine.

La Croix-du-Sud

Important carrefour de routes établi sur un seuil séparant les monts de la Madeleine de la « côte », et les vallées de la Teyssonne et de la Tache.

Au cours de la **descente★** par la D 39, remarquez l'étagement de la végétation : sur la crête, landes de bruyères ou manteau forestier ; au-dessous, pâturages et cultures diverses ; plus bas la zone viticole, et enfin, au loin, la plaine, avec ses riches herbages et ses vastes domaines. Avant d'arriver au-dessus des terres rouges du vignoble, la route offre des vues sur les villages de St-Haon-le-Vieux et St-Haon-le-Châtel.

St-Haon-le-Châtel★

Laissez la voiture sur une place dans le haut du village et passez, à gauche d'une boucherie, sous une porte fortifiée, à vantaux de bois cloutés.

Capitale du Roannais ! C'est ce que fut, du 15e s. à 1677 St-Haon *(prononcez St-Han)*, jusqu'à ce que l'hôpital et la justice soient transférés à Roanne. Il reste de cette période de relative puissance un bourg à l'aspect médiéval, une partie des remparts, une belle porte du 14e s. avec ses clous en pointe de diamant. Au hasard des ruelles, vous découvrirez de charmants manoirs du 15e s. ou Renaissance, notamment l'ancienne prévôté (panonceau de notaire et mairie), la maison du cadran solaire, le manoir de la fleur de lys.

Dans l'**église** (12e-17e s.), des peintures murales du 16e s. ont été mises au jour et restaurées. *Visite sur demande auprès de Mme Barret - Oudan - 42370 St-Haon-le-Châtel* 📞 *04 77 64 24 38.*

Ambierle★

Le bourg, bien exposé au soleil du matin, s'étage sur les pentes de la Côte roannaise, couverte de vignobles produisant un agréable rosé. Il conserve, dans sa partie haute, un ancien prieuré de Cluny montrant encore une porte fortifiée, un vaste logis du 18e s. et une belle église gothique.

Église★ – Bâtie à la fin du 15e s., elle est de style gothique flamboyant. À l'intérieur, la nef étroite est d'une grande élégance. De magnifiques **vitraux★** du 15e s. garnissent les cinq fenêtres du chœur, hautes de 13 m, celles des deux chapelles latérales et du bas-côté gauche. Sur le maître-autel, derrière la grille du chœur, est exposé un **retable flamand★** du 15e s. Les sculptures sur bois de la partie centrale représentent des scènes de la Passion.

Musée Alice-Taverne – 📞 *04 77 65 60 99 - fév.-nov. : 10h-12h, 14h-18h - 4 € (10-15 ans 2 €).* Aménagé dans un bâtiment du 18e s., il sait intéresser aux jeux, coutumes, rites et superstitions qui émaillaient la vie dans les campagnes voisines, mais aussi à l'habitat, aux usages domestiques. Reconstitution de la « maison », pièce unique du logis rural ordonné autour de son âtre central, et de divers intérieurs (auberge, atelier de couturière, etc.).

Retour à Roanne par les D 8 et D 9.

À gauche, jolie vue sur la grosse tour ronde du **château de Boisy** *(on ne visite pas)*. Ce château (14ᵉ-16ᵉ s.) occupe une place importante dans l'histoire roannaise. Il appartint successivement aux Couzan, à Jacques Cœur puis aux Gouffier. C'est en faveur d'Arthur Gouffier, son ancien précepteur, que François Iᵉʳ érigea la terre de Boisy en duché-pairie de Roannais.

GORGES ROANNAISES DE LA LOIRE★ 1

Circuit de 139 km – comptez une demi-journée. Quittez Roanne au Sud par l'avenue de la Libération et prenez à droite la D 43, puis la D 56 en direction du belvédère de Commelle-Vernay, signalisé.

La construction en amont de Roanne du barrage de Villerest a fait apparaître un nouveau « lac de Loire », qui s'allonge sur 33 km et attire, l'été, de nombreux plaisanciers.

Belvédère de Commelle-Vernay★

La **vue** embrasse, au Nord, l'agglomération roannaise et le pont de Vernay, à l'Ouest, la commune et le barrage de Villerest, ainsi que les installations modernes des Papeteries de Villerest avec, à l'arrière-plan, les monts de la Madeleine. Un **petit train touristique** propose un parcours commenté de 7 km sur la rive droite du lac de Villerest. 📞 *04 77 68 58 12 - www.le-petit-train-touristique.net - ♿ - trajet en petit train sur réservation (1h15) mars-oct. : 9h30, 11h, 15h, 16h30 et 18h - 5 € (enf. 4 €).*

Barrage de Villerest

Destiné à maîtriser les crues de la Loire, c'est un ouvrage en béton de type poids d'une longueur de crête de 469 m. Sa forme en arc en accentue la stabilité. La retenue à niveau variable a une longueur de 30 km pour une largeur moyenne de 250 m.

Autour du lac de retenue s'est développée une aire de loisirs avec base nautique, terrain de golf, etc.

Franchissez la crête du barrage pour gagner Villerest.

Villerest

Le vieux **bourg médiéval★** est agréable à parcourir. Il conserve de nombreuses maisons à encorbellement ou à pans de bois et des vestiges de remparts. La **porte de Bise**, du 13ᵉ s., marque le début de la visite à pied dont les étapes intéressantes sont illustrées de panneaux explicatifs. En période estivale, les vieilles échoppes sont animées par des artisans.

Musée de l'Heure et du Feu – *Pl. Jean-Baudinat -* 📞 *04 77 69 71 97 - de déb. juil. à fin août : 14h30-18h30 ; de Pâques à fin juin. et de déb. sept. à la Toussaint : w.-end et j. fériés 14h30-18h30 - 3 € (-12 ans gratuit).*

Cet original musée, installé dans une vieille demeure forézienne, se compose de deux parties. La **section du feu★** retrace l'histoire de la création et la conservation du feu domestique depuis la préhistoire et à travers les pays. Une présentation de l'amadou, champignon arboricole, et son traitement rappellent qu'il fut la composante essentielle de la création du feu avec le silex et une pièce métallique. Les diverses vitrines exposent toutes sortes de briquets dont un briquet japonais miniature du 18ᵉ s., un briquet-couteau à pinces datant de la Révolution française, et le célèbre briquet hydropneumatique de Gay-Lussac, dangereux à manipuler car fonctionnant à l'hydrogène. Non moins curieux, le briquet électrochimique de Lorentz a fonctionné dans les cours européennes du 19ᵉ s. L'autre section, plus éclectique, propose d'abord un bel assortiment d'horloges et de montres curieuses du 18ᵉ au 20ᵉ s. Une salle est consacrée à l'intéressante collection de briquets fabriqués par les Poilus de 1914-1918.

Prenez la direction de St-Jean-St-Maurice-sur-Loire.

St-Maurice-sur-Loire★

St-Maurice occupe un **site★** pittoresque dans les gorges roannaises de la Loire. Dominant un méandre de la retenue du barrage de Villerest, les vieilles maisons du bourg s'accrochent sur un éperon couronné par les vestiges d'un château féodal. Depuis 1974, le village s'est associé à St-Jean-le-Puy pour former la commune de St-Jean-St-Maurice-sur-Loire.

Laissez la voiture sur la petite esplanade à l'entrée de la partie haute du bourg.

De la terrasse du **donjon** (12ᵉ s.), belle vue sur les gorges.

Église – L'édifice conserve une abside romane, à chevet plat, décorée d'intéressantes **peintures romanes** du 13ᵉ s. Elles représentent, sur les registres de la voûte, l'Annonciation, la Visitation, la Nativité et la Fuite en Égypte, le Massacre des Innocents et le Paradis terrestre (Création d'Ève, le Fruit défendu).

Manoir de La Mure-Chantois – On y accède par une porte ornée de sculptures représentant Adam et Ève ; la tour d'escalier (16ᵉ s.), qui desservait une partie du logis aujourd'hui disparue, conserve un fronton finement sculpté.

Prenez la direction de Bully d'où l'on redescend du coteau vers la Loire au pont de Presle. Prenez à droite la D 56, route bordière.

Le parcours offre un beau passage rocheux à hauteur du château de la Roche.

Château de la Roche

À St-Priest-la-Roche. ☏ *04 77 64 97 68 - www.lechateaudelaroche.com - juil.-août : 10h30-12h, 14h-19h ; avr.-juin : tlj sf merc. 14h-19h ; nov. et mars : jeu., vend. et w.-end 14h-18h ; sept.-oct. : tlj sf merc. 14h-18h (w.-end 19h) - 3,50 € (enf. 2,50 €).*

Rescapé de justesse du barrage sur la Loire, grâce à la mobilisation de nombreux bénévoles, cet étonnant petit château de style troubadour (19ᵉ s.) est devenu l'endroit idéal pour présenter les évolutions des gorges de la Loire au cours des siècles (maquette et photos).

En amont, la vallée présente un aspect plus pastoral. *Peu après le viaduc de Chessieux, on atteint Balbigny où l'on emprunte à gauche la N 82 vers Neulise. À 6 km, tournez à droite dans la D 5.*

St-Marcel-de-Félines

Situé en terrasses sur une croupe de terrain dominant la cuvette de Feurs, face aux monts du Forez, ce bourg paisible possède un château, maison forte du 12ᵉ s., agrandie et embellie au 16ᵉ s.

Château – ☏ *04 77 63 54 98* - ♿ *- de Pâques à la Toussaint : visite guidée (45mn) dim. et j. fériés 14h-18h - 4,50 € (enf. 2,30 €).*

Ses toitures, ses tours basses et la belle teinte dorée des pierres lui donnent une silhouette pittoresque ; remarquez les lucarnes aux frontons ornés de motifs en forme de bulbe. Par un pont franchissant les anciens fossés, on accède à la cour intérieure d'inspiration italienne ; un vieux puits est orné de sphinx à tête de femme. Les salons doivent leur homogénéité à des **peintures★** de la seconde moitié du 17ᵉ s. Lambris et plafonds sont divisés en compartiments peints de rinceaux, figures allégoriques ou grotesques, natures mortes, paysages ou portraits. Dans le salon de Jeanne d'Arc, un des rares portraits de la sainte habillée en femme.

Revenez sur la N 82, puis à Neulise tournez à droite dans la D 38. Après Croizet, franchissez le Gand et prenez le chemin à droite.

Château de l'Aubépin

♿ *- tlj sf mar. et merc. 10h-12h, 14h-17h - fermé 15 août - gratuit.*

Cette jolie demeure (16ᵉ-18ᵉ s.), flanquée de pavillons d'angle coiffés en poivrière et précédée d'un avant-corps à décor de mascarons, est campée en terrasses dans un cadre verdoyant.

Regagnez Roanne par la N 82. La route offre des vues sur la côte roannaise et vers la cuvette de la Loire, en aval.

Roanne pratique

Adresse utile

🛈 **Office du tourisme de Roanne** – *Pl. du Mar.-de-Lattre-de-Tassigny 42300 -* ☏ *04 77 71 51 77 ou 04 77 70 96 62 - www.leroannais.com - mai-sept. : tlj sf dim. 9h-18h ; reste de l'année : tlj sf dim. 9h30-12h30, 14h-18h, lun. 14h-18h.*

🛈 **Office du tourisme de Villerest** – *Plage du Plan-d'Eau 42300 -* ☏ *04 77 69 67 21 ou 04 77 69 71 50 - se renseigner pour les horaires.*

Se loger

☞ **Hôtel Terminus** – *15 cours de la République -* ☏ *04 77 71 79 69 - www.hotel-terminus-roanne.com - fermé 25 déc.-1ᵉʳ janv. -* 🅿 *- 55 ch. 28,50/46 € -* ☕ *6 €.* Bâti en face de la gare (d'où le nom de l'enseigne), cet hôtel fraîchement rénové propose un hébergement correct à des prix très avantageux, compte tenu de sa situation. Les chambres, confortables et insonorisées, disposent toutes d'une salle de bains avec WC, téléphone, TV et prise Internet.

Grand Hôtel – *18 cours de la République, face à la gare - 𝒫 04 77 71 48 82 - granotel@wanadoo.fr - fermé 30 juil.-22 août et 24 déc.-2 janv. - **P** - 31 ch. 61/84 € - 🖵 10 €.* En face de la gare de Roanne, cet hôtel qui date du début du siècle est bien tenu et récemment rénové sous l'impulsion d'une nouvelle équipe. Chambres de différentes tailles. Une adresse utile.

Chambre d'hôte L'Échauguette – *Ruelle Guy-de-la-Mure - 42155 St-Jean St-Maurice-sur-Loire - 12 km au SO de Roanne par D 53 et D 203 - 𝒫 04 77 63 15 89 - www.echauguette-alex.com - ⊘ - 4 ch. 52/72 € 🖵 - repas 25 €.* Située en lisière du bourg, L'Échauguette surplombe un lac entouré de collines. Les chambres sont toutes différentes et le petit-déjeuner se prend dans la cuisine ou, s'il fait beau, sur la terrasse d'été où vous ne perdrez aucune miette du panorama !

Domaine du Fontenay – *42155 Villemontais - à 12 km au SE de Roanne par D 53, puis D 8 et chemin à droite - 𝒫 04 77 63 12 22 - www.domainedufontenay.com - 4 ch. 55/65 € 🖵.* Un chemin grimpant parmi les vignes mène à cette maison d'hôte inclue dans un domaine viticole de 10 ha. Les chambres spacieuses, lumineuses et aménagées avec goût, offrent une vue splendide sur les vignobles et la plaine du Roannais. Les propriétaires, charmants, proposent des dégustations de leur vin à l'ancienne.

Chambre d'hôte Domaine de Champfleury – *Le Bourg - 42155 Lentigny - 8 km au SO de Roanne par D 53 - 𝒫 04 77 63 31 43 - fermé 15 nov.-15 mars - ⊘ - réserv. conseillée en hiver - 3 ch. 58/72 € 🖵.* Au milieu des arbres centenaires de son beau parc, cette jolie maison bourgeoise du 19e s. est tenue par une charmante dame qui reçoit dans ses « chambres d'amis »… Inutile de dire qu'ici, vous serez dorloté ! Idéal pour se reposer vraiment. Tennis et petit gîte indépendant pour deux personnes.

Se restaurer

👁 **Bon à savoir** – Pour vous faire plaisir sans trop dégarnir votre porte-monnaie, votre trouverez des petits restaurants sympathiques et peu onéreux du côté de la rue Victor-Bach. On a aimé le Visconti (pizzeria), la crêperie l'Armorique ainsi que La Petite Fourchette et Le Coq en Paille qui proposent tous deux une cuisine plus traditionnelle.

Roanne « Table ouverte » – Chaque année, au mois d'octobre, se déroule le festival Roanne Table ouverte qui associe gastronomie et spectacles. À cette occasion, de nombreux restaurants de la région proposent des représentations variées à l'heure du dîner (théâtre, musique classique, magie, chanson française…), et les Halles Diderot

organisent des soirées dégustation. Vous pourrez également découvrir une exposition à thème culinaire et participer à des ateliers de cuisine ou d'œnologie.

L'Escale – *Pl. St-Jean - au bourg - 42155 St-Jean St-Maurice-sur-Loire - 𝒫 04 77 63 14 24 - fermé lun. - 10/28 €.* Ce restaurant, proche du barrage de Villerest et des côtes du Roannais, séduira les amateurs de cuisine régionale, cuisses de grenouille et autres spécialités de friture. Vaste salle de style contemporain et terrasse.

L'Auberge du Barrage – *Lieu-dit La Tâche - 42370 Renaison - 𝒫 04 77 64 41 23 - fermé déb. déc. - mi-mars, lun. et mar. sf juil.-août - 14/34 €.* Cette auberge, située au bord d'un ruisseau et en lisière de forêt, vous reçoit, selon la saison, dans l'une de ses deux salles à manger rustiques ou en terrasse. Le chef, un enfant du pays parti 15 ans aux Antilles, prépare une cuisine du terroir (grenouilles, fritures…) rehaussée d'épices de là-bas.

Le Central – *20 cours de la République, (face à la gare) - 𝒫 04 77 67 72 72 - fermé 1er-23 août, 24 déc.-3 janv., dim. et lun. - réserv. obligatoire - 23/26 €.* À côté du restaurant des frères Troisgros (voir ci-dessous), ce bistrot-épicerie appartient à la célèbre famille. On y propose une cuisine simple, au goût du jour, dans un décor chaleureux, au milieu des bocaux… à acheter à l'épicerie avant de partir.

Joël Damase / MICHELIN

Michel Troigros

Le Relais de la Vieille Tour – *42155 St-Maurice-sur-Loire - 𝒫 04 77 63 16 83 - fermé lun. et mar. de mars à mai, lun.-jeu. de déc. à fév. - 17/36 €.* Sympathique adresse familiale hébergeant une salle à manger fleurie dotée d'un mobilier bourgeois et, à l'étage, une terrasse d'été offrant une jolie vue sur la région. Registre culinaire classique.

Ma Chaumière – *3 r. St-Marc - 42120 Le Coteau - rive droite de la Loire - 𝒫 04 77 67 25 93 - ma-chaumiere@wanadoo.fr - fermé 29 juil. -22 août, dim. soir et lun. - 19/46 €.* Bon accueil et bonne table dans ce restaurant situé sur la rive droite de la Loire, entre les quais et le centre-ville. Le couple sympathique qui tient la maison avec passion soigne ses clients : la cuisine traditionnelle est élaborée à partir de produits frais et servie avec attention.

Le Marcassin – *Rte de St-Alban-les-Eaux - 42153 Riorges - 3 km à l'O de Roanne par D 31 - ℘ 04 77 71 30 18 - fermé vac. de fév., 1er-26 août, dim. soir, vend. soir et sam. - 19/55 € - 9 ch. 50/58 € - ☐ 7 €.* Après la visite du musée de la Maille à Riorges, vous pouvez vous arrêter dans ce restaurant familial. Tenu par un jeune chef, il décline des saveurs actuelles aux menus et à la carte, dans un cadre moderne plutôt agréable ou sur la terrasse aux beaux jours. Chambres très simples.

Troisgros – *Pl. de la Gare - ℘ 04 77 71 66 97 - troisgros@avo.fr - fermé 15 fév.-2 mars, 3-18 août, dim. et merc. - réserv. obligatoire - 140/175 €.* Véritable institution, cette maison est une référence gastronomique française. La famille Troisgros accueille ses hôtes dans sa maison où modernisme, qualité, luxe et sobriété se marient élégamment.

Que rapporter

Bon à savoir – Même si l'industrie textile de la ville n'a plus tout à fait l'envergure d'autrefois, il existe encore quelques entreprises réputées en France, dont les boutiques d'usine sont accessibles aux particuliers. Vous y trouverez des articles de l'année précédente à des tarifs très intéressants. *Griffon*, 41 rue Georges-Plasse (℘ 04 77 23 65 60) et *Lewinger-Degriff*, 50 rue St-Alban (℘ 04 77 71 01 00) proposent du prêt-à-porter masculin et féminin. *Marcelle Griffon*, 180 rue Clément-Ader à Riorges (℘ 04 77 44 80 85) et *Janine Pauporte*, 6 boulevard Charles-de-Gaulle au Coteau (℘ 04 77 68 82 24) s'adressent exclusivement aux femmes. Et, pour les enfants, vous pourrez opter pour le magasin *FGM*, 14 rue Jean-Mermoz (℘ 04 77 68 97 18).

Pralus – *8 rue Charles-de-Gaulle - ℘ 04 77 71 24 10 - www.chocolats-pralus.com - mar.-sam. 9h-12h, 14h-19h.* Cette adresse est devenue célèbre grâce à ses pralulines, brioches au beurre agrémentées de praline, d'amandes et de noisettes. Elles existent en deux tailles : 300 g et 600 g.

Robert Sérol et Fils – *Les Estinaudes - 42370 Renaison - ℘ 04 77 64 44 04 - domaine.serol@wanadoo.fr - 8h30-12h30, 13h30-19h, dim. et j. fériés sur RV.* Ce domaine familial de 20 ha fournit depuis plus de 20 ans la maison Troisgros en vins AOC de la Côte roannaise rouge et rosé. Il pratique une culture traditionnelle et raisonnée, respectueuse de l'environnement. Vue magnifique sur les vignobles et la plaine et très sympathique caveau de dégustation-vente.

Les Brasseurs du Sornin – *400 rte de Roanne - 42720 Pouilly-sous-Charlieu - ℘ 04 77 60 82 28 - www.brasseursdusornin. com - tlj sf dim. 8h-12h, 14h-18h.* Cet établissement familial créé en 1998

bénéficie de l'expérience d'un maître brasseur formé en Belgique. Parmi les 17 parfums originaux proposés, il faut découvrir la Perle Verte, à base de lentille du Puy-en-Velay, la Bière Rouge, aux baies de fleurs et la Bière des Verts, aux couleurs d'un certain club de foot…

La Maison des métiers d'Art – *Pl. du Mar.-de-Lattre-de-Tassigny - ℘ 04 77 67 87 90 - tlj sf dim. et lun. 14h-18h30 (les j. d'exposition).* L'Association des Métiers d'art du Roannais regroupe les artisans de la région autour d'expositions thématiques dans lesquelles chacun peut présenter ses travaux. Poterie, sculpture, céramique, ébénisterie… Cette vitrine du savoir-faire artisanal mérite le détour.

Les bisons des monts de la Madeleine – *Lieu-dit Préfol - 42370 St-Rirand - ℘ 04 77 65 76 88 - juil.-août : 10h-12h, 14h-19h ; vac. scol., w.-end et j. fériés 14h-19h.* Le « Far West » au cœur des monts de la Madeleine ! Venez faire connaissance avec les 40 bisons de l'exploitation au cours d'une visite commentée. Circuit de plus de 2 km à bord d'un chariot et, à l'arrivée, dégustation de viande grillée au barbecue.

Sports & Loisirs

Bon à savoir – Le château de la Roche accueille plusieurs expositions tout au long de l'année. Des soirées à thème sont organisées chaque samedi de juin et juillet, et un spectacle son et lumière pyrotechnique s'y déroule le 3e samedi d'août. Enfin, une année sur deux s'y tient le festival de la science-fiction et de l'imaginaire.

Aux cimes de Bécagat – *La Croix du Sud, rte de Vichy - 42310 St-Bonnet-des-Quarts - ℘ 06 32 79 36 90 - avr.-oct. : 10h-20h.* Vous avez rendez-vous avec l'aventure à deux pas de la Croix du Sud, dans un magnifique site forestier. Après un passage obligé par le parcours initiation, vous pourrez vous élancer sur les tyroliennes des trois autres circuits. Sensations garanties pour petits et grands à partir d'une taille minimum de 1,10 m.

Base de Loisirs – *42300 Villerest - juin-sept.* Passage obligé des estivants en quête de jeux aquatiques, le Parc de la Plage propose des activités destinées à toute la famille : location de pédalos, initiation à la voile, etc. Rien ne vous empêche toutefois de vous attabler tranquillement au snack et de commander un rafraîchissement.

Marins d'eau douce – *Port de Plaisance - 14 km au N de Roanne par D 482 - 42720 Briennon - ℘ 04 77 69 92 92 - www. elphicom.com/lesmarinsdeaudouce - mars-oct. : départ 11h30 ; promenade 15h30.* Partez en croisière (commentée) à bord de la péniche *L'Infatigable*, pour tout connaître de la vie du canal et l'histoire de la région. Plusieurs itinéraires entre 2h et 8h, pouvant inclure un repas à l'heure du déjeuner puisque le bateau abrite aussi un restaurant.

Romanèche-Thorins

1 710 ROMANÉCHOIS.
CARTE GÉNÉRALE B1 - CARTES MICHELIN LOCAL 327 H2 OU 328 B3 – SAÔNE-ET-LOIRE (71)

Au cœur des beaujolais-villages, le bourg est réputé pour son célèbre cru du moulin-à-vent, « seigneur des beaujolais », qui doit son appellation à un vieux moulin situé au milieu des vignes. Quant au mot Romanèche, il pourrait venir de «Romania» et désigner l'emplacement ancien d'une villa

- **Se repérer** – Entre la Saône et la montagne beaujolaise, Romanèche-Thorins se trouve à 18 km au Sud de Mâcon. Elle est accessible via l'A 6 ou la N 6.
- **À ne pas manquer** – Le brillant outil de promotion du beaujolais au musée des « Plaisirs en Beaujolais ».
- **Organiser son temps** – Comptez 2h.
- **Avec les enfants** – Les animaux en semi-liberté et les jeux du Touroparc.
- **Pour poursuivre la visite** – Voir aussi : le Beaujolais, Châtillon-sur-Chalaronne, la Dombes, château de Fléchères et Villefranche-sur-Saône.

Visiter

Parc zoologique et d'attractions Touroparc★

Accès : au carrefour de la Maison-Blanche, sur la N 6, prenez la D 466^E route de St-Romain-des-Îles. ☎ 03 85 35 51 53 - www.touroparc.com - ♿ - mars-oct. : 9h30-18h30 (attractions 11h-12h, 13h30-18h) ; nov.-fév. : 13h30-17h30 (pas d'attractions) - 15 € sais., hors sais. se renseigner.

Dans un cadre de verdure égayé de constructions ocrées, ce centre d'élevage et d'acclimatation présente, sur 10 ha, des animaux et des oiseaux des cinq continents, la plupart en apparente liberté, sauf certains grands fauves. Parcs de jeux, petit train monorail aérien, aire de pique-nique avec bars.

Maison de Benoît-Raclet

☎ 03 85 35 51 37 - visite guidée sur rendez-vous - fermé déc.-fév. - gratuit.

Les vignerons lui sont à jamais reconnaissants d'avoir découvert la technique de l'échaudage des vignes qui fut généralisée et utilisée jusqu'en 1945. Souvenirs divers et matériels d'échaudage sont rassemblés dans sa maison.

« Plaisirs en Beaujolais » ★ – SA Duboeuf

La Gare - ☎ 03 85 39 22 22 - www.plaisirsenbeaujolais.com - ♿ - avr.-nov. : 9h-18h ; déc.-mars : 10h-17h - fermé janv. et 25 déc. - 20 € (enf. 15 €).

« Stationné » en gare de Romanèche-Thorins, le **Hameau du vin** est avant tout un outil de promotion, conçu avec les moyens spectaculaires du producteur de beaujolais Duboeuf, mais c'est aussi une vitrine de l'univers de la vigne. Plusieurs espaces se succèdent. Le Hameau en Beaujolais ouvre la visite par une terrasse de café et l'ancien hall de la gare. Puis une succession labyrinthique de 15 salles est consacrée aux outils du vigneron, aux goûts du vin et à leurs liens avec la terre, aux étapes de fabrication du vin (impressionnant pressoir mâconnais de 1708), des tonneaux, des bouchons de liège, du verre, des étiquettes, etc. De beaux objets bénéficient d'une muséographie résolument moderne, avec divers petits films dont une comédie musicale en relief mettant en scène Paul Bocuse et Bernard Pivot...

Une dégustation vient logiquement clore la visite dans une superbe reconstitution de **salle de restaurant★**.

En face, la **gare** des voyageurs retrace le lien étroit qui unissait le vin et le rail aux 19e et 20e s. Elle abrite le wagon impérial qu'utilisait Napoléon III pour saluer la foule, une collection d'objets et de trains électriques circulant dans des maquettes de villes et paysages, et un avant-goût de la nouvelle génération des TGV.

Ouvert en 2003, le **Jardin en Beaujolais** reprend les thèmes déclinés par le Hameau.

Vade retro ver coquin !

Vers 1830, les vignes du Beaujolais étaient dévastées par le « ver coquin » ou pyrale, et les vignerons désemparés face à ce fléau. **Benoît Raclet** remarqua qu'un pied de vigne planté le long de sa maison, près du déversoir d'eaux de ménage, se portait à merveille. Il décida d'arroser tous ses ceps avec de l'eau chaude à 90 °C dès le mois de février, afin de tuer les œufs de la pyrale. C'est ainsi qu'il sauva sa vigne, sous l'œil sceptique de ses voisins. Ceux-ci finirent pourtant par adopter sa technique.

Musée du Compagnonnage Guillon

03 85 35 22 02 - www.musees-bourgogne.org - possibilité visite guidée (1h) juil.-août : 10h-18h ; avr.-juin et sept.-oct. : tlj sf mar. 14h-18h - fermé 1er Mai - 3,50 € (enf. 2 €), gratuit 1er dim. du mois.

Des chefs-d'œuvre, des documents et des souvenirs ont été réunis dans cet ancien atelier où, à la fin du 19e s., Pierre-François Guillon dirigeait une école de trait (dessin linéaire et tracé des coupes de bois) pour les compagnons.

Romanèche-Thorins pratique

Se loger

Chambre d'hôte Les Pasquiers – *Les Pasquiers - 69220 Lancié - 2,5 au SE de Fleurie par D 119e - 04 74 69 86 33 - www. lespasquiers.com - réserv. obligatoire - 4 ch. 80 € - repas 25 €.* Un grand jardin clos entoure cette belle demeure du Second Empire qui a conservé ses aménagements d'origine : tapis, bibliothèque, piano à queue dans le salon, etc. Les chambres du bâtiment principal possèdent de beaux meubles du 19e s., celles de la dépendance offrent un « look » plus contemporain.

Que rapporter

Château du moulin-à-vent – *Le Moulin à Vent - 3,5 km à l'E de Fleurie - 03 85 35 50 68 - chateaudumoulinavent@wanadoo. fr - lun.-vend. 9h-12h, 14h-18h, w.-end et j. fériés sur demande préalable - fermé de déb. août à mi-août.* Vous voici sur les lieux de production d'une des plus fameuses appellations du Beaujolais. De couleur rubis, ronds, corsés et charpentés, les moulin-à-vent sont des vins puissants et racés aptes à bien vieillir. Dégustation sur place, millésimes anciens disponibles.

Romans-sur-Isère

32 667 ROMANAIS
CARTE GÉNÉRALE B3 – CARTE MICHELIN LOCAL 332 D3 – DRÔME (26)

Ce fut la capitale de la chaussure, ce dont Romans tire quelque fierté, une tradition commerciale et un étonnant musée. Sa réputation ne s'arrête pas là, car elle est la cité des fameuses « ravioles » bien connues des gourmets. Elle est aussi une ville ancienne de la Drôme des Collines où il fait bon flâner, à deux pas de l'Isère, dans les vieux quartiers que domine la cathédrale.

- ▶ **Se repérer** – Romans se trouve 17 km à l'Est de Tournon-sur-Rhône et à 13 km au Nord-Est de Valence.

- 👁 **À ne pas manquer** – La superbe collection du musée international de la Chaussure ; la tenture de la chapelle du St-Sacrement dans la collégiale St-Barnard ; l'embarras du choix dans les boutiques de chausseurs.

- 🕐 **Organiser son temps** – Comptez une demi-journée.

- 👫 **Avec les enfants** – Une intrusion dans le monde des lutins à Hostun ; un assaut de caresses aux joyeux caprins de Mille et Une Cornes.

- ♿ **Pour poursuivre la visite** – Voir aussi : La Côte-St-André, Crest, Hauterives, St-Antoine-l'Abbaye, Tournon-sur-Rhône et Valence.

Comprendre

Le « Transport » – C'est à partir du 11e s. que les comtes d'Albon, originaires du Viennois, mirent peu à peu la main sur la région entre la vallée du Rhône et les Alpes, qui deviendra le Dauphiné de Viennois. On ne sait trop pourquoi les comtes adoptèrent ce titre de dauphin (qu'on retrouve en Auvergne) qui donna son nom à leur territoire. Toujours est-il qu'ils y tenaient, au point de l'avoir adopté comme emblème, et exigé qu'une des clauses de l'acte de vente stipule que le fils aîné du roi porte le titre delphinal.

Le premier à prendre le titre de dauphin fut le comte Guigue IV, mort en 1142. Au 14e s., le dauphin du Viennois, Humbert II, qui réside habituellement au château de Beauvoir, en face de St-Marcellin, se retrouve, à la mort de son fils, sans héritier et… quelque peu désargenté. Il songe alors à vendre ses domaines à la couronne de France. Celle-ci est très intéressée car le Dauphiné relevait alors, au moins théoriquement, de l'Empire. Aussi, le 30 mars 1349, dans la collégiale Saint-Barnard de Romans, fut solennellement conclu le traité réunissant le Dauphiné à la France, et le titre fut attribué à l'héritier présomptif de la couronne, le premier Dauphin de France étant le futur Charles V.

Le saviez-vous ?

👁 Un Romanais d'origine irlandaise, Thomas Arthur **Lally**, **baron de Tollendal** (1702-1766), s'était mis en tête de chasser les Anglais des Indes pour y rétablir dans ses droits la Compagnie des Indes, alors presque ruinée. L'entreprise connut un piteux échec et Lally dut capituler à Pondichéry en 1761. De retour en France, il fut accusé de trahison, embastillé, condamné à mort et exécuté malgré les protestations de Voltaire.

Se promener

LA VIEILLE VILLE

Partez de la place du Pont.

Un lacis de ruelles pittoresques s'étend autour de la collégiale St-Barnard et à mi-pente entre la collégiale, la place de la Presle et la place Jacquemart.

Collégiale St-Barnard (A)

🕿 04 75 72 43 58 - *visite guidée (45mn) de mi-juin à mi-sept. : tlj sf sam. 10h-12h, 14h30-18h, dim. et j. fériés 14h30-18h - reste de l'année sur demande - 2,50 € (enf. gratuit).*
Issu d'une importante famille lyonnaise, saint Barnard (778-842) fut marié et militaire avant de se consacrer à la vie religieuse. Il fonda l'abbaye d'Ambronay puis, nommé archevêque de Vienne, le monastère de Romans à la fin de sa vie. Celui-ci fut détruit au 12e s., et remplacé par un édifice roman dont subsistent encore le porche occidental, le portail Nord et les parties basses de la nef. Vers le milieu du 13e s., le chœur et le transept furent ajoutés en style gothique. Dévastée par les protestants au 16e s., l'église fut restaurée au 18e s.

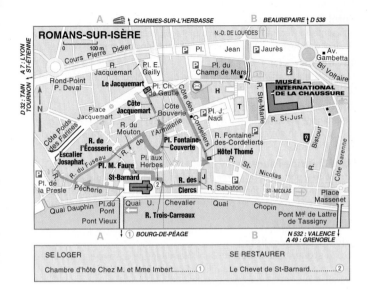

SE LOGER	SE RESTAURER
Chambre d'hôte Chez M. et Mme Imbert............①	Le Chevet de St-Barnard............②

Extérieur – Vue du pont, sa silhouette massive se reflète dans l'Isère. À l'Ouest, le portail roman offre aux piédroits des statues d'apôtres, groupées par deux, reposant sur des lions fort voraces puisque l'un dévore un humain, et l'autre, plus gourmet, un mouton.

Intérieur – Il doit son originalité à l'arcature romane, renforçant les murs de la nef ; les arcades reposent sur des colonnes ornées de remarquables chapiteaux historiés ou à feuillages. Au-dessus court un triforium gothique dont les 160 arcades font le tour de l'édifice. Dans le chœur, remarquez les peintures murales du 14e s.
À droite de la nef, la **chapelle du St-Sacrement** abrite une **tenture★★** du 16e s., d'inspiration flamande, croit-on. Composé de 9 panneaux de broderies en laine, rehaussé de fils de soie, ce splendide ouvrage figure des scènes de la Passion du Christ depuis le jardin des Oliviers jusqu'à la Résurrection. Les personnages, dans des tons brun-roux, forment des groupes serrés, sur fond bleu foncé ; remarquez, du côté de l'autel, la Mise en croix, le Golgotha et la Mise au tombeau. Sur la voûte centrale de la chapelle, une fresque du 15e s. retrace deux épisodes de la vie des « Trois Doms » (Séverin, Exupère et Félicien), martyrs viennois dont les reliques étaient vénérées dans l'église.

Prenez la rue Pêcherie, en face de la collégiale.

Escalier Josaphat (A)
Cet escalier descend de la rue Pêcherie vers les maisons à galerie de bois de la place de la Presle.

Par la rue du Fuseau, gagnez la rue de l'Armillerie.

Au n° **15** de la rue du Mouton, sur la droite, les fenêtres ogivales du 1er étage ont été transformées en fenêtres à meneaux ; au-dessus, on devine les contours d'une tête de mouton taillée dans une pierre saillante. Au n° **18**, le portail en plein cintre présente une ornementation en pointes de diamant.

Descendez vers la place Fontaine-Couverte.

Place Fontaine-Couverte (A)
Au cœur de la vieille ville, elle est agrémentée d'une gracieuse fontaine moderne représentant un flûtiste.

Côte Jacquemart (A)
Elle est bordée de maisons des 13e et 14e s. À gauche se profile la pittoresque côte Bouverie.

Le Jacquemart (A)
C'est une ancienne tour carrée de l'enceinte de Romans, transformée au 15e s. en beffroi et dotée d'une horloge que surveille un beau jacquemart.

Descendez la côte des Cordeliers, aménagée dans les fossés de la première enceinte ; par la rue Fontaine-des-Cordeliers, gagnez la rue St-Nicolas.

Hôtel Thomé (B)

Il présente une façade Renaissance ; aux étages, belles fenêtres à meneaux. À droite, une niche abrite une Vierge à l'Enfant. *Par la rue Sabaton, gagnez la rue des Clercs.*

Rue des Clercs (B)

Elle est pittoresque avec son pavement en galets roulés. En face des Archives municipales, portail orné de fines ciselures.

Rue des Trois-Carreaux (AB)

Elle prolonge la rue des Clercs. À son débouché sur la place aux Herbes s'ouvre une porte monumentale, curieusement surmontée par une structure en encorbellement et à mâchicoulis.

Place Maurice-Faure (A)

À droite de la porte St-Jean, percée dans le flanc Nord de la collégiale, s'élève une belle demeure ornée d'une tour d'angle. À l'angle Nord-Ouest de la place s'amorce la **rue de l'Écosserie (B 8)**, dont les premières maisons sont reliées par un arceau.

HORS LA VILLE

Calvaire des Récollets

Un peu excentré, sur la route de Tain-l'Hermitage, le calvaire est l'aboutissement du chemin de croix traversant la ville de Romans. Bâti au 16e s., remonté au 19e s, ce chemin de croix est le premier construit en France.

Visiter

Musée international de la Chaussure★ (B)

2 r. Sainte-Marie - ☎ 04 75 05 51 81 - www.ville-romans.com - possibilité de visite guidée (1h30) juil.-août : 10h-18h, dim. et j. fériés 14h30-18h ; mai-juin et sept. : tlj sf lun. 10h-18h, dim. et j. fériés 14h30-18h ; janv.-avr. et oct.-déc. : tlj sf lun. 10h-17h. ; dim. et j. fériés 14h30-18h - fermé 1er janv., 1er Mai, 1er nov. et 25 déc. - 4,20 € (enf. 2,10 €).

© Musée international de la Chaussure

Musée international de la Chaussure : des modèles qui s'inspirent de la nature.

On accède au musée par le portail de la rue Bistour, en traversant les jardins en terrasses jusqu'à l'élégante colonnade qui orne le bâtiment, ancien couvent de la Visitation, construit du 17e au 19e s.

Romans s'est fait, on le sait, une réputation de son industrie de la chaussure, encore vivante aujourd'hui. Rien de plus normal donc qu'un musée l'étudie sous l'angle technique, ethnographique et artistique. Dans l'ancienne chapelle sont reconstituées les différentes étapes de sa fabrication, du dessin aux finitions, en passant par les teintes, coupes, coutures et son histoire à Romans. Puis, quelques tableaux des 18e et 19e s. illustrent le thème de la chaussure et des métiers annexes.

Le clou de la visite est constitué par les **collections historiques de chaussures★★** prêtées par les plus grands musées et exposées avec talent dans les anciennes cellules des religieuses visitandines. Elles sont présentées (par roulement) dans un ordre chronologique et thématique, de l'Antiquité à 1900. Elles offrent un éventail très large de pièces provenant des cinq continents. Tour à tour somptueuses, drôles ou terrifiantes, ces chaussures témoignent des coutumes et de la mode à travers les âges. Vous découvrez les sandales en papyrus égyptiennes vieilles de presque 3000 ans, les caligules romaines, les bottes de sept lieues des postillons (dont les étapes couvraient vraiment sept lieues, soit 27,2 km, et qui pèsent plus de 4 kg chacune), les chaussures « à la poulaine », plus ou moins longues selon le rang social, les escarpins de l'époque de Louis XIV, ceux qui auraient appartenu à Napoléon, les chaussures ardéchoises servant à décortiquer les châtaignes, les sabots, les bottines de la Belle Époque, mais aussi les mocassins d'Indiens d'Amérique, les kurdaïchas imprégnées de sang humain des sorciers australiens, les sandales à clous des fakirs ou les bottilons pour pieds mutilés de Chine. La richesse du vocabulaire reflète la variété des formes, des fonctions, des ornements et des matières de ce modeste ou précieux accessoire de la vie quotidienne.

Les collections se rapportant à la **mode au 20ᵉ s.★** sont presque aussi riches, balayant les créations de grands créateurs, particulièrement de « l'inventeur du talon aiguille » Roger Vivier : ses **souliers et bottines★★** en crin, plumes, organza, résille brodée et perlée sont de véritables bijoux pour pied... de femme élégante, en soirée.

Enfin, tous les modèles imaginables de boucles de chaussures figurent dans la collection Hams.

Musée de la Résistance et de la Déportation – Le devoir de mémoire est à l'origine de ce centre historique qui présente des documents, objets et photos sur la vie des combattants de la Drôme pendant la période 1939-1945 ; cette évocation est complétée par un montage audiovisuel (20mn).

Aux alentours

Bourg-de-Péage

Située juste au débouché du vieux pont qui la relie à la collégiale Saint-Barnard de Romans, Bourg-de-Péage a gardé son nom de l'ancien droit de passage prélevé par le chapitre de la collégiale.

Musée diocésain d'Art sacré de Mours-St-Eusèbe

4 km au Nord. Quittez Romans par la D 538, puis la D 608 à droite. L'église du village, qui du 11ᵉ s. n'a conservé que la tour-clocher, à l'Ouest, et le mur de la nef, au Sud, abrite un intéressant **musée diocésain d'Art sacré★** présentant ses riches collections (du 15ᵉ au 20ᵉ s.) selon un thème renouvelé chaque année.

Parmi ces objets ayant servi au culte dans les églises drômoises, remarquez un bel ensemble de vêtements liturgiques, du linge d'autel en dentelle du Puy, de Bruges ou de Chantilly, d'émouvantes statues en bois polychrome représentant saint Roch... La piété populaire s'exprime par des bannières de procession, des croix de bateliers de l'Isère, des gonfalons (étendards utilisés par les ecclésiastiques et les corporations), de petits objets confectionnés en « paperolles ». *5 pl. Élisée-Monteil - ☎ 04 75 02 36 16 - www.musee-art-sacre.com - visite guidée (1h30) mai-oct. : tlj sf sam. 14h30-18h30 - fermé 1ᵉʳ Mai - 4 € (enf. gratuit).*

Le Monde merveilleux des lutins à Hostun

14 km à l'Est. Quittez Romans à l'Est en direction de St-Nazaire-en-Royans. Un peu après l'Écancière, prenez à droite la D 125ᶜ vers Hostun.

👥 Dans ce petit village campé à proximité du Vercors règne une étrange atmosphère. Au lieu-dit des Guerbys, une ancienne ferme transformée en petit royaume de rêve héberge en effet les mystérieux personnages de pays enchanteurs : trolls, gnomes, farfadets, gremlins et autres lutins enfin réunis pour une sarabande magique... ☎ 04 75 48 89 79 - www.mondedeslutins.com - juin-août : 10h-18h30 ; avr.-mai et vac. scol. : 14h-18h ; sept. : dim. 14h-18h ; déc. : merc. et w.-end 14h-18h - 6,80 € (enf. 5,30 €).

Le Monde merveilleux des lutins, Hostun

Circuit de découverte

LES COLLINES

51 km, environ 3h. Quittez Romans au Nord-Ouest par la D 53 (route de la piscine).

St-Donat-sur-l'Herbasse

Vieux bourg de la Drôme bien connu des mélomanes. Le **cloître** et le **palais delphinal** accueillent des expositions. La **collégiale** (12e-16e s.) abrite des orgues modernes construits suivant la facture des célèbres frères Silbermann (3 claviers, 35 jeux). Un célèbre **festival Jean-Sébastien-Bach** s'y tient chaque année. *Festival de musique consacré à J.-S. Bach (fin juil.-déb. août) - ☎ 04 75 45 10 29.*

Sur la terrasse de l'église, la **chapelle St-Michel** présente une chapelle absidiale semi-circulaire, reposant hors œuvre sur une colonnette. À l'intérieur, remarquez sur l'arc triomphal, au-dessus de l'autel, saint Michel terrassant le dragon. *Visite guidée (1h) sur demande à l'office de tourisme - ☎ 04 75 45 15 32.*

Prenez la D 584 à gauche vers Barthenay. Sur la route, prenez à gauche la D 584A.

Mille et Une Cornes

Sur la commune de Charmes-sur-l'Herbasse. ☎ 04 75 45 64 08 ou ☎ 06 18 58 43 08 - juil.-août : 11h-19h ; avr.-juin : merc., w.-end et j. fériés 13h-18h ; sept.-oct. : dim. et j. fériés 13h-17h ; vac. scol de Pâques : 12h-17h30 ; vac scol. de la Toussaint : 13h30-17h - 6 € (enf. 4,50 €).

Avec ses cabanes en bois, ses clôtures rustiques, ses sentiers de terre serpentant à flanc de sous-bois, le lieu ressemble plus à un campement provisoire qu'à une ferme ou un zoo. La belle surprise vient des **nombreuses variétés d'animaux**, ces chèvres et ces moutons à 3, 4, 5 ou 6 cornes qui ne sont pas malformés, mais de races originaires d'Asie, de Syrie, d'écosse, de Hongrie, rares ou en voie de disparition. Le parcours, qui recèle aussi nombre de poules, dindons ou quelques lamas, se termine par la bonne idée du « **parc aux caresses** », où les animaux semblent partager le plaisir des petites mains qui se promènent dans leur toison. *Revenez vers la D 584 que vous prenez à gauche.*

Bathernay

Joli village établi face à un paysage harmonieux.

À l'Ouest de Bathernay, une petite route mène à la tour octogonale de **Ratières**.

Par la D 207 au Sud, 1,3 km par la D 53 et une petite route à droite, gagnez la chapelle St-Andéol.

Panorama de la chapelle St-Andéol

Il s'étend sur la vallée de l'Isère, la dépression de la Galaure et le mont Pilat.

Une petite route pittoresque, au Sud, rejoint la D 112 que vous prenez à gauche à Bren pour revenir à St-Donat-sur-l'Herbasse d'où la D 53 ramène à Romans.

Romans-sur-Isère pratique

Adresse utile

🛈 **Office de tourisme** – ℘ 04 75 02 28 72 - avr.-oct. : 9h-19h, sam. 9h-18h, dim. et j. fériés 9h30-12h30 ; reste de l'année : 9h-18h, dim. et j. fériés 9h-12h30 - fermé 1er janv., 1er Mai et 25 déc.

Se loger

⊖ **Chambre d'hôte Chez M. et Mme Imbert** – « Les Marais », Hameau de St-Didier - 26300 St-Didier-de-Charpey - 9 km au S de Romans par D 538 jusq. Alixan, puis rte de St-Didier à gauche - ℘ 04 75 47 03 50 - http://perso.wanadoo.fr/les-marais - 🞵 - 4 ch. 35/50 € ⌑ - repas 16 €. Les anciennes écuries de cette ferme familiale abritent des chambres simples, mais agréablement meublées dans un style campagnard et égayées de papiers peints fleuris. Repas pris en famille autour de plats régionaux. Petit musée agricole.

Se restaurer

⊖ **Le Chevet de St-Barnard** – 1 pl. aux Herbes - ℘ 04 75 05 04 78 - fermé 14 juil.-4 août, dim. soir, mar. soir et merc. - 15/37 €. Au pied de l'église St-Barnard, cette jolie maison du 14e s., qui abritait autrefois un palais épiscopal, est en partie occupée par un restaurant. Tenu par un jeune couple, il est apprécié des gens du coin qui s'attablent avec plaisir autour de ses menus à prix doux.

Que rapporter

👁 **Bon à savoir** – Fatigué de marcher en tongs ? Allez donc faire un tour dans les magasins d'usines de Romans. Majoritairement situés en centre-ville, place Charles-de-Gaulle et côte des Cordeliers, ces établissements commercialisent leurs collections de l'année précédente à des tarifs très intéressants. Que ce soit chez les créateurs réputés (Robert Clergerie, Mosquitos, etc.) ou non, vous trouverez toujours chaussure à votre pied.

Spécialités – Les gourmets apprécieront les **pognes**, brioches parfumées à la fleur d'oranger (elles doivent leur nom à la coutume des ménagères romanaises de mettre de côté une « pougne » ou poignée de la pâte à pain qu'elles pétrissaient pour en faire une pâtisserie) les **saint-genis** (pognes aux pralines), les **ravioles** au fromage de chèvre et **la tomme de chèvre**.

Pognes Pascalis – 86 r. Jean-Jaurès - 26300 Bourg-de-Péage - ℘ 04 75 02 08 46 - www.pascalis.com - tlj sf lun. 6h30-19h30, dim. 7h-13h ; visite : tlj sf dim. et lun. à 10h30, durée 1h - fermé 14 juil.-15 août. Une boulangerie qui se visite ? On aura tout vu ! De par son séduisant décor à l'ancienne et parce qu'on y fabrique l'une des meilleures pognes de la région, celle-ci n'est vraiment pas comme les autres. Après une visite guidée durant laquelle on découvre l'histoire de la roborative brioche, place à la dégustation.

Ravioles Mère Maury – 38 r. Félix-Faure - ℘ 04 75 70 03 59 - lun.-vend. 8h-12h30, 14h-19h, sam. 8h-19h et dim. mat - fermé 1er janv. et 1er Mai. Comme son nom l'indique, cette boutique centenaire vend des ravioles qu'elle commercialise en boîte de 9, 18 ou 36 plaques. On y trouve également de nombreux autres produits du terroir : miels, confitures, limonades, confiseries, charcuterie, huiles et vinaigres aromatisés, pâtes colorées…

Chizat Jean-Louis et Christine – Pont de l'Herbasse - 26600 Granges-les-Beaumont - ℘ 04 75 71 61 48 - mai-août : tlj sf dim. 9h-12h, 16h-19h ; sept. : 15h-19h - fermé nov.-avr. et j. fériés apr.-midi. Cette ferme originale propose à ses clients d'aller cueillir eux-mêmes leurs fruits et légumes. L'outillage nécessaire (bêche, brouette, couteau) est prêté à l'entrée ; une fois votre récolte achevée, vous n'avez plus qu'à la faire peser et à la régler.

Sports & Loisirs

Animodou – 🞵🞵 - Collonge, rte de Châteauneuf-de-Galaure - 14 km au NE de Romans-sur-Isère par D 53 puis D 112 - 26260 St-Donat-sur-l'Herbasse - ℘ 04 75 45 08 82 - www.animodou.com - mars-juin, sept.-oct. : w.-end 13h30-18h30 ; juil.-août et vac. scol. : 13h30-18h30. Les bambins de 1 à 6 ans ont enfin leur parc de jeux : une dizaine d'ateliers aménagés sur un assez vaste terrain, au milieu des arbres. Activités ludiques et éducatives avec, entre autres, le sentier fruits rouges et une zone plantes aromatiques propice à la découverte des 5 sens. Un ensemble bien réussi.

Domaine du Lac de Champos – 12 km au NE de Romans-sur-Isère par D 53 puis D 67 - 26260 St-Donat-sur-l'Herbasse - ℘ 04 75 45 17 81 - www.lacdechampos.com. Tout pour la détente autour de ce joli lac : vous y trouverez un bel éventail d'activités nautiques telles que le canoë ou le pédalo, ainsi que des équipements pour le tennis, le beach-volley ou la pétanque. Camping et location de chalets. Entrée payante en voiture.

Roussillon

7 437 ROUSSILLONNAIS
CARTE GÉNÉRALE B3 – CARTE MICHELIN LOCAL 333 B5 – ISÈRE (38)

Ce Roussillon-là est peu connu. Et pourtant, chaque début d'année, lorsque le moment est venu de rédiger ses cartes de vœux, on devrait avoir une petite pensée pour cette vieille cité de la vallée du Rhône. Sans elle, ou plutôt sans l'édit qui porte son nom, on ne saurait pas que le 1er janvier est le « jour de l'an »...

▶ **Se repérer** – Accroché à un coteau du Rhône à l'écart de l'autoroute, Roussillon se trouve à 20 km au Sud de Vienne via l'A 7 ou la N 7. Le Parc naturel régional du Pilat est juste de l'autre côté du fleuve.

👁 **À ne pas manquer** – Le château Renaissance.

🕐 **Organiser son temps** – Comptez environ 1h.

👥 **Avec les enfants** – Les animaux naturalisés du Musée animalier de Ville-sous-Anjou.

🖋 **Pour poursuivre la visite** – Voir aussi : Annonay, Bourgoin-Jallieu, Condrieu, La Côte-St-André, Hauterives, le Pilat, Serrières, Ste-Croix-en-Jarez et Vienne.

Salle de l'Édit, château de Roussillon

Comprendre

L'édit de Roussillon – En 1564, Charles IX, accompagné de sa mère Catherine de Médicis, vint rendre visite aux Roussillonnais. L'événement serait sans doute passé inaperçu si le roi n'en avait profité pour signer l'édit de Roussillon. Ce dernier désigna le **1er janvier** comme premier jour de l'année pour l'ensemble du royaume. Jusqu'alors, chaque région fixait cette date à sa convenance.

Les étapes de l'unification – C'est petit à petit que le royaume a fait son « unité technique » : la « monnaie unique » royale s'imposa à partir du 14e s., lorsque les seigneurs perdirent le droit de battre monnaie ; c'est en 1539 que le français fut imposé comme langue administrative par l'ordonnance de Villers-Cotterêts et en 1582 qu'on adopta le calendrier grégorien en passant (sans le moindre « bug » !) en une nuit du 4 au 15 octobre ; quant aux poids et mesures, il fallut attendre la Révolution et l'adoption du système métrique pour qu'ils aient la même valeur d'une région à l'autre.

Visiter

Château

📞 04 74 86 72 07 - www.ot-pays-roussillonnais.fr - visite guidée (1h) juin-août : 15h30 ; sept.-mai : w.-end 15h30 - fermé 25 déc.-1er janv. et j. fériés (sf si w.-end) - 4 € (-8 ans gratuit).
Ce robuste édifice Renaissance, de style florentin, flanqué d'une tourelle à l'Ouest, a été construit en 1552 par le cardinal de Tournon. À l'intérieur, un escalier à balustres

mène à la salle de l'Édit. Plus loin, la chambre de Catherine de Médicis conserve des vestiges de frise peinte au ras du plafond.

L'aile Ouest du château abrite la **maison du Pays roussillonnais** dont la salle du patrimoine présente les principales richesses, culturelles, artisanales, industrielles et architecturales de la région.

Église

9h-12h. De style flamboyant, elle fut construite aux 14e et 15e s. Le clocher, lui, est moderne. Dominant l'église et le cimetière, la motte de l'ancien donjon occupe le sommet de la colline.

Aux alentours

La ville domine une vaste zone industrielle dont le développement est lié à l'essor de Rhône-Poulenc (aujourd'hui Rhodia).

Centrale nucléaire de St-Alban-St-Maurice

5 km. Quittez Roussillon au Sud par la D 4, puis tournez à gauche dans la D 37^B. *Visite suspendue en raison de l'application du plan Vigipirate renforcé -* ℘ *04 74 29 33 66.* Le Centre nucléaire de production d'électricité (CNPE) de St-Alban est équipé de deux réacteurs de 1 300 MW, utilisant la filière des « réacteurs à eau pressurisée » (REP) comme la plupart des centrales nucléaires françaises. Le site produit en moyenne 16 milliards de KWh par an, soit environ 13 % de la consommation de la région.

Ville-sous-Anjou

4,5 km à l'Est. Sortez de Roussillon par la D 134, puis la D 131^B sur la droite.

Musée animalier – ℘ *04 74 84 49 39 - &*♿ *- juil.-août : 10h-19h ; avr.-juin et sept. : tlj sf sam. 10h-19h ; oct.-nov., de mi-janv. à fin mars et vac. scol. : dim. et j. fériés 13h30-18h - 5,90 € (enf. 4,20 €) - dioramas - www.musee-animalier.com* 🏛👤 Plus de 500 animaux naturalisés sont placés dans de vastes dioramas évoquant leur milieu naturel : une belle occasion d'approcher sans crainte le tigre du Bengale, le léopard noir ou les grands lions d'Afrique !

Monteseveroux

17 km à l'Est. Sortez de Roussillon par la D 134, puis la D 46 à gauche. Le **château** (13e-14e s.) a gardé ses épaisses murailles ponctuées de meurtrières, quatre tours d'angle, la vue sur la vallée, l'emplacement de son pont-levis et une belle porte. De larges fenêtres ont été percées à la Renaissance. Remarquez aussi le portail de l'ancienne maladrerie (17e s.) jouxtant le château et les décors en trompe-l'œil (18e s.) de la simple **église** romane.

Château de Bresson

17 km à l'Est, sur la commune de Moissieu-sur-Dolon. Suivez la D 134, puis deux fois à gauche la D 51 et la D 134^B. ℘ *04 74 84 57 82 - juin-sept. : visite guidée sur demande - 4 € (-18 ans gratuit).* Construit aux 16e et 17e s. et modifié au 19e s., il intègre les restes d'une ancienne maison forte dont on trouve les traces dans l'épaisseur des murs et sur la façade arrière. Bel **escalier** central d'inspiration Philibert Delorme ; rare cadran solaire et lunaire dans le jardin en terrasse du 17e s. (dessin, bassin et canalisations d'origine), et labyrinthe de charmes sans doute plus tardif.

Roussillon pratique

Adresse utile

🛈 **Office de tourisme** – *Pl. de l'Édit - 38150 Roussillon - ℘ 04 74 86 72 07 ou 04 74 29 74 76 - juin-août : 10h-12h, 14h30-18h30, lun., mar., vend. et dim. 14h30-18h30 ; reste de l'année : merc. et sam. 10h-12h, 14h-17h, jeu. et dim. 14h-17h - fermé 25 déc-1er janv.*

Se loger et se restaurer

➾ **Europa** – *Rte de Valence - ℘ 04 74 11 10 80 - eth-resa@hotmail.com -* 🅿 *- 26 ch. 38/49 € -* ⌂ *6 €.* Cet établissement des années 1970 dispose de chambres fonctionnelles ; côté façade, elles sont insonorisées et climatisées. Le restaurant propose une cuisine du marché.

➾➾ **Hôtel des Nations - Restaurant L'Hysope** – *RN 7, lieu-dit Clonas-sur-Varèze - 38550 Auberives-sur-Varèze - ℘ 04 74 84 90 24 - hoteldesnations@club-internet.fr - fermé 1re sem. de janv., dim. soir sf de juil. au 15 sept. et sam. midi - 10 ch. 43 € -* ⌂ *7 € - restaurant 13/26 €.* Bon accueil, sage décor contemporain. Chambres et studios bien équipés, salle de restaurant dans un cadre coloré.

Rums

2 132 RUOMSOIS
CARTE GÉNÉRALE B5 – CARTE MICHELIN LOCAL 331 I7 – ARDÈCHE (07)

De Ruoms on connaît les célèbres défilés, les nombreux campings, mais assez peu la ville qui s'anime au rythme de marchés colorés. Autrefois réputée pour ses carrières de pierre et ses brasseries, cette ancienne cité médiévale se découvre en flânant dans son centre historique intra-muros.

- ▶ **Se repérer** – Porte des défilés de l'Ardèche, Ruoms bénéficie d'une position stratégique entre Aubenas (25 km au Nord) et Vallon-Pont-d'Arc (9 km au Sud).

- 👁 **À ne pas manquer** – Le panorama depuis le sommet du rocher de Sampzon ; le tunnel naturel du défilé de Ruoms ; le village charmant de Labeaume et les paysages des gorges.

- 🕐 **Organiser son temps** – Comptez 2h pour la ville et ses environs.

- 👫 **Avec les enfants** – Écouter grignoter les magnans de Lagorce…

- ✏ **Pour poursuivre la visite** – Voir aussi : gorges de l'Ardèche, Aubenas, Bourg-St-Andéol, Largentière, aven d'Orgnac, les Vans, Vallon-Pont-d'Arc et Villeneuve-de-Berg.

Défilé de Ruoms

Se promener

Petit centre commercial, Ruoms mérite une flânerie dans son quartier ancien, inscrit dans une enceinte carrée, flanquée de sept tours rondes. Au centre de la ville close, l'**église** romane est intéressante par son clocher percé d'arcatures et décoré de motifs incrustés en pierre volcanique ; la ruelle Saint-Roch, s'ouvrant sur la place de l'Église, en offre la meilleure vue.

Vinimage
Pl. de l'Église - ✆ 04 75 93 85 00 - www.vinimage.tm.fr - ⟨⟩ - avr.-oct. : tlj sf lun. 10h-12h30, 14h-18h30 - 4,60 € (-12 ans gratuit).
Cet espace est aménagé de façon interactive autour de la découverte des vins de l'Ardèche méridionale, du vignoble et du travail des vignerons. Des testeurs olfactifs et gustatifs sont à disposition en fin de visite.

Aux alentours

Rocher de Sampzon★
7 km au Sud. Quittez Ruoms par la D 579 en direction de Vallon. Sur la rive droite de l'Ardèche, par une route étroite en forte montée et en lacet. ⟨⟩ Laissez la voiture au parking en contrebas de l'église du vieux village de Sampzon et gagnez le sommet (3/4h à pied AR) par le chemin goudronné, puis par le sentier qui prend à hauteur

de l'aire de retournement. Du sommet (relais de télévision), le **panorama★★** embrasse le bassin de Vallon, l'entablement du plateau d'Orgnac et les méandres de l'Ardèche.

Défilé de Ruoms★

5 km au Nord par la D 4. La route offre de jolis passages en tunnel et la vue plonge sur la rivière aux eaux vertes d'une belle transparence. Au défilé de Ruoms succèdent les **gorges de la Ligne**. Au confluent des deux rivières, dominé par des falaises hautes de 100 m, s'ouvre une belle **perspective** sur l'Ardèche en amont. La régularité des strates est frappante. Au retour, à la sortie des tunnels, la silhouette du rocher de Sampzon, en forme de calotte, se dresse en avant, dans l'axe de la vallée.

Magnanerie de Lagorce

👥 *10 km à l'Est par la D 559. Le Village -* ☎ *04 78 88 01 27 - www.mamagnanerie. com -* ♿ *- visite guidée (dernière entrée 30mn av. fermeture) juil.-août : 10h30-12h30, 14h30-18h30 ; avr.-juin et sept. : tlj sf lun. 14h30-18h30 - tarif se renseigner.* Si la présentation du travail sur le fil de soie est vieillotte, le lieu offre pourtant une rare occasion de voir l'élevage du ver à soie selon la tradition et les conditions d'autrefois. Par temps calme, vous entendrez grignoter les « **magnans** », qui sont les vers dans leur dernière étape de croissance avant le cocon, ainsi nommés en référence à leur gourmandise.

Labeaume★

3,5 km à l'Ouest par la D 245. Laissez la voiture sur une vaste place à l'entrée du village. Ce vieux village est situé au flanc des gorges de la Beaume, affluent de l'Ardèche. On peut flâner dans les ruelles en pente ; leurs passages couverts et les maisons à galeries qui les bordent, certaines restaurées par des artistes, sont particulièrement agréables. Au pied du village, un pont submersible dépourvu de parapet, aux piles robustes, s'intègre de façon heureuse dans le site.

Prenez à gauche de l'église une ruelle menant, au bord de la rivière, à une esplanade ombragée. Pour avoir le meilleur coup d'œil sur le village, franchir le pont submersible et suivre sur quelques mètres le chemin qui s'élève sur la rive opposée. 👁 La promenade des **gorges de la Beaume★**, rive gauche, vers l'amont, près des eaux transparentes et face à la falaise calcaire que l'érosion a rongée avec la plus grande fantaisie, est très attrayante.

Ruoms pratique

Adresse utile

🛈 **Office de tourisme** – R. Alphonse-Daudet - 07120 RUOMS - ☎ 04 75 93 91 90 ou 04 75 39 78 71 - juil.-août : 9h-13h, 15h-19h ; reste de l'année : 9h-12h, 14h-17h.

Se loger

🏕 **Camping La Digue** – 07120 Chauzon - 6 km au N de Ruoms par D 579 et D 308 - ☎ 04 75 39 63 57 - info@camping-la-digue. fr - ouv. 20 mars-3 nov. - réserv. conseillée - 106 empl. 24 € - restauration. Au bord de l'Ardèche, non loin du village de Chauzon, ce terrain vaut par sa situation : éloigné des routes, il est très tranquille. Ses installations sont bien tenues et sa piscine chauffée. Location de bungalows.

Que rapporter

Marché – Juil.-août : merc. en nocturne et vend. mat. ; à St-Alban-Auriolles : en juil.-août : lun. mat.

Sports & Loisirs

Adrénaline – 35 rte Nationale - ☎ 04 75 39 74 20 - www.adrenaline-ardeche.com - juin-sept. : à partir de 9h. Spéléo ou escalade ? N'hésitez pas, prenez les deux avec le « passeport vertige » et 5 jours d'activités verticales dans les canyons cévenols. Également : canoë, kayak, canyoning ou VTT pour découvrir la région avec un brin d'adrénaline.

Saint-Agrève

2 688 SAINT-AGRÈVOIS
CARTE GÉNÉRALE B4 – CARTE MICHELIN LOCAL 331 I3 – ARDÈCHE (07)

Station appréciée des amateurs de tourisme vert, St-Agrève est située sur les pentes du mont Chiniac à 1 050 m d'altitude. Une église, un temple, rares sont les monuments du bourg car il a été rasé plusieurs fois pendant les guerres de Religion. Lui reste pourtant le magnifique écrin du massif granitique des Boutières, pays d'eau et de monts, qui offre de très belles balades, à pied ou en voiture, agrémentées de nombreux points de vue.

- **Se repérer** – St-Agrève est presque à mi-chemin entre Le Puy-en-Velay (51 km à l'Ouest) et Valence (61 km à l'Est).

- **À ne pas manquer** – Les saisissants points de vue du mont Chiniac et du massif des Boutières.

- **Organiser son temps** – Comptez une demi-journée.

- **Avec les enfants** – Se baigner au lac de Devesset.

- **Pour poursuivre la visite** – Voir aussi : Le Chambon-sur-Lignon, vallée de l'Eyrieux, Lalouvesc, Lamastre et Le Monastier-sur-Gazeille.

> ### Le saviez-vous ?
>
> Appelé *Chinacum* par les Romains, St-Agrève aurait été rebaptisé en l'honneur de saint Agrippa, évêque martyrisé sur le mont Chiniac.
>
> Après avoir longtemps accueilli une des grandes foires de la région, St-Agrève s'ouvre aujourd'hui au tourisme et aux arts. La ville organise chaque année le **Festival international des Arts de St-Agrève**.

Se promener

Mont Chiniac★★

Alt. 1 120 m. Table d'orientation. *Place de la République, prenez la montée des Sports, puis tournez à gauche à un carrefour (possibilité d'accès à pied par la rue de l'Église).*

La route mène au sommet du mont Chiniac dont la couronne de sapins domine le bourg.

Laissez la voiture sur un terre-plein à gauche, 150 m avant la table d'orientation. La **vue** s'étend au Sud-Ouest sur le massif du Mézenc où se détachent le suc de Montivernoux, le Gerbier-de-Jonc, la dorsale du Mézenc ; à l'Ouest sur le massif du Meygal et le pic du Lizieux ; au Nord-Est sur les monts de Lalouvesc.

Aux alentours

Devesset

8 km au Nord par la D 9. Au 12e s., les Hospitaliers de Saint-Jean-de-Jérusalem, séduits par ce site qui offre une belle vue panoramique sur les Alpes et le Massif central, y installèrent une commanderie.

Aujourd'hui, la commune est une base idéale pour la pratique de nombreux loisirs qui sont pour la plupart concentrés autour du vaste **lac** (48 ha) : baignade surveillée, pédalo, école de voile, location VTT…

Circuit de découverte

LES BOUTIÈRES★★

Circuit de 76 km – environ 3h1/2. Quittez St-Agrève au Sud par la D 120 vers Le Cheylard.

Au cours de la descente, la vue se dégage sur le Mézenc, puis la route (D 120) s'enfonce dans le ravin de l'Eyrieux naissant.

À la sortie de St-Julien-Boutières, prenez à droite la D 101, remontant la vallée encaissée de la Rimande.

La calotte du mont Signon ferme la perspective. En débouchant sur le plateau, on découvre à droite le pic du Lizieux et, à gauche, le Mézenc.

Fay-sur-Lignon *(voir p. 245)*

À Fay, empruntez à gauche la D 262, pittoresque, qui conduit à St-Clément.

En sortant de St-Clément, un saisissant **point de vue★★** se découvre sur le Gerbier-de-Jonc, le suc de Sara et le Mézenc, dans l'axe du fossé de la Saliouse. Au-delà de Lachapelle-sous-Chanéac, la D 278 descend vers l'Eyrieux que l'on franchit à Armanas.

Le parcours (D 478), très accidenté, offre de très jolies vues sur le cirque du Haut-Eyrieux, puis sur St-Martin-de-Valamas, bien situé au confluent de l'Eysse et de l'Eyrieux.

Ruines de Rochebonne★

Laissez la voiture en bordure de la route. 🐾 Le **site★★** est grandiose. Étagés sur des rochers granitiques fissurés, dominant la trouée de l'Eyrieux, les vestiges de la forteresse féodale se découpent face à un immense **panorama** dominé par le Mézenc. Bien que livrées à l'oubli et à l'érosion, les ruines en imposent encore : à partir du 11e s., la famille de Châteauneuf avait construit là une forteresse, qui fut prise et pillée pendant les guerres de Religion.

Descendez (1/2h à pied) pour approcher les ruines, en serrant à gauche.

Un sentier conduit près d'autres rochers fissurés encadrant un ravin piqueté de pins où un torrent tombe en fraîches petites cascades.

Poursuivez sur la D 478 jusqu'à St-Jean-Roure où vous tournez à droite.

Le Cheylard

Le centre ancien joliment restauré accueille une très moderne **Arche des métiers**. L'ancienne tannerie surplombant la Drone a en effet été redessinée et présente un panorama instructif des activités industrielles d'hier et d'aujourd'hui dans la vallée, premier pôle industriel d'Ardèche. S'y fabriquent bijouterie industrielle (11 millions d'objets par an), fibres techniques, eau minérale naturellement gazeuse d'Arcens (60 millions de bouteilles par an), fruits surgelés, etc. L'occasion est bonne de découvrir, entre autres, René Perrier, fondateur du groupe du même nom, qui commença sa carrière dans la région par l'invention de la première machine à homogénéiser la limonade (1962). *Pl. des Tanneurs - Les savoir-faire du territoire -* 🖉 *04 75 20 24 56 - www.arche-des-metiers.com -* ♿ *- possibilité de visite guidée, se renseigner pour les horaires - 5 € (-6 ans gratuit, -14 ans 3 €).*

Revenez sur vos pas jusqu'à la D 478, que vous prenez à droite. Au sommet de la montée, peu avant Beauvert, vous découvrez St-Agrève que vous gagnez par la D 21.

Saint-Agrève pratique

Adresse utile

🛈 **Office de tourisme** – *37 Grande Rue - 07320 SAINT AGRÈVE -* 🖉 *04 75 30 15 06/60 93 - de mi-juin à mi-août : 9h-12h15, 14h-17h30, dim. 10h-12h15 ; reste de l'année : tlj sf dim. et mar. 9h-12h, 14h-16h30.*

Se loger

🍽️ **Le Bois Sauvage** – *Croix de Ribes -* 🖉 *04 75 30 15 15 - auboissauvage@laposte. net - fermé janv.-fév. -* 🅿 *- 27 ch. 43/56 € -* 🍴 *8 € - restaurant 18,50/20,50 €.* Niché dans un grand parc arboré tel un bijou dans son écrin, cet hôtel-restaurant se veut proche de la nature sans pour autant négliger confort et modernité. Une belle réussite quand on constate l'état impeccable et l'équipement des chambres. L'appétissante cuisine à base de produits locaux vient parfaire le tableau.

Se restaurer

🍽️ **Domaine de Rilhac** – *2 km au SE de St-Agrève par D 120, D 21, puis rte secondaire -* 🖉 *04 75 30 20 20 - hotel_rilhac@yahoo.fr - fermé 20 déc.-10 mars, mar. soir, jeu. midi et merc. - 23 € déj. - 36/68 € - 7 ch. 95/110 € -* 🍴 *14 €.* Arrêtez-vous au Domaine de Rilhac pour profiter du calme et du charmant décor de cette ancienne ferme ardéchoise joliment rénovée. Ravissante salle à manger tournée sur le Gerbier-de-Jonc et de très belles chambres de style provençal. Cuisine dans l'air du temps.

Événement

La remarquable grange de Clavières, patrimoine typique du plateau St-Agrévois, où se déroule chaque été (de mi-juil. à mi-août) le **festival International des Arts** avec ses concerts et son exposition de photographies d'art ou de peinture. 🖉 04 75 30 22 43.

Saint-Antoine-l'Abbaye ★

910 ANTONINS
CARTE GÉNÉRALE C3 – CARTE MICHELIN LOCAL 332 E2 – ISÈRE (38)

Que fait une abbaye de cette taille et de cette beauté ici, au milieu de nulle part, perdue entre la grande forêt de Chambaran et un si petit village ? Aujourd'hui encore, elle abrite les précieuses reliques du grand saint Antoine l'Égyptien, qui fut au 3ᵉ s. le premier moine et ermite de l'histoire du christianisme. Ici s'installa donc la maison mère de l'ordre religieux et hospitalier des antonins, aujourd'hui disparu après une longue période de puissance et de soin des malades.

- ▶ **Se repérer** – St-Antoine-l'Abbaye se situe à 24 km au Nord-Est de Romans-sur-Isère.

- 👁 **À ne pas manquer** – Le Christ en ivoire du trésor ; l'architecture et les fresques de l'abbatiale ; le Grand Séchoir des noix de Grenoble à Vinay.

- 🕐 **Organiser son temps** – Renseignez-vous sur les visites guidées pour ne pas rater l'accès au trésor, comptez une journée pour le village et ses environs.

- 👫 **Avec les enfants** – Le grand circuit de trains miniatures de Chatte, la croisière commentée sur le bateau à roue Royans-Vercors, la découverte des noix et de leur histoire au Grand Séchoir.

- 🔥 **Pour poursuivre la visite** – Voir aussi : La Côte-St-André, Hauterives, Romans-sur-Isère et Tournon-sur-Rhône.

L'imposante façade gothique de l'abbatiale et les toits en tuiles vernissées de la mairie dominent le charmant bourg de St-Antoine.

Comprendre

Le Feu de St-Antoine – Au 11ᵉ s., un noble du Viennois, Jocelyn de Châteauneuf, accomplit un pèlerinage en Terre sainte. À son retour, il rapporte de Constantinople les ossements de saint Antoine, le premier des moines, qui vécut au désert. Les reliques sont confiées par l'évêque de Vienne à des bénédictins venus de l'abbaye de Montmajour et installés à La Motte-St-Didier. Un premier monastère s'élève et le village change de nom. Peu après, en 1089, éclate en Dauphiné une redoutable épidémie, le **Mal des Ardents**, appelé aussi Feu de St-Antoine. Cet empoisonnement du sang, causé par un champignon parasite du seigle, brûle et gangrène les membres. Les reliques du saint attirent une foule de malades et de pauvres gens. De nombreux miracles se produisent et, pour venir en aide aux malades, un groupe de jeunes nobles crée une confrérie : les frères de l'Aumône. Au 13ᵉ s., les frères évincent les bénédictins. En 1297, la confrérie devient l'ordre hospitalier de St-Antoine. Les « antonins » fondent des hospices dans toute l'Europe. Dans la grande abbatiale de St-Antoine, dont la construction, commencée au 13ᵉ s., se poursuivra jusqu'au 15ᵉ s., viennent s'agenouiller, devant les reliques, empereurs d'Allemagne, papes et rois de France.

👁 Le saviez-vous ?

Anachorète de la Thébaïde, **saint Antoine** fut populaire au Moyen-Âge, autant par ses démêlés avec le démon que par son cochon, compagnon de sa vie à l'écart du monde. Les antonins seront à leur tour accompagnés de troupeaux de cochons. Ces troupeaux, portant clochettes, étaient les seuls à avoir le droit de divaguer sur les terres de tous. Propriétés des antonins, ils étaient en effet le bien des pauvres, leur viande nourrissait les malades et les nécessiteux, tandis que le saindoux était incorporé dans des onguents.

Se promener

Aux confins de la Drôme et de l'Isère, St-Antoine-l'Abbaye apparaît dans un vallonnement du plateau de Chambaran. La vue est particulièrement spectaculaire en descendant du col de la Madeleine par la D 27.

Bâtiments conventuels

Laissez la voiture sur le grand parking aménagé environ 100 m derrière le syndicat d'initiative.

Dans la partie haute du bourg, l'accès à l'abbatiale se fait par l'**entrée d'honneur** du 17e s., le long de l'ancienne porterie occupée aujourd'hui par l'hôtel de ville, et se signalant par la mosaïque de ses tuiles vernissées. Trois portails à fronton brisé décorent la façade. L'encadrement du portail central, qui a conservé ses vantaux de bois sculpté, est constitué de deux colonnes ioniques. Les portails latéraux portent des bossages en pointes de diamant. Ils marquaient autrefois la frontière entre l'abbaye et la ville.

Arrêtez-vous sous le portail : un plan vous permet de repérer l'abbaye et les rues parallèles.

Vous débouchez sur l'esplanade qui occupe l'emplacement de deux anciens cloîtres. À droite, le **bâtiment des étrangers** a pris, au 17e s., la place des infirmeries du Moyen-Âge, sans doute rendues inutiles par la raréfaction du « feu de St-Antoine ». Il accueillait les hôtes de marques, ainsi que leurs équipages. Son salon d'apparat, orné de gypseries, d'une toile provenant du palais abbatial et d'une fontaine pétrifiante, se visite. À gauche, les **anciennes écuries** des religieux et des hôtes sont désormais rattachées au musée du Noviciat et abritent des expositions.

Musée départemental

Le Monastère - 📞 *04 76 36 40 68 - www.musee-saint-antoine.fr -* ♿ *- juil.-août : tlj sf mar. 11h-12h30, 13h30-18h ; mars-juin et sept.-oct. : tlj sf mar. 14h-18h - fermé 1er Mai - gratuit.*

Installé dans l'ancien noviciat du monastère, il propose un itinéraire de découverte (panneaux illustrés) sur le monachisme, les pèlerinages, les maladies et leurs remèdes au Moyen-Âge, les antonins, mais aussi des œuvres de Jean Vinay (1907-1978), peintre paysagiste dauphinois, et de ses amis de l'école de Paris.

Contournez l'église à gauche, en direction du parvis, et prenez du recul pour observer la façade.

Abbatiale★

Façade – L'église, construite entre le 12e et le 17e s., est visiblement inachevée : il manque le couronnement de son portail, et peut-être une flèche. Les portails flamboyants de la façade sont prolongés de chaque côté par les fenêtres basses des premières chapelles latérales. Une immense baie flamboyante s'inscrit au milieu de la façade. Le **portail central★**, décoré de trois voussures ornées de statuettes, est l'œuvre d'Antoine le Moiturier qui séjourna à St-Antoine de 1461 à 1464, avant d'aller exécuter à Dijon le tombeau du duc de Bourgogne, Jean-sans-Peur. Au centre du portail, le Christ Pantocrator (qui signifie tout puissant) est entouré d'angelots. Au rang inférieur sont représentés plusieurs personnages parmi lesquels on reconnaît, assis, à droite, Moïse avec les Tables de la Loi et en dessous, la Sibylle. Ces personnages en hauteur ont été endommagés par les troupes du baron des Adrets *(voir p. 397* pendant les guerres de religion (à cette époque, le toit et le clocher furent incendiés, les vitraux brisés, les arcs boutants abbattus). À hauteur d'homme, une série de niches restent vides, mais il est possible que les statues qu'elles devaient abriter n'aient jamais été réalisées.

Intérieur – ℰ 04 76 36 44 46 - &. - *visite guidée (1h) de mi-juin à mi-sept. : tlj sf mar. 15h-18h, dim. et j. fériés 14h-17h, de déb. mars à mi-juin et de mi-sept. à fin oct. : merc., vend. et sam. 15h-18h, dim. et j. fériés 14h-17h - fermé nov.-mars - 4 € (enf. 2,50 €).*

Le vaisseau est ample : 62 m de longueur, 22 m de hauteur, sur 36 m de largeur. La nef de sept travées est flanquée de collatéraux sur lesquels s'ouvrent des chapelles. Les 2e et 6e chapelles du bas-côté gauche ainsi que les 2e, 4e et 7e du bas-côté droit conservent des **fresques** des 15e et 17e s., restaurées. Remarquez dans la 2e chapelle de gauche la finesse des traits de la **pesée des âmes★** et de la rare crucifixion assexuée. Les trois travées du chœur se terminent par une abside à pans dont le soubassement circulaire (13e s.) est la partie la plus ancienne de l'édifice. Les 97 stalles du maître-menuisier François Hanard meublent le chœur.

Le Christ en ivoire du trésor

Joël Damase / MICHELIN

Le maître-autel, conçu comme un mausolée de marbre revêtu de bronzes ciselés, abrite la châsse de saint Antoine, recouverte de plaques d'argent repoussé (17e s.). Il est couronné par une colombe dont l'ombre s'inscrit deux fois par an dans un triangle au sol, symbolisant l'Esprit saint dans la Trinité. Le buffet d'orgues, du 17e s., a été restauré et des **concerts** sont organisés.

Dix tapisseries d'Aubusson (17e s.), représentant l'histoire de Joseph, décorent le chœur, le transept et les chapelles du bas-côté droit. Elles portent les armoiries des antonins, reconnaissables au T ou tau figurant la croix de Saint-Antoine.

Trésor★ – Il réunit de nombreuses châsses, des bustes-reliquaires, des instruments de chirurgie légués par le dernier malade soigné par les antonins et rappelant la vocation hospitalière de ces religieux, *Sainte Marie l'Égyptienne* peinte par Ribera, et un somptueux **Christ en ivoire★★** de 33 cm, dont la veinure s'apparente à un écorché. Une 3e salle, décorée de ravissantes boiseries de style rocaille, renferme un intéressant chapier (meuble où sont disposées des chapes) riche de beaux **ornements**.

Saint-Antoine-l'Abbaye pratique

Adresse utile

🛈 **Office de tourisme** – Pl. Ferdinand-Gilibert - 38160 SAINT-ANTOINE-L'ABBAYE - ℰ 04 76 36 44 46/40 49 - www.saintantoineabbaye.fr - mai-sept. : 9h30-12h30, 14h-18h30, dim. et j. fériés 14h-18h30 ; reste de l'année : tlj sf lun. 9h30-12h, 14h-17h30, dim. et j. fériés 14h-17h30 - fermé de mi-déc. à mi-janv.

Se loger

⌂ **Chambre d'hôte Les Voureys** – Lieu-dit Les Voureys - St-Antoine-l'Abbaye - ℰ 04 76 36 41 65 - http://chambrehote.site.voila.fr - 🛇 - 3 ch. 35/41 € - 🍽 8 € - repas 16 €. Trois chambres d'esprit campagnard ont été aménagées dans l'ancien grenier de cette maison en pierre vieille de 150 ans. Les petits-déjeuners et les repas, élaborés à base de produits fermiers, sont servis dans une grande salle à manger conviviale. Petite cuisine à disposition des hôtes désirant préparer leurs repas.

Se restaurer

⌂ **Le Restaurant des Remparts** – 2 pl. des Carmes - 38160 St-Marcellin - ℰ 04 76 64 90 40 - restaurantdesremparts@wanado.fr - 8/12 €. Avec ses larges fenêtres, ses murs colorés, ses grands miroirs, ses banquettes et son personnel nombreux, l'endroit fait un peu penser à une brasserie. Cuisine traditionnelle copieusement servie et joliment présentée.

Revenez au parvis de l'église.

Deux portes monumentales se font face : l'une ouvre sur les anciens jardins (*ouverts à l'occasion des journées du patrimoine et de concerts*), l'autre domine un degré descendant vers le bourg. Remarquez de la terrasse le plan des ruelles.

Le bourg

Il s'étage le long de deux rues parallèles reliées par divers « **goulets** », passages entièrement ou en partie couverts. Dans la rue haute (Grande-Rue), remarquez les façades travaillées, l'élévation des constructions et quelques bancs d'échoppe ; empruntez quelques goulets pour surprendre les façades arrière, quelques jardinets et remarquer, dans la rue Basse, les constructions plus simples en galets : vous distinguez ce qui fut le quartier des notables et celui des faubourg.

Aux alentours

Château de l'Arthaudière

7 km au Sud par la D 27ᴮ qui longe des falaises de molasse. ℘ 04 76 38 50 68 - juil.-août : tlj sf mar. et vend. 15h-19h ; juin et sept. : w.-end et j. fériés 15h-19h - 3 € (-16 ans 2 €). Élevé sur une maison forte du 13ᵉ s., le château (16ᵉ-19ᵉ s.) a été de multiples fois modifié. Les **écuries** du 18ᵉ s., restaurées, accueillent désormais une exposition permanente sur l'architecture régionale. Remarquez le puits couvert (18ᵉ s.) et l'élégant lanternon de la grange. Le château garde une **galerie Renaissance** à croisées d'ogive, ornée de médaillons en réemploi, et des jardins en terrasse (vue sur le Vercors et la Chartreuse). L'ensemble, très endommagé par des années d'abandon et un incendie, est en cours de restauration.

Chatte

8 km au Sud-Est par la D 27.

Le petit bourg est connu pour son **Jardin ferroviaire**. 👪 C'est un vrai petit monde en réduction qui a été recréé dans ce jardin où le train miniature (*échelle 1/22,5*) s'intègre dans une nature exubérante composée de plus de 200 espèces de plantes. Une trentaine de convois circulent sur plus d'1 km de voies, pour la plus grande joie des petits et des grands. *2 rte de Lyon -* ℘ 04 76 38 54 55 - www.jardin-ferroviaire.com - ♿ - avr.-août : 10h-19h (juil.-août 20h) ; mars et sept.-oct. : w.-end, j. fériés et vac. scol. 10h-19h - fermé nov.-fév. - 6,80 € (3-13 ans 4,80 €).

St-Marcellin

10 km à l'Est par la D 27, puis la D 20 à droite.

Humbert II, le dernier dauphin du Viennois, installa ici au 14ᵉ s. son conseil delphinal qui servait de Parlement, de Conseil d'État et de chambre des Comptes. La ville ne fut pas épargnée par les guerres de Religion : prise deux fois par le baron des Adrets, elle fut définitivement récupérée par le camp des catholiques en 1568.

Le marché du samedi et les foires annuelles attirent les habitants du Bas-Grésivaudan. Le saint-marcellin, petite tomme ronde obtenue avec un mélange de lait de vache et de chèvre, constitue la spécialité locale.

Promenade de Joud – Elle offre une jolie vue sur la vallée de l'Isère et le Royans dominés par la muraille du Vercors.

La Sône

6 km au Sud par la D 20, puis la D 71.

Le village bénéficie d'un cadre paisible et verdoyant sur les bords de l'Isère. Des animations touristiques sont proposées près du fleuve, à gauche avant le pont. Le **Jardin des Fontaines pétrifiantes** a été aménagé dans un site de pétrification où l'eau, chargée en bicarbonate de calcium, recouvre en quelques mois les objets d'une pellicule de cristaux scintillants. Le jardin, jalonné de cascades et de bassins, est agrémenté de quelque 15 000 plantes. ℘ 04 76 64 43 42 - www.jardin-des-fontaines. com - ♿ - juin-août : 10h-18h30 (dernière entrée 17h45) ; mai et de déb. sept. à mi-oct. : tlj sf lun. 10h-18h (dernière entrée 17h15) - 6,50 € (enf. 4,50 €).

En contrebas, dominé par les toitures colorées du château, un chemin longe les rives de l'Isère. Mais le meilleur moyen de découvrir cette vallée pittoresque est certainement le **bateau à roue Royans-Vercors**. 👪 Le parcours commenté La Sône – St-Nazaire-en-Royans (*aller simple possible pour les randonneurs et les cyclistes*) révèle la variété de la faune et la beauté des paysages préservés que l'on trouve au pied du Vercors. ℘ 04 76 64 43 42 - croisière commentée (1h30) juil.-août : 10h30, 14h, 16h, dép. St-Nazaire-en-Royans, 11h30 et 15h, dép. La Sône ; avr.-juin et de déb. sept. à mi-oct. : se renseigner pour les horaires - 9 € (enf. 6 €).

Le Grand Séchoir★

26 km à l'Est par la D 27 puis la N 92, sur la commune de Vinay.

Maison du pays de la noix - 705 rte de Grenoble - ☎ 04 76 36 36 10 - www.legrandsechoir. fr - &. - avr.-oct. : 10h-18h ; nov.-déc. : 14h-18h ; janv.-mars : w.-end et vac. scol. 14h-18h - fermé lun. 1er janv., 1er Mai et 25 déc. - 3,50 € (-12 ans gratuit) - vente de noix et de produits dérivés dans la boutique.

L'ancienne ferme à séchoir est méconnaissable dans son architecture renouvelée, consacrée exclusivement à la noix de Grenoble. Celle-ci est racontée sous divers angles : mythique, avec de jolis contes sur les origines de la noix (écouteurs) ; traditionnels, avec des photos anciennes et les outils de la culture d'hier ; botanique, avec la belle **collection de noix** du monde entier, de toutes tailles et formes, des pépinières Treyve, les techniques de greffes et les agrandissements de photos sur les fleurs et les feuilles du noyer ; actuels enfin, avec un film intéressant sur les nuciculteurs et la récolte des diverses variétés de noix de Grenoble aujourd'hui.

N.-D.-de-l'Osier

26 km à l'Est par la D 27, puis la N 92. Traversez Vinay par la D 22, puis prenez à droite la D 201. Se renseigner à la maison paroissiale pour les horaires ☎ 04 76 36 70 44 - gratuit.

L'église actuelle, élevée en 1873, reprend par une mosaïque un miracle de 1649 : Pierre Port-Combet, paysan et protestant, a fait saigner, devant témoins et à plusieurs reprises, un osier en le taillant. Il ne comprend d'abord pas ce qui lui arrive et, huit ans plus tard, reçoit l'apparition d'une « belle demoiselle » l'appelant à changer de vie et demandant aux pèlerins de prier avec plus de ferveur. Les croyants affluent, des miracles se produisent. À « Bon rencontre » sera donc élevée une chapelle, puis une basilique mineure qui reste un lieu de pèlerinage.

Saint-Bonnet-le-Château★

1 562 SAMBONITAINS
CARTE GÉNÉRALE A3 – CARTE MICHELIN LOCAL 327 D7 – LOIRE (42)

Au pays des hauts chaumes, St-Bonnet est un village de caractère, avec son église gothique et ses ruelles médiévales montant lestement à l'assaut de la butte qui porte la collégiale. « La perle du Forez », ancien oppidum romain, semble ainsi rayonner de la plaine du Forez au Pilat. C'est aujourd'hui un petit centre industriel actif, surtout réputé pour sa fabrique de boules (1 million de paires par an).

- ▶ **Se repérer** – La ville se trouve à 30 km à l'Ouest de St-Étienne et à 32 km au Sud de Montbrison. Il faut découvrir le site en arrivant par la D 3 à l'Est.

- 👁 **À ne pas manquer** – La vieille ville ; les jolis objets de la vie quotidienne et des métiers traditionnels à l'écomusée du Forez.

- 🕐 **Organiser son temps** – Comptez 3h.

- ⛷ **Pour poursuivre la visite** – Voir aussi : monts du Forez, gorges de la Loire, les monts du Lyonnais, Montbrison, Monistrol-sur-Loire et St-Étienne.

Se promener

LA VILLE ANCIENNE

Maisons anciennes (2)

Sur le chemin de l'église, remarquez au passage deux maisons Renaissance à l'entrée des rues s'ouvrant à gauche de la place du Cdt-Marey et, plus loin, d'autres maisons des 15e et 16e s., rue de la Châtelaine, rue et place des Fours-Banaux, où se dressent, à l'angle, deux vastes logis du 15e s.

Chemin des Murailles★ (1/2)

Il suit les anciennes fortifications du 14e s. et contourne la butte. Le panorama sur la plaine du Forez donne un vif attrait à cette promenade que l'on prolongera jusqu'à la **porte de la Châtelaine**, du 14e s. La « châtelaine » est le nom donné à Notre-Dame-du-Bon-Secours. À l'occasion d'une épidémie de peste au 18e s., les Sambonitains lui ont symboliquement confié la protection de la ville par un oratoire logé dans la porte elle-même, auquel ne manque que la statue d'origine. *Presque au bout du chemin, traversez le jardin vers la collégiale.*

Point de vue★ (2)

De la terrasse au Nord du chevet de la collégiale (table d'orientation), la vue s'étend sur la plaine du Forez d'où émergent la butte de St-Romain-le-Puy, les monts du Beaujolais et du Lyonnais, les Alpes, le mont Pilat, le pic du Lizieux et le Mézenc.

Collégiale (2)

Cet édifice gothique, du début du 15e s., a fière allure avec ses deux clochers et surtout sa situation exceptionnelle. L'acte de naissance de la collégiale est gravé dans un mur de la crypte, indiquant précisément le 8 mai 1400. Elle est achevée dans les premières années du 16e s. Collégiale jusqu'à la Révolution, elle connut sous l'Ancien Régime une renommée due notamment à la qualité de ses musiciens.

L'intérieur surprend par la faible élévation des voûtes.

La **bibliothèque** se trouve dans une salle à gauche du chœur. Le fonds ancien, installé en 1716, présente des incunables, en particulier un missel lyonnais du 15e s., une bible de Louis XI de 1476, première imprimée en France, et les *Chroniques* de Froissart (1490), reliées aux armes des Urfé. Remarquez aussi une bible de Robert Estienne (1565) et un exemplaire de *Lancelot du lac* (1520). 📞 *04 77 50 52 40 - visite guidée juin-août : merc. 10h-12h - 2 € (enf. gratuit).*

Incunables

Les incunables sont les ouvrages imprimés avant 1501, au début de l'invention de Gutenberg. Ils étaient à l'image des manuscrits, les caractères variant selon le contenu de l'œuvre ; les abréviations et les supports papier ou vélin étaient les mêmes. Ils étaient aussi reliés et parfois enluminés à la main.

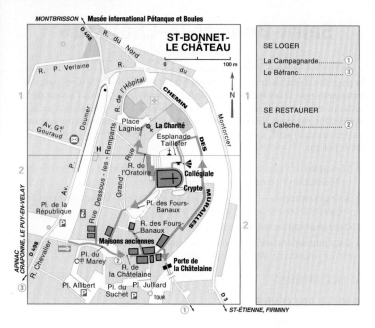

Dans la nef, avec une jolie rampe en fer forgé, la **chaire** du 18e s. représente Jésus – enfant – enseignant au Temple, les quatre apôtres et le Bon Berger.

Au fond de la nef à droite, se trouve le **caveau des Momies** contenant une trentaine de corps desséchés qui datent de la seconde moitié du 17e s. Ces sépultures ont été découvertes dans l'église en 1838, et leur bon état de conservation leur a valu l'appellation impropre de momies.

Ressortez par le portail principal Renaissance et contournez l'église par la droite. L'entrée du bureau des guides se trouve à la hauteur du chevet de la collégiale.

Crypte (2)

Visite guidée, se renseigner pour les horaires 𝒫 04 77 50 11 15 - fermé déc.-mars, lun. et mar. - 3 € (enf. 1,50 €).

La **crypte**, située sous le chœur et accessible par une porte extérieure à droite de l'église, est revêtue de peintures murales du 15e s. Parmi les sujets représentés, empruntés au Nouveau Testament, les plus remarquables sont les quatre évangélistes (petites voûtes du chœur) et la Crucifixion (mur Nord). On voit aussi des anges musiciens.

Descendez l'escalier à droite du parvis et, via la rue de l'Oratoire, tournez à droite dans la Grand'Rue.

Chapelle de la Charité (1)

Cet édifice du début du 17e s. est intéressant par sa décoration et son mobilier : plafond à caissons peints, devant d'autel sculpté, statues anciennes et une très belle grille en fer forgé qui fermait la partie réservée aux religieuses.

Revenez en passant en contrebas de la collégiale.

> 👁 **Le saviez-vous ?**
>
> St-Bonnet-le-Château porte le nom d'un ancien évêque arverne dont les reliques ont été transférées de Lyon à Clermont en 722 à travers le Forez. Il a laissé son vocable à de nombreuses paroisses sur son passage.

Visiter

Musée international Pétanque et Boules

Au Nord de la ville par la D 498. Bd des Chauchères - 𝒫 04 77 50 15 33 - www.petanque. com - juin-sept. : tlj sf dim. et j. fériés 8h30-12h, 13h30-18h30, lun. 13h30-18h30, sam. 10h-12h30, 14h-18h ; oct.-mai : tlj sf dim. 8h30-12h, 13h30-17h30, lun. 13h30-17h30, sam. 13h30-17h - 3,50 € (enf. 1,50 €).

Aménagé dans des locaux d'un important fabricant de boules de pétanque, ce musée original présente une rétrospective du jeu de boules depuis l'Antiquité jusqu'à l'année 1910 qui vit la naissance de la pétanque à La Ciotat. On observe tour à tour un remarquable **bas-relief** en bois sculpté et incrusté d'ivoire, du 18e s., représentant des soldats jouant aux boules, une importante collection de boules cloutées (depuis le milieu du 19e s.), des représentations populaires de « Fanny » destinées aux joueurs perdants, des extraits de films et des répliques d'acteurs restituant l'ambiance des cours de boules. Une vidéo présente les étapes d'une chaîne de fabrication moderne de boules de pétanque, et de celle du façonnage artisanal du cochonnet à partir du buis, termine cette visite.

Circuits de découverte

LES BELVÉDÈRES

35 km. Quittez St-Bonnet par la D 498, au Nord.

Luriecq

L'**église**, très simple, est un édifice de style gothique flamboyant, avec porche Renaissance ; beau Christ en bois dans la nef. *S'adresser à la mairie -* ℘ *04 77 50 05 33.* Dans une maison, sur la place de l'Église, modeste collection d'objets foréziens d'autrefois. *Faites demi-tour et prenez la D 5 à droite.*

Marols

L'**église** a été fortifiée au 14e s. Des deux clochers, le plus élancé, au-dessus du chœur, est une véritable tour défensive. *Poursuivez sur la D 5.*

St-Jean-Soleymieux

L'**église** est intéressante pour sa crypte du 12e s., dont les piliers trapus portent de frustes chapiteaux. Ce village est situé à proximité d'une très ancienne voie de passage. Reliant les futures Lyon et Bordeaux, la grande via Agrippa, qui desservait dans l'Antiquité le pays des Vellaves et des Gabales, fut baptisée au Moyen-Âge la voie de Bolène. D'après Franck Imberdis, on trouve la trace de son nom au lieu-dit Boulaine, situé entre Usson et St-Bonnet. *Empruntez successivement la D 96 et la D 44.*

Montarcher

De la terrasse de la petite **église** (12e-15e s.), ornée à l'entrée du chœur d'un bel arc décoratif rustique, **vue★** sur le mont Pilat, le Mézenc, les sucs de la région d'Yssingeaux et les monts de la Margeride. L'eau de source de Montarcher a été commercialisée en 1999. *Les D 14 et D 498 ramènent à St-Bonnet.*

LE HAUT-FOREZ

Circuit de 50 km – environ 2h. Quittez St-Bonnet par la D 3 au Sud-Est et prenez la D 109 à droite.

St-Nizier-de-Fornas

La jolie **église** de style flamboyant conserve d'importants éléments romans (façade et nef). Extérieurement, le clocher rectangulaire, dont les contreforts s'ornent de pinacles et de grosses gargouilles, lui donne, du côté Sud, une silhouette particulière. À l'intérieur, bel ensemble de clefs de voûte sculptées. *Continuez sur la D 109.*

Rozier-Côtes-d'Aurec

L'**église**, construite aux 11e et 12e s., est celle d'un prieuré clunisien ; le clocher à double étage de baies géminées a été refait sur le modèle primitif. La façade présente un mur plat dont le pignon repose sur une corniche ornée d'une frise. Au **tympan**, un groupe sculpté, d'une admirable sobriété d'exécution, représente l'*Adoration des Mages*, et dénote une influence espagnole ; remarquez l'allongement des visages.

À l'intérieur, la nef unique est étayée d'arcatures. À voir surtout : l'abside décorée d'une **belle arcature** dont les pilastres cannelés évoquent les églises romanes rhodaniennes héritières des traditions romaines. Dans la nef, à gauche, **bas-relief roman**, représentant le Christ bénissant. Dans la chapelle Sud, Pietà en pierre du 15e s.

Faites demi-tour et prenez à gauche la D 104, puis de nouveau à gauche la D 42.

St-Hilaire-Cusson-la-Valmitte

Église en partie romane, remaniée aux 15e et 19e s. ; remarquez le petit déambulatoire ménagé en arrière de l'arcature de l'abside primitive. Deux statues de bois polychrome, du 15e s., la Vierge et saint Jean, sont disposées à l'entrée du chœur. Chaire du 18e s. *Visite sur demande préalable à M. Chometon -* ℘ *04 77 50 27 21 ou à Mme Faure au* ℘ *04 77 50 23 98.*

Faites demi-tour pour prendre tout de suite à gauche, à la hauteur de l'église, la route qui ramène à la D 104, que vous prenez à gauche.

Moulin de Vignal à Apinac

Sauvé par une association, cet ensemble de bâtiments du 18e s., qui comprend quatre moulins, a été soigneusement restauré. Grâce au bief en prise sur l'Andrable, les roues horizontales et verticales tournent à nouveau et produisent de la farine par gros sacs, mais aussi de l'huile de colza. Les astuces et mécaniques du moulin sont ingénieuses et intéressantes à découvrir. $\mathcal{C}$ 04 77 50 80 23 - http://moulinvignal.online.fr - visite guidée juil.-août : 14h30-18h30 ; de Pâques à la Toussaint : w.-end et j. fériés 14h30-18h30 - 4 € (-12 ans gratuit).

Revenez vers Apinac et tournez à gauche pour attraper, à droite, la D 44³. Continuez par la D 24.

St-Pal-de-Chalencon

Bourg fortifié conservant plusieurs portes anciennes.

L'ensemble formé par l'église et la maison attenante du côté Sud offre un joli coup d'œil. À l'intérieur de l'**église**, voyez notamment une Pietà du 15e s., dans le bas-côté gauche. *Les D 241 et D 91 conduisent à Usson.*

Usson-en-Forez

Le bourg, autrefois fortifié, est dominé par la haute flèche de son clocher (16e s.). La nef de l'**église** date du 15e s. ; de part et d'autre du chœur, remarquez le **décor sculpté des deux petites niches** ménagées dans les retombées des ogives et les statues en bois doré de saint Sébastien et de saint Roch.

Écomusée du Forez★ – *Quartier Saint-Joseph -* $\mathcal{C}$ *04 77 50 67 97 - www.usson-en-forez. fr -* & *- 14h-18h - fermé 1ᵉʳ janv. et 25 déc. - 3,50 € (enf. 2 €).*

Créé en 1993 à partir d'une donation privée, il occupe d'anciens bâtiments conventuels restaurés et ranime les modes de vie, coutumes et métiers de la région. Pas à pas, en allant du peigne à la lessiveuse, du vêtement au carreau de dentellière, se reconstitue la **vie familiale** dans une maison de bourg. L'étable abrite encore les outils de travail. À l'étage, les centres d'intérêt s'élargissent aux métiers disparus des sabotiers (jolie collection de sabots), scieurs de long, paillons ou charrons, à la grande tradition de la **dentelle**, avec un utile décryptage des nombreux points, et à **la vie religieuse du Haut-Forez**★, illustrée par une riche collection d'objets de la piété populaire. Dans les bâtiments annexes, écoutez les **contes** (mis en forme par Henri Pourrat) qui se transmettaient pendant les longues soirées d'hiver et découvrez une collection de calèches rutilantes. Un joli jardin de curé, reconstitué à partir des plans de celui d'Usson, conclut le parcours.

À la sortie Sud du bourg, à 300 m à gauche de la D 498, **chapelle de N.-D. de Chambriac**, dont l'abside romane abrite une statue ancienne de la Vierge.

Prenez la D 498 vers Estivareilles.

© Écomusée des monts du Forez

Le jardin de l'écomusée du Forez accueille les fleurs et plantes que l'on trouve habituellement dans les jardins de curé : iris, roses, chèvrefeuille, quelques touffes d'oseille, un brin de persil…

Estivareilles

Les maquis régionaux entreprirent en août 1944 de couper ici le replis des colonnes Allemandes, ce lieu a donc été le théâtre de violents combats lors de la libération du Forez. Le **musée d'Histoire du 20ᵉ s.** retrace les étapes de cette campagne et, au-delà, grâce à une muséographie moderne et ludique, les grands bouleversements de ce siècle mouvementé. Les époques ressurgissent au travers d'objets, de vêtements, de musiques ou de petits films significatifs. *R. du Couvent -* 📞 *04 77 50 29 20 -* ♿ *- 14h-18h - fermé 1ᵉʳ janv. et 25 déc. - 3,10 € (8-16 ans 1,50 €).*

La D 498 ramène à St-Bonnet.

Saint-Bonnet-le-Château pratique

Adresse utile

🛈 **Office de tourisme** – *7 pl. de la République - 42380 SAINT-BONNET-LE-CHATEAU -* 📞 *04 77 50 52 48/52 49 - www. cc-pays-st-bonnet-le-chateau.fr - juil.-août : tlj sf lun. 9h30-12h30, 14h30-18h30 ; avr.-juin et sept.-oct. : tlj sf lun. et jeu. 9h-12h, 14h-18h, dim. 10h-12h, 15h-18h ; nov.-mars : merc. et vend. 9h-12h, sam. 9h-12h, 14h-18h, dim. 10h-13h.*

Se loger

🛏 **Le Béfranc** – *7 rte d'Augel -* 📞 *04 77 50 54 54 - info@hotel-lefranc.com - fermé 5 janv. au 3 fév., dim. soir et lun. de sept. à juin -* 🅿 *- 17 ch. 35/40 € -* 🍽 *6 € - restaurant 16,50/33 €.* Installé dans l'ancienne gendarmerie, une grosse maison carrée légèrement à l'écart du centre-ville, cet hôtel est tranquille. Ses chambres sont un peu toutes pareilles, fonctionnelles et nettes. Plusieurs menus proposés au restaurant.

🛏 **La Campagnarde** – *Rte d'Estivareilles - 42380 St-Nizier-de-Fornas -* 📞 *04 77 50 71 19 - http://lacampagnarde.fr.st -* 🍽 *- 4 ch. 32/40 € -* 🍽 *- repas 16 €.* Pas de chichis, mais une bonne humeur toujours de mise en cette vaste ferme forézienne perchée à plus de 900 m d'altitude. Les chambres, au calme, possèdent toutes salle de bains et WC privatifs. Après un solide petit-déjeuner servi auprès de la grande cheminée de la salle commune, vous serez prêt à démarrer la journée.

Se restaurer

🍽🍽 **La Calèche** – *7 r. du Cdt-Marey -* 📞 *04 77 50 15 58 - fermé 2-6 janv., vac. de fév., de Toussaint, dim. soir, mar. soir et merc. - 15,50/43,50 €.* Après avoir fait ses armes dans quelques grandes maisons, ce jeune chef a posé ses bagages dans une maison toute simple au cœur du village. Ses menus alléchants défendent une cuisine au goût du jour, à des prix tout à fait sages… Décor coquet.

Saint-Chef

2 892 SAINT-CHEFFOIS
CARTE GÉNÉRALE C2 – CARTE MICHELIN LOCAL 333 F4 – ISÈRE (38)

Dans le cadre verdoyant des Balmes dauphinoises, Saint-Chef est une ancienne cité abbatiale qui a prospéré jusqu'à la Révolution. Les temps ont bien changé mais son trésor reste son église, ou plus exactement ses magnifiques fresques romanes qui nous sont parvenues dans un incroyable état de conservation.

▶ **Se repérer** – St-Chef se trouve entre Morestel (12 km à l'Est) et Bourgoin-Jallieu (16 km à l'Ouest). On y accède par de petites routes.

👁 **À ne pas manquer** – L'église abbatiale, dont les chapelles sont merveilleusement décorées.

🕐 **Organiser son temps** – Comptez environ 2h.

👣 **Pour poursuivre la visite** – Voir aussi : Bourgoin-Jallieu, La Côte-St-André, Crémieu, Morestel, lac de Paladru et parc Walibi-Rhône-Alpes.

Fresque de la chapelle des Anges : Christ en gloire dans une mandorle

Bruno Kaufmann / MICHELIN

Visiter

Église

Visite libre de l'abbatiale. Visite guidée des fresques et de la chapelle haute sur demande à la Maison du patrimoine - 📞 04 74 92 59 52.

Cette église abbatiale des 10ᵉ et 11ᵉ s. est célèbre pour ses **fresques romanes** qui se trouvent dans la chapelle s'ouvrant sur le croisillon Nord. Un petit escalier à vis mène à cette chapelle haute, dite **chapelle des Anges★★**, qui a conservé le remarquable ensemble de sa décoration primitive. Autour du Christ en gloire, la cour céleste est représentée en une ordonnance admirable. Elle est composée de la Vierge entourée d'anges et de la Jérusalem céleste figurée par une tour surmontée de l'agneau mystique. Des anges complètent le chœur céleste. Au-dessous, sur les parois, prophètes, apôtres, saints, martyrs ou vieillards de l'Apocalypse occupent deux registres superposés. Une grande habileté transparaît dans l'exécution et notamment la façon dont le peintre a joué avec l'attitude des personnages : les ailes des anges se dressent ou se ferment suivant la mission qui leur est attribuée.

Maison du Patrimoine

2 r. du Seigneur-de-By. 📞 04 74 92 59 92 ♿ - juil.-août : 10h-12h, 14h30-18h30 ; avr.-juin et sept.-oct. : 14h30-18h30 - fermé nov.-mars, mar. et 1ᵉʳ Mai - 3 € (-12 ans

---

Le saviez-vous ?

Contrairement à ce qu'on pourrait croire, le site ne tire pas son nom de saint Chef, lequel n'a jamais existé. S'il s'appelle ainsi, c'est qu'après la mort de **saint Theudère**, fondateur de l'abbaye, on conserva et vénéra longtemps son « chef » (sa « tête ») dans la localité.

L'adieu du commissaire

Qui n'a jamais entendu parler des incroyables aventures du célèbre commissaire **San-Antonio** ? Le style et le ton leste peuvent choquer, mais comment ne pas être impressionné par le talent et l'imagination débridée de Frédéric Dard qui a écrit plus de 300 ouvrages avant de s'éteindre le 6 juin 2000. Il a choisi de se faire enterrer à St-Chef, son village familial.

gratuit, 12-18 ans 2,30 €). Elle forme le complément indispensable à la visite de l'église abbatiale. Le parcours sur l'histoire du bourg est en effet largement consacré à la chapelle des Anges. On approche en particulier celle-ci de très, très près, grâce à un CD-ROM spécialement réalisé sur les fresques. Les dernières salles s'ouvrent sur les richesses locales contemporaines, de la gastronomie (vins de Balmes dauphinoises) à la culture (Louis Seigner, Frédéric Dard et sa machine à écrire) en passant par l'architecture (construction en « pisé »).

Aux alentours

Butte de Montceau★
12 km au Sud par les D 54 et D 54^B. Elle offre un panorama étendu sur la chaîne des Alpes et le mont Pilat.

Château de Demptézieu
5 km environ. Rejoignez la D 143^B qui va sur St-Sauvin.
Ancienne possession des plus prestigieuses familles du Nord Dauphiné, l'édifice occupe le centre d'un ancien bourg fortifié établi sur les hauteurs de la colline de Saint-Savin. Cette forteresse médiévale, attestée depuis l'an mil, a été remaniée à l'époque moderne, mais conserve de beaux vestiges des 13e-15e s. Fortement endommagée par la Révolution, elle fait l'objet de restaurations attentives (*visite extérieure libre toute l'année*).

Saint-Chef pratique

Adresse utile

🛈 **Office de tourisme** – *Pl. de la Mairie - 38890 SAINT-CHEF - ☏ 04 74 27 73 83 - juin-sept. : 14h30-17h30 ; mai : w.-end et mar. 14h30-17h30 ; mars-avr. et oct.-déc. : w.-end 14h30-17h30 ; janv.-fév. : dim. 14h30-17h30.*

Se loger

⌂ **Le St-Hilaire** – *Au Village - 38460 St-Hilaire-de-Brens - ☏ 04 74 92 81 75 - www.le-st-hilaire.com - fermé en sept. - 5 ch. 40/50 € - 🍽 - repas 17 €*. Au cœur d'un petit village, ce solide bâtiment abrite des chambres confortables, toutes différentes, une grande salle à manger et un coin salon agrémenté d'une belle cheminée à feu ouvert. Petit-déjeuner et cuisine « comme à la maison ». Piscine dans la cour intérieure. Également, location de gîte.

Saint-Étienne★

180 210 STÉPHANOIS
CARTE GÉNÉRALE B3 – CARTE MICHELIN LOCAL 327 F7 – LOIRE (42)

Les images sont souvent tenaces et beaucoup imaginent encore une ville noircie par l'exploitation du charbon et les fumées de ses industries. Sans renier son passé, la ville nous offre un bel exemple de reconversion réussie : les façades ont été reblanchies, des jardins et des places accueillantes ont été aménagés au cœur de la ville qui vit au rythme de la cloche de son célèbre tramway.

- **Se repérer** – À proximité du massif du Pilat, de la retenue de Grangent et de la plaine du Forez, St-Étienne occupe le fond de la dépression du Furan. Par la N 88 puis l'A 47, on file vers Lyon et Vienne (situés au Nord-Est).

- **Se garer** – La circulation dans la ville n'est pas aisée : il est conseillé de se garer à proximité d'une des places situées près de la ligne de tramway.

- **À ne pas manquer** – Les très belles collections du musée d'Art moderne et du musée d'Art et d'Industrie.

- **Organiser son temps** – Comptez une journée pour la ville et ses environs.

- **Avec les enfants** – Une visite au Planétarium du site de la Manufacture.

- **Pour poursuivre la visite** – Voir aussi : Chazelles-sur-Lyon, gorges de la Loire, les monts du Lyonnais, Monistrol-sur-Loire, Montbrison, le Pilat, St-Bonnet-le-Château et Ste-Croix-en-Jarez.

Quelques célèbres Stéphanois…

La ville est la patrie de nombreuses célébrités telles que le compositeur **Jules Massenet**, le philosophe catholique et académicien **Jean Guitton**, l'auteur de romans policiers **Charles Exbrayat**, le dessinateur de presse **Piem**, le chanteur **Bernard Lavilliers** (né à Firminy), le groupe de rock **Mickey 3D**. Enfin, l'homme de théâtre parisien **Jean Dasté** a créé en 1947, puis longtemps dirigé, la Comédie de Saint-Étienne, haut lieu de la décentralisation culturelle.

Comprendre

Une ville industrieuse

Au 12e s., St-Étienne n'est encore qu'un village sur les bords du Furan. Les grandes voies de communication l'ignorent. Grâce à la présence de la houille et à l'esprit d'entreprise de ses habitants, la ville va connaître un extraordinaire développement passant de 3 700 habitants en 1515 à 45 000 en 1826 et à 146 000 en 1901, tandis que la zone industrielle s'étend dans les vallées de l'Ondaine (la Ricamarie, Firminy) à l'Ouest, du Janon et du Gier (Terrenoire et St-Chamond) à l'Est, du Furan (la Terrasse) au Nord.

Le tramway traverse la ville du Nord au Sud.

Joël Damase / MICHELIN

Armeville – Dès 1296, les Stéphanois exploitent des « **perrières** » ou carrières de charbon, à des fins domestiques, puis pour alimenter des forges d'où sortent les premiers couteaux, suivis des armes blanches, des arbalètes et enfin des armes à feu ; St-Étienne sait prendre à temps ce « virage » de l'armement.

En 1570, la Loge des Arquebusiers groupe 40 professions. On pratique déjà le travail en série. En 1764 est fondée la Manufacture royale d'Armes. Cette activité vaudra à la cité de prendre sous la Révolution le nom d'Armeville.

Le saviez-vous ?

◉ Comme on pouvait s'y attendre c'est bien à saint Étienne, premier martyr, que la ville doit son nom. *Sanctus Stéphanus de Furano* (au 11ᵉ s.) est plus simplement appelé « Sainté » de nos jours.

◉ Quand les Stéphanois ont des crampons aux pieds, ils s'appellent « les Verts », mais la plupart d'entre eux sont de vrais « gagas », appellation familière que se donnent encore entre eux les Stéphanois.

La ville où l'on fabriquait de tout – À l'industrie du ruban, importée d'Italie, s'est ajouté le tissu élastique dès la fin du 19ᵉ s. Pour éviter la crise, la région de St-Étienne s'était déjà spécialisée, à cette époque, dans les aciers de qualité, l'outillage, le fusil de chasse, la bicyclette et les pièces pour l'automobile.

Mise en train – Entre St-Étienne et Andrézieux, sur une distance de 21 km, est mis en service, en mai 1827, le premier chemin de fer français, construit d'après les plans de Beaunier ; il assure le transport du charbon. Les wagons sont tirés par des chevaux. Cet ancêtre des moyens de communication modernes, perfectionné en 1829 par la chaudière tubulaire de Marc Seguin, entraîne une véritable révolution dans les transports et un prodigieux essor de l'industrie.

Manufrance

Aujourd'hui reconverti pour accueillir des technologies de pointe, le site de l'ancienne usine **Manufrance** reste un symbole pour les Stéphanois. L'aventure a commencé en 1885 quand Étienne Mimard s'associe à Pierre Blachon pour reprendre l'entreprise Martinier-Collin. Précurseurs de la vente par correspondance, leur génie consistera à distribuer massivement les catalogues de leurs productions. Dynamisée par le succès des fusils *Robust* ou de la bicyclette *Hirondelle*, Manufrance se développe et doit investir dans de nouveaux locaux et dans un imposant siège social conçu par Lamaizière. Mimard gère son entreprise de façon très « paternaliste » et s'apprête même à la léguer à son personnel quand une grève de 100 jours brise ses espoirs en 1937. C'est le début de la fin pour cette grande firme qui sera reprise par la ville mais devra cesser ses activités en 1985, après un siècle d'existence.

Découvrir

MUSÉE D'ART MODERNE★★ (B1)

À 4,5 km du centre-ville. Quittez St-Étienne au Nord par la rue Bergson, en direction de la Terrasse. Sur l'autoroute en direction de Clermont-Ferrand, prenez la sortie La Terrasse-St-Priest-en-Jarez. ℘ *04 77 79 52 52 - www.agglo-st-etienne.fr -* ♿ *- possibilité de visite guidée (1h30) tlj sf mar. 10h-18h (dernière entrée 17h45) - fermé 1ᵉʳ janv., 1ᵉʳ Mai, 14 Juil., 15 août, 1ᵉʳ nov. et 25 déc. - 4,50 € (-12 ans gratuit), gratuit 2ᵉ dim. du mois.*

Ce très vaste musée, conçu par l'architecte D. Guichard, contient l'une des plus belles collections publiques françaises d'art moderne et contemporain. Le bâtiment sobre et fonctionnel qui couvre la « Terrasse » apparaît de l'extérieur comme une structure de type industriel dont les

Gilbert & George (2003), technique mixte, par Fifteen Hang-Outs, Musée d'Art Contemporain

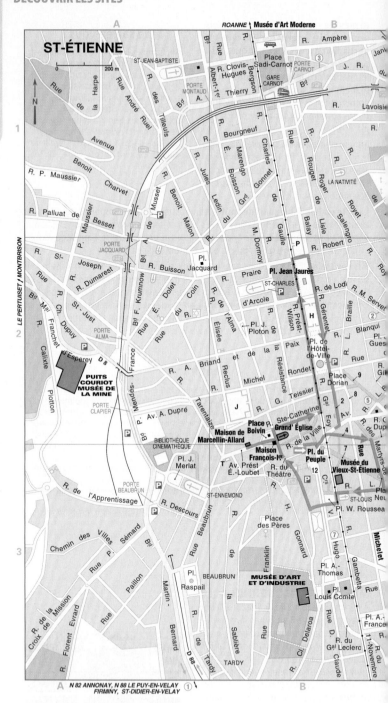

murs couverts de panneaux en céramique noire rappellent la vocation charbonnière (révolue) de la région. Vivant foyer de rencontres, le musée propose une bibliothèque spécialisée, des salles de conférences, un atelier réservé aux enfants, une boutique, un restaurant.

Art moderne (1900-1945) – Les œuvres, de petit ou moyen format, sont exposées dans les salles, à gauche de l'entrée. S'en détache un ensemble représentatif de l'évolution de l'abstraction : Monet, Kupka, Rodin, Chabaud (remarquable *Nu rouge*), Magnelli, le mouvement Dada (Picabia, Schwitters), puis Braque, Picasso, Robert Delaunay *(Portrait de Madame Heim)*, et Léger *(Composition aux trois femmes)*.

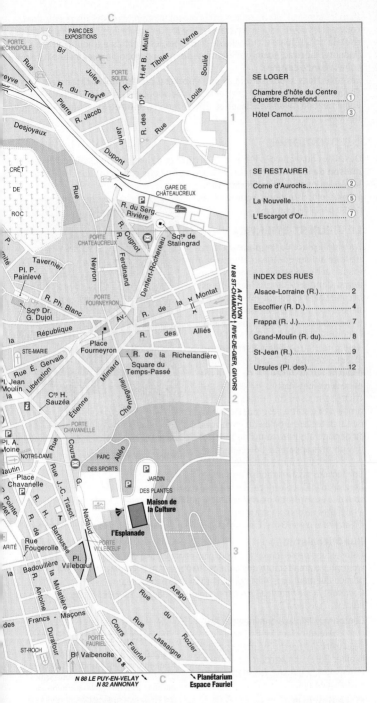

À leur suite, sont exposés les surréalistes avec **Brauner**, **Ernst**, **Miró** et **Masson**, et les représentants de **l'Art abstrait** (Hélion, Freundlich, Marcelle Cahn).

Art contemporain (depuis 1945) – Les œuvres, en général de grand format, sont disposées dans la partie centrale du musée, juste derrière l'« Espace Zéro », vaste composition de Jean-Pierre Raynaud, en carreaux de céramique blanche. La visite s'ouvre sur le foisonnement des courants des années 1950 : l'abstraction. Ainsi, à l'abstraction géométrique incarnée par Hélion, Herbin, Sonia Delaunay ou encore Bram Van Velde et Atlan, s'oppose l'abstraction lyrique, orientée vers le graphisme chez Hartung et Soulages.

Dans les années 1960, marquées par la consommation, les nouveaux réalistes redécouvrent les objets usuels : assemblés chez Arman, compressés chez César, déchirés chez Hains. Si l'espace est matérialisé chez **Klein**, les adeptes de la figuration narrative (Monory, Rancillac, Adami), utilisent les supports photographiques ou publicitaires, voire la bande dessinée.

Les collections se poursuivent avec le **Pop Art** (Dine, **Warhol**, **Lichtenstein**, l'Arte Povera (Merz, Zorio et Penone), et le groupe Supports/Surfaces (**Viallat**). Œuvres également de l'allemand **Baselitz** (Elke VI), et de **Dubuffet**, initiateur de l'art brut dès 1942.

Se promener

Des allées du jardin des Plantes, en particulier de la terrasse qui s'étend devant la **maison de la Culture** (C3) (1969), se révèle une **vue** caractéristique de la ville : sur le versant opposé, la colline Ste-Barbe et, plus loin, deux terrils, recouverts en partie par la végétation.

LE VIEUX ST-ÉTIENNE★

Partir de la **place du Peuple** (B3), champ de foire au Moyen-Âge et aujourd'hui étape sur l'avenue utilisée par les tramways. L'angle de la rue Mercière est occupé par une tour du 16e s. s'ouvrant par des arcades et une croisée de pierre ; une maison à colombages, de la même époque, lui fait face.

Rejoignez la rue Denis-Escoffier qui marque l'entrée de l'ancien faubourg d'Outre-Furan. À l'angle de cette rue et de la rue des Martyrs-de-Vingré, une curieuse maison du milieu du 18e s., ornée d'une statue, est représentative de l'architecture urbaine du Forez avec sa génoise à quatre rangs de tuiles et des poutres apparentes de belle taille. À gauche au n° **3** rue Georges-Dupré, une façade massive arbore d'imposants

Rue piétonne du centre-ville

Claude Essertel / MICHELIN

linteaux d'une seule pièce. Reprenez la rue des Martyrs-de-Vingré ; les nos 19 et **30** sont des exemples de maisons du 18e s. abritant des ateliers. Remarquez les arcades à bossages au deuxième niveau.

On atteint la place Neuve. Empruntez à droite la rue Nautin qui conduit à la rue Michelet.

Rue Michelet (B2/3)

Cette artère, percée dans l'axe Nord-Sud et parallèle à la rue Gambetta, vaut par les exemples d'architecture des années 1930 que l'on découvre aux nos **34**, 36, 42 et particulièrement au n° **44**, imposant immeuble en béton armé.

Continuez la rue Nautin pour rejoindre la rue Gambetta. Traversez-la pour rejoindre la place W.-Rousseau.

Contournez la place dominée par l'ancien château qui accueille l'école des Beaux-Arts. La rue du Théâtre conduit à la place Boivin. En arrivant sur la place, remarquez, à gauche, les maisons en encorbellement.

Place Boivin (B2)

Ancien cœur de la ville, la place marque l'emplacement de l'ancien rempart Nord au 15e s. Dirigez-vous vers la rue Émile-Loubet située en face de l'église ; au n° **12**, belle façade, ornée de cinq

Il court, il court, le Furan

Mais où est passé le Furan ? Jadis très fréquenté par les lavandières, ce cours d'eau est très présent sur toute l'iconographie ancienne de la ville et on peut légitimement se demander ce qui lui est arrivé : il traverse toujours la ville, mais englouti sous les pavages des places et des rues.

cariatides, de la **maison de « Marcellin-Allard »** (B2) (16e s.). À droite de l'église, au début de la rue de la Ville, deux belles façades des 15e et 16e s. Celle du n° **5**, dite « **maison François-Ier** » (B2), est ornée de cinq médaillons Renaissance. Un côté de la place est occupé par l'église St-Étienne, dite la Grand'Église.

Grand'Église (B2)

C'est sous cette appellation que la désignent familièrement les Stéphanois. Seul témoin de l'architecture gothique dans la ville et la paroisse la plus ancienne, elle fut bâtie en grès forézien au 15e s. Le clocher n'a été ajouté qu'au 17e s. Dans la première chapelle de gauche, belle Mise au tombeau polychrome du 16e s. Le chœur, de style gothique flamboyant, date du milieu du 15e s. et les vitraux du 19e s. *Tlj sf dim. 9h-19h.*

En sortant de l'église, tournez à droite pour rejoindre la rue Ste-Catherine qui descend jusqu'à la rue du Gén.-Foy. Tournez à gauche en direction de la place Jean-Jaurès.

La place de l'Hôtel-de-Ville et la place Jean-Jaurès concentrent une bonne part de l'animation stéphanoise.

Place Jean-Jaurès (B2)

Un kiosque à musique, une esplanade totalement refaite et ombragée de platanes, la place devient un lieu très animé dès l'arrivée des beaux jours. Elle se termine par la cathédrale ou église St-Charles.

Par la rue Gérentet, la place Dorian et la rue Alsace-Lorraine, revenez à la place du Peuple.

Visiter

Musée du Vieux-St-Étienne (B3)

Entrée dans la 2e cour à gauche. 13 bis r. Gambetta - ☎ 04 77 25 74 32 - www.vieux-saint-etienne.com - tlj sf lun., dim. et j. fériés. 14h30-18h - 2,50 € (enf. gratuit).

Une borne d'octroi du 18e s., provenant de l'ancienne commune d'Outre-Furan, marque l'entrée de l'hôtel de Villeneuve, du 18e s. Le musée occupe le 1er étage, dans une succession de salles aux beaux plafonds à caissons moulurés. On y découvre la première charte mentionnant le nom de St-Étienne en 1258 et divers plans ou gravures illustrant l'expansion de la ville. Un beau retable baroque sculpté et des statues provenant d'églises stéphanoises sont également exposés. La mise en service de la première ligne de chemin de fer industriel en 1828 à St-Étienne est rappelée à travers une série de documents, dont le premier billet délivré sur cette ligne.

Musée d'Art et d'Industrie★★ (B2)

2 pl. Louis-Comte - ☎ 04 77 49 73 00 - ♿ - possibilité de visite guidée sur demande tlj sf mar. 10h-18h, lun. 10h-12h30, 13h30-18h - fermé 1er janv., 1er Mai, 14 Juil., 15 août, 1er nov. et 25 déc. - 4,50 € (-12 ans gratuit).

Ruban au musée d'Art et d'Industrie

Réaménagé par l'architecte J.-M. Wilmotte dans l'ancien palais des Arts, il constitue un véritable conservatoire sublimé du savoir-faire régional du 16e s. à nos jours ; une scénographie moderne met en valeur les collections exceptionnelles qui illustrent sur quatre niveaux la créativité de la ville.

D'anciens passementiers viennent régulièrement faire fonctionner les métiers à tisser. Des démonstrations qui rendent plus vivant le souvenir de la florissante activité rubanière de St-Étienne. *Se renseigner à l'accueil.*

Dans l'espace voûté du rez-de-jardin, la plus grande collection publique de **cycles** française retrace au travers de pièces uniques l'histoire de la « petite reine ». Ce corps à corps entre l'homme et la machine a donné lieu à des expérimentations audacieuses et fantastiques, tels le monocycle à cavalier intérieur de Jackson (1870), les vélos horizontaux (1897) ou plus récemment un prototype à double pédalage jaune canari (1992). Le 1er étage est entièrement consacré aux **rubans** et à la passementerie. La « chambre des rubans » rassemble les trésors de petites tailles : modèles réduits de métiers Jacquard et commodes garnies de livres d'échantillons de velours et de soies du 18e s. La salle du « grand atelier des métiers » contient de véritables et gigantesques métiers à tisser dont on saisit toute la complexe mécanique en rejoignant la mezzanine. Les **armes** du 3e étage offrent une démonstration magistrale de l'inventivité des armuriers, des hallebardes de la Renaissance aux flash-ball de 1990, en passant par le siècle d'or de l'armurerie stéphanoise. La salle dédiée aux « grandes heures de la manufacture royale » expose des pièces très délicatement ouvragées (fusil de Louis XIV). Le 2e étage est destiné à des expositions temporaires donnant un nouvel éclairage (affiches) à cette heureuse alliance entre l'art et l'industrie.

Site de la Manufacture des Armes et Cycles de St-Étienne

Cours Fauriel. Tracé sous le Second Empire pour être, avec l'avenue de la Libération, l'une des vitrines de l'expansion industrielle stéphanoise, le cours Fauriel fut essentiellement occupé par les bâtiments de la Manufacture édifiés par Léon Lamaizière en 1893. Celle-ci fonctionna jusqu'en 1985. Une partie du site a été restaurée et réaménagée en Centre de Congrès accompagné de bureaux, d'une galerie marchande et d'un planétarium.

L'Astronef, planétarium★ – *Espace Fauriel - 28 r. P.-et-D.-Ponchardier - ℘ 04 77 33 43 01 - www.astronef.fr - ⚒ - visite guidée (1h) sur réserv. avr.-août : merc. 15h30, w.-end 15h30 et 16h45 ; reste de l'année : séance supplémentaire le w.-end à 14h15 ; vac. scol. (zone A) : 14h15, 15h30, 16h45 - fermé sept., 1er janv., 1er Mai et 25 déc. - 6 € (enf. 5 €).* Le planétarium dispose d'un équipement technique très performant qui fait l'attrait de ses spectacles didactiques sur l'univers. Le cœur du dispositif est un simulateur astronomique qui peut recalculer et projeter les mouvements des planètes et de quelque 3 000 étoiles.

Puits Couriot, musée de la Mine★ (A2)

3 bd Franchet-d'Esperey - Puits Couriot - ℘ 04 77 43 83 26 - visite guidée (1h30) tlj sf mar. 10h30 et 15h30, w.-end 14h15 - visite audioguidée (dép. toutes les 10mn) tlj sf mar. 15h45-17h30, w.-end 14h45-17h30 - fermé 1er janv., 1er Mai, 14 Juil., 15 août, 1er nov. et 25 déc. - 5,60 € visite guidée (enf. 4,10 €), 5 € visite audioguidée (enf. 3,80 €), gratuit 1er dim. du mois.

Le puits Couriot a été exploité de 1913 à 1973 par les Houillères du Bassin de la Loire.

« Allez les Verts »

C'est l'histoire d'une légende et de la passion d'une ville pour son équipe de football qui porte le célèbre maillot vert. L'équipe de St-Étienne (ASSE) est née avec le soutien de l'entreprise Casino et la construction du stade Geoffroy-Guichard en 1931. Les débuts du club sont marqués par l'accession à la première division en 1938, puis la montée vers la gloire de 1957 à 1981, amorcée par de grands joueurs tels Mekloufi, Herbin et Keita ; avec la finale de la Coupe d'Europe des Clubs champions en 1976, l'épopée atteint la dimension d'un mythe. La France va se passionner pour cette « bande à Herbin » qui fait vibrer le « Chaudron » de Geoffroy-Guichard. Revelli, Rocheteau (dit l'Ange Vert), Larqué, puis Platini incarnent les « dieux du stade » portés aux nues par une médiatisation à l'image de l'extraordinaire palmarès de l'équipe : outre la finale de la Coupe d'Europe des Champions, 10 titres de Champion de France (1957, 64, 67, 68, 69, 70, 74, 75, 76, 81), six Coupes de France (1962, 68, 70, 74, 75, 77) et quatre doublés Coupe-Championnat (1968, 70, 74 et 75). Mais, en 1982, une affaire de caisse noire déstabilise l'équipe et met fin à ces grands moments. Depuis, la ville qui n'a pas oublié son heure de gloire rêve d'un nouveau « miracle stéphanois ».

Joël Damase / MICHELIN

Puits Couriot, musée de la Mine

La cour intérieure est ornée d'un monument aux mineurs et d'engins modernes d'extraction. Au temps de sa pleine activité, le puits produisait 3 000 t de charbon par jour et employait 1 500 mineurs.

La visite commence par la saisissante **« salle des Pendus »★**, vaste pièce qui servait de vestiaire pour les mineurs : leurs tenues y étaient suspendues au plafond pour gagner de la place et mieux sécher ; la salle de douche qui la jouxte témoigne, elle, des conditions de vie collective. La descente dans les galeries s'effectue grâce aux cages d'extraction qui servaient à la descente des mineurs, puis à la remontée du charbon, et éventuellement des blessés. Ce circuit « jour » a été récemment enrichi par la grande salle du bâtiment de la **machine d'extraction** et de la salle d'**énergie**.

La galerie d'accueil – **la recette** – est le point de départ d'un circuit historique en wagonnets. L'itinéraire remonte le temps à partir des années 1960, époque de l'exploitation très automatisée et électrifiée utilisant la technique de la « taille à soutènement marchant » mise au point dans le bassin de la Loire.

Après les années 1950 (la galerie moderne) et les années 1930 (rationalisation plus rigoureuse du travail et utilisation de l'éclairage portatif), la visite se poursuit avec une reconstitution fidèle d'un front de taille de 1900 où toute l'activité était encore manuelle : de l'abattage au pic et du transport par bennes poussées par des enfants, jusqu'à l'élargissement de la galerie. Enfin, une écurie rappelle que les chevaux, qui passaient leur vie dans la mine, constituèrent longtemps l'unique force de trait pour tirer les bennes. Émile Zola décrit la situation dans *Germinal* : le cheval y porte le nom significatif de « Bataille »…

Avant la remontée en surface, la représentation de la patronne des mineurs, sainte Barbe, évoque les grandes festivités religieuses et laïques auxquelles participe le 4 décembre chaque cité minière.

Aux alentours

Firminy

11 km. Quittez St-Étienne au Sud, par la D 88. Située dans la vallée de l'Ondaine, Firminy a toujours servi de trait d'union entre la montagne et la « plaine » de St-Étienne. La cité se distingue par les réalisations de l'architecte **Le Corbusier** (1887-1965). Les projets de Firminy représentent sept années de sa carrière et il a ainsi pu mettre en application ses théories en faveur de l'Homme et de l'architecture contemporaine à l'échelle d'une ville. Il y a construit une unité d'habitation, dernière d'une série constituée de quatre immeubles construits dans toute la France, où cohabitent l'individu et la collectivité. La maison de la culture et le stade mettent en évidence la culture de l'esprit et du corps. Quant à l'église St-Pierre (inachevée par Le Corbusier mais en cours d'achèvement) elle révèle l'importance de la vie spirituelle. L'ensemble, unique en Europe, fait de Firminy le deuxième **« site Le Corbusier★ »** dans le monde, après Chandigarh (Inde).

Château des Bruneaux – ℰ 04 77 89 38 46 - www.multitex.fr/bruneaux - château : tlj sf lun. 14h-18h - mine témoin : visite guidée dim. et j. fériés - fermé 1er janv., 1er nov. et 25 déc. - 3,50 € château seul (enf. 2 €) ; 5 € château et mine (6-15 ans 3,50 €).

Il présente un atelier de cloutier et un « espace jouet » (collection venant de l'usine Gégé). Dans les communs, une mine témoin reconstituée par d'anciens mineurs montre les différents types de soutènement et de matériels utilisés.

Le Pertuiset

15 km. Quittez St-Étienne au Sud-Ouest par la D 25. Ce pont suspendu marque la transition entre la cité industrielle et les paysages sauvages des gorges de la Loire. Il permet d'accéder aux circuits des gorges décrits *p. 258.*

St-Didier-en-Velay *(voir Monistrol-sur-Loire)*

Vallée du Gier

La dépression du Gier, de Terrenoire à Givors, forme un couloir industriel encaissé au pied de pentes verdoyantes.

St-Chamond

7 km au Nord-Est par la N 88. C'est le noyau industriel le plus important de la vallée, groupant encore quelques forges et aciéries, des constructions mécaniques (fabrication d'engins blindés), tresses, lacets et tissus élastiques, et une teinturerie. L'autoroute ne la traverse plus et la ville réaménage peu à peu son centre. La bonne surprise est d'y découvrir un **jardin botanique★** de moins d'un hectare, architecturé avec les moyens du bord, empreint de la fantaisie joyeuse de son créateur Michel Manevy et réunissant quelque 4500 variétés de plantes, arbres et arbustes (collections d'hostas, de lierre, d'hortensias et d'arbustes à fleurs). *Pour y accéder, quittez l'autoroute par la sortie 17 (La Varizelle) vers St-Chamond. Au rond-point, tournez juste après la gendarmerie. Au 2ᵉ feu, prenez à droite la rue Pilat, traversez la petite place puis prenez à gauche la rue du Général-de-Gaulle. Le chemin se faufile entre les n° 70 et 72. Le jardin est à quelques mètres à droite (portail rouge).* ℘ 04 77 22 07 22 - *possibilité de visite guidée sur RV avr.-oct : 14h-18h - 4 €.*

Rive-de-Gier

20 km au Nord-Est par les N 88 et D 88. Les grosses entreprises sidérurgiques ont cédé la place à d'autres, de moindre taille. La plus ancienne verrerie remonte au début du 18ᵉ s.

Givors

30 km au Nord-Est par la N 88, puis l'A 47. En plein centre-ville, le quartier **Les Étoiles** construit en 1982 sur les plans de Jean Renaudie a été classé patrimoine du 20ᵉ s. et… photographié par Doisneau. Promenez-vous pour en découvrir les placettes, les ruelles et les multiples terrasses. Comment est l'intérieur de ces appartements construits en étoiles superposées ? Quelques-uns ouvrent leur porte aux curieux qui se posent cette question.

Des ruines du château de St-Gérald *(accès par le lotissement « Les Étoiles » adossé au flanc de la colline)*, vue sur l'hôtel de ville, les deux églises de Givors et le Rhône en bordure duquel se trouve **la Maison du fleuve Rhône** consacrée au patrimoine fluvial. *1 pl. de la Liberté - fermée pour travaux -* ℘ 04 78 73 70 37 - www.maisondufleuverhone.org

Circuits de découverte

LES BELVÉDÈRES

Quittez St-Étienne au Sud par le cours Fauriel (D 8). La N 82 s'élève au flanc du sauvage ravin du Furet, hérissé de sombres arrachements schisteux.

Col du Grand-Bois (ou de la République)

Très joli site forestier. *Voir « Carnet pratique ».*

Faites demi-tour et, par Planfoy où l'on tourne à gauche, gagnez Guizay.

Point de vue de Guizay★★

Du pied de la statue du Sacré-Cœur, on découvre, juste dans l'axe de la célèbre Grande-Rue, une vue sur l'ensemble de la ville. À l'extrême droite, Rochetaillée *(p. 304)* apparaît sur sa crête. En avançant vers le relais de télédiffusion, le panorama révèle à gauche le couloir de l'Ondaine : le Chambon-Feugerolles, Firminy et les monts du Forez. Au cours de la descente, belles échappées sur l'agglomération stéphanoise et la vallée de l'Ondaine.

La D 88 ramène à St-Étienne.

Lieu de prédilection des Stéphanois, la base nautique de St-Victor offre de multiples possibilités de loisirs et de détente.

RETENUE DE GRANGENT

Quittez St-Étienne par la D 8, à l'Ouest du plan et gagnez Roche-la-Molière. À Roche-la-Molière, empruntez la D 3ᴬ en direction de St-Victor. Au Berlan, tournez à gauche dans la D 25 ; à 1 km, prenez à droite une route menant à Quéret. Laissez sur la droite le hameau de Trémas et, à 400 m, tournez à droite. À la sortie de Quéret, sur la place, prenez à droite une route en forte descente.

Plateau de la Danse

3/4h à pied AR. Laissez la voiture au parc de stationnement et suivez un sentier balisé « Point de vue », serpentant dans la forêt.

Ce lieu, chargé d'histoire et de légendes, aurait accueilli un temple de Jupiter. D'un promontoire rocheux, **vue★★** sur la retenue et l'île de Grangent *(p. 260)*, le promontoire de St-Victor, le château d'Essalois, l'église et la tour féodale de Chambles. *Reprenez la voiture et descendez à St-Victor*

St-Victor-sur-Loire

Ce bourg, dont la route d'accès est abondamment fleurie, surtout de roses, occupe un **site★** remarquable sur un promontoire s'avançant dans le lac artificiel formé par la Loire en amont de Grangent. Cette retenue et ses rives, très fréquentées en saison par les Stéphanois, se prêtent aux activités sportives (voile, motonautisme, ski nautique, randonnées pédestres et équestres).

L'**église** est un édifice roman, remanié aux 16ᵉ et 17ᵉ s., qui présente une nef et des collatéraux voûtés en berceau et séparés par des piliers carrés. Le maître-autel est constitué par un précieux retable baroque du 17ᵉ s. et un devant d'autel en cuir de Cordoue, gaufré et peint, à décor d'hermines. Vitraux modernes de J.-M. Benoît et beau buffet d'orgue.

De la terrasse de l'église, la **vue★** sur la retenue est très belle. Le **château** avec ses tours du 11ᵉ s., et le théâtre de plein air occupent le haut de la colline. ✆ 04 77 90 49 29 - www.chateau-saint-victor.fr - 9h-12h, 14h30-17h30, w.-end 14h30-17h30 - fermé août, 25 déc.-1ᵉʳ janv. - gratuit.

Par la D 3ᴬ et Roche-la-Molière, revenez à St-Étienne.

Les « croque-cerises »

Avant d'être quasiment annexé par St-Étienne dont il est maintenant un port de plaisance très prisé, St-Victor était un petit bourg rural où les vergers de cerisiers embaumaient au printemps. Les habitants venaient vendre leur production de cerises à St-Étienne, ce qui leur a valu le sobriquet de « croque-cerises ».

Saint-Étienne pratique

Adresses utiles

Office du tourisme de St-Étienne – *16 av. de la Libération - 42000 - ✆ 04 77 49 39 00/39 03 - www.tourisme-st-etienne.com - avr.-sept. : 9h-19h, dim. et j fériés 9h-12h ; reste de l'année : 9h-18h, dim. et j. fériés 9h-12h - fermé 1er janv., 1er Mai, 1er nov. et 25 déc.*

Office du tourisme de Firminy – *32 r. Jean-Jaurès - 42700 - ✆ 04 77 56 30 22 - tlj sf dim. 9h-12h, 14h-18h, sam. 9h-12h, 13h30-17h30 ; juil.-août : 9h-12h, 14h-18h, sam. 9h-12h.*

Visite

Visites guidées - Saint-Étienne, qui porte le label Ville d'art et d'histoire, propose des visites-découvertes animées par des guides-conférenciers agréés par le ministère de la Culture et de la Communication. Renseignements à l'office de tourisme - ✆ 04 77 49 39 06.

Amaury de Valroger / MICHELIN

Place de l'Hôtel de ville

Se loger

Bon week-end en ville - La ville est partenaire de cette opération (toute l'année) et organise des week-ends thématiques. À la deuxième nuit d'hôtel offerte s'ajoutent des cadeaux, ainsi que de nombreuses réductions pour les visites de la ville et des musées. Pour obtenir la liste des hôtels et les conditions de réservation, se renseigner à l'office de tourisme.

Hôtel Carnot – *11 bd Jules-Janin - ✆ 04 77 74 27 16 - fermé du 6 au 30 août - 24 ch. 29,50/45 € - ☕ 7,50 €.* Les habitués fréquentent cet hôtel près de la gare Carnot pour son accueil chaleureux et pour ses prix raisonnables. Le confort est plutôt modeste, mais les chambres sont bien tenues.

Chambre d'hôte du Centre équestre Bonnefond – *42660 St-Romain-les-Atheux - ✆ 04 77 39 04 06 - ⊭ - 4 ch. 41/55 € ☕.* Tout en étant proche de St-Étienne, cette ancienne ferme convertie en centre équestre bénéficie du calme de la campagne. Les chambres, confortables, sont décorées avec goût et la cheminée de la vaste salle de séjour invite à s'attarder. Piscine couverte et chauffée.

Se restaurer

L'Escargot d'Or – *5 cours Victor-Hugo - ✆ 04 77 41 24 04 - fermé 14-22 fév., 26 juil.-22 août, dim. soir et lun. - 14/33 €.* Restaurant proche du musée d'Art et d'Industrie. Surmontant un bar, salle à manger décorée dans un esprit « jardin », avec plantes vertes et chaises en rotin. Cuisine traditionnelle joliment présentée.

Corne d'Aurochs – *18 r. Michel-Servet - ✆ 04 77 32 27 27 - fermé 1er-8 mai, 24 juil.-30 août, lun. midi, sam. midi et dim. - 16,50 € déj. - 19/36 €.* À quelques pas de l'hôtel de ville, voilà un bistrot comme on les aime ! Dans son décor folklorique encombré de vieux objets, de fouets anciens et de lithos, l'ambiance joyeuse est entretenue par le très convivial maître des lieux. Cuisine de bouchon lyonnais.

La Nouvelle – *30 r. St-Jean - ✆ 04 77 32 32 60 - fermé dim. et lun. – 25 € déj. - 40/70 €.* Ce restaurant situé dans une ruelle piétonne du centre-ville opte résolument pour le style contemporain : élégant décor volontairement épuré et délicieuse cuisine inventive réalisée par un jeune chef-patron talentueux. Une bien séduisante adresse fréquentée par les gourmets.

En soirée

Bon à savoir – Même si le club n'a plus la renommée internationale qu'il avait dans les années 1970, l'A.S. Saint-Étienne bénéficie toujours du soutien du public régional comme en témoigne l'ambiance particulière du fameux « chaudron ». À ne pas manquer : la boutique Made in sports, véritable fournisseur officiel des supporters.

Infos spectacles – Les infos spectacles de la ville sont contenues dans un bulletin trimestriel diffusé par l'office de tourisme, ainsi que dans *l'Agenda stéphanois* qui paraît tous les 15 jours. Chaque jeudi, le supplément « sorties » du journal local *La Tribune du Progrès* offre un panorama complet des activités sportives et culturelles.

Place Jean-Jaurès – Face à l'église St-Charles, et non loin du cœur de la ville, cette grande place est un lieu de rendez-vous habituel à St-Étienne. En partie ombragée (ce qui la rend d'autant plus prisée l'été), la place est bordée de nombreux cafés qui arborent fièrement de larges terrasses.

Square du Temps-Passé – Ce square rappelle que St-Étienne est une ville agrémentée de nombreux espaces verts. En bordure, la rue Richelandière est actuellement un haut lieu de la vie nocturne stéphanoise. Vous y trouverez de nombreux restaurants (comme le Central Park, très branché) et deux discothèques (Le V.I.P. et Le Duplex).

Le Piccadilly – *3 pl. Neuve - 04 77 32 28 75 - lun.-sam. 10h-1h30.* Situé au cœur du quartier historique, cet établissement peut s'enorgueillir de posséder l'une des plus belles terrasses de la ville. Le décor, hétéroclite et bigarré, est des plus séduisants, et l'ambiance, toujours bonne, attire une clientèle fidèle et jeune. Les prix pratiqués sont plutôt tempérés, avec des formules déjeuner de qualité. Concerts chaque fin de semaine.

Comédie de St-Étienne, Centre Dramatique National – *7 av. du Prés.-Émile-Loubet - 04 77 25 01 24 - www.comedie-de-saint-etienne.fr - billetterie : tlj sf w.-end 14h-19h - fermé fin juil.-fin août - 13 à 18 €.* Fondée en 1947 pour promouvoir la décentralisation théâtrale, elle dispose d'une troupe de comédiens permanents, d'ateliers de construction de décors et de costumes, de quatre salles de spectacles et d'un théâtre itinérant. Essentiellement centre de création, elle accueille aussi de nombreuses productions extérieures.

L'Esplanade - Opéra Théâtre de Saint-Étienne – *Allée Shakespeare, Jardin des Plantes - 04 77 47 83 47 - www.saint-etienne.fr - billetterie : tlj sf w.-end 14h-19h - fermé de mi-juil. à août et 1ᵉʳ Mai.* L'Esplanade-Opéra Théâtre accueille chaque année plus de 100 000 spectateurs au sein du théâtre Copeau (350 places) et du Grand Théâtre Massenet (1 100 places). Opéra, danse, musique et création audiovisuelle figurent au programme de ces deux lieux qui portent en outre une attention particulière envers le jeune public en proposant de nombreuses animations.

Le Triomphe – *4 sq. Violette - 04 77 32 22 16 - billetterie : tlj sf dim. et lun. 14h-20h ; spectacles chaque soir du merc. au sam. - fermé juil.-août - 12 €.* Ce café-théâtre installé dans un ancien cinéma cultive l'esprit, l'humour, l'accent et le vocabulaire stéphanois. Également, concerts de jazz, musique du monde, chanson française…

Nouvel Espace Culturel – ⚌ - *9 r. Claudius-Cottier - 42270 St-Priest-en-Jarez - 04 77 74 41 81 - nec-spj@wanadoo.fr - billetterie : tlj sf w-end 8h30-16h30 - fermé août - 21 € (enf. : 4 €).* Implanté dans la proche banlieue de Saint-Étienne, le « NEC » (Nouvel Espace Culturel) a été créé en 1989. De nombreuses troupes de théâtre viennent y présenter leur travail. Concerts de musique classique ou folklorique, danse et spectacles pour enfants complètent une programmation dynamique et exigeante.

Que rapporter

Chocolat Weiss – *8 r. du Gén.-Foy - 04 77 21 61 09 - www.weiss.fr - lun. 14h-19h, tlj sf dim. 9h-19h - fermé Pâques, Ascension, 14 Juil., 15 août et 1ᵉʳ janv.* Depuis 1882, Weiss est le temple du chocolat stéphanois et compte parmi ses clients les plus grands noms de la cuisine française et internationale qui apprécient particulièrement son savoir-faire artisanal mis au service du cacao grand cru. Savourez, entre autres, napolitains, nougamandines et nougastelles.

Manufrance MF – *6 r. de Lodi - 04 77 21 29 92 - manufrance@wanadoo.fr - tlj sf dim. 10h-18h45 - fermé j. fériés.* Beaucoup se souviennent avec nostalgie des heures passées à feuilleter l'énorme catalogue de la Manufacture des Armes et Cycles de St-Étienne, célébrissime maison fondée en 1893. Aujourd'hui restructurée, la firme et son réseau de magasins présentent une multitude de produits de bricolage, jardinage, maison, loisirs, décoration, chasse, pêche… toujours disponibles sur catalogue.

Sports & Loisirs

Toujours plus haut – Pour prendre de la hauteur : une *via ferrata* a été tracée au départ de Planfoy (équipement indispensable, 04 74 87 52 00) et un parcours dans les arbres a été aménagé dans le parc Robinson au Col de la République (06 62 46 12 33).

Événements

Rallye du Forez (déb. juin), 04 77 95 73 27.

Fête à la brocante (mi-juin), 04 77 21 77 98.

Foire-exposition (2ᵉ quinzaine de sept.), 04 77 45 55 45.

Fête du livre (mi-oct.), 04 77 48 77 48 (mairie).

Saint-Germain-Laval

1 488 GERMANOIS
CARTE GÉNÉRALE A2 – CARTE MICHELIN LOCAL 327 D5 – LOIRE (42)

L'Aix arrose ce bourg de montagne, agréablement circonscrit par un amphithéâtre de collines qui se nuancent au fil des saisons, du doré au vert sombre. Un endroit charmant où il fait bon flâner et demeurer un peu. Vous serez sans doute séduit, comme Louis Pize qui lui trouve une atmosphère virgilienne.

▶ **Se repérer** – La voie d'accès la plus rapide est certainement l'A 72, qui passe à 5 km de St-Germain (sortie 5). Le bourg se trouve à 33 km au Sud de Roanne.

👁 **À ne pas manquer** – Le charmant village perché de Pommiers ; la Maison des grenadières.

🕐 **Organiser son temps** – Comptez environ 1h.

👫 **Avec les enfants** – À St-Didier-sur-Rochefort, on ouvre « Les Portes de l'imaginaire » au cours d'un spectacle de contes.

🖐 **Pour poursuivre la visite** – Voir aussi : château de la Bastie-d'Urfé, Feurs, les monts du Forez, Montverdun et Roanne.

Se promener

La D 38, en venant de l'Ouest, offre une vue agréable de ce bourg forézien, établi sur un mamelon dominant le vallon de l'Aix.

Église de la Madeleine – Datant du 18e s. et couverte d'un dôme en lanternon, elle est désaffectée et sert de cadre à des expositions thématiques durant la belle saison.

Église paroissiale – Situé à l'autre extrémité du bourg, cet édifice néo-gothique abrite une **statue de Moïse** (1065), en pierre, à droite en entrant, et une petite Pietà naïve en bois polychrome, dans une niche au-dessus des fonts baptismaux.

Place de la Mairie

Elle est bordée de demeures anciennes : l'une d'entre elles, à pans de bois, est la maison natale de l'explorateur **Greysolon du Luth**.

La mairie, installée dans un hôtel du 18e s., à l'emplacement de l'ancienne forteresse, abrite un petit **musée** : tapisseries, mobilier, miniatures françaises et orientales. Deux belles tapisseries d'Aubusson sont à voir dans la grande salle. *Pl. de la Mairie - ✆ 04 77 65 41 30 - tlj sf w.-end 8h30-12h, 14h-17h - fermé j. fériés - gratuit.*

Aux alentours

Chapelle N.-D.-de-Laval

1,3 km par la D 38, à la sortie Ouest de St-Germain. La **chapelle**, gothique, apparaît comme une vision de grâce au bord de l'Aix, enjambé par un beau pont médiéval. La façade ornée d'un gâble flamboyant surmonte deux portails en anse de panier ; à l'intérieur, statue de la Vierge noire. Ce sanctuaire dédié à Notre-Dame attira des foules de pèlerins du Moyen-Âge au 17e s. Il reçut la visite de Louis XI, revenant du Puy.

Commanderie de Verrières

2,5 km. Quittez St-Germain par la D 1, en direction de Balbigny, puis empruntez la D 21 et, à gauche, la petite route d'accès. Juxtaposée aux bâtiments d'une ancienne commanderie de l'ordre de Malte, la **chapelle** du 12e s. est un sobre édifice de granit clair. L'intérieur, à nef voûtée en berceau brisé, est très dépouillé : la beauté du granit constitue son seul décor, à l'exception d'une croix de Malte peinte au-dessus de la baie centrale de l'abside.

Sur l'esplanade, belle croix à personnages du 15e s.

Le saviez-vous ?

👁 Dans la vallée verte passa sans doute saint Germain, évêque d'Auxerre au 5e s. aussi populaire que saint Martin. Deux autres localités de la Loire lui sont dédiées : St-Germain-Lespinasse et St-Germain-la-Montagne.

👁 Au moins deux Germanois ont laissé une trace dans l'histoire : **Papire Masson**, humaniste et historien (1544-1611), et l'explorateur **Greysolon du Luth** qui, au 17e s., découvrit les sources du Mississippi. On donna son nom à la ville de Duluth (Minnesota, États-Unis).

Que de tentations ! Les passionnés d'automobiles auront du mal à résister en visitant l'automusée, car ces superbes voitures sont souvent à vendre.

Automusée du Forez

4 km. Quittez St-Germain par la D 8 en direction de Roanne. Juste avant le passage sous l'autoroute, prenez à gauche un chemin qui conduit au parking du musée. ZA les Grandes Terres - 📞 *04 77 65 53 47 - www.automusee.fr -* ♿ *- tlj sf lun. 10h-12h, 14h-18h - fermé 2 dernières sem. de déc. - 6 € (enf. 4 €).*

Original ! Parmi la centaine de véhicules exposés, la plupart appartiennent à des propriétaires privés et sont à vendre. Les collections, qui réunissent les marques les plus prestigieuses de l'histoire de l'automobile (Voisin, Delahaye, Talbot, Panhard, Ferrari…), sont donc régulièrement renouvelées.

Pommiers★

3 km à l'Est de St-Germain par la D 21. L'arrivée par le Sud (D 94) offre un plus beau coup d'œil. En limite du Forez et du Roannais, ce très joli village perché, tout en rondeur, vous enchantera, tout en vous dépaysant agréablement. Ce site, occupé dès l'époque romaine et les premiers temps de l'ère chrétienne, s'est développé au 9e s., autour d'un monastère bénédictin rattaché à Nantua. Au 14e s., comme beaucoup de villages inquiets de la montée de l'insécurité, Pommiers s'entoure de bonnes murailles. C'est à l'intérieur de cette enceinte fortifiée que nous vous invitons à musarder un peu.

Le Conseil général de la Loire s'est rendu propriétaire de l'**ancien prieuré** bénédictin. *L'ancienne église bénédictine est aujourd'hui paroissiale. Des visites commentées, thématiques, des concerts et des conférences sont organisées depuis 1996 dans l'ensemble prieural -* 📞 *04 77 65 46 22.*

Église – L'église bénédictine est aujourd'hui paroissiale. Cet édifice des 11e et 12e s. frappe dès l'abord par son austérité. Le vaisseau central gagne ainsi en rigueur. À partir de la 5e travée, la voûte de la nef est percée de petits orifices, les *échéas*, sortes d'amphores encastrées dans la maçonnerie et servant à améliorer l'acoustique.

L'absidiole Nord a conservé une intéressante série de **peintures murales** du 16e s. Remarquez dans le collatéral Nord une arcature sur pilastre, d'inspiration rhodanienne, et dans une niche, un beau **torse de Christ en bois**, datant du 13e s.

Bâtiments conventuels – Au 16e s., le prieur commendataire fait édifier une façade Renaissance devant la Maison Forte où il tient ses séances de justice. Aux 17e et 18e s., le prieuré est complètement reconstruit, avec un cloître ample et majestueux donnant sur l'église romane, demeurée intacte.

Circuit de découverte

LES VALLÉES DE L'ONZON ET DE L'AIX

90 km environ – comptez une demi-journée. Quittez St-Germain-Laval au Sud par la D 8. À Boën (voir les monts du Forez), prenez à droite la N 89 jusqu'à l'Hôpital-sous-Rochefort.

L'Hôpital-sous-Rochefort

Comme il le précise dans son journal de voyage, Montaigne, de retour d'Italie, fait étape dans cette « petite ville close » : le village et l'**église** furent fortifiés au 15e s. Des remparts, il reste deux portes d'enceinte.

Église – La façade de cet édifice du 12e s. présente un mur carré surmonté d'une jolie arcature ouverte. La nef, étroite, abrite une remarquable **Vierge à l'Enfant★★** en bois polychrome, de la fin du 15e s. Cette statue, grandeur nature, est merveilleuse de grâce et de fraîcheur.

Quittez l'Hôpital-sous-Rochefort par la D 21 à l'Ouest, direction St-Didier-sur-Rochefort ; sur cette route s'embranche le chemin d'accès à Rochefort (vieux village perché). Revenez sur la D 21 et prenez la direction de St-Didier-sur-Rochefort.

St-Laurent-Rochefort

Remarquez, à côté de l'église, une belle croix à personnages du 15e s.

Gagnez St-Didier-sur-Rochefort par la D 21.

St-Didier-sur-Rochefort

Les Portes de l'imaginaire – ℘ 04 77 97 99 43 - www.lesportesdelimaginaire.com - ♿ - juil.-août : 13h-18h ; avr.-juin : dim. et j. fériés 14h30-18h ; vac. scol. Pâques (toutes zones) : 14h30-18h ; vac. scol. Toussaint : 14h30-17h30 - fermé nov.-mars - 7 € (enf. 5,40 €). 👫 Dans une ferme typique du 18e s., farfadets, sorcières et monstres merveilleux accompagnent le récit de contes et légendes en Forez.

Entre St-Didier-sur-Rochefort et St-Julien-la-Vêtre, un mégalithe, la **Pierre branlante**, se dresse au bord de la route (D 73).

La N 89 mène à Noirétable.

Noirétable *(voir Le Guide Vert Michelin Auvergne).*

Continuez par la N 89, en direction de Thiers et, à la sortie du bourg, prenez à droite la D 24.

Cervières

Laissez la voiture sur l'esplanade à l'entrée du village. Passé la belle arche de granit, vous voici au Moyen-Âge dans la superbe résidence d'été des comtes de Forez : le bourg de Cervières tout entier.

Dans l'**église** gothique, un peu trapue, les retombées d'ogives se font sur des éléments sculptés en forme de masques. À voir une petite Pietà naïve.

En face de l'église, une belle maison Renaissance au nom charmant, l'Auditoire. Franchissez le passage voûté sous l'Auditoire et longez à gauche la ligne ombrée des anciennes fortifications jusqu'à une nouvelle arche de granit ; là, une ruelle en montée ramène à l'église. Après la mairie, on atteint le champ de foire qui surplombe joliment les alentours.

La Maison des grenadières★

℘ 04 77 24 98 71 - www.grenadieres.com - possibilité de visite guidée avr.-oct. : tlj sf mar. 14h30-18h ; nov. et mars : w.-end 14h30-18h - fermé déc.-fév. - 4,50 € (-12 ans gratuit, 12-18 ans 3,50 €).

Les brodeuses du Canton de Noirétable fabriquaient au 19e s. l'emblème de la gendarmerie, la « grenade », une munition en flamme. Ces réalisations en grandes séries, brodées de cannetilles d'or, leur valurent le nom de « grenadières ». Installé dans la coquette maison de l'Échevin (Renaissance), le musée retrace avec précision et émotion, ce métier : courbées discrètement sur leurs aiguilles, les brodeuses fournissent depuis 1886 les décorations rutilantes pour les tenues d'apparats, civiles et militaires. Une scénographie moderne valorise outils, dessins (manteau de Napoléon Ier), écussons (pattes d'épaules de Bokassa Ier) et costumes. Au 3e étage, démonstration et initiation par une grenadière. La vidéo du rez-de-chaussée rassemble des témoignages touchants.

Broderie en or, Maison des grenadières

Gagnez Champoly par la D 53. À la sortie Est de Champoly part une petite route revêtue et balisée qui conduit au site du château d'Urfé.

Château d'Urfé

3/4h à pied AR. Cette forteresse (12e-15e s.) a été la résidence de la famille d'Urfé, avant la construction de la Bastie-d'Urfé *(voir ce nom)*. Ce château, également connu sous le nom de « Cornes d'Urfé », est progressivement restauré. Une **table d'orientation** installée en haut du donjon accompagne la belle vue circulaire sur les monts du Lyonnais et les contreforts des monts d'Auvergne.

Revenez vers Champoly ; laissez à droite la D 24 pour emprunter la D 53, pittoresque, en direction de St-Just-en-Chevalet dont on découvre la plaisante silhouette après avoir longé le parc du château de Contenson.

Suivez la D 1 au Sud-Est.

Grézolles

Village dominé par le clocheton d'ardoise d'une petite chapelle du 16e s.

Gagnez St-Martin-la-Sauveté et, au Sud du village, prenez à gauche de la D 20, le sentier d'accès au belvédère.

Belvédère de la Sauveté★

Table d'orientation. 1/4 h à pied AR. Le chemin mène au pied du château d'eau et de la statue de la Vierge ; vaste **panorama**.

Revenez à l'entrée de St-Martin et prenez la D 38 à droite vers St-Germain-Laval.

Saint-Germain-Laval pratique

Adresse utile

Office de tourisme – R. Nationale - 42260 Saint-Germain-Laval - ℘ 04 77 65 52 96/48 75 - juin-août : se renseigner pour les horaires - fermé lun.

Sainte-Croix-en-Jarez

351 CARTUSIENS
CARTE GÉNÉRALE B2 – CARTE MICHELIN LOCAL 327 G7 – LOIRE (42)

Voici certainement un des villages les plus insolites de France : situé dans un vallon verdoyant de la haute vallée du Crouzon, en plein cœur du parc du Pilat, il a investi en effet les bâtiments d'une ancienne chartreuse, fondée en 1280 par Béatrix de Roussillon : école, mairie, appartements se sont installés dans les vénérables cellules des pères… et le monastère est devenu une commune comme les autres. Comme les autres ? À vous d'en juger !

▸ **Se repérer** – Comme caché au Nord du Pilat, entre Vienne et St-Étienne, ce village est accessible par la petite D 30 depuis Rive-de-Gier ou Condrieu.

👁 **À ne pas manquer** – Les fresques de l'ancienne chartreuse.

🕐 **Organiser son temps** – Comptez environ 1h.

👶 **Pour poursuivre la visite** – Voir aussi : Condrieu, le Pilat, Roussillon, St-Étienne et Vienne.

Comprendre

Ayant pris la Croix en 1277, le seigneur Guillaume de Roussillon était mort en Terre sainte. Il laissait une jeune épouse, Béatrice de la Tour. Celle-ci, loin d'être une veuve joyeuse, décida aussitôt de se retirer du monde. Or, lui apparut bientôt une croix lumineuse qui la guida jusqu'en ces lieux. Quoi de plus normal, alors, que de vouer à la sainte Croix le monastère qu'elle fonda ?

À la Révolution, les chartreux, qui partageaient leur temps entre la prière, l'étude et les travaux manuels, furent expulsés et, en 1792, les cellules furent vendues et transformées en fermes, boutiques et bâtiments administratifs. Un vrai village avec sa mairie et son école était né.

Découvrir

La beauté se mérite. Et de fait la route qui, depuis Rive-de-Gier conduit à Sainte-Croix, si elle n'est pas très longue, comporte de nombreux virages. La récompense ? De très beaux paysages et, au bout, ce village original qui a su préserver son authenticité.

Ancienne chartreuse

📞 04 77 20 20 81 - ♿ - mai-sept. : tlj sf merc. 10h-12h, 14h-18h ; mars-avr. et oct. : tlj sf lun. et merc. 10h-12h, 14h-18h ; nov.-fév. : tlj sf lun., merc., vend. 10h-12h, 14h-17h - 4 €.

Façade

Sur la façade des anciens bâtiments conventuels a été ouverte, au 17e s., une **porte monumentale** en granit, flanquée de tours rondes en moellons de schiste. On y distingue les **armoiries** des chartreux : un globe terrestre portant une croix et entouré de sept étoiles ; les étoiles symbolisent saint Bruno, fondateur en 1084 de cet ordre contemplatif, et ses six compagnons.

De chaque côté s'étend l'ancienne enceinte, défendue, à ses extrémités, par deux tours d'angle et occupée par des maisons d'habitation.

Après avoir franchi ce portail, on atteint une première cour.

Cour des Frères

Cette vaste cour rectangulaire est bordée par les bâtiments qui abritaient autrefois les activités des frères convers et « donnés » (liés à l'ordre par des contrats civils) assurant la vie matérielle de la communauté : pressoirs, celliers, boulangerie, ateliers, forges, écuries… Sur la gauche, un passage en pente, sous **voûte** (1), mène à l'entrée du jardin potager, que borde le Couzon : remarquez la belle **imposte en fer forgé** (17e s.) (2) qui surmonte le vieux portail en bois.

Au fond de la cour, à gauche, s'ouvre une rue dallée, autrefois entièrement couverte, le « **corridor** », qui desservait les pièces destinées à un usage commun (réfectoire pour les repas des dimanches et de certains jours de fête, bibliothèque, etc.).

Église

Son portail est signalé par la présence de deux bénitiers latéraux, en pierre. L'édifice du 17e s. abrite des boiseries des 16e et 17e s., ainsi que des stalles du 14e s. dont les miséricordes et les accoudoirs sont sculptés de motifs très variés : masque grimaçant, coiffe de paysanne du Pilat, animaux, etc. Au-dessus du portail, le mur est orné de trois

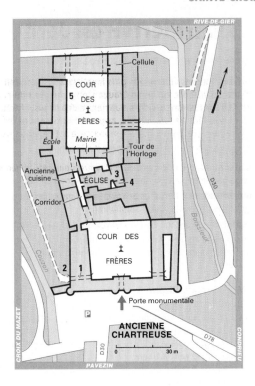

tableaux représentant le martyre de saint Sébastien (copie d'un tableau de Mantegna), saint Charles Borromée, agenouillé, et saint Bruno refusant l'épiscopat, vêtu de l'habit cartusien, la « cuculle » blanche.

Du chœur, on accède aux vestiges de l'église primitive : l'**ancienne salle capitulaire** (**3**) et l'**ancienne sacristie** (**4**) du 13e s. Celle-ci conserve des **fresques★** du 14e s., restaurées, qui illustrent avec un certain réalisme le couronnement de la Vierge, la Crucifixion (inspirée de Giotto), les funérailles de Thibaud de Vassalieu, qui, en 1312, traita avec Philippe le Bel pour le rattachement du Lyonnais à la couronne de France.

Au-dessus de la Crucifixion figure le groupe des chartreux de Ste-Croix.

En sortant de l'église, voir, en face, l'ancienne cuisine, voûtée, avec sa cheminée monumentale (lieu d'exposition). À l'extrémité du corridor, on débouche dans la deuxième cour. À gauche de l'entrée, l'accueil est installé dans l'ancienne boulangerie du monastère.

Cour des Pères

Elle était, autrefois, entièrement bordée par un cloître sur lequel donnaient les cellules des chartreux. Chaque cellule comportait, au niveau de la cour, un oratoire, une chambre, une terrasse et un promenoir ; au niveau inférieur se trouvaient le bûcher, l'atelier et le jardin ; le moine recevait sa nourriture, les jours de semaine, par un guichet situé à côté de la porte d'entrée de sa cellule. Aujourd'hui, le cloître a disparu et les cellules (sauf une, reconstituée au fond de la cour) ont été transformées en logements, mairie, école… L'une des cellules, à l'Ouest, dans la cour, est surmontée d'une scène en **bas-relief** (**5**) représentant saint Bruno méditant sur la mort.

Au Sud-Est, à un angle, se dresse la **tour dite de l'Horloge**, qui n'a plus son cadran depuis la Révolution.

Sainte-Croix-en-Jarez pratique

Se restaurer

🍴 **Le Prieuré** – ☎ 04 77 20 20 09 - fermé 2 janv.-13 fév. et lun. - 12/42 € - 4 ch. 52/58 € - ☐ 8 €. À l'entrée de Ste-Croix-en-Jarez, juste à droite de sa porte monumentale, ce restaurant sera parfait pour clore votre visite du village. Simple, il propose des menus pas trop chers dans un cadre chaleureux. En hiver, ne manquez pas les alléchantes charcuteries du patron.

Serrières

1 078 SERRIÉROIS
CARTE GÉNÉRALE B3 – CARTE MICHELIN LOCAL 331 K2 – ARDÈCHE (07)

Comme sa voisine Condrieu, Serrières est une ancienne cité marinière qui restera à jamais associée à l'épopée des bateliers du Rhône. De ces temps héroïques subsistent les célèbres joutes nautiques qui animent chaque année les rives du fleuve.

- **Se repérer** – À 32 km au Sud de Vienne, Serrières est établi sur les bords du Rhône, au croisement de la N 86 et de la N 82 qui conduit à Annonay.

- **À ne pas manquer** – L'univers très particulier des marinier du Rhône et leurs croix des équipages.

- **Organiser son temps** – Renseignez-vous sur les dates des joutes nautiques, comptez environ 2h pour la ville et ses environs.

- **Avec les enfants** – Le pistage en canoë des castors, à la réserve de la Platière.

- **Pour poursuivre la visite** – Voir aussi : Annonay, Condrieu, Hauterives, le Pilat, Roussillon, Ste-Croix-en-Jarez, Tournon-sur-Rhône et Vienne.

Visiter

Musée des Mariniers du Rhône

Fermé pour restructuration.

Sous la charpente de bois de la chapelle St-Sornin (12e-14e s.) sont exposés d'humbles souvenirs des célèbres bateliers : porte-voix, palonnier servant à fixer les chaînes des chevaux haleurs, table d'équipage d'une auberge en bordure de l'eau, cannes de compagnon, gilets

Le saviez-vous ?

Beaucoup de Serriérois descendent des intrépides patron de décize (descente du Rhône) ou des courageux cul-de-piau, mariniers, ainsi appelés à cause de leurs culottes doublées de cuir.

brodés de cérémonie, bagues en crin de cheval ornées de perles de verre, plusieurs spécimens de **croix des équipages**. Ces croix, fixées à la proue de l'embarcation, protégeaient l'équipage d'une navigation toujours périlleuse. Elles étaient décorées des emblèmes de la Passion, naïvement sculptés et peints : clous, bourse de Judas, dés des légionnaires, fouet de la flagellation, gouttes de sang du Christ, main de Justice, etc. Au sommet des croix des équipages se dressait un coq, symbole de l'éveil constant du capitaine.

L'épopée des bateliers du Rhône

Fleuve dieu, fleuve roi, le Rhône n'a pas toujours coulé des eaux égales telles qu'on peut les suivre aujourd'hui au rythme de ses barrages et de ses retenues. S'il n'est point le « fleuve mort » évoqué par certains nostalgiques, il n'a plus rien du « taureau furieux » qui se précipitait vers la mer et dont les riverains craignaient les terribles colères. Figures emblématiques et mythiques de ces temps révolus, les bateliers ou « mariniers » du Rhône sont entrés dans la légende grâce au *Poème du Rhône* de Mistral. Après une période d'apogée vers 1830, la fin du 19e s. est un moment critique où la « vapeur » sonne le glas d'un des métiers les plus difficiles et des plus respectés, qui a longtemps animé les rives rhodaniennes. Dans son livre *Le Seigneur du fleuve*, Bernard Clavel a justement décrit cette résistance acharnée mais inégale.

Aux alentours

Réserve naturelle de la Platière

1 km au Nord-Est de Serrières, sur la commune de Sablons. Passez le Rhône et remontez un peu son cours. L'accès à l'île est impossible en période de crue, et dangereux par grand vent.

Avec ses aulnes, ses frênes et ses peupliers (volets d'identification) envahis de lianes, de ronces et de vignes sauvages, mourant de leur belle mort et grinçant au gré du vent, cette « végétation alluviale » aurait presque des faux airs de mangrove. Sillonant queques-uns des 484 ha de l'île protégés entre le Rhône et le canal, deux sentiers (*comptez environ 45 mn.*) s'intéressent au bois et aux hérons. Vous verrez que, bien avant le coucher du soleil, ce sont surtout les sentiers des moustiques.

Celui des hérons conduit à un observatoire sur le Rhône. Venez-y tôt et munis de jumelles pour observer les éventuels oiseaux d'eau. La présence des castors, actifs la nuit, se détecte difficilement.

Malleval

10 km au Nord de Serrières, par la N 86 et la D 503 à gauche, à la sortie de St-Pierre-de-Bœuf.

Ce village, autrefois fortifié, étage ses maisons du 16e s. sur un éperon rocheux couronné par l'église et les vestiges de l'ancien château. Malleval est le point de départ du sentier Flore tracé dans le Parc naturel régional du Pilat *(p. 302)*.

Pour jouir d'une belle vue sur le site de Malleval et les gorges, poursuivez en direction de Pélussin et arrêtez-vous après un virage à gauche très prononcé.

Champagne

6 km au Sud de Serrières par la N 86. Malgré sa situation sur la rive droite du Rhône, Champagne fut terre dauphinoise jusqu'à la Révolution : c'était un fief des puissants comtes d'Albon dont le château se dressait sur la rive opposée.

Église – *Visite libre - possibilité de visite guidée sur demande - ✆ 04 75 34 19 20.*
L'édifice date, dans son ensemble, du 12e s. C'est la seule église de la vallée du Rhône à posséder une nef voûtée d'une série de coupoles sur trompes. Trois coupoles, s'appuyant sur des piliers cruciformes, coiffent la nef. Une quatrième coupole surmonte le carré du transept. Belles stalles du 15e s.

À l'arrivée à Andance, au pied des aiguilles granitiques, on aperçoit au loin, sur la rive gauche, la silhouette de l'altière tour d'Albon.

Andance

10 km au Sud de Serrières par la N 86. L'**église** abrite une remarquable **croix des Équipages★** de la marine du Rhône *(à droite, dans la chapelle latérale)*. Beaux pilastres romans.

À Andance, franchir le Rhône par le pont suspendu (1827), puis, par la D 122A, qui passe sous l'autoroute, gagnez la tour d'Albon.

Tour d'Albon et château de Mantaille

Les comtes d'Albon, en étendant leurs possessions à partir du 11e s., ont créé le Dauphiné. Leur tour, ruinée, domine un vaste horizon. Elle porte aujourd'hui des inscriptions commémorant, entre autres, un feu de joie des « républicains d'Albon » qui célébrèrent, le 14 juillet 1889, le centenaire de la prise de la Bastille.

Du pied de la tour, **panorama★** sur la vallée du Rhône, du défilé de St-Vallier à la plaine de St-Rambert, le débouché de la Valloire et, à l'Ouest, les Cévennes.

À 4 km à l'Est, les ruines du **château de Mantaille** se dressent au flanc du vallon du **Bancel**. C'est à Mantaille que Boson se fit couronner roi de Bourgogne en 879.

Serrières pratique

Adresse utile

Office de tourisme – *Pavillon du tourisme - Quai Jules-Roche - 07340 SERRIÈRES - ✆ 04 75 34 06 01 - mai-sept. : se renseigner pour les horaires - ✆ 04 75 34 06 01.*

Se loger

Chambre d'hôte (Anne Morel) « La Palisse » – *Rte de Cheval - 07340 Peaugres - ✆ 04 75 67 08 37 - www.inforesa@lapalisse-peaugres.com - ouv. mai-oct. ; reste de l'année sur réserv. - - 3 ch. 49/60 €.* On pourrait presque dire que ce site offre un voyage dans le voyage, avec son ambiance exotique. Et quand les animaux du Safari de Peaugres s'y mettent, on croirait se réveiller à l'autre bout du monde. Rassurez-vous, les pâtisseries maison du petit-déjeuner vous confirmeront que vous êtes encore bel et bien en Ardèche.

Se restaurer

Restaurant du Parc – *40 quai Jules-Roche - ✆ 04 75 34 00 08 - www.restaurantduparc-serrieres.com - fermé dim. soir et lun. sf en été - 15/28 €.* Il faut passer le porche et remonter l'allée pour rejoindre le petit parc où des tables sont dressées à l'ombre des arbres. Au choix, une formule du jour ou un menu gourmand qui vous fera découvrir les spécialités régionales comme les ravioles et les charcuteries ardéchoises. Bon rapport qualité-prix.

En soirée

Bon à savoir – Tous les ans à la mi-juillet, les « sauveteurs de Serrières » s'affrontent en compétition officielle. Ces joutes constituent avant tout un spectacle sportif, plutôt insolite, à voir quand on est de passage dans la région.

Massif du **Tanargue**★★

CARTE GÉNÉRALE A4 – CARTE MICHELIN LOCAL 331 G6, H6 – ARDÈCHE (07)

Bienvenue dans l'une des régions les plus sauvages de la montagne vivaroise. Ce massif de granit et de gneiss a été en effet complètement bouleversé par des mouvements géologiques qui lui donnent cette allure déchiquetée. Ses reliefs et un climat plutôt rigoureux font le bonheur des amateurs d'escalade et de ski de fond qui pratiquent leur passion dans un cadre préservé.

- **Se repérer** – Au Sud de la haute vallée de l'Ardèche, le massif du Tanargue est assez facilement accessible à partir de la N 102, à l'Est d'Aubenas. Après la nationale, les routes sont tortueuses.
- **À ne pas manquer** – La vue des cols de Meyrans et la Croix-de-Bauzon.
- **Organiser son temps** – Comptez environ 3h.
- **Pour poursuivre la visite** – Voir aussi : Aubenas, Largentière, Ruoms, Thueyts, Vallon-Pont-d'Arc, Vals-les-Bains et Les Vans.

Circuit de découverte

DE VALS-LES-BAINS À VALGORGE

80 km – environ 3h – schéma ci-contre.

Attention, dès l'automne, aux orages qui peuvent être particulièrement violents. Des crues soudaines, rendues redoutables par la pente du terrain, transforment les torrents en flots furieux, quoique vite apaisés.

Vals-les-Bains *(voir ce nom)*

Quittez Vals-les-Bains par la N 102 en direction du Puy-en-Velay. À Pont-de-Labeaume, empruntez la D 5 vers Jaujac.
La route se déroule en vue des coulées basaltiques de la vallée du Lignon. À mi-parcours (panneau), laissez la voiture et approchez-vous du rebord de la plate-forme volcanique sur laquelle est tracée la route ; de part et d'autre, la **coulée**★ est remarquable par ses orgues d'une verticalité parfaite, certaines d'une coloration gris-bleu.

Jaujac

Le bourg présente un aspect attrayant avec ses maisons anciennes des 15e et 16e s., notamment dans le quartier du Chastelas, rive gauche, et les vestiges de son château fort. Au Sud-Est de la localité se dresse la « coupe » de Jaujac, volcan quaternaire d'où proviennent les coulées du Lignon et d'où jaillissent des sources minérales.

Dès la sortie de Jaujac on aperçoit, à droite, le petit **château de Bruget**, du 15e s. À partir de La Souche, le parcours devient très montagnard ; le sommet du rocher d'Abraham se détache en avant à droite, tandis que le tracé en corniche montre, sur la gauche, de sombres versants boisés de sapins.

La coulée basaltique de Jaujac séduit par la remarquable régularité de ses orgues.

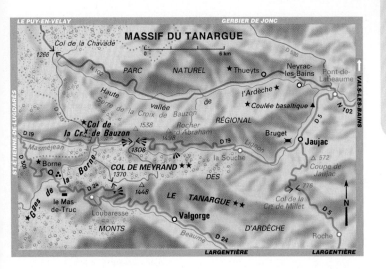

Col de la Croix-de-Bauzon★

Du col (alt. 1 308 m), la **vue** s'étend sur l'enfilade des vallées de la Borne et du Masméjean, avec à l'horizon les monts de la Margeride ; à l'Est, la trouée du Lignon est prolongée par la dépression d'Aubenas.

Poursuivez dans la D 19 en direction de St-Étienne-de-Lugdarès, puis tournez à gauche dans la D 301 (route étroite).

Le saviez-vous ?

Les conditions de vie difficiles ont dépeuplé le massif et les terres sont souvent à l'abandon. Les chemins de « draille » vers l'estive sont surtout suivis par les randonneurs qui profitent ainsi des superbes paysages.

Gorges de la Borne★

Après un passage au milieu des landes à genêts, la descente sur Borne offre des vues plongeantes sur les gorges.

À l'Ouest se profile la montagne du Goulet. Le village de **Borne★** occupe un site retiré, en corniche au-dessus du torrent encaissé. Dans un amphithéâtre rocheux, un château ruiné, juché sur un piton, domine la Borne.

Une route communale permet de gagner le minuscule hameau de **Mas-de-Truc**, perdu dans la montagne.

Gagnez le col de Meyrand par Loubaresse. Jusqu'à ce village, la route est étroite et parfois impraticable en raison des chutes de pierres.

Col de Meyrand★★

Alt. 1 371 m. Il dévoile soudain une splendide corniche ; en contrebas du col, un balcon d'orientation est aménagé à gauche d'un rocher isolé. Une superbe vue s'étend, de gauche à droite, sur le sommet du Tanargue, la vallée de Valgorge, la dépression de l'Ardèche dominée par la dent de Rez, la serre de Valgorge en face et, à droite, la dorsale du mont Lozère.

Faites demi-tour.

Après Loubaresse, aux vues d'enfilade sur la trouée de Valgorge succèdent les passages ombragés de châtaigniers.

La route descend en lacet dans la haute vallée de la Beaume, tandis que les flancs du Tanargue se dénudent.

Valgorge

Modeste bourgade bien située dans un cadre verdoyant de vignes et de vergers.

Continuez sur la D 24 jusqu'à Roche où l'on prend la D 5 sur la gauche.

La route suit la vallée de la Ligne jusqu'au col de la Croix-de-Millet (alt. 776 m).

La D 5 ramène à Jaujac et Pont-de-Labeaume. Prenez alors la N 102 sur la droite en direction de Val.

Massif du Tanargue pratique

Se loger

La Ferme du Monteil – *Le Monteil - 07380 Jaujac - ℘ 04 75 93 28 56 - contact@la-ferme-du-monteil.com - fermé nov.-mars - ⌓ - 4 ch. 41/48 € ⌷ - repas 19 €*. Cette maison qui surplombe la vallée du Lignon séduira ceux qui recherchent la tranquillité. Les repas sont préparés avec les produits de la ferme ; les amateurs de sensations nouvelles se tourneront vers les fameux « menus curieux », mitonnés à base de plantes sauvages et autres légumes inhabituels.

Le Chastagnier – *07140 Montselgues - à droite après le hameau de Peyre en direction de Montselgues - ℘ 04 75 36 97 00 - contact@la-ferme-du-monteil.com - fermé nov.-mars - ⌓ - 4 ch. 35/48 € ⌷ - repas 16 €*. Si l'idée de ne pas trouver de voisins à 6 km à la ronde ne vous effraie pas, réjouissez-vous de cette ferme ancienne presque au bout du monde, parfaitement restaurée, offrant des chambres spacieuses, confortables, et de superbes possibilités de promenades. Repas roboratifs, et hôtes à la mesure du site.

Le Rucher des Roudils – *Les Roudils - 07380 Jaujac - ℘ 04 75 93 21 11 - www.lesroudils.com - fermé nov.-mars - ⌓ - 3 ch. 52 € ⌷*. Trois adorables chambres personnalisées orientées au Sud et jouissant d'une vue splendide sur le massif du Tanargue. Aux beaux jours, les petits-déjeuners bio sont servis sur la terrasse, en pleine nature. Un vrai coin de paradis… où les confitures, le miel et même le mobilier sont faits maison.

Se restaurer

La Marronnerie – *R. de la Coquille - 07110 Largentière - ℘ 04 75 39 13 86 - 9/25 €*. Au cœur de la cité médiévale, ce salon de thé-saladerie propose une petite restauration originale en période estivale : omelettes et salades cohabitent avec le menu américain et son Mac Toff, le hamburger maison. En hiver, on se régale de marrons glacés ou d'une tarte frangipane, appréciée des gourmets.

Sports & Loisirs

Station de ski – *07590 St-Étienne-de-Lugdarès - ℘ 04 66 46 65 36 - renseignements au Syndicat d'initiative de St-Étienne-de-Lugdarès*. Station de ski et de loisirs située au pied des pentes du Tanargue sur la D 319 entre La Souche et St-Étienne-de-Lugdarès. Le Tanargue fait également le bonheur des amateurs d'escalade grâce à différents sites pour tous niveaux.

La Forêt de l'Aventure – *⛺ - 07380 Jaujac - ℘ 04 75 89 09 09*. L'aventure commence au pied du volcan de Jaujac avec plus de 50 activités invitant à faire le plein de sensations fortes, le tout dès l'âge de 5 ans. Les tyroliennes offrent leur lot d'émotions, mais les plus intrépides se doivent de tester en outre les lianes de Tarzan.

Tarare

10 420 TARARIENS
CARTE GÉNÉRALE B2 – CARTE MICHELIN LOCAL 327 F4 – RHÔNE (69)

Il faut voir Tarare enveloppé de voiles multicolores pour mesurer l'importance de cette industrie pour la ville. Ce n'est que tous les cinq ans, lors des tradition-nelles fêtes de la Mousseline. L'essor de cette activité au 19e s. et la proximité de Lyon expliquent la ressemblance des maisons du centre-ville avec les maisons lyonnaises de l'époque. La crise industrielle est passée par là et la ville a dû se diversifier sans oublier pour autant ses heures de gloire.

- ▶ **Se repérer** – La ville se situe sur la N 7 entre Roanne (à 42 km à l'Ouest) et Lyon (à 46 km à l'Est).

- 👁 **À ne pas manquer** – L'architecture de Le Corbusier pour le couvent de Ste-Marie-de-la-Tourette ; les val-lons et forêts de sapins de la route de crête qui traverse les monts de Tarare.

- 🕐 **Organiser son temps** – Comptez une demi-journée pour la ville et ses environs.

- 👪 **Avec les enfants** – Se baigner au lac des Sapins.

- 👣 **Pour poursuivre la visite** – Voir aussi : le Beaujolais, Feurs, Mont-d'Or lyonnais, Roanne, St-Germain-Laval et Villefranche-sur-Saône.

> ### Point de vue
> Au confluent de la Turdine et du Ta-ret, Tarare est profondément encaissé dans le chaînon occidental des **monts du Beaujolais**. L'arrivée sur la ville en venant de Roanne est particulièrement spectaculaire.

Comprendre

La mousseline – Ce tissu en laine originaire de Mossoul, d'où son nom, était tissé de façon très claire et très légère. Les Suisses réussirent à l'imiter en utilisant du coton. Simonet fit donc venir du coton importé du Levant ; les gros ballots arrivent à Lyon et à Tarare et se vendent au détail. Mais, pour la beauté et la solidité du tissu, il fallait des fils fins et égaux ; les fils obtenus sont défectueux, c'est la ruine. Son neveu réussit enfin en rapportant de Suisse des filés de coton qu'il fait tisser au métier à bras dans les campagnes.

Pendant le Premier Empire, le blocus continental, en interdisant l'entrée en France de tissus étrangers, fait la fortune de l'industrie de la mousseline. En 1863, on introduit le tissage mécanique du coton pour faire face à la concurrence des manufactures d'Alsace et des Vosges.

Le synthétique – Après 1918, la repro-duction des filés de rayonne accroît son développement, tandis que la fabrica-tion et la vente des voiles commencent à prendre de l'importance : les tissus synthétiques fins remplacent la mous-seline. Tarare s'affirme jusque dans les années 1980 un grand centre de tissage et de montage du rideau. Aujourd'hui, après une forte crise, cette spécialité perdure grâce à quelques usines pour le synthétique, et des artisans pour les tissus dits nobles.

> ### Le saviez-vous ?
> 👁 Selon d'éminents linguistes, Tarare pourrait venir de *Taros*, nom d'homme gaulois, et de *durum*, forteresse.
> 👁 En 1754, **Georges-Antoine Si-monet** monte les premiers métiers à mousseline de Tarare, en s'inspirant des méthodes de fabrication qu'il a étudié en Suisse. Mais ce qu'il pro-duit est médiocre. Il meurt dans la misère en 1778. En 1786, son neveu, Adrien Simonet, reprend son œuvre avec succès en important du coton de qualité.

Aux alentours

L'Arbresle

18 km à l'Est de Tarare par la N 7. Au confluent de la Brévenne et de la Turdine, cette cité industrielle, qui était spécialisée dans la soierie, est dominée par les vestiges du château des abbés de Savigny et par les pinacles couronnant le clocher (19e s.) de l'église. L'Arbresle est la patrie de **Barthélemy Thimonnier**, inventeur de la machine à coudre.

Église – Remarquez, dans le chœur, les belles verrières (16e s.) des hautes baies et les stalles du 18e s. La première chapelle du collatéral gauche abrite une statue de saint Pierre et une Pietà du 15e s.

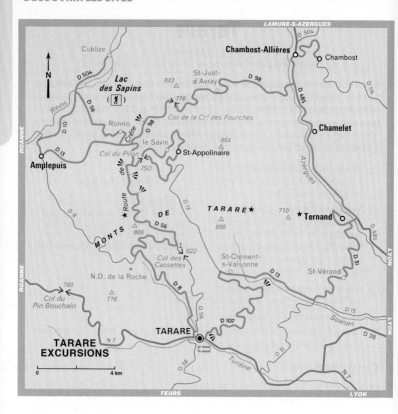

Couvent d'Éveux★ – *2,5 km au Sud-Est de l'Arbresle par la D 19.* ☏ 04 74 26 79 70 - *www. couventlatourette.com* - *9h30-12h30, 14h-18h30 ; visite guidée (1h) juil.-août : 10h30, 14h30, 15h30, 16h30, 17h30, dim. 14h30, 15h30, 16h30, 17h30 ; avr.-juin et sept.-oct. : sam. 10h30, w.-end 14h30, 15h30, 16h30 ; nov.-mars : dim. 14h30 - fermé 25 déc.-1er janv. - 5 € (-12 ans 4 €).*

Situé à flanc de coteau, le couvent dominicain de **Ste-Marie-de-la-Tourette** a été édifié de 1956 à 1959 sur les plans de **Le Corbusier**. C'est un remarquable exemple d'architecture moderne appliquée à la vie conventuelle. L'ensemble des bâtiments, construits en béton brut, dessine un quadrilatère fermé au Nord par l'église. Celle-ci, très dépouillée, est éclairée latéralement par d'étroites fentes horizontales. Les cellules des religieux donnent sur les prairies et les bois environnants. Dans l'église, à droite de l'entrée, la chapelle du Saint-Sacrement capte la lumière par trois ouvertures inclinées suivant des axes différents.

Savigny

23,5 km à l'Est par la N 7, la N 89 et la D 7 à droite. Ce bourg s'est bâti autour d'une abbaye bénédictine fondée au 8e s. Des bâtiments abbatiaux subsiste un corps de logis Renaissance. Dans le cœur du bourg se trouve un petit **musée lapidaire** où sont exposées des sculptures des 12e et 14e s. provenant de l'abbaye bénédictine : linteau présentant la Cène, chapiteaux richement sculptés, fragments de clôture de chœur. ☏ 04 74 72 09 09 ou 04 74 01 48 87 - *visite guidée (1h, dép. pl. de la Mairie) 1er sam. du mois 15h, sur demande préalable à la mairie ou à l'office de tourisme - 2 € (-16 ans gratuit).*

Dans l'église, remarquez une Vierge de majesté en bois (13e s.) et un retable (16e s.).

Circuit de découverte

LES MONTS DE TARARE★

Circuit de 113 km – comptez une demi-journée. Quittez Tarare par la D 8. Dans un virage, à l'entrée du Charpenay, situé au pied d'une butte rocheuse portant la statue de N.-D.-de-la-Roche, tournez à droite, à angle droit. Ensuite, à la hauteur de la croix du col des Cassettes, prenez à gauche la D 56.

Cette **route de crête★** offre de belles échappées sur de profonds vallons ou traverse de sombres bois de sapins. Au col du Pilon (alt. 750 m), au cœur de la zone de sapins de Douglas, une petite route, à gauche, mène à **St-Appollinaire**, centre de sylviculture beaujolaise.

Au Savin, tournez à gauche dans une route en montée qui conduit à la pépinière départementale. Le circuit en forêt mène à St-Appollinaire avant de rejoindre la D 13, où vous tournez à droite. Gagnez Amplepuis.

Amplepuis

Barthélemy Thimonnier (1793-1857), inventeur de la machine à coudre *(voir p. 62)*, a vécu à Amplepuis.

Musée Barthélemy-Thimonnier de la Machine à coudre et du Cycle – *Pl. de l'Hôtel-de-Ville - ℘ 04 74 89 08 90 - 14h30-18h30 - fermé 20 déc.-10 janv. - 4 € (enf. 1,50 €).* Aménagé dans la chapelle et les bâtiments de l'ancien hôpital, le musée présente, à l'aide de modèles français et étrangers (Berthier, Omega, Hurtu, Peugeot, Wheeler et Wilson, etc.), une rétrospective des évolutions de la machine pour laquelle le génial tailleur déposa un premier brevet en 1830. À l'étage sont présentés l'histoire d'Amplepuis, un atelier de couturière et de blanchisseuse, une collection de fers à repasser… mais aussi l'histoire du vélocipède, depuis la draisienne (machine à courir du baron Drais) jusqu'à la première roue lenticulaire, en passant par le vélo de Bernard Hinault.

Suivez au Nord d'Amplepuis la D 10, puis la D 504.
La route suit la verdoyante vallée du Reins.

Lac des Sapins

Formé par une retenue d'eau sur la vallée du Reins, le lac est officiellement né le 31 décembre 1979 peu avant minuit, quand il a été enfin rempli. Issu de l'inondation de terres agricoles et de leurs trois fermes, il résulte d'une nouvelle option économique régionale au profit du tourisme, devant la dégradation du marché du textile. Enchâssé dans les prairies et les conifères, son plan d'eau de 40 ha se prête à la baignade, la voile et la pêche. Un sentier pédestre *(1h)* en fait le tour.

Faites demi-tour et prenez à gauche la D 56, puis la D 98 qui traverse la bourgade rurale de Ronno et débouche sur la D 13 où vous tournez à gauche. À 1 km, reprenez à gauche la D 98 qui conduit au col de la Croix-des-Fourches (alt. 776 m), situé en pleine forêt.

Au cours de la montée se révèle un panorama sur la chaîne du Forez, de Pierre-sur-Haute aux monts de la Madeleine avec, en arrière-plan, par temps clair, le sommet du Puy de Dôme.

Descendez vers St-Just-d'Avray, curieusement bâti sur une crête.

Chambost-Allières *(voir p. 182)*

Par la D 485, au Sud, rejoignez Chamelet.

Du sport, du bon air, la fraîcheur d'un lac, toutes les conditions sont réunies pour une bonne après-midi de détente au lac des Sapins.

Chamelet

Le bourg est dominé par la haute flèche de son **église**, aux tuiles vernissées, et par les vestiges de ses fortifications. On y pénètre en passant sous de petites halles très rustiques. Dans l'abside, vous reconnaîtrez, dans deux belles verrières du 15e s., saint Claude et saint Sébastien, ce dernier vêtu en noble de la cour de Charles VIII. *Fermée.*

Continuez sur la D 485 le long de la riante vallée de l'Azergues.

Ternand★ *(voir p. 184)*

La D 31, puis, à droite, la D 13 mènent à St-Clément-sur-Volsonne. La pittoresque D 107 ramène à Tarare.

La route domine la vallée du Soanan et offre un joli coup d'œil sur le site de Tarare.

Tarare pratique

Adresse utile

🛈 **Office de tourisme** – 6 pl. de la Madeleine - 69170 Tarare - ☎ 04 74 63 06 65/52 69 - www.beaujolaisgourmand.com - 9h-12h, 14h-18h, lun. 14h-18h, sam. 9h-12h.

Se loger et se restaurer

🛏 **Hôtel Burnichon** – 1,5 km à l'E de Tarare par N 7 - ☎ 04 74 63 44 01 - hotelburnichon@wanadoo.fr - 🅿 - 34 ch. 36/49 € - ☐ 9 € - restaurant 13,50/23 €. Cet hôtel moderne proche de Tarare est une étape pratique sur la route du Beaujolais. Ses chambres sont plutôt grandes et bien équipées, même si leur style des années 1980 date un peu. Le restaurant sert une cuisine traditionnelle sans prétention et un menu pour les petits.

🛏 **Intercommunal du Lac des Sapins** – 69550 Cublize - ☎ 04 74 89 52 83 - camping@lac-des-sapins.fr - ouv. avr.-sept. - réserv. conseillée - 155 empl. 16,50 €. Proche du lac et de la vaste base de loisirs, ce camping dispose d'emplacements agréables et soignés. Location de plusieurs chalets bien équipés, installés à l'orée d'un bois. Terrain multisports et court de tennis.

🛏 **Chambre d'hôte Le Chêne Patouillard** – 69210 Bully - 8 km au NO de l'Arbresle par N 7 et chemin à droite - ☎ 04 74 26 89 50 - http://chenepatouillard.free.fr - fermé vac. de Noël - ☐ - 5 ch. 45/64 € ☐ - repas 22 €. Cette ferme se trouve en pleine campagne, au milieu des vignes et des pâturages, avec les monts du Lyonnais en toile de fond. Les chambres, sobres et bien tenues, portent des noms de plantes et offrent une jolie vue sur la nature. Produits maison servis à la table d'hôte, le soir sur réservation.

Sports & Loisirs

Base de Loisirs « Lac des Sapins » – 👥 - 23 km au NO de Tarare par D 8 puis D 504 - 69550 Cublize - www.lacdessapins.fr. Outre les incontournables pédalos, barques et canoës que l'on trouve habituellement au bord de l'eau, cette vaste base de loisirs propose une myriade d'activités originales pour le bonheur de tous : entre les voitures électriques, la Forêt de l'aventure et les balades en poney, difficile de s'ennuyer !

Thueyts ★

1 004 ATHOGIENS

CARTE GÉNÉRALE A4 – CARTE MICHELIN LOCAL 331 H5 – ARDÈCHE (07)

Pas besoin d'aller en Irlande du Nord pour admirer la « Chaussée des Géants », il en existe une en Ardèche ! Dominant de ses 80 m les débuts difficiles de l'Ardèche, cette imposante coulée basaltique est accessible par des chemins étroits et abrupts aux noms évocateurs comme les « Échelles » du Roi et de la Reine. Thueyts a gardé quelques maisons anciennes et est très fréquenté dès les beaux jours pour son beau site de baignade.

- ▶ **Se repérer** – Thueyts se trouve à 19 km à l'Ouest d'Aubenas, sur la N 102. Le massif du Tanargue s'étend au Sud de ce bourg.

- 👁 **À ne pas manquer** – La promenade au pied de l'étonnante coulée basaltique située au bord de l'Ardèche.

- 🕐 **Organiser son temps** – Comptez environ 1h.

- 👣 **Pour poursuivre la visite** – Voir aussi : Aubenas, lac d'Issarlès, Largentière, gorges de la Loire, massif du Tanargue et Vals-les-Bains.

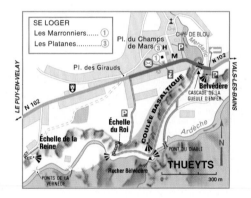

Se promener

Belvédère

Aménagé en bordure de la N 102, en direction de Vals (parking). **Vue** sur la coulée basaltique et le pont du Diable : au pied du versant méridional de la Gravenne (volcan) de Montpezat, le bourg est campé sur une épaisse coulée qui a comblé la vallée de l'Ardèche au début de l'ère quaternaire. La rivière s'est creusé un nouveau lit, dégageant une chaussée basaltique qui domine aujourd'hui le fond des gorges.

Promenade au pied de la coulée basaltique★

🥾 *1h30 à pied AR. Partant du parking du belvédère, traversez le pont qui franchit le torrent du Merdaric et empruntez, à droite, un chemin qui passe sous le pont, entre le flanc de la coulée basaltique et la cascade de la Gueule-d'Enfer. Suivez les flèches rouges. Continuez à descendre en direction du pont du Diable (chemin de gauche à l'intersection). Franchissez le pont et remontez sur une centaine de mètres la rive opposée.*
L'Ardèche traverse ici, en bouillonnant, un étranglement ; le **site★** de cette gorge, face à la sombre chaussée de basalte, est curieux.
Par le pont du Diable, regagnez la rive gauche ; au croisement des sentiers, prenez à gauche, en direction de l'Échelle du Roi, le chemin longeant le pied de la paroi volcanique et conduisant à un rocher-belvédère.
On atteint ensuite, à droite, l'**Échelle du Roi**, étroit passage pratiqué dans une fissure de la coulée et dont les marches sont faites de prismes noirs ajustés grossièrement. Au cours de la montée, rude et glissante, une plate-forme ouvre une agréable perspective sur les ponts de la Vernède. Le retour se fait parmi les jardins entourant le bourg.

Échelle de la Reine

🥾 *30mn à pied AR. Escalier plus facile ; vue sur la vallée.*

Thueyts pratique

Adresse utile

🛈 **Office de tourisme** –*R. du Pouget - 07330 THUEYTS -* ☎ *04 75 36 46 79 - juil.-août : 9h-12h30, 14h-18h, dim. 9h-12h30 ; reste de l'année : se renseigner.*

Se loger

🍽 **Les Platanes** – *Av. du Val-d'Ardèche -* ☎ *04 75 93 78 66 - h.r.lesplatanes@wanadoo.fr - fermé 3 nov.-23 fév., mar. soir et merc. hors sais. -* 🅿 *- 25 ch. 34/44 € -* ☕ *6,50 € - restaurant 15/36 €.* Cette auberge toute simple, tenue par la même famille depuis cinq générations, a des chambres sobrement aménagées, parfois dotées de balcons. Spécialités ardéchoises à découvrir dans la salle à manger de style rustique.

🛏🍽 **Hôtel des Marronniers** – *Pl. du Champs-de-Mars -* ☎ *04 75 36 40 16 - hotel.lesmarronniers@club-internet.fr - fermé 20 déc.-5 mars, dim. soir et lun. -* 🅿 *- 18 ch. 44/54 € -* ☕ *7 € - restaurant 16,50/33 €.* Cet hôtel-restaurant situé sur une pittoresque place ombragée de grands marronniers est tenu par la même famille depuis 1929. La plupart des chambres profitent d'un plaisant décor rajeuni. À la belle saison, terrasse tournée sur la piscine. Généreuse cuisine traditionnelle.

Tournon-sur-Rhône★

9 946 TOURNONAIS
CARTE GÉNÉRALE B3 – CARTE MICHELIN LOCAL 331 L3 – ARDÈCHE (07)

Située au pied de superbes coteaux granitiques, Tournon est une ville commerçante fort animée. Des quais ombragés, les terrasses d'un vieux château et des ruines perchées composent un paysage rhodanien caractéristique. Un pont routier et une passerelle relient cette ville à Tain-l'Hermitage, sa sœur jumelle qui loge de l'autre côté du Rhône.

- **Se repérer** – La ville est desservie par l'A 7 et la N 7. Elle est proche de Romans-sur-Isère (20 km à l'Est) et de Valence (19 km au Sud).

- **À ne pas manquer** – La magnifique route panoramique de la corniche du Rhône ; ces autres routes tortueuses qui traversent les gorges du Doux et le défilé de Saint-Vallier.

- **Organiser son temps** – Comptez une demi-journée pour la ville et ses environs.

- **Avec les enfants** – La traversée de la vallée du Doux à bord des voitures en bois du Chemin de fer du Vivarais ; l'escalade des Roches qui dansent à Ponsas.

- **Pour poursuivre la visite** – Voir aussi : Annonay, Hauterives, Lalouvesc, Lamastre, Romans-sur-Isère, Serrières et Valence.

Le saviez-vous ?

- Tournon est dérivé de *Turnomagus*, de *Turno*, éminence, et *Magus*, marché, preuve que la vocation commerçante de la ville est des plus anciennes.
- **Honoré d'Urfé** *(voir la Bastie-d'Urfé)*, l'auteur de *L'Astrée*, fut élève du collège en 1583.

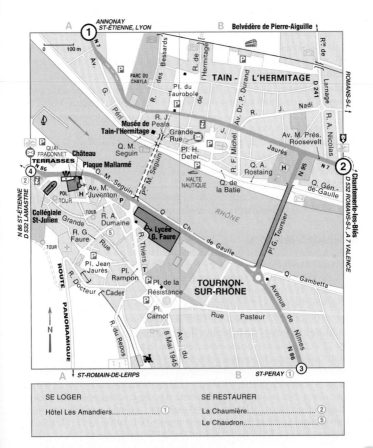

SE LOGER	SE RESTAURER
Hôtel Les Amandiers.................①	La Chaumière...............................②
	Le Chaudron................................⑤

Un fin politique et un poète

François de Tournon (1489-1562) fut successivement abbé de St-Antoine, puis de la Chaise-Dieu, cardinal, doyen du Sacré Collège et archevêque de Lyon. C'était aussi un habile politicien, ainsi qu'un humaniste raffiné qui protégea de nombreux artistes. C'est lui qui négocia à Madrid la mise en liberté de François Ier après la bataille de Pavie. Grâce à quoi, ayant gagné la confiance du roi, il devint son principal ministre, avant d'être envoyé à Rome comme ambassadeur par Henri II. Il y gagna la pourpre cardinalice et fut même un temps évêque d'Ostie.

Stéphane Mallarmé fut quant à lui nommé professeur d'anglais au lycée de la ville de 1863 à 1866. Mais, aux prises le jour avec de turbulents potaches, la nuit avec la poésie, le maître du Symbolisme ne fut guère heureux à Tournon.

Visiter

Lycée Gabriel-Faure (A)

Devant le lycée s'élève la statue du cardinal de Tournon qui fonda en 1536 le collège de Tournon et en fit l'un des plus brillants foyers de culture de la Renaissance.

La façade Ouest du lycée est ornée d'un portail d'honneur, Renaissance ; avec la façade élégante de la chapelle (18e s.), disposée en retour d'équerre, elle forme un bel ensemble architectural. À l'intérieur, on peut voir la salle des Actes : tableaux de Jean Capassin, élève de Raphaël que le cardinal de Tournon appela dans sa bonne ville, bustes par Coustou et Gimond (1894-1961) ; la galerie des tapisseries (Flandres et Aubusson, 17e s.) ouvre sur une cour plantée de gigantesques platanes.

La chapelle offre un exemple intéressant du style jésuite (17e s.).

Château (A)

✆ 04 75 08 10 30 - www.ville-tournon.com - juil.-août : 10h-12h, 14h-18h ; de mi-mars à fin mai et sept.-oct. : tlj sf merc. 14h-18h. ; juin : 14h-18h - fermé de déb. nov. à mi-mars et 1er Mai - 3,50 € (-7 ans gratuit).

Le château a été construit par les seigneurs de Tournon aux 14e et 15e s. On accède à la cour intérieure par une ancienne porte conservant ses vantaux de bois.

Sur la maison d'angle **(A)** au pied du château, à proximité du monument aux morts, une plaque évoque le séjour de Mallarmé, qui, enseignant le jour, travaillait d'arrache-pied la nuit à son œuvre : « Les misérables qui me paient au collège ont saccagé mes belles heures », écrira-t-il.

Musée rhodanien – Il évoque la batellerie et les mariniers du Rhône, ainsi que des figures locales comme le sculpteur Gimond (élève de Maillol), l'éditeur Charles Forot ou l'ingénieur ardéchois Marc Seguin qui construisit en 1825, à Tournon, le premier pont métallique suspendu sur le fleuve, démoli en 1965.

Chapelle St-Vincent – Du 17e s., elle abrite le superbe triptyque de Capassin, commandé au 15e s. par François de Tournon.

Terrasses★ – La terrasse haute est aménagée en jardin suspendu d'où l'on domine le Rhône, face au massif du Vercors.

À l'opposé, la grande terrasse, établie au pied des tours en belvédère au-dessus du quai, offre un **coup d'œil★** splendide sur la ville, le Rhône, et les coteaux de l'Hermitage.

Collégiale St-Julien (A)

Un clocher carré flanque la façade flamboyante de l'ancienne collégiale du 14e s. À l'intérieur, de belles arcades divisent en trois nefs le vaisseau couvert d'un plafond de bois à caissons. Dans la chapelle des fonts baptismaux, remarquez une Résurrection, exécutée en 1576 par Jean Capassin. Contre le mur du collatéral de droite, un beau triptyque sur bois (16e s.) d'influence italienne représente l'Annonciation, la Visitation et la Nativité. ✆ 04 75 08 10 23 - 9h-19h (office 8h30).

Musée des peintres de la Nouvelle École de Paris

✆ 04 75 07 15 54 - www.tain-tourisme.com - avr.-oct. : w.-end 15h-18h - 3 € (-12 ans gratuit). Qu'est ce que la nouvelle école de Paris ? Un ouvrage réunit sous ce nom les artistes qui, sans qu'on leur reconnaisse de parenté stylistique, exposèrent beaucoup à Paris après la seconde guerre. Installé dans l'ancien hôtel de Courbis (16e s.), le musée de Tain réunit, dans une atmosphère intimiste, des lithographies, aquarelles et dessins de quelques-uns de ces peintres : Pierre Palué (dont les enfants animent ce lieu), les grands Bernard Buffet et Henri Matisse, le peintre de la Provence Yves Brayer, ceux de la danse Maurice Brianchon et Roland Oudot, Georges Laporte…

Face aux riants vignobles de Tain-l'Hermitage, la ville de Tournon offre un visage plus sévère dominé par son imposant château.

Aux alentours

Belvédère de Pierre-Aiguille★

5 km. Quittez Tain au Nord en direction de Larnage, puis suivez l'accès signalisé.
Dominant les coteaux où s'étage le célèbre vignoble de Tain-l'Hermitage, le belvédère (alt. 344 m) offre un beau panorama sur le Rhône et les deux cités en vis-à-vis, sur les contreforts du Vercors sur fond d'Alpes à l'Est, sur la vallée du Doux, le Mézenc et le Gerbier-de-Jonc à l'Ouest. Au retour, la descente procure également des vues agréables sur les coteaux.

Chantemerle-les-Blés ②

11 km. Quittez Tain-l'Hermitage en direction de Romans et prenez à gauche la D 109 qui passe sous l'autoroute. Laissez la voiture sur la place située en arrière de la poste. Le chemin d'accès s'amorce à droite du monument aux morts, au pied d'une chapelle.

Ce petit bourg de la Drôme conserve une modeste **église** romane d'aspect austère, mais égayée par certains détails décoratifs comme l'arc de la baie centrale de la façade. On s'attachera surtout au site et à la vue sur les coteaux environnants *(15mn à pied AR)*.

> ### Le jeune Ronsard au chevet du prince
>
> En 1536, le futur poète **Ronsard** résida à Tournon. Âgé de 12 ans, il y fut page au service du dauphin François, fils aîné de François Iᵉʳ. Un jour qu'il jouait au ballon, le jeune prince prit froid et mourut. Il avait 19 ans. Ronsard écrivit plus tard :
> *Mon malheur a voulu qu'au lit mort je le visse,*
> *Non comme un homme mort, mais comme un endormi,*
> *Ou comme un beau bouton qui se penche à demi,*
> *Le Rhône le pleura…*

Circuits de découverte

Corniche du Rhône★★★

De Tournon-sur-Rhône à Valence, la **route panoramique**, tracée en corniche, offre d'extraordinaires points de vue.

Circuit de 42 km de petites routes – environ 1h.

Quittez Tournon au Sud par la rue du Dr-Cadet et la rue Greffieux (voir le plan de la ville) en direction de St-Romain-de-Lerps.

La montée, en lacet, très raide, est éblouissante. On domine bientôt la plaine valentinoise, que limite à l'Est la haute barre du Vercors. Un peu plus loin se creusent, sur la droite, les gorges du Doux.

Dans le village de Plats, tassé sur le plateau, tournez à gauche dans le GR 42 devant le monument aux morts.

À la sortie du village, on aperçoit la « tour » de St-Romain-de-Lerps.

Panorama de St-Romain-de-Lerps★★★ – Deux balcons d'orientation sont aménagés de part et d'autre d'une petite chapelle, sur une plate-forme, à quelques mètres de la « tour », surmontée d'un relais de télédiffusion. Le **panorama**, immense, couvre 13 départements. C'est l'un des plus grandioses de la vallée du Rhône.

Du côté Est, au-dessus de la plaine de Valence, s'élèvent les barres du Vercors, entrecoupées de failles sombres et dominées par la dent de la Moucherolle et le dôme du Grand-Veymont. Au-delà scintillent les sommets neigeux des Alpes et la masse du mont Blanc. Au Nord, dans l'axe du Rhône, légèrement à gauche, se dresse le mont Pilat ; au Sud se profile le mont Ventoux. Du côté Ouest s'étendent les plateaux et les serres vivaroises. Le sommet du Mézenc domine au loin cette tourmente de crêtes.

De St-Romain-de-Lerps, la descente sur St-Péray s'effectue par la D 287 offrant de remarquables vues sur le bassin de Valence. Retour à Tournon-sur-Rhône par la N 86.

Gorges du Doux par la corniche★

Circuit de 50 km – environ 2h. Quittez Tournon-sur-Rhône par la route de Lamastre (D 532 puis D 534).

La route longe les vergers du bassin du Doux dont le cours s'encaisse peu à peu. Laissant à droite la route d'Annonay qui franchit le Doux sur le « Grand Pont » (14e - 18e s.), impressionnant par son arche unique, en léger dos d'âne, qui mesure 50 m d'ouverture.

Poursuivez à gauche en direction de Lamastre (D 532, puis D 534).

La route en **corniche★** surplombe les gorges du Doux tapissées de chênes et chênes verts, genêts d'Espagne, fougères, buis sauvages et pins rabougris.

Empruntez la D 209, à droite, vers Boucieu-le-Roi.

Boucieu-le-Roi

L'église (13e-16e s.) de ce siège de l'ancien bailliage royal du Haut-Vivarais offre une jolie silhouette.

Retour à Tournon-sur-Rhône par Colombier-le-Vieux (aire de détente, accès aisé au Doux) et la D 234, tracée sur le versant opposé des gorges.

C'est la partie la plus sauvage : seuls le torrent, la voie ferrée et la route y trouvent place.

Défilé de St-Vallier★

Circuit de 44 km – comptez 1h. Quittez Tournon-sur-Rhône au Nord par la N 86.

Vion

Église en partie romane ; au transept, les chapiteaux sculptés représentent des scènes de la vie du Christ et de la Vierge. *Sur demande à M. Campana - r. du Midi - 07610 Vion - ☎ 04 75 08 25 87.*

À Vion, empruntez la petite route qui rejoint la D 532. À la Croix du Fraysse, prenez la direction de St-Jeure-d'Ay, puis tournez à droite sur la D 6. Environ 7 km après, descendez à droite la D 506 vers Ozon.

La descente, très rapide, au-dessus du village d'Ozon, encore invisible, offre, dans deux virages prononcés, un superbe **coup d'œil★★** sur le **défilé de St-Vallier★**. De part et d'autre du fleuve, les coteaux s'alignent en rangs serrés. Leurs versants abrupts portent des cultures en terrasses, vergers et vignes. La vue plonge sur les méandres du Rhône, parsemé d'îles et bordé de rideaux de peupliers.

Prenez la N 7, tracée sur la rive gauche, vers Tain et tournez à la première à gauche, après la sortie de la ville vers Ponsas (D 500). Traversez le village en suivant le ruisseau. Après 4,3 km, tournez à droite.

Les Roches qui dansent

Ce petit bois de châtaigniers, accidenté, est parsemé de grosses roches que colonisent à l'occasion les écoles d'escalade. Très fréquenté et peu étendu, l'espace est maillé de sentiers et parsemé de tables de pique-nique.

Revenez vers Ponsas.

Appréciez la vue sur le Vercors à gauche.

Regagnez vers la N 7 que vous prenez à gauche jusqu'à Tain-l'Hermitage.

Cette portion de vallée, resserrée en couloir, est la plus évocatrice du Rhône féodal. Ruines de châteaux forts et vieilles tours de défense et de guet se succèdent à la pointe des escarpements. L'arrivée à **Serves-sur-Rhône** est précédée d'une superbe **vue** en avant sur les vestiges imposants de son château. En face se dresse, sur la rive droite, la **tour** rivale d'**Arras-sur-Rhône**.

Peu après l'embranchement vers Crozes-Hermitage, un coteau sauvage, « Pierre-Aiguille », qu'entaille la voie ferrée, rejette la route au bord du fleuve.

On aperçoit, affleurant les eaux, le petit rocher de la **Table du Roi**, surmonté d'une balise – recouvert en période de crue. La ligne de coteaux s'entrouvre à gauche, dégageant le coteau de l'Hermitage, zébré par les terrasses de son célèbre vignoble.

Tournon-sur-Rhône pratique

Adresse utile

Office de tourisme – *2 pl. Saint-Julien - 07301 TOURNON-SUR-RHÔNE -* ✆ *04 75 08 10 23/41 28 - www.ville-tournon.com - juil.-août : 9h30-12h, 14h30-19h, dim. 9h30-12h ; reste de l'année : tlj sf dim. 9h30-12h, 14h-18h, lun. 14h-18h.*

Se loger

Hôtel Les Amandiers – *13 av. de Nîmes -* ✆ *04 75 07 24 10 - info@hotel-amandiers.com -* 🅿 *- 25 ch. 49/59 € -* 🍽 *7 €.* Un peu à l'écart du centre-ville, cet hôtel récent est parfait pour sillonner la région et arpenter les célèbres coteaux des vignobles autour de la ville. Ses chambres spacieuses sont fonctionnelles et sobres, décorées de meubles récents.

Se restaurer

La Chaumière – *6 quai Farconnet -* ✆ *04 75 08 07 78 - 12/28 € - 8 ch. 46/56 €.* Les chambres de l'hôtel ont un petit air vieillot qui pourrait ne pas laisser de souvenir impérissable… On aura plus de facilité à se réjouir de la décoration très rustique du restaurant, égayée d'ustensiles en cuivre suspendus au plafond. Le rapport qualité-prix des menus séduira quant à lui les fines bouches.

Le Chaudron – *7 r. St-Antoine -* ✆ *04 75 08 17 90 - fermé 1er-22 août, 20 déc.-3 janv., jeu. soir et dim. - 25/34 €.* Dans un quartier semi-piéton entre les quais et l'hôpital, ce restaurant au décor chaleureux avec banquettes de cuir, chaises bistrot et boiseries, ouvre sa jolie terrasse en été et sert une cuisine gourmande au goût du jour… Un succès de la ville !

Que rapporter

Le vignoble de Tain-l'Hermitage – Étiré sur la rive gauche du fleuve, Tain est bien connu des gastronomes, pour son vignoble, l'un des plus fameux des côtes-du-rhône. L'hermitage rouge est un vin corsé, délicat, de couleur rubis foncé, l'hermitage blanc, doré et sec.

Dégustation au château Curson

Joël Damase / MICHELIN

Les cépages cultivés sont le syrah pour le vin rouge, la roussanne et la marsanne pour le blanc. La production est d'environ 3 500 hl par an.

Domaine Courbis – *Rte de St-Romain - 07130 Châteaubourg -* ✆ *04 75 81 81 60 - http://vins-courbis.vinimarket.com - tlj sf dim. 9h-12h, 14h-18h, sam. et j. fériés sur RV.* Des coteaux ardéchois bien pentus et de belles grappes de raisin mûrissant au soleil, tel se présente depuis le 16e s. le domaine familial de Courbis. Les 26 ha de son vignoble produisent plusieurs crus, dont le rare Cornas Sabarotte (5 000 à 6 000 bouteilles par an). Vinification selon des méthodes ancestrales.

Sports et loisirs

Chemin de fer du Vivarais – Trajets Tournon-Lamastre en train à vapeur (2h) - juil.-août : dép. 10h ; mai-juin et sept. : tlj sf lun. ; avr. : w.-end et j. fériés ; oct. : 1er et 2e w.-end, 3 derniers dim. - retour assuré, il est conseillé de se renseigner. *18 P AR (enf. 14 P AR) - t 04 75 08 20 30 - www.ardeche-train.com*

Événements

Foire aux oignons, le 29 août.
Festival national des humoristes (fin août), ✆ *04 75 07 02 02, www.festivaldeshumoristes.com*

Trévoux

6 392 TRÉVOLTIENS
CARTE GÉNÉRALE B1 – MICHELIN LOCAL 328 B5 – AIN (01)

Un parlement à Trévoux ? Vous ne rêvez pas, la ville est en effet l'ancienne capitale de la principauté de Dombes, indépendante jusqu'en 1762. Le duc du Maine ayant imposé à ses magistrats l'obligation de résidence, Trévoux fut dotée au 18e s. de quelques hôtels parlementaires, bordant les ruelles des vieux quartiers.

- **Se repérer** – L'A 46 dessert cette ville située entre Villefranche-sur-Saône et Lyon, ses proches voisines.

- **À ne pas manquer** – La vieille ville, avec son Parlement et ses hôtels particuliers datant du 18e s.

- **Organiser son temps** – Comptez 2h.

- **Pour poursuivre la visite** – Voir aussi : Châtillon-sur-Chalaronne, château de Fléchères, Lyon, le Mont-d'Or lyonnais, Tarare, Villars-les-Dombes et Villefranche-sur-Saône.

👁 Le saviez-vous ?

Son non viendrait des trois méandres ou « voltes » dessinés par la Saône, ou de trois voies romaines.

Comprendre

Le centre intellectuel – Aux 17e et 18e s., Trévoux fut un des centres intellectuels les plus brillants de France disposant d'une célèbre imprimerie. En 1704, les jésuites firent paraître la première édition du fameux *Dictionnaire de Trévoux* en français et en latin : il s'intéressait tant à la langue qu'aux techniques et aux arts, et sa structure servit de modèle à l'encyclopédie ; sous leur direction, le *Journal de Trévoux* mena campagne pendant 30 ans contre Voltaire et les philosophes de l'*Encyclopédie*.

La capitale de la filière en diamant – Ce n'est pas de bijoux qu'il s'agit, mais du travail très spécialisé qui consiste à tréfiler – d'où ce nom de « filière » –, à fabriquer des fils de métal. C'est à Lyon que démarre au 16e s. cette activité : les tissus de soie intègrent alors des fils d'or et d'argent, et les premières filières ne sont pas en diamant, mais en rubis ou en saphir. Qu'est-ce-que la filière ? C'est un disque de pierre très dure, troué, par lequel est formé le fil de métal. C'est en 1845 qu'est découverte la technique permettant de percer la pierre la plus dure qui soit, le diamant, qui remplace alors toutes les autres matières. Trévoux devient pour un siècle la capitale mondiale de fabrication des filières, utilisées tant pour les fils barbelés que pour les filaments des ampoules électriques… Aujourd'hui, deux entreprises perpétuent cette spécialité.

Se promener

LA VIEILLE VILLE

Garez-vous place de la Terrasse, qui domine la boucle de la Saône (table d'orientation).

Palais du Parlement

📞 04 74 00 36 32 - mai-sept. : visite guidée (45mn) w.-end et j. fériés. - dép. de l'office de tourisme - se renseigner pour les horaires - fermé oct.-avr. (w.-end), 1er janv. et 25 déc. - 2 € (enf. gratuit). Il fut construit à la fin du 17e s. Le parlement de Dombes y siégea de 1697 à 1771. Peut-être vous souvenez-vous des fameuses initiales SPQR qui rendent hommage au peuple romain sur les grands monuments de Rome. Cette idée a été reprise au parlement de Dombes où on peut lire, à l'extrémité droite de la deuxième poutre en partant du fond, les orgueilleuses initiales SPQD *(Senatus Populusque Dumborum)*. À droite du vestibule s'ouvre la **salle d'Audience**★ dont le beau plafond à la française est décoré de motifs peints.

Rue du Gouvernement

De part et d'autre de cette rue, située en contrebas de l'église, furent rédigés et imprimés le *Dictionnaire* et le *Journal de Trévoux*. Les jésuites habitaient la vaste et haute « **maison des Pères** » **(K)** dont l'entrée principale se trouvait aux nos 3 et 9 de la Grande-Rue ; ils n'avaient que la rue à traverser pour porter leurs copies à l'imprimerie située en face. Plus bas, une suite de demeures anciennes : hôtels **du gouverneur de Dombes**, de la **Grande Mademoiselle** et **de la Monnaie**, cachant derrière d'austères façades leurs terrasses dominant la Saône. Le carrefour avec la bien nommée rue Casse-Cou, offre un amusant coup d'œil. *Prenez la rue du Pont.*

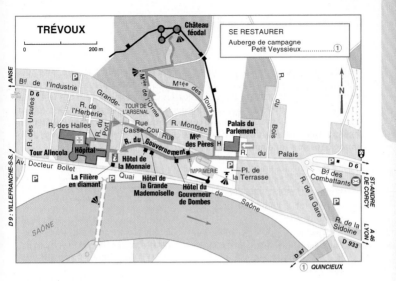

La filière en diamant

Mêmes horaires que l'office de tourisme. Une exposition d'outils et un film retracent l'histoire du tréfilage *(voir « Comprendre »)*. *Par la rue des Halles, gagnez l'hôpital.*

Hôpital

☎ 04 74 00 36 32 - ♿ - mai-sept. : visite guidée de l'apothicairerie (45mn) au dép. de l'office de tourisme 15h et 16h30 - 2 € (-12 ans gratuit).
Fondé en 1686 par la Grande Mademoiselle, il conserve sa pharmacie avec ses boiseries et une belle collection de pots de Nevers et de Gien. Sur le quai, on peut voir la **tour Alincola** (13e-17e s.), coiffée d'un dôme à lanternon.

Regagnez la rue du Port que vous remontez.

La rue de l'Herberie, à droite, était jadis réservée aux juifs. Le carrefour avec la Grande-Rue forme une placette triangulaire dominée par la tour carrée de l'Arsenal (1405), transformée plus tard en beffroi. *Par la montée de l'Orme, gagnez le château féodal.*

Château féodal

☎ 04 74 00 36 32 - juil.-août : tlj sf jeu. ; mai-juin et sept. : w.-end et j. fériés ; mars-avr. et de déb. oct. à mi-nov. : dim. et j. fériés ; - horaires et renseignements à l'office de tourisme - 2 € (-12 ans gratuit). Vestiges de l'ancien château (14e s.) ; du sommet de la tour octogonale, vue sur la Saône. *La montée des Tours ramène place de la Terrasse.*

Alentours

Château de St-Bernard

3,5 km à l'Ouest. ☎ 04 74 00 37 62 - visite guidée juil.-août - 3 € (-12 ans gratuit).
Construit au 13e s. par les seigneurs de Beaujeu, il marquait la frontière entre le Lyonnais franc – dont il dépendait –, la France et le Saint Empire. Il garde son allure médiévale (tourelles, murailles, donjon, porte de pont-levis) malgré des modications aux 17e et 19e s. Utrillo, sa mère et son beau-père l'habitèrent quelques années.

Trévoux pratique

Adresse utile

🛈 **Office de tourisme** – *Pl. du Pont - 01600 TRÉVOUX - ☎ 04 74 00 36 32 - www. tourisme.fr/trevoux - mai-sept. : 9h30-12h, 14h-18h30, dim. 14h-17h ; reste de l'année : 9h30-12h, 14h-17h - fermé 25 déc.-1er janv.*

Se restaurer

⊖🍽 **Auberge de campagne Petit Veyssieux** – *69650 Quincieux - 2 km au S de*

Trévoux par D 87 - ☎ 04 78 91 14 70 - http:// www.aubpetitveyssieux.com - fermé janv. et 1re quinz. d'août. Ouv. dim. midi et sam. - réserv. conseillé le w.-end - 21 €. Amateurs d'adresses authentiques, arrêtez-vous ici ! Cette auberge de campagne qui n'ouvre que le week-end, travaux de la ferme obligent, sert une cuisine généreuse préparée par Claudie avec des produits fermiers. Un menu unique servi en famille.

Le Tricastin★

CARTE GÉNÉRALE B5 – CARTE MICHELIN LOCAL 332 B8 – DRÔME (26)

Région de transition entre le Nord et le Midi, la plaine du Tricastin, dite aussi « plaine de Pierrelatte », encadrée par trois massifs montagneux en arc de cercle, riches en minerais de fer et de lignite que les Celtes exploitèrent dès le 4e s. av. J.-C., annonce la Provence tant par son climat que par sa végétation. Ses implantations industrielles réunies dans le complexe du Tricastin sont essentiellement axées sur le nucléaire. L'activité agricole, cependant, n'a pas disparu et se développe dans une zone horticole tout autour du site.

◐ **Se repérer** – La région se trouve sur la côte Est du Rhône, à la hauteur de Bourg-St-Andéol, ville elle-même située entre Viviers et Pont-St-Esprit.

👁 **À ne pas manquer** – La cathédrale de St-Paul-Trois-Châteaux ; les villages perchés de Clansayes et Barry ; la Ferme des crocodiles.

🕐 **Organiser son temps** – Comptez une demi-journée.

👪 **Avec les enfants** – Les caïmans, alligators et crocodiles de **la Ferme aux crocodiles**.

👍 **Pour poursuivre la visite** – Voir aussi : gorges de l'Ardèche, Bourg-St-Andéol, Montélimar, aven d'Orgnac et Viviers.

Points de vue

Les plaines de Montélimar et du Tricastin sont séparées par une barrière calcaire dans laquelle le Rhône a taillé un étroit couloir appelé défilé ou « **robinet de Donzère** » *(voir Viviers)*, long de 3 km et large de 300 m dans sa partie la plus étroite. De La Garde-Adhémar, de St-Restitut, mais surtout de Barry, on découvre une bonne vue sur l'ensemble de ces aménagements.

Découvrir

LES VILLAGES DU TRICASTIN

St-Paul-Trois-Châteaux

Au cœur de la première région trufficole de France, la cité fut le siège d'un évêché jusqu'à la Révolution.

Cathédrale★ – Cet imposant édifice, commencé au 11e s. et terminé au 12e s., est un remarquable exemple de l'architecture romane provençale.

Extérieur – On est frappé par la hauteur exceptionnelle des murs du transept et l'aspect puissant de la nef. L'austérité de ces murailles est cependant atténuée par quelques détails décoratifs, comme le portail de la façade Ouest dont le cintre finement sculpté encadre des vantaux de bois du 17e s.

Intérieur – *Entrez par le portail latéral Sud.* La nef de trois travées en berceau sur doubleaux, épaulée de bas-côtés, est d'une magnifique élévation (24 m). La travée précédant le transept présente, à l'étage, un faux triforium. Une coupole sur trompes recouvre la croisée du transept. L'abside, voûtée en cul-de-four, sous-tendue de nervures plates s'ouvre sur la croisée par un arc triomphal à double ressaut. Notez le buffet d'orgues réalisé en 1704 par le sculpteur avignonnais Boisselin, le bas-relief du deuxième pilier à gauche, représentant le Jugement dernier, des fresques des 14e et 15e s. ainsi que, derrière le maître-autel, une mosaïque du 12e s. Dans le bas-côté Nord est conservé l'ancien maître-autel en bois doré du 17e s.

Maison de la Truffe et du Tricastin – *R. de la République -* ☎ *04 75 96 61 29 - juin-sept. : 9h-12h, 15h-19h, dim. 10h-12h, 15h-19h, lun. 15h-19h ; oct.-nov. et mars-mai : tlj sf dim. 9h-12h, 14h-18h, lun. 14h-18h ; déc.-fév. : tlj sf lun. 9h-12h, 14h-18h, dim. 10h-12h, 14h-18h - fermé j. fériés - 3,50 € (7-11 ans 2 €).*

👁 Le saviez-vous ?

Durant l'Antiquité, la région fut peuplée par les farouches *Triscatini*. D'où le nom qu'elle porte. D'origine celtique, le mot dériverait de « castine », calcaire que l'on mêle au minerai de fer pour en faciliter la fusion. Lors de la conquête romaine, la région prit le nom de *Pagus Tricastini*.

Située derrière le chevet de la cathédrale dans les locaux du syndicat d'initiative, elle présente, sous forme de panneaux explicatifs, de vitrines, et d'un programme vidéo, une exposition sur la trufficulture et la commercialisation du « diamant noir » du Tricastin, qui entre dans la composition de savoureuses spécialités locales. Dans les caves voûtées, présentation des vins des coteaux du Tricastin et d'outils vinicoles anciens.

Salle de l'Archidiacre

Le **musée d'Archéologie tricastine** choisit dans son fond de quoi alimenter ici des expositions thématiques annuelles. Quel fond ? Il couvre une large période, allant de 10 000 ans av. J.-C. au Moyen-Âge. Dans la ville ou sur le tracé du TGV, des fouilles ont révélé le séjour de peuplades préhistoriques dans le Tricastin. Les découvertes, – entre autres des céramiques conservant des grains, des outils fabriqués avec des pierres venant des Alpes ou du centre de la France, une importante collection d'objets et de parures funéraires – sont autant d'indices sur son type de vie. De la période romaine, le musée garde une belle collection de verrerie et la plus grande **mosaïque** du 1er siècle en Europe. *Rue de l'Évêché - ℘ 04 75 96 92 48 - ⚹ - tlj sf lun. 14h30-18h - fermé de fin oct. à mi-déc. et j. fériés - visite guidée tous les premiers sam. du mois (16h).*

St-Restitut

Ce vieux village perché du Tricastin séduit par le charme de ses maisons serrées autour de son église, dominées par une haute et insolite tour carrée.

Au carrefour de la Poste, engagez-vous dans la rampe signalée « église 12e s. » et laissez la voiture sur une esplanade plantée d'arbres à droite.

Saint Restitut, l'aveugle de l'Évangile

D'après la tradition locale, l'aveugle-né de l'Évangile, guéri par le Christ de son infirmité, s'appelait Sidoine. Un miracle vaut bien que l'on change de nom, ce que fit Restitut, celui « qui a recouvré la vue ». Il s'était fixé dans le Tricastin où les fidèles en avaient fait leur pasteur. Mais c'est en Italie qu'il serait mort, et ses reliques furent rapportées dans le village qui porte aujourd'hui son nom. Sur la place de l'église, une fontaine miraculeuse a attiré de nombreux pèlerins jusqu'au 18e s.

Église★ – De style roman provençal, elle est surtout remarquable par l'ensemble de sa **décoration sculptée★**, inspirée de l'antique.

À l'extérieur, il s'agit du chevet polygonal avec sa corniche délicatement sculptée et du portail Sud. À l'intérieur, la nef unique, légèrement désaxée, est couverte d'une voûte en berceau brisé. À hauteur des chapiteaux court une élégante corniche. Dans l'abside, cinq arcatures à chapiteaux corinthiens supportent une demi-coupole en cul-de-four.

Tour funéraire – Elle flanque la partie Ouest de l'église et recouvre, dit-on, le tombeau de saint Restitut. La partie basse, en petit appareil surmonté d'une frise et d'une corniche sculptées, serait du 11e s. ; la partie haute, en moyen appareil, aurait été restaurée à l'époque de la construction de l'église. Cette frise, encadrée de rangées de damiers, qui court sur les quatre pans de la tour, comporte des panneaux sculptés empruntant leurs thèmes à la Bible, au bestiaire du Moyen-Âge ou aux métiers.

Chapelle du St-Sépulcre – *15mn à pied AR.*

À 400 m du bourg, cette petite chapelle hexagonale, perchée sur le rebord de l'escarpement, a été édifiée en 1504 par l'évêque Guillaume Adhémar, au retour d'un pèlerinage en Terre sainte.

Route des carrières

On les découvrira en empruntant à Saint-Restitut la **route des carrières**. Après avoir quitté le village par la D 59^A, on prend à droite une route sinueuse qui court à la surface du plateau calcaire, peuplé de chênes-truffiers, et percé, çà et là, de vastes carrières souterraines exploitées du 18e s. au début du 20e s.

La Garde-Adhémar

Son église perchée signale de loin ce vieux village qui invite à la flânerie avec ses pittoresques maisons en calcaire, ses passages voûtés et ses ruelles tortueuses coupées d'arceaux. Des anciens remparts subsistent au Nord du bourg une porte fortifiée et quelques vestiges, notamment au Sud du village, non loin de la grande croix dressée sur un socle romain. C'était, au Moyen-Âge, une importante place forte de la famille des Adhémar. Au 16e s., un château Renaissance y fut édifié par **Antoine Escalin**, baron de La Garde. Celui-ci, à l'origine simple berger, puis soldat, fut anobli et finit sa carrière comme général des galères et ambassadeur de François Ier !

Église★ – C'est un édifice roman, remarquable par ses deux absides et la jolie silhouette de son clocher à deux étages octogonaux, surmonté d'une courte pyramide. Une frise finement sculptée court autour de l'abside Ouest et des absidioles. L'intérieur, très dépouillé, présente une haute et courte nef flanquée d'étroits collatéraux. Remarquez, dans le chapelle Nord, une belle Vierge romane du 12e s. L'ensemble a été sauvé au 19e s. par Prosper Mérimée, alors inspecteur des Monuments historiques.

Chapelle des Pénitents – *Sur demande au Club Unesco - ✆ 04 75 04 41 58 - gratuit.* Cet édifice intègre à l'Ouest les fenêtres géminées du 12e s., visibles de la place de l'église. Du 17e au 19e s., s'y réunissaient les membres d'une confrérie de Pénitents blancs, comme le rappelle la fresque décorant le mur Sud. La chapelle abrite une exposition sur La Garde-Adhémar, et un montage audiovisuel, intitulé *Le Tricastin en images*, propose une évocation historique de la région.

Point de vue★ – La terrasse offre une **vue** très étendue sur la plaine de Pierrelatte, dominée par les contreforts du Vivarais, où se détache la dent de Rez.
À l'aplomb de la terrasse s'étage un jardin de plantes aromatiques et médicinales.

Chapelle du Val-des-Nymphes – *2 km par la D 472 au Nord-Est du village.* Dans un vallon dont la fraîcheur est entretenue par les chênes centenaires et une source permanente et qui était, comme l'évoque son nom, un lieu de culte païen, il ne reste plus d'un important habitat haut-médiéval que la chapelle priorale du 12e s., dépendance de l'abbaye de Tournus. Longtemps en ruine, elle fut restaurée en 1991, et une élégante charpente recouvre la nef. La belle abside en cul-de-four du sanctuaire roman a conservé son double étage d'arcatures. L'étage supérieur de la façade est décoré de trois arcatures aveugles en plein cintre, surmontées par un fronton.

Le Tricastin pratique

Adresse utile

🄘 **Office du tourisme de St-Paul-Trois-Châteaux** – Pl. Chausy - 26 130 SAINT-PAUL-TROIS-CHÂTEAUX - ✆ 04 75 96 59 60 - www.office-tourisme-tricastin.com - mai-sept. : 9h30-12h30, 15h-19h, dim. et j. fériés 9h30-12h30 ; reste de l'année : tlj sf dim. 9h30-12h30, 14h-18h - fermé 1er janv., 1er Mai, 1er et 11 Nov., 25 déc.

Se loger

⌂ **Tricastin** – R. Caprais-Favier - 26700 Pierrelatte - ✆ 04 75 04 05 82 - hoteltriscastin@wanadoo.fr - 🄿 - 13 ch. 38/45 € - ⊡ 7,50 €. Hôtel simple dans une rue calme proche du centre-ville. Derrière la pimpante façade vous attendent des chambres correctement équipées et d'une tenue irréprochable. Le service est particulièrement attentionné.

⌂ **Chambre d'hôte Domaine de Magne** – Domaine de Magne - 26700 La Garde-Adhémar - ✆ 04 75 04 44 54 - 🖅 - 5 ch. 39/65 € ⊡ - repas 18 €. Sur les collines du Tricastin, au milieu des pêchers, cette maison de pays, à 1 km de la chapelle du Val-des-Nymphes, est un vrai délice. Dans son domaine de 27 ha, vous retrouverez la joie des bonheurs simples : un joli décor provençal, des produits fermiers et le calme... Piscine.

⌂⌂ **Logis de l'Escalin** – 26700 La Garde-Adhémar - 1 km au N de La Garde-Adhémar par D 572 - ✆ 04 75 04 41 32 - info@lescalin.com - fermé 2-10 janv. - 🄿 - 16 ch. 65/75 € - ⊡ 12 € - restaurant 28/69 €. Entre sa délicieuse terrasse d'été dressée sous les platanes et ses jolies salles à manger réchauffées par une cheminée en hiver, cette ancienne ferme ne peut que vous séduire. Elle propose aussi des chambres joliment colorées et très tranquilles.

Que rapporter

Domaines Bour – Domaine de Grangeneuve - 26230 Roussas - ✆ 04 75 98 50 22 - www.domainesbour.com - 9h-12h30, 14h-19h, dim. et j. fériés 10h-12h30, 14h30-19h - fermé 25 déc. et 1er janv. Considéré comme l'un des plus beaux de la région, le domaine Bour doit sa réputation à sa production de vins typés, appréciés par de grands chefs. En vedette, la Cuvée de la Truffière et la Cuvée Vieilles Vignes, régulièrement médaillées au Concours général agricole de Paris. Dégustation-vente dans un caveau à l'ancienne.

Calendrier

Messe de minuit en provençal, agrémentée d'une crèche vivante, dans la belle église romane de La Garde-Adhémar, le 24 décembre.

Joël Damase / MICHELIN

Ils cachent bien leur jeu ! Ces imposants crocodiles du Nil qui lézardent paresseusement restent de redoutables chasseurs.

Clansayes★

Laissez la voiture sur l'esplanade et gagnez l'extrémité du promontoire qui porte une statue monumentale de la Vierge. De là, la **vue★★** s'étend sur les pitons du Tricastin, découpés par l'érosion ; les arrachements du tuf forment un étonnant mélange de coloris. Sur le rebord des pentes gisent, en équilibre instable, d'énormes blocs de grès. Le panorama sur la vallée prend, avec le recul, une magnifique ampleur ; le regard s'accroche, à droite, à la silhouette de La Garde-Adhémar. Au loin s'étale la plaine de Pierrelatte dont on distingue les installations industrielles. En face se profilent les contreforts du Bas-Vivarais et la dent de Rez.

Barry★

Adossé à une falaise dans laquelle plusieurs de ses maisons sont creusées, le village de Barry, situé sur la commune de Bollène, est habité depuis la préhistoire. Il se confond peut-être avec l'oppidum celtique *Aeria* cité par le géographe grec Strabon au 1er s. av. J.-C. Le plateau, sillonné de deux sentiers balisés, marque la frontière entre le Dauphiné et la Provence. Abandonné un temps après la Seconde Guerre mondiale, le village a été restauré. Lors de la montée sur le chemin principal, on remarque les habitations troglodytiques (notez le mobilier creusé dans le roc : évier, placards…), la chapelle N.-D.-de-l'Espérance (17e s.), et les ornières creusées dans la roche par les carriers (le quartier de Perrache à Lyon a été édifié, en partie, avec des pierres de Barry).
Très bonne **vue★★**, du sommet de l'éperon rocheux, sur la plaine de Pierrelatte avec le complexe nucléaire du Tricastin, les ouvrages de Donzère-Mondragon, les plaines de la Drôme et du Vaucluse, ainsi que le Bas-Vivarais, du défilé de Donzère jusqu'au-delà de Pont-St-Esprit. Au sommet du plateau subsistent quelques vestiges d'un château du 12e s.

LES OUVRAGES DE DONZÈRE-MONDRAGON

Autrefois, le Rhône, au sortir du défilé de Donzère, s'étendait dans la plaine de Pierrelatte en formant de nombreux bras ; à partir du 17e s., divers aménagements destinés à améliorer la navigation ont modifié ses rives ; mais ce sont surtout les gigantesques travaux réalisés par la Compagnie nationale du Rhône entre 1948 et 1952 qui ont dessiné la physionomie actuelle de la plaine, la transformant en une vaste île : deux ponts de chemin de fer et huit ponts routiers franchissant la dérivation de béton en témoignent.
L'agriculture tire profit de ces travaux par l'assainissement des terres et l'extension des irrigations auxquelles sont consacrés 25 m^3/s d'eau prélevés dans le canal.

Le canal – Long de 28 km, large de 145 m et profond de plus de 10 m, il raccorde les communes de Donzère et de Mondragon, distantes de 31 km par le fleuve.
Ce canal, dont le débit peut atteindre en hautes eaux jusqu'à 2 000 m^3/s, comprend un canal d'amenée des eaux à l'usine, long de 17 km, et un canal de fuite long de 11 km. En amont de Bollène se trouve l'ensemble usine-déchargeur-écluse qui forme en même temps un barrage long de 340 m.

L'usine hydroélectrique – Utilisant la chute maximale de 23 m ainsi créée en amont de Bollène, elle peut produire annuellement plus de 2 milliards de kWh. Ces ouvrages, en régularisant le cours et le débit du fleuve, améliorent la navigation sur 40 km.

LE COMPLEXE NUCLÉAIRE DU TRICASTIN

Visite suspendue en raison de l'application du plan Vigipirate renforcé.

Sur ce vaste site, entre le canal d'amenée et la N 7, plusieurs sociétés développent des activités étroitement liées à la production d'énergie d'origine nucléaire.

Quittez Pierrelatte au Sud par la N 7 que vous empruntez jusqu'à l'échangeur avec la D 59, puis suivez les panneaux.

La ferme aux Crocodiles★ *–Les Blachettes -* ☎ *04 75 04 33 73 - www.lafermeauxcrocodiles.com -* ♿ *- mars-sept. : 9h30-19h ; reste de l'année : 9h30-17h - 8,30 € (enf. 6 €).*

👥 Les eaux tièdes du complexe nucléaire du Tricastin alimentent cette grande serre qui abrite un jardin tropical et un élevage de crocodiles. Différentes espèces de crocodiliens sont présentées dans plusieurs grands bassins : caïmans à lunettes, alligators d'Amérique, crocodiles de Cuba… Un peu plus loin, la grande serre offre un dépaysement total, plongeant le visiteur dans un univers exotique ; elle est agrémentée de nombreuses passerelles qui invitent à découvrir une végétation luxuriante, des oiseaux multicolores et bruyants, et surtout plus de 300 redoutables crocodiles du Nil qui se prélassent sur les plages ou patrouillent silencieusement dans les eaux sombres.

Valence ★

64 260 VALENTINOIS.
CARTE GÉNÉRALE B4 – CARTE MICHELIN LOCAL 332 4C – DRÔME (26)

Valence doit son développement à sa situation sur le Rhône, au débouché des vallées affluentes du Doux, de l'Eyrieux, de l'Isère et de la Drôme qui délimitent un vaste bassin intérieur, où pointe déjà comme un air de Midi. Dominée par sa cathédrale, la cité est bâtie sur un ensemble de terrasses descendant vers le fleuve. Le vieux Valence, entouré de boulevards percés au 19e s. à l'emplacement des anciens remparts, conserve un lacis de ruelles commerçantes et de « côtes » pittoresques, animées en saison par les « Fêtes de l'Été ».

- **Se repérer** – La ville se situe à 103 km au Sud de Lyon. Desservie par l'A 7 et la N 7, ce centre de la moyenne vallée du Rhône est un pôle d'attraction pour les départements de la Drôme et de l'Ardèche.

- **À ne pas manquer** – Les sculptures de la Maison des Têtes ; le lever ou le coucher de soleil de l'esplanade ; le site impressionnant du château perché de Crussol.

- **Organiser son temps** – Comptez une demi-journée pour la ville et ses environs.

- **Avec les enfants** – Une excursion dans les grottes neandertaliennes de Soyons.

- **Pour poursuivre la visite** – Voir aussi : Crest, Lamastre, Romans-sur-Isère, Serrières, Tournon-sur-Rhône, vallée de l'Eyrieux et La Voulte-sur-Rhône.

Difficile de rester seuls, en amoureux, dans le mythique kiosque Peynet qui arbore le célèbre cœur. Mais que la vue est belle !

Comprendre

Une « bête furieuse » – C'est ainsi que Coligny qualifiait François de Beaumont, **baron des Adrets**, Dauphinois né au château de la Frette en 1513. Officier de l'armée royale, devenu protestant en 1562 par ressentiment contre les Guise, il prend la tête des troupes protestantes de la région. À l'époque, la pénétration de la Réforme à Valence, que l'évêque Jean de Monluc avait favorisée, se heurte au gouverneur de la ville, **La Motte-Gondrin** : trois huguenots sont pendus pour l'exemple l'année même.

À l'annonce de la nouvelle, les bandes du baron fondent sur la ville, s'en emparent et massacrent les catholiques. La Motte-

Le saviez-vous ?

Le mot Valence vient de la *Colonia Julia Valentia* qui elle-même tirerait son nom d'un certain Valentius. Mais il est bien plus probable qu'on ait souhaité, en la baptisant ainsi, célébrer la vaillance des intrépides légionnaires à qui les terres furent octroyées.

Quand Napoléon était un auteur modéré…

En 1785, un jeune lieutenant artilleur de 16 ans, **Napoléon Bonaparte**, est affecté en garnison à Valence. Le jeune homme habite presque en face de la maison des Têtes où un libraire tient boutique. En moins d'un an, il dévore le fonds de la librairie et noue des liens d'amitiés avec le libraire, Marc Aurel. Liens assez étroits pour que le fils d'Aurel publie en 1793 à Avignon le célèbre *Souper de Beaucaire*, dans lequel l'artilleur, devenu capitaine, expose des idées, très modérées, sur la Révolution.

Gondrin est à son tour pendu à une fenêtre de sa maison, en face du lieu d'exécution des trois protestants. Mais le baron des Adrets ne s'arrête pas en si bon chemin. Ses bandes ravagent les deux rives du Rhône, du Lyonnais au Languedoc et à la Provence, s'en prenant aux cathédrales de Lyon, de Vienne et de Valence et le baron fait honneur à sa douteuse réputation en obligeant ses prisonniers catholiques à se jeter dans le vide du haut d'une tour du château de Montbrison. Il embrassa à nouveau la foi catholique après l'édit de pacification d'Amboise du 15 mars 1563 et se retourna dès lors contre ses anciens amis…

Un fléau de l'humanité – Voltaire rangeait dans cette catégorie la Commission de Valence (aussi appelée Commission du conseil ou Chambre de Valence), un tribunal d'exception créé en 1733 par les fermiers généraux pour lutter contre la contrebande d'étoffes et de tabac. Ses sentences, exécutoires dans les 24h, étaient sans appel : en quelques années, sur 767 accusés, un seul fut acquitté, les autres étant pendus, roués ou envoyés aux galères.

C'est devant ce tribunal d'exception que comparut, en 1755, le célèbre **Louis Mandrin**, né trente ans plus tôt à St-Étienne-de-St-Geoirs. À l'instar de nombreux Dauphinois, il s'était fait contrebandier et avait entamé une série de campagnes fructueuses dont l'audace stupéfiait et faisait rire la France entière. Rodez, Montbrison, St-Chamond, Brioude, Bourg-en-Bresse, Ambert, Beaune, Autun reçurent la visite des bandes de Mandrin, qui y tenaient marché ouvert en plein jour. Mandrin réussit toujours à échapper à ses poursuivants.

Jusqu'au jour où… l'armée dépêchée contre lui viola le territoire savoyard, où le contrebandier se croyait à l'abri. Écroué à Valence, Mandrin fut condamné à être roué vif. Le 26 mai 1755, la place des Clercs était noire de monde : 6 000 étrangers ont rejoint les Valentinois pour assister au supplice. Mandrin déclare au bourreau : « Fais ton devoir, mon ami, aussi promptement que tu le pourras », et, tandis que son confesseur s'évanouit, il boit un verre de la liqueur de la Côte, pour se donner du courage. Le supplice ne lui arrache pas un cri. Huit minutes après, il est étranglé, faveur spéciale accordée à la demande de l'évêque de Valence.

Se promener

LA VIEILLE VILLE

Partez du kiosque Peynet.

Kiosque Peynet (B2)

Les célèbres amoureux peints en 1942 à Valence par le dessinateur **Raymond Peynet** (1908-1999) aimaient s'installer aux abords de ce kiosque bâti en 1880 au milieu du Champ-de-Mars.

Une vieille ville universitaire

Nombre d'habitants de Valence sont des étudiants. Certains fréquentent notamment les écoles d'ingénieurs de la ville, d'autres la faculté de droit. Cette dernière est héritière de celle que fonda en 1452, le futur Louis XI qui apprenait alors son métier de roi dans son apanage du Dauphiné. L'enseignement y était dispensé par des maîtres réputés, comme le juriste **Cujas**. La fille de l'austère professeur qui, dit-on, était plus portée sur la bagatelle que sur le droit, aurait eu quelques bontés pour un étudiant nommé **François Rabelais**… qui se souvint de son séjour valentinois lorsqu'il composa son *Pantagruel*.

Champ-de-Mars (B2)

Face au Rhône, cette vaste esplanade domine le parc Jouvet. Le belvédère procure une belle **vue★** sur la montagne de Crussol, réputée tant pour ses levers que ses couchers de soleil.

Empruntez l'escalier en contrebas du belvédère, traversez l'avenue Gambetta et rejoignez, en face, l'étroite rue des Repenties. Juste après une station de bus, prenez à droite la côte St-Estève qui monte à la cathédrale que vous contournez par la gauche.

Pendentif (B2)

Ce petit monument funéraire a été construit en 1548, sur le mode antique. L'édifice, de proportions harmonieuses, ouvert sur chaque face d'une large baie en plein cintre, tire son nom de la forme de sa voûte, évoquant les pendentifs d'une coupole ; remarquez le curieux motif lancéolé surmontant les piliers d'angle intérieurs.

Cathédrale St-Apollinaire (B2)

C'est un vaste édifice roman en grande partie reconstruit au 17e s. dans le style primitif. Le clocher néo-roman (19e s.) présente, sur un soubassement en calcaire blanc de Crussol, deux étages supérieurs en mollasse jaune de Saint-Restitut.

Pénétrez dans la cathédrale par la porte Nord.

Sous le porche, à gauche, remarquez le linteau sculpté en réemploi, dont les compartiments représentent l'Annonciation, la Nativité, l'Adoration des Mages et les Mages devant Hérode.

Intérieur★ – L'influence du roman auvergnat est manifeste ; la nef, voûtée en berceau sur doubleaux, est éclairée par les fenêtres des collatéraux. Une arcature reposant sur des colonnes sépare le chœur du déambulatoire. Notez la profondeur, inhabituelle dans les édifices rhodaniens, des croisillons du transept. En arrière des stalles du chœur se trouve le buste-cénotaphe du pape Pie VI.

Sortez par la porte Sud.

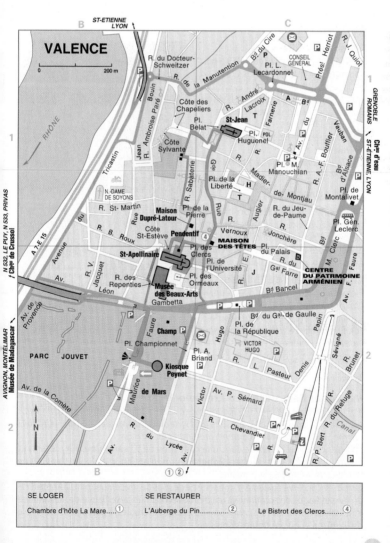

SE LOGER	SE RESTAURER	
Chambre d'hôte La Mare.....①	L'Auberge du Pin..............②	Le Bistrot des Clercs.........④

Sous le porche, à gauche, le tympan sculpté de l'ancien portail·montre le Christ bénissant. Au linteau, la Multiplication des pains.

Contournez le chevet.

Harmonieusement ordonné, il présente une élégante décoration de billettes courant au-dessus des arcatures de l'abside et des croisillons du transept.

Musée des Beaux-Arts et d'Archéologie (B2)

Il est installé dans l'ancien évêché (voir description dans « Visiter »).

La rue du Lieutenant-Bonaparte, puis la rue Pérollerie mènent à la maison Dupré-Latour.

Maison Dupré-Latour (B1)

🕿 04 75 79 20 86 - visite uniquement dans le cadre de la visite guidée de la ville (2h) - 4 € (-16 ans gratuit).

Au n° **7**, la cour intérieure conserve une tourelle d'escalier Renaissance dont la porte d'entrée est remarquable par son encadrement sculpté.

Au niveau de la place de la Pierre, prenez, sur la gauche, la rue Saint-James, puis les rues Sabaterie et Malizard.

Remarquez, sur la gauche, l'ancien temple St-Ruf. Au niveau du jardin public, vue sur Crussol au loin.

Par la côte des Chapeliers, rejoignez la place St-Jean.

Église St-Jean (C1)

Le porche de cet édifice reconstruit au 19e s. conserve d'intéressants chapiteaux romans.

Prenez la Grande-Rue.

Maison des Têtes★ (C1)

Au n° **57**, la maison des Têtes (1532) doit son nom aux quatre énormes têtes en haut-relief qui, sous la toiture, symbolisent les vents. La façade de ce logis Renaissance se signale par l'abondance et l'originalité de ses sculptures. À l'intérieur, panneaux d'exposition sur l'histoire de Valence.

Continuez par la rue Saunière qui ramène à la place du Champ-de-Mars.

LA PÉRIPHÉRIE

En voiture, prenez l'autoroute qui contourne Valence. Quittez-la à la sortie 32, puis prenez la direction Fontbarlette, CHU, Valence-le-Haut, parc Jean-Perdrix. Les châteaux se voient de loin.

Châteaux d'eau de Philolaos

Fichés au centre du parc de la Zup, ils lancent à plus de 50 m de haut leur dynamique architecture hélicoïdale. Fait inhabituel, ces châteaux d'eau sont

Détail de la Maison des Têtes

Bruno Kaufmann / MICHELIN

l'œuvre d'un sculpteur. Philolaos travaille fréquemment avec des architectes urbains, ses œuvres sont visibles à Lyon, Evry, Créteil et La Défense.

Visiter

Musée des Beaux-Arts et d'Archéologie (B2)

4 pl. des Ormeaux - 🕿 04 75 79 20 80 - www.musee-valence.org - de mi-juin à fin sept. : tlj sf lun. 10h-12h, 14h-18h45, dim. 14h-18h45 ; de déb. oct. à mi-juin : tlj sf lun. 14h-17h45 - fermé j. fériés - 3 € (-16 ans gratuit), gratuit 1er dim. du mois.

Son principal intérêt réside dans une collection de 97 **sanguines★★**, dessins et peintures du paysagiste **Hubert Robert**, représentant pour la plupart des vues de Rome et de la campagne romaine.

Le musée conserve également une série de dessins de ses compagnons à Rome (Fragonard et Ango), de nombreuses œuvres des écoles française, flamande, hollandaise et italienne du 16e au 19e s., avec un intéressant ensemble de paysagistes de l'école de Barbizon et du pré-impressionnisme.

Joël Damase / MICHELIN

Bacchus dans son rôle d'amateur de vin, au musée des Beaux-Arts de Valence

La section d'art contemporain rassemble autour de Bram Van Velde, Michaux, Hantaï, Bryen et des sculpteurs B. Pagès, M. Gérard, Toni Grand, des œuvres illustrant le courant abstrait de la deuxième moitié du 20e s.

Le musée abrite, en outre, une collection archéologique où l'on remarque deux mosaïques gallo-romaines, représentant, respectivement, les Travaux d'Hercule et Orphée charmant les animaux. Dans la collection lapidaire figure la porte Renaissance du jardin de la maison des Têtes.

Centre du patrimoine arménien★ (C2)

14 r. Louis-Gallet - ℘ 04 75 80 13 00 - www.patrimoinearmenien.org - &.- possibilité de visite guidée 14h30-18h30 - fermé 25 déc.-6 janv., 15-31 août, lun., 1er Mai, 1er et 11 Nov. - 3 € (16-25 ans 2 €), visite guidée 4 € (16-25 ans 3 €).
Pourquoi à Valence plus qu'ailleurs ? Le centre arménien, installé dans l'ancienne faculté de Droit à proximité de la « petite Arménie », donne la réponse. Il suffit de devenir, le temps de la visite, cet enfant, cet homme ou cette femme adulte, qui raconte l'histoire du génocide, de l'exil, de l'arrivée à Valence. Les témoignages recueillis et filmés sont poignants. Ils s'insèrent dans un parcours qui donne une petite idée de la riche histoire du peuple arménien, avec ses temps glorieux, son roi enterré à St-Denis, son église autocéphale, sa culture, son alphabet du 5e s., son artisanat…

Hubert Robert (1733-1808)

Après avoir fait ses débuts à Paris dans l'atelier du sculpteur Michel-Ange Slodtz (auteur du mausolée des archevêques à Vienne), Hubert Robert se rend à Rome en 1754 sur le conseil de Joseph Vernet. Il y restera onze ans.

Les ruines sont alors à la mode. Hubert Robert remplit ses carnets d'esquisses et de dessins où les architectures de la Rome antique et pontificale servent de décor à des scènes de la vie quotidienne. Revenu à Paris, le peintre tire de ses carnets la matière première de ses tableaux et de nouveaux dessins, où éclate une science étonnante de la perspective, unie à une légèreté de touche, qui leur confère tout le charme de l'improvisation.

C'est grâce à une donation privée que Valence, avec laquelle Hubert Robert n'avait aucun lien, possède une importante part de son œuvre.

Aux alentours

Crussol★★ (B2)

5 km au Nord-Ouest par la N 532 et St-Péray. La montagne de Crussol porte, 200 m au-dessus de la plaine, les célèbres **ruines du château de Crussol**. La pierre blanche de Crussol a été souvent utilisée pour les constructions de Valence en raison de son grain lisse. Le **site★★★** est l'un des plus grandioses de la vallée du Rhône. Selon la légende, le lieutenant Bonaparte aurait réussi, au péril de sa vie, à effectuer, en 1785, l'ascension de Crussol par la falaise. Une conquête qui en annonçait de plus révolutionnaires…

Une forteresse perchée – Au 12ᵉ s., Bastet de Crussol établit ici son château fort. L'ambition des « petits sires de Crussol » sera vite récompensée : un Crussol sera chambellan de Louis XI, un autre, par son mariage, devient l'héritier du comté d'Uzès : son fils, sénéchal de Beaucaire et de Nîmes, guerroie en Italie aux côtés de Charles VIII et de Louis XII. Leurs charges éloignent les Crussol de l'incommode forteresse ancestrale qui sera en partie abattue au 17ᵉ s.

À St-Péray, empruntez la route passant devant le château de Beauregard

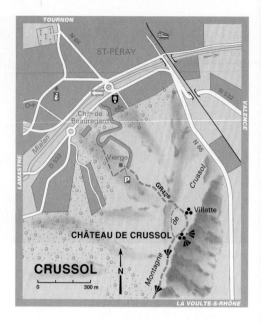

(on ne visite pas). Parc de stationnement à l'extrémité du chemin, après la statue de la Vierge. On gagne les ruines du village fortifié et du château par un sentier (1h à pied AR). Il faut se montrer prudent, surtout en cas de pluie, car les pierres deviennent glissantes et l'aménagement reste partiel.

Après avoir franchi la poterne Nord de l'ancienne enceinte, empruntez le sentier de gauche. On grimpe à travers les ruines de la « **villette** », où les habitants de la plaine se réfugiaient en période de troubles.

Prenez à gauche le chemin intérieur qui longe l'enceinte, puis obliquez vers la demeure seigneuriale. Dressé sur un promontoire rocheux, le château domine de 230 m le Rhône. À l'intérieur du donjon, un belvédère aménagé offre une superbe vue sur la plaine valentinoise, le barrage de Bourg-lès-Valence et le confluent du Rhône et de l'Isère. Le Vercors, Roche-Colombe et les Trois-Becs dessinent un magnifique arrière-plan.

À l'extrémité du piton, on atteint l'ancien corps de logis. À l'angle Nord-Est, les restes d'une échauguette constituent un remarquable belvédère, au-dessus d'un vide vertigineux. Le sentier suivant la crête escarpée, au Sud, offre, avec le recul *(comptez 30mn de plus)*, un **point de vue★★** sur les ruines qui jaillissent du roc et sur les derniers contreforts du Massif central ; il rejoint plus loin les ruines de l'oppidum et les carrières romaines.

Soyons

3,5 km au Sud par la N 86. Ce petit village, adossé aux collines, s'étale le long du Rhône et recèle un important site de peuplement préhistorique et médiéval. Il doit son nom à « Soïo », divinité locale, vénérée au 7ᵉ s. av. J.-C. Les quelque 30 ha du site protégé sont progressivement fouillés et révèlent des informations précieuses sur les différentes périodes d'occupation de Soyons qui se sont succédé durant environ 150 000 ans.

Musée archéologique – *Pl. de la Déesse-Soïo - ℘ 04 75 60 88 86 - ⚭ - juil.-août : 10h-19h ; avr.-juin et de déb. sept. à mi-oct. : tlj sf lun. et mar. 14h-18h - 3,50 € (-7 ans gratuit).*

Il présente les produits des fouilles archéologiques réalisées sur les collines des alentours. Le rez-de-chaussée rassemble une collection de vestiges gallo-romains dont un bel autel. Au 1ᵉʳ étage consacré à la vie de l'homme préhistorique et à son environnement, vous trouverez des vertèbres, des molaires et une impressionnante mâchoire : les restes d'un mammouth provenant d'une aire de dépeçage datant 30 000 ans, découverte sur place.

Grottes★ – *Juste après la sortie Sud de Soyons sur la N 86, prenez à droite vers un parking réservé. Un sentier botanique grimpe dans la colline et conduit aux grottes. ℘ 04 75 60 88 86 - visite guidée (1h, dernière entrée 1h av. fermeture) juil.-août : 10h-19h ; avr.-juin et de déb. sept. à mi-oct. : 14h-18h - 6,10 € (-7 ans gratuit).*

👥 Il s'agit d'un site clé pour l'étude de l'homme de Neandertal. Un important réseau souterrain s'ouvre à partir du **trou du Renard**. Plusieurs salles, ornées de concrétions polymorphes parfois monumentales, sont aménagées pour la visite. Elles ont été occupées très tôt par les hommes et les animaux des cavernes. On y a découvert des ossements d'ours, de loups, de lions des cavernes…

Fouilles de la Brégoule – Ce chantier, exploité depuis 1980, livre des vestiges qui couvrent une période d'environ 10 000 ans. Complément de la visite du site, il permet de mieux comprendre la réalité du travail de l'archéologue.

Musée de Madagascar à Montélier (B2)

15 km à l'Est par la D 68, puis D 538 à gauche. Av. de Provence - ☎ 04 75 59 97 61 - www. museedemadagascar.com - &. - mars-déc. : 9h30-12h, 14h-18h30 ; janv.-fév. : 14h-18h30 - 5,50 € (-9 ans gratuit).

Animé par un couple franco-malgache amoureux du pays, ce vaste espace trace le portrait de l'Île au large de l'Afrique dont la superficie excède celle de la France. Au travers de photos, de mises en scène d'intérieurs, de scènes de vie reconstituées en miniature, d'outils et de nombreux objets artisanaux surgissent la culture, la richesse naturelle et la vie actuelle du pays.

Valence pratique

Adresse utile

🛈 **Office du tourisme de Valence** – *Parvis de la Gare - 26000 VALENCE - www. tourisme-valence.com - ☎ 0 892 707 099 (0,34 €/mn) - juil.-août : 9h30-18h30, dim. et j. fériés 10h-13h ; juin : tlj sf dim. et j. fériés 9h30-18h30 ; reste de l'année : tlj sf dim. et j. fériés 9h30-12h30, 13h30-18h, sam. 9h30-12h30, 13h30-17h.*

Visites guidées

Valence, qui porte le label Ville d'art et d'histoire, propose toute l'année des visites-découvertes (2h) programmées, animées par des guides-conférenciers agréés par le ministère de la Culture et de la Communication - renseignements au service Valence Ville d'art et d'histoire - 4 € - ☎ 04 75 79 20 86.

Se loger

🛏 **Chambre d'hôte La Mare** – *Rte de Montmeyran - 26800 Étoile-sur-Rhône - 15 km au SE de Valence par D 111 et D 111ᴮ - ☎ 04 75 59 33 79 - chaixmarcel@wanadoo. fr - ⟍ - 4 ch. 30/45 € ⟍.* Cette ferme familiale est une étape sur mesure pour apprécier le savoir-vivre des gens d'ici et le charme de la campagne drômoise. Coquettes chambres dotées de meubles fabriqués maison. Le petit-déjeuner gourmand se compose de confitures faites avec les fruits du jardin et de pâtisseries préparées par la maîtresse des lieux.

Se restaurer

🍴 **Le Bistrot des Clercs** – *48 Grande-Rue - ☎ 04 75 55 55 15 - 10/18 €.* Situé dans une rue piétonne du vieux Valence, ce restaurant aux airs de brasserie fait le bonheur des valentinois, et il n'est pas rare de devoir attendre un peu pour qu'une place se libère. On comprend vite pourquoi, dès lors qu'on a goûté à la formule bistrot… Vous aurez sûrement envie d'y revenir.

🍴🍴🍴 **L'Auberge du Pin** – *285 bis av. Victor-Hugo - ☎ 04 75 44 53 86 - pic@ relaischateaux.com - 30 €.* Attachant bistrot provençal installé dans l'enceinte de la maison Pic. Atmosphère chaleureuse et déco aux couleurs du sud, vives et gaies, avec tables en fer forgé, chaises en paille et produits régionaux en vitrine… Là, ou à l'abri des arbres centenaires de la terrasse, prenez le temps de vivre !

En soirée

Café Victor-Hugo – *30 av. Victor-Hugo - ☎ 04 75 40 18 11 - lun.-sam. 7h-2h.* Café chic et littéraire de Valence. Chic mais vivant ! À midi, il se métamorphose en bruyante brasserie. L'après-midi, les dames viennent deviser autour d'un chocolat chaud pendant qu'à l'étage les étudiants jouent au billard… Cette synthèse de toutes les générations et de toutes les classes sociales est orchestrée par Gérard Rousset, ancien joueur de l'équipe de France de rugby qui réussit là un bel essai…

Comédie de Valence – *1 pl. Charles-Huguerel - ☎ 04 75 78 41 70 - comedie.de. valence@wanadoo.fr - billetterie : tlj sf w.-end et lun. 13h-19h (uniquement les sam. de représentation) - fermé août - 7 € à 18,50 €.* Le centre dramatique national de Valence dispose d'une autre salle, *La Fabrique*, située au 78 av. Maurice-Faure. Mais la majorité des spectacles et des concerts ont lieu au théâtre *Le Bel Image*, situé place Charles-Huguenel. Ce très beau théâtre de 873 places propose un système d'abonnement à la carte très pratique… Avant le spectacle ou pendant l'entracte, possibilité de prendre un verre au bar, très bien aménagé.

Les Folies du Lac – *Lac d'Aiguilles - 26300 Châteauneuf-sur-Isère - ☎ 04 75 02 50 50 - www.foliesdulac.com - spectacle : merc.-jeu. et dim. à 14h30 ; déj. dansant : 12h et vend.-*

sam. à partir de 20h - fermé juil.-août.
Un véritable music-hall à 5 minutes de Valence, avec strass et paillettes. Magie, acrobatie, danse et musique, sans oublier le restaurant pouvant servir jusqu'à 1 100 personnes, parce que plus on est de fous…

Que rapporter

Un Suisse à Valence – Il s'agit d'une pâtisserie en forme de petit bonhomme, faite de pâte à brioche sucrée parfumée à l'orange qui, traditionnellement, se mangeait pour les Rameaux. Elle doit son nom au Pape Pie VI qui fut fait prisonnier par le général Berthier et emmené en détention à Valence où il mourut en 1799. À partir de là, deux interprétations divergentes sont proposées : pour les uns, il s'agirait tout simplement du costume des gardes suisses. Pour les autres, le bonhomme évoqué aurait été rien de moins que Napoléon 1er… Quoiqu'il en soit, que les gourmands se rassurent : on en trouve aujourd'hui toute l'année !

Marché – *Pl. des Clercs.* Le jeudi et le samedi matin, les terrasses des cafés de la place des Clercs rentrent un peu dans leur coquille pour permettre à ce marché de s'installer. Les producteurs de la région viennent y vendre le meilleur de leur ouvrage dans une ambiance sympathique et amicale : fleurs, fromages, fruits, légumes, etc.

Nivon – *17 avenue Pierre-Semard - ☎ 04 75 44 03 37 - www.nivon.com - tlj sf lun. 6h-19h30 - fermé dernière sem. janv. et 3 sem. en juil.* Fondée en 1852 et dirigée depuis trois générations par la famille Maurin, la pâtisserie Nivon fabrique merveilleusement deux produits locaux : la pogne, brioche dauphinoise parfumée à la fleur d'oranger, au rhum ou au citron, et le Suisse, personnage mariant pâte sablée et écorces d'orange confites. Deux nouvelles spécialités : la Fleur de Nougat et les Gourmandrômes.

Ravioles Mère Maury – *76 r. Madier-de-Montjau - ☎ 04 75 56 60 18 - www.raviolesmaury.com - tlj sf dim. et lun. 9h-12h, 14h-19h.* Si vous ne connaissez pas les ravioles, ces succulents petits carrés de pâte fourrés au fromage, alors précipitez-vous à cette adresse…
À Paris, les vraies ravioles (fabriquées à Romans-sur-Isère) sont ordinairement hors de prix et il faut se contenter des ravioles industrielles. Au contraire, cette boutique propose des ravioles de fabrication artisanale ainsi que des ravioles délicatement parfumées au basilic, à un prix extrêmement abordable.

Vineum « Paul Jaboulet Aimé » – *Rte des Beaumes - 26300 Châteauneuf-sur-Isère - ☎ 04 75 47 35 55 - www.jaboulet.com - tlj sf dim.-lun. à partir de 10h sur RV ; juil. et déc. : tlj sf dim.-lun. 10h-12h, 14h-17h30 - fermé en août.* Offrant les conditions idéales de vieillissement du vin, le Vineum aurait presque des allures de musée, tant le lieu est riche en histoire, aussi bien dans ses bouteilles que dans ses murs. La cave de dégustation convie à une expérience inoubliable avec son Hermitage La Chapelle 1961, perle parmi les perles.

Sports & Loisirs

Port de Plaisance – *Chemin de l'Épervière - ☎ 04 75 81 18 93 - www.drome-portdeplaisance.com - avr.-mai : 9h-12h, 14h-19h ; juin : 9h-12h, 14h-20h ; juil.-août 9h-12h, 14h-21h ; sept. 9h-12h, 14h-20h ; oct. 9h-12h, 14h-19h ; nov.-mars : tlj sf dim. et j. fériés 8h-12h, 14h-18h.* Le port de l'Épervière est le premier du Rhône avec un plan d'eau de 36 000 m². Plusieurs clubs proposent des activités sportives : aviron, ski nautique, voile… Également bowling, tennis, parcours santé, piscine, camping, hôtel et plusieurs restaurants.

Vallon-Pont-d'Arc

2 027 VALLONAIS
CARTE GÉNÉRALE B5 – CARTE MICHELIN LOCAL 331 I7 – ARDÈCHE (07)

Fameuse pour son pont d'Arc sur l'Ardèche et pour l'extraordinaire grotte Chauvet, Vallon est une petite cité sur laquelle veillent les vestiges d'un ancien château féodal. Station orientée vers les activités sportives et agréable lieu de séjour très animé en été, Vallon offre une base de départ idéale pour la visite et la descente en barque des gorges de l'Ardèche.

- **Se repérer** – Situé sur la D 579, Vallon est à 29 km au Sud d'Aubenas. C'est de cette ville que part la D 290 qui suit les gorges de l'Ardèche.

- **À ne pas manquer** – L'exposition sur les recherches en cours dans la grotte Chauvet.

- **Organiser son temps** – Comptez 1h.

- **Pour poursuivre la visite** – Voir aussi : gorges de l'Ardèche, Aubenas, Bourg-St-Andéol, Largentière, aven d'Orgnac, Ruoms, Les Vans et Villeneuve-de-Berg.

Visiter

Mairie

04 75 88 02 06 - www.vallon-pont-darc.com - ♿ - tlj sf w.-end et j. fériés 8h-11h30, 14h-16h30, possibilité de visite guidée (1h30) - 2,50 €.

Dans l'ancienne résidence des comtes de Vallon (17e s.), la salle des mariages, au rez-de-chaussée, abrite sept **tapisseries** d'Aubusson (18e s.), remarquables par la fraîcheur de leur coloris.

Exposition Grotte Chauvet-Pont-d'Arc

1 r. de Miarou. 04 75 37 17 68 - ♿ - juin-août : 10h-13h, 15h-19h (dernière entrée 45mn av. fermeture) ; de mi-mars à fin mai et de déb. sept. à mi-nov. : 10h-12h, 14h-17h30, possibilité de visite guidée (1h30) - fermé lun. - 5 € (enf. 2,50 €).

Honneur aux trois spéléologues, Élie Brunel-Deschamps, Christian Hillaire et Jean-Marie Chauvet. Ce sont eux qui ont découvert en 1994 la grotte portant désormais le nom du dernier cité. Située sur le territoire de Vallon, la grotte Chauvet a révélé un des plus anciens ensembles de dessins et peintures pariétales connus à ce jour. Y sont recensés pour le moment 400 animaux, comme le rhinocéros, le lion des cavernes ou le mammouth, de nombreuses empreintes de mains, sans doute liées à une pratique chamanique, mais aussi des vestiges d'occupation humaine vieux de plus de 30 000 ans.

Le site fait encore l'objet de campagnes de recherche. On pourra néanmoins se faire une idée des trésors qu'il recèle en visitant cette exposition. Photographies, film et textes explicatifs présentent l'art rupestre des grottes ardéchoises et initient à la vie quotidienne des chasseurs nomades de cette lointaine époque.

Aux alentours

Magnanerie des Mazes

3 km par la D 579, direction Ruoms. Accès par un chemin s'embranchant à gauche en venant de Vallon. 04 75 88 01 27 - www.mamagnanerie.com - visite guidée (45mn) juil.-août : 10h30-12h30, 14h30-18h30 ; avr.-juin et sept. : tlj sf lun. 14h30-18h30 - 4,60 € (enf. 2,30 €).

On peut visiter au village des Mazes une ancienne magnanerie vivaroise.

Par le *couradou*, on accède à la magnanerie, vaste salle occupée par des bâtis de bois où sont disposés les vers à soie sur des cannisses (claies de roseaux). La visite permet de suivre les étapes de la croissance des vers, jusqu'à la formation du cocon enveloppé de fils de soie.

Pont-d'Arc★★

5 km au Sud-Est par la D 290. Voir p. 156.

Vallon-Pont-d'Arc pratique

Adresse utile

Office de tourisme – *1 pl. de l'Ancienne-Gare - 07150 VALLON-PONT-D'ARC -* ℘ *04 75 88 04 01/41 09 - www.vallon-pont-darc.com - juil.-août : 9h-13h, 15h-19h, dim. et j. fériés 9h30-12h30 ; mai-juin et sept. : tlj sf dim. 9h-12h, 14h-18h (sam. 17h) ; avr. et oct. : tlj sf dim. 9h-12h, 14h-17h (sam. 16h) ; nov.-mars : tlj sf dim. 9h-12h, 14h-17h, sam. 9h-12h.*

Se loger

Camping Le Provençal – *1,5 km au SE de Vallon-Pont-d'Arc -* ℘ *04 75 88 00 48 - camping.le.provençal@wanadoo.fr - ouv. 10 avr.-18 sept. - réserv. conseillée - 200 empl. 30,50 € - restauration.* Derrière sa belle entrée fleurie, ce terrain tout en longueur s'étire jusqu'au bord de l'Ardèche. Ses emplacements sont délimités et bien ombragés. Avec son aire de jeux pour les enfants, sa belle piscine et son tennis, c'est un agréable lieu de séjour.

Le Manoir du Raveyron – *R. Henri-Barbusse -* ℘ *04 75 88 03 59 - le.manoir.du.raveyron@wanadoo.fr - 8 ch. 55/76 € 🛌 - restaurant 22/40 €.* Cette demeure du 16ᵉ s. située dans une rue calme abrite des petites chambres coquettes et personnalisées. Agréable cour ombragée et fleurie. Plaisante salle à manger voûtée où l'on déguste des plats au goût du jour préparés avec des produits du terroir.

Se restaurer

Bon à savoir – La plupart des restaurants de la ville se trouvent dans la **rue du Château**. Une riche variété de cuisines différentes qui ne laisse que l'embarras du choix. On a particulièrement aimé *Chez Camille* pour sa cuisine du terroir un peu plus gastronomique. La *Maison du Cochon* située en bas du village comblera les petites faims avec ses tartines, sa charcuterie et ses vins ardéchois.

Sports & Loisirs

Bon à savoir – Les sports d'eau vive étant très pratiqués dans la région, nombreux sont les prestataires à proposer des activités variées : descentes de l'**Ardèche en canoë-kayak** ou en kraft-canoë, canyoning dans les torrents, etc. De la demi-journée au grand parcours avec bivouac sur 3 jours, que l'on soit débutant ou pagayeur confirmé, la seule condition est de savoir nager. Pour plus de renseignements, adressez-vous à la Base nautique du Pont d'Arc (℘ 04 75 37 17 79), l'Arche de Noé (℘ 04 75 88 00 34), Alpha Bateaux (℘ 04 75 88 08 29), Viking Bateaux (℘ 04 75 88 08 87) ou à Aigue Vive (℘ 04 75 37 18 16), tous situés route des Gorges, à Vallon-Pont-d'Arc.

Vert Tige – ℘ *04 75 88 02 61 - tlj en juil.-août ; avr.-juin et sept. fermé lun.* Venez titiller votre peur du vide en effectuant l'un des cinq parcours acrobatiques forestiers accessibles à toute vaillante personne mesurant plus d'1,20 m. Au total, plus de 60 activités ludiques et sans danger vous attendent. Si vous avez un peu le vertige, vous serez autorisés à crier.

Vals-les-Bains

3 536 VALSOIS.
CARTE GÉNÉRALE B5 – CARTE MICHELIN LOCAL 331 I6 – ARDÈCHE (07)

L'arrivée est des plus magistrales lorsqu'on découvre Vals au sortir des lacets du col de la Chavade. Traversée par la Volane, la ville, ancienne place forte protestante, idéalement placée à la rencontre des vallées de la Volane et de l'Ardèche, a dû se développer en longueur. Elle offre l'aspect d'un étroit couloir urbain long de plus de 2 km, pour une largeur moyenne de 300 m. Découvrez sur place les raisons du succès de la fameuse eau de Vals : outre ses qualités digestives, son goût, très apprécié dans les restaurants.

- **Se repérer** – Vals-les-Bains est niché à 5,5 km au Nord d'Aubenas.
- **À ne pas manquer** – L'impressionnante cascade du Ray-Pic ; la source intermittente qui jaillit seulement toutes les six heures ; le goût de l'eau.
- **Organiser son temps** – Comptez une demi-journée pour la cité thermale et ses hauteurs.
- **Avec les enfants** – Découvrez l'identité ardéchoise à travers les jeux de la Maison Champanhet.
- **Pour poursuivre la visite** – Voir aussi : Aubenas, Largentière, gorges de la Loire, Privas, massif du Tanargue et Villeneuve-de-Berg.

Comprendre

Le thermalisme – Les centres d'animation de la station sont constitués par les sources, au nombre de 145. Exploitées à partir de 1600, elles ne prirent vraiment de l'essor qu'au milieu du 19e s. Leurs eaux sont froides (13 °C), bicarbonatées et sodiques ; leurs différences proviennent de leur degré de minéralisation : la plus connue, la source St-Jean, est faiblement minéralisée.

Les eaux, surtout utilisées comme boisson – plusieurs millions de bouteilles sont expédiées chaque année –, exercent une action sédative sur l'estomac et stimulante sur le foie. Elles sont recommandées pour le traitement du diabète et des maladies de la nutrition. Des douches, des bains et des massages complètent la cure de boissons prises aux sources de la station. L'établissement thermal et le centre hospitalier spécialisé « Paul-Ribeyre » fonctionnent toute l'année.

Joël Damase / MICHELIN

Outre les sources, la Volane abreuve Vals-les-Bains.

Visiter

Source intermittente

Plusieurs parcs agrémentent la station, notamment celui du Casino.

Le parc de l'Intermittente doit son nom à une source (connue en 1865), entourée d'une vasque pavée de prismes basaltiques, qui jaillit à 8 m de hauteur toutes les six heures : dans la journée à 11h30 et 17h30 en été, à 10h30 et 16h30 en hiver.

👁 Le saviez-vous ?

Vals (du latin *vallis* : vallée) a donné son nom à une eau minérale réputée. Le reste du nom (les Bains) a été rajouté en 1878 pour afficher la vocation thermale des lieux. La station a connu un fort développement dans les années 1930 en recevant de forts contingents de curistes originaires des colonies d'Afrique du nord.

Maison Champanhet

7 r. Jean-Jaurès - ☏ 04 75 37 81 60 - www.vals-les-bains.com - ♿ - (durée des films 15-35mn) de mi-juil. à mi-août : 10h-12h, 16h-19h, dim. 10h-12h30 ; de mi-mars à mi-juil. et de mi-août à mi-oct. : tlj sf w.-end et j. fériés 10h-12h, 15h-18h - 4,50 € (-12 ans gratuit).

👥 Innovante, la famille Champanhet est la première à avoir affermé les eaux de Vals-les-Bains. Elle a ici légué sa maison à la ville. On y découvre, outre la reconstitution d'un intérieur bourgeois de la fin du 19e s. (notez la jolie rampe d'escalier), les savoir-faire agricoles et artisanaux typiques de la région : travail de la terre, du bois, du fer, de la soie, variété des moulins, cultures en terrasse. L'ensemble permet d'esquisser quelques traits de l'identité des hautes Cévennes ardèchoises. La muséographie est moderne, elle assortit ses commentaires de 2 films et de jeux pour les enfants.

Rocher des Combes

Un exemple d'excursions parmi les nombreuses qui ont Vals pour point de départ : 🚗 *2 km – plus 1/4h à pied AR.* De la table d'orientation (alt. 480 m), **vue** sur la trouée de l'Ardèche, Aubenas, le Tanargue, la chapelle Ste-Marguerite au sommet de sa colline, le chaînon de Mézilhac, le roc de Gourdon et le plateau du Coiron.

Circuits de découverte

VALLÉE DE LA VOLANE ET DE LA BOURGES★★

Circuit de 69 km – environ 4h. Quittez Vals par la D 578 au Nord.

Tout de suite commence la montée de la vallée de la Volane, offrant des vues sur les coulées basaltiques qui assombrissent ce couloir ; remarquez la dispersion des maisons, en hameaux étagés, de la commune d'Asperjoc, disposition imposée par l'étranglement de la vallée. L'apparition d'Antraigues, sur un éperon dominant le confluent de la Volane et de la Bise, marque la fin des coulées volcaniques.

Antraigues-sur-Volane

Ce charmant village perché vit autour de sa place ombragée bordée d'agréables terrasses et régulièrement occupée par des boulistes passionnés. La présence de Jean Ferrat à partir des années 1960 a attiré pendant quelque temps des artistes connus avant de retrouver sa quiétude. La montée se poursuit dans un décor d'éboulis.

Mézilhac

Le village occupe, sur le rebord de la montagne vivaroise, un seuil séparant les bassins de l'Eyrieux et de l'Ardèche. Au Nord, le ravin de la Dorne dévale vers l'Eyrieux ; au Sud, la Volane s'engouffre vers l'Ardèche et Vals-les-Bains.

Du piton basaltique surmonté d'une croix, qui se dresse entre le vieux village et le col, la **vue**★ s'étend au Nord-Ouest sur le Gerbier-de-Jonc et le Mézenc, au Nord-Est sur le cirque de Boutières, au Sud sur la trouée de la Volane.

Quelle chute ! Isolée dans un profond ravin, la cascade du Ray-Pic offre un décor particulièrement sauvage.

De son passé de ville fortifiée, Ucel garde un plan serré, et un site stratégique.

Une route de crête, la D 122, passant au pied du suc de Montivernoux, mène à l'entrée de Lachamp-Raphaël, le plus haut village d'Ardèche, où l'on emprunte la D 215 descendant vers Burzet.

Une première **vue**★ se dégage, en contrebas, à droite, sur le site du Ray-Pic.

Cascade du Ray-Pic★★

🚶 *3/4h à pied AR. Laissez la voiture au parc de stationnement aménagé à droite de la route.*

De là, un sentier, d'abord en montée, mène au pied de la cascade, au fond du ravin de la Bourges. D'une plate-forme supérieure, la rivière saute par plusieurs chutes entre deux surplombs basaltiques ; remarquez, sur la gauche, l'effet de cascade des prismes basaltiques accompagnant la chute principale : le site est d'une intense sévérité.

Burzet

Ce village est célèbre pour sa procession de la Passion : chaque année, le Vendredi saint, elle monte, par un rude sentier jalonné de stations, jusqu'au calvaire dominant le village de 300 m. En tête des fidèles qui chantent des cantiques et prient, un groupe de personnages costumés fait revivre le chemin de croix du Christ. Cette manifestation rassemble une foule de fidèles venus de toute la région.

Burzet serait en outre la patrie de Bénézet qui construisit à la fin du 12e s. le célèbre pont d'Avignon *(voir* Le Guide Vert Michelin Provence*)*.

Église – Cet édifice de style gothique flamboyant vaut surtout pour sa façade, que surmonte un imposant clocher-peigne.

Retour à Vals par St-Pierre-de-Colombier, Juvinas et une agréable petite route, la D 243, descendant la vallée de la Bézorgues.

On peut aussi gagner Montpezat par la D 26, puis la D 536 et rejoindre le circuit décrit à Aubenas.

CIRCUIT DU COL DE L'ESCRINET★

85 km – environ 3h. Quittez Vals par la D 578^B au Sud.

Ucel

Vieux village bâti en cercle sur une butte dominant l'Ardèche.

À St-Privat, prenez à gauche la D 259 qui suit les vallées du Luol et de la Boulogne.

Les vergers et les vignes alternent avec des châtaigniers et des pinèdes.

St-Julien-du-Serre

Le bourg possède une intéressante **église** romane du 12e s., à la silhouette curieuse avec ses gros arcs-boutants soutenant l'abside. Le portail latéral est remarquable par les cinq tores ornant ses voussures en retrait. *Juil.-août : sam. 15h-18h ; reste de l'année : s'adresser à la mairie -* ℰ *04 75 37 95 28.*

Par St-Michel-de-Boulogne, on atteint les ruines du château de Boulogne.

Château de Boulogne★

Ce fut à l'origine une forteresse dressée par les Poitiers, comtes de Valentinois, ses premiers seigneurs, sur un éperon, à la rencontre de deux ravins. Successivement, les Lestrange, puis les Hautefort transformèrent le château primitif en une somptueuse demeure, respectée par la Révolution, mais saccagée par des démolisseurs en 1820. En reste nénamoins le magnifique **portail★★** que fit élever René de Hautefort à la fin du 16e s. Son élégance raffinée, soulignée par les colonnes torses, contraste avec le site sauvage et les ruines féodales.

Faites demi-tour pour reprendre la D 256 à droite. Traversez Gourdon, puis prenez à droite la D 122 qui contourne le roc de Gourdon. À 2 km, tournez à gauche dans une petite route au parcours pittoresque menant à Pourchères.

Pourchères

Bâti à flanc de montagne, ce village possède une **église** du 12e s. à nef unique et abside en cul-de-four. Remarquez la cuve baptismale du 12e s. et un Christ en bois du 17e s. *En cas de fermeture, s'adresser à la mairie - ℘ 04 75 66 80 93.*
Du terre-plein aménagé devant l'église, belle vue sur les monts environnants.

Faites demi-tour et reprenez la D 122 à gauche pour rejoindre la N 304 et le col de l'Escrinet.

Col de l'Escrinet

Alt. 787 m. Cette grande brèche constitue le principal accès au Sud de l'Ardèche et au plateau du Coiron. Son intérêt géographique et climatique se double d'un lieu privilégié d'observation – ou de chasse – des oiseaux migrateurs. C'est en effet de là que se pratique, envers et contre toute contestation, la chasse à la « repasse » des palombes. Venant du Sud, elles franchissent le col au ras du relief.
Le **panorama** sur l'esplanade à gauche avant le col offre un bel aperçu du plateau du Coiron, la vallée de Privas, le Tanargue reconnaissable à sa forme trapézoïdale et, lorsque le temps le permet, le mont Lozère.

Avant la descente vers Aubenas, prenez à gauche la D 224 en direction de Freyssenet.

Crête de Blandine

Alt. 1 017 m. Elle constitue le point culminant du plateau et un seuil oriental vers la vallée de Privas. Laissez la voiture sur le replat et poursuivez à pied vers le relais de télévision. Belle **vue★** dégagée en perspective à l'Est vers Privas et au Sud vers Mirabel et Aubenas.

Possibilité de poursuivre par la D 224 vers Freyssenet, à l'habitat typique des Coirons, puis par le col du Bénas rejoignez Privas.

Retour au col de l'Escrinet, puis à Vals par St-Privat et Ucel.
Voir également le circuit du massif du Tanargue (voir ce nom) de Vals-les-Bains à Valgorge.

Vals-les-Bains pratiques

Adresse utile

🛈 **Office de tourisme** – 116 bis r. Jean-Jaurès - 07600 VALS-LES-BAINS - ℘ 04 75 37 49 27 ou 04 75 94 68 26 - www.vals-les-bains.com - www.aubenas-tourisme.com - de mi-juin à mi-sept. : 9h-12h30, 13h30-19h, dim. et j. fériés 9h-13h ; reste de l'année : tlj sf dim. 9h-12h, 14h-18h. Bureau Accueil Tourisme d'Aubenas - 4 bd Gambetta - 07200 Aubenas.

Se loger et se restaurer

😊😊 **Chambre d'hôte Bourlenc** – Rte de St-Andéol - 07200 St-Julien-du-Serre - 3,5 km de St-Julien-du-Serre par D 218 vers St-Andéol-de-Vals - ℘ 04 75 37 69 95 - bourlenc07@free.fr - ⊠ - réserv. obligatoire - 5 ch. 49/60 € ⊡ - repas 25 €. Séjour

reposant garanti dans cette adorable maison perdue au milieu des acacias. Les chambres, rénovées par les propriétaires, offrent une vue splendide sur le col de L'Escrinet. À table, viandes « fermières », légumes biologiques du jardin et, au printemps, plantes sauvages.

😊😊😊 **Grand Hôtel des Bains** – ℘ 04 75 37 42 13 - grand.hotel.des.bains@wanadoo.fr - fermé 1er nov.-9 avr. - 🅿 - 65 ch. 73/132 € - ⊡ 9,70 € - restaurant 35/48 €. Des fastes d'antan, cet hôtel (1860) situé derrière le centre thermal a gardé son imposante façade, ses beaux volumes, son enfilade de salles à manger et de salons... Les chambres du dernier étage sont plus cossues. Piscine protégée par un auvent.

En soirée

Casino – *Av. Claude-Expilly - ✆ 04 75 88 77 77 - www.casinodevals.fr - 12h-3h.* Dans un joli parc de verdure, ce casino met à votre disposition 100 machines à sous, une salle de jeux (black-jack, roulette anglaise), un bar, une discothèque et un restaurant. Concerts avec orchestre et dîners dansants organisés sur la terrasse du restaurant (du jeudi au dimanche en été).

Que rapporter

Brasserie Bourganel – *7 av. Claude-Expilly - ✆ 04 75 94 03 16/39 39 - www. bieres-bourganel.com - avr.-mai, oct. : boutique : tlj sf dim. 10h-12h, 14h45-19h15, sam. 16h-19h15, visite : mar.-vend. 15h, 16h, 17h, 18h, sam. 16h, 17h, 18h ; fermé oct.-mars et 1ᵉʳ Mai.* Située au bord de la Volane, cette brasserie, née en 2000, organise des visites d'une heure, suivies d'une dégustation, afin de connaître les secrets de fabrication de ses bières blondes. Parmi les produits vedettes : la bière aux myrtilles et la bière aux marrons.

Sports & Loisirs

Adventure Camp – *Le Bois Vert - ✆ 04 75 37 44 33 - réserv. tte l'année ; parc tlj en juil.-août.* Avis aux amateurs de sensations extrêmes ! Pas moins de 6 parcours de difficulté croissante avec ponts de singe, lianes et tyroliennes jusqu'à 22 m au-dessus du sol. Les plus intrépides oseront-ils le saut à l'élastique ?

Thermalisme – Station thermale, culturelle et sportive ; remise en forme. Spécialités : diabète, troubles digestifs. La ville possède également un théâtre, un casino, 3 ha de parc. *Office de tourisme intercommunal du Pays d'Aubenas-Vals - 116 r. Jean-Jaurès - 07600 Vals-les-Bains - t 04 75 89 02 03 - www.vals-les-bains.com*

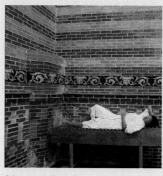

Détente aux thermes

Les Vans

2 664 VANSÉENS
CARTE GÉNÉRALE A5 – CARTE MICHELIN LOCAL 331 G7 – ARDÈCHE (07)

Au cœur du Bas-Vivarais cévenol, dominé à l'Ouest par l'échine déchiquetée du serre de Barre, Les Vans occupe le centre d'un riant bassin qu'arrose le Chassezac. Un ensoleillement exceptionnel, la culture de l'olivier, un marché très coloré, une grande place ombragée de platanes : on est déjà ici dans le Midi ! Les paysages viennent confirmer cette impression : à l'âpre décor de serres schisteux succède l'éclatante blancheur du bas pays calcaire. Son succès auprès des visiteurs est assuré par le bois magique de Païolive et les inoubliables gorges du Chassezac.

▶ **Se repérer** – Les Vans se trouvent à 38 km au Sud-Ouest d'Aubenas.

👁 **À ne pas manquer** – Le bois de Païolive avec ses chênes rouvres et ses roches calcaires sculptées par la nature ; la vue plongeante depuis la corniche du Chassezac ; le village de Thines perché au-dessus du torrent qui porte le même nom.

🕐 **Organiser son temps** – Comptez 1 journée pour la ville et ses environs.

👪 **Avec les enfants** – Baignade à Mazet-Plage ; parcours découverte de la vie rurale à Gravières ; promenade-escalade sur les traces des des chauves-souris au circuit de la Vierge.

👣 **Pour poursuivre la visite** – Voir aussi : gorges de l'Ardèche, Largentière, aven d'Orgnac, Ruoms, massif du Tanargue et Vallon-Pont-d'Arc.

Le drame de Jalès

En 1792, le **comte de Saillans**, chef des royalistes de la région, décide en urgence un soulèvement, mais son complot est dévoilé. Ses troupes sont défaites et il doit fuir avec quelques compagnons. Arrêtés sur la route de Villefort, ils sont conduits aux Vans : la foule, qui reproche à Saillans l'exécution de plusieurs patriotes, les massacre dans la rue.

Comprendre

Les Vans (prononcez le « s ») vient d'une racine pré-indo-européenne qui désigne une pente pierreuse. Il n'y a qu'à regarder autour de soi pour s'en convaincre. À partir du 16ᵉ s., la ville fut l'objet de nombreux conflits entre catholiques et protestants. Aujourd'hui, ces conflits sont apaisés et la cité est célèbre pour le dynamisme de son marché (samedi matin). Elle s'enorgueillit des découvertes d'un Vanséen de naissance : le chirurgien spécialiste des os Léopold Ollier (1830-1900), qui a accumulé les découvertes et contribué à la modernisation des techniques opératoires.

Se promener

Le centre ancien, égayé de fontaines et de belles maisons de caractère, est une invitation permanente à la flânerie.

Église

Édifiée sans grands moyens au 17ᵉ s., dans le style jésuite, elle est aujourd'hui très bien restaurée. Les deux **retables★**, dont le grand du chœur, ont été réalisés sous la direction d'un artiste anversois, Jean Enguelbert, en 1682. Remarquez également les **stalles** (18ᵉ s.) provenant de l'abbaye des Chambons.

Temple

Un peu excentré, il a été élevé en 1826 pour remplacer un plus ancien.

Découvrir

LE BOIS DE PAÏOLIVE★

Couvert de chênes rouvres et jalonné de curieux rochers blancs, ce lieu baigné de silence et de mystère semble receler un secret que seuls connaissent les innombrables lézards verts : à moins d'en adopter un, limitez-vous donc aux sentiers balisés si vous souhaitez retrouver votre chemin. Ce chaos calcaire du Bas-Vivarais s'étend sur environ 16 km², au Sud-Est des Vans, de part et d'autre du Chassezac. Le calcaire de Païolive est une roche grisâtre d'époque jurassique, dure mais sensible à l'érosion chimique. Les eaux de pluie ont transformé de simples fissures en crevasses profondes, donnant naissance à des rochers ruiniformes.
La D 252 traverse le bois d'Ouest en Est.

Bronzage, baignade, canoë, escalade, les gorges du Chassezac sont vraiment un petit paradis à condition de respecter les règles de sécurité.

À environ 300 m de la D 901, on découvre à une vingtaine de mètres, à droite en venant des Vans, un rocher caractéristique : l'Ours et le Lion.

Circuit de la Vierge
Comptez 1h. Au départ d'un parking au bord de la D 252, sentier non sécurisé, balisé en vert. De passages étroits en petites escalades, de formes étranges où l'on croit reconnaître tout un bestiaire en mini-belvédères sur un bois d'arbres et de pierres, la promenade dévoile divers visages du relief karstique. Quelques panneaux et des imitations – hélas – rappellent le souvenir de ses hôtes d'hier, les chauves-souris.

Clairière★
Une clairière est accessible aux voitures près de la D 252, dans un grand virage à droite en venant des Vans, par une rampe non revêtue. Cette clairière est établie sur une doline. La dimension des arbres permet d'y pique-niquer à l'ombre. De là, on peut partir à la découverte des rochers les plus proches *(sentier balisé)*.

Corniche du Chassezac★★
1/2h à pied AR. Se garer sur le premier grand parking à gauche de la route en direction de Mazet-Plage. Un sentier balisé « corniche » conduit sur les bords des grandes falaises qui dominent les profondes gorges. On découvre soudain la grandiose tranchée du Chassezac, serpentant au pied de falaises forées de cavités. La corniche, formant un à-pic de 80 m, se poursuit à gauche, face au château de Casteljau, jusqu'à un belvédère situé en amont.

Revenez par le même chemin.

Mazet-Plage
Un chemin revêtu, partant de la D 252, mène, en 300 m, à un camping proche de la rivière. Le site de Mazet est situé à la sortie des gorges de Chassezac dont il est un accès privilégié. Pour rejoindre des zones plus éloignées dans les gorges, les sites de baignades et d'escalades par exemple, traversez la rivière en direction de Casteljau et garez-vous dans les parkings aménagés.

Aux alentours

Naves
À la sortie des Vans à l'Ouest, en direction de Villefort, tournez à gauche dans la D 408. Ce vieux village qui domine le bassin des Vans a conservé son aspect médiéval. Ses ruelles à arceaux, ses maisons où s'allient le schiste et le calcaire, sa charmante église romane bien située à l'extrémité du village y attirent des artistes.

On peut longer le Chassezac vers la gauche, sur environ 500 m, parmi les gros galets et les petits saules, face aux étranges falaises criblées de cavités *(1/4h à pied AR)*.

Banne
À 6 km au Sud-Est. Laissez la voiture sur la place. Gravir la rampe derrière le calvaire. On accède à une plate-forme gazonnée dominant la dépression du Jalès. Du sommet

des rochers, portant les vestiges de l'ancienne citadelle de Banne, vaste **panorama★** sur les confins du Gard et de la Basse-Ardèche. À demi enfoncée dans la plate-forme, on peut voir une longue galerie voûtée ; elle servait d'**écuries** au château de Banne, abattu après le drame de Jalès. Un **musée de l'Œuf décoré et de l'Icône** (icônes russes du 18e au 20e s.) présente une étonnante collection d'œufs de Pâques (véritables ou en porcelaine) décorés selon diverses techniques. *Le Fort - ✆ 04 75 39 85 11 - ♿ - juil.-août : 10h30-12h30, 15h-18h30 ; de mi-mars à fin juin et sept. : tlj sf mar. 15h-18h - 4,80 € (enf. 2,80 €).*

Circuits de découverte

CORNICHE DU VIVARAIS CÉVENOL

De la Bastide-Puylaurent à Joyeuse

49 km – environ 2h. La route, tracée en corniche, passe d'un versant à l'autre dans les montagnes du Vivarais cévenol.

La Bastide-Puylaurent

Le village a été créé au 19e s. lors de la construction de la ligne de chemin de fer Paris-Nîmes. C'est une agréable et fraîche station estivale située dans la haute vallée de l'Allier dont les versants sont couverts de bois et de pâturages.

Quittez La Bastide à l'Est par la D 906, et prenez à gauche la D 4.

Trappe de N.-D.-des-Neiges

Cette abbaye cistercienne, fondée en 1850, est isolée au milieu des bois de résineux et de hêtres, dans un cirque de montagnes, à l'abri des vents qui balayent les hauts plateaux du Vivarais. Les bâtiments actuels ont été bâtis à la suite d'un incendie survenu en 1912 à l'ancien monastère édifié sur la hauteur.

Au cours de la descente rapide sur St-Laurent-les-Bains, un virage à gauche offre une **vue★★** à l'entrée de la trouée de la Borne.

> **De la Trappe à l'ermitage**
>
> C'est à la trappe de N.-D.-des-Neiges que **Charles de Foucauld**, explorateur et religieux (1858-1916), fit son noviciat, de janvier à juin 1890. Cet ancien officier à la vie tumultueuse est l'auteur de divers ouvrages, dont un dictionnaire touareg-français. Il a été béatifié en 2005.

St-Laurent-les-Bains

Resserrée au creux d'un étroit vallon, cette petite station thermale traite les différentes formes de rhumatismes. De la rue principale, où se trouve une fontaine chaude (53 °C), on a une jolie vue sur l'arête portant les vestiges d'une vieille tour.
La route franchit la Borne par une descente, puis une remontée impressionnantes ; elle traverse ensuite une belle forêt de pins, à laquelle succède le paysage désolé des hauts serres schisteux.
Remarquez, à droite, le **Petit Paris**, hameau isolé au-dessus de blocs granitiques.
Sur un replat, peu avant Peyre, **vue★**, à droite, sur le village de Thines, en contrebas, isolé sur un piton *(voir p. 415)*.

Poursuivez sur la D 4 traversant Peyre.

À partir de Peyre apparaît la vigne annonçant la nature méridionale.

Par Planzolles et Lablachère, gros bourg vigneron, gagnez Joyeuse.

Joyeuse *(voir p. 253)*

VILLAGES DU VIVARAIS CÉVENOL★

34 km – environ 2h1/2. Quittez Les Vans au Nord par la D 10. Prenez à droite la D 250.

Chambonas

On accède au village par un vieux pont pointant ses avant-becs dans les eaux vertes du Chassezac. L'église, en partie romane, est un robuste édifice dont la corniche du chevet s'orne d'une frise sculptée.
Près de l'église, le château (12e-17e s.) se signale par ses tours à tuiles vernissées ; jardins à la française dont le dessin est attribué à Le Nôtre.

Poursuivez par la D 250.

Après avoir longé le Chassezac, la route franchit le ruisseau de Sure et s'élève sur le versant gréseux parmi les vignobles et les pins ; jolie vue sur le serre de Barre et le clocher de St-Pierre-le-Déchausselat.

Payzac

Charmante église rurale (12e-15e s.) campée sur le plateau gréseux ; à l'intérieur, à gauche du retable, statue en bois de saint Pierre, vigoureusement traitée.

Prenez la D 207, direction St-Jean-de-Pourcharesse.

À partir de Payzac, le grès, de grisâtre, devient rouge : vue sur l'église de St-Pierre, l'arête du serre de Barre. Après le village de Brès, construit en grès rouge, nouveau changement d'aspect : le grès cède la place au schiste. La route serpente au flanc de versants ombragés de châtaigniers.

St-Jean-de-Pourcharesse

Église typique du pays du schiste avec son toit de lauzes, son clocher-peigne. De la terrasse, vue en direction des Vans, des « becs » de la Bannelle et du Guidon du Bouquet.

Rebroussez chemin jusqu'à l'entrée du village où l'on prend, à droite, la route en direction de Lauriol.

À partir de ce hameau, la route se poursuit parmi les châtaigniers, dans un décor de ravins abrupts où s'agrippent de pauvres hameaux.

St-Pierre-le-Déchausselat

Village étagé en terrasses. Laissez la voiture devant l'église et gagnez les vignobles de la ferme en contrebas : vue, de gauche à droite, vers la dent de Rès, le rocher de Sampzon, le mont Ventoux, le Guidon du Bouquet, la Bannelle et le serre de Barre.

De St-Pierre, la D 350, tracée au flanc d'un vallon cultivé, descend vers le Chas-sezac.

Retour aux Vans par Chambonas.

VALLÉE DU CHASSEZAC★

77 km – environ 3h. Quittez Les Vans par la D 901 en direction de Villefort et tournez à droite dans la D 113.

Gravières

L'**église** (12e-15e s.) est caractérisée par un clocher puissant ; elle abrite dans le mur du chœur, à gauche, un arbre de Jessé en pierre sculptée (14e s.), malheureusement mutilé. Retable en bois doré et chapelles gothiques. *Visite guidée sur demande auprès de Mme Pradeilles - ✆ 04 75 37 31 07.*

Comptez 3h. À la **Virade du Batistou**, un circuit en boucle de 6 km, tracé tout autour du village à l'intention des enfants, leur permet de découvrir la vie rurale du début du 20e s. *Possibilité de visite guidée sur demande pdt vac. scol. Livret d'interprétation disponible à l'office du tourisme des Vans (6 €).*

Poursuivez par la D 113. Après le pont sur le Chassezac, prenez à droite la D 413.

Les Salelles

Sur une plate-forme dominant un méandre du Chassezac, l'**église** St-Sauveur, gothique, est construite en beaux moellons de grès rose. Le clocher fortifié, détruit par la foudre, a été reconstruit au début du 20e s.

Revenez à la D 113 que vous prenez à droite.

Le cours de la rivière est jalonné de barrages de retenue, de conduites forcées et d'usines appartenant à l'ensemble hydro-électrique du Chassezac *(voir ci-avant).*

Prenez à droite la D 513.

Thines★★

Au terme d'une charmante route remontant le ravin de la Thines, cet humble village vivarois occupe un **site★★** perché au-dessus du torrent. Dans un âpre décor de terres schisteuses, il conserve ses vieilles maisons accrochées au rocher, ses ruelles étroites, enchevêtrées, et une belle église romane.

Église – Le portail latéral construit en blocs de grès de différentes couleurs compte quatre belles statues-colonnes. Sur le linteau, une frise à petits personnages sculptés représente, de gauche à droite, l'entrée à Jérusalem, la Cène et le baiser de Judas. La décoration des parties hautes de l'édifice, particulièrement celle du **chevet★**, frappe d'admiration en ce site perdu. L'alternance des claveaux en grès rouge et en granit gris, les chapiteaux en calcaire blanc, créent une harmonie colorée. À l'intérieur, l'appareil de l'abside montre la même recherche de polychromie qu'à l'extérieur.

Au confluent de l'Altier, du Chassezac et de la Borne, l'**usine de Pied-de-Borne** est alimentée par le barrage de Villefort et celui de Roujanel, plus au Nord sur la Borne.

Cette usine, pièce maîtresse de l'ensemble hydro-électrique du Chassezac, produit plus de la moitié de l'énergie fournie par ce bassin.

Après avoir traversé la Borne et contourné l'usine, prenez à droite la D 151 vers La Bastide-Puylaurent.

La route suit, en hauteur, la vallée de la Borne, assez encaissée.

À la sortie du hameau des Beaumes, prenez à droite une petite route qui rejoint le fond de la vallée et traverse la rivière.

Après avoir longé l'étroite vallée de Chamier, la route s'élève en de nombreux lacets jusqu'au plateau de Montselgues qui domine les vallées environnantes à une altitude moyenne de 1 000 m.

Montselgues

Ce petit village isolé au milieu d'un vaste plateau ondulé, parsemé en juin de narcisses sauvages et de genêts, possède une robuste église au beau porche roman, accolée à une grande maison cévenole. Montselgues est un centre de ski de fond.

À l'entrée Nord du village, prenez la D 304 vers l'Est. La route descend vers la D 4 que l'on prend à droite.

Sur un replat, peu avant Peyre, **vue★**, à droite, sur le village de Thines, en contrebas, isolé sur un piton.

Non loin de Peyre, on aperçoit, à gauche de la route et près d'une ferme, un curieux ensemble de ruches creusées dans les troncs de châtaigniers et simplement couvertes d'une lauze (dalle) de schiste.

Suivant le tracé de la corniche alternant d'un versant à l'autre, le panorama se révèle tantôt sur les serres désolées s'étendant de la Drobie au Tanargue, tantôt vers les bassins de la Basse-Ardèche.

Après un long parcours parmi les pins, on atteint Seyras où apparaît la vigne annonçant la nature méridionale.

Regagnez Les Vans par le pont de Chambonas.

Les Vans pratique

Adresse utile

🅸 **Office de tourisme** –*Pl. Léopold-Ollier - 07140 LES VANS -* 🖉 *04 75 37 24 48 - www. les-vans.com - juil.-août : 9h-19h, dim. 9h-12h30, 16h-19h ; reste de l'année : se renseigner.*

Se loger

☞ **Hôtel le Vanséen** – *Rte des Gras -* 🖉 *04 75 94 91 88 - www.hotel-le-vanseen. com -* 🅿 *- 32 ch. 38/53 € -* ⌑ *6 €.* Très moderne (un concept assez proche des hôtels de chaînes), le Vanséen dispose de chambres climatisées et pourvues du système WI-FI. La piscine réjouira ceux qui aiment piquer une tête avant de lire leurs e-mails. À noter, la présence de 2 chambres équipées pour les personnes handicapées.

☞ **Chambre d'hôte La Passiflore** – *07460 St-Paul-le-Jeune - 13 km au S des Vans par D 901, puis D 104 dir. Alès -* 🖉 *04 75 39 80 74 - godeliva.luypaerts@wanadoo.fr - fermé 15 déc.-15 janv. -* ⌑ *- 3 ch. 32/42 € -* ⌑. Certes, la route est assez proche mais pas d'inquiétude : la maison, bien isolée, est vraiment agréable et les propriétaires flamands sont aux petits soins avec leurs convives. Le petit-déjeuner sous la tonnelle du jardin, à côté de la volière, est un délice…

☞ **Camping La Source** – *07460 Berrias-et-Casteljau - 12 km au SE des Vans par D 901 et D 202 -* 🖉 *04 75 39 39 13 - camping.la. source@wanadoo.fr - ouv. Pâques-sept. -* ⌑ *- réserv. conseillée - 81 empl. 17,50 € - restauration.* Ce terrain assez récent est bien aménagé : ses emplacements sont tous délimités et déjà ombragés. Le bar, la pizzeria et le magasin d'alimentation regroupés dans une même maison vous permettront de vous restaurer sur place. Belle piscine.

☞ **Chambre d'hôte L'Ensolleiade** – *07460 Casteljau - 10 km au SE des Vans par D 901, puis D 252 -* 🖉 *04 75 39 01 14 - www. ensolleiade.com - fermé 15 oct.-15 mars -* ⌑ *- 5 ch. 42/48 € -* ⌑. Les chambres sont simples, claires et spacieuses dans cette paisible maison basse entourée par la campagne. Une adresse idéale pour ceux qui recherchent le calme ou pour les amateurs de marche (nombreuses promenades pour découvrir la nature et les jolis villages alentours).

☞☞ **La Santoline** – *07430 Beaulieu - 13 km au SE des Vans par D 901, D 202 et D 252 -* 🖉 *04 75 39 01 91 - contact@ lesantoline.com - fermé oct.-avr. et le soir -* 🅿 *- rest. réservé à la clientèle - 7 ch. 65/80 € -* ⌑ *10 €.* Isolée au milieu de la garrigue, cette bâtisse du 16ᵉ s. ravira les amateurs de tranquillité. Couleur et raffinement dans les chambres au décor personnalisé. Le dîner, réservé aux résidents, est servi dans une jolie salle voûtée. Piscine et jardin pour votre bonheur !

Se restaurer

☺ Chez Vincent et Michèle « Le Lagon » – *07460 Berrias-et-Casteljau - 10 km à l'E des Vans par D 901, D 252 et suivre fléchage V. V.F. -* 🖉 *04 75 39 35 33 - fermé 30 oct.- 15 mars, lun. et mar. de mars à juin - réserv. conseillée - 15/38 €.* Dans un décor naturel de rocaille, de gorges rocheuses et de végétation méridionale, vous savourerez la cuisine soignée du Lagon (salade cévenole aux magrets et foie gras cuits maison, ris de veau aux morilles, etc.) au bord de la piscine à cascade ou, plus simplement, une pizza à la terrasse du C4, à côté.

Que rapporter

Marché – Marchés nocturnes (18h à 22h) en juillet et en août : artisanat régional et produits du terroir, afin de ramener chez soi un peu de senteurs des vacances. Et bien sûr le traditionnel marché du samedi matin, qui a lieu tout au long de l'année.

Moulin à huile Froment – *10 rte des Cévennes -* 🖉 *04 75 37 34 88 - juil.-août : à partir de 9h.* Cinq générations de la même famille se sont succédé à la tête de ce moulin installé sur la route de Villefort. L'actuel propriétaire élabore selon des méthodes traditionnelles une huile d'olive certifiée 1re pression à froid, qu'il sera toujours heureux de vous faire déguster. Visites organisées le jeudi matin.

Notre-Dame des Neiges – *suivre Abbaye Notre-Dame des Neiges - 07590 St-Laurent-les-Bains -* 🖉 *04 66 46 00 02 - caves.*

ndneiges@wanadoo.fr - 10h-12h, 14h-18h, dim. 14h-17h30. Cette abbaye cistercienne commercialise depuis 1890 ses vins, venus du Gard et bonifiés dans ses caves. Vous pourrez aussi faire provision de produits régionaux et « monastiques » tels que miels, confitures, biscuits, sirops… La boutique dispose également d'un espace librairie (ouvrages régionaux et religieux).

Sports & Loisirs

👁 Bon à savoir – Vous êtes mordus de spéléo, escalade et tir à l'arc ou fanatiques de canoë, kayak et canyoning ? Quels que soient vos goût, les possibilités de pratiquer ces activités aux Vans sont multiples grâce aux structures Céven'Aventure Passion, Explo-les-Vans et l'APAC qui proposent à peu près les mêmes prestations… Vous trouverez toujours la formule adaptée à votre niveau et à vos envies : séance découverte, demi-journée, journée, séjour, etc.

École Ardéchoise de parapente Barbule – 🖉 *04 75 39 36 67 - www.parapente-fr. com/barbulme.* Envie de découvrir l'Ardèche par la voie des airs ? La sympathique équipe de l'école ardéchoise vous transmettra la passion du parapente. Du simple baptême en vol biplace au perfectionnement des techniques de pilotage, vous vous sentirez pousser des ailes.

Le Petit Âne Bleu – 👥 - *Pont de Pigère -* 🖉 *04 75 37 27 98 - www.bourricot.com. lepetitanebleu - réserv. hors sais.* Plus besoin d'un gros sac à dos pour partir en randonnée, le petit âne bleu et ses amis se chargeront de porter vos bagages. Important choix de circuits allant de la demi-journée à 7 jours complets. Les enfants vont adorer !

Vienne★★

29 975 VIENNOIS
CARTE GÉNÉRALE B2 – CARTE MICHELIN LOCAL 333 C4 – ISÈRE (38)

À un coude du Rhône, « assise comme un autel sur les contreforts du noble Dauphiné » (Frédéric Mistral), la ville est baignée par la lumière rhodanienne qui lui donne une touche déjà méditerranéenne. La magie naît de l'alliance réussie d'une cathédrale gothique, d'un temple et d'un théâtre romains, d'un cloître roman et de hautes façades colorées. Elle est une invitation à la flânerie, au gré des ruelles pentues et des nombreux passages couverts du centre médiéval.

- **Se repérer** – Situé à 38 km au Sud de Lyon et à 52 km à l'Est de St-Étienne, Vienne est desservi par l'A 7 et la N 7.

- **À ne pas manquer** – L'importante cité gallo-romaine de St-Romain-en-Gal ; la cathédrale St-Maurice ; le temple antique d'Auguste et de Livie.

- **Organiser son temps** – Comptez 1h30 pour St-Romain, autant pour Vienne.

- **Pour poursuivre la visite** – Voir aussi : Bourgoin-Jallieu, Condrieu, La Côte-St-André, Hauterives, Lyon, les monts du Lyonnais, le Pilat, Roussillon, St-Chef et Ste-Croix-en-Jarez.

Comprendre

La ville romaine – L'origine de son nom *(Vigenna)* est celtique et signifierait soit « bourgade au bord de l'eau », soit rive inondable, marais. Les Allobroges en font leur capitale au cours du 1er s. av. J.-C. et, plus de cinquante ans avant la conquête de la Gaule par Jules César, la ville est assujettie par les légions romaines. Elle bénéficie d'une position géographique plus facile à exploiter que celle de Lyon : il n'y a qu'un fleuve à traverser. Les drapiers, peaussiers et potiers déploient une activité florissante et le poète Martial peut parler au 1er s. de « Vienne la Belle ». Les monuments publics s'élèvent au pied de la colline de Pipet, les résidences particulières comme les édifices à vocation commerciale ou artisanale s'étendent sur les deux rives, à l'emplacement des bourgs de Ste-Colombe et de St-Romain-en-Gal, au-delà du Rhône.

Heurs et malheurs d'une « Grande Bourgogne » – En dépit de la confusion politique à la suite de la dissolution de l'Empire romain d'Occident, Vienne reste un foyer d'art : la construction de l'église-nécropole St-Pierre se poursuit ; l'abbaye de St-André-le-Bas est fondée. Les incessantes compétitions entre Carolingiens pour l'héritage de Charlemagne permettent, en 879, à **Boson**, comte de Vienne, d'Arles et de Provence, de se faire proclamer « roi de Bourgogne », au château de Mantaille. Il a son palais à Vienne.

Vienne, cité sainte – L'autorité temporelle des archevêques, comtes de Viennois, s'exerce sur la cité. Autour de l'abbaye St-André-le-Bas, parvenue au faîte de sa puissance, une nombreuse colonie juive entretient la prospérité commerciale.

Deux grandes figures s'illustrent alors sur le siège du « primat des primats des Gaules » : Guy de Bourgogne (1088-1119), couronné pape dans sa cathédrale sous le nom de **Calixte II**, et **Jean de Bernin** (1218-1266), qui préside notamment aux travaux d'agrandissement de la cathédrale St-Maurice. Divers conciles se tiennent dans la ville, en particulier celui qui prononce, en 1312, la suppression de l'ordre des Templiers.

Une lutte inégale – La présence de cette terre d'Église aux confins du Royaume et de l'Empire ne laisse pas la monarchie française indifférente. Dès 1335, Philippe de Valois annexe Ste-Colombe et fait élever une **tour** marquant cette prise de possession. En 1349, le Dauphiné est cédé en apanage aux fils aînés de la Maison de France. La mainmise apparaît totale au cours du 15e s. avec la réunion définitive de Vienne à la France.

Les temps modernes – L'activité commerciale s'effondre et la population diminue d'un cinquième entre 1650 et le début du 18e s. Même le pont sur le Rhône, emporté par une crue en 1651, ne sera pas rétabli avant le 19e s. Une

Un Point important

Les Viennois gardent le souvenir de **Fernand Point**, fondateur du restaurant « La Pyramide » *(voir* Le Guide Michelin*)*. Le maître de Paul Bocuse et des frères Troisgros vivait ici dans les années 1930.

certaine renaissance industrielle se manifeste à la fin de l'Ancien Régime : les manufactures de drap s'alignent le long de la Gère. Aujourd'hui, Vienne est redevenue une ville active et commerçante.

Découvrir

Cité gallo-romaine de St-Romain-en-Gal★★ (A1)

Visite : environ 3h.

St-Romain-en-Gal et Ste-Colombe, sur la rive droite du Rhône, sont situés en face de Vienne : ces trois localités formaient un seul ensemble urbain. Les fouilles pratiquées sur ce site, depuis 1967, ont mis au jour un quartier urbain, comprenant à la fois des maisons *(domus)* somptueuses, des commerces, des ateliers d'artisans et des thermes. Les plus belles découvertes, essentiellement des mosaïques, sont présentées dans le musée. *Vous pouvez commencer la visite aussi bien par le musée que par le site.*

Site★

D 502 - ℘ 04 72 38 49 32 - www.musees-gallo-romains.com - possibilité de visite guidée 10h-18h - fermé lun., 1ᵉʳ janv., 1ᵉʳ Mai, 1ᵉʳ nov. et 25 déc. - 3,80 € (enf. gratuit), gratuit le jeu.

Une passerelle descend du pavillon d'entrée vers le site et en offre une vue générale. Restez d'abord en hauteur.

L'ensemble du site est très riche. Les vestiges actuellement dégagés sur plus de 3 ha attestent une occupation allant de la fin du 1ᵉʳ s. av. J.-C. au 3ᵉ s. apr. J.-C. La structure du quartier ne correspond pas au schéma de quadrillage de rues habituellement adopté par les Romains : trois voies et deux ruelles déterminent cinq îlots irréguliers, progressivement mis au jour. Les nombreux ateliers d'artisans côtoient de somptueuses demeures.

La porte du pavillon d'entrée ouvre au-dessus des thermes à gauche, de la domus du Lion à droite. L'architecture du musée a été conçue pour aider à lire le site : à droite, surélevé par des pilotis, le bâtiment est ancré dans les murs de la **maison au Lion** dont il occupe l'exacte surface (1 900 m²) ce qui donne une idée de sa richesse. Les restes de la maison elle-même ont été recouverts de sable, en attendant la reprise des fouilles à cet endroit.

Descendez la passerelle, prenez à gauche vers les thermes.

Remarquez sur les dalles au sol les ornières creusées par les roues des charrettes : la voie, qui mène au Rhône, était utilisée pour le chargement et le déchargement de marchandises.

Les vestiges des **thermes des Lutteurs** sont visibles au sol, avec leur *caldarium* (salle chaude), leur *tepidarium* (salle tiède) et leur *frigidarium* (salle froide). Le musée en reprend l'élévation probable (sans les pilotis). Deux autres thermes, plus grands, ont été découverts sur le site, ce qui donne une idée de l'importance de la ville. Remarquez dans les latrines, à gauche, la fontaine, la circulation des eaux usées, les peintures

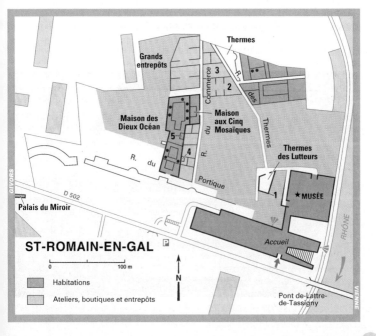

murales (des copies, les originales étant au musée) et l'hypocauste (**1**), système de chauffage par le sol : l'ensemble atteste le rôle important des thermes dans la vie sociale gallo-romaine. Les bains publics comme les latrines, outre leur fonction de confort et d'hygiène, sont un lieu de discussion, de rencontre, sans doute aussi de négociation.

Prenez en face la rue dite « des Thermes ».
Remarquez au sol l'inclinaison des dalles et l'évacuation des eaux : le système d'égouts, haut de 1,50 à 2 m, est encore efficace aujourd'hui. À droite, la rue mène à trois maisons dont les cours intérieures ont été approximativement reconstituées. À gauche, l'îlot triangulaire formé par les rues du Commerce et des Thermes est un **quartier artisanal** bordé à l'Est et à l'Ouest par des portiques. Les salles du bâtiment Nord recèlent un système de canalisations ; lui fait suite, au Sud, un atelier composé de neuf pièces s'ordonnant autour d'une cour. La présence de bassins dans certaines pièces et la découverte de produits colorants, à la jonction des rues du Commerce et des Thermes, signale une activité de foulons ou de **teinturiers** (**3**). La base du triangle, dite « **le marché** » (**2**), est occupée par des ateliers et des boutiques.
Bordant la rue du Commerce, au Nord-Ouest, les **grands entrepôts**, ou *horrea*, s'étendent sur plus de 3 000 m². La façade Est est percée par une entrée unique, adaptée au passage des charrettes. Une des salles (**4**) montre un ingénieux dispositif pour la conservation des denrées périssables : des amphores sphériques, soigneusement rangées, sont fichées en terre par le col, créant ainsi un vide sanitaire.
La **maison des Dieux Océan**, qui s'élevait sur deux étages, est la plus belle et la plus spacieuse du site. Elle s'inscrit dans un rectangle de 110 m de long et 24 m de large et qui, à part l'entrée située au Sud et l'accès à la ruelle par le grand péristyle au Nord, ne comporte pas d'ouverture vers l'extérieur. Le sol du vestibule *(atrium)* était revêtu d'une mosaïque comportant des têtes de dieux Océan barbus et chevelus et des motifs marins, visible dans le musée. Vient ensuite un petit jardin *(viridarium)* à péristyle cernant deux bassins : l'un en U, l'autre rectangulaire. Au Nord, le grand jardin à portique occupant le tiers de la surface est légèrement désaxé par rapport aux autres pièces. On peut observer un système, restauré, de chauffage par hypocauste (**5**).
À ses côtés s'étend la **maison aux Cinq Mosaïques**, tirant son nom des différents pavements que l'on a découverts, entre autres, dans le péristyle, la salle à manger *(triclinium)* et la salle de réception. Ces mosaïques sont remises en place de mai à octobre.

Musée★★ (A1)

Riche d'une belle collection de mosaïques et d'une architecture moderne parlante, le musée a été conçu comme une vitrine du site archéologique d'un côté, du Rhône et de la Vienne actuels de l'autre. Il se visite en boucle, en commençant par le rez-de-chaussée.
C'est la célèbre **mosaïque des dieux Océan★**, devenue l'emblème du site, qui accueille le visiteur. Elle témoigne de la richesse de la ville, qui connut son heure de

Un incroyable ensemble de mosaïques, ici celle du canard, décorait les splendides demeures du quartier résidentiel de St-Romain-en-Gal.

gloire grâce à de fructueux échanges avec la civilisation romaine. Les pilotis retrouvés dans le Rhône ou la reconstitution d'un bateau de commerce (d'après un modèle retrouvé à Toulon) rappellent l'importance du fleuve, vecteur d'activité primordial pour l'essor de la ville. Les céramiques (remarquez les grands *dolia* qui contenaient jusqu'à 1 000 l de vin), le travail de l'os et du tissu et deux maquettes illustrent avec une profusion de détails l'activité des immenses entrepôts de Vienne (60 000 m²) et de St-Romain-en-Gal. Y transitaient de l'huile, du vin et même du *garum*, une sauce de poisson originaire d'Espagne qu'on a redécouvert aujourd'hui sous le nom de… nuoc-mam.

La principale richesse du site consiste en ces magnifiques **mosaïques de sol** qui rivalisent de beauté avec les pavements en *opus sectile*, composés de carreaux de marbre beaucoup plus importants. Les pierres qui les composent sont originaires de Turquie, de Tunisie ou de plus loin encore. Les décors, souvent inspirés de la mythologie, mettent en évidence les goûts ou les principes du propriétaire des lieux ; ainsi, la mosaïque d'Orphée illustre la prédominance de la culture sur la nature. L'**ornementation murale** était plutôt peinte ; la magnifique peinture des **Échassiers★** ou celle des **Lutteurs** révèle le degré de finesse de la décoration intérieure. Plusieurs passerelles aident à mieux visualiser certaines de ces pièces soigneusement reconstituées, et leur place dans l'organisation des vastes demeures patriciennes. Au centre du 1er étage, l'exceptionnelle mosaïque du **Châtiment de Lycurgue★★** clôt en beauté ce voyage parmi les fastes de l'époque gallo-romaine. Deux carrés ont malheureusement été découpés et volés. S'y trouvaient pourtant des personnages essentiels à l'histoire, sans doute Ambrosia et Dionysos. Selon le mythe illustré ici, Lycurgue, roi de Thrace, aurait en effet chassé Dionysos qui voulait traverser son territoire et se serait attaqué à Ambrosia, une des bacchantes de sa suite. Alors, Ambrosia implora la Terre Mère, et la Terre s'ouvrit. Elle disparut en son sein et se changea en vigne qui, tissant des liens entourés sur eux-mêmes, enserra le cou de Lycurgue d'un nœud étrangleur.

Des bornes informatiques et une salle audiovisuelle (5 films) permettent d'approfondir la connaissance de cette période ainsi que les techniques actuelles de recherche et de restauration. Travaillent en effet à demeure une équipe d'archéologues et un **atelier de restauration de mosaïques** d'envergure internationale.

👁 Le saviez-vous ?

Les sites romains découverts à St-Romain-en-Gal et à Vienne font estimer leur population à 30 000 habitants au 2e s. apr. J.-C., au plus fort de leur expansion romaine, soit 5 fois plus qu'au Moyen-Âge. Une maquette du musée reconstitue les entrepôts installés sur la rive gauche du Rhône, à la hauteur de la pyramide. Leur taille impressionnante (près de 6 ha) les place parmi les plus grands de l'Empire. Plus qu'un simple lieu de commerce, ils pourraient être le lieu de stockage de l'annone, l'impôt en nature payé par la Gaule romaine.

Ste-Colombe (A1)

Ce faubourg était couvert à l'époque romaine de luxueuses résidences, décorées d'œuvres d'art et d'immenses mosaïques.

Palais du Miroir (A1) – *Vestiges visibles de la N 87, sur la gauche en venant du musée.* Les découvertes les plus importantes ont été faites dans ces vastes thermes. Leur nom serait dû aux revêtements de marbre poli habillant les murs du monument et réfléchissant la lumière comme un miroir.

Tour Philippe-de-Valois (A1) – Elle se dresse à proximité du Rhône. Philippe de Valois la fit construire en 1343, après l'annexion de Ste-Colombe au domaine royal.

Église (AY) – Cette ancienne chapelle mérite une visite pour son remarquable **groupe sculpté★** du 14e s., en marbre blanc : sainte Anne instruisant la Vierge *(à gauche en entrant)*.

Se promener

Pour comprendre comment s'est ordonnancée cette ville dans son amphithéâtre de collines, montez au sommet du **mont Pipet**, occupé par une chapelle et une statue de Notre-Dame de la Salette. Le **point de vue★** est remarquable sur la

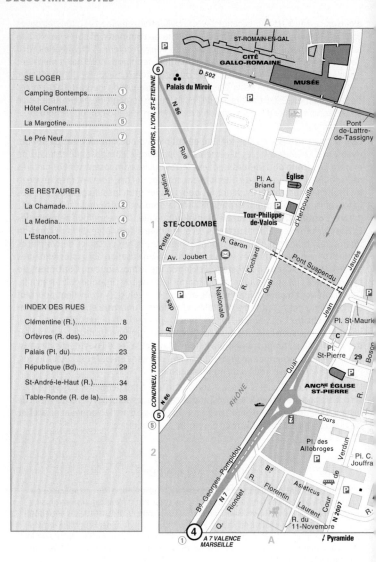

ville et le magnifique vaisseau de la cathédrale. On distingue à gauche, au flanc du mont St-Just, les vestiges de l'odéon ; à droite, au-dessus de la trouée de la Gère, le mont Salomon portant les ruines du château épiscopal de la Bâtie et les bâtiments du nouvel hôpital. *Point de vue accessible en voiture ou par la rue Pipet, en 1/2h AR à pied.*

Vienne romaine et chrétienne★★

Comptez 2h sans la visite des musées. Partez de la place St-Maurice.

Cathédrale St-Maurice★★ (B1)

Construite du 12e au 16e s., elle apparaît comme une œuvre majeure réunissant des éléments romans et gothiques.

Le saint égyptien et la décimation

Maurice (3e s.) et la légion thébaine qu'il commandait auraient refusé de sacrifier aux dieux païens de Rome, et auraient donc été décimés : un sur dix fut tué. Du lieu supposé de ce massacre (une légion comptait près de 3000 hommes), en Suisse, est né le culte de saint Maurice, qui s'est ensuite répandu dans les Alpes et la vallée du Rhône.

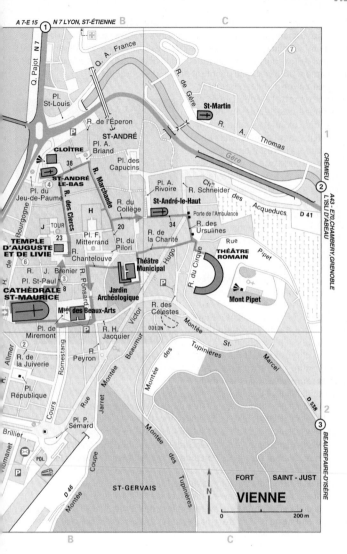

Les portails – La façade, avec ses trois portails flamboyants, est imposante et d'une grande complexité. Si les guerres de Religion l'ont dépouillée des statues ornant les niches des piédroits et des tympans, la décoration ravissante des voussures est heureusement intacte.

Le **portail méridional** *(à droite)*, de la fin du 14e s., comprend deux voussures : des prophètes assis sous des dais à l'intérieur ; le rang extérieur ordonne des anges musiciens groupés par deux et très expressifs.

Le **portail central**, dont le gâble a été coupé, date de la fin du 15e s. Les sculptures se lisent horizontalement sur les trois voussures, mettant en relation un épisode de l'Ancien et du Nouveau Testament. Dans le tympan du portail, au-dessus des colonnes torses, s'inscrivent deux statues personnifiant, à droite, l'Église, à gauche, la Synagogue.

Le **portail septentrional** *(à gauche)*, du milieu du 15e s., est consacré à la Vierge. Au sommet de la niche centrale, deux anges, ailes repliées, apportent la couronne de la Vierge. La voussure intérieure représente des chérubins à six ailes ; sur la voussure extérieure, des anges musiciens accomplissent différentes fonctions liturgiques.

Intérieur – Long de 97 m, l'ample et lumineux vaisseau à trois nefs, dépourvu de transept, est harmonieux et élancé, malgré une construction échelonnée sur quatre siècles.

Enchâssées dans le vaisseau gothique, les sept premières travées présentent une ordonnance romane jusqu'au-dessus des grandes arcades ; survivance des souvenirs romains, les piliers sont flanqués de pilastres à l'antique et de demi-colonnes cannelées ; cette campagne de construction, du début du 12ᵉ s., est contemporaine ou légèrement postérieure au pontificat de Guy de Bourgogne.

Un banc de marbre garnit le pourtour de l'abside ; le trône de l'évêque *(cathedra)* est dressé dans l'axe de la nef. Au-dessus du banc, des colonnettes soutiennent une corniche sous laquelle court une frise de marbre à incrustation de ciment brun ; une seconde frise de même style règne au-dessus du triforium. Cette technique décorative est d'inspiration orientale *(voir chapitre « Art er Culture »)*.

La superbe décoration des portails sublime l'harmonieuse façade de la cathédrale.

Les **chapiteaux romans** constituent un ensemble décoratif étroitement inspiré de l'Antiquité. Ils présentent des scènes historiées *(collatéral droit)* ou des décors végétaux très denses.

À droite du maître-autel, le **mausolée baroque** des archevêques Armand de Montmorin et Henri-Oswald de La Tour d'Auvergne (1747), dû à Michel-Ange Slodtz, figure parmi les meilleures œuvres du 18ᵉ s. en Dauphiné.

Autour du chœur et de son mobilier contemporain, les **tapisseries des Flandres** représentent des scènes de la vie de saint Maurice (16ᵉ s.).

En hauteur, une splendide verrière Renaissance, l'**Adoration des Mages**, éclaire le chevet du collatéral droit. Les vitraux des fenêtres hautes du chœur datent du 16ᵉ s. ; à la baie centrale, on reconnaît saint Maurice, cuirassé, et saint Pierre.

Le collatéral gauche conserve des sculptures intéressantes dont un grand bas-relief du 13ᵉ s. représentant l'entrevue d'Hérode et des Rois Mages : remarquez les deux têtes grotesques encadrant Hérode dont l'une, tournée vers les Rois, paraît les écouter avec gravité ; l'autre, hors de leur vue, ricane.

La cathédrale communiquait avec l'ancien cloître, disparu, par un passage voûté. Au-dessus de l'arc d'entrée se déroule une frise de marbre blanc reproduisant les **signes du Zodiaque** ; ils ont été replacés, au 16ᵉ s., dans l'ordre nouveau de l'année fixé par l'édit de Roussillon.

À l'intérieur du passage, une arcature gothique encadre trois statues romanes de facture archaïque : saint Pierre, saint Jean l'Évangéliste et saint Paul évoquent, par leurs drapés, l'art languedocien.

Sortez de la cathédrale par le passage voûté.

À l'extérieur, la décoration de la porte Nord mêle des éléments romans et gothiques à des fragments romains. Remarquez sous l'arc en ogive la délicate frise (vraisemblablement un réemploi romain) de griffons et de feuillages ornant le linteau. Levez la tête pour remarquer la fantaisie des colonnes brisées. Sur la place St-Paul s'étendait le cloître, aujourd'hui disparu.

La place du Pilori marque l'entrée dans le cœur de la cité médiévale.

Gagnez la place du Palais.

On reste muet devant la beauté immuable du temple romain situé au centre de la place, qui contraste, sans heurter, avec les façades 18ᵉ s. des maisons encadrant le bel ovale de la place.

Temple d'Auguste et de Livie★★ (B1)

Cet édifice rectangulaire de proportions harmonieuses ressemble étrangement à la Maison carrée de Nîmes. Une rangée de six colonnes corinthiennes supporte l'entablement. La façade, tournée vers l'Est, dominait le forum, remarquez sur le fronton les traces des lettres de la dédicace : il portait une inscription de bronze à la gloire d'Auguste et de Livie, son épouse, qui accède ici au rang de déesse. À l'intérieur se dressait la statue de l'empereur déifié. L'ornementation sculptée est mieux conservée du côté droit, notez néanmoins les trous carrés dans les colonnes rappelant au Moyen-Âge des habitations y étaient accolées. La partie arrière, la plus ancienne, date vraisemblablement de la fin du 1er s. av. J.-C.

Le temple a subi de nombreuses transformations. Au Moyen-Âge, on en fit une église et l'on joignit toutes ses colonnes par un mur. Siège du club des Jacobins sous la Révolution, il accueillit le culte de la déesse Raison. Il fut utilisé ensuite comme tribunal, musée, bibliothèque ; ce n'est qu'au milieu du 19e s. que ce bel édifice, redécouvert par Prosper Mérimée, fut dégagé des maçonneries malgracieuses qui l'enserraient.

À droite du temple, s'élève la tour du palais (1578).

Rue des Clercs (B1)

Quelques façades anciennes et arcades lui confèrent encore une petite allure médiévale. C'est au n° 43 que mourut le créateur de Guignol Laurent Mourguet (*voir p. 89*). Remarquez au n° 19 une belle porte Louis XIV, jetez un coup d'œil en passant à l'harmonieux alignement de façades Renaissance de la rue du 4-Septembre, à gauche, et remarquez une seconde belle porte, cloutée, au n° 16.

Église St-André-le-Bas★ (B1)

Mêmes conditions de visite que le cloître - 📞 *04 74 85 50 42.*

Plusieurs fois reconstruite, cette église, dans son ensemble, date du 12e s. Le grand mur pignon en pierre de taille est d'un effet décoratif original. L'ensemble de la décoration est remarquable : piliers et colonnettes des baies géminées, petites arcatures en festons retombant sur des consoles aux masques expressifs.

Pénétrez dans l'étroite cour Sud, limitée d'un côté par la base du clocher.

Le premier masque que l'on aperçoit tire une langue énorme. La nef était primitivement couverte de charpente ; la reconstruction de 1152 consista à la surélever et à la voûter, ce qui nécessita la construction des arcs-boutants extérieurs et le renforcement des murs par des arcades et des piliers.

L'ensemble de la décoration des **pilastres cannelés** est attribué à Guillaume Martin qui a signé et daté son œuvre (1152) sur le socle du 2e pilier à droite. Admirez particulièrement Samson terrassant le lion *(2e pilier à gauche)* et Job, réduit à la misère et grattant ses ulcères devant sa femme visiblement dégoûtée *(3e pilier)*. Les deux superbes chapiteaux corinthiens, à l'entrée de l'abside, proviennent d'un monument romain. Une salle d'exposition aménagée en contrebas de l'église présente une grande statue de bois figurant saint André (17e s.), dont le visage est magnifique ; le panneau de bois peint, l'*Adoration des Bergers* (1543), est exposé au musée des Beaux-Arts.

Cloître St-André-le-Bas★ (B1)

Pl. de Miremont - 📞 *04 74 85 50 42 - avr.-oct. : tlj sf lun. 9h30-13h, 14h-18h ; reste de l'année : tlj sf lun. 9h30-12h30, 14h-17h, w.-end 13h30-17h30 - fermé 1er janv., 1er Mai, 1er et 11 Nov., 25 déc. - 2,20 € (-18 ans gratuit).*

Ce petit cloître du 12e s., (*dont l'entrée se trouve au fond d'un jardin dominant le Rhône*), présente une série d'arcatures en plein cintre, reposant alternativement sur des colonnettes géminées et des piliers délimitant les travées. L'ornementation des colonnettes de la galerie Sud témoigne d'une certaine fantaisie : cannelures en spirale, en zigzag,

Pont sur le Rhône et cathédrale St-Maurice en vue aérienne

ou ornées de chapelets de perles, palmettes aux tiges nouées. Le cloître abrite une **importante collection d'épitaphes chrétiennes** – dont celle de Fœdula, Viennoise baptisée par saint Martin, remonte au début du 5ᵉ s. – et d'inscriptions médiévales couvrant les monuments funéraires. Dans l'angle Sud-Est sont rassemblés des fragments de chancel (clôture en pierre séparant le clergé des fidèles), à décor de tresses, de torsades et d'entrelacs (9ᵉ s.), ainsi qu'un autel en marbre blanc (11ᵉ s.) provenant de l'ancienne église St-Pierre. De la terrasse, vue sur le Rhône et Ste-Colombe.

Longez l'église vers le Rhône.

La **salle du patrimoine** présente une exposition permanente sur les « Visages de Vienne », qui permet de suivre les évolutions de la ville. En face, le pont (1949) présente une remarquable arche centrale de 108 m de portée, tandis que l'ancien pont suspendu sert de passerelle piétonnière.

Revenez sur vos pas jusqu'à la rue de la Table-Ronde, (ainsi nommée en souvenir d'une table de changeurs qui garantissait le droit d'asile aux commerçants en cas de litige), que vous prenez en face.

Rue Marchande **(B1)**

Par ses multiples boutiques actives en toutes saisons, elle mérite encore son nom. Elle garde de nombreuses arcades et des cours anciennes, souvent restaurées. Porte cloutée au n° 28, et beau portail à voussures et claveau sculpté, au n° 30. Le n° 64 traboule avec la jolie cour de l'**Hôtel de ville**. Cet ancien hôtel particulier du 17ᵉ s., prolongé par deux ailes au 19ᵉ s., abrite dans son escalier d'honneur *La Danse* du sculpteur viennois Joseph Bernard. Au n° 85, loggia et tourelle d'angle Renaissance.

Avancez dans la rue des Orfèvres.

Le n° 11 *(visible lors des visites guidées)* cache une cour intérieure des 15ᵉ et 16ᵉ s. ; au n° 9, belle façade Renaissance.

Faites demi-tour et prenez à droite la rue du Collège. Économisez votre souffle et montez par étapes : la rue grimpe hardiment jusqu'au théâtre antique.

Remarquez au n° 9 la porte Renaissance. Plus haut, s'élève la porte monumentale de l'ambulance (17ᵉ s.), qui marquait l'entrée du couvent des bénédictines de St-André le-Haut. Vous apercevez à droite l'arrière de l'ancienne chapelle des Carmes.

Église St-André-le-Haut **(C1)**

Anciennement chapelle du collège des jésuites, consacrée en 1725 à Saint Louis, elle possède une belle façade classique dans le style des églises baroques de Ste-Suzanne ou du Gésù, à Rome.

Théâtre romain★ **(C1)** *(voir « Visiter »)*

Redescendez la rue Pipet, traversez la rue Victor-Hugo et empruntez la rue de la Charité, la montée St-Marcel, jusqu'au passage St-Antoine à gauche.

L'arrière du théâtre municipal est illustré depuis les années 1990 par la *Scène de Vienne* de la Cité de la création. Sa réalisation a permis de découvrir en hauteur une fenêtre du 16ᵉ s., intégrée dans la fresque. Le paysage de fond est inspiré d'un tableau d'Étienne Rey, conservé au musée des Beaux-Arts. Se côtoient sur l'estrade les célébrités passées par la ville : Molière, Berlioz, Miles Davis, Ella Fitzgerald mais aussi Laurent Mourguet avec son cher Guignol et Pierre Schneider.

Théâtre municipal **(B1)**

Pierre Schneider consacra en effet une grande partie de sa fortune à faire construire le théâtre municipal (1782) à l'emplacement d'un édifice public antique *(le portique à arcades et des galeries sont conservés en sous-sol, mais restent pour le moment inaccessibles)*. Les ducs de Bourgogne y avaient auparavant installé leur palais. La décoration et la façade du théâtre ont été refaites en 1930.

Jardin archéologique **(B1)**

Un espace vert très original, avec un coin réservé aux jeux pour les petits, et des ruines romaines qui donnent à ce Jardin de Cybèle une atmosphère de calme intemporel. Une double arcade en pierre blanche est le vestige d'un **portique** autrefois attribué à des thermes. À droite du portique se dresse un mur qui fermait au Nord un **théâtre** que l'on pensait réservé aux représentations des Mystères de Cybèle, hypothèse controversée à l'heure actuelle. Les décrochements de ce mur correspondent aux passages d'accès aux gradins. S'adosse au jardin une maison en encorbellement du 15ᵉ s.

Par les rues Chantelouve et Ponsard, gagnez le musée des Beaux-Arts.

Musée des Beaux-Arts et d'Archéologie **(B1)** *(Voir « Visiter »)*
Regagnez la place St-Maurice par la rue Calixte-II.

Pyramide

En voiture, sortez au Sud par le cours de Verdun et prenez à droite le boulevard F.-Point.
Elle s'élève à une vingtaine de mètres et décorait le terre-plein central du vaste cirque de Vienne au 4e s. Au Moyen-Âge, on crut y reconnaître le tombeau de **Ponce Pilate** : le procurateur, ayant quitté Jérusalem pour Vienne, se serait, en proie au remords, jeté dans le Rhône. Le nom du massif du Pilat aurait pour origine cet événement (une légende analogue court sur le mont Pilate, près de Lucerne, en Suisse).

Visiter

Théâtre romain★ (C1)

Mêmes conditions de visite que le cloître.
Abandonné depuis l'empereur Constantin, au début du 4e s., il était, en 1922, lorsque commencèrent les fouilles, enfoui sous 80 000 m^3 de terre ; son dégagement est aujourd'hui achevé. C'était l'un des plus vastes de la Gaule romaine ; son diamètre (131 m) dépasse celui du théâtre d'Orange, et n'est que d'un mètre inférieur à celui du grand théâtre de Marcellus à Rome.
Adossé au mont Pipet, il comptait 46 gradins établis sur une série de galeries de circulation voûtées, bien conservées. Près de 13 500 spectateurs pouvaient y prendre place. Les quatre gradins les plus proches de l'orchestre, réservés aux personnages officiels, étaient isolés des autres par une balustrade de marbre vert. Le sol de l'orchestre montre encore une partie de son dallage de marbre et le support antérieur du plancher de la scène présente la copie d'une admirable frise d'animaux dont l'original, en marbre blanc, se trouve au musée lapidaire. Enfin – disposition exceptionnelle – un temple couronnait le sommet des gradins.
Comme à Lyon, le grand théâtre se doublait d'un petit théâtre ou **odéon** *(on ne visite pas).* Le grand théâtre sert, en été, de cadre au **Festival de jazz**.

Musée des Beaux-Arts et d'Archéologie (B1)

Pl. de Miremont - ℘ 04 74 85 50 42 - avr.-oct. : tlj sf lun. 9h30-13h, 14h-18h ; reste de l'année : tlj sf lun. 9h30-12h30, 14h-17h, w.-end 13h30-17h30 - fermé 1er janv., 1er Mai, 1er et 11 Nov., 25 déc. - 2,20 € (-18 ans gratuit).
Aménagé au deuxième étage d'une halle du 19e s., il réunit plusieurs collections : antiquités préhistoriques et gallo-romaines, faïences françaises du 18e s. (Moustiers, Lyon, Roanne, Marseille, Rouen, Nevers), peintures des écoles européennes des 17e et 18e s. et des écoles lyonnaise, viennoise et dauphinoise ; œuvres de Joseph Bernard, sculpteur viennois (1866-1931).
L'**argenterie** romaine du 3e s., découverte fortuitement sur le site de l'actuelle place Camille-Jouffray en 1984, est superbe : coupes, plats finement ciselés à décor de scènes pastorales et de chasse.

Ancienne église St-Pierre★ (A2)

Transformé en musée lapidaire, cet édifice, le plus vénérable de la Vienne chrétienne, remonte au 5e s., (fondée probablement par saint Mamert). L'église servit surtout de basilique funéraire, des évêques de Vienne y étaient inhumés. St-Pierre, bâtie « hors les murs », eut à souffrir des dévastations des Sarrasins, vers 725, puis de celles des princes carolingiens en 882.
Au 12e s., l'abbaye parvint au faîte de sa prospérité. C'est alors que fut élevé, sur plan rectangulaire, le beau clocher roman qui forme porche au rez-de-chaussée. Les baies de l'étage intermédiaire s'ouvrent sous des arcs trilobés, évoquant l'art du Velay. C'est à cette époque que la nef fut divisée en trois par de grandes arcades (restaurées au 19e s.).
Le **portail Sud** (12e s.) donnait autrefois sur le cloître de l'abbaye. Deux colonnettes octogonales supportent des chapiteaux symbolisant, à gauche, l'Humilité et l'Orgueil et, à droite, la Charité. L'inscription du tympan encadre une magnifique statue de saint Pierre. Il faut rapprocher cette œuvre des statues du porche Nord de St-Maurice, en ce qui concerne la technique des draperies.

Musée lapidaire – *Mêmes conditions de visite que le cloître.*
À gauche et en face de l'entrée sont exposées deux œuvres romaines : une tête de Junon et une belle statue de marbre, la *Tutela* ou déesse protectrice de la ville. Dans l'abside, à gauche, se trouve le **sarcophage** en marbre de saint Léonien, moine viennois du 6e s., au décor symbolique de paons becquetant des raisins. Remarquez, dans la chapelle à droite de l'abside, une **Vénus accroupie**, une collection d'amphores, des têtes d'empereurs et un bas-relief en marbre représentant une cérémonie de sacrifice.

Église St-Martin (C1)
Lun., jeu. 9h30-11h, merc. 9h30-11h, 15h-18h30.
Elle est reliée au centre par un vieux pont en dos d'âne, du 15e s., qui franchit la Gère. Décorée de fresques du peintre Nabis Maurice Denis, elle conserve un beau Christ ancien en bois sculpté.

Aux alentours

Pépinières Laurent
Sur la commune de St-Romain-en-Gal, dans les hauteurs. Par la D 502 vers Rive-de-Gier, faites 2,3 km et prenez à droite juste en face du calvaire blanc. Les Granges - 𝄪 *04 75 53 03 80 - visite à partir de 9h.* Elles détiennent la **collection nationale de viburnum★**, qui comprend toute une famille d'arbustes aux diverses floraisons printanières blanches ou roses (dont les boules-de-neige et viornes), parfumées ou non, suivies de fruits et de feuillages colorés en automne (création de nouvelles espèces). Les variétés s'intègrent plus ou moins librement parmi les roses grimpantes, les pommiers à petits fruits, les érables, et les vivaces d'un jardin cailloux, fantaisiste, qui ne cesse de s'agrandir sans plan prémédité. L'ensemble surplombe la vallée du Rhône, et Vienne au loin.

Ternay
13 km. Quittez Vienne au Nord par la N 7, et tournez dans la D 150E à gauche.
L'**église** (12e s.), perchée sur le rebord du coteau dominant le Rhône, est un intéressant témoin de l'école romane rhodanienne. Autrefois dédiée à saint Mayol, elle appartenait à un prieuré clunisien. À l'intérieur, la partie la plus attachante est l'abside principale, avec sa voûte en cul-de-four et son arcature à pilastres. Les sculptures des chapiteaux forment un ensemble intéressant. Au Sud de l'église, voir les vestiges du cloître.

Beauvoir-de-Marc
19 km. Sortez de Vienne à l'Est par la D 502, et, à la Détourbe, prenez la D 53B à gauche.
La petite **église** des 11e-14e s., avec son plafond en bois peint à 70 caissons, occupe un site perché d'où part un sentier menant au sommet de la butte – remarquez, dans le tuf des talus, les couches de cailloux roulés. Au pied de la statue de la Vierge (table d'orientation), **panorama★** sur les collines du Viennois, dominées à l'Ouest par la masse sombre du mont Pilat.

St-Mamert
13 km. Quittez Vienne au Sud par la N 7, et tournez à gauche dans la D 131A.
La **chapelle St-Mamert**, au clocher-mur du 11e s. et intérieur du 17e s., est construite sur une terrasse de galets d'où la vue s'étend sur le massif du Pilat.

Septème
12 km à l'Est par les D 502 et D 75.
L'origine de Septème (dont le nom évoque la septième borne milliaire de la voie romaine qui reliait Vienne à Milan), est vraisemblablement l'établissement d'un camp militaire romain. De la ville féodale installée dans l'enceinte jusqu'au 19e s., il subsiste encore aujourd'hui une habitation qui fut, au 16e s., la conciergerie du château.

Après la visite, flânez dans le parc du château de Septème où se promènent des paons en liberté.

Château –. ☏ *04 74 58 26 05 - avr.-oct. : visite guidée (45mn) w.-end et j. fériés 14h-18h - 6 € (-10 ans gratuit ; 11-18 ans 4 €).*

L'ensemble imposant des remparts (13ᵉ s.), du vieux fort (11ᵉ s.) et du château forme une ville forte. Elle comprend des bâtiments des 14ᵉ et 15ᵉ s., remaniés au 16ᵉ s., disposés en rectangle autour d'une cour intérieure. Dans cette cour, on peut admirer deux étages de loggias Renaissance, une galerie de portiques et un vieux puits monumental profond de 60 m.

Longs d'environ un kilomètre, les remparts sont percés de nombreuses meurtrières. L'ancien chemin de ronde subsiste par endroits. Catherine de Médicis s'y promena-t-elle en juillet 1564, lors de son séjour au château ?

Vienne pratique

Adresse utile

🛈 **Office de tourisme** – *Cours Brillier - 38200 VIENNE -* ☏ *04 74 53 80 30/80 31 - www.vienne-tourisme.com - 9h-12h, 13h30-18h, dim. et j. fériés 10h-12h, 14h-17h - fermé 1ᵉʳ janv., 1ᵉʳ Mai, 25 et 31 déc.*

Visite

Visites guidées – Vienne, qui porte le label Ville d'art et d'histoire, propose des visites-découvertes (2h) animées par des guides-conférenciers agréés par le ministère de la Culture et de la Communication (6-11 €), ou la location d'audioguides assortie d'un plan de circulation. Quelques panneaux explicatifs, « les visages de Vienne », ont été placés à proximité des éléments phares de la vieille ville. Renseignements à l'office de tourisme ou sur www.vpah.culture.fr

Se loger

🛌 **Le Pré Neuf** – *9 r. des Guillemottes -* ☏ *04 74 31 70 11 -* 🖃 *- 3 ch. 35/60 € -* 🍽 *- repas 18/20 €.* Proche du centre-ville mais presque à la campagne, cette maison du 19ᵉ s. dispose d'un joli jardin arboré. Les chambres sont garnies de beaux meubles de famille ; à noter que celles du deuxième étage ont leurs WC sur le palier. Table d'hôte alléchante et agréable piscine installée sous une véranda. Accueil charmant.

🛌 **La Margotine** – *Chemin de Pré-Margot - 38370 St-Prim - 3 km des Roches de Condrieu -* ☏ *04 74 56 44 27 - www.lamargotine.com - 6 ch. 44/49 € -* 🍽 *- repas 18 €.* Villa des années 1970 dont le charme tient pour l'essentiel dans sa situation dominant le port des Roches de Condrieu. Chambres personnalisées, parfois un peu exiguës ; trois d'entre elles profitent de la vue. Véranda panoramique pour les petits-déjeuners ouvrant sur le massif du Pilat et les vignobles de côte-rôtie.

🛌 **Camping Bontemps** – *38150 Vernioz - 19 km au S de Vienne par N 7, D 131 et D 37 -* ☏ *04 74 57 83 52 - info@campinglebontemps.com - ouv. avr.-sept. - réserv. conseillée - 100 empl. 21 € -* restauration. Tourisme et sport sont au programme dans ce camping. De promenades en visites, vous découvrirez la région à moins que vous ne préfériez profiter des installations sportives pour monter à cheval, faire du VTT, ou nager dans la piscine… Possibilité bungalows

🛌🛌 **Hôtel Central** – *7 r. de l'Archevêché -* ☏ *04 74 85 18 38 - hotel-central-vienne@wanadoo.fr - fermé 7-13 août et 11 déc.-17 janv. - 25 ch. 56/88 € -* 🍽 *7,50 €.* Enseigne vérité pour cet hôtel familial situé dans une ruelle calme, au cœur de la ville. Vous y trouverez des chambres assez grandes, régulièrement rajeunies et bien tenues. Le décor de la salle des petits-déjeuners évoque les années 1960. Garage pratique.

Se restaurer

👁 **Bon à savoir** – La visite de la ville vous a ouvert l'appétit ? Alors rendez-vous entre le cours *Brillier* et le boulevard de *la République*. C'est dans ce quartier que vous trouverez le choix le plus complet de restaurants avec, entre autres, la brasserie des *Allobroges* et *Magnard*, cours Brillier, et le *Provence*, rue Voltaire. Pour les petits creux, plusieurs pizzerias et sandwicheries.

🍴 **La Chamade** – *24 r. Juiverie -* ☏ *04 74 85 30 34 - fermé 6-27 août - 9,30/30 €.* Les ruelles pentues du centre médiéval ont eu raison de vos forces ? Offrez-vous donc une halte dans ce discret petit restaurant. Le décor est simple et soigné (nappes jaunes, éclairage indirect), le service efficace et les prix très abordables.

🍴 **La Medina** – *71 r. de Bourgogne -* ☏ *04 74 53 51 35 - fermé 20 juil.-août - 11,50/25 €.* Ici, cuisine et couleurs marocaines sont au rendez-vous : murs passés à l'ocre oranger, plafond bleu, banquettes de tissu bleu et blanc, lanternes colorées, chaises en fer forgé et faïences… Un décor chaleureux pour déguster des couscous et tagines aux douces saveurs épicées.

🍴 **L'Estancot** – *4 r. de la Table-Ronde -* ☏ *04 74 85 12 09 - fermé 1ᵉʳ-15 sept., Noël à mi-janv., dim., lun. et j. fériés - 12,50 € déj. -*

16/24 €. Vous voulez goûter des criques, ces fameuses galettes de pommes de terre ardéchoises ? C'est ici, dans ce restaurant derrière l'église St-André-le-Bas, qu'il faut aller. À la carte tous les soirs, elles sont accompagnées de légumes, de foie gras ou de gambas…

En soirée

Bar du Temple – *5 pl. du Gén.-de-Gaulle - 04 74 31 94 19 - été : 7h-24h ; reste de l'année : lun.-sam - fermé j. fériés.* À l'instar des Deux Magots parisien - snobisme en moins - ce café est LE café que tout le monde connaît… Son atout principal demeure une superbe terrasse au pied du Temple d'Auguste et de Livie. Toutefois, malgré l'afflux de touristes, l'endroit garde son cachet convivial et sa clientèle d'habitués.

Théâtre de Vienne – *4 r. Chantelouve - 04 74 85 00 05 - de mi-sept. à juil. : lun.-vend. 10h-12h, 14h-18h30, sam. 15h-18h j. de spectacle.* Construit au début du 18e s., au temps de Marivaux, de Goldoni et de Beaumarchais, ce théâtre, dont la façade a été restaurée dans les années 1930, est un lieu plein d'histoire et de charme. Très avantageux, le système d'abonnement vous permettra d'assister à un large panel de spectacles : théâtre, musique classique, variétés, danse, opéra et spectacles pour enfants.

Que rapporter

Marchés – *7h-13h.* Chaque samedi matin, les rues du centre-ville, des rives du Rhône au jardin de Cybèle, débordent d'étalages alléchants. C'est le moment de choisir quelques bouteilles de côtes-du-rhône ou autres savoureux produits de la région. Des marchés plus restreints ont lieu tous les autres matins.

Éts Patissier Jean-Guy – *16 place de Miremont - 04 74 85 08 77 - mar.-dim. 8h-19h30 - fermé dernière sem. de janv., juin et lun.* Cette pâtisserie-salon de thé créée dans les années 1970 et rénovée en l'an 2000, est réputée dans toute la région. Chocolats, glaces, gâteaux se vendent comme des petits pains ainsi que la spécialité maison : une brioche truffée de pralines fondantes. En outre, la clientèle est variée et ne se réduit pas à quelques dames venues papoter autour d'un baba au rhum et d'une tasse d'earl grey : les jeunes aussi font le détour !

Maison J. Colombier – *Rte de Marennes - 15 km au N de Vienne par N 7 puis D 36 - 38200 Villette-de-Vienne - 04 74 57 98 05 - www.poire-colombier.com - tlj sf dim. 9h-12h, 14h-19h ; dim. sur RV.* Joannès Colombier est l'inventeur de la poire William's dans les années 1930 ! Aujourd'hui, la relève est assurée par sa fille et son gendre. Il faut visiter cette boutique en septembre et en octobre quand l'alambic mijote et que d'exquises effluves d'eau-de-vie se répandent dans l'atmosphère…

Sports & Loisirs

 Bon à savoir – Partez à la découverte de Vienne et ses environs à bord du bateau *Le Livia* qui abrite également un restaurant, idéal pour un déjeuner au fil de l'eau. La croisière dure environ 1h30. Embarquement à la halte fluviale de Vienne.

Événements

L'offensive du saxo - Chaque année, durant la 1re quinz. de juil., le théâtre antique retrouve sa vocation première de lieu de culture et de spectacle vivant. Concerts, animations destinées aux mélomanes, ateliers jazz donnent à la ville un dynamisme et un éclat déjà bien méridional. Le Festival international de jazz à Vienne est aujourd'hui un des plus importants rendez-vous du jazz en Europe. **Jazz à Vienne** - 04 74 78 87 87 - www.jazzavienne.com et office de tourisme - 04 74 53 80 30 - www.vienne-tourisme.com

Villars-les-Dombes

4 190 VILLARDOIS –
CARTE GÉNÉRALE B1 – CARTES MICHELIN LOCAL 327 J3/4 OU 328 D4 – AIN (01)

Villars-les-Dombes est une agréable cité fleurie bâtie sur la rive droite de la Chalaronne, au cœur de la Dombes. On connaît cette région pour ses étangs et ses poissons, mais un peu moins pour son exceptionnelle diversité ornithologique. Ce territoire de pêche inépuisable attire en effet une multitude d'oiseaux migrateurs et sédentaires pour le plus grand bonheur des observateurs passionnés. Un parc et une réserve ont été créés pour les protéger et faciliter leur découverte.

- ▶ **Se repérer** – Presque à mi-chemin entre Bourg-en-Bresse (à 29 km au Nord-Est) et Lyon (à 38 km au Sud-Ouest), la ville est desservie par la N 83.

- 🕐 **Organiser son temps** – Comptez de 2h à la demi-journée pour le parc, où plus de 2000 oiseaux vous attendent.

- 👪 **Avec les enfants** – Les oiseaux eux-mêmes, en particulier lors des nourrissages qui permettent de les approcher davantage.

- 👣 **Pour poursuivre la visite** – Voir aussi : Châtillon-sur-Chalaronne, la Dombes, château de Fléchères, Lyon, Mont-d'Or lyonnais, Pérouges, Romanèche-Thorins, Trévoux et Villefranche-sur-Saône.

Visiter

Parc des oiseaux★

1 km au Sud de Villars, sur la N 83. 📞 *04 74 98 05 54 - www.parc-des-oiseaux.com - ♿ - juin-août : 9h30-21h30 ; mai et sept. : 9h30-19h30 ; oct.-avr. : 9h30-17h30 - à partir de 7 € (enf. à partir de 6 €) - nombreux lieux de restauration et de pique-nique sur place. Un petit train propose le tour commenté des enclos et du grand étang. De la terrasse de la maison des Oiseaux (longues-vues), la vue embrasse l'ensemble du parc et permet de suivre les mouvements incessants des oiseaux.*

Stars de ciné

Pour les besoins du film de Jacques Perrin *Le Peuple migrateur*, des espèces ont été élevées dans le parc avec leurs « imprégnateurs » (nouveau type de dresseur se substituant dès la naissance aux parents de l'oiseau).

👪 Haut dans le ciel, le vol des cigognes signale de loin que ce parc est dédié aux oiseaux. Situé à proximité de la Réserve de la Dombes *(on ne visite pas)*, sur l'un des principaux axes de migration en Europe, il présente sur 23 ha, dont 10 en étangs, 400 espèces venues des cinq continents. Les sentiers relient entre elles les reconstitutions, en milieu clos et plus ou moins restreint, des paysages où vivent naturellement les espèces présentées. Dès l'entrée, vous pouvez choisir entre 5 circuits partiels – Asie, Amérique, Europe, express avec ou sans petit train –, 2 circuits complets – oiseaux incontournables, passeport oiseaux –, ou faire votre propre parcours.

Les flamants roses semblent presque aussi acclimatés que les cigognes du parc.

Commencez à droite de l'étang. À quelques mètres de hauteur, la passerelle de la **volière du Pantanal★** offre de surprendre, depuis la canopée d'une végétation exotique, les ibis rouges, blancs et noirs cohabitant avec d'autres oiseaux d'Amérique du Sud. Plus loin, par le biais d'animations variées, la **maison des enfants** présente les programmes de conservation et de réintroduction d'espèces. Passez les grillages de la **cité des perroquets**, pour cohabiter un peu avec ces oiseaux de feu, leurs cris stridents et leurs vols au ras des cheveux. Bien plus débonnaires, les manchots de Cachagua habitent une **crique de lave★** semée de graminées légères. Lorsqu'ils plongent dans la piscine-hublot, leur pittoresque démarche se change en danse vive (il est possible d'assister au **nourrissage commenté★** des manchots et des pélicans). Le grand condor et, plus loin, les rapaces de la volière ne disposent hélas pas du ciel qui conviendrait à leur envergure. Au fond du parc, la petite Dombes et la nouvelle boucle de l'Ain offrent asile aux oiseaux régionaux. Parfaitement acclimatées, claquant du bec pour annoncer le passage d'un visiteur, les cigognes que l'on voyait voler de loin ont construit leurs nids *sur* le grillage de la **volière de Krabi**, près du pavillon d'entrée.

Enfin, par l'éclat de leurs couleurs et l'élégance de leur allure, certains oiseaux sont à eux seuls une attraction tels que les **grues couronnées** (à droite de l'étang des pélicans) qui inspirent si souvent les estampes japonaises, ou les calao, goura et toucan de la **maison des Oiseaux**.

Église

Cet édifice gothique, à nef lambrissée, présente une décoration flamboyante. Au fond de l'abside, à droite, remarquez une intéressante **Vierge à l'Enfant★** du 18e s. *Se renseigner à l'office de tourisme - ✆ 04 74 98 06 29 - dim. 9h-17h30.*

Villars-les-Dombes pratique

Adresse utile

🄗 **Office de tourisme** – 3 pl. de l'Hôtel-de-Ville - 01330 Villars les Dombes - t 04 74 98 06 29/12 77 - www.tourisme.fr/villarslesdombes - juil.-août : tlj sf dim. 9h-12h30, 13h30-18h30, sam. 9h-12h30, 13h30-17h30 ; de mi-mars à fin juin et de fin août à mi-sept. : tlj sf dim. 9h-12h30, 13h30-18h ; reste de l'année : tlj sf dim. 9h-12h30, 13h30-17h30, sam. (sf déc.-janv.) 9h-12h30.

Se loger

😊😊 **Ribotel** – Rte de Lyon - ✆ 04 74 98 08 03 - ribotel@wanadoo.fr - 🄿 - 47 ch. 45/75 € - ⬛ 7,50 € - restaurant 23/39,50 €. À la sortie du village de Villars-les-Dombes, une adresse pratique pour ornithologues de passage. De construction moderne, cet hôtel est en effet bien tenu et propret : ses chambres sont fonctionnelles, de bonne taille, sans surprise mais très correctes.

Se restaurer

😊😊 **Le Col Vert** – R. du Commerce - ✆ 04 74 98 00 33 - fermé 15 déc.-19 janv., dim. soir, mar. soir et lun. - 18/43,50 €. Au cœur du village, ce petit restaurant tout simple a bonne réputation dans la région. Une cuisine bien tournée, qui décline plats régionaux et traditionnels réalisés en famille, vous y attend.

Villefranche-sur-Saône

30 647 CALADOIS
CARTE GÉNÉRALE B1 – CARTE MICHELIN LOCAL 327 H4 – RHÔNE (69)

Villefranche, ou comment une charte peut changer le destin d'une ville. La ville doit en effet beaucoup à Guichard IV de Beaujeu qui en a fait la capitale du Beaujolais et l'a dotée de nombreux privilèges. On n'y vient pas pour un cœur historique ancien mais pour sa fameuse et interminable rue Nationale qui résume bien l'originalité de son urbanisme.

- **Se repérer** – L'A 6 et la N 6 relient la ville à Lyon, à 34 km au Sud. Porte du Beaujolais, Villefranche est également proche de la Dombes, située de l'autre côté du Rhône.

- **À ne pas manquer** – La découverte de la peinture régionale au musée Paul-Dini ; la personnalité du « saint curé » à Ars.

- **Organiser son temps** – Comptez environ 2h.

- **Pour poursuivre la visite** – Voir aussi : le Beaujolais, Châtillon-sur-Chalaronne, la Dombes, château de Fléchères, Lyon, Mont-d'Or lyonnais, Romanèche-Thorins, Tarare, Trévoux et Villars-les-Dombes.

Se promener

Vieilles demeures caladoises

04 74 07 27 40 - www.villefranche.net - de mi-juin à mi-sept. : visite guidée (2h) sam. 9h30 et 15h, dép. office de tourisme - 7 €.

Érigées et transformées entre le 15ᵉ et le 18ᵉ s., elles bordent, de part et d'autre, la **rue Nationale (B1/2)**. Elles doivent l'étroitesse de leurs façades à un article de la charte de 1260 prescrivant pour les nouveaux habitants, en contrepartie de la gratuité du terrain et des libertés et franchises accordées, une redevance annuelle de trois deniers par toise de largeur de façade (une toise équivalait à 1,95 m environ).

La numérotation des maisons part soit de la rue Nationale, soit du Nord de la ville.

Côté impair – Remarquez les nᵒˢ **375** (allée voûtée d'ogives), **401** (escalier à vis ajouré du 16ᵉ s. dans la cour) et, au nᵒ **17** de la rue Grenette, la tourelle d'escalier à claires-voies. Dans la cour du nᵒ **507**, le puits est surmonté d'un dais en coquille. Au nᵒ **523**, l'hôtel **Mignot de Bussy (B1)** forme un bel ensemble Renaissance avec son escalier à vis, ses fenêtres à meneaux et sa niche à coquille qui abrite une élégante statue.

Au nᵒ **561**, derrière la façade de 1760, une voûte d'ogives retombant sur des culots sculptés mène à une cour du 16ᵉ s., au crépi rose.

La **maison Eymin (B2)** au nᵒ **761** présente une façade du 18ᵉ s. avec voûtes sur quatre niveaux dans la cour, armoiries martelées et élégante tourelle abritant un escalier à vis.

Au nᵒ **793**, l'ancienne demeure de la famille Roland de la Platière, signalée par un médaillon et une plaque commémorative, possède un escalier monumental pourvu d'une belle rampe en fer forgé.

Côté pair – Du nᵒ **400**, on a une bonne vue sur la tour polygonale et la balustrade en pierre sculptée de la maison Renaissance italienne située au nᵒ **407**, en face.

Au nᵒ **476**, à l'angle formé avec la rue du Faucon, se dresse une maison du 15ᵉ s. à encorbellement et pans de bois. Au nᵒ **486**, au fond de l'allée, à droite, un bas-relief Renaissance montre deux angelots joufflus présentant des armoiries avec la date de 1537.

Le saviez-vous ?

Les sires de Beaujeu créèrent cette ville autour de la tour de péage de Limans, en 1140, pour faire pendant à la forteresse d'Anse appartenant aux archevêques de Lyon. Elle se développa rapidement et, en 1260, Guichard IV de Beaujeu accorda aux habitants une charte de libertés et franchises, d'où son nom de « Villefranche ».

Autrefois, les commerçants avaient coutume de tenir marché sur le parvis de l'église qui était pavé de pierres plates appelées « calades ». « Aller à la calade » signifiait « aller à la ville », et le nom de « Caladois » est resté pour désigner les habitants de Villefranche.

L'**auberge de la Coupe d'Or** (B1), au n° **528**, transformée au 17e s., était la plus ancienne auberge de Villefranche (fin du 14e s.). À l'angle avec la rue Paul-Bert, au n° **596**, deux jolies façades : celle de droite est de la fin du 15e s. avec ses gâbles en accolade ornés de choux frisés et de pinacles à crochets ; celle de gauche, Renaissance, présente des fenêtres moulurées à meneaux, où s'intercalent des médaillons.

Remarquez la niche d'angle, gothique, au n° **706**.

Le passage, au n° **810**, mène à une cour restaurée (puits, galerie et tourelle).

L'ancien **hôtel de ville** (B2) au n° **816**, pillé en 1562 par les troupes du baron des Adrets, fut terminé en 1660. La façade, en pierres dorées de Jarnioux *(p. 184)*, possède un portail en chêne orné de clous forgés et d'une imposte à panneaux rayonnants. Au n° **834**, la maison édifiée à la fin du 15e s. possède une jolie cour avec une haute tourelle à pans coupés logeant un escalier à vis. Le blason est aux armes de Pierre II de Bourbon et d'Anne de Beaujeu.

Musée Paul-Dini (B1)

La donation de Paul Dini, directeur du *Dauphiné libéré* pendant plusieurs années, a donné naissance au musée qui porte son nom dans l'ancienne halle aux grains. La collection de Paul-Dini, constitue un panorama de la peinture régionale de 1875 à aujourd'hui, où l'on repère l'influence des écoles impressionniste, fauviste, abstraite et cubiste. Remarquez le travail du paysagiste **Auguste Ravier** *(voir Morestel p. 289)*, la proximité avec les dessins de soierie chez les peintres tels que François Vernay, les toiles de l'ami de Renoir **Albert André** et quelques œuvres de Suzanne Valadon,

« La Vague »

Chaque année, le dernier dimanche de janvier a lieu la **Fête des conscrits** qui anime la ville vers 11h du matin par un défilé haut en couleur. Dans un décor de mimosas et d'œillets, les hommes de 20 à 80 ans, au coude à coude, forment « la Vague » de l'amitié. Ils défilent dans la rue Nationale en costume noir, coiffés d'un gibus orné d'un ruban de couleur différente selon la décennie (20 ans, 30 ans, etc.).

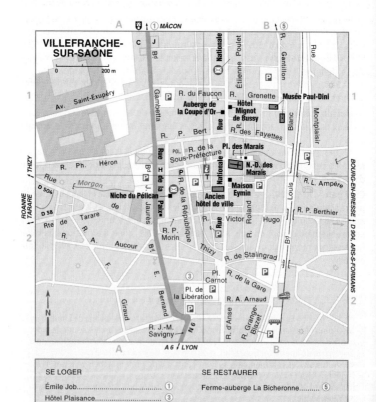

la mère d'Utrillo, qui vécut une dizaine d'année à St-Bernard. En 2005, le musée a intégré l'ancien site industriel Cornil tout proche du musée déjà existant ; cette extension lui a permis de doubler sa surface d'exposition. Ce nouvel espace accueille des collections permanentes issues d'autres dotations et des expositions temporaires contemporaines.

2 pl. Faubert - ℰ 04 74 68 33 70 - www.musee-paul-dini.com - & - tlj sf lun. et mar. 10h-12h30, 13h30-18h, w.-end 14h30-18h - fermé j. fériés - 5 € (-18 ans gratuit), 1ᵉʳ dim. du mois gratuit.

Le marais choisi par la Vierge

Un jour, dans les marais qui entouraient Villefranche, des bergers trouvèrent une statue de la Vierge. On la transporta solennellement dans l'église Ste-Madeleine. Le lendemain, elle avait disparu, elle était retournée dans le marais. Les habitants de Villefranche s'empressèrent alors de construire une chapelle à cet emplacement. Ce type de tradition est assez fréquent en France.

Rue de la Paix (A1)
Sur la façade du bâtiment jouxtant la poste au Sud a été rapportée de la rue Nationale la **niche du Pélican (A2)**, sculpture gothique décorée de fleurons et de pinacles. En retrait, à côté, également rapporté de la rue Nationale, se dresse un gracieux puits Renaissance.

Place des Marais (B2)
Jouxtant l'église au Nord-Est, cette place agrémentée d'une fontaine carrée est bordée de bâtiments modernes à arcades aux tons roses et ocre. Dans le prolongement de la place, à l'angle avec la rue Nationale, une inscription rappelle l'octroi, en 1260, de la charte de Villefranche. Au-dessus, une décoration en céramique représente Pierre II de Bourbon et Anne de Beaujeu, en orants, d'après le fameux triptyque du maître de Moulins.

Église N.-D.-des-Marais (B2)
Seul subsiste de la chapelle primitive du 13ᵉ s. un petit clocher de style roman, au-dessus du chœur. L'église a subi de nombreux remaniements : la tour centrale est du 15ᵉ s., la somptueuse façade flamboyante du 16ᵉ s. a été offerte par Pierre II de Bourbon et Anne de Beaujeu, la flèche, détruite lors d'un incendie survenu en 1566, a été reconstruite en 1862. À l'intérieur, la nef surprend par son élévation ; jolie voûte ouvragée à clefs pendantes ; orgues de 1835, dues au facteur J. Callinet et belle **chaire en marbre** du 17ᵉ s. *(illustration p. 70)*. Sur la façade Nord, remarquez les gargouilles ; l'une d'elles représente la luxure.

La fin du service militaire annonce la fin des conscrits, mais pas celui de la Vague qui se déroule encore avec tant de succès chaque année.

Aux alentours

Ars-sur-Formans (B2)

6 km à l'Est par la D 904. Ce petit village de la Dombes a eu pour curé **Jean-Marie Vianney** (1786-1859), originaire de Dardilly, canonisé le 31 mai 1925 par le pape Pie XI. Depuis sa canonisation, le « curé d'Ars » est invoqué comme saint patron des prêtres de tous l'univers, et le village est devenu un lieu de pèlerinage très fréquenté. Le plus important est celui qui se déroule chaque année le 4 août, jour anniversaire de sa mort.

La modeste église du village est maintenant soudée à une **basilique** élevée en 1862 sur les plans de Pierre Bossan. À l'intérieur, le corps du saint repose dans une magnifique châsse. À proximité s'allonge une crypte à demi souterraine de 55 m de longueur, en béton à nu, œuvre de l'un des architectes de la basilique St-Pie-X à Lourdes.

L'ancien **presbytère** a été conservé tel qu'il était à la mort du curé d'Ars. On y voit la cuisine, la chambre et de nombreux souvenirs du saint curé. Dans une salle proche du presbytère, un montage audiovisuel évoque la vie et le message du saint. Après la visite du presbytère, on ira voir la **chapelle du Cœur** qui contient le reliquaire où est conservé le cœur du curé d'Ars. La statue en marbre de Carrare représentant le prêtre en prière est une œuvre du sculpteur bressan Émilien Cabuchet (1819-1902). *℘ 04 74 08 17 17 - www.arsnet.org - possibilité de visite guidée (30mn) - tarif libre.*

L'Historial – *Descendez la rue principale. R. Jean-Marie-Vianney - ℘ 04 74 00 70 22 - www.musee-ars.org - & - mars-août : 10h-12h, 14h-18h, lun. 14h-18h ; sept.-fév. : w.-end, j. fériés et vac. scol. 14h-17h - 4,50 € (-7 ans gratuit, 7-15 ans 2 €)* Ce musée complète heureusement la visite des lieux historiques encore marqués par le passage du saint curé. 17 moments forts de sa vie ont été choisis pour illustrer son extraordinaire destin : naissance de sa vocation, prédication, mort…

Villefranche-sur-Saône pratique

Adresse utile

🛈 **Office de tourisme** – *96 r. de la Sous-Préfecture - 69400 VILLEFRANCHE-SUR-SAÔNE - ℘ 04 74 07 27 40 - www. villefranche.net - mai-sept. : 9h15-12h15, 14h-17h45, dim. : se renseigner ; reste de l'année : tlj sf dim. 9h-12h, 13h30-17h15.*

Se loger

⊖⊖ **Hôtel Plaisance** – *96 av. de la Libération - ℘ 04 74 65 33 52 - hotel. plaisance@wanadoo.fr - fermé 24 déc.-1ᵉʳ janv. - 🄿 - 68 ch. 55/90 € - ⊇ 9 €.* Cet hôtel familial impeccablement tenu fait face à l'esplanade de la Libération. Chambres toutes aménagées dans un style différent, bien équipées et propres. Les murs jaunes de la salle à manger sont rehaussés de fresques ; recettes traditionnelles.

⊖⊖ **Émile Job** – *01190 Montmerle-sur-Saône - 13 km au N de Villefranche par N 6 jusq. St-Georges-de-Reneins, puis D 20 - ℘ 04 74 69 33 92 - hotel.du.rivage@ wanadoo.fr - fermé 1ᵉʳ -15 mars, 22 oct.-*

14 nov., dim. soir d'oct. à mai, mar. midi de juin à sept. et lun. - 🄿 - 22 ch. 51/72 € - ⊇ 7 € - restaurant 21/51 €. Ravissante terrasse ombragée de tilleuls et dressée sur les berges de la Saône, salle à manger bourgeoise, cuisine classique et atmosphère familiale font de cette adresse une plaisante étape. Chambres un tantinet surannées, mais confortables.

Se restaurer

⊖ **Ferme-auberge La Bicheronne** – *Le Bicheron - 01480 Fareins - 10 km au NE de Villefranche par D 44, puis à Beauregard dir. Château-de-Fléchères par D 933 et 2ᵉ rte à droite vers « Le Bicheron » - ℘ 04 74 67 81 01 - réserv. conseillée - 13/24 €.* Cette ferme-auberge bien connue des gens du coin fait souvent salle comble : depuis plus de 20 ans, la propriétaire régale ses hôtes avec ses poulets, coqs et pintades maison, souvent accompagnés d'un gratin dauphinois. La ravissante terrasse ombragée est prise d'assaut aux beaux jours.

Villeneuve-de-Berg

2 429 VILLENEUVOIS
CARTE GÉNÉRALE B5 – CARTE MICHELIN LOCAL 331 J6 – ARDÈCHE (07)

Ancienne capitale du Bas-Vivarais, celle qui fut une « bastide royale » florissante a vu son rayonnement décliner brutalement avec la fin de la royauté à la Révolution. De son histoire prestigieuse, la ville a gardé de nombreux monuments et quelques vestiges de ses anciens remparts du 14e s.

- **Se repérer** – Contourné par une déviation de la N 102, Villeneuve-de-Berg est établi au Nord du plateau des Gras, entre Montélimar à 33 km l'Est, et Aubenas à 14 km à l'Ouest.

- **À ne pas manquer** – Le souvenir d'Olivier de Serres ; le village perché de Mirabel.

- **Organiser son temps** – Comptez environ 3h pour la ville et ses environs.

- **Pour poursuivre la visite** – Voir aussi : Alba-la-Romaine, Aubenas, Cruas, Largentière, Montélimar, Privas, Ruoms, Vals-les-Bains et Viviers.

Gentilhomme huguenot villeneuvois, Olivier de Serres (1539-1619) s'est rendu célèbre par ses innovations en matière agricole.

Joël Damase / MICHELIN

Comprendre

La crosse et les lys – Une crosse et les armes du roi (trois fleurs de lys) illustrent bien l'accord de « pariage » conclu en 1284 par Philippe le Hardi et l'abbaye de Mazan, propriétaire de la terre de Berg. Le traité prévoit la création d'une ville forte pourvue d'une charte avantageuse pour les habitants. Droits de propriété et de juridiction sont partagés entre les deux cosignataires. La ville, bâtie en six ans, resta capitale judiciaire du Bas-Vivarais jusqu'à la Révolution.

Guerres de religion – Elles furent particulièrement meurtrières dans la région, malgré les efforts d'apaisement prodigués par Olivier de Serres. Villeneuve-de-Berg est également la patrie d'**Antoine Court** (1695-1750) qui s'efforça de restaurer le protestantisme en Vivarais après la guerre des Camisards.

Se promener

LA VIEILLE VILLE

La vieille ville vaut surtout par la physionomie du quartier qui s'étend au Sud de la N 102 : rues intactes avec leurs alignements de portes cochères, d'hôtels à tourelle d'escalier Renaissance, à balcons ou impostes en fer forgé.

Laissez la voiture sur la place Olivier-de-Serres, ou la place de l'Esplanade.

Point de vue

Du terre-plein, où est érigée la statue d'Olivier de Serres, on découvre un bel horizon, du mont Lozère au plateau du Coiron. La tour de Mirabel se détache au premier plan à droite.

Prenez en contrebas de la place Olivier-de-Serres la rue du Barry qui longe l'enceinte de l'ancienne bastide royale.

Porte de l'Hôpital

Du 14e s., elle montre un écusson aux armes fleurdelisées à côté de la crosse des abbés de Mazan.

Maison natale d'Olivier de Serres

Située à l'angle de la rue St-Louis et de la Grande-Rue, elle est ornée d'une statue de la Vierge abritée dans une niche.

Hôtel de Barruel
Au n° 4 de la Grande-Rue. Bâti au 15ᵉ s. par Charles des Astars, bailli du Vivarais, cet hôtel seigneurial abrita l'assemblée des États généraux de 1789.

Église St-Louis
L'édifice (13ᵉ s.) laisse apparaître, par ses lignes sobres, l'influence cistercienne de Mazan. À l'intérieur, deux retables baroques des 17ᵉ et 18ᵉ s. et une chaire en bois sculpté ornée à la base d'un magnifique aigle du 17ᵉ s.

Aux alentours

Grottes de Montbrun
🚶 *13 km à l'Est, plus 3/4 h à pied AR. Quittez Villeneuve-de-Berg par la N 102, en direction de Montélimar ; à St-Jean-le-Centenier, prenez à gauche la D 7 ; à environ 6 km, sur le plateau, s'embranche à droite la route d'accès aux balmes. Laissez la voiture à hauteur d'une ferme (panneau).*

Pour découvrir ces mystérieuses grottes, descendez sur le flanc gauche du ravin par un sentier difficile. Sur ce versant se trouvent les balmes les plus curieuses, à deux étages ; la plus vaste s'ouvre sur un petit replat gazonné et montre, à l'intérieur, des banquettes taillées à même le roc.

Dans une végétation assez dense, les différentes ouvertures des grottes (balmes) de Montbrun dessinent curieusement une tête.

HAUTE VALLÉE DE L'IBIE

12 km par la D 558, au Sud, qui suit la haute vallée de l'Ibie sur la bordure Ouest du plateau des Gras (voir p. 189).

St-Maurice-d'Ibie
Sobre **église** romane dont l'abside est décorée de curieux médaillons peints aux couleurs vives (17ᵉ-18ᵉ s.). *Dim. 9h30-18h.*

Les Salelles
Village remarquable par l'ensemble de ses maisons montrant différents types de couradous qui comptent parmi les plus beaux du Vivarais.

Circuit de découverte

VILLAGES-BELVÉDÈRES DU COIRON

Circuit de 45 km - environ 2h1/2. Quittez Villeneuve-de-Berg par la D 258 en direction de Mirabel, et emprunter, à droite, la route du Pradel, D 458 et D 458ᴬ.

Le Pradel
Dans ce domaine, Olivier de Serres perfectionna des méthodes de culture qui allaient transformer l'agriculture française au début du 17ᵉ s. ; il abrite aujourd'hui un **espace**

culturel et une ferme-école. Le mas a été reconstruit au 17e s. par Denis de Serres, fils d'Olivier. $\mathcal{C}$ 04 75 36 76 56 - juil.-août : tlj sf dim. 10h-12h, 16h-19h - gratuit.

Revenez sur la D 258 que vous prenez à droite en direction de Mirabel.

Mirabel★

Place forte qui commandait jadis la grande route du Rhône aux Cévennes, Mirabel joua un rôle stratégique important pendant les guerres de Religion. En 1628, le duc de Montmorency prit et démantela la forteresse. Aujourd'hui, seul subsiste le donjon carré *(propriété privée)* construit en moellons de basalte sombre, aux chaînages d'angle en calcaire blanc.

Du rebord du plateau basaltique dominant le village, le **panorama★★** s'étend sur la dépression de l'Auzon, l'ensemble du Bas-Vivarais, la trouée de l'Ardèche et les crêtes du Tanargue. À droite, St-Laurent-sous-Coiron occupe une situation analogue à celle de Mirabel.

Par la D 258, gagnez ensuite le village de Darbres où l'on prend la direction de Lussas, puis, tout de suite à droite, une petite route, la D 324.

St-Laurent-sous-Coiron

Maisons de basalte noir. De la terrasse proche de l'église, on découvre, s'encadrant entre la tour de Mirabel, à gauche, et la montagne de Ste-Marguerite, à droite, une **vue★** superbe sur le bassin d'Aubenas dominé à l'arrière-plan par le Tanargue.

Retour à Villeneuve-de-Berg par Lussas et les D 259 et D 258.

Elles alternent les points de vue sur le Tanargue et les calottes basaltiques du Coiron.

Villeneuve-de-Berg pratique

Adresse utile

🛈 **Office de tourisme** – *Hôtel de Malzamet - Grande Rue - 07170 VILLENEUVE-DE-BERG -* $\mathcal{C}$ *04 75 94 89 28 - juil.-août : 9h-12h, 13h30-17h, sam. 9h-12h ; reste de l'année : lun. 9h-12h, 13h30-17h, vend. 13h30-17h, merc., 2e et 4e vend. du mois 9h-12h - fermé j. fériés.*

Se loger

⌂ **Chambre d'hôte de Laudun** – *Le Petit Tournon - 1 km au S de Villeneuve-de-Berg par D 558 -* $\mathcal{C}$ *04 75 94 83 03 et 04 75 94 75 63 - www.laudun.com -* 🖘 *- 6 ch. 42/47 € -* 🍽 *- repas 18 €.* Nichée au cœur d'un parc, cette ancienne ferme a l'avantage d'être facile à trouver. Chaque chambre, équipée de douche et WC, est décorée de façon unique et particulière. Un bon accueil et un lieu de séjour très calme, bien que proche du village.

Se restaurer

⌂⌂ **Auberge de Montfleury** – *À la gare -* $\mathcal{C}$ *04 75 94 74 13 - fermé dim. soir et lun. sf juil.-août -* 🖘 *- 17/29 €.* Cette petite auberge occupe une ancienne gare située en bordure de la N 102. L'été, les clients aiment s'attabler à l'arrière du bâtiment, sur la terrasse où l'ombre dispensée par les larges parasols ne suffit pas toujours à tempérer les ardeurs d'un soleil résolument méridional. Cuisine traditionnelle à prix sages.

Viviers ★

3 413 VIVAROIS
CARTE GÉNÉRALE B5 – CARTE MICHELIN LOCAL 331 K7 – ARDÈCHE (07)

Cette ancienne cité épiscopale créée au 5ᵉ s. doit à son site, resserré entre la colline de la Joannade et le piton rocheux qui porte la ville haute, d'avoir échappé au développement industriel. La ville ecclésiastique, construite au pied de sa cathédrale, domine l'entrée du Rhône dans le défilé de Donzère. Le contraste des falaises d'une rive à l'autre, les pitons détachés au milieu de la troupe, la puissance maîtrisée du fleuve en aval de la centrale de Châteauneuf composent un pittoresque tableau.

- **Se repérer** – L'A 7 et la N 7 permettent de rejoindre facilement Viviers qui se situe sur la N 86, au bord du Rhône. Montélimar se trouve à 17 km au Nord, Bourg-St-Andéol à 14 km au Sud.
- **À ne pas manquer** – Le contraste entre les parties haute et basse de la ville ; le défilé de Donzère.
- **Organiser son temps** – Comptez 2h.
- **Pour poursuivre la visite** – Voir aussi : Alba-la-Romaine, gorges de l'Ardèche, Bourg-St-Andéol, aven d'Orgnac, le Tricastin, Montélimar et Villeneuve-de-Berg.

Comprendre

Un pouvoir temporel – Après qu'Alba, capitale romaine de l'Helvie, fut tombée en ruine, l'évêque Ausonne se fixe au confluent de l'Escoutay et du Rhône où la cité avait son port, Vivarium, au pied d'un rocher portant un castrum romain.

Une première cathédrale est bâtie sur le rocher et, dès le 5ᵉ s., la ville haute est fortifiée. En 1119, le pape Calixte III inaugure une nouvelle cathédrale romane. Un collège de chanoines s'installe au Château-Vieux, qui, ceint de remparts encore visibles, devient un quartier ecclésiastique. De nombreuses donations, une politique habile font peu à peu des évêques de Viviers les suzerains d'un immense domaine, sur la rive droite du Rhône : le Vivarais. Ils défendent âprement son indépendance contre le voisin du Sud, le comte de Toulouse, partageant avec lui la propriété des mines de Largentière et battant leur propre monnaie.

En 1248, Saint Louis, en partance pour la 7ᵉ croisade, est leur hôte au Château-Vieux, mais à la fin du 13ᵉ s., la monarchie française cherche à s'étendre dans la vallée du Rhône. Finalement, l'évêque de Viviers reconnaît, en 1308, la suzeraineté du roi de France : une grande partie du Vivarais devient terre de « Royaume », la rive gauche du Rhône demeurant terre d'« Empire », sous la lointaine tutelle des empereurs d'Allemagne.

Différentes et complémentaires, la ville haute et la ville basse forment un beau tableau.

Au pied du rocher, à l'intérieur d'un second système de remparts, s'était développée une cité médiévale. Des tours de défense et des principales portes ne subsiste que l'actuelle tour de l'Horloge, très remaniée au 19e s. En 1498, Claude de Tournon, devenu évêque de Viviers, fait détruire la cathédrale romane et élever un chœur gothique flamboyant.

Après l'assaut sanglant mené par les protestants conduits par Noël Albert, l'évêque quitte Viviers et il faudra attendre 1731 pour qu'il y revienne. Cette année-là, François Reynaud de Villeneuve entreprend la construction de l'actuel évêché sur les plans de l'architecte avignonnais J.-B. Franque.

Le saviez-vous ?

👁 D'où la *Vivarium* romaine tire-t-elle son nom ? Pour les uns, des viviers à poissons y auraient été installés ; pour d'autres, le nom viendrait du gaulois *beber*, allusion aux nombreux castors qu'on trouvait alors sur les rives du Rhône. Toujours est-il que Viviers a donné son nom à la région dont elle fut la capitale, le Vivarais.

👁 **Noël Albert**, commerçant enrichi dans le commerce du sel et la perception des impôts, charge alors fort lucrative, devint au 16e s. chef du parti protestant de la cité basse. Les esprits s'étant quelque peu échauffés, il prend d'assaut la cité ecclésiastique : la cathédrale est en partie ruinée, le cloître et les bâtiments canoniaux détruits. Arrêté, Noël Albert sera décapité.

👁 Au lendemain de Noël, Viviers organisait au Moyen-Âge une fort irrévérencieuse « Fête des fous », mettant en scène des membres du clergé et un « évêque fou » qui « gouvernait » la cité pendant trois jours. Mais la fête s'accompagnait de tels excès (de libation, notamment) qu'elle fut interdite par le véritable évêque !

Se promener

Coiffé d'une statue de la Vierge érigée en 1862, le sommet de la colline, dite la « Jouannade », qui doit son nom aux feux de la St-Jean, offre un beau **point de vue★** sur la cité. On y accède par un sentier qui s'amorce en face de l'évêché à l'Ouest de la N 86 *(1/4h à pied AR)*. Au cours de la montée, retournez-vous pour admirer les vieilles maisons de Viviers serrées autour de la cathédrale et du tour-clocher. Du sommet se découvre une ample **vue** sur la cité, puis de gauche à droite, sur les carrières de Lafarge, la centrale de Cruas, l'usine de Châteauneuf et le robinet de Donzère. Une magnifique allée de platanes mène au petit port de plaisance aménagé au confluent du Rhône et de l'Escoutay.

LA VIEILLE VILLE★

La ville ecclésiastique est distincte de la ville basse massée au couchant sur le versant le moins abrupt du rocher. Elles communiquent par la **porte de la Gâche (B)** à l'Ouest et la **porte de l'Abri (B)** au Sud. Les maisons de la ville basse, serrées les unes contre les autres, sont couvertes de tuiles creuses ; leurs murs gouttereaux (ceux qui portent les gouttières) sont souvent couronnés de génoises ; parfois, les parois sont en moellons de calcaire avec quelques éléments de basalte. Elles comportent généralement deux étages au-dessus du rez-de-chaussée occupé par une cave haute ou une échoppe, et composent un ensemble qui a gardé son aspect médiéval.

À l'inverse, les demeures de la ville ecclésiastique cachent leurs jardins et leurs cours derrière des murs nus où s'ouvrent des portes souvent en plein cintre, parfois surmontées de blasons.

Laissez la voiture sur la place de la Roubine. La rue J.-B.-Serre, puis la Grande-Rue mènent à la place de la République.

Maison des Chevaliers (A)

Dite aussi maison Noël-Albert (qui en fit construire la façade), elle fut élevée en 1546. Sur la belle façade Renaissance, observez les quatre personnages en haut-relief de la partie basse, séparés par

Détail de la somptueuse maison des Chevaliers.

Joël Damase / MICHELIN

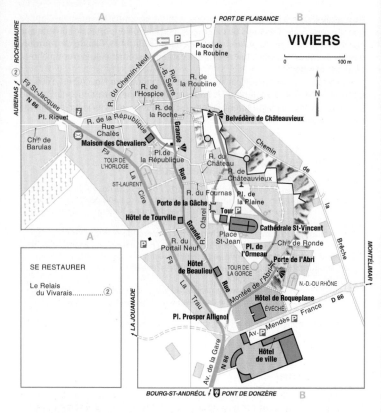

des consoles décorées d'acanthe et des écussons armoriés surmontés chacun d'un heaume. Remarquez, au 1er étage, le riche encadrement des fenêtres constitué de colonnes et de pilastres cannelés aux chapiteaux ioniques ; aux linteaux, entre les consoles, des crânes de béliers et des guirlandes de feuillages. Au-dessus, deux bas-reliefs sculptés : à gauche, une chevauchée de cavaliers, à droite, un tournoi de chevalerie. Sur la droite, franchissant la rue de la République, un arceau percé de petites baies gothiques est décoré de plusieurs têtes sculptées.

Grande-Rue (AB)

Elle est bordée de façades soigneusement appareillées. Certaines possèdent des portails cossus surmontés de balcons en fer forgé comme les **hôtels de Tourville (A) et de Beaulieu (B)** (18e s.). Parfois, des détails pittoresques agrémentent les demeures comme les belles fenêtres romanes géminées réunies par une colonne à chapiteau.

De la Grande-Rue part un réseau de ruelles transversales, étroites, coupées d'escaliers et souvent enjambées d'arceaux.

Passant l'emplacement de l'ancienne porte de la Trau, on débouche sur une place, plantée de platanes.

Place P.-Allignol (B)

Elle est bordée par deux bâtiments élevés entre 1732 et 1738 par J.-B. Franque, qui, par leur symétrie classique et leur appareillage soigné, forment de beaux exemples de l'architecture du 18e s. à Viviers : l'ancien évêché, précédé d'un jardin, abrite l'**hôtel de ville** ; l'**hôtel de Roqueplane** est le siège de l'actuel évêché.

Prenez la montée de l'Abri, raide, qui débouche sur la place de l'Ormeau.

Elle procure une bonne vue sur l'entrée du défilé de Donzère et la chapelle N.-D. du Rhône, reconstruite par J.-B. Franque.

Place de l'Ormeau (B)

Bordée d'anciennes maisons de chanoines du 17e s., elle doit son nom à un ormeau plusieurs fois centenaire, mais que remplace, depuis 1976, un nouveau sujet. De la place, on découvre la riche décoration flamboyante du chevet de la cathédrale.

Contournez la cathédrale par le chemin de Ronde ; de la place de la Plaine, un passage mène à une vaste terrasse.

Belvédère de Châteauvieux (B)

Établi sur une acropole naturelle, autrefois battu par le Rhône en période de crue, il domine de 40 m la place de la Roubine. La **vue** s'étend d'Ouest en Est sur les vieux toits de la cité, la tour de l'Horloge, l'énorme entaille des carrières de Lafarge, les tours réfrigérantes de la centrale de Cruas, l'usine de Châteauneuf. Par beau temps se profilent les Trois-Becs et le col de la Chaudière, premiers contreforts du Vercors. À l'angle Sud-Ouest de la terrasse se dresse une tour médiévale, en ruine.

Revenez sur vos pas et descendez à droite, par la rue de Châteauvieux, jusqu'à la porte de la Gâche.

Avec son pavement en galets roulés, ses passages couverts et ses arceaux, la rue de Châteauvieux a conservé un pittoresque cachet moyenâgeux.

Gravissez les marches jusqu'à la tour.

Tour (B)

Au 12e s., elle constituait la porte d'entrée de la ville haute. Seule la partie carrée de l'édifice existait alors avec, à l'étage, une chapelle romane dédiée à saint Michel. La tour, devenue le clocher de la cathédrale, est reliée à celle-ci par un portique quadrangulaire aux ouvertures ogivales. L'étage supérieur, du 14e s., octogonal, est recouvert d'une plate-forme dallée et surmontée d'une tourelle de guet, la « Bramardière », d'où le « brameur » pouvait donner l'alerte.

Cathédrale St-Vincent (B)

De l'édifice roman du 12e s. subsistent le porche, la façade et la partie basse des murs de la nef. Le chœur, élevé à la fin du 15e s. par l'évêque Claude de Tournon, est remarquable par le **réseau★** des nervures flamboyantes de sa voûte et par le fenestrage de ses verrières. La nef, reconstruite au 18e s., présente une voûte plate de pierres soigneusement appareillées, due à J.-B. Franque.

À gauche de l'orgue, figure une **Annonciation** attribuée à Mignard.

Aux alentours

Belvédère de la chapelle N.-D. de Montcham★

Aménagé à droite de la chapelle, il offre une belle **vue** sur le mont Ventoux et, en contrebas, sur la trouée où se resserrent les trois voies routières N 7, A 7 et D 169.

Défilé de Donzère★★

Ce très beau passage encaissé marque l'entrée en Provence. Le Rhône fonce par la brèche ouverte : la paroi verticale de la rive gauche contraste avec l'aspect de la rive droite d'où se détachent des pitons isolés. Les ponts qui franchissent le Rhône, à l'amont et à l'aval du défilé, offrent de beaux points de vue.

Le piton le plus aigu du défilé porte à son sommet une statue de saint Michel, protecteur de ce passage jadis redouté des mariniers.

Arrêt conseillé à l'entrée des ponts, sur lesquels on se rendra à pied. Laissez la voiture après avoir franchi le premier pont, en vue de Viviers, et descendez au bord du Rhône par le chemin d'accès au camping (1/4h à pied AR).

Les eaux, divisées en amont par la dérivation, se rejoignent ici ; leur masse, le « souffle » de la course, les bouillonnements de la surface sont impressionnants.

Donzère

5 km environ. Au Sud par la N 86 et la D 486. Le bourg étagé sur les flancs d'une colline, au pied du château du 15e s., fit partie du fief des évêques de Viviers ; il conserve encore quelques vestiges médiévaux : église du 12e s., de style roman provençal, remaniée au 19e s., enceinte percée de portes, ruelles sous voûte. Remarquez dans la Grand-Rue, à un angle, sous un porche, des mesures à blé en pierre.

Viviers pratique

Adresse utile

🏛 **Office du tourisme** – *5 pl. Riquet - 07220 VIVIERS - 𝄞 04 75 52 77 00 - juil.-août : tlj sf dim. 9h30-12h, 14h30-18h ; reste de l'année : tlj sf dim. et lun. 14h30-18h, sam. 9h30-12h, mar. 9h30-12h, 14h30-18h - fermé j. fériés.*

Se restaurer

🍴🍴 **Le relais du viverais** – *31 rte Nationale 86, quartier les Sautelles - 𝄞 04 75 52 60 41 fermé 3-31 mars, 21 déc.-3 janv., dim. soir et lun. hors sais. - 22/40 €.* Accueil charmant assuré en ce restaurant familial installé dans la ville basse. Salle à manger rustique (non-fumeurs) et agréable terrasse d'été dressée sous les saules et les tilleuls. La cuisine fleure bon le terroir.

La Voulte-sur-Rhône

5 168 VOULTAINS
CARTE GÉNÉRALE B4 – CARTE MICHELIN LOCAL 331 K5 – ARDÈCHE (07)

Petite cité au passé industriel posée sur la rive droite du Rhône, La Voulte a conservé un agréable centre ancien, fort animé aux beaux jours, constitué de ruelles bordées de vieilles demeures.

- **Se repérer** – La Voulte est à 19 km au Sud de Valence, sur la N 86.
- **À ne pas manquer** – Les collections de fossiles du Musée.
- **Pour poursuivre la visite** – Voir aussi : Crest, Cruas, vallée de l'Eyrieux, Privas et Valence.

Le saviez-vous ?

- La *volta*, c'est en provençal une courbe, et ici un ancien méandre du Rhône près duquel la cité est née.
- Du temps où le rugby offrait la gloire aux équipes d'amateurs, celle de La Voulte l'obtint, grâce aux frères Camberabero.

Visiter

Château

☎ 04 75 62 44 36 - de mi-juin à fin août : visite guidée (1h30) mer. 10h30., dép. de l'office de tourisme - 3 € (-16 ans gratuit). Des 15ᵉ et 16ᵉ s., ce château où siégeaient les États du Languedoc a été fort endommagé pendant la seconde guerre mondiale. La cour est bordée par une galerie à bossages et par une belle **chapelle** de style flamboyant.

Église

Remarquez dans le maître-autel un bas-relief du 16ᵉ s. en marbre blanc, représentant une Descente de croix et un tableau du 17ᵉ s. ayant pour thème l'Assomption.

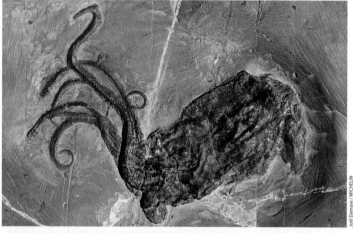

Joël Damase / MICHELIN

Contemporaine des dinosaures, cette pieuvre a vécu voici 155 millions d'années !

Musée paléontologique

4 quai Anatole-France - ☎ 04 75 62 44 94 - www.musee-fossiles.com - juil.-août : tlj sf sam. 10h-18h, dim. 14h-17h30 ; fév.-juin et sept.-déc. : tlj sf sam. 14h-17h30 - fermé janv. et 25 déc. - 4,50 € (enf. 2 €). Il y a 160 millions d'années, la région était recouverte par une mer tropicale peuplée de requins, langoustes et crustacés des mers chaudes. Lorsque la mer s'est retirée, la diatomite, roche faite d'algues fossilisées, a constitué un milieu de conservation idéal pour les animaux piégés : d'où le millier de fossiles présentés dans ce bâtiment. Parmi les pièces exposées, remarquez le superbe **hipparion** gravide, un équidé proche du cheval, un couple de sangliers et une châtaigne, découverte en 1982.
À l'étage, fossiles du monde entier.

La Voulte-sur-Rhône pratique

Adresse utile

🛈 **Office de tourisme** – Pl. É.-Jarjeat - 07800 VOULTE-SUR-RHONE - ☎ 04 75 62 44 36/44 55 - juil.-août : 9h-12h, 14h-18h, dim. 9h-12h ; mai-juin et sept. : tlj sf dim. 9h-12h, 14h-18h ; oct.-avr. : tlj sf dim. 9h-12h, 14h-18h, sam. 9h-12h.

Parc **Walibi-Rhône-Alpes**★

CARTE GÉNÉRALE C2 – CARTE MICHELIN LOCAL 333 G4 – ISÈRE (38)

À l'heure où les parcs d'attractions connaissent un grand succès en France, le parc Walibi-Rhône-Alpes tient bien sa place grâce à un développement régulier. De nouvelles attractions, des spectacles de qualité et un superbe espace aquatique en font un pôle touristique majeur de la région.

- ◗ **Se repérer** – Desservi presque directement par l'A 43 qui relie Lyon à Chambéry, le parc est établi sur la commune des Avenières, à 13 km au Sud-Est de Morestel.

- ◷ **Organiser son temps** – Avec des enfants, comptez au moins une demi-journée.

- ◔ **Pour poursuivre la visite** – Voir aussi : Bourgoin-Jallieu, La Côte-St-André, Morestel, lac de Paladru et St-Chef.

> ### Le saviez-vous ?
>
> Le parc Walibi-Rhône-Alpes est un des huit parcs Walibi en Europe. Ces parcs d'attractions se développent depuis 1975 autour de l'image sympathique de leur mascotte, le kangourou australien Walibi.

Découvrir

✆ 04 74 33 71 80 - www.walibi.com - ♿ - Il est vivement conseillé de se renseigner pour les horaires - 23 € (3-11 ans 18,50 €).

👥 Environné d'étangs, ce parc de 35 ha propose toute une gamme d'attractions et de spectacles pour satisfaire petits et grands plus ou moins téméraires.

Les amateurs de sensations fortes seront sans doute comblés par les trois loopings avant et arrière du **Boomerang**★, par les redoutables descentes du **Totem**★ et de l'**Aquachute**, à moins qu'ils ne préfèrent une croisière mouvementée (pied marin recommandé) dans le traditionnel **Bateau pirate** ou les secousses du **Zigzag**. La petite mais vive **Coccinelle** rouge vous invite à partager sa course folle, avant de partir à l'aventure sur les flots tumultueux de la **Radja river**★ ou de tenter la descente de la **Rivière canadienne**. L'évasion est au rendez-vous avec le **Tamtamtour**, balade exotique en bateau qui vous plonge au cœur de la jungle tropicale.

Les jeunes enfants ne sont pas oubliés et de nombreuses activités leur sont dédiées : vieux tacots, ranch à poneys, mini-jets du **Baron Rouge**, manèges ; on peut faire le tour du parc dans un petit train et parcourir l'étang à bord d'un bateau à roues.

La partie la plus courue, à la belle saison, est sans doute l'espace nautique **Aqualibi**★ : la piscine à vagues, le Colorado (grands toboggans), et surtout le Rapido (torrent jalonné de tunnels et de trous d'eau) vous attendent dans une eau maintenue à 25 °C. Parmi les spectacles qui rythment la vie du parc, ne manquez pas la **Légende de Prince Thibaud**★, un spectacle équestre sur l'histoire médiévale.

© Parc Walibi-Rhône-Alpes

La descente du Totem Boomerang serait vertigineuse. La preuve ?

Parc Walibi-Rhône-Alpes pratique

Adresse utile

Office de tourisme –100 pl. des Halles - 38510 MORESTEL - ℰ 04 74 80 19 59/56 71 - www.morestel.com - 9h-12h, 14h30-18h30 ; dim., lun. et j. fériés 9h30-12h.

Se loger

La Paumanelle – St-Martin - 38630 Corbelin - ℰ 04 74 83 77 72 - http://lapaumanelle.free.fr - 3 ch. 42/53 € - repas 18 €. Les chambres portent les noms des trois massifs - la Chartreuse, la Belledonne, la Dent du Chat - que l'on peut contempler depuis cette ferme en pisé entièrement restaurée. Aménagements intérieurs sobres et chaleureux, copieux petits-déjeuners et appétissante cuisine traditionnelle à base de produits frais.

Vieille Maison – 38490 Aoste - 7 km au SE de Walibi par D 40 - ℰ 04 76 31 60 15 - fermé 9 sept.-7 oct. et 23 déc.-3 janv. - 17 ch. 56/64 € - 11 € - restaurant 23/57 €. Cet ancien relais de diligences niché dans un jardin verdoyant abrite des chambres d'inspiration rustique. Charme provincial au restaurant : cheminée, poutres, chaises paillées et cuivres. Terrasse dans la cour plantée de beaux marronniers. Piscine couverte.

Se restaurer

Bon à savoir – Il est bien connu que les émotions, ça creuse ! Et plus particulièrement à Walibi. On sera donc satisfait de trouver au sein du parc des sandwicheries (**Le Piranas**, **Le Bistro**), des fast-foods (**L'Aquapulco**, **Le Buffalo**, **Looping Burger**) ainsi que des buffets-grills (**Le Saloon**, **L'Hacienda**), pour se requinquer et faire une pause avant de repartir à l'aventure.

Yssingeaux

6 492 YSSINGELAIS.
CARTE GÉNÉRALE A3 – CARTE MICHELIN LOCAL 331 G3 – HAUTE-LOIRE (43)

Autrefois languedocienne, aujourd'hui autant rhodanienne qu'auvergnate de cœur, Yssingeaux est une des plus vastes communes de France. Elle est posée au cœur d'une région dont les paysages originaux sont hérissés de sucs volcaniques et de monts boisés. Dominé par le mont Meygal, Yssingeaux est le point de départ d'excursions et de randonnées. C'est aussi une halte gourmande. Raison de plus pour s'arrêter au pays des « Copains » !

- **Se repérer** – Sur la N 88, Yssingeaux est situé à 28 km Nord-Est du Puy-en-Velay.

- **À ne pas manquer** – Le panorama du sommet du Grand Testavoyre ; la tradition tenace des toits de chaume à Bigorre-Les Maziaux.

- **Organiser son temps** – Comptez environ 2h pour la ville et ses environs.

- **Pour poursuivre la visite** – Voir aussi : Le Chambon-sur-Lignon, les gorges de la Loire, Le Monastier-sur-Gazeille, Monistrol-sur-Loire et Le Puy-en-Velay.

Le saviez-vous ?

- Les habitants d'Yssingeaux se nomment les Yssingelais. Mais certains se prétendent parfois Yssingeallois, Yssingeariers ou Yssingearais !
- Yssingeaux viendrait d'un nom d'homme germanique *Isingaud*, dérivé de *Is Walden* qui signifie le « Seigneur des glaces ». Ce qui ne veut certainement pas dire qu'il était le roi des desserts. Pourtant, Yssingeaux accueille sans froideur l'École internationale supérieure de pâtisserie dans ses murs.

Visiter

Hôtel de ville

Il est installé dans le château du 15e s., ancienne résidence d'été des évêques du Puy. Remarquez sur la façade les intéressants mâchicoulis trilobés.

Musée St-Roch – Apothicairerie

20 av. de la Marne - 𝄞 *04 71 65 77 00 -* 🚹 *- juil.-août : tlj sf lun. et mar. 14h30-18h30 ; reste de l'année : sur demande - 3,50 € (enf. 2 €).*

Installées dans l'ancienne chapelle de l'hôpital, ses collections de faïences comptent parmi les plus importantes de France.

Circuit de découverte

LE MASSIF DU MEYGAL★ ET LE PAYS DES SUCS

Circuit de 87 km – environ 3h. Quittez Yssingeaux au Sud-Est par la D 7, puis à 3 km prenez à droite la D 42.

La route longe sur la droite les sucs d'Ollières (alt. 1 186 m) et de Bellecombe (alt. 1 182 m) et à gauche le suc d'Achon (alt. 1 151 m).

Le massif du Meygal culmine au Grand Testavoyre (alt. 1 436 m), cône de roches phonolithiques aux pentes parsemées d'éboulis rocheux. Ce massif prolonge, au Nord, le Mézenc *(voir ci-dessous)* dont le sépare la haute vallée du Lignon vellave.

Forêt du Meygal

Ce manteau forestier de près de 1 200 ha a été constitué entre 1865 et 1880. Il s'accroche en partie aux flancs du Grand Testavoyre. Deux routes forestières traversent du Nord au Sud cette futaie de résineux où alternent pins sylvestres, sapins, épicéas.

Après la bifurcation d'Araules, prenez à droite la D 18 en direction de Queyrières, puis à gauche la première route forestière, balisée en rouge et bleu, s'engageant dans le sous-bois. À la bifurcation suivante, empruntez la route de gauche qui longe le flanc Est du Grand Testavoyre. Laissez la voiture sur l'aire de détente aménagée dans une clairière à 300 m de la maisonnette forestière.

Grand Testavoyre★★ – Le sentier *(1/2h à pied AR)* s'élève sous bois, puis serpente parmi bruyères et myrtilles. Du sommet, le **panorama** révèle un beau paysage volcanique. Au Nord, la région d'Yssingeaux et sa ceinture de sucs. À l'Est, le pic du Lizieux (1 388 m) domine l'horizon. Au Sud, on voit St-Front, face au Mézenc. Du Sud-Ouest au Nord-Ouest, les monts du Velay.

En redescendant du Grand Testavoyre, poursuivez la route forestière jusqu'à la sortie de la forêt.

La route Ouest passe devant la « **maison des Copains** », lieu rendu célèbre par le roman de Jules Romains.

La route forestière de gauche aboutit à la D 15, que vous prenez à droite.

Le circuit contourne le massif du Meygal par le Sud. Au cours de la longue descente vers St-Julien-Chapteuil, à travers un paysage montagnard, on traverse le hameau de **Boussoulet** aux habitations groupées, massives et recouvertes de lauzes en phonolithe *(voir Nature)*. À gauche, on aperçoit le mont de la Tortue (alt. 1 327 m).

À la sortie de Boussoulet, prenez à droite la D 150, puis deux fois à droite la D 49 et la D 39. La route vers Bigorre monte en épingle à cheveux à gauche.

Bigorre et Les Maziaux★

La spécificité de ces hameaux est due à la passion d'un homme : Isidore Boyer était agriculteur et aimait les toits de chaume

Adieu jolis chaumes ?

Ironie de l'histoire qui veut que la paille de seigle qui couvrait autrefois les toits des pauvres soit aujourd'hui le privilège de ses amoureux les plus riches ! Les chaumières étaient en effet courantes dans la région alors qu'il faut maintenant visiter Bigorre ou Moudeyres *(voir p. 246)* pour les retrouver en nombre (une association défend leur survie sur le plateau du Mézenc). En effet, si la matière reste meilleur marché, c'est le prix de la main d'œuvre qui marque la différence, d'autant qu'un toit de chaume demande à être régulièrement revu, et refait entièrement tous les 20 à 30 ans (contre 100 environ pour l'ardoise). De plus, le chaume implique un surcoup d'assurance. La visite de l'écomusée, avec la disposition régulière des nœuds sous chaque « cloissoux » de paille, convainc pourtant de ses qualités esthétiques, de son pouvoir d'isolation, sans parler de la douce odeur qui règne sous la charpente.

de son village. Il apprit donc à les entretenir et à les refaire. L'ensemble a ainsi gardé ses chaumières et son architecture traditionnelle. Par sa cabane de bergers, ses outils ruraux, le commentaire de la maquette du village et surtout son film (malheureusement déterioré) sur la réfection des chaumière, le charmant **écomusée** ressuscite la vie rurale locale.

Revenez sur vos pas par la D 49 et la D 39, que vous gardez jusqu'à St-Julien-Chapteuil.

St-Julien-Chapteuil

Au centre d'un bassin verdoyant arrosé par la Sumène et hérissé de pitons volcaniques, le village occupe un **site★** original. À l'Est, un rocher basaltique porte les vestiges du château féodal.

Église – Bien situé sur une plate-forme rocheuse, cet édifice roman a été largement remanié ; la façade et le clocher sont modernes. Remarquez dans l'abside quelques chapiteaux anciens. De la terrasse proche du chevet, jolie vue sur les pitons voisins, en particulier le **suc de Monac**, belle falaise de trachyte et le suc de Chapteuil, reconnaissable à ses orgues basaltiques.

Dominées par le clocher de l'église, les maisons claires de St-Julien, couvertes de lauzes d'un bleu cendré ou de tuiles, contribuent à donner à la patrie de Jules Romains un aspect coloré.

Musée Jules-Romains - ℘ 04 71 08 77 70 - www.auvergne-paysdumeygal. com - juil.-août : 10h-12h, 15h-18h, dim. 10h-12h30 ; reste de l'année : tlj sf w.-end 10h-12h, 15h-18h, mar. et jeu. 15h-18h - fermé j. fériés - 2 € (-12 ans gratuit).

Dans une salle de l'office de tourisme sont rassemblés des documents et des objets évoquant la vie et l'œuvre de Louis Farigoule plus connu sous le nom de **Jules Romains**, né au hameau de la Chapuze au Nord du village. Romancier, dramaturge et essayiste, il est l'auteur de nombreux ouvrages dont *Knock* ou le *Triomphe de la médecine*, immortalisé par l'acteur Louis Jouvet, *Les Copains* et *Les Hommes de bonne volonté*, vaste fresque sociale couvrant la période de 1908 à 1933.

Au Nord de St-Julien, prenez la D 26.

Détail du toit d'une chaumière, hameau de Bigorre

St-Pierre-Eynac

Jolie **église** rurale à clocher-peigne, portail roman et porche Renaissance.

Au cours de la montée vers Aupinhac, **vue★** à gauche, sur le bassin et Le Puy : on distingue la cathédrale, le rocher Corneille et St-Michel-d'Aiguilhe.

Maison de béate – *(voir p. 246)* À Bourgeneuf, sur la commune de Saint-Julien-Chapteuil, on peut encore voir une ancienne maison de béate bien conservée - *renseignements à l'office du tourisme de St-Julien* - ℘ 04 71 08 77 70..

Poursuivez vers le village de St-Étienne par la D 26 en franchissant la N 88.

La D 71 remonte vers le Nord, en traversant un paysage jalonné de sucs. À la sortie de Malrevers, à gauche, le **suc de Chauven** (alt. 848 m).

Après Rosières, prenez à droite la D 7.

On longe successivement sur la gauche le **suc de Jalore** (alt. 1 076 m) et on distingue, en arrière-plan, le **suc d'Émeral** (alt. 1 081 m).

Engagez-vous dans la première route à droite après un cimetière vers Mortesagne.

La route est dominée par le **suc d'Eyme** (alt. 1 137 m) que l'on aperçoit à gauche ; à **Mortesagne**, remarquez la maison forte du 16e s. La petite route revêtue à droite conduit au pied du **suc de Glavenas** (alt. 1 048 m). Au cours de la descente vers le village, belle **vue★** sur l'église perchée de **Glavenas** se détachant sur un étrange paysage.

Par la D 431 et la N 88 rejoignez Yssingeaux.

Yssingeaux pratique

Adresse utile

🛈 **Office de tourisme** –16 pl. Foch - 43200 YSSINGEAUX - ℘ 04 71 59 10 76 ou 04 71 56 03 12 - www.pays-des-sucs.com - juil.-août : tlj sf dim. 9h-12h30, 14h30-19h ; avr.-juin et sept. : tlj sf dim. 9h30-12h30, 14h30-18h30, lun. 14h30-18h30 ; oct.-mars : tlj sf dim. 9h30-12h, 14h30-18h, lun. 14h30-18h.

Se loger et se restaurer

⊖⊜ **Hôtel Le Bourbon** – 5 pl. de la Victoire - ℘ 04 71 59 06 54 - le.bourbon. hotel@wanadoo.fr - fermé janv., 25 juin-5 juil., 6-19 nov., dim. soir sam. midi et lun. - 11 ch. 65/75 € - ⊆ 11 € - restaurant 19/46 €. Hostellerie traditionnelle aux intérieurs très chatoyants dont chaque chambre, baptisée d'un nom de fleur, offre un confort douillet. Le regard est fort sollicité dans la salle à manger, tant par ses couleurs vives que par les nombreux tableaux qui la décorent.

⊖⊜ **L'Auberge de Pays d'Herminette** – Bigorre, Les Maziaux - 43550 St-Front - ℘ 04 71 59 57 58 - lherminette@wanadoo. fr - fermé 1 sem. en mars et 1 sem. en sept. - réserv. obligatoire - 6 ch. 42/74 € - ⊆ - repas 12/19 €. Une petite hermine a trouvé refuge dans cette maison coiffée d'un toit de lauzes. Après une nuit réparatrice et un repas inspiré par la gastronomie régionale, n'hésitez pas à visiter l'écomusée voisin évoquant histoire et architecture locales.

Valence : villes, curiosités et régions touristiques.
Herriot, Édouard : noms historiques et termes faisant l'objet d'une explication.
Les sites isolés (châteaux, abbayes, grottes…) sont répertoriés à leur propre nom.

Nous indiquons par son numéro, entre parenthèses, le département auquel appartient chaque ville ou site. Pour rappel :

01 = Ain
07 = Ardèche
26 = Drôme
38 = Isère
42 = Loire

43 = Haute-Loire
48 = Lozère
69 = Rhône
71 = Saône-et-Loire

INDEX

D

CARTES ET PLANS

CARTES THÉMATIQUES

VILLES

PLANS DE MONUMENTS ET SITES

CIRCUITS

Manufacture française des pneumatiques Michelin

Société en commandite par actions au capital de 304 000 000 EUR
Place des Carmes-Déchaux – 63000 Clermont-Ferrand (France)
R.C.S. Clermont-Fd B 855 200 507

Toute reproduction, même partielle et quel qu'en soit le support,
est interdite sans autorisation préalable de l'éditeur.

© Michelin et Cie, Propriétaires-éditeurs,
Dépôt légal février 2006 – ISSN 0293-9436
Compogravure : NORD COMPO, Villeneuve d'Ascq
Impression et brochage : Aubin à Ligugé
Printed in France : 09-06/6.1-2

QUESTIONNAIRE
LE GUIDE VERT

VOTRE AVIS NOUS INTÉRESSE...
TOUTES VOS REMARQUES NOUS AIDERONT À ENRICHIR NOS GUIDES.

Merci de renvoyer ce questionnaire à l'adresse suivante :
MICHELIN
Questionnaire Le Guide Vert
46, avenue de Breteuil
75324 PARIS CEDEX 07

En remerciement,
les 100 premières réponses recevront en cadeau
la Carte Locale Michelin de leur choix !

VOTRE GUIDE VERT

Titre acheté : _____

Date d'achat : _____

Lieu d'achat (librairie et ville) : _____

VOS HABITUDES D'ACHAT DE GUIDES

1) Aviez-vous déjà acheté un Guide Vert Michelin ?

    O oui   O non

2) Achetez-vous régulièrement des Guides Verts Michelin ?

    O tous les ans
    O tous les 2 ans
    O tous les 3 ans
    O plus

3) Sur quelles destinations ?

– régions françaises : lesquelles ? _____

– pays étrangers : lesquels ? _____

– Guides Verts Thématiques : lesquels ? _____

4) Quelles autres collections de guides achetez-vous ?

_____

5) Quelles autres sources d'information touristique utilisez-vous ?

O Internet : quels sites ? _____

O Presse :   quels titres ? _____

O Brochures des offices de tourisme

VOTRE APPRÉCIATION DU GUIDE

1) Notez votre guide sur 20 : ....

2) Quelles parties avez-vous utilisées ?...........................
....
....

3) Qu'avez-vous aimé dans ce guide ?...........................
....

4) Qu'est-ce que vous n'avez pas aimé ?...........................
....

5) Avez-vous apprécié ?

	Pas du tout	Peu	Beaucoup	Énormément	Sans réponse
a. La présentation du guide (maquette intérieure, couleurs, photos...)	O	O	O	O	O
b. Les conseils du guide (sites et itinéraires)	O	O	O	O	O
c. L'intérêt des explications sur les sites	O	O	O	O	O
d. Les adresses d'hôtels, de restaurants	O	O	O	O	O
e. Les plans, les cartes	O	O	O	O	O
f. Le détail des informations pratiques (transport, horaires, prix…)	O	O	O	O	O
g. La couverture	O	O	O	O	O

Vos commentaires ....
....

6) Vos conseils, vos avis, vos suggestions d'amélioration : ....
....

7) Rachèterez-vous un Guide Vert lors de votre prochain voyage ?

O oui   O non

VOUS ÊTES

O Homme   O Femme   Âge : ....   Profession : ....

Nom...

Prénom..

Adresse...
....
....
....
....

Acceptez-vous d'être contacté dans le cadre d'études sur nos ouvrages ?

O oui   O non

Quelle carte Local Michelin souhaitez-vous recevoir ?

Indiquez le département : ....

Offre proposée aux 100 premières personnes ayant renvoyé un questionnaire complet.
Une seule carte offerte par foyer, dans la limite des stocks disponibles.